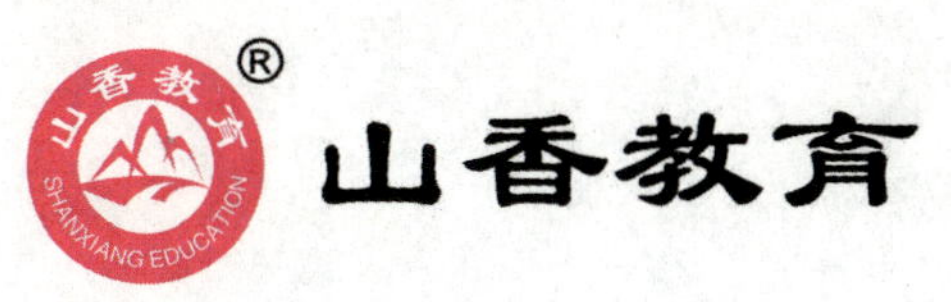

福建省教师招聘考试专用教材

教育综合

山香教师招聘考试命题研究中心　主编

图书在版编目(CIP)数据

教育综合 / 山香教师招聘考试命题研究中心主编
. — 北京 : 首都师范大学出版社, 2023. 8
福建省教师招聘考试专用教材
ISBN 978-7-5656-7657-4

Ⅰ. ①教… Ⅱ. ①山… Ⅲ. ①教育学-中小学-教师
-聘用-资格考试-教材 Ⅳ. ①G40

中国国家版本馆CIP数据核字(2023)第129335号

福建省教师招聘考试专用教材
JIAOYU ZONGHE
教育综合
山香教师招聘考试命题研究中心　主　编

策划编辑　张文强
责任编辑　杨林玉　曹亮亮　　　　　　封面设计　山香教育
首都师范大学出版社出版发行
地　　址　北京市海淀区西三环北路105号
邮　　编　100048
咨询电话　010-68418523(总编室)　　　010-68982468(发行部)
网　　址　http://cnupn.cnu.edu.cn
印　　刷　河南黎阳印务有限公司
经　　销　全国新华书店
版　　次　2023年8月第1版
印　　次　2023年8月第1次印刷
开　　本　889mm×1194mm　1/16
印　　张　33.5
字　　数　820千
定　　价　68.00元

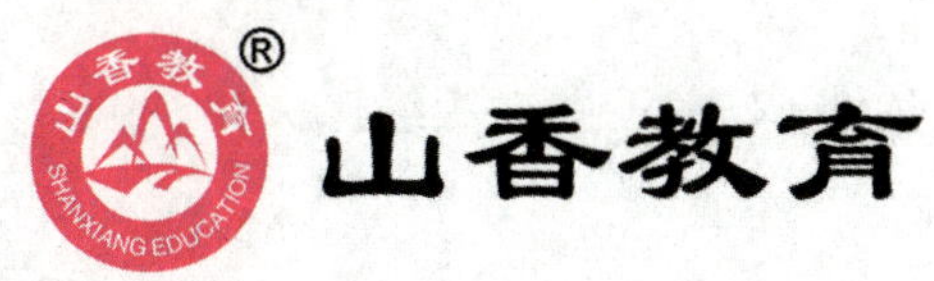

24年内容沉淀

将心注入，只为考生上岸

24年

SHANXIANG
EDUCATION

品牌故事

山香女孩

抖音扫码 - 山香教育

一段真实感人的故事

一个中国招教的传奇

一个大山中质朴的女孩

只为了能守候心中的爱情

执著地踏上教师招考之路

几经心酸、坎坷数载

终含泪圆梦

师者大爱无疆

回首仍在招教路上迷茫无助

痛苦挣扎的考生

她忍痛放弃来之不易的光辉事业

决然分享自己的招教秘籍

掇菁撷华、纳优去粕，无微不至、倾心辅导

只为复制精彩，再造成功

她圆了一批又一批考生的教师之梦

她让一批又一批的考生喜泪盈眶

她收到了一句又一句的致谢和感恩话语

她已经不是一个她了

而是更多的她，创造了中国招教奇迹！

她就是——山香教育！

SHANXIANG EDUCATION

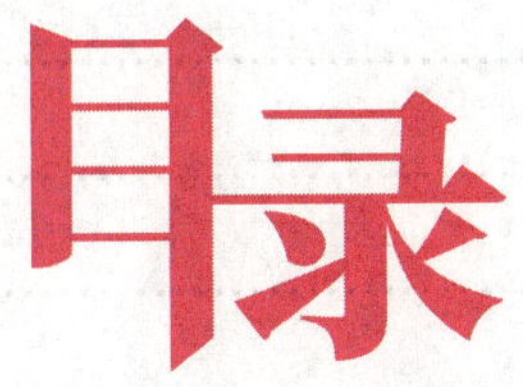

目录

高效备考从扫码开始……

扫码听讲的4个理由

1. 海量真题免费刷
2. 参加模考体验佳
3. 时政打卡天天有
4. 备考咨询专业答

考情解读

模块一　时事政治

第一章　党和国家的基本理论、基本路线、基本方略和重大方针政策

本章考题约占试卷总分值的1%~2%，考查题型主要为单项选择题。

第二章　年度间国内外重大时事

本章考题约占试卷总分值的1%~10%，考查题型主要为单项选择题、多项选择题、填空题等。

模块二　教育学

第一章　教育与教育学

本章考题约占试卷总分值的1%~4%，考查题型主要为单项选择题、多项选择题、判断选择题、填空题等。

第二章　教育与社会发展

本章考题约占试卷总分值的1%～4%，考查题型主要为单项选择题、多项选择题、判断题、填空题、案例分析题等。

第三章　教育与个体的发展

本章考题约占试卷总分值的1%～6%，考查题型主要为单项选择题、判断选择题、填空题、辨析题、论述题等。

第四章　教育目的

本章考题约占试卷总分值的1%～8%，考查题型主要为单项选择题、多项选择题、判断选择题、填空题、材料分析题等。

第五章　学校教育制度

本章考题占试卷总分值的1%左右，考查题型主要为单项选择题、填空题等。

第六章　课　程

本章考题约占试卷总分值的1%～2%，考查题型主要为单项选择题、多项选择题、判断（判断选择）题、填空题等。

第七章　教师与学生

本章考题约占试卷总分值的2%～4%，考查题型主要为单项选择题、多项选择题、判断题、填空题、材料分析题等。

第八章 教 学

本章考题约占试卷总分值的6%~10%,考查题型主要为单项选择题、多项选择题、判断选择题、填空题、判断说理题、论述题、材料分析题等。

第九章 德 育

本章考题约占试卷总分值的2%~10%,考查题型主要为单项选择题、填空题、判断选择题、辨析题、材料分析题等。

第十章　班级管理与班主任工作

本章考题约占试卷总分值的1%~8%,考查题型主要为单项选择题、多项选择题、填空题、判断分析题、材料分析题等。

第十一章　教育科学研究

本章考题占试卷总分值的1%左右,考查题型主要为单项选择题。

模块三　普通心理学

第一章　心理与心理学

本章考题约占试卷总分值的1%~2%,考查题型主要为单项选择题、多项选择题、填空题等。

第二章　感觉与知觉

本章考题约占试卷总分值的1%～2%，考查题型主要为单项选择题、多项选择题、判断题、填空题等。

第三章　记　忆

本章考题约占试卷总分值的1%～8%，考查题型主要为单项选择题、填空题、判断说理题、材料分析题等。

第四章　表象与想象

本章考题约占试卷总分值的1%～3%，考查题型主要为单项选择题、填空题、判断题等。

第五章　思　维

本章考题约占试卷总分值的1%～2%，考查题型主要为单项选择题、多项选择题、填空题等。

第六章 注 意

本章考题约占试卷总分值的1%~6%,考查题型主要为单项选择题、多项选择题、填空题、材料分析题等。

第七章 情绪与情感

本章考题约占试卷总分值的1%~2%,考查题型主要为单项选择题、多项选择题、判断选择题、填空题等。

第八章 意 志

本章考题约占试卷总分值的1%~2%,考查题型主要为单项选择题、判断选择题、填空题等。

第九章 个性倾向性

本章考题约占试卷总分值的1%~4%,考查题型主要为单项选择题、判断题、填空题、材料分析题等。

第十章 个性心理特征

本章考题约占试卷总分值的1%~4%,考查题型主要为单项选择题、多项选择题、填空题、判断分析题、材料分析题等。

第十一章 自我意识

本章考题约占试卷总分值的1%~2%,考查题型主要为填空题、判断选择题。

模块四　教育心理学

第一章　教育心理学概述

本章考题约占试卷总分值的1%~2%，考查题型主要为单项选择题、填空题等。

第二章　学生心理发展与教育

本章考题约占试卷总分值的1%~8%，考查题型主要为单项选择题、多项选择题、填空题、材料分析题等。

第三章　教师心理

本章考题约占试卷总分值的1%~4%，考查题型主要为单项选择题、辨析题等。

第四章　学习的基本理论

本章考题约占试卷总分值的1%～3%，考查题型主要为单项选择题、多项选择题、判断选择题等。

第五章　学习动机

本章考题约占试卷总分值的1%～8%，考查题型主要为单项选择题、多项选择题、填空题、判断说理题、论述题、材料分析题等。

第六章　知识的学习

本章考题约占试卷总分值的1%～2%，考查题型主要为单项选择题、多项选择题、判断题、填空题等。

第七章　技能的学习

本章考题约占试卷总分值的1%～6%，考查题型主要为单项选择题、多项选择题、判断题、填空题、材料分析题等。

第八章　问题解决与创造性

本章考题约占试卷总分值的1%～6%，考查题型主要为单项选择题、多项选择题、材料分析题等。

第九章　学习的迁移

本章考题约占试卷总分值的1%～2%，考查题型主要为单项选择题、多项选择题、填空题等。

第十章　学习策略

本章考题约占试卷总分值的1%～6%，考查题型主要为单项选择题、多项选择题、材料分析题等。

第十一章　品德的形成

本章考题约占试卷总分值的1%～2%，考查题型主要为单项选择题、判断选择题、填空题等。

第十二章　心理健康教育

本章考题约占试卷总分值的1%～2%，考查题型主要为单项选择题、填空题等。

第十三章　课堂管理

本章考题约占试卷总分值的1%～2%，考查题型主要为单项选择题。

模块五 师德和教育法律法规与政策

第一章 教育法律法规

本章考题约占试卷总分值的2%~7%，考查题型主要为单项选择题、多项选择题、填空题、材料分析题等。

第二章 师德和教育规章与政策

本章考题约占试卷总分值的2%~9%，考查题型主要为单项选择题、多项选择题、填空题、材料分析题等。

专家微课视频索引

（扫描正文中下列知识点处的二维码，即可获取专家微课视频）

考情解读

考情分析 >>>

2022年起，福建省不再统一组织安排全省中小学幼儿园教师公开招聘工作，由市、县（区）教育部门会同有关部门组织实施。省里每年提供一次新任教师招聘笔试服务，各地可视需要使用笔试成绩。各地由学校按公开招聘有关规定提出教师招聘需求和岗位条件，并参与面试、考察和拟聘人员确定。

考试基本信息：

1. 考试时间：120分钟。

2. 试卷分值：150分。

3. 主要题型：单项选择题、多项选择题、判断题、填空题、名词解释题、辨析题、简答题、论述题、材料分析题等。

4. 内容比例：时事政治约占10%，师德和教育法律法规与政策约占15%，教育学约占35%，心理学约占40%。

5. 试题难易比例：容易题约占30%，中等难度题约占50%，较难题约占20%。

内容解读 >>>

福建省教育综合知识的考试范围主要涵盖时事政治、师德和教育法律法规与政策、教育学、心理学四大模块。为帮助考生把握考试重点，山香教育根据最新考试大纲和真题汇总整理了近四年的考点，考生注意结合自身实际，有针对性地进行复习。

（一）时事政治

1. 年度间国内外重大时事（前一年1月1日至12月31日）

2. 中国共产党和中国政府在现阶段的基本路线和重大方针政策

（二）师德和教育法律法规与政策

1.《中华人民共和国教育法》（正式颁布的最新修正版）

2.《中华人民共和国义务教育法》（正式颁布的最新修正版）

3.《中华人民共和国教师法》（正式颁布的最新修正版）

4.《中华人民共和国未成年人保护法》（正式颁布的最新修订版）

5.《新时代中小学教师职业行为十项准则》

6.《中小学教师违反职业道德行为处理办法》（正式颁布的最新修订版）

7.《中国学生发展核心素养》

8.《中学教师专业标准（试行）》与《小学教师专业标准（试行）》

9.《中共中央 国务院关于深化教育教学改革全面提高义务教育质量的意见》

10.《深化新时代教育评价改革总体方案》(中共中央 国务院印发)

11.《关于进一步减轻义务教育阶段学生作业负担和校外培训负担的意见》(中共中央办公厅、国务院办公厅印发)

12.《中小学教育惩戒规则(试行)》(教育部)

13.《关于全面深化新时代教师队伍建设改革的实施意见》(中共福建省委 福建省人民政府印发)

法律法规与政策	2023	2022	2021	2020
《中华人民共和国教育法》(2021年修正)	判断选择1道	填空1道	单选1道	单选1道
《中华人民共和国义务教育法》(2018年修正)	填空1道,材料分析1问	/	填空1道	多选1道
《中华人民共和国教师法》(2009年修正)	多选1道	单选1道,材料分析1问	填空1道	单选1道,填空1道
《中华人民共和国未成年人保护法》(2020年修订)	多选1道	材料分析1道	材料分析1问	/
《新时代中小学教师职业行为十项准则》	材料分析1道	材料分析1道	材料分析1问	材料分析1问
《中国学生发展核心素养》	单选1道	/	多选1道	单选1道
《中共中央 国务院关于深化教育教学改革全面提高义务教育质量的意见》	/	/	/	填空1道
《深化新时代教育评价改革总体方案》(中共中央 国务院印发)	填空1道	/	填空1道	/
《关于进一步减轻义务教育阶段学生作业负担和校外培训负担的意见》(中共中央办公厅、国务院办公厅印发)	材料分析1问	单选1道	/	/
《中小学教育惩戒规则(试行)》(教育部)	单选1道	多选1道	多选1道	/
《关于全面深化新时代教师队伍建设改革的实施意见》(中共福建省委 福建省人民政府印发)	/	/	单选1道	单选1道
《中小学教师违反职业道德行为处理办法》(2018年修订)	判断选择1道	/	/	/

注:个别于2020~2022年考查过但2023年大纲已删去的以及2023年大纲罗列但近四年未考查的师德和教育法律法规与政策的相关内容,此处不再列举。

(三)教育学

1. 教育与教育学

(1)教育与教育学概述

(2)教育的产生与发展

(3)教育学的产生与发展

2. 教育与社会发展

(1)教育与政治经济制度

(2)教育与生产力

(3)教育与文化

(4)教育与人口

3. 教育与个体的发展

(1)个体身心发展概述

(2)影响个体身心的发展的因素

4. 教育目的

(1)教育目的的概述

(2)我国的教育目的及其理论基础

(3)素质教育的内涵

(4)全面发展教育的组成及其关系

5. 学校教育制度

(1)学校教育制度概述

(2)我国的学校教育制度

(3)当代学校教育制度改革 新增

6. 课程

(1)课程概述

(2)课程规范

(3)课程改革

7. 教师与学生

(1)教师职业概述

(2)教师的专业素质与专业发展 

(3)学生概述

(4)师生关系

8. 教学

(1)教学概述

(2)教学过程

(3)教学模式 新增

(4)教学原则与教学方法

(5)教学工作的基本环节

(6)教学组织形式

(7)教学评价

9. 德育

(1)德育概述

(2)德育过程

(3)德育模式 新增

(4)德育原则与方法

(5)德育途径

10. 班级管理与班主任工作

(1)班级与班级管理

(2)班主任工作概述

(3)班主任工作的内容与策略

11. 教育科学研究

(1)教育科学研究概述

(2)教育科学研究的过程 新增

(3)教育科学研究的基本方法

章名	2023	2022	2021	2020
教育与教育学	单选2道,填空2道	单选1道	单选3道,多选1道	单选3道
教育与社会发展	多选1道	单选1道,填空1道	填空1道	多选1道
教育与个体的发展	判断选择1道,辨析1道	填空1道	填空1道	单选1道,填空1道
教育目的	单选1道,多选1道,填空1道	材料分析1道	单选1道	填空1道
学校教育制度	/	/	单选1道	填空1道

续表

章名	2023	2022	2021	2020
课程	单选1道，判断选择2道	单选1道，填空1道	多选1道	单选1道，填空1道
教师与学生	多选1道	单选2道	/	材料分析1问
教学	判断选择2道，填空1道，材料分析1道	单选1道，多选1道，判断说理1道	多选1道，填空1道，判断说理1道	材料分析1道
德育	判断选择1道，填空1道，辨析1道	单选1道，填空1道，判断说理1道	材料分析1道	单选3道
班级管理与班主任工作	材料分析1问	单选1道，多选1道，填空1道	单选1道，填空1道	判断分析1道
教育科学研究	单选1道	/	单选1道	单选1道

(四)心理学

1. 心理与心理学

(1)心理学概述

(2)科学的心理观

(3)心理学的发展

2. 感觉与知觉

(1)感觉概述及规律

(2)知觉概述及规律

(3)感知觉规律在教学中的应用

3. 记忆

(1)记忆概述

(2)记忆过程 新增

(3)记忆规律在教学中的应用

4. 表象与想象

(1)表象及其特点

(2)想象概述

(3)学生想象力的培养

5. 思维

(1)思维概述

(2)思维过程

(3)创造性思维 新增

(4)思维的品质与培养

6. 注意

(1)注意概述

(2)注意的品质

(3)注意规律在教学中的应用

7. 情绪与情感

(1)情绪、情感概述

(2)情绪理论 新增

(3)中小学生情绪情感的发展与教育

8. 意志

(1)意志概述

(2)意志行动过程

(3)中小学生意志的发展与教育

9. 个性倾向性

(1)需要及其理论

(2)动机

(3)兴趣

10. 个性心理特征

(1)能力概述

(2)能力测验

(3)能力的形成与发展

(4)气质概述

(5)性格概述

(6)影响性格形成与发展的因素

(7)气质、性格与教育

11. 自我意识

(1)自我意识概述

(2)自我意识发展规律在教学中的应用

12. 教育心理学概述

(1)教育心理学的研究对象与内容

(2)教育心理学的发展

13. 学生心理发展与教育

(1)学生的认知发展

(2)学生的人格与社会性发展

(3)个体差异与因材施教

14. 教师心理

(1)教师心理特征与职业成就

(2)专家型教师与新教师的差异

(3)教师成长与发展

15. 学习的基本理论

(1)学习概述

(2)行为主义学习理论

(3)认知学习理论

(4)建构主义学习理论

(5)人本主义学习理论

16. 学习动机

(1)学习动机概述

(2)学习动机理论

(3)学习动机的培养与激发

17. 知识的学习

(1)知识的类型

(2)知识的获得

(3)知识的保持

18. 技能的学习

(1)技能概述

(2)操作技能的形成

(3)心智技能的形成

19. 问题解决与创造性

(1)问题与问题解决

(2)问题解决的影响因素

(3)提高问题解决能力的教学

(4)创造性及其培养

20. 学习的迁移

(1)学习迁移概述

(2)学习迁移的基本理论

(3)学习迁移与教学

21. 学习策略

(1)典型的学习策略

(2)学习策略的学习和训练

22. 品德的形成

(1)品德概述

(2)品德发展阶段论

(3)中小学生品德的形成与培养

23. 心理健康教育

(1)心理健康概述

(2)中小学生常见的心理健康问题

24. 课堂管理

(1)课堂管理概述

(2)课堂群体的管理 新增

(3)课堂纪律的管理 新增

章名	2023	2022	2021	2020
心理与心理学	判断选择1道	单选1道	填空1道	填空1道
感觉与知觉	单选1道	单选1道,填空1道	单选1道	单选1道
记忆	多选1道,填空1道	单选1道, 判断说理1道	材料分析1道	判断分析1道
表象与想象	判断选择1道	单选1道	填空1道	/
思维	多选1道,填空1道	单选1道,填空1道	多选1,填空1道	单选1道

续表

章名	2023	2022	2021	2020
注意	材料分析1道	多选1道	判断说理1道	单选1道
情绪与情感	单选1道	单选1道	单选1道	单选1道
意志	填空1道	填空1道	单选1道	/
个性倾向性	单选1道	填空1道	单选1道	单选1道
个性心理特征	单选1道，判断选择1道	单选3道	单选1道，多选1道，填空2道	多选1道，判断分析1道
自我意识	判断选择1道	/	填空1道	/
教育心理学概述	判断选择1道，填空1道	多选1道	/	单选1道，填空1道
学生心理发展与教育	填空1道	材料分析1道	单选2道，多选1道	填空2道
教师心理	辨析1道	/	/	材料分析1道
学习的基本理论	单选1道，多选1道	多选1道，填空1道	/	单选2道
学习动机	材料分析1道	多选1道	判断说理1道	填空1道
知识的学习	判断选择1道	/	单选1道	填空1道
技能的学习	判断选择1道	填空1道	填空1道	材料分析1道
问题解决与创造性	/	/	材料分析1道	多选1道
学习的迁移	多选1道	填空1道	单选1道	单选1道
学习策略	多选1道	材料分析1道	多选1道	单选1道
品德的形成	填空1道	填空1道	/	填空1道
心理健康教育	填空1道	/	/	单选1道
课堂管理	单选1道	多选1道	/	/

说明：本书的知识结构主要依据福建省2023年中小学教师公开招聘考试（笔试）教育综合知识考试大纲编排，为保证知识结构的完整性、易读性，对个别知识的位置稍有调整。

说　明

黑体字：专有名词或者关键词语。

波浪线：需要重点掌握的句子。

红色字体：考点中最重要的内容，其重要性远高于黑体字和波浪线。

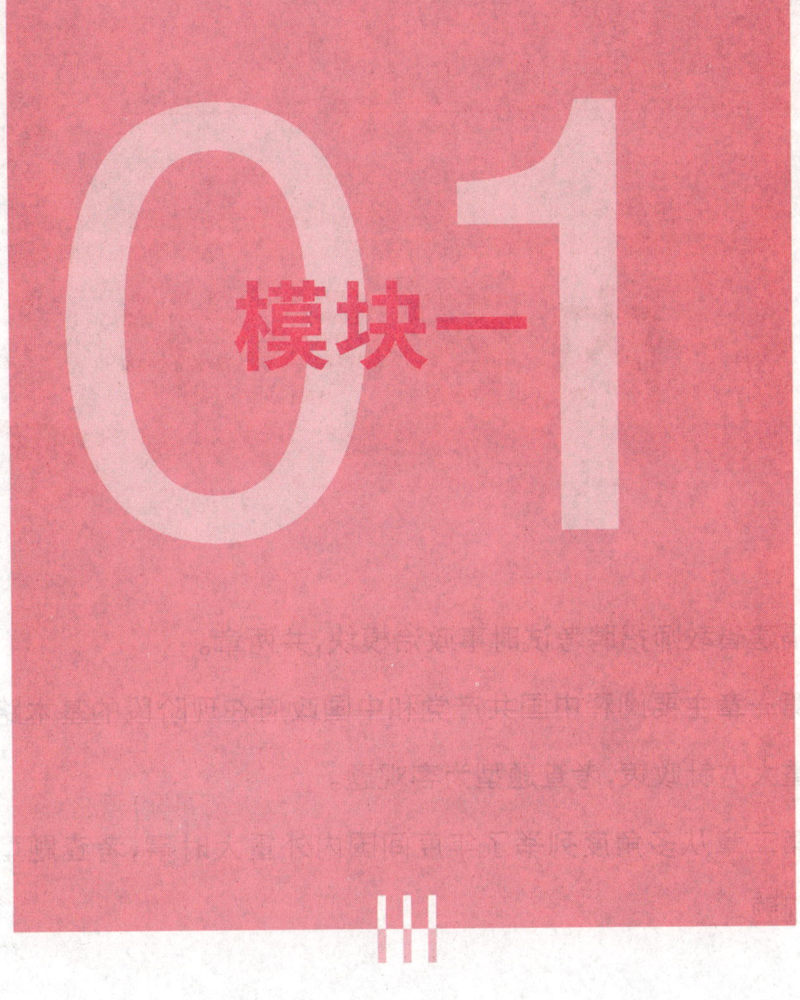

时事政治

SHAN XIANG

内容导学

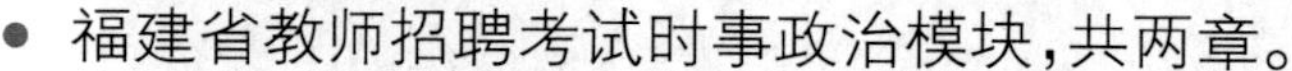

- 福建省教师招聘考试时事政治模块，共两章。
- 第一章主要阐释中国共产党和中国政府在现阶段的基本路线和重大方针政策，考查题型为客观题。
- 第二章从多角度列举了年度间国内外重大时事，考查题型为客观题。

第一章　党和国家的基本理论、基本路线、基本方略和重大方针政策

第一节　中国共产党的基本理论、基本路线和基本方略

一、党的基本理论

党章规定，中国共产党以马克思列宁主义、毛泽东思想、邓小平理论、“三个代表”重要思想、科学发展观、习近平新时代中国特色社会主义思想作为自己的行动指南。

二、党的基本路线

党在社会主义初级阶段的基本路线：领导和团结全国各族人民，以经济建设为中心，坚持四项基本原则，坚持改革开放，自力更生，艰苦创业，为把我国建设成为富强民主文明和谐美丽的社会主义现代化强国而奋斗。

三、党的基本方略

基本方略，是实现“两个一百年”奋斗目标、实现中华民族伟大复兴中国梦的“基本点”“路线图”和“方法论”，回答了新时代怎样坚持和发展中国特色社会主义的问题。基本方略总共有十四条，简称为“十四个坚持”。

(1)坚持党对一切工作的领导。党政军民学，东西南北中，党是领导一切的。

(2)坚持以人民为中心。人民是历史的创造者，是决定党和国家前途命运的根本力量。必须坚持人民主体地位，坚持立党为公、执政为民，践行全心全意为人民服务的根本宗旨，把党的群众路线贯彻到治国理政全部活动之中，把人民对美好生活的向往作为奋斗目标，依靠人民创造历史伟业。

(3)坚持全面深化改革。必须坚持和完善中国特色社会主义制度，不断推进国家治理体系和治理能力现代化。

(4)坚持新发展理念。发展是解决我国一切问题的基础和关键，发展必须是科学发展，必须坚定不移贯彻创新、协调、绿色、开放、共享的发展理念。

(5)坚持人民当家作主。坚持党的领导、人民当家作主、依法治国有机统一是社会主义政治发展的必然要求。

(6)坚持全面依法治国。全面依法治国是中国特色社会主义的本质要求和重要保障。

(7)坚持社会主义核心价值体系。文化自信是一个国家、一个民族发展中更基本、更深沉、更持久的力量。

(8)坚持在发展中保障和改善民生。增进民生福祉是发展的根本目的。

(9)坚持人与自然和谐共生。建设生态文明是中华民族永续发展的千年大计。必须树立和践行绿水青山就是金山银山的理念，坚持节约资源和保护环境的基本国策。

(10)坚持总体国家安全观。必须坚持国家利益至上，以人民安全为宗旨，以政治安全为根本，统筹外部

安全和内部安全、国土安全和国民安全、传统安全和非传统安全、自身安全和共同安全，完善国家安全制度体系，加强国家安全能力建设，坚决维护国家主权、安全、发展利益。

(11)坚持党对人民军队的绝对领导。 建设一支听党指挥、能打胜仗、作风优良的人民军队，是实现“两个一百年”奋斗目标、实现中华民族伟大复兴的战略支撑。

(12)坚持“一国两制”和推进祖国统一。 保持香港、澳门长期繁荣稳定，实现祖国完全统一，是实现中华民族伟大复兴的必然要求。

(13)坚持推动构建人类命运共同体。

(14)坚持全面从严治党。 勇于自我革命，从严管党治党，是我们党最鲜明的品格。必须以党章为根本遵循，把党的政治建设摆在首位。

第二节　党和国家重大方针政策

一、中国梦

表 1-1　中国梦

内容	实现中华民族伟大复兴，就是中华民族近代以来最伟大的梦想
本质	国家富强、民族振兴、人民幸福
主体	人民。中国梦归根到底是人民的梦，必须紧紧依靠人民来实现，必须不断为人民造福。人民是中国梦的创造者、享有者
核心目标	“两个一百年”奋斗目标
实现路径	实现中国梦必须走中国道路。这就是中国特色社会主义道路。 实现中国梦必须弘扬中国精神。这就是以爱国主义为核心的民族精神，以改革创新为核心的时代精神。这种精神是凝心聚力的兴国之魂、强国之魂。 实现中国梦必须凝聚中国力量。这就是中国各族人民大团结的力量

二、“五位一体”与“四个全面”

表 1-2　“五位一体”与“四个全面”

内容	“五位一体”	“四个全面”
维度	建设中国特色社会主义的总体布局，是中国式现代化建设重点着力的方面	战略布局，是基于当前国际国内政治生态、发展状态，着眼执政党肩负的历史使命，结合面临的主要矛盾和问题，从战略高度作出总体判断和筹划
提出背景	党的十八大	党的十八大提出“全面建成小康社会”，十八届三中全会作出了“全面深化改革”的决定，十八届四中全会提出“全面推进依法治国”，党的群众路线教育实践活动总结大会上提出“全面推进从严治党”。党的十九届五中全会通过的《中共中央关于制定国民经济和社会发展第十四个五年规划和二〇三五年远景目标的建议》对“四个全面”战略布局所作出了新表述

续表

内容	“五位一体”	“四个全面”
内涵	经济建设、政治建设、文化建设、社会建设、生态文明建设	全面建设社会主义现代化国家，全面深化改革，全面依法治国，全面从严治党
逻辑关系	经济建设——根本；政治建设——保障；文化建设——灵魂；社会建设——条件；生态文明建设——基础	一个战略总目标——全面建设社会主义现代化国家；三大战略举措——全面深化改革，全面依法治国，全面从严治党

三、第十四个五年规划和二〇三五年远景目标纲要（摘要）

“十四五”时期是我国全面建成小康社会、实现第一个百年奋斗目标之后，乘势而上开启全面建设社会主义现代化国家新征程、向第二个百年奋斗目标进军的第一个五年。

要点1　指导思想

高举中国特色社会主义伟大旗帜，深入贯彻党的十九大和十九届二中、三中、四中、五中全会精神，坚持以马克思列宁主义、毛泽东思想、邓小平理论、“三个代表”重要思想、科学发展观、习近平新时代中国特色社会主义思想为指导，全面贯彻党的基本理论、基本路线、基本方略，统筹推进经济建设、政治建设、文化建设、社会建设、生态文明建设的总体布局，协调推进全面建设社会主义现代化国家、全面深化改革、全面依法治国、全面从严治党的战略布局，坚定不移贯彻创新、协调、绿色、开放、共享的新发展理念，坚持稳中求进工作总基调，以推动高质量发展为主题，以深化供给侧结构性改革为主线，以改革创新为根本动力，以满足人民日益增长的美好生活需要为根本目的，统筹发展和安全，加快建设现代化经济体系，加快构建以国内大循环为主体、国内国际双循环相互促进的新发展格局，推进国家治理体系和治理能力现代化，实现经济行稳致远、社会安定和谐，为全面建设社会主义现代化国家开好局、起好步。

要点2　原则

必须遵循的原则：坚持党的全面领导；坚持以人民为中心；坚持新发展理念；坚持深化改革开放；坚持系统观念。

要点3　战略导向

“十四五”时期推动高质量发展，必须立足新发展阶段、贯彻新发展理念、构建新发展格局。《中共中央关于制定国民经济和社会发展第十四个五年规划和二〇三五年远景目标的建议》的核心要义体现在三个“新”上，就是新发展阶段、新发展理念、新发展格局。

把握新发展阶段是贯彻新发展理念、构建新发展格局的现实依据，贯彻新发展理念为把握新发展阶段、构建新发展格局提供了行动指南，构建新发展格局则是应对新发展阶段机遇和挑战、贯彻新发展理念的战略选择。

必须坚持深化供给侧结构性改革，以创新驱动、高质量供给引领和创造新需求，提升供给体系的韧性和对国内需求的适配性。必须建立扩大内需的有效制度，加快培育完整内需体系，加强需求侧管理，建设强大国内市场。必须坚定不移推进改革，破除制约经济循环的制度障碍，推动生产要素循环流转和生产、分配、流通、消费各环节有机衔接。必须坚定不移扩大开放，持续深化要素流动型开放，稳步拓展制度型开放，依托国内经济循环体系形成对全球要素资源的强大引力场。必须强化国内大循环的主导作用，以国际循环提升国内大循环效率和水平，实现国内国际双循环互促共进。

要点4 主要目标

按照全面建设社会主义现代化国家的战略安排，2035年远景目标和“十四五”时期经济社会发展主要目标如下。

1. 2035年远景目标

展望2035年，我国将基本实现社会主义现代化。(1)经济实力、科技实力、综合国力将大幅跃升，经济总量和城乡居民人均收入将再迈上新的大台阶，关键核心技术实现重大突破，进入创新型国家前列。(2)基本实现新型工业化、信息化、城镇化、农业现代化，建成现代化经济体系。(3)基本实现国家治理体系和治理能力现代化，人民平等参与、平等发展权利得到充分保障，基本建成法治国家、法治政府、法治社会。(4)建成文化强国、教育强国、人才强国、体育强国、健康中国，国民素质和社会文明程度达到新高度，国家文化软实力显著增强。(5)广泛形成绿色生产生活方式，碳排放达峰后稳中有降，生态环境根本好转，美丽中国建设目标基本实现。(6)形成对外开放新格局，参与国际经济合作和竞争新优势明显增强。(7)人均国内生产总值达到中等发达国家水平，中等收入群体显著扩大，基本公共服务实现均等化，城乡区域发展差距和居民生活水平差距显著缩小。(8)平安中国建设达到更高水平，基本实现国防和军队现代化。(9)人民生活更加美好，人的全面发展、全体人民共同富裕取得更为明显的实质性进展。

2. “十四五”时期经济社会发展主要目标

(1)经济发展取得新成效。发展是解决我国一切问题的基础和关键，发展必须坚持新发展理念，在质量效益明显提升的基础上实现经济持续健康发展，增长潜力充分发挥，国内生产总值年均增长保持在合理区间、各年度视情提出，全员劳动生产率增长高于国内生产总值增长，国内市场更加强大，经济结构更加优化，创新能力显著提升，全社会研发经费投入年均增长7%以上、力争投入强度高于“十三五”时期实际，产业基础高级化、产业链现代化水平明显提高，农业基础更加稳固，城乡区域发展协调性明显增强，常住人口城镇化率提高到65%，现代化经济体系建设取得重大进展。

(2)改革开放迈出新步伐。社会主义市场经济体制更加完善，高标准市场体系基本建成，市场主体更加充满活力，产权制度改革和要素市场化配置改革取得重大进展，公平竞争制度更加健全，更高水平开放型经济新体制基本形成。

(3)社会文明程度得到新提高。社会主义核心价值观深入人心，人民思想道德素质、科学文化素质和身心健康素质明显提高，公共文化服务体系和文化产业体系更加健全，人民精神文化生活日益丰富，中华文化影响力进一步提升，中华民族凝聚力进一步增强。

(4)生态文明建设实现新进步。国土空间开发保护格局得到优化，生产生活方式绿色转型成效显著，能源资源配置更加合理、利用效率大幅提高，单位国内生产总值能源消耗和二氧化碳排放分别降低13.5%、18%，主要污染物排放总量持续减少，森林覆盖率提高到24.1%，生态环境持续改善，生态安全屏障更加牢固，城乡人居环境明显改善。

(5)民生福祉达到新水平。实现更加充分更高质量就业，城镇调查失业率控制在5.5%以内，居民人均可支配收入增长与国内生产总值增长基本同步，分配结构明显改善，基本公共服务均等化水平明显提高，全民受教育程度不断提升，劳动年龄人口平均受教育年限提高到11.3年，多层次社会保障体系更加健全，基本养老保险参保率提高到95%，卫生健康体系更加完善，人均预期寿命提高1岁，脱贫攻坚成果巩固拓展，乡村振兴战略全面推进，全体人民共同富裕迈出坚实步伐。

(6)国家治理效能得到新提升。社会主义民主法治更加健全，社会公平正义进一步彰显，国家行政体系更加完善，政府作用更好发挥，行政效率和公信力显著提升，社会治理特别是基层治理水平明显提高，防范化解重大风险体制机制不断健全，突发公共事件应急处置能力显著增强，自然灾害防御水平明显提升，发展安全保障更加有力，国防和军队现代化迈出重大步伐。

四、党建的重要理念

(1)反对"四风"：反对形式主义、官僚主义、享乐主义和奢靡之风。

(2)四个意识：政治意识、大局意识、核心意识、看齐意识。

(3)"三会一课"制度："三会"是定期召开支部党员大会、支委会、党小组会；"一课"是按时上好党课。这是党的组织生活的基本制度。

(4)三严三实：既严以修身、严以用权、严以律己，又谋事要实、创业要实、做人要实。

(5)两个维护：坚决维护习近平总书记党中央的核心、全党的核心地位，坚决维护党中央权威和集中统一领导。坚决做到"两个维护"，既是根本政治任务，也是根本政治纪律和政治规矩，是牢固树立"四个意识"的集中体现。

(6)八个本领：学习本领、政治领导本领、改革创新本领、科学发展本领、依法执政本领、群众工作本领、狠抓落实本领、驾驭风险本领。

五、学习贯彻习近平新时代中国特色社会主义思想主题教育

2023年3月30日，中共中央政治局召开会议，决定从2023年4月开始，在全党自上而下分两批开展学习贯彻习近平新时代中国特色社会主义思想主题教育。

要点1　重点教育人群

主题教育以县处级以上领导干部为重点。

要点2　总要求

主题教育总要求："学思想、强党性、重实践、建新功"。

要点3　根本任务

主题教育坚持学思用贯通、知信行统一，把习近平新时代中国特色社会主义思想转化为坚定理想、锤炼党性和指导实践、推动工作的强大力量，使全党始终保持统一的思想、坚定的意志、协调的行动、强大的战斗力，努力在以学铸魂、以学增智、以学正风、以学促干方面取得实实在在的成效。

要点4　具体目标

主题教育具体要达到凝心铸魂筑牢根本、锤炼品格强化忠诚、实干担当促进发展、践行宗旨为民造福、廉洁奉公树立新风的目标。

要点5　着力解决的问题

主题教育着力解决理论学习、政治素质、能力本领、担当作为、工作作风、廉洁自律等6个方面的问题。

第二章　年度间国内外重大时事

根据最新考试大纲的要求，请考生关注和积累2023年度的国内外重大时事，包括但不限于：党和国家重大会议和纪念活动，法律热点，重大国防和科技成就，重要国际时事，人类非物质文化遗产和世界遗产大会等。

一、党的二十大

2022年10月16日上午10时，中国共产党第二十次全国代表大会在北京人民大会堂开幕，习近平代表第十九届中央委员会向大会作了题为《高举中国特色社会主义伟大旗帜 为全面建设社会主义现代化国家而团结奋斗》的报告。

要点1　大会主题

大会的主题是：高举中国特色社会主义伟大旗帜，全面贯彻新时代中国特色社会主义思想，弘扬伟大建党精神，自信自强、守正创新，踔厉奋发、勇毅前行，为全面建设社会主义现代化国家、全面推进中华民族伟大复兴而团结奋斗。

要点2　“数”览二十大

1.“三件大事”

二十大报告指出，十年来我们经历了对党和人民事业具有重大现实意义和深远历史意义的三件大事：一是迎来中国共产党成立一百周年，二是中国特色社会主义进入新时代，三是完成脱贫攻坚、全面建成小康社会的历史任务，实现第一个百年奋斗目标。

2. 第二个“答案”

经过不懈努力，党找到了**自我革命**这一跳出治乱兴衰历史周期率的第二个答案，自我净化、自我完善、自我革新、自我提高能力显著增强，管党治党宽松软状况得到根本扭转，风清气正的党内政治生态不断形成和发展，确保党永远不变质、不变色、不变味。

3.“两个行”

马克思主义是我们立党立国、兴党兴国的根本指导思想。实践告诉我们，中国共产党为什么能，中国特色社会主义为什么好，归根到底是马克思主义行，是中国化时代化的马克思主义行。

4.“两个结合”

中国共产党人深刻认识到，只有把马克思主义基本原理同中国具体实际相结合、同中华优秀传统文化相结合，坚持运用辩证唯物主义和历史唯物主义，才能正确回答时代和实践提出的重大问题，才能始终保持马克思主义的蓬勃生机和旺盛活力。

5.“六个必须坚持”

开辟马克思主义中国化时代化新境界，必须坚持人民至上，必须坚持自信自立，必须坚持守正创新，必须坚持问题导向，必须坚持系统观念，必须坚持胸怀天下。

6.“五个必由之路”

(1)坚持党的全面领导是坚持和发展中国特色社会主义的必由之路。(2)中国特色社会主义是实现中华民族伟大复兴的必由之路。(3)团结奋斗是中国人民创造历史伟业的必由之路。(4)贯彻新发展理念是新时代我国发展壮大的必由之路。(5)全面从严治党是党永葆生机活力、走好新的赶考之路的必由之路。

要点3　中国共产党的中心任务

二十大报告指出，从现在起，中国共产党的中心任务就是团结带领全国各族人民全面建成社会主义现代化强国、实现第二个百年奋斗目标，以中国式现代化全面推进中华民族伟大复兴。

要点4　中国式现代化

1.中国式现代化的五大重要特征

(1)中国式现代化是人口规模巨大的现代化。(2)中国式现代化是全体人民共同富裕的现代化。(3)中国式现代化是物质文明和精神文明相协调的现代化。(4)中国式现代化是人与自然和谐共生的现代化。(5)中国式现代化是走和平发展道路的现代化。

2.中国式现代化的本质要求

中国式现代化的本质要求是：坚持中国共产党领导，坚持中国特色社会主义，实现高质量发展，发展全过程人民民主，丰富人民精神世界，实现全体人民共同富裕，促进人与自然和谐共生，推动构建人类命运共同体，创造人类文明新形态。

要点5　教育相关内容

1.全面建设社会主义现代化国家的基础性、战略性支撑

二十大报告指出，教育、科技、人才是全面建设社会主义现代化国家的基础性、战略性支撑。必须坚持科技是第一生产力、人才是第一资源、创新是第一动力，深入实施科教兴国战略、人才强国战略、创新驱动发展战略，开辟发展新领域新赛道，不断塑造发展新动能新优势。

2.办好人民满意的教育

(1)坚持以人民为中心发展教育，加快建设高质量教育体系，发展素质教育，促进教育公平；(2)加快义务教育优质均衡发展和城乡一体化，优化区域教育资源配置，强化学前教育、特殊教育普惠发展，坚持高中阶段学校多样化发展，完善覆盖全学段学生资助体系；(3)深化教育领域综合改革，加强教材建设和管理，完善学校管理和教育评价体系，健全学校家庭社会育人机制。加强师德师风建设，培养高素质教师队伍，弘扬尊师重教社会风尚。

3. 广泛践行社会主义核心价值观

(1)弘扬以伟大建党精神为源头的中国共产党人精神谱系，用好红色资源，深入开展社会主义核心价值观宣传教育，深化爱国主义、集体主义、社会主义教育，着力培养担当民族复兴大任的时代新人；(2)用社会主义核心价值观铸魂育人，完善思想政治工作体系，推进大中小学思想政治教育一体化建设；(3)坚持依法治国和以德治国相结合，把社会主义核心价值观融入法治建设、融入社会发展、融入日常生活。

伟大建党精神，指的是坚持真理、坚守理想，践行初心、担当使命，不怕牺牲、英勇斗争，对党忠诚、不负人民的精神。

二、2023年全国教育工作会议

2023年1月12日，全国教育工作会议在北京召开。

要点1　五大亮点

1. 把开展读书活动作为一件大事来抓

会议强调，要把开展读书活动作为一件大事来抓，引导学生爱读书、读好书、善读书。

2. 4%机制的教育投入如何腾挪

会议强调，持续办好更加公平、更高质量的基础教育。学前教育、特殊教育突出“普惠发展”，义务教育突出“优质均衡”，高中阶段学校突出“多样化”，继续把“双减”摆在突出位置来抓。

3. 职业教育学生成才从独木桥到立交桥

会议强调，加快构建融通融合融汇的现代职业教育体系。以深化产教融合为重点、推动职普融通为关键、促进科教融汇为新方向，构建“一体两翼”工作格局推动职业教育提质升级。

4. 提高人才供给自主可控能力

会议强调，着力发展支撑引领国家战略实施的高等教育。在全面提高人才自主培养质量、造就拔尖创新人才和服务区域经济社会发展、优化布局结构上先行先试，进一步加强高校分类管理的顶层设计，加快探索高校分类评价改革。

5. 教育数字化从资源向数据纵深推进

会议强调，统筹推进教育数字化和学习型社会、学习型大国建设。纵深推进教育数字化战略行动，重点做好大数据中心建设、数据充分赋能、有效公共服务、扩大国际合作四件事。

要点2　2023年教育工作主攻方向和重点任务

会议指出，2023年教育工作主攻方向和重点任务具体包括：(1)坚定不移加强党对教育工作的全面领导；(2)坚持不懈用习近平新时代中国特色社会主义思想铸魂育人；(3)持续办好更加公平、更高质量的基础教育；(4)加快构建融通融合融汇的现代职业教育体系；(5)着力发展支撑引领国家战略实施的高等教育；(6)统筹推进教育数字化和学习型社会、学习型大国建设；(7)不断深化教育领域综合改革。

三、2023年政府工作报告（摘要）

要点1　过去五年的工作回顾

1. 经济发展再上新台阶

国内生产总值增加到121万亿元，五年年均增长5.2%，十年增加近70万亿元、年均增长6.2%，在高基数基础上实现了中高速增长、迈向高质量发展。粮食产量连年稳定在1.3万亿斤以上。城镇新增就业年均1270多万人。

2. 脱贫攻坚任务胜利完成

经过八年持续努力，近1亿农村贫困人口实现脱贫，全国832个贫困县全部摘帽，960多万贫困人口实现易地搬迁，历史性地解决了绝对贫困问题。

要点2　2023年发展主要预期目标

（1）国内生产总值增长5%左右；（2）城镇新增就业1200万人左右，城镇调查失业率5.5%左右；（3）居民消费价格涨幅3%左右；（4）居民收入增长与经济增长基本同步；（5）进出口促稳提质，国际收支基本平衡；（6）粮食产量保持在1.3万亿斤以上；（7）单位国内生产总值能耗和主要污染物排放量继续下降，重点控制化石能源消费，生态环境质量稳定改善。

四、我国最新科技成就

要点1　航天科技成就

1. “神舟”系列载人飞船成功发射

2022年6月5日，“神舟十四号”载人飞船在酒泉卫星发射中心成功发射。航天员陈冬、刘洋、蔡旭哲依次进入天和核心舱。

2022年11月29日，“神舟十五号”载人飞船在酒泉卫星发射中心点火发射，费俊龙、邓清明和张陆3名航天员执行此次载人飞行任务。神舟十五号飞行任务是中国空间站建造阶段最后一次飞行任务。

2. 中国空间站“T”字基本构型在轨组装完成

2022年10月31日，中国空间站梦天实验舱搭乘长征五号B遥四运载火箭在我国文昌航天发射场成功发射，这是空间站建造的关键之战。2022年11月3日，梦天实验舱顺利完成转位，这标志着中国空间站“T”字基本构型（包含天和核心舱、问天实验舱和梦天实验舱）在轨组装完成，向着建成空间站的目标迈出了关键一步。

3. “夸父一号”探日

2022年10月9日，我国在酒泉卫星发射中心使用长征二号丁型运载火箭，成功将先进天基太阳天文台卫星“夸父一号”发射升空。“夸父一号”是我国综合性太阳探测专用卫星。“夸父一号”开展观测的科学目标简称为“一磁两暴”，“一磁”即太阳磁场，“两暴”即太阳上两类最剧烈的爆发现象——太阳耀斑和日冕物质抛射。

2023年至2024年间，神舟十六号、神舟十七号将升空，中国巡天空间望远镜（CSST）也有望“飞天”……考生要持续关注年度间的重大航天科技成就。

要点2　航海科技成就

2022年6月17日，经中央军委批准，我国第三艘航空母舰命名为“中国人民解放军海军福建舰”，舷号为“18”。福建舰是我国完全自主设计建造的首艘弹射型航空母舰，采用平直通长飞行甲板，配置电磁弹射和阻拦装置，满载排水量8万余吨。

五、人类非物质文化遗产和世界遗产大会

2022年11月29日晚，“中国传统制茶技艺及其相关习俗”申遗成功，至此，中国已有43个项目被联合国教科文组织列入非物质文化遗产名录（名册），位居世界第一。

2023年1月，世界遗产委员会第18次特别会议在巴黎联合国教科文组织总部召开。会议讨论决定，第45届世界遗产大会于2023年9月在沙特阿拉伯利雅得举行。中国2022年提名项目“普洱景迈山古茶林文化景观”将在大会上接受审议。

即时反思与复盘总结

我于________年____月____日完成了对本模块的学习。

复盘一下，我对自己较肯定的地方是________________________

（足够努力/心态积极/方法得当……）

我觉得自己需要改进的地方是________________________

（懒惰懈怠/心情浮躁/方法不当……）

休息片刻，开启下一站征程！

模块二

教育学

SHAN XIANG

内容导学

- 福建省教师招聘考试教育学模块，共十一章。
- 前六章主要是对一些教育基本原理的阐释，考查题型多偏重于客观题；
- 第七章至第十章主要介绍教育教学实际中所涉及的基本理论，考查题型客观题和主观题并重；
- 第十一章是对教育科学研究基本概念、过程及方法的阐述，考查题型偏重于客观题。
- 考生要重点掌握第一章、第六至九章的内容，并结合历年真题有针对性地进行复习。

第一章 教育与教育学

思维导图

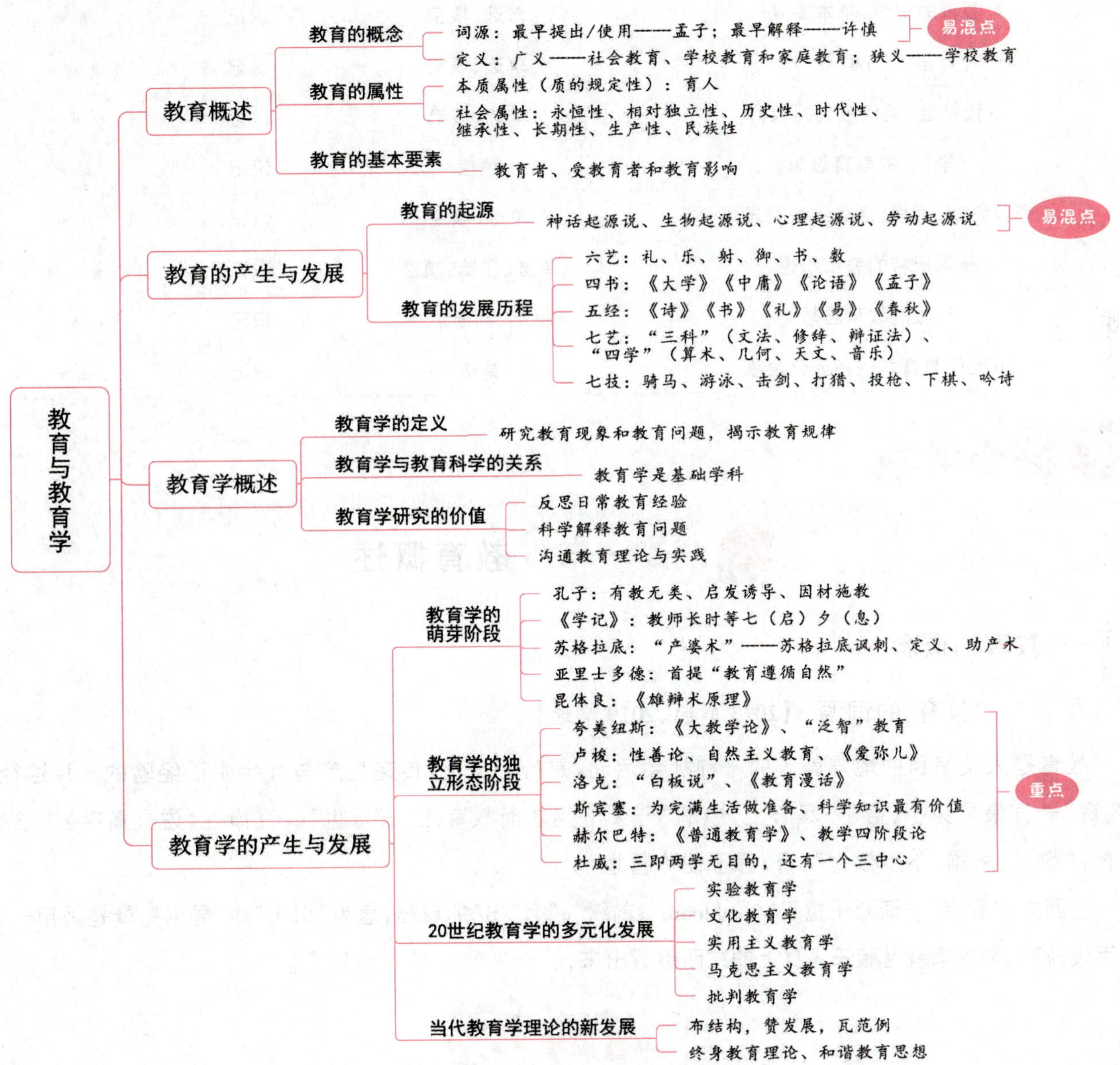

福建考向

本章属于教育学的基础章节，也是福建招教重点考查的章节，内容较为琐碎，需要识记的知识较多。现对本章福建考向分析如下：

高频考点	常考题型	能力层级	考查热度
教育的词源、基本要素	单选、填空	识记	★★
教育的起源	单选、填空	识记	★★★
古代社会、现代社会的教育	单选、多选	识记	★★★
《学记》的教育思想	填空	识记	★★
夸美纽斯、卢梭、洛克的教育思想	单选、填空	识记	★★
赫尔巴特的教育思想	单选、多选、填空	识记	★★★
杜威的教育思想	单选、判断选择	识记	★★★
20世纪教育学的多元化发展	单选	识记	★★

核心考点

第一节　教育概述

一、教育的概念

考点1　“教育”的词源　【2023单选、2019单选】　必背

教育是人类有目的地培养人的一种社会活动，是传承文化、传递生产与社会生活经验的一种途径。“教育”一词最早见于《孟子·尽心上》中的“得天下英才而教育之，三乐也”。许慎在《说文解字》中这样解释：“教，上所施，下所效也”“育，养子使作善也”。

在西方，“教育”一词源于拉丁文“educere”，前缀“e”有“出”的意思，意为“引出”或“导出”，就是采用一定的手段，把某种本来就潜藏于人身上的东西引导出来，从一种潜质转变为现实。

考生易混淆“教育”一词的最早出处与最早对“教育”一词进行解释的出处。考生在做题时应注意题干的关键词或题干的意思是“最早使用”“最早出现”还是“最早解释”，强调最早提出的是孟子的《孟子·尽心上》，强调最早解释的是许慎的《说文解字》。

真题面对面

[2023，单，2分]我国最早出现“教育”一词是在“得天下英才而教育之，三乐也”这句话中，该句话出自(　　)

A.《学记》　　B.《论语》

C.《说文解字》　　D.《孟子·尽心上》

答案：D

考点2　教育的定义

1. 从社会的角度来定义

广义的教育是指增进人的知识与技能、发展人的智力与体力、影响人的思想观念的活动。它包括社会教育、学校教育和家庭教育。

狭义的教育主要指学校教育，是教育者依据一定的社会要求，依据受教育者的生理、心理的发展规律，有目的、有计划、有组织地对受教育者施加影响，促使其朝着所期望的方向发展变化的活动。

2. 从个体的角度来定义

从个体的角度来定义教育，往往把教育等同于个体学习与发展的过程。

兼顾社会和个体两个方面给教育下定义：教育是在一定社会背景下发生的，促使个体的社会化和社会的个性化的实践活动。

二、教育的属性

考点1　教育的本质属性(质的规定性)

教育的本质属性

教育的本质属性是育人，即教育是一种有目的地培养人的社会活动，这是教育区别于其他事物现象的根本特征，这也是教育的质的规定性。简言之，教育是培养人的活动。

考点2　教育的社会属性

教育的社会属性主要包括永恒性、相对独立性和时代性。

(1)教育具有永恒性。教育是人类所特有的社会现象，它是一个永恒的范畴，与人类社会共始终。

(2)教育具有相对独立性。具体表现在：①教育具有自身的继承关系；②教育要受其他社会意识形态的影响；③教育与社会政治经济发展不平衡。

(3)教育具有历史性和时代性。

此外，教育还具有继承性、长期性、生产性、民族性等。

三、教育的基本要素　【2019填空】

教育者、受教育者(学习者)和教育影响是构成教育活动的基本要素。

1. 教育者

广义的教育者指对受教育者态度、知识、技能、思想、品德等方面起到教育影响作用的人。狭义的教育者指从事学校教育活动的人。其中，教师是学校教育者的主体，是直接的教育者，在整个教育过程中起主导作用，是学生身心发展的主要影响源。

2. 受教育者(学习者)

在社会教育活动中，在生理、心理及性格发展方面有目的地接受影响、从事学习的人，统称为受教育者，既包括在校学习的学生，也包括各种形式成人教育中的学习者。受教育者是教育的对象及学习的主体，在接受思想、品德、知识、技能、行为以及智慧、性格等方面的影响时具有主观能动性。

教育者（主导作用） 教育影响（桥梁、中介） 受教育者（主体地位）

3. 教育影响

教育影响即教育活动中作用于受教育者的全部信息，既包括信息的内容，也包括信息选择、传递和反馈的形式，是形式与内容的统一。从内容上说，主要就是教育内容、教育材料或教科书；从形式上说，主要就是教育手段、教育方法、教育组织形式。

真题面对面

[2019，填空，1分]教育活动主要包括教育者、受教育者和__________三种基本要素。

答案：教育影响

第二节 教育的产生与发展

一、教育的起源 【2023单选、2019填空、2017单选】 必背

表2-1 教育的起源

代表学说	代表人物	主要观点	评价
神话起源说	朱熹	(1)教育由人格化的神(上帝或天)所创造； (2)教育目的是体现神或天的意志	(1)人类关于教育起源的最古老的观点； (2)受到当时在人类起源问题上认识水平的局限，是根本错误的，非科学的
生物起源说  生物起源说	利托尔诺(法) 沛西·能(英)	教育是一种生物现象，而不是人类所特有的社会现象	(1)第一个正式提出的有关教育起源的学说，标志着在教育起源问题上开始转向科学解释； (2)没有把握人类教育的目的性和社会性，把教育的起源问题生物学化
心理起源说	孟禄(美)	教育起源于日常生活中儿童对成人的无意识模仿	把人类有意识的教育行为混同于无意识模仿，否定了教育活动的目的性和意识性，同样导致了教育的生物学化，否认了教育的社会属性
劳动起源说	主要集中在苏联(如米丁斯基、凯洛夫等)和我国	教育起源于人类特有的生产劳动	提供了理解教育起源和教育性质的一把"金钥匙"

神话起源说

生物起源说

心理起源说

劳动起源说

记忆有妙招

为方便考生记忆,编者将各教育起源学说的代表人物及其观点总结成以下口诀:

(1)**诸神合一**:神话起源说认为教育的目的是使人皈依于神或顺从于天。**诸**:朱熹。

(2)**本能生利息**:生物起源说认为教育起源于动物的生存本能。**利**:利托尔诺。**息**:沛西·能。

(3)**心里做着一个无意识的梦**:心理起源说认为教育起源于儿童对成人的无意识模仿。**梦**:孟禄。

(4)**米凯爱劳动**:劳动起源说认为教育起源于生产劳动。**米**:米丁斯基。**凯**:凯洛夫。

真题面对面

1. [2023,单,2分]孟禄认为"原始社会的教育使用的方法从头到尾都是简单的无意识的模仿"。这里体现的教育起源理论是( )

A. 神话起源学说 B. 生物起源学说

C. 心理起源学说 D. 劳动起源学说

2. [2019,填空,1分]教育起源于日常生活中儿童对成人的无意识模仿,这是"________起源说"的观点。

答案:1. C 2. 心理

二、教育的发展历程

考点1 原始社会的教育

原始社会的教育主要有以下三个特征:

(1)教育具有非独立性,教育和社会生活、生产劳动紧密相连。教育没有从社会生活和生产中分化出来,教育是在生产劳动和社会生活中进行的,没有特定的教育场所和专职教育人员。

(2)教育具有自发性、全民性(普及性)、广泛性、**无等级性(平等性)**和无阶级性,是原始状态下的教育机会均等,只因年龄、性别和劳动分工不同而有差别。

(3)教育具有原始性。教育内容简单,主要是传递生产经验,包括制造生产工具的经验、公共生活的规范、艺术和宗教教育;教育方法单一,由于没有文字和书籍,教育方法只限于动作示范与观察模仿、口耳相传与耳濡目染。

考点2 古代社会的教育

1. 古代社会教育的特征 【2021多选、2019单选、2016单选】 必背

古代社会的教育一般指奴隶社会的教育和封建社会的教育。

(1)奴隶社会的教育及其特征

奴隶社会里,出现了专门从事教育工作的教师,产生了学校教育,教育从社会活动中分化出来,成为独立的形态。奴隶社会的教育的主要特征是:①学校教育成为奴隶主阶级手中的工具,具有鲜明的阶级性;②学校教育与生产劳动相脱离和相对立;③学校教育趋于分化和知识化;④学校教育制度尚不健全。

(2)封建社会的教育及其特征

封建社会的学校教育较之奴隶社会的学校教育,在规模上逐渐扩大,在类型上逐渐增多,在内容上也日益丰富,并且具有等级性、专制性和保守性。

但是,由于封建社会的生产仍是手工操作的小生产,生产劳动者的培养不需要通过学校教育,因而封建社会的学校教育,仍然没有培养生产工作者的任务,基本上也是与生产劳动相脱离的。

(3)古代东西方教育的共同特征

古代东西方的教育虽然在具体内容和形式上存在许多差异,但也有一些共同特征。具体表现如下:

①专门的教育机构和专职的教育人员。学校是专门的教育场所,须有固定的场地,专职的教育人员,特定的教育对象,有计划、有组织的教育活动,以及比较丰富、系统的教学内容,因而教育从一般的生产和生活过程中分化出来成为一种独立存在的社会活动形式,从而大大提高了教育实践的专门程度,具备了独立的社会职能。

②鲜明的阶级性与严格的等级性。在奴隶社会,教育具有鲜明的阶级性,非统治阶级的子弟不能或无权进入学校接受正规的教育。劳动人民只能在生产和生活中,通过长者或师傅的言传身教,接受自然形态的教育。到封建社会,各国教育除阶级性外,又呈现出鲜明的等级性和宗教性。等级性是指在统治阶级内部,统治阶级子弟也要按照家庭出身等条件进入不同等级的学校。宗教性主要是指在西方中世纪时期,教育被宗教所垄断,学校附设在教堂,教育目的是培养僧侣及为宗教服务的专门人才。

③教育内容更加丰富。文字的发展和典籍的出现丰富了教育的内容,但古代社会的教育内容依政治需要而定,重视社会的典章制度教育,而轻视生产知识的传授。

④教育与生产劳动的分离和对立。阶级社会里,教育与生产实践相分离而成为统治阶级的特权。奴隶社会时期,出现了脑力劳动从体力劳动中的第一次分离,出现了教育从生产劳动中的第一次分离。学校轻视体力劳动,造成整个社会的体脑分离,并最终形成"劳心者治人,劳力者治于人"的对立局面。

⑤教育方法崇尚书本、呆读死记、强迫体罚、棍棒纪律。

⑥官学和私学并行的教育体制。

⑦个别施教或集体个别施教的教学组织形式。

关于古代东西方教育的共同特征，除了上述说法之外，还有一种说法：古代东西方教育都具有阶级性、道统性、等级性、专制性、刻板性、象征性。

真题面对面

[2021，多，2分]属于古代社会教育特征的有（　　）

A. 官学与私学并行　　B. 教育普及制度化

C. 教育与生产劳动相分离　　D. 出现了专门的教育机构

答案：ACD

2. 古代社会教育的发展

(1)古代中国　【2020单选、2017单选】

表2-2　古代中国的教育

时期	教育发展概况
夏	我国最早的学校出现
商	大学、小学、庠、序、瞽宗(商代大学)——比较正规的学校教育场所
西周	①形成政教合一的官学体系(显著特征是“学在官府”或“学术官守”)； ②基本学科：“六艺”(礼、乐、射、御、书、数)，以“礼乐”为中心
春秋战国	①官学衰微，私学兴起，冲破了“学在官府”的限制，促成了百家争鸣的社会盛况； ②战国时期，养士之风盛行(养士的缩影——稷下学宫)
两汉	①西汉，汉武帝采纳董仲舒“罢黜百家，独尊儒术”的建议，实行思想专制的文教政策，并设立太学(当时的最高教育机构)； ②东汉灵帝时，设立鸿都门学(研究文学艺术的专门学校)
隋唐	①选士制度——科举制； ②六学(国子学、太学、四门学、律学、书学、算学)二馆(崇文馆、弘文馆)组成中央官学的主干
宋、元、明、清	①主要教育内容：“四书”(《大学》《中庸》《论语》《孟子》的合称)、“五经”(《诗》《书》《礼》《易》《春秋》的合称)； ②宋代书院盛行：六大书院(白鹿洞书院、石鼓书院、岳麓书院、应天府书院、嵩阳书院、茅山书院)； ③明代以后，八股文成为科考的固定格式； ④1905年(清光绪三十一年)，科举制度被废除

注：六艺——礼，包括政治、历史和以“孝”为本的伦理道德教育；乐，包括音乐、诗歌、舞蹈教育；射，射箭技术教育；御，以驾兵车为主的军事技术教育；书，文字教育；数，简单的计算教育。

真题面对面

[2020，单，2分]西周“六艺”中属于体育内容的是（　　）

A. 书　　B. 乐　　C. 御　　D. 数

答案：C

（2）古代其他国家

表2-3　古代其他国家的教育

国家/地区	教育发展概况
古代印度	教育与宗教联系在一起，分为婆罗门教育和佛教教育。 ①婆罗门教育：以家庭教育为主，记诵《吠陀》经，僧侣是唯一的教师； ②佛教教育：教育活动主要是背诵经典和钻研经义
古代埃及	①古代埃及开设最多的是文士学校； ②教育的总体特征："以僧为师""以吏为师"
古代希腊	以雅典和斯巴达的教育为代表： ①**雅典教育**：在西方最早形成体育、德育、智育、美育和谐发展的教育，教育目的是培养有文化、有修养和多种才能的政治家和商人； ②**斯巴达教育**：以军事体育训练和政治道德灌输为主，其教育目的是培养忠于统治阶级的强悍的军人
中世纪西欧	形成了两种著名的封建教育体系：教会教育和骑士教育。 ①教会教育：目的是培养教士和僧侣，教育内容是**"七艺"**，包括"三科"（文法、修辞、辩证法）和"四学"（算术、几何、天文、音乐），各科都贯穿神学； ②骑士教育：目的是培养封建骑士，教育内容是**"骑士七技"**（骑马、游泳、击剑、打猎、投枪、下棋、吟诗）

考题预测

[单，2分]在古代欧洲，曾经出现过一种旨在培养多方面发展的人的和谐教育，它是（　　）

A. 斯巴达教育　　B. 雅典教育

C. 教会教育　　D. 骑士教育

答案：B

考点3　近代社会的教育

（1）国家加强了对教育的重视和干预，公立教育崛起。

（2）初等义务教育的普遍实施。德国是世界上最早普及义务教育的国家。

（3）教育的世俗化。教育从宗教中分离出来。

（4）重视教育立法，以法治教。

考点4　现代社会的教育　【2019单选】

1. 现代教育的特点

与古代教育相比，在总体上，现代教育呈现出一些全新的特征：生产性、公共性、科学性、未来性、革命性、国际性、终身性。这里主要介绍以下几个方面的内容：（1）教育的生产性不断增强，教育同生产劳动从分离走向结合。（2）教育的公共性、普及性和多样性日趋突出。（3）教育的科学化水平日益提高。

真题面对面

[2019,单,2分]下列关于教育的阐述,正确的是(　　)

A. 学校产生于封建社会时期

B. 现代教育的公共性日益突出

C. 原始社会的教育具有阶级性

D. 从词源看,中文的"教育"有潜质引发之意

答案:B

2. 20世纪后期教育改革和发展的特点

教育的全民化与民主化是易混淆的知识点,考生可结合以下内容进行理解:

全民化(初级)——基础、全体国民必须接受,强调必备性;

民主化(进阶)——拥有更多的机会,强调发展性。

(1)**教育的终身化**。20世纪60年代以后提出的教育贯穿人一生的终身教育思想,强调职前教育与职后教育的一体化、青少年教育与成人教育的一体化、学校教育与社会教育的一体化。法国教育家保罗·朗格朗最早系统论述了终身教育。终身教育是适应科学知识的加速增长和人的持续发展要求而逐渐形成的一种教育思想和教育制度,包括各个年龄阶段的各种方式的教育。把终身教育等同于成人教育或职业教育是片面的。

(2)**教育的全民化**。所谓全民教育,即全体国民都有接受教育的基本权利并必须接受一定程度的教育,通过各种方式满足基本的学习需求。也就是教育对象的全民化,亦即教育必须向所有人开放。

(3)**教育的民主化**。教育民主化是对教育的等级化、特权化和专制性的否定。教育民主化首先是指教育机会均等,即教育要为所有的社会成员提供平等的教育权利,包括入学机会的均等、教育过程中享有教育资源机会的均等和教育结果的均等,这意味着要对社会弱势学生群体给予特殊照顾;其次是指师生关系的民主化;再次是指教育方式、教育内容等的民主化,为学生提供更多自由选择的机会;最后是追求教育的自由化,包括教育自主权的扩大、根据社会要求设置课程、编写教材的灵活性等。

(4)**教育的多元化**。多元化是对单一性和统一性的否定,教育的多元化具体包括教育思想的多元化,培养目标、办学模式、教学内容、评价标准等的多元化,它是社会生活多元化以及人的个性化在教育上的反映。

(5)**教育技术的现代化**。教育技术的现代化是指现代科学技术在教育上的应用,包括教育设备、教育手段、教育方法等的现代化以及由此而引起的教育思想、观念的变化。

(6)**教育全球化**。进入20世纪50年代以后,科技的迅速发展,国际政治格局的调整,要求教育培养国际通用的人才。

(7)**教育信息化**。教育信息化是指在教育管理、教学和科研等领域广泛深入地运用现代信息技术来促进教育改革与发展的过程。教育信息化的基本特征是开放、共享、交互、协作。

(8)**教育具有科学性**。同历史上以经验指导教育相比,现代教育注重科学指导,由此使得教育科学研究获得重视。

记忆有妙招

为方便考生记忆，编者将20世纪后期教育改革和发展的特点总结成以下口诀：

忠全民，多代课，全球信息都知道。忠：终身化。**全**：全民化。**民**：民主化。**多**：多元化。**代**：现代化。**课**：科学性。**全球**：全球化。**信息**：信息化。

考题预测

[单，2分]“既追求让所有人都受到同样的教育，又追求教育的自由化”体现了(　　)的特点。

A. 教育全民化　　B. 教育终身化

C. 教育多元化　　D. 教育民主化

答案：D

第三节　教育学概述

一、教育学的定义

教育学是研究教育现象和教育问题，揭示教育规律的一门科学。教育学的**根本任务**是揭示教育规律。

教育现象是教育活动在运动发展中的表现形式，是教育活动外在的、表面的特征，包括教育社会现象和教育认识现象。教育现象被认识和研究，便成为教育问题。教育问题是推动教育学发展的**内在动力**。

教育规律是教育活动内在的、本质的和必然的联系，包括教育内部诸因素、教育与外部诸因素之间的本质性的联系以及教育发展变化的必然趋势。教育最基本的规律有两条：(1)关于教育与社会发展关系的规律，我们称之为教育的外部关系规律，教育外部诸因素指人口、政治、经济、文化等；(2)关于教育和人的发展关系的规律，我们称之为教育的内部关系规律，教育内部诸因素指教师、学生、教材、设备、教学管理等。

考题预测

[单，2分]以教育现象和教育问题为研究对象，探索教育规律的科学是(　　)

A. 课程论　　B. 教育学

C. 教学论　　D. 德育论

答案：B

二、教育学与教育科学的关系

教育学是庞大教育科学体系中的**基础学科**。教育科学是有关教育问题的各种科学理论的学科群，它包含教育社会学、教育经济学、教学论、课程论、教育技术学等。教育学研究的是教育基本的、一般的问题，是从总体上分析教育问题的，而其他学科则是从某个角度对某个方面问题的研究。

三、教育学研究的价值

1. 反思日常教育经验

人类有关教育的认识大概有两种基本形式：一种是日常教育经验；另一种是科学的形式，即“教育学”。教育学是对日常教育经验的一种历史性超越。教师只有通过教育理论的学习和研究去重新审视自己的日常教育经验，才能将其纳入对教育的科学认识之中。

2. 科学解释教育问题

教育学对教育问题的科学解释是有理论依据的，而不是直接建立在感性经验与判断的基础之上的，因而是一种科学的解释。

3. 沟通教育理论与实践

教育学研究的目的不仅是促进教育理论知识的增长，而且是更好地开展教育实践。教育学扮演着一种“中介”或“桥梁”的作用，沟通着教育理论与教育实践。这种作用主要体现在：

(1)启发教育实践工作者的教育自觉，使他们不断地领悟教育的真谛；

(2)获得大量的教育理论知识，扩展教育工作的理论视野；

(3)养成正确的教育态度，培植坚定的教育信念；

(4)提高教育实践工作者的自我反思和发展能力；

(5)为成为研究型教师打下基础。

第四节　教育学的产生与发展

一、教育学的萌芽阶段

考点1　中国萌芽阶段的教育思想

1. 孔子的教育思想

表2-4　孔子的教育思想

<table>
<tr><td>学说核心</td><td colspan="2">“仁”</td></tr>
<tr><td>教育对象</td><td colspan="2">“有教无类”</td></tr>
<tr><td>教育内容</td><td colspan="2">(1)整理修订《诗》《书》《礼》《乐》《易》《春秋》，奠定儒家教育内容的基础；
(2)道德教育居于首要地位；
(3)“子以四教：文、行、忠、信”；
(4)偏重社会人事、文事，轻视科技与生产劳动</td></tr>
<tr><td>教学原则与方法</td><td>启发诱导</td><td>(1)孔子：不愤不启，不悱不发。举一隅不以三隅反，则不复也。朱熹解释：愤者，心求通而未得之意；悱者，口欲言而未能之貌；启，谓开其意；发，谓达其辞。
(2)孔子是世界上最早提出启发式教学的教育家</td></tr>
</table>

续表

教学原则与方法	因材施教	承认学生间的个体差异，并了解学生特点，在了解的基础上有针对性地进行教育。“求也退，故进之；由也兼人，故退之”
	学、思、行相结合	“学而不思则罔，思而不学则殆”，学思并重，学以致用
	温故知新	“温故而知新，可以为师矣”

孔子的“有教无类”“因材施教”等思想属于古代朴素的教育平等观，反映了古代思想家对扩大教育平等的追求，但仍以阶级分层为基础，带有特定历史阶层的等级观念，因此并不是真正的教育平等。

考题预测

[单，2分]最早提出启发式教学的教育家是（　　）

A. 孟子　　B. 孔子

C. 老子　　D. 荀子

答案：B

2. 孟子的教育思想

孟子持“**性善论**”，这是其教育思想的基础。孟子认为教育是扩充“善性”的过程，教育的目的在于“**明人伦**”。在一般的人伦关系上，孟子又提出了一种理想的“大丈夫”人格，即“富贵不能淫，贫贱不能移，威武不能屈”。

3. 荀子的教育思想

与孟子相反，荀子提出了“**性恶论**”，“**人之性恶，其善者伪也**”。他认为教育的作用是“**化性起伪**”，就是通过教育和学习来改变自己的本性，使人具有适应社会生活的道德智能。

4. 墨家的教育思想

作为墨家的代表人物，**墨翟**以“**兼爱**”“**非攻**”为教，同时注重文史知识的掌握和逻辑思维能力的培养，还注重实用技术的传习。墨家教育内容的特色和价值主要体现在科学技术教育和训练思维能力的教育上，它们突破了儒家六艺教育的范畴，堪称一大创造。

对于获得知识的理解，墨翟认为，人的知识来源可分为三个方面，即“**亲知**”“**闻知**”和“**说知**”。前两种都不可靠，必须重视“说知”，即依靠类推和明故的方法来获得知识。

5.《学记》的教育思想　【2018填空】

《学记》（收入《礼记》）是中国也是世界教育史上的第一部教育专著，成文大约在战国末期。《学记》从正反两方面总结了儒家的教育理论和经验，系统阐发了教育的作用和任务、学校制度、教育目的、教学原则、教师的地位和作用、师生关系等，尤以教学原则的总结最突出。

表 2-5 《学记》中的教学原则

教学原则	引文示例
教学相长	“是故学然后知不足，教然后知困。知不足，然后能自反也；知困，然后能自强也。故曰：教学相长也”
尊师重道	教师观：“师严然后道尊，道尊然后民知敬学”
藏息相辅	正课学习与课外练习必须兼顾，课内与课外相结合，相互补充：“大学之教也，时教必有正业，退息必有居学”
豫时孙摩	预防+及时施教+循序渐进+观摩学习：“禁于未发之谓豫”“当其可之谓时”“不陵节而施之谓孙”“相观而善之谓摩”
启发诱导	反对死记硬背，主张启发式教学，主张开导学生，但不要牵着学生走；对学生提出较高的要求，但不能使学生灰心；指导学生学习的门径，而不把答案直接告诉学生：“故君子之教，喻也。道而弗牵，强而弗抑，开而弗达。道而弗牵则和，强而弗抑则易，开而弗达则思。和、易以思，可谓善喻矣”
长善救失	“学者有四失，教者必知之。人之学也，或失则多，或失则寡，或失则易，或失则止。此四者，心之莫同也。知其心，然后能救其失也。教也者，长善而救其失者也”

此外，《学记》还主张“**学不躐等**”，即教学要遵循学生的心理发展特点，循序渐进；同时，重视学生的学习，提出“善学者，师逸而功倍，又从而庸之”。

记忆有妙招

为方便考生记忆，编者将《学记》中的主要教学原则总结为如下口诀：**教师长时等七(启)夕(息)**。

(1)教：教学相长；**(2)师**：尊师重道；**(3)长**：长善救失；**(4)时**：豫时孙摩；**(5)等**：学不躐等；**(6)七(启)**：启发诱导；**(7)夕(息)**：藏息相辅。

真题面对面

[2018，填空，1分]最早专门论述教育问题的著作是中国的《____________》。

答案：学记

考点2 西方萌芽阶段的教育思想

西方教育学的思想主要源于古希腊的哲学家苏格拉底、柏拉图和亚里士多德。

1. 苏格拉底

苏格拉底以其雄辩和与青年智者的问答法著名。这种问答法即“**产婆术**”，分为三步：第一步称为**苏格拉底讽刺**，他认为这是使人变得聪明的一个必要步骤，因为除非一个人很谦逊，“自知其无知”，否则他不可能学到真知;第二步称为**定义**,在问答中经过反复诘难和归纳,从而得出明确的定义和概念;第三步称为**助产术**,引导学生自己进行思索,自己得出结论。

考题预测

[多,2分]古希腊哲学家苏格拉底的问答法分为( )

A. 苏格拉底讽刺 B. 定义

C. 助产术 D. 反思

答案:ABC

2. 柏拉图

柏拉图的教育思想集中体现在其代表作**《理想国》**中。他认为教育与政治有着密切的联系,以培养未来的统治者为宗旨的教育乃是在现实世界中实现理想的正义国家的工具。

3. 亚里士多德

亚里士多德是古希腊百科全书式的哲学家,他秉承了柏拉图的理性说,认为追求理性就是追求美德,就是教育的最高目的。亚里士多德的教育思想主要体现在他的著作**《政治学》**中。他认为,教育应该是国家的。亚里士多德在教育史上首次提出了**"教育遵循自然"**的观点,主张按照儿童心理发展的规律对儿童进行分阶段教育,提倡对儿童进行和谐的教育,这些成为后来全面发展教育的思想源泉。

亚里士多德

4. 昆体良

昆体良是古罗马教学法大师,他是西方教育史上第一个专门论述教育问题的教育家。其代表作**《雄辩术原理》(《论演说家的教育》)**是西方最早的教育著作,也被誉为古代西方的第一部教学法论著。值得注意的是,昆体良已经对班级授课进行了一些阐述,这是班级授课制思想的萌芽。

二、教育学的独立形态阶段

17世纪以后,教育学的发展进入了一个新的阶段,逐渐形成一门独立的学科。近代实验科学鼻祖培根首次提出把教育学作为一门独立的学科,他提出的**归纳法**为教育学的发展奠定了方法论基础。

考点1 夸美纽斯 【2023填空、2017单选】 必背

捷克教育家**夸美纽斯**于1632年出版的**《大教学论》**是教育学**开始形成**一门独立学科的标志,该书被认为是近代第一本教育学著作。其主要教育观点包括:

(1)**"泛智"教育**。夸美纽斯从他的民主主义的"泛智"思想出发,提出了普及教育的思想。提出"把一切事物教给一切人""一切男女青年都应该进学校"。为此他编写了很多教材,如《世界图解》。

(2)教育适应自然。教育适应自然的原则是夸美纽斯整个教育思想体系的根本性原则。

(3)班级授课制。夸美纽斯对近代教育学最大的贡献之一,就是他所确立的班级教学制度及其理论。

(4)教学原则。夸美纽斯提出并论证了直观性、系统性、量力性、巩固性和自觉性等教学原则。

真题面对面

1. [2017,单,2分]主张"泛智教育"思想,并提出把一切知识教给一切人类的教育家是( )

A. 洛克　　B. 杜威　　C. 夸美纽斯　　D. 裴斯泰洛齐

2. [2023,填空,1分]1632年夸美纽斯发表的著作是________。

答案:1. C　2.《大教学论》

考点2 卢梭 【2018单选】

卢 梭

卢梭是坚定的"性善论"者。他认为教育的任务应该使儿童"归于自然",这是其自然主义教育的核心。他的教育体小说《爱弥儿》宣扬了他的自然主义教育思想,"出自造物主之手的东西都是好的,而一到了人的手里,就全变坏了。"这是《爱弥儿》的开篇第一句。

记忆有妙招

为方便考生记忆,编者将卢梭的教育思想及代表著作总结成以下口诀:

卢梭性善爱弥儿。卢梭主张"性善论",其代表作是《爱弥儿》。

真题面对面

[2018,单,2分]法国教育家卢梭的代表作是( )

A.《理想国》　　B.《爱弥儿》

C.《教育漫话》　　D.《教育与文化》

答案:B

考点3 康德

康德的教育思想主要反映在《康德论教育》一书中。他认为,教育的根本就是要对人的本性进行适当的控制,"人是唯一需要教育的动物"。作为哲学家,康德曾先后四次在哥尼斯堡大学讲授教育学,是最早在大学开设教育学讲座的有影响力的学者之一。

考点4 裴斯泰洛齐

在西方教育史上,**裴斯泰洛齐**是第一个明确提出"**教育心理学化**"口号的教育家。所谓"教育心理学化",就是把教育提高到科学的水平,将教育科学建立在人的心理活动规律的基础上。

考点5 洛克 【2021单选】

洛克

洛克反对天赋观念,提出了"**白板说**"。他认为人的心灵原来就像一块白板,没有一切特性,没有任何观念,天赋的智力人人平等。他明确指出:"我们日常所见的人中,他们之所以或好或坏,或有用或无用,十分之九都是他们的教育所决定的。人之所以千差万别,便是由于教育之故。"

洛克认为,教育目的就是培养绅士,而这种培养只能通过家庭教育,由此提出了"**绅士教育论**"。在其著作《**教育漫话**》一书中,他详细论述了绅士教育的内容(即体育、德育和智育)及方法。

记忆有妙招

为方便考生记忆，编者将洛克的教育思想及代表著作总结成以下口诀：

洛克白板画绅士。洛克主张“白板说”，其代表作是《教育漫话》，提出了绅士教育论。

真题面对面

[2021，单，2分]最早提出“白板说”的教育理论家是(　　)

A. 卢梭　　B. 洛克　　C. 夸美纽斯　　D. 赫尔巴特

答案：B

考点6　斯宾塞　【2022单选】

斯宾塞是19世纪英国著名的哲学家、社会学家和教育家，其代表作是《教育论》。斯宾塞是英国著名的实证主义者，他反对思辨，主张科学是对经验事实的描写和记录。他提出教育的任务是为完满生活做准备。他把人类生活分为：(1)直接有助于自我保全的活动；(2)获得生活必需品从而间接有助于自我保全的活动；(3)目的在抚养和教育子女的活动；(4)与维持正常的社会和政治关系有关的活动；(5)在生活中的闲暇时间用于满足爱好和感情的各种活动。此外，斯宾塞还明确提出了科学知识最有价值的见解。

真题面对面

[2022，单，2分]主张最有价值的知识是科学，强调教育的任务是为完满生活做准备的教育家是(　　)

A. 斯宾塞　　B. 乌申斯基　　C. 夸美纽斯　　D. 凯兴斯泰纳

答案：A

考点7　赫尔巴特　【2023填空、2019单选、2018多选、2017填空】　必背

赫尔巴特在世界教育史上被认为是**“现代教育学之父”**或**“科学教育学的奠基人”**。他的《普通教育学》的出版(1806年)标志着规范教育学的建立，同时，这本书也被认为是第一本现代教育学著作。其观点主要有以下几点：

(1)教育理论体系的两个理论基础是伦理学和心理学

赫尔巴特的贡献在于把道德教育理论建立在**伦理学**的基础上，把教学理论建立在**心理学**的基础上，可以说是奠定了科学教育学的基础。

(2)教育目的

教育的最高目的是道德和性格的完善，具体来说，教育的根本目的就是要养成内心自由、完善、仁

在教育学发展过程中，有很多“最早”“第一”的著作，对此考生需要准确识记，切忌混淆。例如：《学记》——中国及世界最早的教育专著；《雄辩术原理》——西方最早的教育著作；《大教学论》——近代第一本教育学著作；《普通教育学》——第一本现代教育学著作。

慈、正义和公平等五种道德观念。

(3)教育性教学原则

在西方教学史上，赫尔巴特第一次提出了"教育性教学"的概念。"教育性教学"指没有任何无教学的教育，也没有任何无教育的教学。

(4)教学四阶段论

即明了、联合(联想)、系统、方法。**明了**，主要是把新教材分解为各个构成部分，并和意识中相关的观念，即已经掌握的知识进行比较；**联合**(联想)，建立新旧观念的联系，使学生在新旧观念的联系中继续深入学习新教材；**系统**，学生在教师的指导下，在新旧观念联系的基础上进行深入思考，寻求结论和规律；**方法**，通过实际练习，运用系统的知识，使之变得更熟练、更牢固。

赫尔巴特的教学四阶段论，后来被发展为五段，即预备、提示、联合、总结、应用。强调系统知识的传授，强调课堂教学的作用，强调教材的重要性，强调教师的权威作用和中心地位，形成了传统教育"课堂中心""教材中心""教师中心"的特点。

赫尔巴特对19世纪以后的教育实践和教育思想产生了很大影响，被看作是传统教育理论的代表。

真题面对面

1. [2019，单，2分]将教学过程分为明了、联想、系统、方法四个阶段的教育家是(　　)

A. 杜威　　B. 凯洛夫　　C. 夸美纽斯　　D. 赫尔巴特

2. [2018，多，2分]下列属于赫尔巴特对教育学的贡献的有(　　)

A. 主张"教育即生活"

B. 撰写了代表作《雄辩术原理》

C. 将教学分为明了、联想、系统和方法四个阶段

D. 以伦理学和心理学为理论基础建立教育学体系

3. [2023，填空，1分]第一个明确提出"教育性教学"的教育家是________。

答案：1. D　2. CD　3. 赫尔巴特

考点8　杜威　【2021单选、2019判断选择】　必背

杜　威

杜威的理论是现代教育理论的代表，区别于传统教育"课堂中心""教材中心""教师中心"的"旧三中心论"，他提出了"儿童中心(学生中心)""活动中心""经验中心"的"新三中心论"。杜威强调儿童在教育中的中心地位，主张教师应以学生的发展为目的，围绕学生的需要和活动组织教学，以儿童中心主义著称。其代表作《民主主义与教育》(又译《民本主义与教育》，1916年)及反映在其作品中的**实用主义教育思想**，对20世纪的教育和教学有深远影响。其主要教育观点包括以下几点：

(1)论教育的本质

杜威认为，教育即生活，教育即生长，教育即经验的改组或改造。此外，杜威还提出"学校即社会"，这是对"教育即生活"的进一步引申。从"教育即生活"到"学校即社会"，再到课程的变革("从做中学")是层层递进的。

(2)论教育的目的

杜威从“教育即生活”中引出他的“**教育无目的论**”。“教育的过程，在它自身以外没有目的，它就是它自己的目的；教育的过程是一个不断改组、不断改造和不断转化的过程。”

(3)“从做中学”

在经验论的基础上，杜威提出“从做中学”，要求以活动性、经验性的主动作业取代传统的书本式教材的统治地位。同时，“从做中学”也是杜威提出的教学方法，这是一种经验的方法、思维的方法和探究的方法。这种探究的五个步骤即思维五步说或**五步探究教学法**，即创设疑难情境、确定疑难所在、提出解决问题的种种假设、推断哪个假设能解决这个困难、验证这个假设。

杜威的教育学说提出以后，西方教育学便出现了以赫尔巴特为代表的传统教育学派和以杜威为代表的现代教育学派的对立局面。

记忆有妙招

为方便考生记忆，编者将杜威的教育思想总结为如下口诀：三即两学无目的，还有一个三中心。

(1)三即：“教育即生活”“教育即生长”“教育即经验的改组或改造”。

(2)两学：“学校即社会”“从做中学”。

(3)无目的：“教育无目的论”。

(4)还有一个三中心：“儿童中心(学生中心)”“活动中心”“经验中心”。

知识再拔高

陶行知的“生活教育论”

陶行知师承杜威、孟禄等，他曾说过：“千教万教教人求真，千学万学学做真人。”他以“爱满天下”“捧着一颗心来，不带半根草去”的精神为教育奉献出了毕生的心血，被毛泽东称为“伟大的人民教育家”。在强调沟通学校与社会、教育与生活上，杜威给陶行知以直接影响。

1. 生活即教育

这是其生活教育论的核心。他认为，首先，生活含有教育的意义；其次，实际生活是教育的中心；再次，生活决定教育，教育改造生活。

2. 社会即学校

与杜威不同的是，陶行知认为社会即学校，这是指“以社会为学校”。他认为，必须依据社会的需要改造传统学校，学校通过与社会生活结合而成为社会生活必不可少的组成部分。

3. 教学做合一

这是“生活即教育”在教学方法问题上的具体化。其一，要求“在劳力上劳心”，即把传统教育下的劳力与劳心连接起来；其二，“教学做合一”是因为“行是知之始”；其三，要求“有教先学”和“有学有教”；其四，“教学做合一”是对注入式教学法的否定。

真题面对面

1. [2021,单,2分]主张“教育即生活”“儿童中心”“从做中学”的教育家是(　　)

A. 杜威　　B. 凯洛夫　　C. 赞科夫　　D. 巴班斯基

2. [2019,判断选择,1分]“教育即生长”“教育即生活”“学校即社会”“从做中学”都是杜威的观点。(　　)

A. 正确　　B. 错误

答案:1. A　2. A

三、20世纪教育学的多元化发展 【2021单选、2020单选】 必背

表2-6　20世纪主要的教育学流派

教育学流派	简介	代表人物
实验教育学	19世纪末20世纪初产生于德国,随后在欧美一些国家发展的以教育实验为标志的教育思想流派,其显著特点就是运用自然科学范式研究教育现象	德国的梅伊曼和拉伊、法国的比纳、美国的霍尔和桑代克
文化教育学(精神科学教育学)	19世纪末出现在德国的一种教育学说,主张教育研究采用精神科学或文化科学的方法(即理解与解释的方法)进行	狄尔泰、斯普兰格、利特
实用主义教育学	19世纪末20世纪初兴起于美国的一种教育思潮,主张教学过程注重学生的独立发现和体验,尊重学生发展的个体差异	杜威、克伯屈
马克思主义教育学(社会主义教育学)	克鲁普斯卡娅的《国民教育与民主主义教育》是最早以马克思主义为基础探讨教育学问题的著作; 凯洛夫于1939年主编的《教育学》被公认为世界上第一部马克思主义的教育学著作; 我国教育家杨贤江以李浩吾为化名出版的《新教育大纲》(1930年)是我国第一部马克思主义的教育学著作	克鲁普斯卡娅、加里宁、马卡连柯、凯洛夫、杨贤江
批判教育学	兴起于20世纪70年代,当代西方教育理论界占主导地位的教育思潮	美国的鲍尔斯、金蒂斯、阿普尔,法国的布厄迪尔

真题面对面

1. [2021,单,2分]第一位在中国系统传播马克思主义教育理论的教育家是(　　)

A. 李大钊　　B. 陶行知

C. 杨贤江　　D. 恽代英

2. [2020,单,2分]主张运用自然科学的范式研究教育现象,该教育学流派是(　　)

A. 元教育学　　B. 文化教育学

C. 批判教育学　　D. 实验教育学

答案:1. C　2. D

四、当代教育学理论的新发展

考点1 现代教学理论的三大流派

布鲁纳、赞科夫、瓦·根舍因等人提出的教学理论，充实了教育学的内容，提高了教育学的科学化水平，被视为现代教学理论的三大流派。

(1)布鲁纳。美国教育家**布鲁纳**出版了**《教育过程》**一书，该书系统地阐述了他的**结构主义**教育思想。他倡导**发现法**，注重培养学生的科学探索精神、科学兴趣和创造能力。

(2)赞科夫。苏联教育家**赞科夫**通过近20年的小学教学改革实验，出版了**《教学与发展》**一书。他把学生的一般发展作为教学的出发点，提出了**发展性教学理论**的五条教学原则，即高难度、高速度、理论知识起主导作用、理解学习过程、使所有学生包括"差生"都得到一般发展的原则。

(3)瓦·根舍因。德国教育家**瓦·根舍因**创立了**范例教学理论**，提出改革教学内容，加强教材的基本性、基础性，并通过对范例的接触，培养学生独立思考、独立判断与独立工作的能力。

记忆有妙招

为方便考生记忆，编者将现代教学理论的三大流派总结成以下口诀：

布结构，赞发展，瓦范例。**布结构**：布鲁纳提出结构主义教育思想。**赞发展**：赞科夫提出发展性教学理论。**瓦范例**：瓦·根舍因创立范例教学理论。

考题预测

[多，2分]赞科夫提出的教学原则有(　　)

A. 高难度原则　　B. 高速度原则

C. 理论联系实际原则　　D. 理解学习过程原则

答案：ABD

考点2 其他学者的观点

表2-7　其他学者的观点

代表人物	主要教育思想	代表著作
皮亚杰(瑞士)	教学的主要目的是发展学生的智力	《教育科学与儿童心理学》
保罗·朗格朗(法国)	终身教育理论	《终身教育引论》
苏霍姆林斯基(苏联)	和谐教育思想：认为学校教育的理想是培养全面和谐发展的人	《给教师的一百条建议》 《把整个心灵献给孩子》

★★ 考点大默写 ★★

1. 我国最早使用“教育”一词的人是____________。

2. 教育有广义和狭义之分，广义的教育包括____________、____________和社会教育，狭义的教育主要指____________。

3. 教育为一切人和一切社会所必需，并与人类社会共始终。这表明教育具有____________。

4. 教育影响从内容上说，主要是____________、教育材料或教科书；从形式上说，主要是____________、教育方法和教育组织形式。

5. 教育心理起源说的代表人物是美国的____________，他认为教育起源于儿童对成人的____________。

6. 我国用“乌反哺、羊跪乳”的故事劝诫人们报答父母的养育之恩，这是____________起源说的具体体现。

7. ____________社会里，出现了专门从事教育工作的教师，产生了学校教育。

8. 西周各级各类学校的基本学科是“六艺”，它的主要内容包括____________、乐、____________、御、书、数。

9. 科举考试的重要依据是四书五经，其中“四书”是指《大学》、____________、____________和____________。

10. 中世纪西欧教会教育的主要内容是“七艺”，它包括“三科”和“四学”，“三科”指的是____________、____________和____________，“四学”指的是____________、____________、____________和____________。

11. 终身教育是20世纪60年代逐渐形成的一种教育思想，最早系统论述该理论的教育家是____________。

12. 教育学是研究____________和____________，揭示教育规律的一门科学。

13. 推动教育学发展的内在动力是____________。

14. 教育科学体系中的基础学科是____________。

15. 教育学研究的价值包括：反思日常教育经验、____________、沟通教育理论与实践。

16. 孔子在教育对象上主张____________。

17. 提出“学而不思则罔，思而不学则殆”思想的中国古代教育家是____________。

18. ____________认为，人的知识来源可分为三个方面，即“亲知”“闻知”和“说知”。

19. 《学记》中提出的“大学之教也，时教必有正业，退息必有居学”体现了____________相结合的教育思想。

20. ____________在教育史上首次提出了“教育遵循自然”的观点。

21. 捷克教育家____________于1632年出版的____________是教育学开始形成一门独立学科的标志。

22. ____________是第一个明确提出“教育心理学化”口号的教育家。

23. 主张绅士教育，并著有《教育漫话》的教育家是____________。

24. 赫尔巴特的__________的出版标志着规范教育学的建立，这是第一本现代教育学著作。

25. 杜威提出了__________、__________、__________的“新三中心论”。

26. 杜威认为，教育即__________，教育即__________，教育即经验的改组或改造，学校即社会。此外，他还提出“__________”的教学方法。

27. 凯洛夫主编的__________被公认为世界上第一部马克思主义的教育学著作，我国教育家杨贤江所著的__________是我国第一部马克思主义的教育学著作。

28. __________、__________、__________提出的教学理论被视为现代教学理论的三大流派。

【参考答案】

1. 孟子 2. 家庭教育；学校教育；学校教育 3. 永恒性 4. 教育内容；教育手段 5. 孟禄；无意识模仿 6. 生物 7. 奴隶 8. 礼；射 9.《中庸》；《论语》；《孟子》 10. 文法；修辞；辩证法；算术；几何；天文；音乐 11. 保罗·朗格朗 12. 教育现象；教育问题 13. 教育问题 14. 教育学 15. 科学解释教育问题 16. 有教无类 17. 孔子 18. 墨翟（墨子） 19. 课内与课外 20. 亚里士多德 21. 夸美纽斯；《大教学论》 22. 裴斯泰洛齐 23. 洛克 24.《普通教育学》 25. 儿童中心（学生中心）；活动中心；经验中心 26. 生活；生长；从做中学 27.《教育学》；《新教育大纲》 28. 布鲁纳；赞科夫；瓦·根舍因

我于________年____月____日完成了对本章的学习。

复盘一下，我对自己较肯定的地方是____________________

（足够努力/心态积极/方法得当……）

我觉得自己需要改进的地方是____________________

（懒惰懈怠/心情浮躁/方法不当……）

休息片刻，开启下一站征程！

第二章 教育与社会发展

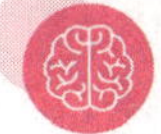

思维导图

- 教育与社会发展
  - 教育与社会政治经济制度
    - 社会政治经济制度对教育发展的影响和制约
      - 决定教育的领导权、受教育权
      - 决定教育目的、教育内容的取舍
      - 制约教育体制、教育的改革与发展
    - 教育对社会政治经济制度的作用（教育的政治功能）
      - 培养人才
      - 传播思想、形成舆论
      - 促进民主化进程
  - 教育与社会生产力
    - 生产力对教育发展的影响和制约（重点）
      - 制约着教育发展的规模和速度
      - 制约着人才培养的规格
      - 制约着教育结构的变化
      - 制约着教育的内容、方法与手段
      - 制约着学校的专业设置
    - 教育对生产力的促进作用（教育的经济功能）
      - 再生产劳动力
      - 再生产科学知识
  - 教育与文化
    - 文化对教育发展的影响和制约
      - 文化类型影响教育目的
      - 文化观念影响教育观念
      - 文化传统影响教育内容和教育方法
    - 教育对文化发展的促进作用（教育的文化功能）（重点）
      - 传承文化
      - 改造文化（选择、整理、提升文化）
      - 传播、交流和融合文化
      - 更新和创造文化
  - 教育与人口
    - 人口对教育发展的影响和制约
      - 三方面：人口数量、质量、结构
    - 教育对人口的作用（教育的人口功能）
      - 减少人口数量，控制人口增长
      - 改善人口素质，提高人口质量
      - 使人口结构趋向合理化
      - 有助于人口迁移

福建考向

本章属于教育学的基础章节，内容较为琐碎，需要识记的知识较多。现对本章福建考向分析如下：

高频考点	常考题型	能力层级	考查热度
社会政治经济制度对教育发展的影响和制约	单选、填空	识记	★★
生产力对教育发展的影响和制约	多选、填空	识记	★★
文化对教育发展的影响和制约	判断	识记	★★
教育对文化发展的促进作用	多选、填空、案例分析	运用	★★★
人口对教育发展的影响和制约	单选	识记	★★

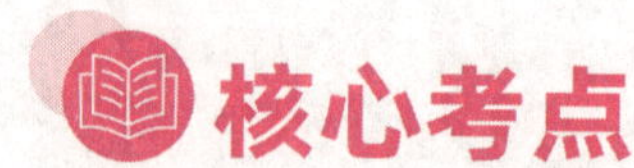

核心考点

第一节　教育与社会政治经济制度

一、社会政治经济制度对教育发展的影响和制约　【2021 填空、2016 单选】　必背

社会政治经济制度决定教育的性质。在同一政治经济制度下，各国的教育虽然也有差异，但其本质属性是相同的。

1. 社会政治经济制度决定教育的领导权

社会中占统治地位的阶级，总是通过对教育方针政策的颁布、教育目的的制定、教育经费的分配、教育内容特别是意识形态教育内容的规定、教师和教育行政人员的任命聘用等，实现对教育领导权的控制。

2. 社会政治经济制度决定受教育权

在阶级社会中，统治阶级总是要采取种种直接或间接的手段，决定和影响受教育权在社会中的分配，决定谁有享受学校教育的权利、谁无享受学校教育的权利、谁有受什么样学校教育的权利等问题。在阶级社会中，“超阶级”“超政治”的教育是不存在的。

3. 社会政治经济制度决定教育目的

政治经济制度尤其是政治制度，是直接决定教育目的的因素。教育的根本任务是培养人，可以说，在一定社会中，培养具有什么政治方向和思想观念的人，是由政治经济制度决定的。

4. 社会政治经济制度决定着教育内容的取舍

不同政治经济制度的社会具有不同的政治方向、思想意识和主流文化，并且不同的政治经济制度要求培养具有不同政治立场和思想意识的人，自然要求传递不同的教育内容，特别是思想道德方面的内容。

5. 社会政治经济制度制约着教育体制

任何一个国家的教育体制都不存在固定僵化的模式，都要随着政治体制、经济体制的变革而变革。

6. 社会政治经济制度制约教育的改革与发展

在推动教育改革和发展的动力因素中，政治经济制度起着直接的推动作用。

> **真题面对面**
>
> [2021，填空，1 分]制约教育宗旨和目的的社会因素是__________。
>
> 答案：社会政治经济制度

二、教育对社会政治经济制度的作用(教育的政治功能)

1. 教育培养出政治经济制度所需要的人才

通过培养人才实现对政治经济制度的影响，是教育作用于政治经济制度的主要途径。任何一种政治经济制度，要想得到维持、巩固和发展，都需要大量依据一定要求培养出来的人才，而这些人才的培养，很大程度上依靠教育。

教育对社会政治经济制度的作用

2. 教育通过传播思想、形成舆论作用于一定的政治经济制度

教育特别是学校教育，不仅向学生传播、灌输一定的政治思想意识，而且通过在校师生的言论行动、学校的教材和刊物向社会宣传一定的思想意识，制造社会舆论，借以影响群众，影响社会的风俗习惯和道德面貌等，为一定的政治经济服务，起着巩固现有政治经济制度的作用。

3. 教育促进民主化进程，但对政治经济制度不起决定作用

（1）一个国家的民主程度直接取决于一个国家的政体，但又间接取决于这个国家人民的文化程度和教育事业发展的程度，一个国家普及教育的程度越高，人的知识越丰富，就越能增强人民的权利意识，认识民主的价值，推崇民主的政策，推动政治的改革和进步。

（2）教育对社会政治经济制度起着巨大的影响作用，但不起决定作用。社会政治经济制度发展的根本动力是生产力与生产关系的矛盾运动，教育在这种矛盾运动中只起加速或延缓作用，不起决定作用。

考题预测

[单，2分]教育能传播思想、形成舆论，这体现了教育的（　　）

A. 政治功能　　B. 经济功能

C. 文化功能　　D. 育人功能

答案：A

第二节　教育与社会生产力

一、生产力对教育发展的影响和制约 【2020多选、2019填空】

1. 生产力的发展水平制约着教育发展的规模和速度

教育发展的规模与速度受两方面因素的制约：（1）一定的阶级利益和要求。统治阶级只有在对他们有利的情况下才会去办教育。（2）生产力的发展水平。办教育需要必要的人力、物力、财力等物质条件，而这些东西受制于生产力的发展水平。总的来说，教育发展的规模与速度，取决于生产力发展所提供的物质条件和对教育事业所提出的要求。

2. 生产力的发展水平制约着人才培养的规格

古代社会由于生产力水平低下，经济发展缓慢，直接从事生产的劳动者和经济活动的人员一般不需要经过专门的学校教育和训练，学校主要培养社会政治、法律、宗教、军事等上层建筑领域的统治人才。

现代社会的生产力和经济的快速发展，对物质生产领域的劳动者素质的要求明显提高。劳动者必须学习和掌握一定的科学文化知识，掌握机器生产的基本原理，才能参与现代化大工业生产。社会生产力开始直接向学校教育提出它的人才要求。

3. 生产力的发展水平制约着教育结构的变化

教育结构是指各级各类学校的比例关系和衔接方式，以及不同性质专业之间的比例构成，如大、中、小学的衔接关系，职业学校与普通学校的比例关系等。生产力的发展促进经济结构产生各种变化，从而也决定了教育结构的变化。

4. 生产力的发展水平制约着教育的内容、方法与手段

生产力的发展促进了科学技术的发展与更新，从而也要求教育内容不断调整与更新。同时，生产力的提高也在不断地促进教学方法、手段、组织形式的更新与发展。

5. 生产力的发展水平制约着学校的专业设置

科技的发展和社会的进步，总是不断引起社会结构的调整变化，进而引起对各类专门人才的需求。这些需求总是通过市场对人才的需求反映出来。学校的专业设置及结构调整，必须依据人才市场所需要的专门人才的规格及数量而进行，即学校的专业设置受制于社会生产力发展状况。

真题面对面

[2019，填空，1分]制约着教育事业发展规模和速度的因素是＿＿＿＿＿。

答案：生产力的发展水平

二、教育对生产力的促进作用(教育的经济功能)

1. 教育再生产劳动力

教育再生产劳动力具体体现在：

(1)教育使潜在的生产力转化为现实的生产力；

(2)教育可以提高劳动力的质量和素质，使之获得一定劳动部门认可的技能和技巧，成为发达的和专门的劳动力；

(3)教育可以改变劳动力的形态，把一个简单劳动力训练成一个复杂劳动力，把一个体力劳动者培养成一个脑力劳动者；

(4)教育可以使劳动力得到全面发展，提高劳动转换能力，摆脱现代分工对每个人造成的片面性。

知识再拔高

人力资本理论

20世纪60年代，以美国舒尔茨为代表的西方经济学家，提出了人力资本理论。所谓人力资本，是指凝聚在劳动者身上的知识、技能及其所表现出来的可以影响从事生产性工作的能力。它是相对于物质资本而言的，是人的资本形态。

倡导该理论的学者尤其重视教育投资的作用，认为教育不但是一种消费活动，也是一种投资活动。教育投资是人力资本的核心，是一种可以带来丰厚利润的生产性投资，包括学校教育、职业训练、卫生保健等。经推算，美国1929～1957年教育水平对国民经济增长的贡献率为33%。

2. 教育再生产科学知识

科学知识是第一生产力，但是科学知识在未用于生产前只是一种意识形态的或潜在的生产力，必须通过教育才能把前人积累的科学知识传递给年青一代，把潜在的生产力转化为现实的生产力。所以，教育是实现科学知识再生产的重要手段。

教育再生产科学知识具体表现在：(1)教育可以高效能地扩大科学知识的再生产，使原来为少数人所掌握的科学知识在较短的时间内为更多的人所掌握，从而提高劳动生产效率，促进生产力的发展；(2)教育也担负着发展科学、再生产科学的任务，这在高校表现得尤为明显。

考题预测

[单,2分]高校中的重点实验室承担着科技研发的重任。在导师的指导下,科研者研发出一些新型科技产品如智能机器人,从而大大提高了某些行业的生产效率。这体现了(　　)

A. 教育制约人口发展　　B. 教育影响政治经济制度

C. 教育对生产力的促进作用　　D. 教育对文化的传播作用

答案:C

第三节　教育与文化

从广义上说,教育是文化的一部分,但教育又是一种非常特殊的文化,因为教育既是文化的构成体,又是文化传递、深化与提升的手段。这就是教育的**双重文化属性**。

一、文化对教育发展的影响和制约 【2017 判断】

1. 文化类型影响教育目的

教育目的的确立,除了取决于社会政治经济制度和生产力发展水平以外,还受文化的影响。例如,我国古代封建社会的主流文化是以儒学为核心的伦理型文化,这种文化反映在人才培养上,就强调教育目的是"在明明德,在亲民,在止于至善"。

2. 文化观念影响教育观念

文化观念对教育观念的制约主要表现在:(1)文化观念制约人们对教育的态度和行为。以我国传统文化中的价值观为例,重功利轻发展、重共性轻个性、重服从轻自主以及重认同轻创造的价值观对教育的影响等,都对我国教育产生了消极影响。因此,我们应以此为戒,启迪文化自省。(2)文化观念影响教育思想的产生和发展。任何教育家的教育思想都是在一定的社会文化背景中孕育起来的,是其世界观和价值观的反映。

3. 文化传统影响教育内容和教育方法

教育的内容就是人类的文化,不同时期的文化和不同国家与民族的文化,影响着教育内容的不同选择。

不同的文化影响着人们对知识及其来源的认识,在教育上影响着人们对师生关系的认识,由此决定了人们对教育教学方法的不同应用。

真题面对面

[2017,判断,1分]文化制约着教育内容及人们的教育观念和思想。(　　)

答案:√

二、教育对文化发展的促进作用(教育的文化功能) 【2022 填空、2020 多选、2018 案例分析】 必背

1. 教育能够传承文化

文化的传承是文化得以延续和发展的基本前提。教育传承文化的功能有三种主要表现形式(传递、保存、活化)。

(1)教育可以传递和保存文化

教育是文化传递和保存最为基本和最为有效的手段。随着社会的不断发展，文化的传递、保存方式不断发生变化。但是不论人类文化的传递和保存方式发生何种变化，都离不开教育这一最基本的方式。

(2)教育可以活化文化

教育要实现真正意义上的文化传承，还必须把储存形态的文化转化为现实活跃形态的文化，即把附着于物体、文字和技术性载体上的文化符号转化到人这一载体上，为人所掌握与内化。这一转化的过程就是文化的活化。

2.教育能够改造文化(选择、整理、提升文化)

改造文化是指在原有文化要素的基础上所进行的取舍、调整和再组合。教育对文化的改造主要是通过选择文化和整理文化来实现的。

教育是文化传递的手段，但教育又不等同于文化传递。并非所有的文化都能成为教育内容，教育必须对文化进行选择和整理。教育对文化的选择标准有两个：(1)社会价值标准；(2)个体发展需要的价值标准。人类文化是一个不断积累的过程，新文化不断地产生就要求教育内容不断充实和变革，所以，教育总是在选择、整理文化。

3.教育能够传播、交流和融合文化

教育通过传播文化，使不同国家和民族的文化相互交流、交融，促进文化的优化和发展。国际性的文化交流使各个民族的文化相互补充，使得各民族文化的精华汇合、交融起来，逐渐形成全人类的共同文化财富，这是民族文化融入全球文明的过程。文化的融合是文化交流的产物，它表现为不同文化的相互吸收、结合而趋于一体的过程。

4.教育能够更新和创造文化

没有文化的更新和创造，就没有文化的真正发展。教育创造、更新文化的功能主要表现在两个方面：(1)教育通过培养具有创新精神和创造能力的人来发挥其文化创造的功能；(2)教育直接创造新的文化。

真题面对面

[2022，填空，1分]近年来，福建许多中小学通过挖掘本地特色资源，开发了地方戏曲、油纸伞工艺等一系列校本课程，有效地促进了传统戏曲和手工艺的传承与普及。这体现了教育的________功能。

答案：文化

第四节 教育与人口

一、人口对教育发展的影响和制约 【2022单选】

1.人口数量对教育发展的影响和制约

(1)一定的人口数量及其增长率影响着教育事业发展的规模和速度；

(2)人口增长还影响和制约着教育发展战略目标的实现和战略重点的选择。

2. 人口质量对教育发展的影响和制约

人口质量对教育的影响和制约表现为直接和间接两方面：

（1）直接影响是指入学者已有的水平对教育质量的影响；

（2）间接影响是指年长一代人口质量影响新生一代人口质量，从而影响以新生一代为对象的学校的教育质量。

3. 人口结构对教育发展的影响和制约

（1）人口年龄结构制约着教育发展。不同的人口年龄结构对教育发展提出的要求是不尽相同的。一般来说，有什么样的人口年龄结构就会有什么样的教育结构。例如，在人口的年龄结构中，学龄人口的基数多、比重大，中小学等基础教育在教育体系中的比重就自然会提高。相反，如果成人人口比重大，教育的重心就会转移到成人教育上。

（2）人口就业结构制约着教育发展。人口的就业状况取决于一定地区的生产力发展水平，特别是产业结构和技术结构，但它又必然会对教育发展产生影响。例如，如果生产力发展水平低，大多数劳动者集中在第一和第二产业就业，此时的教育发展水平就十分有限，教育的类型结构也比较单一。相反，如果生产力中的科技含量加大，劳动人口流向第三产业，教育发展就必然有良好的环境和条件，教育的类型和结构也必然呈现多样化特点。

真题面对面

［2022，单，2分］如果产业结构和技术结构中的科技含量加大，劳动人口将流向第三产业，教育的类型和结构必然呈现多样化特点。这种现象体现了（　　）

A. 人口质量对教育发展的影响　　B. 人口增长速度对教育发展的影响

C. 人口就业结构对教育发展的影响　　D. 人口年龄结构对教育发展的影响

答案：C

二、教育对人口的作用（教育的人口功能）

1. 减少人口数量，控制人口增长

教育有助于人们树立新的社会价值观和婚育观，有助于人们接受人口教育，从而调控人口数量。

2. 改善人口素质，提高人口质量

人口的身体素质、科学文化素质和思想品德素质三大要素都与教育息息相关。人口质量主要体现在人的科技水平、文化修养和思想觉悟、道德水准等精神因素上，教育作为促进人德智体美劳全面发展的实践活动，其直接的效果就是提高人口质量。

3. 使人口结构趋向合理化

教育促使人口结构合理化主要表现在：（1）促使人口自然结构合理化；（2）促使人口的城乡结构合理化；（3）可以改善人口的行业结构和职业结构。

4. 有助于人口迁移

教育对人口迁移的影响主要表现为：（1）受过教育的人口更容易做远距离迁移；（2）文化教育发达的城市和地区对人口迁移更有吸引力；（3）教育本身就在实现着人口的迁移。

★★ 考点大默写 ★★

1. 教育与社会诸多因素有密切联系，其中，决定教育领导权和受教育权的是________。
2. ________决定着教育内容的取舍。
3. ________制度，尤其是________制度是直接决定教育目的的因素。
4. 制约着教育结构变化的社会因素是________。
5. ________制约着教育发展的规模和速度。
6. 教育对生产力的促进作用主要是通过两个方面来实现的，即教育再生产________和教育再生产________。
7. 人力资本理论深刻揭示了教育的________功能。
8. 教育既是传递和深化文化的手段，又是文化的构成体。这体现了教育的________。
9. 我国古代社会提出了"在明明德，在亲民，在止于至善"的教育目的。这体现了________因素对确立教育目的的影响。
10. 某中学借助国学与校园大课间活动有机结合的创意啦啦操，帮助学生享受体育乐趣、增进体质健康、健全人格、锤炼意志。这是教育的________功能的体现。
11. 人口年龄结构和人口________结构都会制约教育的发展。
12. 为了让子女拥有更好的教育机会，享受更高质量的教育资源，大量北京周边地区的家庭选择涌入北京或居住在北京附近。这主要体现了教育具有________的作用。
13. 受过高等教育的人懂得近亲结婚以及各类遗传病对新生一代的危害，能有意识地注意妇女孕期的卫生保健，尽量减少用药不慎、疲劳过度、神经紧张等对胎儿带来的不利影响，从而大大地减少了先天愚型儿和先天残疾儿的出生。这体现了教育在________方面的作用。

【参考答案】

1. 社会政治经济制度 2. 社会政治经济制度 3. 政治经济；政治 4. 生产力的发展水平 5. 生产力的发展水平 6. 劳动力；科学知识 7. 经济 8. 双重文化属性 9. 文化 10. 文化 11. 就业 12. 促进人口迁移 13. 改善人口素质，提高人口质量

即时反思与复盘总结

我于______年____月____日完成了对本章的学习。

复盘一下，我对自己较肯定的地方是________________

（足够努力/心态积极/方法得当……）

我觉得自己需要改进的地方是________________

（懒惰懈怠/心情浮躁/方法不当……）

休息片刻，开启下一站征程！

第三章 教育与个体的发展

思维导图

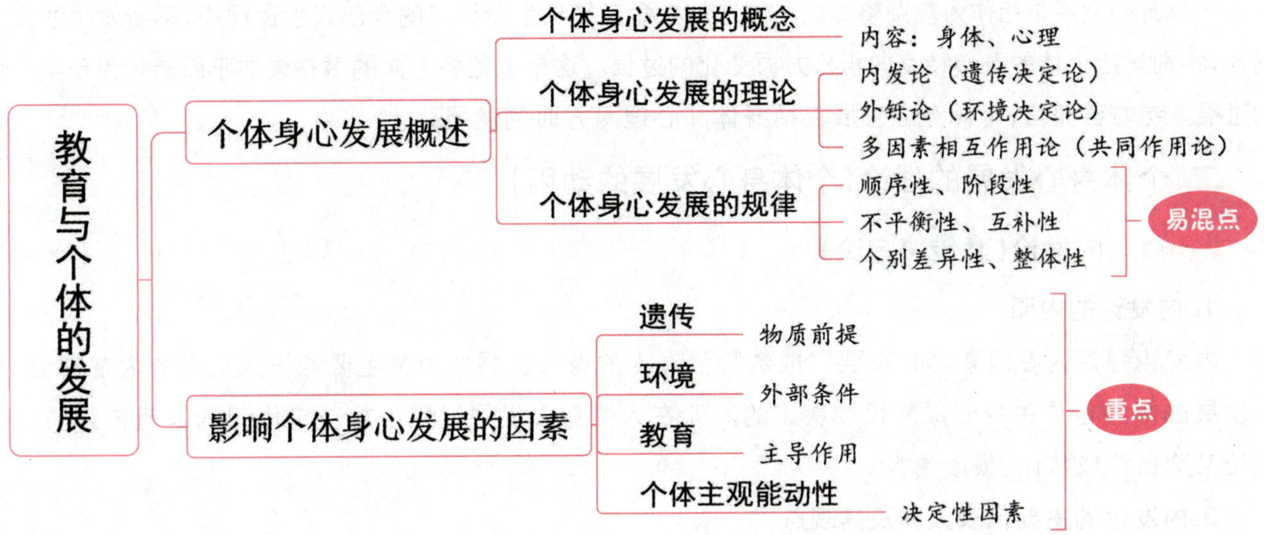

福建考向

本章属于教育学的基础章节，特点是内容较为琐碎，记忆性和理解性知识较多。现对本章福建考向分析如下：

高频考点	常考题型	能力层级	考查热度
个体身心发展的规律	单选、填空	识记	★★★
影响个体身心发展的因素	单选、判断选择、填空、辨析、论述	理解	★★★

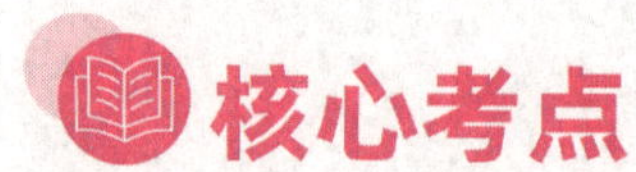

核心考点

第一节 个体身心发展概述

一、个体身心发展的概念

个体身心发展是指作为复杂整体的个体在从生命开始到生命结束的全部人生过程中，不断发生的变化过程，特别是指个体的身心特点向积极方面变化的过程。这是人的各方面的潜在素质不断转化为现实个性的过程。就内容而言，个体身心发展包括**身体**和**心理**两方面的发展。

二、个体身心发展的理论（个体身心发展的动因）

考点1 内发论（遗传决定论）

1. 内发论的内涵

内发论强调内在因素，如“需要”“成熟”，强调人的身心发展的力量主要源于人自身的内在需要，身心发展的顺序也是由身心成熟机制决定的。即在人的身心发展过程中起决定作用的是遗传素质。内发论又称自然成熟论、预成论等。

2. 内发论的主要代表人物及其观点

表2-8 内发论的主要代表人物及其观点

代表人物	主要观点
孟子	人的本性是善的，“万物皆备于我”
弗洛伊德	人的性本能是最基本的自然本能
威尔逊	“基因复制”是决定人的一切行为的本质力量
高尔顿 （遗传决定论的“鼻祖”）	个体的发展及其个性品质早在基因中就决定了，发展只是这些内在因素的自然展开，环境只起引发作用
格塞尔	强调成熟机制对人的发展的决定作用
霍尔	“一两的遗传胜过一吨的教育”；“复演说”

总的来说，内发论认为心理发展与生理发展没有什么根本的实质性区别，心理发展是先天因素成熟的结果，因而完全否定了后天学习、经验的作用。其关注重点是人的“生长”，以及人的成长规律和成熟机制。

考点2 外铄论（环境决定论）

1. 外铄论的内涵

外铄论的基本观点是人的发展主要依靠外在的力量，诸如环境的刺激和要求、他人的影响和学校的教育等。外铄论又称外塑论或经验论等。

2. 外铄论的主要代表人物及其观点

表 2-9　外铄论的主要代表人物及其观点

代表人物	主要观点
荀子	人的贵贱、愚智、贫富都取决于后天的教育和学习，教育在人的发展中起着“化性起伪”的作用
洛克	提倡“白板说”，认为人的心灵犹如一块白板，它本身没有内容，可以任意涂抹
华生	给我一打健康的婴儿，不管他们祖先的状况如何，我可以任意把他们培养成从领袖到小偷等各种类型的人

总的来说，外铄论一般都注重教育的价值，对教育改造人的本性，形成社会所要求的知识、能力、态度等方面，都保持积极乐观的态度。他们关注的重点是人的“学习”：学习什么和怎样有效学习。

记忆有妙招

为方便考生记忆，编者将内发论与外铄论的代表人物总结成以下口诀：

(1)内孟四尔弗。内：内发论。孟：孟子。四尔：威尔逊、高尔顿、格塞尔、霍尔。弗：弗洛伊德。

(2)外出寻找落花生。外：外铄论。寻：荀子。落：洛克。花生：华生。

考点3　多因素相互作用论(共同作用论)

辩证唯物主义认为，人的发展是个体的内在因素(如先天遗传素质、机体成熟的机制)与外部环境(如外在刺激的强度、社会发展的水平、个体文化背景等)在个体活动中相互作用的结果。人是能动的实践主体，没有个体的积极参与，个体的发展是不能实现的。在主客观条件大致相似的情况下，个体主观能动性发挥的程度，对人的发展有着决定性的意义。

考题预测

[单，2分]中国古代的思想家荀子、英国的洛克均强调教育的价值，对教育的作用持乐观的态度，关注的重点是学习。这种观点属于(　　)

A. 内发论　　B. 外铄论

C. 遗传决定论　　D. 多因素相互作用论

答案：B

三、个体身心发展的规律　【2022 填空、2021 填空、2020 单选、2019 单选、2018 单选】

考点1　个体身心发展的顺序性

个体身心发展的顺序性

1. 个体身心发展的顺序性的概念

个体身心发展的顺序性是指人的身心发展是一个由低级到高级、由简单到复杂、由量变到质变的连续不断的发展过程。例如，身体的发展遵循着从上到下、从中间到四肢、从骨骼到肌肉的顺序，心理的发展总是由机械记忆到意义记忆、由具体思维到抽象思维。

2. 个体身心发展的顺序性的教育要求

人的发展的顺序性是客观的、不以人的意志为转移的，教育工作要遵循这种顺序性，循序渐进地促进人的发展。所以，教育一般不可“**陵节而施**”“**拔苗助长**”，否则就会出现教育的异化，造成教育的负效应。

考点2　个体身心发展的阶段性

1. 个体身心发展的阶段性的概念

个体身心发展在不同的年龄阶段表现出不同的总体特征及主要矛盾，面临着不同的发展任务，这就是身心发展的阶段性。在一定的年龄阶段，人的生理与心理两方面出现的某些典型的、本质的特征，即年龄特征。

2. 个体身心发展的阶段性的教育要求

由于年青一代在不同的年龄阶段具有不同的身心发展的特点，在教育工作中，就必须从教育对象的实际出发，针对不同年龄的学生，提出不同的具体任务，采用不同的教育内容和方法。如对童年时期的学生，在教学内容上应该多讲一些具体而浅显的知识和道理，在教学方法上应多采用直观教具；而对少年时期的学生就应注意采用理论与实践结合的教学方式；对青年期的学生就应注意培养他们的逻辑思维能力等。如果不顾学生的年龄特征和接受能力，在教育工作中搞“**一刀切**”“**一锅煮**”，让孩子同成年人一样地听报告、搞活动、开批判会，把对儿童和青少年的教育“成人化”，就违反了个体身心发展的阶段性规律。

考点3　个体身心发展的不平衡性(不均衡性)

1. 个体身心发展的不平衡性(不均衡性)的表现

一方面是指身心发展的同一方面的发展速度，在不同的年龄阶段是不平衡的。例如，青少年的身高体重在其全部发展过程中经历两个高峰：第一个高峰是在一岁左右，第二个高峰是在青春发育期。在这两个高峰期内，身高体重的发展较之其他阶段快得多。

另一方面是就个体身心发展的不同方面而言的。研究表明，青少年身心的不同方面所达到的某种发展水平或成熟的时期是不平衡的，有的方面可能在较早年龄就达到较高水平，而有的方面则晚些。

个体身心发展的阶段性与不平衡性是易混点，考生可结合以下内容进行理解：掌握阶段性规律的关键是“不同年龄阶段表现出不同的总体特征”，掌握不平衡性规律的关键是“同一方面在不同年龄阶段的发展速度和不同方面的发展水平都是不平衡的”。

2. 个体身心发展的不平衡性(不均衡性)的教育要求

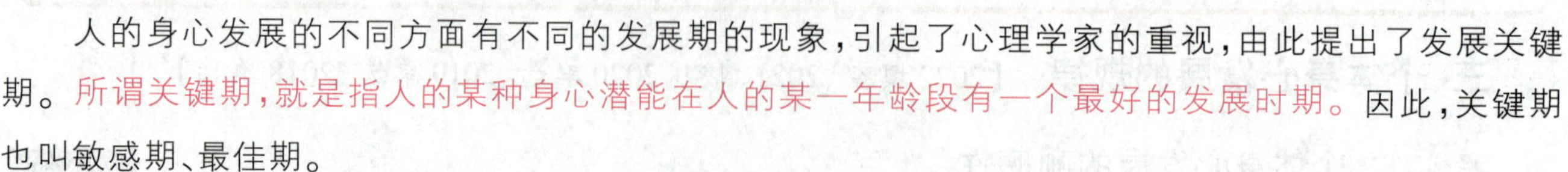

人的身心发展的不同方面有不同的发展期的现象，引起了心理学家的重视，由此提出了发展关键期。所谓关键期，就是指人的某种身心潜能在人的某一年龄段有一个最好的发展时期。因此，关键期也叫敏感期、最佳期。

根据个体身心发展的不平衡性，教育教学要抓住关键期，以求在最短的时间内取得最佳的效果。

考点4　个体身心发展的互补性

1. 个体身心发展的互补性的概念

(1)互补性是指机体某一方面的机能受损甚至缺失后，可通过其他方面的超常发展得到部分补偿。

机体各部分存在着互补的可能，为人在自身某方面缺失的情况下能与环境协调，从而继续生存与发展提供了条件。(2)互补性也存在于心理机能与生理机能之间。人的精神力量、意志、情绪状态对整个机能起到调节作用，能帮助人战胜疾病和残缺，使身心依然得到发展。

2. 个体身心发展的互补性的教育要求

个体身心发展的互补性规律要求教育工作者：(1)要树立信心，相信每一个学生，特别是暂时落后或某些方面有缺陷的学生，通过其他方面的补偿性发展，都会达到与一般正常学生一样的发展水平；(2)要掌握科学的教育方法，发现学生的优势，扬长避短、长善救失，激发学生自我发展的信心和自觉。

真题面对面

[2022，填空，1分]残疾学生身残志坚，用精神力量和意志来调节自身机体状态，使身心得以持续发展，该现象反映了个体身心发展的____________规律。

答案：互补性

考点5　个体身心发展的个别差异性

个体身心发展的个别差异性

1. 个体身心发展的个别差异性的概念

个体身心发展的个别差异性，是指个体之间的身心发展以及个体身心发展的不同方面之间，存在着发展程度和速度的不同。

2. 个体身心发展的个别差异性的表现

(1)不同儿童同一方面的发展速度和水平不同。例如，有的人“少年得志”，有的人则“大器晚成”。

(2)不同儿童不同方面的发展存在着差异。例如，有的儿童数学能力较强，但绘画能力却很差，而有的儿童正好相反。

(3)不同儿童所具有的个性心理不同。例如，同年龄的儿童具有不同的兴趣、爱好和性格等。

(4)个别差异也表现在群体间，如男女性别的差异。

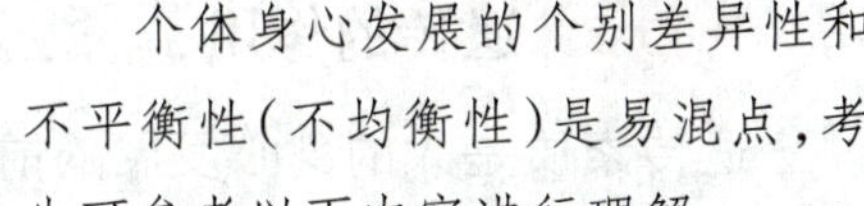

个体身心发展的个别差异性和不平衡性(不均衡性)是易混点，考生可参考以下内容进行理解：

不平衡性(不均衡性)主要是指同一个体，而个别差异性则主要指不同个体。此外，个别差异性也表现在群体间，如男女性别的差异。

3. 个体身心发展的个别差异性的教育要求

根据个体发展的个别差异性规律，教育必须因材施教，充分发挥每个学生的潜能和积极因素，有的放矢地选择适宜、有效的教育途径和方法手段，使每个学生都能得到最大的发展。

真题面对面

[2020，单，2分]两个八岁儿童，一个只能简单造句，另一个能写好短文，这体现了个体身心发展的(　　)

A. 差异性　　B. 顺序性　　C. 互补性　　D. 阶段性

答案：A

考点6 个体身心发展的整体性

1. 个体身心发展的整体性的概念

学生是一个整体的人，以其整个身心投入教学生活，并以整个身心来感知、体验、享受和创造这种教学生活。教师所面对的是一个活生生的、整体的人，尽管这个整体不是“完美”的整体。

2. 个体身心发展的整体性的教育要求

(1)教学应该面对学生的整个身心；(2)教学要着眼于学生的整体性，促进学生的一般发展，注意做到认知因素与非认知因素、意识与潜意识、科学与艺术的统一。

第二节 影响个体身心发展的因素 必背

总体看来，影响个体身心发展的因素主要有遗传、环境、教育(学校教育)和个体主观能动性等。

一、遗传 【2020填空、2017论述】

考点1 遗传的概念

遗传，也叫遗传素质，是指从上一代继承下来的生理解剖上的特点，如机体的形态、结构以及器官和神经系统的特征等。

考点2 遗传的作用

遗传素质是人的身心发展的前提，具体体现在以下几个方面：

1. 遗传素质是人的身心发展的前提，为人的发展提供了可能性，但不能决定人的发展

人的身心发展必须有正常的遗传素质为基础，发展才有可能。没有这个前提，任何发展都不可能。或者某些遗传素质有缺陷，某种发展可能就永远不能实现。*例如，一个生而失聪的儿童，就不可能发展其听觉能力而成为音乐家。*

但遗传素质不决定人身心发展的现实性，王安石的《伤仲永》中的仲永就是这样的例子。遗传因素对人的影响在整个发展过程中总体上呈减弱趋势。因此，一个人的神经系统，虽然生来就被某些属性所制约，但是它本身却具有极大的可塑性。“遗传决定论”的观点夸大了遗传的作用，把遗传看作是决定人的发展的唯一因素，是不正确的。

龙生龙，凤生凤，老鼠的儿子会打洞

遗传因素

2. 遗传素质的个别差异是人的身心发展的个别差异的原因之一

遗传素质存在着个别差异，表现在高级神经活动类型、感觉器官的结构和机能方面。这些差异是个性形成的生理基础，是人的个性差异的最初原因。

3. 遗传素质的成熟机制制约着人的身心发展的水平及阶段

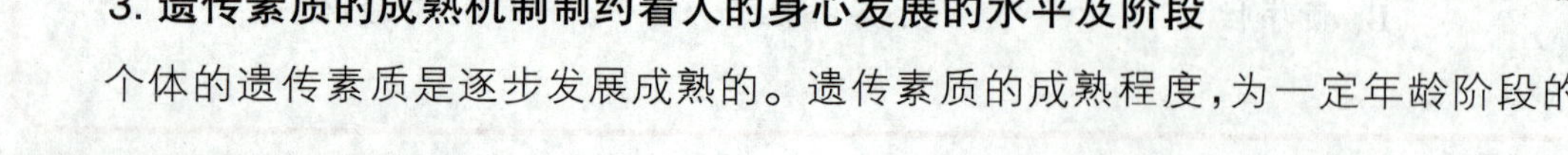

个体的遗传素质是逐步发展成熟的。遗传素质的成熟程度，为一定年龄阶段的身心发展提供了限

制与可能，制约着年青一代身心发展的过程及其阶段。教育必须按照遗传素质发展的水平进行，超越或落后于遗传素质成熟水平都不利于人的发展。**格塞尔**通过**双生子爬梯实验**证明了他的“**成熟势力说**”。

> **真题面对面**
>
> [2020,填空,1分]影响人身心发展的主要因素中，提供必要的生物前提和发展潜在可能性的是__________。
>
> **答案：**遗传(遗传素质)

二、环境 【2023辨析】

考点1 环境的概念

环境泛指个体生活于其中的并影响个体身心发展的一切外部因素。按环境的性质来分，环境可分为自然环境和社会环境。教育学中所说的环境一般指社会环境。广义上来说，教育也包括在环境这一概念之中。

考点2 环境的作用

1. 社会环境为个体的发展提供了多种可能，使遗传提供的发展可能变成现实

社会环境是人的发展的外部条件，为个体的发展提供了多种可能，如机遇、条件和对象。离开社会环境这种外部条件，再好的遗传素质也难以发挥作用。遗传提供的可能只有在一定的社会环境下才能变为现实。“近朱者赤，近墨者黑”“蓬生麻中，不扶而直”及“孟母三迁”的故事，都说明了社会环境对人的发展的影响。

环境因素

2. 环境是推动人身心发展的动力

这种作用主要表现在以下两点：(1)环境是人身心发展不可缺少的外部条件；(2)环境推动和制约着人身心发展的速度和水平。

3. 环境不决定人的发展

环境对人的身心发展具有一定的影响，但环境影响不决定人的发展，因为环境作用具有自发性、偶然性等特点，对于环境的影响，个体存在适应与对抗，“出淤泥而不染”讲的就是这个道理。因此，夸大环境对人的发展的作用，特别是“环境决定论”的观点是错误的。

4. 人对环境的反应是能动的

社会环境是人发展的外部条件，但是个体受环境的影响不是消极被动的，而是积极能动的实践过程。环境对人的发展的影响要通过个体的主观努力和社会实践活动才能实现。

三、教育(学校教育) 【2023判断选择、2018单选】

教育，从逻辑上既是特殊的实践，又是特殊的环境。由于这种特殊性，使得在影响人的发展的因素中，教育对人的发展特别是对年青一代的发展起着主导作用和促进作用。

考点1 学校教育在人身心发展中起主导作用的原因

(1)学校教育是有目的、有计划、有组织地培养人的活动；(2)学校有专门负责教育工作的教师，相对而言效果较好；(3)学校教育能有效地控制和协调影响学生发展的各种因素。

考点2 学校教育在人身心发展中起主导作用的表现(学校教育在影响个体发展上的特殊功能)

(1)学校教育对于个体发展做出社会性规范；(2)学校教育具有开发个体特殊才能和发展个性的功能；(3)学校教育对个体发展的影响具有即时和延时的价值；(4)学校教育具有加速个体发展的特殊功能。

考点3 实现学校教育在人身心发展中起主导作用的条件

学校教育主导作用的实现是相对的、有条件的。

(1)从外部环境方面来说，它要求社会的发展为个体的发展提供相应的前提，它依赖于家庭环境的影响，包括家长的职业类别和文化程度、家庭的经济状况和自然结构；依赖于社会发展的状况，包括生产力水平、科技发展、社会环境、社会文化传统和民族心态以及公民整体素质等。

(2)从教育系统内部来说，它依赖于教育自身的状况，包括学校的物质条件、师资队伍、教育管理者的水平等方面；依赖于学习者的主观能动性。它要求教育要遵循儿童的身心发展规律，还要积极协调社会、家庭等各个方面的教育影响，使其成为一股适合儿童需要的合力。

在肯定学校教育对个体发展所起的主导作用的同时，还应正确地看待“教育万能论”和“教育无用论”这两个在教育功能认识上的误区。

“**教育万能论**”是一种片面地夸大教育在人的发展中的作用的观点，认为人完全是教育的产物。代表人物有英国的**洛克**、德国的**康德**、美国的**华生**、法国的**爱尔维修**等。

“**教育无用论**”是一种抹杀教育在人的发展中的作用的观点，认为教育对人的发展无能为力。中世纪的一些学者以及英国的**高尔顿**都是这一观点的代表人物。

真题面对面

1. [2018，单，2分]荀子说：“干、越、夷、貉之子，生而同声，长而异俗，教使之然也。”这强调影响人的身心发展的因素是(　　)

A. 遗传　　B. 环境

C. 教育　　D. 个体主观能动性

2. [2023，判断选择，1分]学校教育在人的发展中发挥主导作用是有条件的。(　　)

A. 正确　　B. 错误

答案：1. C　2. A

四、个体主观能动性 【2023 辨析、2019 判断选择】

考点1 个体主观能动性的概念

个体主观能动性是指人的主观意识和活动对于客观世界的积极作用，包括能动地认识客观世界和改造客观世界，并统一于人们的社会实践活动中。从活动水平的角度看，个体主观能动性由三个层次构成：第一层次是人作为生命体进行的生理活动，第二层次是个体的心理活动，最高层次是社会实践活动。人只有通过这些活动，才能得到发展，离开这些活动，就谈不上任何发展。所以，从个体发展的各种可能变为现实这一意义上来说，个体的活动是个体发展的决定性因素。

个体主观能动性

考点2 个体主观能动性的作用

个体的主观能动性是一种寻求发展的积极动机和渴望，是人的身心发展的内在动力，也是促进个体发展从潜在的可能状态转向现实状态的决定性因素。逆境可以成才，“同流而不合污”“出淤泥而不染”“威武不能屈”等典故均反映了人的主观能动性在个体发展中的作用。

总之，影响人的身心发展的因素是多方面的。遗传素质是人的身心发展的物质前提，环境为个体的发展提供了多种可能，而教育作为特殊的环境对人的身心发展起主导作用，个体主观能动性是人的身心发展的内因和动力。这些因素彼此关联、相互配合，共同发挥作用，促进人的身心发展。

真题面对面

[2019，判断选择，1 分]影响个体身心发展的因素中起决定作用的是学校教育。(　　)

A. 正确　　　　B. 错误

答案：B

考点大默写

1. 就内容而言，个体身心发展包括__________和__________两方面的发展。
2. 内发论认为，在人的身心发展过程中起决定作用的是__________。
3. “生而知之”的天才论和“一两的遗传胜过一吨的教育”都是__________的观点。
4. 关于个体身心发展的成因，“白板说”属于__________。
5. 个体身心发展的顺序性要求在教育过程中必须做到__________，“拔苗助长”违背了这一规律。
6. 幼儿园教育既应杜绝“小学化”，又要注意幼小衔接。这体现了个体身心发展的__________。
7. 人在某一年龄段最好的发展时期是指发展的__________，它体现了人的身心发展的__________。
8. 盲人的听觉、嗅觉和触觉一般都特别灵敏，这说明人的身心发展具有__________。

9. 人们常说的"聪明早慧""大器晚成"是指个体身心发展具有__________，这一规律要求学校教育必须因材施教。

10. 影响人身心发展的因素有遗传、环境、教育和个体主观能动性等。其中，__________在人的身心发展中起主导作用，__________是促进个体发展从潜在的可能状态转向现实状态的决定性因素。

11. "龙生龙，凤生凤，老鼠的儿子会打洞。"这一说法反映了__________因素对人的发展的影响。

12. "近朱者赤，近墨者黑"反映了__________因素对人发展的影响。

13. "出淤泥而不染""同流而不合污"说明人的__________在个体发展中的作用。

14. 在影响个体身心发展的诸因素中，__________具有加速个体发展的特殊功能。

15. 遗传，也叫遗传素质，是指从上一代继承下来的__________的特点。

16. 从活动水平的角度看，个体主观能动性由三个层次构成：第一层次是人作为生命体进行的__________活动；第二层次是个体的__________活动；最高层次是__________活动。

【参考答案】

1. 身体；心理　2. 遗传素质　3. 内发论(遗传决定论)　4. 外铄论(环境决定论)　5. 循序渐进　6. 阶段性　7. 关键期；不平衡性(不均衡性)　8. 互补性　9. 个别差异性　10. 教育；个体主观能动性　11. 遗传(遗传素质)　12. 环境　13. 主观能动性　14. 学校教育　15. 生理解剖上　16. 生理；心理；社会实践

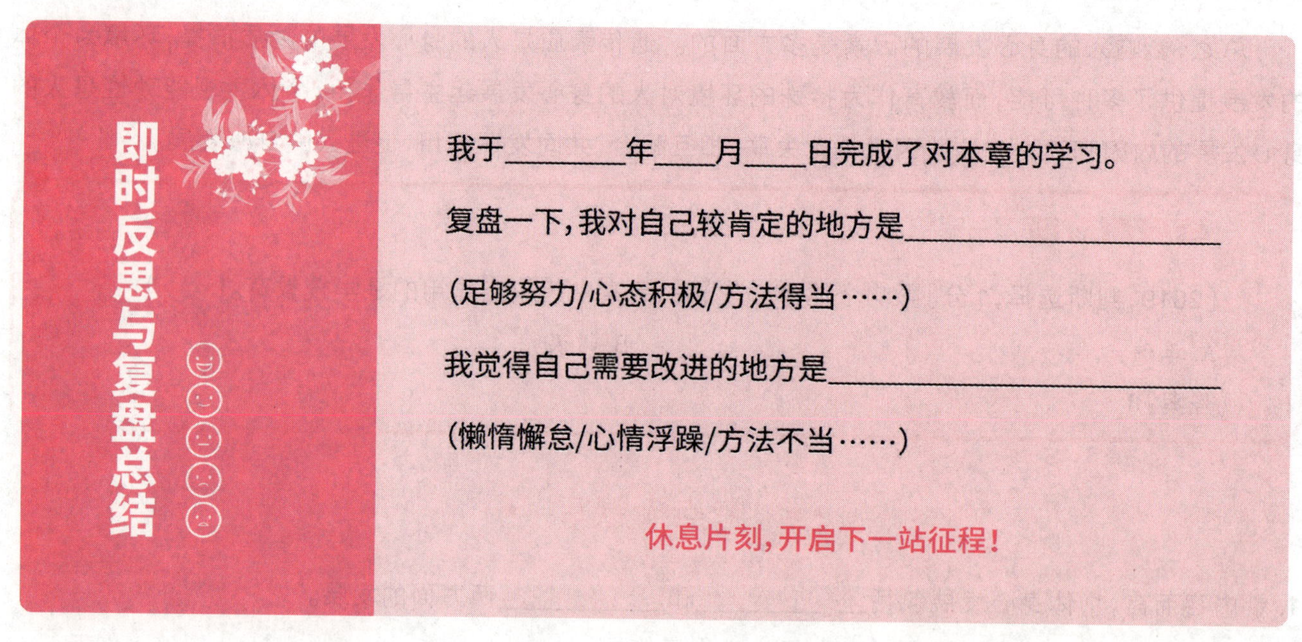

第四章 教育目的

思维导图

- 教育目的
  - 教育目的概述
    - 教育目的的内涵
      - 培养人的质量规格标准
    - 教育目的的意义与功能
      - 意义：全部教育活动的主题和灵魂，教育的最高理想
      - 功能：导向、激励、评价
    - 教育目的的层次结构（重点）
      - 国家的教育目的
      - 各级各类学校的培养目标
      - 教师的教学目标
    - 确立教育目的的依据
      - 客观：特定的社会政治、经济、文化背景；人的身心发展特点和需要
      - 主观：人们的教育理想
    - 教育目的的价值取向
      - 个人本位论、社会本位论
      - 文化本位论、生活本位论
      - 教育无目的论
  - 我国的教育目的及其理论基础
    - 新中国成立以来教育目的的各种表述
    - 现阶段我国教育目的的基本精神
      - 坚持社会主义方向性
      - 坚持全面发展
      - 培养独立个性
      - 教育与生产劳动相结合
      - 注重提高全民素质
    - 我国教育目的的理论基础
      - 马克思主义关于人的全面发展学说（重点）
  - 素质教育观
    - 素质教育的概念
      - 我国各级各类教育追求的共同理想
    - 素质教育的特点
      - 全体性、全面性、基础性、主体性、发展性、未来性
    - 素质教育的内涵
      - 面向全体学生
      - 促进学生全面发展
      - 促进学生个性发展
      - 以培养创新精神和实践能力为重点
    - 素质教育在实施过程中应避免的误区
      - 七大误区
  - 全面发展教育的组成及其关系
    - 全面发展教育的组成部分
      - 德育、智育、体育、美育、劳动技术教育
    - 全面发展教育各组成部分之间的关系
      - 德育：保证方向、保持动力
      - 智育：认识基础
      - 体育：物质保证
      - 美育：具体运用和实施
      - 劳动技术教育：具体运用和实施

福建考向

本章属于教育学的基础章节，考点较分散，多为基础知识的识记。现对本章福建考向分析如下：

高频考点	常考题型	能力层级	考查热度
教育目的的意义	填空	识记	★★
教育目的的层次结构	单选、判断选择、填空	识记	★★★
新中国成立以来教育目的的各种表述	单选	识记	★★
我国教育目的的理论基础	单选、填空	识记	★★★
全面发展教育	材料分析	运用	★★★

核心考点

第一节　教育目的概述

一、教育目的的内涵

考点1　教育目的的概念

教育目的指教育要达到的预期结果，是根据一定社会发展和受教育者自身发展需要及规律，对受教育者提出的总的要求，规定了把受教育者培养成什么样的人，是培养人的质量规格标准，同时也反映了教育在人的努力方向和社会倾向性等方面的要求。

教育目的一般由国家或国家教育行政部门制定，指导一定时期各级各类的教育工作。教育目的是一种教育理想，属于理想的范畴。

考点2　教育目的与教育方针

1. 教育方针的内涵

教育方针是最高国家权力机关根据政治、经济要求，明令颁布实行的一定历史阶段教育工作的总的指导方针或总方向。教育方针的内容主要包括教育工作的指导思想、教育目的和实现教育目的的根本途径等。其中，教育目的是教育方针中的核心和基本的内容。

2. 教育目的与教育方针的关系

教育目的与教育方针既有联系又有所不同。

从二者的联系来看，它们在对教育社会性质的规定上具有内在的一致性，都含有“为谁(哪个阶级、哪个社会)培养人”的规定性，都是一定社会(国家或地区)各级各类教育在其性质和方向上不得违背的根本指导原则。

从二者的区别来看，一方面教育方针所含的内容比教育目的的内容更多些。教育目的一般只包括“为谁培养人”“培养什么样的人”的问题；而教育方针除此之外，还含有“怎样培养人”的问题和教育事业发展的基本原则。另一方面教育目的在对人培养的质量规格方面要求较为明确，而教育方针则在“办什么样的教育”“怎样办教育”方面更为突出。

考题预测

[单,2分]下列对“教育目的与教育方针的关系”理解错误的一项是(　　)

A. 教育方针所含的内容比教育目的的内容更多些

B. 教育方针在对人培养的质量规格方面要求较为明确

C. 二者在对教育社会性质的规定上具有内在的一致性,都包含“为谁培养人”的规定性

D. 教育方针着重解释了“办什么样的教育”以及“怎样办教育”

答案:B

二、教育目的的意义与功能(作用)

考点1　教育目的的意义　【2017填空】

教育目的是整个教育工作的核心,是教育活动的依据和评判标准、出发点和归宿,在教育活动中居于主导地位。同时,它也是全部教育活动的主题和灵魂,是教育的最高理想。它贯穿于教育活动的全过程,对一切教育活动都有指导意义,也是确定教育内容、选择教育方法和评价教育效果的根本依据。

真题面对面

[2017,填空,1分]教育目的是一切教育工作的__________和归宿。

答案:出发点

考点2　教育目的的功能(作用)

1. 教育目的对教育工作具有导向作用

教育目的不仅为受教育者指明方向,预定发展结果,也为教育工作者指明工作方向和奋斗目标。因此,教育目的无论是对受教育者还是教育者都具有目标导向作用。

2. 教育目的对贯彻教育方针具有激励作用

教育目的不仅能指导整个教育实践活动过程,而且能够激励人们为实现共同的目标而努力。教育目的本身包含对学生成长的期望和要求,因此对学生的发展具有很大的激励作用。

3. 教育目的是对教育效果进行评价的重要标准

教育目的是衡量、评价教育实施效果的根本依据和标准。评价学校的办学水平、办学效益,检查教育教学工作的质量,评价教师的教学质量和工作效果,检查学生的学习质量和发展程度等,都必须以教育目的为依据和标准来进行。

也有说法认为,教育目的的功能包括导向功能、调控功能和评价功能。

三、教育目的的层次结构　【2021单选、2020填空、2019判断选择】

教育目的的层次结构

教育目的包括三个层次:国家的教育目的、各级各类学校的培养目标和教师的教学目标。

1. 国家的教育目的

国家的教育目的居于第一个层次,它是由国家提出来的,其决策要经过一定的组织程序,一般体现在国家的教育文本和教育法令中。

2. 各级各类学校的培养目标

各级各类学校的培养目标居于第二个层次,它是根据国家的教育目的制定的某一级或某一类学

校、某一专业对人才培养的具体要求，是国家教育目的在不同教育阶段、不同级别的学校、不同专业方向的具体化。教育目的与培养目标是普遍与特殊的关系。

3.教师的教学目标

教师的教学目标居于第三个层次，教学目标是指教学活动结束后学生所能达到的预期标准。教学目标是教育目的和培养目标在教学活动中的进一步具体化。

也有人认为，教育目的由四个层次构成：(1)国家或社会所规定的教育总目的；(2)各级各类学校的培养目标；(3)课程目标；(4)教学目标。教育目的的这四个层次之间的关系是：从教育目的到教学目标是抽象到具体的关系，后者是前者的具体化，只有实现了具体的教学目标，才能达到实现教育的总目的的要求；反过来，从教学目标到教育目的是具体到抽象的关系，上一个层次的教育目标是下一个层次教育目标的依据、任务和方向，对下一个层次目标起制约和指导作用，而课程目标、教学目标又是教育目的、培养目标实现的保障。

真题面对面

1.［2021，单，2分］下列关于教育目的的层次，从抽象到具体进行排列的顺序是(　　)

①培养目标　　②教学目标　　③教育目的　　④课程目标

A. ③①④②　　B. ①②④③

C. ③①②④　　D. ①②③④

2.［2020，填空，1分］教师在实施课程计划过程中，在完成某一阶段(如一节课)的教学工作时所期望学生达到的要求或结果称为____________。

答案：1. A　2. 教学目标

四、确立教育目的的依据

1.特定的社会政治、经济、文化背景

这是确立教育目的的客观依据，主要表现为：

(1)教育目的的确定受社会生产力和科学技术发展水平的制约。教育目的是对社会生产力和科学技术发展特点的反映，体现着这一发展的时代特征。

(2)教育目的的确定受一定社会经济和政治制度的制约。教育目的的制定会体现一定社会经济、政治的要求，在阶级社会中具有鲜明的阶级性，不同的社会制度有着不同的教育目的。

(3)教育目的的确定必须考虑历史发展的进程。在不同的社会发展阶段里，有不同的教育目的。

(4)不同国家的文化背景也使教育培养的人各具特色。

2.人的身心发展特点和需要

教育目的的确定还要受到受教育者身心发展的规律这一客观依据的影响。

3.人们的教育理想

从根本上说，教育目的是存在于人的头脑中的一种观念，它反映的是教育者在观念上预先建立起来的关于未来新人的主观形象。因此，教育目的是一种理想。

人们在考虑教育目的时往往会受其哲学观念、人性假设和理想人格等观念和价值取向这些主观依据的影响。

五、教育目的的价值取向 【2016单选】

所谓教育目的的价值取向，是指教育目的的提出者或从事教育活动的主体依据自身的需要对教育价值做出选择时所持有的一种倾向。

考点1 个人本位论

个人本位论盛行于18～19世纪上半叶，认为确立教育目的的根据是人的本性，教育的目的是培养健全发展的人，发展人的本性，挖掘人的潜能，增进受教育者的个人价值，个人价值高于社会价值，而不是为某个社会集团或阶级服务。简言之，教育的根本目的是人的本性和本能的高度发展。

其特点包括：(1)重视人的价值、个性的发展及其需要，把人的个性发展及需要的满足视为教育的价值所在；(2)认为教育的根本目的在于使人的本性、本能得到自然发展，使其需要得到满足；(3)主张应当按照人的本性和发展的需要来确定教育目的。

个人本位论的代表人物有孟子、卢梭、裴斯泰洛齐、福禄贝尔、马利坦、赫钦斯、奈勒、马斯洛、萨特等。

考点2 社会本位论

社会本位论盛行于19世纪下半叶，认为确立教育目的的根据是社会的要求，个人的发展必须服从社会需要，因为个人生活在社会中，受制于社会环境。教育的目的是为社会培养合格的成员和公民，使受教育者社会化，社会价值高于个人价值，教育质量和效果可以用社会发展的各种指标来评价。简言之，教育以社会的稳定和发展为最高宗旨。

社会本位论的代表人物有荀子、柏拉图、赫尔巴特、涂尔干、纳托普、凯兴斯泰纳、孔德、巴格莱等。

考点3 文化本位论

文化本位的教育目的观强调教育目的应围绕文化这一范畴来进行，用“文化”来统筹教育、社会、人三者之间的关系，其最终目的在于：唤醒人们的意识，使其具有自动追求理想价值的意志，并使文化有所创造，形成与发展新的文化。其代表人物有早期的狄尔泰和后来的斯普兰格。

考点4 生活本位论

生活本位的教育目的理论认为教育要为未来的生活做准备，注重的是使受教育者怎样生活。突出的代表人物是英国著名教育家斯宾塞。

考点5 教育无目的论

杜威的教育目的论发人深省的地方在于，他将教育目的与教育活动本身联系起来，反映了教育活动主体的自觉。“教育无目的论”并非主张真正教育无目的，而是认为无教育过程之外的“外在”目的。

考题预测

[单，2分]“古之王者，建国君民，教学为先”体现了教育目的价值取向上的(　　)

A. 个人本位论　　B. 生活本位论

C. 教育无目的论　　D. 社会本位论

答案：D

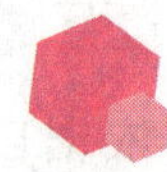

第二节　我国的教育目的及其理论基础

一、新中国成立以来教育目的的各种表述　【2023单选】

表2-10　新中国成立以来教育目的的各种表述

时间	文件或会议	关于教育目的的表述
1957年	《关于正确处理人民内部矛盾的问题》	我们的教育方针，应该使受教育者在德育、智育、体育几方面都得到发展，成为有社会主义觉悟的有文化的劳动者 注：这是新中国成立后颁布的第一个教育方针
1986年	《中华人民共和国义务教育法》	义务教育必须贯彻国家的教育方针，努力提高教育质量，使儿童、少年在品德、智力、体质等方面全面发展，为提高全民族的素质，培养有理想、有道德、有文化、有纪律的社会主义建设人才奠定基础
1993年	《中国教育改革和发展纲要》	教育必须为社会主义现代化建设服务，必须与生产劳动相结合，培养德、智、体全面发展的建设者和接班人
1995年	《中华人民共和国教育法》	教育必须为社会主义现代化建设服务，必须与生产劳动相结合，培养德、智、体等方面全面发展的社会主义事业的建设者和接班人
1999年	《中共中央国务院关于深化教育改革，全面推进素质教育的决定》	实施素质教育，就是全面贯彻党的教育方针，以提高国民素质为根本宗旨，以培养学生的创新精神和实践能力为重点，造就"有理想、有道德、有文化、有纪律"的、德智体美等全面发展的社会主义事业建设者和接班人
2001年	《国务院关于基础教育改革与发展的决定》	坚持教育必须为社会主义现代化建设服务，为人民服务，必须与生产劳动和社会实践相结合，培养德智体美等全面发展的社会主义事业建设者和接班人
2010年	《国家中长期教育改革和发展规划纲要（2010～2020年）》	全面贯彻党的教育方针，坚持教育为社会主义现代化建设服务，为人民服务，与生产劳动和社会实践相结合，培养德智体美全面发展的社会主义建设者和接班人
2012年	《十八大报告》	坚持教育为社会主义现代化建设服务、为人民服务，把立德树人作为教育的根本任务，培养德智体美全面发展的社会主义建设者和接班人
2017年	《十九大报告》	全面贯彻党的教育方针，落实立德树人根本任务，发展素质教育，推进教育公平，培养德智体美全面发展的社会主义建设者和接班人
2018年	全国教育大会	坚持中国特色社会主义教育发展道路，培养德智体美劳全面发展的社会主义建设者和接班人，加快推进教育现代化、建设教育强国、办好人民满意的教育 注：在培养人的素质上，本次会议把"劳"与"德智体美"提到同等重要的位置
2021年	《中华人民共和国教育法》(修正)	教育必须为社会主义现代化建设服务、为人民服务，必须与生产劳动和社会实践相结合，培养德智体美劳全面发展的社会主义建设者和接班人
2022年	《二十大报告》	全面贯彻党的教育方针，落实立德树人根本任务，培养德智体美劳全面发展的社会主义建设者和接班人

知识再拔高

联合国教科文组织提出的"学会学习"的教育目的

1996年，国际21世纪教育委员会向联合国教科文组织提交了《教育——财富蕴藏其中》的报告，其中最核心的思想是教育应使受教育者学会学习，即教育要使学习者"学会认知""学会做事""学会共同生活(学会合作)"和"学会生存"。这一思想很快被全球各国所认可，并被称为教育的四大支柱。

真题面对面

[2023，单，2分]我国教育目的的历史演变过程中，强调"培养学生的创新精神和实践能力"的方针出自(　　)

A.《中华人民共和国宪法》

B.《国家中长期教育改革和发展规划纲要(2010~2020年)》

C.《中共中央国务院关于深化教育改革，全面推进素质教育的决定》

D.《中共中央关于制定国民经济和社会发展十年规划和"八五"计划的建议》

答案：C

二、现阶段我国教育目的的基本精神 【2016填空】

新中国成立以来，党和国家制定的各种文件中有关教育方针及其规定的教育目的，提法虽然不尽相同，但基本内涵或基本精神是一致的。其基本点主要表现在：

(1)坚持社会主义方向性。要求培养的人是社会主义事业的建设者和接班人，因此要坚持政治思想道德素质与科学文化知识能力的统一。

(2)坚持全面发展。要求学生在德、智、体等方面全面发展，要求坚持脑力与体力两方面的和谐发展。

(3)培养独立个性。适应时代要求，强调学生个性的发展，重点是培养学生的创新精神和实践能力。

(4)教育与生产劳动相结合是实现我国教育目的的根本途径。

(5)注重提高全民族素质。

总的来说，其体现的精神实质是：第一，培养劳动者(为经济建设和社会的全面发展进步培养各级各类人才)是社会主义教育目的的总要求；第二，要求德、智、体、美、劳等方面全面发展是社会主义的教育质量标准；第三，坚持社会主义方向，是我国教育目的的根本性质和特点；第四，坚持教育与生产劳动相结合的根本途径。同时，这也体现了我国教育目的的基本特征，即：第一，以马克思主义关于人的全面发展学说为指导思想；第二，具有鲜明的政治方向；第三，坚持全面发展与个性发展的统一。

三、我国教育目的的理论基础 【2023填空、2019单选、2018填空】 必背

人的全面发展是现代教育的共同追求，我国确立教育目的的理论基础是马克思主义关于人的全面发展学说。其主要内容有：

(1)人的全面发展。所谓人的全面发展是指人的劳动能力，即人的体力和智力的全面、和谐、充分

的发展，还包括人的道德的发展和人的个性的充分发展。

(2)旧式分工造成了人的片面发展。

(3)机器大工业生产为人的全面发展提供了基础和可能。

(4)社会主义制度是实现人的全面发展的社会条件。

(5)教育与生产劳动相结合是“造就全面发展的人的唯一方法”。教育与生产劳动相结合是培养全面发展的人的根本途径，也是唯一途径。

真题面对面

1.[2019，单，2分]根据马克思主义教育学的基本观点，培养全面发展的人的唯一方法是(　　)

A.创新与动手实践相结合　　B.认知与情感体验相结合

C.道德与知识学习相结合　　D.教育与生产劳动相结合

2.[2023，填空，1分]我国教育目的的理论基础是马克思主义关于人的__________学说。

答案：1. D　2. 全面发展

第三节　素质教育观

一、素质教育的概念

1999年的《中共中央国务院关于深化教育改革，全面推进素质教育的决定》，将素质教育确定为我国教育改革和发展的长远方针，素质教育随之成为我国各级各类教育追求的共同理想。

素质教育是依据人的发展和社会发展的实际需要，以全面提高全体学生的基本素质为根本目的，以尊重学生主体性和主动精神，注重开发人的智慧潜能，形成人的健全个性为根本特征的教育。

二、素质教育的特点

素质教育的特点有：全体性、全面性、基础性、主体性、发展性和未来性。其中，全体性是素质教育最本质的规定、最根本的要求。所谓“全体性”，广义地说，是指素质教育必须面向全体人民，任何一名社会成员，均必须通过正规或非正规的途径接受一定时限、一定程度的基础教育。狭义地看，素质教育的“全体性”是指为全体适龄儿童开放接受正规基础教育的大门。

三、素质教育的内涵 【2023多选】

1.素质教育是面向全体学生的教育

素质教育倡导人人有受教育的权利，强调在教育中每个人都得到发展，而不是只注重一部分人，更不是只注重少数人的发展。每一位学生都能得到发展，是每一位学生的基本权利。我们应该尊重这种权利，保护这种权利，创造条件实现这种权利。因此，素质教育不同于应试教育，因为应试教育搞选拔性、淘汰性，只能照顾到一部分人，甚至是很少一部分人的发展。

2.素质教育是促进学生全面发展的教育

素质教育倡导的是在教育中使每个学生都得到充分的、全面的发展。个体本身蕴含了多方面发展的潜能，全面发展是人发展自身的要求；社会生活的丰富多样性也要求人的全面发展，社会发展的程度越高，对人的全面发展的要求也就越高。素质教育的理论依据是全面发展教育。素质教育是对全面发展教育的具体落实和深化。实施素质教育必须坚持“五育”并举，促进学生生动活泼地发展。

3. 素质教育是促进学生个性发展的教育

素质教育是全面发展的教育，是从教育对所有学生的共同要求的角度来看的。但每一个学生都有其个别性，如有不同的认知特征、不同的欲望需求、不同的兴趣爱好、不同的创造潜能，这些不同点铸造了一个个千差万别的、个性独特的学生。因此，教育还要尊重并充分发展学生的个性。

4. 素质教育是以培养创新精神和实践能力为重点的教育

作为国力竞争基础工程的教育，必须培养具有创新精神和实践能力的新一代人才，这是素质教育的时代特征。

创新教育是素质教育的核心，它是教育对知识经济向人才培养提出挑战的回应。能不能培养学生的创新精神和实践能力是应试教育和素质教育的本质区别。

四、素质教育在实施过程中应避免的误区

误区一：素质教育就是不要“尖子生”。

这是对素质教育面向全体学生的误解。素质教育坚持面向全体学生，意味着素质教育要使每个学生都得到与其潜能相一致的发展。

误区二：素质教育就是要学生什么都学、什么都学好。

这是对素质教育使学生全面发展的误解。素质教育强调为学生的发展奠定基础，同时又要发展学生的个性，因此素质教育对学生的要求是合格加特长。

误区三：素质教育就是不要学生刻苦学习，“减负”就是不给或少给学生留课后作业。

这是对素质教育使学生生动、主动和愉快发展的误解。学生真正的愉快来自于通过刻苦的努力而获得成功之后的快乐，学生真正的负担是不情愿的学习任务。

误区四：素质教育就是要使教师成为学生的合作者、帮助者和服务者。

这是对素质教育所倡导的“学生的主动发展”和“民主平等的师生关系”的误解。

误区五：素质教育就是多开展课外活动，多上文体课。

这是对素质教育形式化的误解。教育培养人的基本途径是教学，学生的基本任务是在接受人类文化精华的过程中获得发展。这就决定了素质教育的主渠道是教学，主阵地是课堂。

误区六：素质教育就是不要考试，特别是不要百分制考试。

这是对考试的误解，考试包括百分制考试本身没有错，要说错的话，就是应试教育中使用者将其看作学习的目的。考试作为评价的手段，是衡量学生发展的尺度之一，也是激励学生发展的手段之一。

误区七：素质教育就会影响升学率。

这种观点的形成在于对素质教育内涵的误解。首先，素质教育的目的是促进学生的全面发展，素质教育旨在提高国民素质，升学率只是衡量教育质量的标准之一。其次，真正的素质教育不会影响升学率，因为素质教育强调科学地学习、刻苦地学习、有针对性地学习，这样有助于升学率的提高。

第四节　全面发展教育的组成及其关系

一、全面发展教育的组成部分 【2022材料分析】

要培养全面发展的人，就必须建构全面发展的教育。一般认为，我国现在中小学的全面发展教育主要包括德育、智育、体育、美育、劳动技术教育。

1. 德育

德育是培养学生正确的人生观、世界观、价值观，使学生具有良好的道德品质和正确的政治观念，形成正确的思想方法的教育。

德育的基本任务包括：(1)培养学生良好的道德品质；(2)培养学生正确的政治方向；(3)培养学生正确的价值观；(4)培养学生良好、健康的心理品质；(5)培养学生良好的思想品德能力等。

要保证教育的方向，培养社会主义拥护者和建设者，必须做好德育工作。

2. 智育

智育是传授给学生系统的科学文化知识、技能，发展他们的智力和与学习有关的非认知因素的教育。

智育的主要内容和任务包括传授知识、发展技能、培养自主性和创造性。具体任务有：(1)向学生系统传授科学文化知识，为学生各方面发展奠定良好的知识基础；(2)培养训练学生，使其形成基本技能；(3)培养和发展学生的智力才能，增强学生各个方面的能力；(4)培养学生良好的学习品质和热爱科学的精神。智育的根本任务是培育或发展学生的智慧，尤其是智力。

3. 体育

体育是授予学生关于身体健康的知识、技能，发展他们的体力，增强他们的自我保健意识和体质，培养他们参加体育活动的需要和习惯，增强其意志力的教育。

体育的基本任务包括：(1)指导学生锻炼身体，促进身体正常发育和技能的发展，增强学生体质，提高健康水平；(2)使学生掌握运动锻炼的科学知识和基本技能，掌握运动锻炼的方法，增强运动能力；(3)使学生掌握身心卫生保健知识，养成良好的身心卫生保健习惯；(4)发展学生良好品德，养成学生文明习惯。其中，增强学生体质是学校体育的根本任务，这是学校体育与学校其他活动最根本的区别。学校体育的基本组织形式是体育课。学校体育活动的基本特性是教育性、技能性和娱乐性。

4. 美育

美育是培养学生健康的审美观，发展他们感受美、鉴赏美、创造美的能力，培养他们高尚的情操与文明素养的教育。美育的基本形态是艺术美和现实美。现实美又包括自然美、社会美和教育美。

美育的主要任务包括：(1)培养学生正确的审美观点，使他们具有感受美(审美活动的起点)、理解美和鉴赏美的知识与技能；(2)培养学生艺术活动的技能，发展他们体现美和创造美的能力；(3)培养学生心灵美和行为美，使他们在生活中体现内在美和外在美的统一。其中，形成创造美的能力是美育的最高层次的任务。

5. 劳动技术教育

劳动技术教育是引导学生掌握劳动技术知识和技能，形成劳动观点和习惯的教育。

劳动技术教育的任务包括:(1)培养学生的劳动观点、劳动习惯和学习生产技术的兴趣;(2)使学生初步掌握现代生产技术的基础知识和基本技能,学会使用一般的生产工具;(3)掌握组织生产和管理生产的初步知识和技能。

二、全面发展教育各组成部分之间的关系

1."五育"在全面发展中的地位存在不平衡性

人的发展应是全面、和谐、具有鲜明个性的。在实际生活中,青少年德、智、体、美、劳诸方面的发展往往是不平衡的,有时需要针对某个带有倾向性的问题强调某一方面。学校教育也常会因某一时期任务的不同,在某一方面有所侧重。

2."五育"各有其相对独立性

"五育"中的每一组成部分都有其相对独立性,有其特定的任务、内容和功能,对其他各育起着影响、促进的作用,各育不能相互代替。各育都具有特定的内涵、特定的任务,其各自的社会价值、教育价值、满足人发展的价值都是通过各自不同的作用体现出来的。德育对其他各育起着保证方向和保持动力的作用,它体现了社会主义教育的方向,是"五育"的灵魂;智育为其他各育的实施提供了**认识基础**;体育是实施各育的**物质保证**;美育和劳动技术教育是德育、智育、体育的具体运用和实施。因此,"五育"各有其相对独立性。

3."五育"之间具有内在联系

德育、智育、体育、美育、劳动技术教育紧密相连,它们互为条件,互相促进,相辅相成,构成一个统一的整体。它们的关系具有在活动中相互渗透的特征。

考点大默写

1. 教育活动的主题和灵魂是__________,它也是教育的最高理想。
2. 教育目的可分为三个层次:国家的__________、各级各类学校的__________和教师的__________,其中最为具体化的是__________。
3. 在教育目的的价值取向上,卢梭是__________的代表人物。
4. 教育要培养"自由的人",这是__________的观点。
5. 某老师认为,教育的目的在于使青年社会化。这种教育目的观属于__________。
6. __________是教育方针中的核心和基本的内容。
7. 联合国教科文组织在《教育——财富蕴藏其中》中提出,教育要使学习者"学会认知""__________""学会共同生活(学会合作)"和"__________",这一思想很快被全球各国所认可,并被称为教育的四大支柱。
8. 我国教育目的的根本性质是__________,要培养社会主义事业的__________和__________。
9. 我国确立教育目的的理论依据是__________,这一学说指出,教育与__________相结合是培养全面发展的人的根本途径。
10. 1999年通过的《中共中央国务院关于深化教育改革,全面推进素质教育的决定》指出,实施素质教育,就是全面贯彻党的教育方针,以__________为根本宗旨,以培养学生的__________和__________为重点。

11. 素质教育是依据人的发展和社会发展的实际需要，以全面提高全体学生的__________为根本目的，以尊重学生主体性和主动精神，注重开发人的智慧潜能，形成人的__________为根本特征的教育。

12. 素质教育的重点是培养学生的__________和__________。

13. __________性是素质教育最本质的规定、最根本的要求。

14. “素质教育就是多开展课外活动，多上文体课”是对素质教育__________的误解。实际上，素质教育的主渠道是__________，主阵地是__________。

15. 我国全面发展教育的组成部分包括__________、__________、__________、__________和__________。其中，对其他各育起着保证方向和保持动力作用的是__________，为其他各育提供认识基础的是__________，为其他各育提供物质保证的是__________。

16. 五育中，发展学生的__________是智育的根本任务，__________是学校体育的根本任务，形成__________的能力是美育的最高层次的任务。

17. 学校体育的基本组织形式是__________。

【参考答案】

1. 教育目的　2. 教育目的；培养目标；教学目标；教师的教学目标　3. 个人本位论　4. 个人本位论　5. 社会本位论　6. 教育目的　7. 学会做事；学会生存　8. 坚持社会主义方向；建设者；接班人　9. 马克思主义关于人的全面发展学说；生产劳动　10. 提高国民素质；创新精神；实践能力　11. 基本素质；健全个性　12. 创新精神；实践能力　13. 全体　14. 形式化；教学；课堂　15. 德育；智育；体育；美育；劳动技术教育；德育；智育；体育　16. 智力；增强学生体质；创造美　17. 体育课

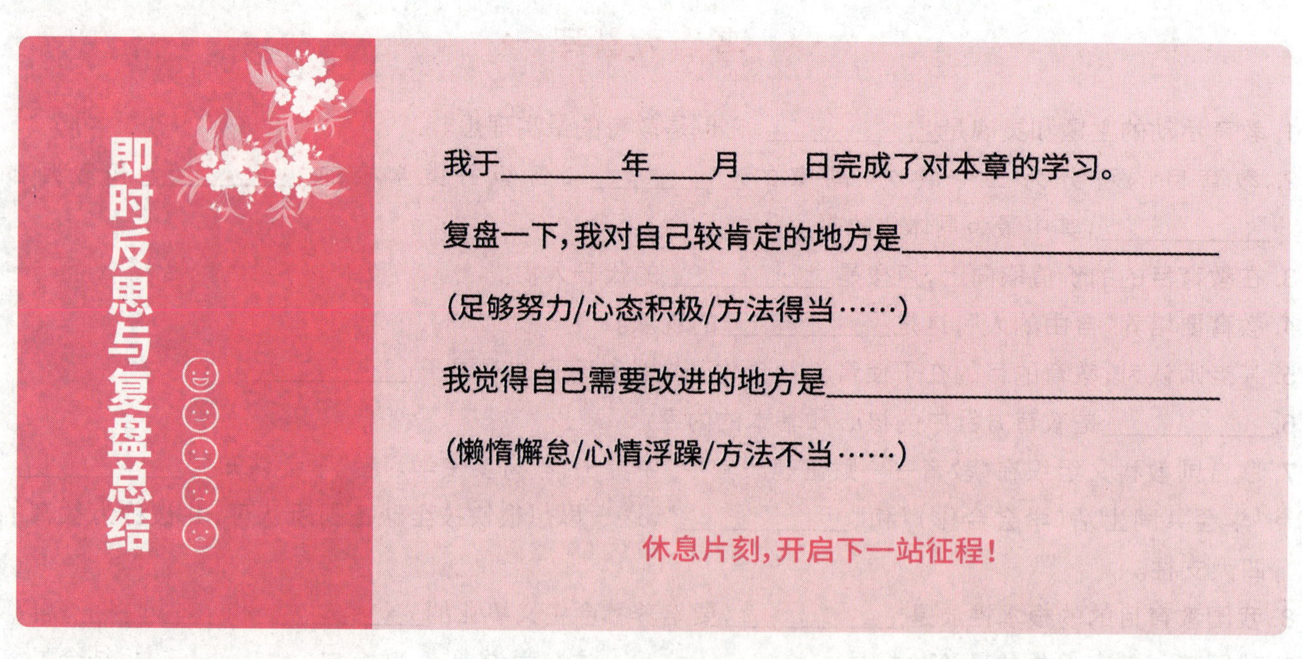

第五章 学校教育制度

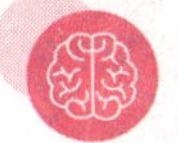

思维导图

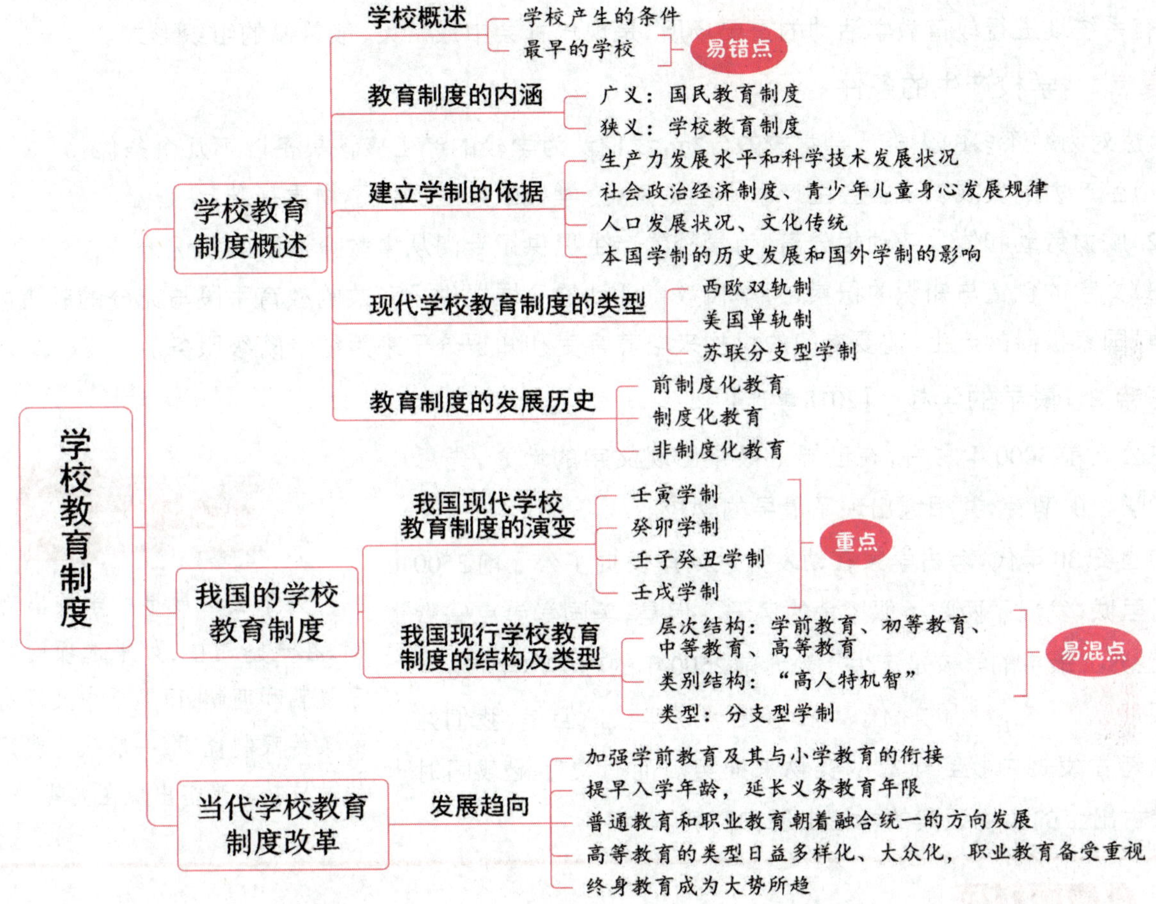

福建考向

本章属于教育学的基础章节，考查内容较为琐碎，识记性知识较多。现对本章福建考向分析如下：

高频考点	常考题型	能力层级	考查热度
最早的学校	单选	识记	★★
旧中国的学制沿革	单选	识记	★★★
我国现行学校教育制度的结构	填空	识记	★★
现代教育制度的发展趋势	单选、填空	识记	★★

核心考点

第一节　学校教育制度概述

一、学校概述

学校是一种古老的、广泛存在的社会组织。它始于人类知识及其传播的专门化要求，是有计划、有组织、有系统地进行教育教学活动的重要场所，是现代社会中最常见、最普遍的组织形式。

考点1　学校产生的条件

通过对为数不多的人类最早学校的分析，我们认为学校的产生应该具备以下几个条件：

(1)生产力的发展以及社会生产水平的提高，为学校的产生提供了物质基础；

(2)脑力劳动和体力劳动相分离，为学校的产生提供了专门从事教育活动的知识分子；

(3)文字的创造与知识的积累，为学校教育活动的开展提供了有效的教育手段与充分的教育内容；

(4)国家机器的产生，需要专门的机构来培养官吏和知识分子来为统治阶级服务。

考点2　最早的学校　【2018单选】

在公元前3000年左右，在世界上最早出现文字的地方，先后出现了学校的萌芽，并相继出现了最早的学校。

20世纪30年代，考古学家在幼发拉底河岸发掘了公元前3500年的马里城，发现了两间类似校舍的房子。但是，美国学者克雷默认为，世界上最早的学校是产生于公元前2500年的苏美尔学校。

一般认为，在夏朝的时候，我国就出现了学校。但是，我们并没有从考古发掘中找到可靠的实物来证实。而有文字记载同时又有考古出土的实物证实的学校出现在商朝。

关于我国最早的学校出现的时期，在选择题中，如果选项同时出现了夏朝和商朝，而题干中又没有严格的条件限制说明，一般认为我国最早的学校教育形态出现在夏朝。

真题面对面

[2018，单，2分]中国的学校教育形态最早出现在(　　)

A. 夏代　　B. 西周　　C. 汉代　　D. 春秋时期

答案：A

二、教育制度的内涵

教育制度是指一个国家或地区各级各类教育机构与组织的体系及其各项规定的总称。

广义的教育制度指国民教育制度，是一个国家为实现其国民教育目的，从组织系统上建立起来的一切教育设施和有关规章制度的总和。

狭义的教育制度指学校教育制度，简称学制，是指一个国家各级各类学校的系统及其管理规则，它规定着各级各类学校的性质、任务、入学条件、修业年限以及它们之间的关系。学校教育制度是国民教育制度的**核心**与**主体**，是国民教育制度中最重要的组成部分，体现了一个国家国民教育制度的实质。

考题预测

[单，2分]一个国家教育制度的核心是（　　）

A. 教育管理制度　　B. 义务教育制度

C. 学校教育制度　　D. 基础教育制度

答案：C

三、建立学制的依据

（1）生产力发展水平和科学技术发展状况；（2）社会政治经济制度；（3）青少年儿童身心发展规律；（4）人口发展状况；（5）文化传统；（6）本国学制的历史发展和国外学制的影响。

四、现代学校教育制度的类型

现代学校教育制度的类型

现代学制主要有三种类型：一是双轨学制，二是单轨学制，三是分支型学制。

考点1　西欧双轨制

现代学制最早出现在欧洲。西欧双轨制以**英国**的双轨制为典型代表，法国、联邦德国等欧洲国家的学制都属这种学制。它的学校系统分为两轨，一轨是学术教育，为特权阶层子女所占有，学术性很强，学生可升到大学以上；另一轨是职业教育，为劳动人民的子弟所开设，属生产性的一轨。两轨之间互不相通，互不衔接。这种学制不利于教育的普及。

考点2　美国单轨制

美国的现代学制最初也是双轨制，但是美国在历史上没有特权阶层，学术性的一轨没有充分的发展，而群众性的新学校迅速发展起来，从而开创了从小学直至大学、形式上任何儿童都可以入学的单轨制。这种学制有利于教育的普及，但教育参差不齐、效益低下、发展失衡，同级学校之间教学质量相差较大。

考点3　苏联分支型学制

“十月革命”后，苏联也制定了单轨学制，但与美国的单轨制不同，这种学制既有上下级学校间的相互衔接，又有职业技术学校横向的相互联系，形成了立体式的学制。所以，它是介于双轨学制和单轨学制之间的分支型学制，也被称为中间型学制或“Y”型学制。这种学制试图融会单轨制与双轨制之长，兼顾公平与效益；既有利于教育的普及，又使学术性保持较高水平。

考题预测

[单,2分]普及教育已经成为世界各国的共识。下列学制中最不利于教育普及的是(　　)

A. 综合型学制　　B. 单轨学制　　C. 分支型学制　　D. 双轨学制

答案:D

五、教育制度的发展历史

历史上曾经有过从非正式教育、正式而非正规教育再到正规教育的演变。正规教育的主要标志是近代以学校系统为核心的教育制度,又称制度化教育。以制度化教育为参照,之前的非正式、非正规教育都可归为前制度化教育,而之后的非正式、非正规化教育则都归为非制度化教育。因此,教育制度的发展经历了从前制度化教育到制度化教育、再到非制度化教育的过程。

1. 前制度化教育

前制度化教育是人类教育史上一个重要的发展阶段。一般认为,在奴隶社会初期出现的定型的教育组织形式即实体化教育——学校是其重要的标志。学校的产生,意味着教育活动的专门化,教育形态趋于定型。教育实体的形成具有以下特点:(1)教育主体确定;(2)教育的对象相对稳定;(3)形成系列的文化传播活动;(4)有相对稳定的活动场所和设施等;(5)由以上因素结合而成的独立的社会活动形态。

2. 制度化教育

近代学校系统的出现,开启了制度化教育的新阶段。大致说来,严格意义上的学校教育系统在19世纪下半期已经基本形成。制度化的教育指向形成系统的各级各类学校。学校教育系统的形成,即意味着制度化教育的形成。制度化教育主要指的是正规教育,也就是具有层次结构的、按年龄分级的教育制度。

我国近代制度化教育兴起的标志是清朝末年的“**废科举,兴学校**”,以及颁布了全国统一的教育宗旨和近代学制。

3. 非制度化教育

非制度化教育是相对于制度化教育而言的。它指出了制度化教育的弊端,但又不是对制度化教育的全盘否定。非制度化教育所推崇的理想是:“教育不应再限于学校的围墙之内。”一般认为,库姆斯等人的“非正规教育”概念、伊里奇的“非学校化”主张都是非制度化教育的核心思想。提出构建学习化社会的理想是非制度化教育的重要体现。

考题预测

[多,2分]教育制度在形式上分为前制度化教育、制度化教育和非制度化教育,下列属于制度化教育的有(　　)

A. 晚清“废科举,兴学校”

B. 学生在慕课网在线学习精品课程

C. 以儿童身心发展规律为划分依据的壬戌学制

D. 原始社会的口耳相传和相互模仿学习

答案:AC

第二节　我国的学校教育制度

一、我国现代学校教育制度的演变

考点1　旧中国的学制沿革　【2021 单选、2019 单选】　必背

我国现代学制的建立是从清末“废科举，兴学校”开始的。

1. 1902年的“壬寅学制”(未实行)

中国近代教育史上最先制定的系统的学校教育制度，是1902年的《钦定学堂章程》，亦称“壬寅学制”。“壬寅学制”以日本的学制为蓝本，由当时的管学大臣张百熙起草，是中国近代教育史上最早由国家正式颁布的学制系统，虽然正式公布，但并未实行。

2. 1904年的“癸卯学制”(实行新学制的开端)

1903年，清政府任命张之洞、荣庆、张百熙三人重新修订拟定了《奏定学堂章程》，1904年1月颁布执行，又称“癸卯学制”。

“癸卯学制”主要承袭了日本的学制，是中国近代教育史上第一部由国家颁布的并在全国实行的学制系统，成为中国近代教育走向制度化、法制化阶段的标志。该学制明文规定教育目的是“忠君、尊孔、尚公、尚武、尚实”，明显反映了“中学为体，西学为用”的思想。另外，还规定不许男女同校，轻视女子教育，体现了半殖民地半封建的特点。

3. 1912～1913年的“壬子癸丑学制”

1912年1月，中华民国成立中央教育部，蔡元培被任命为民国第一任教育总长。教育部成立的重要工作之一就是草拟学制。1912年9月初，教育部颁布了《学校系统令》，称为“壬子学制”。1913年，教育部又陆续颁布了各级各类学校法令，使壬子学制得以充实和具体化，这些学制综合起来，形成了一个全面完整的学制系统，称为“壬子癸丑学制”，又称“1912～1913年学制”。

该学制明显反映了资产阶级在学制方面的要求，明令废除在受教育权方面的性别和职业限制，在法律上体现了教育机会均等。第一次规定了男女同校，废除读经，充实了自然科学的内容，将学堂改为学校。该学制缩短了3年普通教育，同时，在实业教育之外，增设了补习学校。“壬子癸丑学制”是我国教育史上第一个具有资本主义性质的学制。

4. 1922年的“壬戌学制”(又称“新学制”或“六三三学制”)

1922年，在北洋军阀统治下，留美派主持的全国教育会联合会以美国学制为蓝本，颁布了“壬戌学制”。由于它采用美国式的六三三分段法，即小学六年、初中三年、高中三年，因此又称“新学制”或“六三三学制”。“壬戌学制”明确以学龄儿童和青少年身心发展规律作为划分学校教育阶段的依据，这在我国现代学制史上是第一次。此后，国民党政府于1928年就该学制做了一些修改，但基本上继承了“壬戌学制”，并一直沿用到全国解放初期。

为方便考生记忆，编者将旧中国的四个学制总结成以下口诀：

人(壬寅)颁布，鬼(癸卯)实施，壬子癸丑最小资，嘘(壬戌)美国，六三三。

真题面对面

1.[2021，单，2分]我国中小学目前实施的“六三三制”，源于1922年10月全国教育会联合会讨论后公布的《学校系统改革案》。该案史称( )

A.壬寅学制　　B.癸卯学制

C.壬戌学制　　D.壬子癸丑学制

2.[2019，单，2分]中国近代教育史上第一部由国家颁布并在全国实行的学制是( )

A.壬戌学制　　B.癸卯学制

C.壬寅学制　　D.壬子癸丑学制

答案：1.C　2.B

考点2　新中国的学制沿革

表2-11　新中国的学制沿革

时间	内容
1951年	《关于改革学制的决定》，标志着我国学制发展到了一个新阶段
1958年	《关于教育工作的指示》，提出了“两条腿走路”的办学方针和“三个结合”“六个并举”的具体办学原则
1985年	《中共中央关于教育体制改革的决定》，提出改革的根本目的是提高中华民族素质，多出人才、出好人才
1993年	《中国教育改革和发展纲要》，确定20世纪末教育发展的总目标：“两基”(基本普及九年义务教育，基本扫除青壮年文盲)，“两全”(全面贯彻党的教育方针，全面提高教育质量)，“两重”(要建设好一批重点学校和一批重点学科)
1999年	《中共中央国务院关于深化教育改革，全面推进素质教育的决定》明确指出，全面推进素质教育，根本上要靠法治、靠制度保障
2001年	《国务院关于基础教育改革与发展的决定》，要求在基础教育阶段深化教育教学改革，扎实推进素质教育，进一步明确加快构建符合素质教育要求的基础教育课程体系的任务
2004年	《2003～2007年教育振兴行动计划》

二、我国现行学校教育制度的结构及类型

考点1　我国现行学校教育制度的结构　【2020填空】

学校教育结构是指学校教育的总体中各个部分的比例关系和组合方式，通常可以从层次结构和类别结构两个方面来分析。

从层次结构上来看，我国现行学校教育包括学前教育、初等教育、中等教育和高等教育四个层次；

从类别结构上来看，我国现行学校教育可划分为基础教育、职业技术教育、高等教育、成人教育和特殊教育五个大类。我国的基础教育通常包括学前教育、初等教育与中等教育（包括初中阶段和高中阶段）。

记忆有妙招

为方便考生记忆，编者将我国现行学制的类别结构总结成以下口诀：

高人特机智。高：高等教育。**人：**成人教育。**特：**特殊教育。**机：**基础教育。**智：**职业技术教育。

真题面对面

[2020，填空，1分]我国现行学校教育系统包括____________、初等教育、中等教育和高等教育四个层次。

答案：学前教育

考点2 我国现行学校教育制度的类型

从类型上看，我国现行学制是从单轨学制发展而来的分支型学制。近几十年来，我国学制改革和发展的基本方向就是重建和完善分支型学制。

第三节 当代学校教育制度改革 新增

由于生产力水平的不断提高，新的动力资源的开发和科学技术的突飞猛进，给现代社会经济、政治、军事、文化等带来了一系列的急剧变化。为了适应这种急速的变化，无论是发达国家，还是发展中国家，都在进行学校教育制度的改革，以期更贴近本国发展实际和未来发展需要，大致有以下几种趋向。

一、加强学前教育及其与小学教育的衔接

早期智力开发是世界上十分关注的问题。国际上普遍认为儿童一生智力的发展，在很大程度上取决于早期教育。3～6岁的幼儿是智力发展的关键期，因此都很重视学前教育，提高学前儿童的入园率。综观世界各国的学前教育现状，虽然承担学前教育的机构名称不一，组织形式也多种多样，但都属于由学前教育向学校教育的过渡性质。世界各国重视学前儿童的入学准备，已经成为一种趋势。这种既不把幼儿教育小学化，又重视即将入学的儿童适应小学教育和教学的新起点，从生理、心理等方面做好准备的做法，对我国也颇有借鉴意义。

二、提早入学年龄，延长义务教育年限

以立法形式推行义务教育是现代教育制度的重要标志之一。19世纪下半叶，德、美、英、法、日等主要的资本主义国家相继颁布了义务教育的法令。随后，随着社会经济和文化的发展，其他国家相继也

出台了强迫教育法令。就当时而言，除德国和英国曾规定5岁儿童入学外，多数国家都规定6～7岁为入学年龄，义务教育的年限一般为4～6年，少数国家规定虽然超过6年，但并未实现。当前，经济发达的国家在致力于教育制度“现代化”改革的同时，在实验的基础上提早了入学的年龄，并随着社会的进步、经济的发展，普遍延长了义务教育的年限。

三、普通教育和职业教育朝着融合统一的方向发展

职业技术教育直接为各国经济发展服务，受到各国政府的普遍重视。一些发达国家恢复和发展经济，无不得益于职业技术教育。经济和科学技术的发展，对劳动者文化技术素质的要求越来越高，许多国家逐步提高职业教育起点，在普及高中教育基础上进行职业教育。同时，还重视职业教育与普通教育的相互渗透，在普通中学增加职业性课程，为普通中学毕业生的就业做准备，在职业教育中增加普通性教育课程，提高职业教育的水平，增强学生的适应能力。普通教育和职业教育正朝着统一的方向发展。

四、高等教育的类型日益多样化、大众化，职业教育备受重视

由于经济社会的快速发展和科学技术，特别是现代信息技术的突飞猛进，使社会对于劳动力素质的要求不断提高，传统意义上的技术工人已经远远不能满足社会的需求。同时，经济的快速发展和综合国力的持续提升，也离不开大批富有创新意识和较强创新能力的高级科技人才。因此，现代的高等教育正在发生着如下变化：一是层次增多。从两年制的短期大学到四年制的本科，从2～3年的研究生院到博士后教育，以培养更尖端的人才。二是短期大学迅速发展。这类学校学制短，开设的课程比较实际，注重对学生实际操作能力的培养，能够在较短的教育周期内满足社会的需求。三是开放性招生政策和严格的选拔相结合，不拘一格培养人才。四是加强了大学与新兴工业的联系，建立起多种形式的教学、科研、生产联合体。随着新技术的开发与应用，新兴产业的建立与发展，很多国家把大学作为主要依托，以大学为中心建立起各种教学、科研、生产联合体。

五、终身教育成为大势所趋

最初，终身教育只是成人教育的一个新术语，后来逐步把这种教育思想应用于职业教育，随后又涉及在整个教育活动范围内发展个性的各个方面。教育从来没有像今天这样成为关系人类生存命运的重要前提，学习也从来没有像现在这样成为个人最基本的生存能力。如果说学习型社会全面诠释了国际社会对未来人类学习问题的理解和回答，那么，终身教育则历史而又现实地构成了世界教育的生活舞台。在今天这个新知识膨胀性发展，知识更新速度和知识“折旧”日益加快的时代，不学习、不更新，势必会被社会所淘汰。而构建终身教育体系是一项系统工程，激励机制、管理机制、监督机制需要长期努力才能建立。

知识再拔高

现代教育制度的发展趋势 【2018单选、2016填空】

（1）加强学前教育并重视与小学教育的衔接。

（2）强化普及义务教育，延长义务教育年限。义务教育是以法律形式规定的，适龄儿童和青少

年必须接受的，国家、社会、学校和家庭必须予以保证的国民基础教育。义务教育具有强制性（义务性）、普及性（普遍性、统一性）、免费性（公益性）、公共性（国民性）和基础性。其中，强制性、免费性、普及性是三个最基本的特征。

(3)中等教育中普通教育与职业教育朝着相互渗透的方向发展。

(4)高等教育的大众化。

(5)终身教育体系的建构。终身性是终身教育最大的特征。

(6)教育社会化与社会教育化。

(7)教育的国际交流加强。

(8)学历教育与非学历教育的界限逐渐淡化。

真题面对面

[2018，单，2分]“活到老，学到老”体现的现代教育制度的发展趋势是( )

A. 延长义务教育年限 B. 终身教育体系的完善

C. 加强教育的国际交流 D. 普通教育与职业教育相互渗透

答案：B

考点大默写

1. ____________规定着各级各类学校的性质、任务、入学条件、修业年限以及它们之间的关系。
2. “教育主体确定，教育的对象相对稳定，有相对稳定的活动场所和设施等，教育初步定型。”这些特征的出现标志着教育制度进入____________阶段。
3. 现代学制主要有三种类型，英国的学制属于____________，美国的学制属于____________，苏联的学制属于____________。
4. ____________教育所推崇的理想是：“教育不应再限于学校的围墙之内。”
5. 我国近代制度化教育兴起的标志是清朝末年的“____________”，以及颁布了全国统一的教育宗旨和近代学制。
6. 我国最早颁布的学制是____________，首次颁布并实施的学制是____________。
7. ____________学制是我国教育史上第一个具有资本主义性质的学制。
8. 1922年的____________学制采用六三三分段法，又被称为“六三三学制”。
9. 20世纪末我国教育发展总目标中，“两全”指的是____________和____________。
10. 我国现行学校教育从层次上可划分为学前教育、____________、中等教育和____________四个层次，从类别上可划分为基础教育、____________、____________、____________和特殊教育五个大类。
11. 国家以法律形式规定的，适龄儿童和青少年必须接受的，国家、社会、学校和家庭必须予以保证的国民基础教育是____________。

12. 义务教育的三个最基本的特征是________、________、________。

13. 现代教育制度发展的趋势之一是普通教育与________朝着相互渗透的方向发展。

【参考答案】

1. 学校教育制度(学制) 2. 前制度化教育 3. 双轨制;单轨制;分支型学制 4. 非制度化 5. 废科举,兴学校 6. 壬寅学制;癸卯学制 7. 壬子癸丑 8. 壬戌 9. 全面贯彻党的教育方针;全面提高教育质量 10. 初等教育;高等教育;职业技术教育;高等教育;成人教育 11. 义务教育 12. 强制性;免费性;普及性 13. 职业教育

我于______年____月____日完成了对本章的学习。

复盘一下,我对自己较肯定的地方是____________

(足够努力/心态积极/方法得当……)

我觉得自己需要改进的地方是____________

(懒惰懈怠/心情浮躁/方法不当……)

休息片刻,开启下一站征程!

第六章 课 程

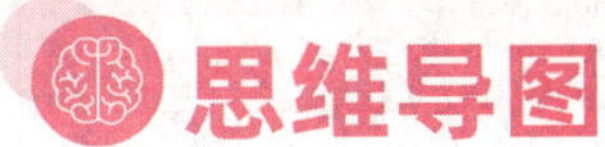

思维导图

- 课 程
  - 课程概述
    - 课程及其意义：学校学生所应学习的学科总和及其进程与安排
    - 课程类型（重点）
      - 学科课程与活动课程
      - 分科课程与综合课程
      - 必修课程与选修课程
      - 国家课程、地方课程与校本课程
      - 基础型课程、拓展型课程与研究型课程
      - 显性课程与隐性课程
    - 制约课程的因素：三大因素：社会、知识、儿童
    - 主要课程理论流派（重点）
      - 学生中心课程理论
      - 学科中心课程理论
      - 社会中心课程理论
      - 后现代主义课程理论
      - 存在主义课程理论
    - 课程目标：三维课程目标：知识与技能、过程与方法、情感态度与价值观
    - 课程设计：泰勒的目标模式、斯腾豪斯的过程模式
  - 课程规范
    - 课程计划：包括课程设置、课程开设顺序、课时分配、学年编制、学周安排等内容
    - 课程标准：以纲要形式编写的、有关学科教学内容的指导性文件
    - 教科书（重点）
      - 教师教学、学生学习的基本材料
      - 编排方式：直线式、螺旋式
  - 基础教育课程改革
    - 基础教育课程改革的背景：国际背景、国内背景
    - 基础教育课程改革的理念：核心理念：为了中华民族的复兴，为了每一位学生的发展
    - 基础教育课程改革的具体目标（易错点）
      - 实现课程功能的转变
      - 体现课程结构的均衡性、综合性和选择性
      - 密切课程内容与生活和时代的联系
      - 改善学生的学习方式
      - 建立与素质教育理念相一致的评价与考试制度

福建考向

本章属于教育学的重点章节，需要记忆的知识较多。现对本章福建考向分析如下：

高频考点	常考题型	能力层级	考查热度
课程类型	单选、多选、判断、填空	识记	★★★
学生中心课程理论	单选、判断选择	识记	★★★
存在主义课程理论	单选	识记	★★
课程计划、课程标准、教科书	单选、判断选择、填空	识记	★★★

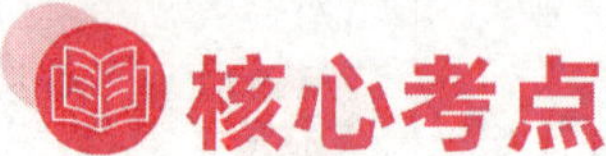

核心考点

第一节　课程概述

一、课程及其意义

考点1　课程的内涵

“课程”一词在我国始见于**唐宋**期间。在西方，“课程”一词最早出现在英国教育家**斯宾塞**的《什么知识最有价值》一文中。它由拉丁语派生而来，意为“跑道”。根据这个词源，最常见的课程定义是“学习的进程”，简称学程。

一般认为，美国学者**博比特**在1918年出版的《课程》一书，标志着课程作为专门研究领域的**诞生**，这也是教育史上第一本课程理论专著。

课程是指学校学生所应学习的学科总和及其进程与安排。**广义的课程**是指学校为实现培养目标而选择的教育内容及其进程的总和，它包括学校所教的各门学科和有目的、有计划的教育活动。狭义的课程是指某一门学科。

考点2　课程的意义

(1)课程是学校培养人才蓝图的具体表现；(2)课程是教师从事教育活动的基本依据；(3)课程是学生吸取知识的主要来源；(4)合理的课程设置对学生的全面发展起着决定作用；(5)课程是评估教学质量的主要依据和标准。

二、课程类型　【2023单选、2021多选、2020单选、2019填空、2017判断、2016单选】　必背

1. 学科课程与活动课程

从课程内容的**固有属性**来划分，课程可分为学科课程与活动课程。

(1)学科课程

学科课程是指以文化知识(科学、道德、艺术)为基础，按照一定的价值标准，从不同的知识领域或学术领域选择一定的内容，根据知识的逻辑体系，将所选出的知识组织为学科的课程类型。它是最古老、使用范围最广泛的课程类型。其主导价值在于传承人类文明，强调使学生掌握、传递和发展人类积累下来的文化遗产。我国古代的“六艺”和古希腊的“七艺”都是学科课程。

(2)活动课程

活动课程亦称经验课程，是指围绕着学生的需要和兴趣、以活动为组织方式的课程形态，即以学生的主体性活动的经验为中心组织的课程。经验课程以开发与培育主体内在的、内发的价值为目标，旨在培养具有丰富个性的主体。学生的兴趣、动机、经验是经验课程的基本内容。其主导价值在于使学生获得关于现实世界的直接经验和真切体验。**杜威**是活动课程的主要代表人物。

真题面对面

1. [2023，单，2分]我国古代的"六艺"和古希腊的"七艺"的课程类别是(　　)

A. 学科课程　　B. 活动课程　　C. 综合课程　　D. 隐性课程

2. [2019，填空，1分]在一定程度上，以学生的兴趣爱好和发展需要为中心的________课程可以弥补学科课程的不足。

答案：1. A　2. 活动

2. 分科课程与综合课程

分科课程与综合课程

从课程内容的**组织方式**来划分，课程可分为分科课程与综合课程。

(1)分科课程

分科课程是指根据学校教育目标、教学规律和一定年龄阶段的学生发展水平，分别从各门学科中选择部分内容，组成各种不同的学科，彼此分立地安排它们的教学顺序、教学时数和期限。其主导价值在于使学生获得逻辑严密和条理清晰的文化知识，但是容易带来科目过多、分科过细的问题。

(2)综合课程

综合课程是指打破传统的分科课程的知识领域，组合两门以上学科领域而构成的一门学科。其主导价值在于通过相关学科的集合，促使学生认识的整体发展并形成把握和解决问题的全面视野与方法。

其缺点主要有：①教科书的编写较为困难，只专不博的教师很难胜任综合课程的教学，教学具有一定的难度；②难以向学生提供系统完整的专业理论知识，不利于高级专业化人才的培养。

真题面对面

[2021，多，2分]下列属于综合课程的有哪些(　　)

A. 数学　　B. 科学　　C. 历史　　D. 艺术

答案：BD

3. 必修课程与选修课程

从对学生学习要求的角度来划分，课程可分为必修课程与选修课程。

(1)必修课程

必修课程是根据人的发展和社会发展需要制定的，所有学生都必须学习的科目。它是个体社会化的基础，其主导价值在于培养和发展学生的共性。就我国现阶段基础教育课程现状而言，必修课程一般包括国家课程和地方课程。

(2)选修课程

选修课程是针对必修课程的不足之处提出来的，是为发展学生的兴趣、爱好和个性特长而开设的课程。

4. 国家课程、地方课程与校本课程

从课程设计、开发、管理主体或管理层次来看，可将课程分为国家课程、地方课程与校本（学校）课程。

国家课程的主导价值在于通过课程体现国家的教育意志；地方课程的主导价值在于通过课程满足地方社会发展的现实需要；校本课程的主导价值在于通过课程展示学校的办学宗旨和特色，提升学校的办学水平，促进学生的个性发展。

5. 基础型课程、拓展型课程与研究型课程

根据课程任务，可将课程分为基础型课程、拓展型课程与研究型课程。

基础型课程注重学生基础学力的培养，即培养学生作为一个公民所必需的以“三基”（读、写、算）为中心的基础教养，是中小学课程的主要组成部分。拓展型课程注重拓展学生的知识和能力，开阔学生的知识视野，发展学生各种不同的特殊能力，并迁移到其他方面的学习。研究型课程注重培养学生的探究态度和能力。

6. 显性课程与隐性课程

从课程的表现形式或者说影响学生的方式来划分，课程可分为显性课程与隐性课程。

（1）显性课程

显性课程亦称**公开课程**，是指在学校情境中以直接的、明显的方式呈现的课程。显性课程的主要特征是**计划性**，这是区分显性课程和隐性课程的主要标志。

（2）隐性课程

隐性课程亦称潜在课程、自发课程，是学校情境中以间接的、内隐的方式呈现的课程。隐性课程的实施往往表现出非计划性、非预期性、随机性特点。它可能是消极的，也可能是积极的，教育者要设法识别各种形式的隐性课程，辨明其性质是积极的还是消极的，然后再采取相应的干预措施。隐性课程的主要表现形式有：

①**观念性隐性课程**。包括隐藏于显性课程之中的意识形态，学校的校风、学风，有关领导与教师的教育理念、价值观、知识观、教学风格、教学指导思想等。

②**物质性隐性课程**。包括学校建筑、教室的设置、校园环境等。

③**制度性隐性课程**。包括学校管理体制、学校组织机构、班级管理方式、班级运行方式。

④**心理性隐性课程**。主要包括学校人际关系状况，师生特有的心态、行为方式等。

隐性课程是伴随显性课程而产生的，没有显性课程也就没有隐性课程。“隐性课程”一词是由杰克逊在1968年出版的《班级生活》一书中首先提出的。

真题面对面

［2020，单，2分］校园环境、班级氛围和学校风气都属于（　　）

A. 活动课程　　B. 核心课程　　C. 隐性课程　　D. 显性课程

答案：C

三、制约课程的因素

总的来说，社会、知识、儿童是制约学校课程的三大因素。

（1）一定历史时期社会发展的要求及提供的可能（社会需求）；

(2)一定时代人类文化及科学技术发展水平(学科知识水平);

(3)学生的年龄特征、知识与技能的基础及其可接受性(学习者身心发展的需求)。

此外,课程理论也是制约课程的因素。

四、主要课程理论流派

考点1 学生中心课程理论 【2023判断选择、2018单选】 必背

学生中心课程理论也称儿童中心课程理论、经验主义课程论,具有实用性、综合性、实践性等特点,是以儿童的现实生活特别是活动为中心来编制课程的理论,因此,这种课程理论又称活动课程理论。活动课程理论的主要倡导者是美国实用主义教育家杜威。该理论的基本主张如下:

(1)课程应以儿童的活动为中心。杜威认为,课程必须与儿童的生活相沟通,应该以儿童为出发点、为中心、为目的。理想的课程应该促进儿童的生长和发展,这也是衡量课程价值的标准。

(2)课程的组织应心理学化。杜威认为,课程的组织之所以要心理学化,是因为传统学科课程的逻辑组织对于成人可能是适用的,而对于儿童来说,情况就不一样了。因为儿童是初学者,还没有能力接受成人完整的经验,所以,课程的组织应该考虑到心理发展的次序以利用儿童现有的经验和能力。

真题面对面

[2023,判断选择,1分]经验主义课程论的代表人物是杜威。(　　)

A. 正确　　　　B. 错误

答案:A

考点2 学科中心课程理论

1.结构主义课程理论

结构主义课程理论是当代西方出现的一个重要的课程理论,其代表人物是该课程理论的创始人**布鲁纳**。布鲁纳在《教育过程》中写道:“无论我们选教何种学科,都务必使学生理解该学科的基本结构。”结构主义课程理论以学科结构为课程中心,认为人的学习是认知结构不断改进与完善的过程,因此,学科基本结构的学习对学习者的认知结构发展最有价值。

2.要素主义课程理论

要素主义是20世纪30年代美国出现的与进步主义教育相对立的教育思想流派,又称**传统主义教育**、**保守主义教育**,其代表人物是**巴格莱**。要素主义课程理论的产生源于对杜威实用主义“儿童中心”课程的反思,认为儿童中心的课程难以保证学生获得基本的知识技能,而教育和课程应当将人类文化要素传授给下一代。

3.永恒主义课程理论

永恒主义课程理论的主要代表人物是**赫钦斯**。这一流派认为课程涉及的第一个根本问题就是:为了实现教育目的,什么知识最有价值或如何选择学科。永恒主义对此的回答是:具有理智训练价值的传统的“永恒学科”的价值高于实用学科的价值。“永恒学科”是课程的核心。

考点3 社会中心课程理论

社会中心课程理论亦称**社会改造主义课程理论**,是以适应社会需要为中心编制的理论,以**布拉梅尔德**为代表。社会中心课程理论认为应该把课程重点放在当代社会的问题、社会的主要功能、学生关

心的社会现象以及社会改造与社会活动计划等方面。其核心观点是：课程不应该帮助学生去适应社会，而是要建立一种新的社会秩序和社会文化。因此，该理论主张学生尽可能多地参与到社会中去，课程应以广泛的社会问题为中心。

考点4　后现代主义课程理论

一些学者从后现代主义理论出发，借助后现代主义提出的新视角和新方法等来考察一系列的课程问题。在这方面最为著名的是美国学者多尔。

多尔在分析和批判泰勒模式的基础上，把他设想的后现代课程标准概括为“4R”，即丰富性（richness）、循环性（recursion）、关联性（relations）和严密性（rigor）。

后现代主义课程理论把知识看作是对动态、变化、开放的自我调节系统的解释，这极大丰富了知识的内涵。它把课程当作一个不断展开的动态过程，重视个体在课程实践中的体验，强调学习者通过理解和对话寻求意义、文化和社会问题。在此基础上，后现代主义课程理论强调教师与学生应通过不断地沟通与对话来探究未知领域，有利于建立平等的师生关系，从而将学生置于主动学习、主动创造的地位。总体来看，后现代主义课程理论是批判大于建设的理论，它本身也呈现出多元化发展的趋势，因此，其本身比较缺乏切实可行的建设性措施来实现它所呼吁和提倡的理念。

考点5　存在主义课程理论　【2022单选】

存在主义认为，在确定课程的时候，一个重要的前提就是要承认学生本人为他自己的存在负责。换言之，课程最终要由学生的需要来决定。

存在主义课程理论的主要代表人物之一美国学者奈勒认为，不能把教材看作为学生谋求职业做好准备的手段，也不能把它们看作对学生进行心智训练的材料，而应当把它们看作用来自我发展和自我实现的手段；不能使学生受教材的支配，而应该使学生成为教材的主宰。

真题面对面

［2022，单，2分］不能把教材看作为学生谋求职业做好准备的手段，也不能把它们看作对学生进行心智训练的材料，而应该把它们看作用来自我发展和自我实现的手段，不能使学生受教材的支配，而应该使学生成为教材的主宰。主张该观点的课程理论流派是（　　）

A. 经验主义课程论　　B. 存在主义课程论

C. 学科中心主义课程论　　D. 社会改造主义课程论

答案：B

五、课程目标

考点1　课程目标的内涵

课程目标是根据教育宗旨和教育规律而提出的具体价值和任务指标，是课程本身要实现的具体目标和意图。它规定了某一教育阶段的学生通过课程学习后，在发展品德、智力、体质等方面期望实现的程度。它是确定课程内容、教学目标和教学方法的基础，是整个课程编制过程中最为关键的准则。

考点2　确定课程目标的依据

（1）学习者的需要（对学生的研究）；（2）当代社会生活的需求（对社会的研究）；（3）学科知识及其发展（对学科的研究）。

考点3 三维课程目标

“**知识与技能**”目标强调基础知识和基本技能的获得，相当于传统的“**双基**”教学。

“**过程与方法**”目标突出的是让学生“**学会学习**”，使学生获得知识的过程同时成为获得学习方法和能力发展的过程。

“**情感态度与价值观**”目标强调教学过程中激发学生的情感共鸣，引起积极的态度体验，形成正确的价值观。

2022年，教育部印发了新修订的义务教育课程方案和语文等16个课程标准。此次课标修订，力求使课程目标自觉体现本课程在培育学生核心素养方面的基本贡献，结合本课程的性质、理念及课程的基本内容，从核心素养视角对课程总目标及学段目标进行表述。例如，《义务教育语文课程标准(2022年版)》中规定，“语文课程围绕核心素养，体现课程性质，反映课程理念，确立课程目标”“义务教育语文课程培养的核心素养，是学生在积极的语文实践活动中积累、建构并在真实的语言运用情境中表现出来的，是文化自信和语言运用、思维能力、审美创造的综合体现”。

从三维课程目标到核心素养，更加凸显了课程的育人功能，体现了从学科本位到以人为本的转变。

六、课程设计

考点1 课程设计的概念

课程设计是指课程结构的编制，是有目的、有计划地产生课程计划、课程标准以及教科书等的系统化活动，既包括课程体系结构整体的编制，也包括具体课程的编制。课程设计的实质是人们根据一定的价值取向，按照一定的课程理念，以特定的方式组织安排课程中的各种要素或各种成分，从而形成课程结构的过程及其产物。

考点2 课程设计的模式

1. 泰勒的目标模式

目标模式是以目标为课程开发的基础和核心，围绕课程目标的确定、实现和评价等环节进行课程开发的模式。其主要代表人物是**泰勒**。泰勒是美国著名的课程理论家，被美誉为“当代教育评价之父”“现代课程理论之父”。他于1949年出版了《**课程与教学的基本原理**》，提出了关于课程编制的四个问题：(1)学校应当追求哪些目标？(2)怎样选择和形成学习经验？(3)怎样有效地组织学习经验？(4)如何确定这些目标正在得以实现？

泰勒所提出的四个问题可概括为：目标、内容、方法、评价，即：确定课程目标、根据目标选择课程内容(经验)、根据目标组织课程内容(经验)、根据目标评价课程。他认为一个完整的课程编制过程都应包括这四项活动。

2. 斯腾豪斯的过程模式

针对目标模式过分强调预期行为结果即“目标”而忽视“过程”的缺陷，英国课程论专家**斯腾豪斯**提出了“过程模式”。所谓的**过程模式**是指，课程的开发不是为了生产出一套“计划”，然后予以实施和评价的过程，而是一个连续不断的研究过程，并贯穿着对整个过程的评价和修正。而所有这些都集中在课堂实践中，教师是整个过程的核心人物。

考题预测

[单，2分]下列课程设计模式中，由斯腾豪斯提出来的是(　　)

A. 过程模式　　B. 目标模式　　C. 情境模式　　D. 实践模式

答案：A

第二节　课程规范

1992年，原国家教委在制订九年义务教育的教学计划时，把“教学计划”更名为“课程计划”。指导我国第八次课程改革的《基础教育课程改革纲要(试行)》仍用“课程计划”这一术语，把原来用的“教学大纲”改称为“课程标准”。

一、课程计划

考点1　课程计划的概念　【2019判断选择】

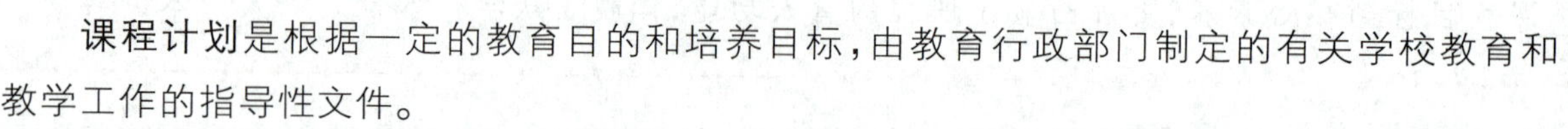

课程计划是根据一定的教育目的和培养目标，由教育行政部门制定的有关学校教育和教学工作的指导性文件。

课程计划

课程计划主要由课程计划的指导思想、培养目标、课程设置及其说明、课时安排、课程开设顺序和时间分配、考试考查制度和实施要求几部分构成。

在基本内容上，课程计划主要是指教学科目的设置(课程设置)、学科顺序(课程开设顺序)、课时分配(教学时数)、学年编制和学周安排。其中，开设哪些科目(课程设置)是课程计划的中心和首要问题。

真题面对面

[2019，判断选择，1分]课程计划由课程标准、学科顺序、课时分配、学年编排和学周安排构成。(　　)

A. 正确　　B. 错误

答案：B

考点2　义务教育阶段课程计划的特征

义务教育的课程计划具有**强制性**、**普遍性**、**基础性**的特点。

(1)强制性

义务教育的课程计划不是普通的课程计划，它是国家实施义务教育的具体保障，其制订的依据是《中华人民共和国义务教育法》。也就是说，义务教育的课程计划是《中华人民共和国义务教育法》的实施计划，体现了《中华人民共和国义务教育法》的基本精神。因此，它具有强制性。

(2)普遍性

义务教育课程计划的适用范围要比普通的课程计划宽得多，它规定的培养目标和课程设置等是针对全国绝大多数学校、绝大部分地区和绝大多数学生的，既不过高也不过低，坚持“下要保底，上不封顶”的原则。

(3)基础性

义务教育课程计划的作用在于充分保证为学生各项素质全面和谐的发展打下良好基础。课程门类要齐全,不能重此轻彼,各门课程的课时比重要恰当。

二、课程标准 【2023 判断选择、2018 单选】 必背

考点1 课程标准的概念

课程标准是课程计划中每门学科以纲要的形式编写的、有关学科教学内容的指导性文件,是课程计划的分学科展开。它规定了学科的教学目标、任务,知识的范围、深度和结构,教学进度以及有关教学方法的基本要求,是编写教科书和教师进行教学的直接依据,也是衡量各科教学质量的重要标准。教师应将课程标准作为检查自己教学质量的依据。

课程计划与课程标准的区别在于:课程计划一般是宏观上的指导,而课程标准是对某一具体学科的指导。此外,如果"教学大纲""教学计划"与"课程标准""课程计划"在单选题中同时出现时,优先选后者。

真题面对面

[2023,判断选择,1分]课程标准是根据教科书编写的有关课程与教学的纲领性文件。(　　)

A. 正确　　　　B. 错误

答案:B

考点2 课程标准的功能

国家课程标准是教材编写、教学、评估和考试命题的依据,是国家管理和评价课程的基础。应体现国家对不同阶段的学生在知识与技能、过程与方法、情感态度与价值观等方面的基本要求,规定各门课程的性质、目标、内容框架,提出教学建议和评价建议。

真题面对面

[2018,单,2分]国家规定某一学科的课程性质、课程目标、内容标准和实施建议的教学指导性文件是(　　)

A. 教科书　　　　B. 课程计划

C. 课程标准　　　　D. 课程设计

答案:C

三、教科书

考点1 教材与教科书 【2022 填空、2017 填空】 必背

教材是教师和学生据以进行教学活动的材料,包括教科书、讲义、讲授提纲、参考书、活动指导书以及各种视听材料。其中,教科书和讲义是教材的主体部分,故人们常把教科书与讲义简称为教材。教科书又称课本,它是依据教学大纲(课程标准)编制的、系统地反映学科内容的教学用书,是课程标准的进一步展开和具体化,是教师进行教学的主要依据。教科书(课本)是教师教学、学生学习的基本材料。

真题面对面

[2017,填空,1分]当前我国课程的表现形式中,__________是教师教学、学生学习的基本材料。

答案:教科书(课本)

考点2 教科书编写应遵循的基本原则与要求

(1)科学性与思想性统一;(2)强调内容的基础性与适用性;(3)知识的内在逻辑与教学法要求的统一;(4)理论与实践统一;(5)教科书的编排形式要有利于学生的学习;(6)注意与其他学科的纵向和横向联系。

考点3 教材的编排方式

教学大纲和教科书的编排通常采取直线式和螺旋式两种。直线式即一门学科的内容按一定的系统排列,后面不重复前面的内容。螺旋式即一门学科的安排,在教学过程中重复出现,逐步扩大、加深。学生的认识过程是螺旋式上升的,螺旋式编排比较符合学生的认识发展规律。直线式编排可以减少重复,节约时间和精力。教材究竟采取什么方式组织编排好,这取决于学科的性质及其在课程中的地位、学生年龄的特点,以及学制是否分段等条件,以兼采两者之长,结合起来运用为宜。

知识再拔高

课程资源

课程资源有狭义和广义之分。狭义的课程资源仅指形成课程的直接要素来源;广义的课程资源指有利于实现课程目标的各种因素,包括形成课程的直接要素来源(素材性课程资源)和实施课程的必要而直接的条件(条件性课程资源)。综合这两种观点,课程资源是指课程设计、实施和评价等整个课程教学过程中可以利用的一切人力、物力以及自然资源的总和,包括教材、教师、学生、家长以及学校、家庭和社区中所有有利于实现课程目标,促进教师专业成长和学生有个性的全面发展的各种资源。课程资源具有多样性、潜在性、多质性和动态性的特点。

第三节 基础教育课程改革

课程改革是基础教育改革的核心问题。改革开放以来,我国基础教育取得了辉煌成就,基础教育课程改革也取得了显著成绩,但是基础教育的总体水平还是不高,原有的基础教育课程已不能完全适应时代发展的需要。2001年全国基础教育工作会议召开以后,教育部正式颁布了《基础教育课程改革纲要(试行)》,明确了基础教育课程改革的目标与总体框架。

一、基础教育课程改革的背景

考点1 国际背景

(1)初见端倪的知识经济;(2)人类的生存和发展面临困境;(3)在国际开展课程改革的背景下不至落后。

考点2 国内背景

(1)国际竞争空前激烈,基础教育课程改革是国家发展的需要;(2)基础教育课程改革是学生发展的需要;(3)基础教育课程改革是教育发展的必然。

二、基础教育课程改革的理念

考点1　基础教育课程改革的核心理念

贯穿于第八次课程改革的核心理念是:为了中华民族的复兴,为了每一位学生的发展。这一基本的价值取向预示着我国基础教育课程体系的价值转型。

考点2　基础教育课程改革的基本理念

新课程改革的基本理念是:走出知识传授的目标取向,确立培养"整体的人"的课程目标;破除书本知识的桎梏,构筑具有生活意义的课程内容,增强课程内容的生活化、综合性;摆脱被知识奴役的处境,恢复个体在知识生成中的合法身份,倡导教师启发引导下学生主动参与的知识生成方式和自主学习方式;改变学校个性缺失的现实,创建富有个性的学校文化。具体如下:

(1)促进课程的适应性和管理的民主化,创建富有个性的学校文化。学校文化的重建是课程改革的直接诉求和终极目标。(2)重建课程结构和倡导和谐发展的教育。(3)提升学生的主体性和注重学生经验。

考点3　教学改革

1. 我国当前教学改革的主要任务

(1)要改革旧的教育观念,真正确立起与新课程相适应的、体现素质教育精神的教育观念。确立新的教育观念,是教学改革的首要任务。(2)要坚定不移地推进教学方式和学习方式的转变。学习方式转变是本次课程改革的显著特征和核心任务。(3)要致力于教学管理制度的重建。教学管理制度的重建具有核心性的意义,它将从根本上解决教育观念和行为问题。

2. 我国当前教学改革的主要观点

纵观各个改革方针及主流的言论,可将当前教学改革的发展趋势综合为:(1)实施素质教育——我国当前教学改革的主题;(2)坚持整体教学改革和实验——我国当前改革的基本策略;(3)建立合理的课程结构——我国当前教学改革的重心;(4)实施科学的教学评价。

三、基础教育课程改革的具体目标

考点1　实现课程功能的转变

改变课程过于注重知识传授的倾向,强调形成积极主动的学习态度,使获得基础知识与基本技能的过程同时成为学生学会学习和形成正确价值观的过程。

考点2　体现课程结构的均衡性、综合性和选择性

1. 新课程结构的内容(新一轮基础教育课程体系的设计构想)

(1)整体设置九年一贯的义务教育课程。小学阶段以综合课程为主,初中阶段设置分科与综合相结合的课程。

(2)高中以分科课程为主。为使学生在普遍达到基本要求的前提下实现有个性的发展,课程标准应有不同水平的要求,在开设必修课的同时,设置丰富多样的选修课程,开设技术类课程。积极试行学分制管理。

(3)从小学至高中设置综合实践活动课程并作为必修课程。综合实践活动是基于学生的直接经验,密切联系学生自身生活和社会生活,体现对知识的综合运用的课程形态,是新的基础教育课程体系

中设置的**必修课程**。它的内容主要包括：信息技术教育、研究性学习、社区服务与社会实践以及劳动与技术教育。

(4)农村中学课程要为当地社会经济发展服务。

根据《义务教育课程方案(2022年版)》，劳动、信息科技从综合实践活动课程中独立出来。所以考生在遇到考查综合实践活动内容的试题时，要根据题干语境来选择。如果题干表述未点明新课标，那么选项中出现的劳动教育、信息技术教育都要选。

2. 新课程结构的基本特征

均衡性、综合性和选择性既是新课程结构调整的三条基本原则，又是新课程结构区别于现行课程结构的三个基本特征。

(1)新课程结构的均衡性

新课程在结构上所倡导和实现的均衡性试图改变以往学生动手实践能力低下、知识体系相互隔离、所学知识远离现实生活的状况，引导学生在掌握课程内容的同时，关注生活，关注社会发展和科技进步，能够积极开展探究活动，能够主动地参与社会生活，实现素质的均衡发展。从学生角度来说，均衡性绝不是指学生各学科或各领域平均发展，而是指个性的和谐发展。

(2)新课程结构的综合性

新课程结构的综合性是针对过分强调学科本位、科目过多和缺乏整合的现状而提出的。它体现在以下三个方面：①加强学科的综合性。②设置综合课程。③增设综合实践活动。综合实践活动是一门高度综合的课程，是新课程改革的一个亮点。

(3)新课程结构的选择性

新课程结构的选择性是针对地方、学校与学生的差异而提出的，它要求学校课程要以充分的灵活性适应于地方社会发展的现实需要，以显著的特色性适应于学校的办学宗旨和方向，以选择性适应于学生的个性发展。①选择性的集中体现是新课程适当减少了国家课程在学校课程体系中所占的比重。②教育面对的是一个个具有独特个性的学生，教育应促进每一位学生的个性发展，为此，课程结构的选择性最终必须落实到每个学生的个性差异上，这就要求地方和学校必须加强选修课程的建设。

考点3　密切课程内容与生活和时代的联系

改变课程内容“繁、难、偏、旧”和过于注重书本知识的现状，加强课程内容与学生生活以及现代社会和科技发展的联系，关注学生的学习兴趣和经验，精选终身学习必备的基础知识和技能。

考点4　改善学生的学习方式

改变课程实施过于强调接受学习、死记硬背、机械训练的现状，倡导学生主动参与、乐于探究、勤于动手，培养学生搜集和处理信息的能力、获取新知识的能力、分析和解决问题的能力以及交流与合作的能力。

考点5　建立与素质教育理念相一致的评价与考试制度

改变课程评价过分强调甄别与选拔的功能，发挥评价促进学生发展、教师提高和改进教学实践的功能。新课程倡导“立足过程，促进发展”的课程评价，这不仅仅是评价体系的变革，更重要的是评价理念、评价方法与手段以及评价实施过程的转变。

要建立一种发展性的评价体系，一是要建立促进学生全面发展的评价体系，使评价不仅关注学生在语言和数理逻辑方面的发展，而且要发现和发展学生多方面的潜能。二是要建立促进教师不断提高的评价体系，以强调教师对自己教学行为的分析与反思，建立以教师自评为主，校长、教师、学生、家长共同参与的评价制度，使教师从多种渠道获得信息，不断提高教学水平。三是要将评价看作是一个系统，从形成多元的评价目标、制定多样的评价工具，到广泛地收集各种资料，形成建设性的改进意见和建议，每一个环节都是通过评价促进发展的不可或缺的部分。评价目标多元、评价方法多样，重视学生发展和教师成长记录，今后一段时间内评价与考试改革的主要方向。

知识再拔高

当前课程评价发展的基本特征(新课改的课程评价观)

(1)重视发展，淡化甄别与选拔，实现评价功能的转变；

(2)重综合评价，关注个体差异，实现评价指标的多元化；

(3)强调质性评价，定性与定量相结合，实现评价方法的多样化；

(4)强调参与与互动、自评与他评相结合，实现评价主体的多元化；

(5)注重过程，终结性评价与形成性评价相结合，实现评价重心的转移。

考点6 实行三级课程管理制度

改变课程管理过于集中的状况，实行国家、地方、学校三级课程管理，增强课程对地方、学校及学生的适应性。

考题预测

[单，2分]以下有关新课改的说法，不正确的是( )

A. 强调学科本位，体现课程结构的均衡性、综合性、选择性

B. 强调形成积极主动的学习态度

C. 倡导学生主动参与、乐于探究、勤于动手

D. 实行国家、地方、学校三级课程管理

答案：A

★★ 考点大默写 ★★

1. 美国学者__________在1918年出版的__________一书，标志着课程作为专门研究领域的诞生，这也是教育史上第一本课程理论专著。
2. 世界上最古老、使用范围最广泛的课程类型是__________，杜威是__________课程的主要代表人物。
3. 从课程内容的组织方式来看，课程可分为__________与__________。根据课程任务，可将课程分为__________课程、__________课程与__________课程。
4. 从课程的表现形式来看，课程可分为__________与__________。区分这两种课程的主要标志在于是否具有__________。
5. 隐性课程主要有四种表现形式，校风、学风属于__________隐性课程，师生人际关系状况属于__________隐性课程。
6. 制约学校课程的三大因素分别是__________、__________和儿童。

7. 结构主义课程理论的创始人是__________，他也是该课程理论的主要代表人物。

8. 永恒主义课程理论的主要代表人物是__________。该理论认为，“__________”是课程的核心。

9. __________是课程计划的中心和首要问题。

10. 义务教育阶段的课程计划具有__________、__________和__________的特点。

11. 以纲要的形式编写的、有关学科教学内容的指导性文件是__________，它是编写教科书和教师进行教学的直接依据。

12. 国家__________是教材编写、教学、评估和考试命题的依据，是国家管理和评价课程的基础。

13. 教学大纲和教科书的编排通常采取直线式和__________两种。

14. 新课程改革的核心理念是：为了中华民族的复兴，__________。

15. 新课程改革倡导改变课程管理过于集中的状况，实行__________、__________、__________三级课程管理，增强课程对地方、学校及学生的适应性。

16. 我国新课改强调课程结构应体现__________、__________和__________。

17. 新课程改革规定小学阶段以__________课程为主，高中以__________课程为主。

18. 新课程结构的综合性体现在加强学科的综合性、设置__________和增设__________。

19. 新课改强调改变课程实施过于强调接受学习、死记硬背、机械训练的现状，倡导学生主动参与、乐于探究、勤于动手，培养学生搜集和处理信息的能力、__________的能力、__________的能力以及__________的能力。

20. 新课程改革倡导__________的课程评价。

【参考答案】

1. 博比特；《课程》 2. 学科课程；活动（经验） 3. 分科课程；综合课程；基础型；拓展型；研究型 4. 显性课程；隐性课程；计划性 5. 观念性；心理性 6. 社会；知识 7. 布鲁纳 8. 赫钦斯；永恒学科 9. 开设哪些科目（课程设置） 10. 强制性；普遍性；基础性 11. 课程标准 12. 课程标准 13. 螺旋式 14. 为了每一位学生的发展 15. 国家；地方；学校 16. 均衡性；综合性；选择性 17. 综合；分科 18. 综合课程；综合实践活动 19. 获取新知识；分析和解决问题；交流与合作 20. 立足过程，促进发展

即时反思与复盘总结

我于______年____月____日完成了对本章的学习。

复盘一下，我对自己较肯定的地方是________________

（足够努力/心态积极/方法得当……）

我觉得自己需要改进的地方是________________

（懒惰懈怠/心情浮躁/方法不当……）

休息片刻，开启下一站征程！

第七章 教师与学生

思维导图

- 教师与学生
  - 教师职业概述
    - 教师及教师职业
      - 根本任务：教书育人
    - 教师的职业角色
      - “传道者”
      - “授业、解惑者”
      - 示范者
      - “教育教学活动的设计者、组织者和管理者”
      - “家长代理人、父母”和“朋友、知己”
      - “研究者”和“学习者”“学者”
    - 教师威信
      - 权利威信、信服威信
    - 教师劳动的特点（易混点）
      - 复杂性和创造性
      - 连续性和广延性
      - 长期性和间接性
      - 主体性和示范性
    - 新课程背景下的教师观
      - 教师角色的转变：促进者，研究者，建设者和开发者，社区型开放的教师
      - 教师教学行为的转变：尊重、赞赏；帮助、引导；反思；合作
  - 教师的专业素质与专业发展
    - 教师的专业素质（重点）
      - 职业道德素养
      - 知识素养
      - 能力素养
      - 职业心理健康
    - 教师的专业发展
      - 内容：专业理想、专业态度和动机、专业知识、专业能力、专业人格、专业自我
      - 取向：理智取向、实践—反思取向、文化生态取向
      - 途径：师范教育、入职培训、在职培训、自我教育
  - 学生概述
    - 学生的特点
      - 学生是教育的对象
      - 学生是自我教育和发展的主体
      - 学生是发展中的人
    - 新课程背景下的学生观（易混点）
      - 学生是发展中的人
      - 学生是独特的人
      - 学生是具有独立意义的人
  - 师生关系
    - 师生关系概述
      - 地位：最基本、最重要的关系
      - 观点：教师中心论、儿童中心论
    - 师生关系的意义
      - 保障、基础、催化剂、满足学生多种需要等
    - 师生关系的内容
      - 教育内容的教学上：授受关系
      - 人格上：平等关系
      - 社会道德上：互相促进关系
    - 师生关系的基本类型
      - 专制型、放任型、民主型
    - 良好师生关系的建立与发展
      - 教师方面、学生方面、环境方面
    - 我国新型师生关系的特点
      - 人际关系：尊师爱生
      - 社会关系：民主平等
      - 教育关系：教学相长
      - 心理关系：心理相容

福建考向

本章属于教育学的重点章节，需要识记的知识较多。现对本章福建考向分析如下：

高频考点	常考题型	能力层级	考查热度
教师的职业角色	单选	识记	★★
教师劳动的特点	单选、判断	识记	★★★
教师的专业素质	单选、材料分析	运用	★★
师生关系的内涵	单选、填空	识记	★★

核心考点

第一节 教师职业概述

一、教师及教师职业

考点1 教师的概念

教师是传递和传播人类文明的专职人员，是学校教育职能的主要实施者。从广义上讲，凡是把知识、技能和技巧传授给别人的人，都可称之为教师。从狭义上讲，教师指经过专门训练、在学校从事教育教学工作的专门人员。教师是学校教育工作的主要实施者，根本任务是**教书育人**。

考点2 教师职业的性质

1. 教师职业是一种专门职业，教师是专业人员

教师职业属于专门职业，教师是从事教育教学工作的专业人员。1994年实施的《中华人民共和国教师法》第一次从法律角度确认了教师的专业地位。

2. 教师是教育者，教师职业是促进个体社会化的职业

教师根据一定的社会要求，向年青一代传授人类长期积累的知识经验，规范他们的行为品格，塑造他们的价值观念，引导他们把外在的社会要求内化为个体的素质，从而实现个体的社会化。

考点3 教师的作用

(1)教师是人类文化的传播者，在社会的发展和人类的延续中起桥梁与纽带作用。(2)教师是人类灵魂的工程师，在塑造年青一代的品格中起着关键性作用。加里宁称教师是“人类灵魂的工程师”。(3)教师是人的潜能的开发者，对个体发展起促进作用。(4)教师是教育工作的组织者、领导者，在教育过程中起主导作用。

二、教师的职业角色 【2022单选、2017单选】 必背

教师职业的最大特点在于职业角色的多样化。一般来说，教师的职业角色主要有以下六个方面：

考点1 “传道者”角色(人类灵魂的工程师)

教师负有传递社会道德传统、价值观念的使命,“道之所存,师之所存也”。除了社会一般道德观、价值观外,教师对学生的“做人之道”“为业之道”“治学之道”等也有引导和示范的责任。

考点2 “授业、解惑者”角色(知识传授者、人类文化的传递者)

教师是社会各行各业建设人才的培养者,他们在掌握了人类经过长期的社会实践活动所获得的知识经验、技能的基础上,对其精心加工整理,然后以特定的方式传授给年青一代,并帮助他们解除学习中的困惑。

考点3 示范者角色(榜样)

(1)教师的言行是学生学习和模仿的榜样。学生具有可塑性和向师性的特点,教师的言谈举止、行为方式、为人处世的态度等都会对学生产生耳濡目染、潜移默化的影响,因此教师是学生学习的最直接榜样。

(2)优秀教师是其他教师学习的模范,是社会各界学习的模范。

考点4 “教育教学活动的设计者、组织者和管理者”角色

(1)教师是教育教学活动的设计者。好的教学设计可以使教学有序进行,给教学提供良好的环境,使学生养成循序渐进的习惯,全面地完成教学任务。精心地进行教学设计,需要教师全面把握教学的任务、教材的特点、学生的特点等要素。

(2)教师是教育教学活动的组织者,即教师在教学资源分配(包括时间分配、内容安排、学生分组)和教学活动展开等方面是具体的实施者。

(3)教师是教育教学活动的管理者。教师需要肩负起教育教学管理的职责,并对教育教学活动进行控制、检查和评价。

考点5 “家长代理人、父母”和“朋友、知己”的角色

教师是儿童继父母之后所遇到的另一个社会权威,是家长的代理人。低年级的学生倾向于把教师看作父母的化身,对教师的态度类似于对父母的态度。而高年级学生则往往愿意把教师当作他们的朋

友，也期望教师能把他们当作朋友看待，希望在学习、生活、人生等多方面得到教师的指导，希望教师能与他们一起分担痛苦与忧伤、分享欢乐与幸福。

考点6 “研究者”角色和“学习者”“学者”角色

(1)教师工作的对象是充满生命力和个性特点的青少年，传授的是不断变化的科学知识和人文知识。所以，教师不能千篇一律地、机械地进行教育，而是要不断反思、研究自己的工作，灵活机智、创造性地开展教书育人工作。教师应该积极地参与教学研究、教学实验与改革，不断地提高自身的教育理论水平和教育质量。

(2)教师的研究，不仅是对科学知识的研究，更有对教育对象即学生的研究，对教师和学生交往的研究等，这都需要教师终身学习，更新自己的知识结构，以便使教育教学建立在更宽广的知识背景之上，适应学生的个性发展、自己的专业发展和教育教学改革的需要。

(3)教师还被认为是智者的化身，必须拥有渊博的知识。

知识再拔高

现代教师的职业角色

现代教师的角色是多重的、不断变化和创新的。其基本角色有以下几种：

1. 学习者和研究者

教师首先必须是一个学习者，要学习教材、了解与教材有关的信息，向学生讨教，要以严肃的态度来研究教材、处理教材，把知识客体内化为自身的主体结构。其次，现代教师还是课程开发者和教育教学研究者。这都需要教师终身学习，更新自己的知识结构。

2. 知识的传授者

教学中的基本矛盾是知与不知，知之不多到知之较多、知之完善的矛盾。这一矛盾的正确解决是解决教学矛盾的基石。在解决这对矛盾中，教师无疑充当着主导者的角色，学生是接受者的角色。现代教师作为知识的传授者，除讲求教学的科学性之外，还必须讲求教学的艺术性和创造性。

3. 学生心灵的培育者

教育的目的是使学生变得更聪明、更高尚、更成熟。只传授知识的教师是“经师”，只有那些使学生能生动活泼地、主动地得到较好发展的教师，才是最好的教师。这样的教师不但教学生学习知识，而且教学生学会学习；善于激发学生的学习热情，培养学生自主学习的能力和习惯，调整学生的不良情绪和心态；经常提醒学生仔细、认真、勤奋、刻苦，培养学生良好的学习心理品质；善于发现学生的学习差距，特别关注学习成绩不佳的学生；并善于使学生相互帮助，形成良好的学习风气。

4. 教学活动的设计者、组织者和管理者

教学活动是一种集体活动，要全面实现教学的整体功能，就必须精心设计、周密组织和科学管理。

5. 学生学习的榜样

教师不仅是教学的主体，也是学生认识的客体。教师作为一个整体，作为成人世界的代表，其言行举止、态度、个性等，无不对学生产生潜移默化的影响。

6. 学生的朋友

教师把学生当作朋友，可以使学生更亲近教师，教师也可以更全面地了解学生。

7. 学校的管理者

教师不仅是学校管理的对象，也是管理的主体；不仅是教学管理的主体，也是学校管理的主体。

真题面对面

[2022，单，2分]某老师在教育教学活动中善于激发学生的学习热情，引导学生形成自主学习的习惯。该老师扮演的角色是(　　)

A. 知识的传授者　　　　B. 教学活动的设计者

C. 教学改革的研究者　　D. 学生心灵的培育者

答案：D

三、教师威信

考点1　教师威信概述

1. 教师威信的概念及其作用

教师威信是指由教师的资历、声望、才能和品德等因素决定的，教师个人或群体在学生或社会中的影响力。教师威信实质上反映了一种良好的师生关系，是教师成功地扮演教育者角色、顺利完成教育使命的重要条件。

教师威信的作用具体表现在三个方面：(1)有利于教师作为学生学习的引导者和促进者角色的实现；(2)有利于教师作为班集体管理者角色的实现；(3)有利于教师作为行为规范的示范者角色的实现。

2. 教师威信的分类

教师的威信有两种：一种是权力威信，一种是信服威信。权力威信是教师根据教育法律法规、学校规章制度、教育传统以及社会心理优势而建立起来的威信。信服威信是由于教师良好的思想品德、教学能力、教学态度与民主作风而使学生自愿接受、内心佩服而树立起来的威信。教师应该树立信服威信，而不应该追求权力威信。

3. 教师威信的结构

教师威信主要包括人格威信、学识威信和情感威信三个方面的内容。

考点2　教师威信的形成与发展

1. 教师威信形成的过程

教师威信形成的过程，一般来说是由“不自觉威信”向“自觉威信”发展。新教师在学生心目中是有一定吸引力的，是有一定威信的，但这种威信是短暂的“不自觉威信”。随着学生对教师德才方面的逐渐了解，师生之间情感的日益加深和融洽，教师的威信就由“不自觉威信”发展成为“自觉威信”，这才算是真正的威信。当然，教师必须经过不断的努力，“不自觉威信”才有可能发展为“自觉威信”，否则“不自觉威信”也可能逐渐消失。

2. 建立教师威信的途径

(1)培养自身良好的道德品质;(2)培养良好的认知能力和性格特征;(3)注重良好仪表、风度和行为习惯的养成;(4)给学生以良好的第一印象;(5)做学生的朋友与知己。

3. 教师威信的维护

教师威信建立后,具有一定的稳定性,但不是一成不变的。因此,教师在建立威信后,维护和发展已形成的威信也是十分重要的。(1)教师要有坦荡的胸怀、实事求是的态度;(2)教师要正确认识和合理运用自己的威信;(3)教师要有不断进取的敬业精神;(4)教师要言行一致,做学生的楷模。

四、教师劳动的特点 【2022单选、2019单选、2017判断】 必背

考点1 教师劳动的复杂性和创造性

1. 教师劳动的复杂性

教师劳动的复杂性是由其工作性质、任务及过程的特殊性所决定的。教师劳动的复杂性主要表现在以下五个方面:

(1)教师劳动性质的复杂性。教师的劳动属于专业行为,是一种高度复杂的心智劳动。

(2)教师劳动对象的复杂性。教师的劳动对象是千差万别的人。教师不仅要经常在同一个时空条件下,面对全体学生,实施统一的课程计划、课程标准,还要根据每个学生的实际情况施教。

(3)教师劳动任务的复杂性。教师不仅要传授科学文化知识和训练学生的技能,发展学生的智力、培养能力,还要培养学生一定的思想品德,促进学生的身心健康发展。

(4)教师劳动过程的复杂性。要使学生形成一种良好的思想品德,需要经过知识的传授、情感的体验、意志的锻炼、信念的建立以及行为习惯的培养这样一个长期的过程。

(5)教师劳动手段的复杂性。教育要有效地促进学生的全面发展,必须保持教育影响的一致性,优化组合各种影响,使之发挥最佳的合力。然而,把这些复杂的影响有效地组织到教育过程中,使来自各方面的影响协调一致,这是一种复杂的工作。

记忆有妙招

为方便考生记忆,编者将教师劳动复杂性的表现总结成以下口诀:

对手过任性。对:劳动对象。手:劳动手段。过:劳动过程。任:劳动任务。性:劳动性质。

2. 教师劳动的创造性

教师劳动的创造性主要是由劳动对象的特点决定的。教师劳动的创造性主要表现在以下三个方面:

(1)教师劳动的创造性首先表现在因材施教上。

(2)教师劳动的创造性也表现在对教材内容的处理、教学方法的选择和运用上。“教学有法,教无定法”是对教师劳动创造性的最好注脚。

(3)教师劳动的创造性还表现在教育机智上。教育机智是教师在教育教学过程中的一种特殊定

向能力，是指教师能根据学生新的特别是意外的情况，迅速而正确地做出判断，随机应变地采取及时、恰当而有效的教育措施解决问题的能力。教育机智是教师良好的综合素质和修养的外在表现，是教师娴熟运用综合教育手段的能力。教育机智可以用四个词语概括：因势利导、随机应变、掌握分寸、对症下药。

真题面对面

[2019，单，2分]某教师教授《景阳冈》时发现学生积极性不高，便灵机一动，让学生替武松写一封求职自荐信，学生表现出浓厚的学习兴趣。这体现出教师劳动的(　　)

A. 复杂性　　B. 长期性

C. 创造性　　D. 示范性

答案：C

考点2　教师劳动的连续性和广延性

1. 教师劳动的连续性

连续性是指时间的连续性。教师的劳动没有严格的交接班时间界限，这个特点是由教师劳动对象的相对稳定性决定的。教师要不断了解学生的过去与现状，预测学生的发展与未来，检验教育教学效果，获取教育教学反馈信息，准备新一轮的教育教学活动。

2. 教师劳动的广延性

广延性是指空间的广延性。教师没有严格界定的劳动场所，课堂内外、学校内外都可能成为教师劳动的空间，这个特点是由影响学生发展因素的多样性决定的。学生的成长不仅受学校的影响，还受社会和家庭的影响。教师不能只在课内、校内发挥影响力，还要走出校门，协调学校、社会、家庭的教育影响，以便形成教育合力。

教师劳动的长期性和广延性是容易混淆的知识点，考生应注意两者的区别在于：广延性强调空间，无严格界定的劳动场所；长期性强调时间，培养周期长、影响迟效。

考点3　教师劳动的长期性和间接性

1. 教师劳动的长期性

长期性指人才培养的周期比较长，教育的影响具有迟效性。教师劳动的成效并不是一时就可以检验出来的，而是需要教师付出长期的大量的劳动才能看到结果、得到验证，教师的某些影响对学生终身都会发生作用。因此，教师的劳动具有长期性。

(1)教师的劳动成果是人才，而人才培养的周期比较长。“十年树木，百年树人”就是对这个道理的最佳阐释。(2)教师对学生所施加的影响，往往要经过很长的时间才能见效果。

2. 教师劳动的间接性

间接性指教师的劳动不直接创造物质财富，而是以学生为中介实现教师劳动的价值。教师的劳动并没有直接服务于社会，或直接贡献于人类的物质产品和精神产品。教师劳动的结晶是学生，是学生的品德、学识和才能，待学生走上社会，由他们来为社会创造财富。

考点4 教师劳动的主体性和示范性

1. 教师劳动的主体性

主体性指教师自身可以成为活生生的教育因素和具有影响力的榜样。对于教师来说，首先，教育教学过程就是教师直接用自身的知识、智慧、品德影响学生的过程。再者，教师劳动工具的主体化也是教师劳动主体性的表现。教师所使用的教具、教材，也必须为教师自己所掌握，成为教师自己的东西，才能向学生传授。

2. 教师劳动的示范性

示范性指教师的言行举止，如人品、才能、治学态度等都会成为学生学习的对象。教师劳动的示范性是由学生的可塑性、向师性和模仿心理特征决定的。同时，教师劳动的主体性也要求教师的劳动具有示范性特点。德国著名教育家第斯多惠指出："教师本人是学校里最重要的师表，是最直观的、最有教益的模范，是学生最活生生的榜样。"任何一个教师，不管他是否意识到这一点，不管他是自觉还是不自觉，他都在对学生进行示范。因此，教师必须以身作则、为人师表。

真题面对面

[2022，单，2分]某教师为培养学生晨诵暮读的习惯，带头在师生微信群早晚读书打卡，该行为体现的教师劳动特点是(　　)

A. 示范性　　B. 创造性　　C. 复杂性　　D. 长期性

答案：A

五、新课程背景下的教师观

考点1 教师角色的转变

1. 从教师与学生的关系看，新课程要求教师应该是学生学习的促进者

教师即学生学习的促进者，这是教师最明显、最直接、最富时代性的角色特征，是教师角色中的核心特征。其内涵主要包括以下两个方面：(1)教师是学生学习能力的培养者；(2)教师是学生人生的引路人。

2. 从教学与研究的关系看，新课程要求教师应该是教育教学的研究者

教师即研究者，意味着教师在教学过程中要以研究者的心态置身于教学情境之中，以研究者的眼光审视和分析教学理论与教学实践中的各种问题，对自身的行为进行反思，对出现的问题进行探究，对积累的经验进行总结，最终形成规律性的认识。

3. 从教学与课程的关系看，新课程要求教师应该是课程的建设者和开发者

新课程倡导民主、开放、科学的课程理念，同时确立了国家课程、地方课程、校本课程三级课程管理政策，这就要求课程与教学相互整合，教师必须在课程改革中发挥主体作用。教师不仅是课程实施的执行者，更应成为课程的建设者和开发者。

4. 从学校与社区的关系看，新课程要求教师应该是社区型开放的教师

新课程特别强调学校与社区的互动，重视挖掘社区的教育资源。在这种情况下，教师的角色也要求变革。教师不仅仅是学校的一员，还是社区的一员，是整个社区教育、科学、文化事业的共建者。因此,教师角色是开放的,是“社区型”教师。

考题预测

[单,2分]下列关于新课程中教师角色将发生转变的表述,正确的是(　　)

A. 从教学与课程的关系看,新课程要求教师应该是课程的建设者和开发者

B. 从教学与研究的关系看,新课程要求教师应该是教育教学的研究成果推广者

C. 从教师与学生的关系看,新课程要求教师应该是学生学习的模仿者

D. 从学校与社区的关系看,新课程要求教师应该是学者型的独立的教师

答案:A

考点2　教师教学行为的转变

1. 在对待师生关系上,新课程强调尊重、赞赏

“为了每一位学生的发展”是新课程的最高宗旨与核心理念。为了实现这一理念,教师必须尊重每一位学生做人的尊严和价值。

尊重学生同时意味着不伤害学生的自尊心。教师应努力做到:(1)不体罚学生;(2)不辱骂学生;(3)不大声训斥学生;(4)不冷落学生;(5)不羞辱、嘲笑学生;(6)不随意当众批评学生。

教师不仅要尊重每一位学生,还要学会发现学生的闪光点,学会赞赏每一位学生:(1)赞赏学生的独特性、兴趣、爱好和专长;(2)赞赏学生所取得的哪怕是极其微小的成绩;(3)赞赏学生所付出的努力和所表现出来的善意;(4)赞赏学生对教科书的质疑和对自身的超越。

2. 在对待教学关系上,新课程强调帮助、引导

教如何促进学呢?“教”的职责在于帮助:(1)帮助学生检视和反思自我,明确自己想要学习什么和获得什么,确立能够达成的目标;(2)帮助学生寻找、搜集和利用学习资源;(3)帮助学生设计恰当的学习活动并形成有效的学习方式;(4)帮助学生发现所学东西的个人意义和社会价值;(5)帮助学生营造和维持学习过程中积极的心理氛围;(6)帮助学生对学习过程和结果进行评价,并促进评价的内化;(7)帮助学生发现自己的潜能和性向。

教的本质在于引导。引导的特点是含而不露、指而不明、开而不达、引而不发;引导的内容不仅包括方法和思维,同时也包括价值和做人。在这里,引导表现为教师对学生的启迪与激励。

3. 在对待自我上,新课程强调反思

教学反思被认为是“教师专业发展和自我成长的核心因素”,新课程非常强调教师的教学反思。依据教学进程,教学反思分为教学前、教学中、教学后三个阶段。教学反思有助于教师形成自我反思的意识和自我监控的能力。

4. 在对待与其他教育者的关系上,新课程强调合作

在教育教学过程中,教师除了面对学生外,还要与周围其他教师发生联系,要与学生家长进行沟通与配合。课程的综合化趋势特别需要教师之间的合作,不同年级、不同学科的教师要相互配合,齐心协力地培养学生。教师还必须处理好与家长的关系,加强与家长的联系与合作,共同促进学生的健康成长。

考题预测

[单,2分]在对待师生关系方面,新课程中教师的教学行为强调(　　)

A. 尊重、赞赏　　B. 帮助、引导　　C. 反思　　D. 合作

答案:A

第二节　教师的专业素质与专业发展

一、教师的专业素质

考点1　教师的职业道德素养　【2018单选】

教师的职业道德素养是从教师对待事业、对待学生、对待集体和对待自己的态度上来体现的。

1.对待事业:忠于人民的教育事业

热爱教育事业是教师做好教育工作的前提,是教师职业道德的基础,也是教师劳动积极性和创造性的源泉。忠于人民的教育事业要求教师做到:(1)依法执教,严谨治教;(2)爱岗敬业,廉洁从教。

2.对待学生:热爱学生

热爱教育事业具体体现在热爱学生上。热爱学生是教师职业道德的核心,是教师高尚道德品质的表现。热爱学生的要求包括:(1)把对学生的爱与严格要求相结合;(2)把爱与尊重、信任相结合;(3)要全面关怀学生;(4)要关爱全体学生;(5)理解和宽容学生;(6)解放学生;(7)对学生要保持积极、稳定的情绪。

3.对待集体:团结协作

人才的全面成长,是多方教育者集体劳动的结晶。这就要求教师必须与各方面协同合作,以便形成教育合力,共同完成培养人的工作。为此,要求教师做到:(1)相互支持、相互配合;(2)严于律己,宽以待人;(3)弘扬正气,摒弃陋习。

4.对待自己:为人师表(良好的道德修养)

教师的言行举止、品德才能、治学态度等方面都会对学生产生潜移默化的影响,成为学生学习的对象。这是由教师劳动的"主体性和示范性"特点以及学生的"向师性、模仿性和可塑性"特点所决定的。为此,教师必须做到:(1)高度自觉,自我监控;(2)身教重于言教。

真题面对面

[2018,单,2分]乌申斯基说:"如果你厌恶学生,那么,教育工作刚刚开始时就已经结束了。"这强调教师应具备(　　)

A. 高尚的师德　　B. 广博的文化素养

C. 专门的教育素养　　D. 扎实的学科素养

答案:A

考点2 教师的知识素养 【2020材料分析、2016单选】

1.政治理论修养

马列主义、毛泽东思想和中国特色社会主义理论体系。

2.精深的学科专业知识(本体性知识)

这是教师知识结构的**核心**,也是教师向学生传授知识的**必备基础**。主要包括:(1)掌握该学科的基本知识和基本技能;(2)掌握该学科的基本理论和学科体系;(3)了解该学科的发展脉络;(4)了解学科领域的思维方式和方法论。

本体性知识,即特定学科及相关知识,是教师知识结构的核心,也是教师向学生传授知识的必备基础。条件性知识,即认识教育对象、开展教育活动和研究所需的教育学科知识和技能。考生可这样理解:缺乏本体性知识的教师不能称为教师,缺乏条件性知识的教师不能称为好的教师。

3.广博的科学文化知识

教师的知识不仅要"专",而且要"博",教师的专业知识应建立在广博的科学文化知识的基础之上。这是因为:(1)这是科学知识日益融合和渗透的要求;(2)这是青少年多方面发展的要求;(3)教师的任务是教书育人。

4.必备的教育科学知识(条件性知识)

教师要加强教育工作的科学性和有效性,就必须掌握相关的理论知识。其中,教育学、心理学及各科教材教法是教师首先要掌握的最为基本的教育科学知识。此外,教师还要掌握教育管理方面的知识。教师的教育科学知识主要包括三个方面:学生身心发展知识、教与学的知识和学生成绩评价的知识。

5.丰富的实践性知识

教师的实践性知识是基于教师个人的经验积累,在对待和处理教育问题时体现出的个人特质和教育智慧。

考点3 教师的能力素养

1.语言表达能力

语言,特别是口头语言,是教师向学生传递教育信息的重要工具,因此要求教师具有较强的语言表达能力。对教师的语言表达要求如下:

(1)准确、简练,具有科学性;(2)清晰、流畅,具有逻辑性;(3)生动、形象,具有启发性;(4)口头语言和肢体语言的巧妙结合。

2.组织管理能力

教师要进行教育活动,必须具备一定的组织管理能力。具体来说包括两个方面:(1)教师要有确定合理目标和计划的能力;(2)教师要有引导学生的能力。

3.组织教育和教学的能力

教师是教育教学过程的组织者、领导者,因此要求教师具有驾驭教育和教学的能力。具体如下:

(1)教师要善于制订教育教学工作计划,编写教案,组织教材,以加强教学工作的预见性、有序性;

(2)教师要善于组织课堂教学,以保证教学过程的顺利进行和教学任务的完成;

(3)教师还要善于组织学校、家庭及社会各方面的教育力量，使各方面相互配合，进行教育资源的整合。

4.自我调控和自我反思能力

教师的自我调控和反思能力主要表现如下：(1)对自身的教育教学表现进行自我监督、自我反馈、自我反思、自我改进的能力；(2)根据新情况、新问题调整自己的预定计划以适应变化的能力。

此外，教师还应该具备教育科研能力、学习能力、观察学生的能力、创新能力以及运用现代教育技术手段的能力。

考点4 职业心理健康

教师心理健康的构成是指一个优秀教师所应有的心理素质，也就是教师对内外环境及人际关系有着良好适应的条件。这些条件包括高尚的职业道德、愉悦的情绪情感、良好的人际关系、健康的人格特征等。

1.高尚的师德

高尚的师德应包括热爱学生、教书育人、为人师表和团结协作等内容。

2.愉悦的情感

对教师来说，情感是塑造青少年灵魂的强大精神力量，丰富的情感具有强烈的感染力，它使广大学生在潜移默化中，在期待和激励下，自觉热情地学习。

3.良好的人际关系

良好的人际关系是教师完善人格的一个重要标志，也是教师心理健康的重要内容。从对象上看，教师的人际交往包括与学生保持良好的人际关系、与同事和学校领导建立良好的人际关系。从形式上看，教师的人际关系包括认知的、情感的和行为的三个方面。

4.健康的人格

教师的健康人格是在培养人、教育人的过程中表现出来的成熟的、积极的心理素质。健康的人格来自积极肯定的自我，只有接受自己才能接受他人，只有热爱自己才能热爱工作，并能在工作中始终充满动力和成功的希望。

二、教师的专业发展 新增

考点1 教师专业发展的概念

教师专业发展，又称教师专业成长，是指教师在整个专业生涯中，依托专业组织、专门的培养制度和管理制度，通过持续的专业教育，习得教育教学专业技能，形成专业理想、专业道德和专业能力，从而实现专业自主的过程。它包括教师群体的专业发展和教师个体的专业发展。

教师群体的专业发展是指教师职业不断成熟、逐渐达到专业标准，并获得相应的专业地位的过程。它既是教师个体专业化的条件和保障，同时也最终代表着教师职业的专业化。

教师个体的专业发展是教师作为专业人员，从专业思想到专业知识、专业能力、专业心理品质等方面由不成熟到比较成熟的发展过程，即由一个专业新手发展成为专家型教师或教育家型教师的过程。

从历史发展的总趋势来看，教师专业发展的**核心**以及**最终体现**就在于教师个体的专业发展。

考点2 教师专业发展的内容【2023多选】

(1)专业理想的建立。教师的专业理想是教师对成为一个成熟的教育专业工作者的向往与追求，它为教师提供了奋斗的目标，是推动教师发展的**巨大动力**。

(2)专业态度和动机的完善。教师专业态度和动机是教师专业活动的动力基础。教师在这个方面的发展主要表现为教师的专业理想、对职业的态度、工作积极性高低以及职业满意度等。

(3)专业知识的拓展与深化。教师作为一个专业人员，必须具备从事专业工作所需要的基本知识。因此，教师的专业知识是教师专业发展中的一个重要内容，教师的专业知识(合理的知识结构)主要包括本体性知识、条件性知识、实践性知识和通识性知识。

(4)专业能力的提高。教师的专业能力是教师综合素质最突出的外在表现，也是评价教师专业性的核心因素。这种专业能力可分为教学技巧和教学能力两个方面。

(5)教师的专业人格。教师的专业人格是教师在教育教学工作中所必须具有的道德品质方面的自我修养，诚实正直、善良宽容、公正严格是教师专业人格的重要内容。

(6)专业自我的形成。专业自我包括自我意象、自我尊重、工作动机、工作满意感、任务知觉和未来前景。对教学工作来说，教师的专业自我是教师个体对自我从事教学工作的感受、接纳和肯定的心理倾向，这种倾向将显著地影响到教师的教学成效。

真题面对面

[2023，多，2分]专业化教师合理的知识结构应包括(　　)

A. 通识性知识　　B. 本体性知识

C. 条件性知识　　D. 实践性知识

答案：ABCD

考点3 教师专业发展的取向

一般认为，教师专业发展的取向有理智取向、实践—反思取向、文化生态取向三种。

理智取向主张教师通过正规的培训，向专家学习先进的“学科知识”和“教育知识”，以提高教育理性认识水平和教学技能。

实践—反思取向主张教师通过实践反思，发现教育教学意义，获得实践智慧，其主要方法有写日志、传记、构想，文献分析，教育叙事，教师访谈和参与性观察等。

文化生态取向认为教师专业发展不仅仅依靠个人努力，在更大程度上还依赖“教学文化”或“教师文化”为其工作提供意义、支持和身份认同，其主要方式是通过学习团队建设进行协同教学、合作教研，实现共同发展。

考点4 教师专业发展的途径

1. 师范教育

职前师范教育阶段是师范生进行专业准备与学习，初步形成教师职业所需要的知识与能力的关键时期，是教师专业化发展的**起始**和**奠基阶段**。

2. 入职培训

新教师都会面临一个角色适应问题。为了让新教师尽快进入角色，新教师的任职学校应当采取及时有效的支持性措施。在我国，各级师范院校还承担了短期的系统培训工作，培训的目的是向新教师提供系统而持续的帮助，使之尽快转变角色、适应环境。

3. 在职培训

为了适应教育改革与发展的需要，为在职教师提供的继续教育，主要采取“理论学习、尝试实践、反省探究”三结合的方式，培养教师研究教育对象、教育问题的意识和能力。教师的在职培训形式多样，可以是业余进修，也可以是校本培训(如集体观摩、相互评课、相互研讨等)。

4. 自我教育

教师的自我教育就是专业化的自我建构，它是教师个体专业化发展最直接、最普遍的途径。教师自我教育的方式主要有自我反思、主动收集教改信息、研究教育教学中的各种关键事件、自学现代教育教学理论、积极感受教学的成功与失败等。教师自我教育是专业理想确立、专业情感积淀、专业技能提高、专业风格形成的关键。

此外，跨校合作(如教师专业发展学校)，专家指导(如讲座、报告)，政府教育部门和教研机构组织的各类专业培训和交流活动等也是教师专业发展的途径。

第三节 学生概述

一、学生的特点 【2018 多选】

考点1 学生是教育的对象(客体)

1. 依据

从教师方面看，教师是教育过程的组织者、领导者，学生是教师教育实践活动的作用对象，是被教育者、被组织者和被领导者。

从学生自身特点看，学生具有可塑性、依赖性和向师性。

(1)学生具有可塑性。学生处于长知识、长身体的时期，也是他们的品德、人格正在形成的时期，各方面尚未成熟，具有很大的发展潜力，而且尚未定型，极容易受外部环境因素的影响，具有“染于苍则苍，染于黄则黄”的特点。

(2)学生具有**依赖性**。学生多属于未成年人，还不具备完全独立生活的能力。在家里，他们要依赖父母，入学后他们将对父母的依赖转为对教师的依赖。

(3)学生具有**向师性**。学生入学后，会自然地亲近、信赖、尊敬甚至崇拜教师，把教师作为获取知识的智囊、解决问题的顾问、行为举止的楷模。

2. 表现

学生明确自己的主要任务是学习，具有愿意接受教育的心理倾向；服从教师的指导，接受教师的帮助，期待从教师那里汲取营养，促进自身的身心发展。

考点2 学生是自我教育和发展的主体

1. 依据

(1)学生是具有**主观能动性**的人。学生是有意识、有情感、有个性的社会人，是具有主观能动性的人。他们不是盲目、机械、被动地接受作用于他们的影响。(2)学生在接受教育的过程中，也具有一定的素质，可以进行自我教育。因此，学生是自我教育和发展的主体。

2. 表现

学生的主观能动性主要表现在三个方面：

(1)**自觉性**，也称主动性，这是学生主观能动性**最基本**的表现。它表现在学生能根据一定的目标或要求，或在某种情境的激发下，自行采取相应的态度或行动。

(2)**独立性**，也称自主性，这是自觉性进一步发展的表现。它表现在学生不仅具有自觉性，而且能自行确定或选择符合自身需要、特点和条件的目标和行动方式，并能在实现目标的行动中自我监督和调控。

(3)**创造性**，这是学生主观能动性的**最高表现**。它表现在学生不仅具有自觉性和独立性，而且有超越意识，*如超越书本、超越教师、超越自己和群体等*。在教学过程中，表现为不满足于书上的现成结论，不满足于教师提供的解题方法，倾向于提出与众不同的见解或解决问题的方法。

考点3 学生是发展中的人

学生不是成人，他们正处于身心发展最迅速的时期，生理和心理两方面都不太成熟，具有很大的发展的可能性与可塑性。学生是发展中的人，包括四层含义：(1)学生具有和成人不同的身心发展特点；(2)学生具有发展的巨大潜在可能性；(3)学生具有发展的需要；(4)学生具有获得成人教育关怀的需要。

二、新课程背景下的学生观

学生观就是教师对学生的基本看法，它影响教师对学生的认识及其态度与行为，进而影响学生的发展。新课程提倡的学生观的主要观点如下：

考点1 学生是发展中的人，要用发展的观点认识学生

(1)学生的身心发展是有规律的。教师应依据学生身心发展的规律和特点来开展教育活动。

(2)学生具有巨大的发展潜能。在实际工作中，许多人往往从学生的现实表现推断学生没有出息，没有潜力。其实，学生具有巨大的发展潜能，智力水平可以明显提高，这已为科学研究所证实。

(3)学生是处于发展过程中的人。作为发展中的人，意味着学生还是不成熟的人，是一个正在成长的人。把学生作为发展中的人来对待，就要理解学生身上存在的不足，就要允许学生犯错误。当然，更重要的是要帮助学生解决问题，改正错误，从而促进学生不断进步和发展。

(4)学生的发展是全面的发展。现代学生观强调，教师在教育教学实践中，不仅要重视“知识与技能”的传授，更要看到“过程与方法”“情感态度与价值观”的重要性，把学生培养成全面发展的人。

考点2 学生是独特的人

把学生看成是独特的人，包含以下三个基本含义：

(1)学生是完整的人。学生并不是单纯的、抽象的学习者,而是有着丰富个性的完整的人。学习过程并不是单纯的知识接受或技能训练,而是伴随着交往、创造、追求、选择、意志努力、喜怒哀乐等的综合过程,是学生整个内心世界的全面参与。

(2)每个学生都有自身的独特性。独特性是个性的本质特征,珍视学生的独特性和培养具有独特个性的人,应成为我们对待学生的基本态度。独特性也意味着差异性,差异不仅是教育的基础,也是学生发展的前提,应视之为一种财富而珍惜开发,使每个学生在原有基础上都得到完全、自由的发展。

(3)学生与成人之间存在着巨大的差异。学生的观察、思考、选择和体验,都和成人有明显不同。"应当把成人看作成人,把孩子看作孩子。"

考点3 学生是具有独立意义的人

把学生看成是具有独立意义的人,包含以下三个基本含义:

(1)每个学生都是独立于教师的头脑之外,不以教师的意志为转移的客观存在。教师不可以对学生随意支配,或任意捏塑,不可以随意强加给学生一些外在的知识,因为这样并没有尊重学生的主观能动性,只会挫伤学生的积极性,扼杀他们的学习兴趣,窒息他们的思想,引起他们自觉或不自觉的抵制或抗拒。

"学生是独特的人"与"学生是具有独立意义的人"的基本含义是容易混淆的知识点。考生可按照以下内容来进行区分:"学生是独特的人"强调学生本身具备的特点,而"学生是具有独立意义的人"则侧重强调学生的主体地位。

(2)学生是学习的主体。教师对学生的教育与改造,只是学生发展的外部条件和外因,学生的主体活动才是学生获得发展的内在机制和内因。

(3)学生是责权主体。从法律角度看,在现代社会,学生在社会系统中享受各项基本权利,有些甚至是特定的。但同时,学生也要承担一定的责任和义务。把学生作为责权主体来对待,是现代教育区别于古代教育的重要特征,是教育民主的重要标志。

真题面对面

[2018,多,2分]下列关于学生的表述,正确的有(　　)

A. 学生具有独特性

B. 学生具有可塑性

C. 学生是以学习为主要任务的人

D. 学生对教育施加的影响是无条件接受的

答案:ABC

第四节 师生关系

一、师生关系概述

考点1 师生关系的内涵 【2019填空、2017单选】

师生关系是指在教育活动中,教师和学生为实现教育目标而以一定的方式结成的相互之间的动态联系。在这种关系中,教师和学生显示出各自的角色、地位、行为方式和相互的态度。师生关系是教育活动过程中人与人关系中**最基本、最重要**的关系。

真题面对面

[2019,填空,1分]师生关系反映的是教师与学生各自的角色、地位、行为方式和相互对待的________。

答案:态度

就微观而言,师生关系主要指师生之间在教育过程中所发生的直接交往和联系。师生之间的现实关系是不断变化和丰富多样的,可以从不同的层面进行划分,主要表现为社会关系、工作关系(教育关系)、人际关系、组织关系、心理关系和非正式关系。

1. 社会关系

它以年青一代的成长为目标,是人与人的各种社会关系在教育教学中的反映。主要表现为师生之间存在的代际关系、政治关系、文化的授受关系、道德关系以及法律关系。

2. 工作关系(教育关系)

师生之间的工作关系是为完成一定的教育任务而产生的关系。工作关系是基本关系,其他师生关系皆服务于这一关系。良好的工作关系表现为教育活动中教师和学生的协调一致,它对教育的效率能产生直接的影响。

3. 人际关系

师生关系不限于工作关系,师生之间的人际关系已开始为当代的教育理论所重视。在教师与学生的相互作用中,不仅可以完成某项教育任务,也可以使他们这种交往的需要得到一定的满足。情感是人际关系的主要调节器,良好的师生之间的人际关系表现为情感上的融洽。

4. 组织关系

教师和学生在教育过程的结构中各自占有不同的位置,履行不同的职责,这种不同的地位和职责,也即从组织和制度上决定了他们之间的关系。这种组织制度化的师生关系,在不同社会的教育制度和教育观点的指导下,乃至在不同教师的教育修养和个性品质的影响下,具体表现模式都是有差别的。在教师的主导下,充分发扬教育民主,发挥学生的主动性,应当成为我国师生关系的特征。

5. 心理关系

师生之间心理交往贯穿于教育全过程,渗透于一切师生关系之中。心理关系有认知方面的,也有情感方面的。师生间积极肯定的认识,可以促进教育过程的进行,取得更好的教育效果。教师对学生的积极情感既有调节教师自身行为的功能,也有调节学生行为的功能。

同样,学生对教师的积极热情在教育上也具有重要意义,这主要表现在以下几点:(1)学生与他所喜爱的教师相处,可以形成他在教育过程中的良好心境,有利于学习任务的完成。(2)学生对他所喜爱的教师,总会伴随着某种信赖感。这种信赖感赋予教师的教导一种魅力,它足以排除各种障碍,深入到学生的心灵,产生出积极的反应。(3)学生对他所喜爱的教师,必然会产生出更多交往的愿望和行动,从而也可以从教师那里获得更多的教益。

6. 非正式关系

非正式关系发生在正式组织之外，是一种自然形成的关系，如师生之间可以由同样的业余爱好结合在一起，也可以作为知心朋友发生经常的密切交往。非正式关系的形成，有助于教育任务的完成，但是，当教师与学生发生这种关系时，应当注意不能因为这种关系而出现对学生的偏爱和不公正待遇等。

真题面对面

[2017，单，2分]“亲其师，信其道”表明教育目标的顺利完成受师生之间的(　　)

A. 道德关系的影响　　B. 心理关系的影响

C. 组织关系的影响　　D. 非正式关系的影响

答案：B

考点2　两种对立的观点　【2016单选】

关于师生关系，有两种对立的观点，即教师中心论和儿童中心论。

1. 教师中心论

教师中心论的典型代表是**赫尔巴特**，他认为教师在教育教学过程中起主宰作用，强调教师的权威作用。

2. 儿童中心论(学生中心论)

儿童中心论则认为教育的目的在于促进儿童的成长，因此教育要从学生的兴趣和需要出发，整个教育过程要围绕儿童进行，其代表人物有法国的**卢梭**和美国的**杜威**。

二、师生关系的意义

(1)良好的师生关系是教育教学活动顺利进行的保障；(2)良好的师生关系是构建和谐校园的基础；(3)良好的师生关系是实现教学相长的催化剂；(4)良好的师生关系能够满足学生的多种需要。

此外，良好的师生关系还有助于提高教师的威信，有助于师生心理健康发展。

三、师生关系的内容　【2016填空】

1. 师生在教育内容的教学上结成授受关系

(1)从教师与学生的社会角色规定的意义上看，教师是传授者，学生是受授者；(2)学生在教学中主体性的实现，既是教育的目的，也是教育成功的条件；(3)对学生指导、引导的目的是促进学生的自主发展。

2. 师生在人格上是平等的关系

(1)学生作为一个独立的社会个体，在人格上与教师是平等的；(2)教师和学生是一种朋友式的友好帮助关系。

3. 师生在社会道德上是互相促进的关系

(1)师生关系从本质上讲是一种人—人关系；(2)教师对学生的影响不仅仅是知识上、智力上的影响，更是思想上、人格上的影响。

四、师生关系的基本类型

表 2-12　师生关系的基本类型

类型	表现		
	教师	学生	师生关系
专制型	教学责任心强，不讲求方式方法，不注意听取学生意愿和与学生协作	唯命是从，不能发挥独立性、创造性，学习被动	缺乏情感因素，教师的专断粗暴、简单随意会引起学生的反感、憎恶甚至对抗，造成师生关系紧张
放任型	缺乏责任心和爱心，对学生的学习和发展任其自然	对教师的教学能力怀疑、失望；对教师的人格议论、轻视	师生关系冷漠，班级秩序失控，教学效果较差
民主型	能力强、威信高，善于同学生交流，不断调整教学进程和方法	学习积极性高，兴趣广泛、独立思考，和教师配合默契	理想的师生关系类型

五、良好师生关系的建立与发展

考点1　影响师生关系的因素

良好师生关系的建立是学生健康、和谐发展的重要保证，是实施素质教育、提高教育质量的重要条件。影响师生关系的因素归纳起来主要有以下几个方面：

1. 教师方面

(1)教师对学生的态度。学生受教师的评价影响很大。教师对学生的评价往往通过语言暗示、表情等反映。教师偏爱优等生、忽视中等生、厌恶“差生”，就会使学生与教师产生不同的距离。

(2)教师的领导方式。教师的领导方式有专制型、民主型、放任型三种。大量教育实践表明，民主型领导方式下的师生关系比较融洽，最能发挥学生的主观能动性。

(3)教师的智慧。学识渊博是学生亲近教师的重要因素之一。

(4)教师的人格因素。教师的性格、气质、兴趣等是影响师生关系的重要因素。性格开朗、气质优雅、兴趣广泛的教师最受学生欢迎。

2. 学生方面

学生对师生关系影响的主要因素是学生对教师的认识。许多调查表明，学生与教师关系好，就喜欢上这位教师的课，主动亲近教师；自认为教师瞧不起自己的，就会疏远教师。

3. 环境方面

影响师生关系的环境主要是学校的**人际关系环境**和**课堂组织环境**。学校领导与教师的关系、教师之间的关系、教师与家长的关系，必然影响师生关系。课堂的组织环境主要包括教室的布置、座位的排列、学生的人数等。

考点2　良好师生关系建立的途径与方法

1. 教师方面

教师是教育过程的组织者，在全部教育活动中起主导作用。从根本上说，良好的师生关系首先取决于教师。为此，教师要从以下几个方面努力：(1)了解和研究学生。(2)树立正确的学生观。(3)提高教师自身的素质。(4)热爱、尊重学生，公平对待学生。(5)发扬教育民主。民主平等是现代师生伦理关系的核心要求。(6)主动与学生沟通，善于与学生交往。(7)正确处理师生矛盾。(8)提高法制意识，保护学生的合法权利。(9)加强师德建设，纯化师生关系。

2. 学生方面

(1)正确认识自己。学生如果能够正确认识自己的优缺点以及应该努力的目标，站在客观的角度思考和看待自己，那么他们对于教师的指导就能更加认真地倾听和思考，这对于形成良好师生关系有很大的促进作用。

(2)正确认识老师。学生应该摒弃对教师的固有成见，要学会客观地认识和理解老师的付出，积极主动地和老师沟通，这样互相理解的师生双方才是良好师生关系形成的基础。

3. 环境方面

(1)加强校园文化建设，确保校园文化的相对独立性、完整性和纯洁性；(2)加强学风教育，促进良好学风的养成，使学生在一个良好的氛围中健康地学习。

六、我国新型师生关系(理想师生关系)的特点

1. 人际关系：尊师爱生

尊师与爱生是相互促进的两个方面：教师通过对学生的尊重和关爱换取学生发自内心的尊敬和信赖，而这种尊敬和信赖又可激发教师更加努力地工作，为学生营造良好的心理气氛和学习条件。爱生是尊师的重要前提，尊师是爱生的必然结果。

2. 社会关系：民主平等

民主平等不仅是现代社会民主化趋势的需要，也是教学生活的人文性的直接要求和现代人格的具体体现。它要求教师理解学生，发挥非权力性影响，并一视同仁地与所有学生交往，善于倾听不同意见，同时也要求学生正确表达自己的思想和行为，学会合作和共同学习。

3. 教育关系：教学相长

在教育过程中，教师的教促进学生的学，学生的学促进教师的教，教与学是相互促进的，“学然后知不足，教然后知困”。教师在教的过程中，促使自己不断学习、不断进步。同时，在教育过程中，虚心的教师也会从学生那里学到不少东西，从而不断充实自己。

4. 心理关系：心理相容

心理相容指的是教师与学生之间在心理上协调一致，在教学实施过程中表现为师生关系密切、情感融洽、平等合作。在教学过程中，师生的心理情感总是伴随着认识、态度、情绪、言行等的相互体验而形成亲密或排斥的心理状态。不同的情绪反应对学生课堂上参与的积极性和学习效率有重大影响。

教学中会出现师生心理障碍，要消除这种心理障碍，增强师生之间的心理相容性，提高教学效果，应该着重从三个方面努力：(1)多接触学生，研究学生，了解学生的心理状态；(2)遵循教育规律，多采取讨论、启发等教学方法；(3)为人师表，以人格力量感化学生。

考题预测

[单,2分]你总是微笑着看学生,学生也微笑着看你;你总是蹲下来看学生,学生也把你看作知己。这样的师生关系特点为(　　)

A. 教学相长　　B. 民主平等

C. 关心学生　　D. 严师出高徒

答案:B

★★ 考点大默写 ★★

1. 教师是学校教育工作的主要实施者,根本任务是________。
2. 教师职业的最大特点在于职业角色的________。"师者,人之楷模也"说的是教师的________角色。
3. 教育机智是教师劳动________的体现,它可以用四个词语概括:因势利导、________、________和________。
4. "十年树木,百年树人"体现的教师劳动特点是________。
5. "其身正,不令而行,其身不正,虽令不从。"这句话体现了教师劳动的________特点。
6. ________是教师最明显、最直接、最富时代性的角色特征,也是教师角色中的核心特征。
7. 从教学与研究的关系看,新课程倡导教师应该是________。
8. 有些教师认为,课程内容改革的主体是教育专家,与中小学教师无关。这种认识忽视了教师是课程的________和________。
9. 在对待教学关系上,新课程强调教师应________。
10. 教师的职业道德素养中,________是教师职业道德的基础,________是教师职业道德的核心。
11. ________是教师知识结构的核心,也是教师向学生传授知识的必备基础。
12. 在教师的知识结构中,教育学、心理学等知识属于________。
13. 高尚的师德应包括________、教书育人、为人师表和________等内容。
14. 教师的________是教师综合素质最突出的外在表现,也是评价教师专业性的核心因素。
15. 教师专业发展的途径中,________阶段是教师专业化发展的奠基阶段,________是教师个体专业化发展最直接、最普遍的途径。
16. "染于苍则苍,染于黄则黄",这说明学生作为教育的对象,具有________的特点。
17. 学生主观能动性的最基本表现是________,最高表现是________。
18. 现代学生观倡导学生是发展中的人,要用________的观点认识学生。
19. 学生是________的人,应当把成人看作成人,把孩子看作孩子。
20. 学生是具有独立意义的人,是学习的________。

21. 在师生关系上，赫尔巴特是__________的代表，杜威是__________的代表。

22. 师生在教育内容的教学上结成__________关系，在人格上是__________的关系，在社会道德上是__________的关系。

23. "学然后知不足，教然后知困"体现的良好师生关系特点是__________。

24. 从根本上说，良好的师生关系首先取决于__________。

25. 要建立良好的师生关系，学生要正确认识__________和__________。

26. 理想师生关系的特点有四个，即尊师爱生、__________、__________和__________。

【参考答案】

1. 教书育人　2. 多样化；示范者　3. 创造性；随机应变；掌握分寸；对症下药　4. 长期性　5. 示范性　6. 学生学习的促进者　7. 教育教学的研究者　8. 开发者；建设者　9. 帮助、引导　10. 热爱教育事业；热爱学生　11. 学科专业知识(本体性知识)　12. 教育科学知识(条件性知识)　13. 热爱学生；团结协作　14. 专业能力　15. 师范教育；自我教育　16. 可塑性　17. 自觉性(主动性)；创造性　18. 发展　19. 独特　20. 主体　21. 教师中心论；儿童中心论(学生中心论)　22. 授受；平等；互相促进　23. 教学相长　24. 教师　25. 自己；老师　26. 民主平等；教学相长；心理相容

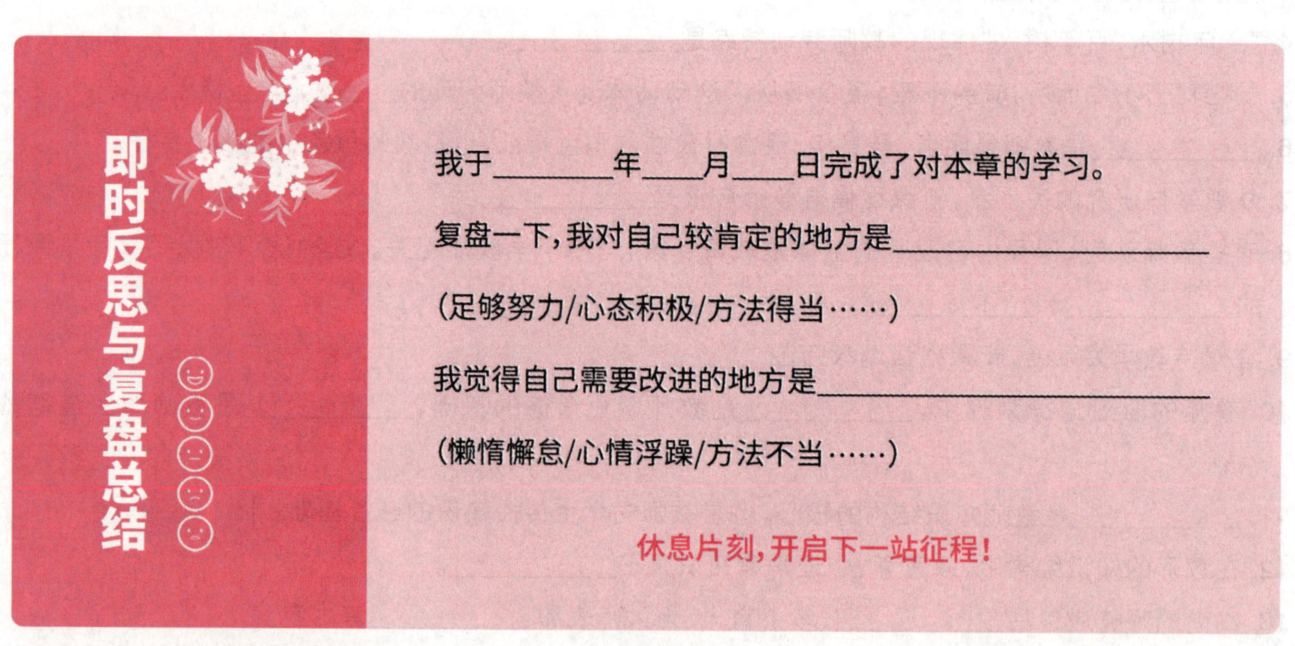

第八章 教 学

思维导图

- 教学
  - 教学概述
    - 教学的概念
      - 教师的教和学生的学共同组成的双边活动
    - 教学的意义
      - 传播系统知识、促进学生发展的最有效的形式
      - 进行全面发展教育、实现培养目标的基本途径
      - 学校教育的中心工作
    - 教学的一般任务
      - 首要任务：双基教学
  - 教学过程
    - 教学过程的内涵
      - 基本要素：教师、学生、教学内容和教学手段
    - 教学过程的本质
      - 一种特殊的认识过程
    - 历史上对教学过程的各种理解
      - 孔子："学—思—行"（"学—思—习—行"）
      - 思孟学派："博学之、审问之、慎思之、明辨之、笃行之"
      - 赫尔巴特："明了、联合、系统、方法"
      - 杜威："从做中学"
    - 教学过程的基本规律（重点）
      - 间接经验与直接经验相结合
      - 教师主导作用与学生主体作用相统一
      - 掌握知识和发展智力相统一
      - 传授知识与思想品德教育相统一
    - 教学过程的结构（难点）
      - 急（激发）领老公（巩固）孕（运用）检
  - 教学原则与教学方法
    - 教学原则（重点）
      - 思想性和科学性相统一的原则、理论联系实际原则
      - 直观性原则、启发性原则、循序渐进原则
      - 巩固性原则、因材施教原则、量力性原则
    - 教学方法（易混点）
      - 以语言传递为主：讲授法、谈话法、讨论法、读书指导法
      - 以直观感知为主：演示法、参观法
      - 以实际训练为主：练习法、实验法、实习作业法、实践活动法
      - 以引导探究为主：发现法
      - 以情感陶冶为主：欣赏教学法、情境教学法
  - 教学工作的基本环节
    - 备课
      - 三备：备教材、备学生、备教法
      - 三计划：学年教学计划、课题计划、课时计划
    - 上课
      - 教学工作的中心环节
    - 作业的布置与反馈
      - 布置作业的要求
    - 课外辅导
      - 上课的必要补充
    - 学业成绩的检查与评定
      - 检查方式：平时考查和考试
  - 教学组织形式
    - 教学组织形式的概念
      - 教师与学生为实现教学目标所采用的社会结合方式
    - 现代教学的基本组织形式——班级授课制
      - 概念、产生与发展、基本特点、优点与不足（重点）
    - 现代教学的辅助形式——个别教学与现场教学
      - 个别教学
      - 现场教学
    - 现代教学的特殊组织形式——复式教学
      - 充分利用教育资源，利于教育普及
    - 其他教学组织形式
      - 分组教学、道尔顿制、特朗普制、设计教学法、走班制
    - 当前教学组织形式改革的重点
      - 适当缩小班级规模
      - 改进班级授课制
      - 多样化的座位排列
      - 探索个别化教学

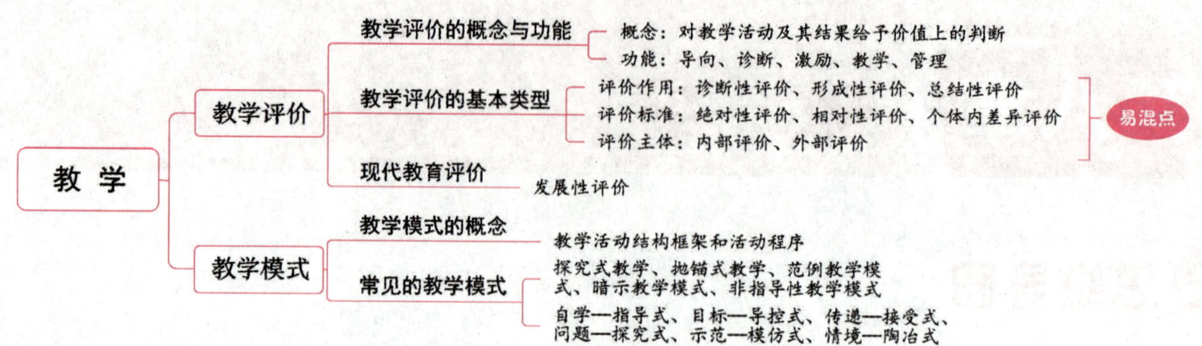

福建考向

本章属于教育学的重点章节，也是福建招教重点考查的章节，考查内容较多，题型多样。现对本章福建考向分析如下：

高频考点	常考题型	能力层级	考查热度
教学过程的基本规律	多选、材料分析	运用	★★★
我国目前中小学主要的教学原则	单选、多选、判断选择、判断说理、材料分析	运用	★★★
常用的教学方法及其选择与运用	单选、多选、填空、判断选择、判断说理、材料分析	运用	★★★
教学工作的基本环节	填空、判断选择、案例分析	运用	★★
班级授课制	单选、填空、论述	识记	★★★
现场教学	单选	识记	★★

核心考点

第一节 教学概述

一、教学的概念

教学是在一定教育目的的规范下，教师的教和学生的学共同组成的传递和掌握社会经验的双边活动。它是教师有目的、有计划、有组织地指导学生掌握系统的科学文化知识和技能，发展智力、体力，陶冶品德、美感，形成全面发展的个性的活动。

教学的特点有：(1)教学以培养全面发展的人为根本目的；(2)教学由教与学两方面组成，教学是师生双方的共同活动；(3)学生的认识活动是教学中的重要组成部分；(4)教学具有多种形态，是共性与多样性的统一。

二、教学的意义 【2016单选】

教学是贯彻教育方针、实施全面发展教育、实现教育目的的**基本途径**。具体如下：

(1)教学是传播系统知识、促进学生发展的**最有效的形式**，是社会经验的再生产、适应并促进社会发展的**有力手段**。

(2)教学是进行全面发展教育、实现培养目标的**基本途径**，为个人全面发展提供科学的基础和实践，是培养学生个性全面发展的**重要环节**。

(3)教学是学校教育的中心工作，学校教育工作必须坚持以教学为主(教学的地位)。

学校工作以教学为主，既是由教学本身的性质决定的，也是多年来教育工作经验的总结。但这并不意味着可以轻视甚至忽略其他工作，应当坚持"教学为主，全面安排"的原则。

三、教学的一般任务 【2017判断】

(1)引导学生掌握科学文化基础知识和基本技能。教学的首要任务是使学生掌握系统的科学文化基础知识，形成基本技能、技巧，其他任务的实现都是在完成这一任务的过程中和基础上进行的。

(2)发展学生智能，特别是培养学生的创新精神和实践能力。

(3)发展学生体能，提高学生身心健康水平。

(4)培养学生高尚的审美情趣和审美能力。

(5)培养学生具备良好的道德品质和个性心理特征，形成科学的世界观。

上述五项基本任务是相互联系、相互促进的，其中，使学生掌握基础知识、形成基本技能是**基础**，发展智能是**核心**，发展体能是**保证**，培养思想品德是**方向**，培养良好的个性心理品质是**理想目标**。

真题面对面

[2017，判断，1分]教学的首要任务是引导学生掌握系统的科学文化基础知识和基本技能。(　　)

答案：√

第二节　教学过程

一、教学过程的内涵

考点1　教学过程的概念

教学过程是教师根据一定社会的要求和学生身心发展的特点，指导学生有目的、有计划地掌握系统的科学文化知识和基本技能，发展学生的智力和体力，培养学生的良好品德和健康个性，使其形成科学世界观的过程。

考点2　教学过程的构成要素

一般认为，教师、学生、教学内容和教学手段是构成教学过程的基本要素。教师是构成教学过程不可缺少的、起主导作用的因素，学生是教学过程的基本因素之一，教学内容与教学手段是教和学双边活动的中介，只有通过教学内容和教学手段，才能使教和学双方发生相互作用，否则就不可能有教学过程。

二、教学过程的本质

教学活动是教师教、学生学的统一活动。活动是在过程中实现的，而过程则是通过活动得以展开的。因此，教学活动与教学过程在本质上的含义是相同的。教学活动就其本质而言，是一种特殊的认识活动。

考点1　教学过程主要是一种认识过程

教学过程中有两类不同性质的活动(教和学),但教学过程的主要矛盾是学生与其所学的知识之间的矛盾(教师提出的教学任务同学生完成这些任务的需要、实际水平之间的矛盾),实际上也就是学生认识过程的矛盾,是认识主体与其客体之间的矛盾,因此,学生的认识活动是教学中最主要的活动,教学过程是一种认识过程,它遵循的是感性认识和理性认识相统一、认识和实践相统一的普遍性规律。

考点2　教学过程是一种特殊的认识过程

教学过程作为一种特殊的认识过程,其特殊性表现在:

(1)认识对象的间接性与概括性。即学习的内容是已知的、他人的,也是经过提炼的认识成果。

(2)认识方式的简捷性与高效性。通过间接知识认识世界,可以减少探索的实践,避免探索的弯路,尽快地掌握人类的文化精华,因而是高效的。

(3)教师的引导性、指导性与传授性(有领导的认识)。学生具有不成熟性,学生的认识始终是在教师的传授、指导下进行以达到认识目的的。

(4)认识的交往性与实践性。教学活动是发生在师生之间及学生之间的一种特殊的交往活动,这种交往活动同时具有实践的性质。

(5)认识的教育性与发展性。即教学中学生认识的形成既是目的,也是发展的手段,认识中追求并实现着学生的知、情、意、行等方面的发展与完全人格的养成。

考题预测

[单,2分]教学过程中,学生学习是在教师指导下进行的,这说明学生的认识具有特殊性,表现在(　　)

A. 认识的间接性　　　　B. 认识的交往性

C. 认识的教育性　　　　D. 有领导的认识

答案:D

考点3　教学过程以认识活动为基础,是促进学生身心发展的过程

教学过程不等于发展过程,它是实现发展的途径和手段。教学的目的在于使学生理解与掌握知识、形成技能技巧、培养学生的能力。但学生的情感、意志等因素也同时参与学生的认识过程,并与学生的认识过程交织在一起。因此,学生在掌握知识的教学过程中,也在实现着其身心的全面发展。

三、历史上对教学过程的各种理解

教学过程的理论是教学的基本理论,历代中外教育家曾以不同观点从不同角度对教学过程做过种种的探索,提出各自的见解:

(1)公元前6世纪,孔子把学习过程概括为“学—思—行”(也有说法认为是“学—思—习—行”)的统一过程;

(2)儒家思孟学派进一步提出“博学之、审问之、慎思之、明辨之、笃行之”(《礼记·中庸》)的学习过程;

(3)17世纪，捷克教育家夸美纽斯主张把教学建立在感觉活动的基础之上；

(4)19世纪，德国教育家**赫尔巴特**提出教学过程由“明了、联合、系统、方法”四阶段构成(后由其学生发展为五个阶段)，这一理论标志着教学过程理论的形成；

(5)19世纪末，美国实用主义教育家**杜威**认为，教学过程是学生直接经验的不断改造和增加的过程，是“从做中学”的过程；

(6)20世纪40年代，苏联教育家凯洛夫认为，教学过程是一种认识过程；

(7)20世纪50年代以来，学者们以强调师生交往、认知结构的构建、信息加工等不同观点来对这一过程进行解释。

当代国外教学过程理论主要有：加涅的信息加工理论、布鲁纳的结构教学理论、赞科夫的教学与发展理论、巴班斯基的教学过程最优化理论、斯金纳的程序教学论。

考题预测

[单，2分]“博学之，审问之，慎思之，明辨之，笃行之”是对(　　)的概括。

A. 学习现象　　B. 学习过程

C. 学习规律　　D. 学习方法

答案：B

四、教学过程的基本规律(基本特点)　【2021多选、2020材料分析】 必背

考点1　间接经验与直接经验相结合(间接性规律)

人们认识客观事物主要有两条途径：一是获取直接经验，即通过亲自探索、实践所获得的经验；二是获取间接经验，即他人的认识成果，主要是指人类在长期认识过程中积累并整理而成的书本知识。教学活动是学生认识客观世界的过程，要以间接经验为主、直接经验为辅，将二者有机结合起来。

1. 以间接经验为主是教学活动的主要特点

学习间接经验是学生认识客观世界的基本途径。这是因为：(1)借助间接经验认识世界，是认识上的捷径；(2)学习间接经验也是由学生特殊的认识任务决定的。

2. 学生学习间接经验要以直接经验为基础

书本知识，一般表现为概念、定理、原理等，这对学生来说是间接经验。学生要把这些知识转化为自己的知识，必须以个人以往积累的或现时获得的感性经验为基础，教师要根据教学需要充分利用和丰富学生的直接经验。

3. 贯彻直接经验与间接经验相统一的规律，要防止两种倾向

在教学中，要正确处理直接经验与间接经验的关系，必须防止两种倾向：(1)过分强调书本知识的传授和学习，忽视引导学生通过实践活动、亲身参与、独立探索去积累经验、获取知识的倾向；(2)只强调学生通过自己探索去发现、积累知识，忽视书本知识的学习和教师的系统讲授。

遵循直接经验与间接经验相结合的规律，要求教师在教学中坚持理论联系实际：(1)加强基本理论知识的教学；(2)增强教学的实践性，培养学生运用知识的能力；(3)培养学生理论联系实际的学风。

考点2 教师主导作用与学生主体作用相统一(双边性规律)

在教学中,教师的教依赖于学生的学,学生的学离不开教师的教,教与学是辩证统一的。

1. 充分发挥教师的主导作用

教师是教学活动的领导者、组织者,是学生学习的指导者和学习质量的检查者。他能够引导学生沿着社会所期望的方向发展,使学生成为社会所需要的人才。教师主导作用主要体现在三个方面:(1)教师决定着学生学习的方向、内容、进程、结果和质量,并起着引导、规范、评价和纠正的作用;(2)对学生的学习方式以及学习态度发挥作用;(3)影响学生的个性以及人生观、世界观的形成。

2. 充分发挥学生主体参与教学的能动性

教学中,学生是学习的主人,具有主观能动性,学生学习的主观能动性主要体现在两个方面:

(1)学生对外部信息具有选择的能动性、自觉性,学生对信息的选择与否直接受学生本人的学习动机、兴趣、需要以及所接受的外部要求左右。

(2)学生对外部信息进行内部加工时体现出独立性、创造性,因为学生对信息进行内部加工的过程受到个体原有的知识经验、思维方式、情感意志、价值观念等制约。这些都直接影响学习的效果,因此,在教学中必须发挥学生的主体作用。

3. 教师的主导作用和学生主体作用之间的辩证统一关系

(1)教师和学生的作用是不可分割的。发挥教师的主导作用并不意味着制约学生的主动性。相反,发挥教师的主导作用,就是要更好地发挥学生的主动精神。同样,发挥学生的主动性又离不开教师的主导作用。

(2)教师的主导作用和学生的主体作用是相互促进的。教师的主导作用要依赖于学生主体作用的发挥。学生学习的主动性、积极性越高,说明教师的主导作用发挥得越好。反过来,学生主体作用要依赖于教师的主导作用来实现。只有教师、学生两方面互相配合,才能收到最佳的教学效果。

4. 贯彻教师主导作用与学生主体作用相统一的规律,要防止两种倾向

在教学过程中,不能只重视教师的作用,忽略学生学习的主动性和创造性,又不能只强调学生的作用,使学生陷入盲目探索状态,学不到系统的知识,要把二者有机地结合起来。

历史上,以**赫尔巴特**为代表主张的"**教师中心**"倾向和以**杜威**为代表主张的"**学生中心**"倾向,或者忽视学生主体作用,或者忽视教师主导作用,都是片面的、不正确的、行不通的。

考点3 掌握知识和发展智力相统一(发展性规律)

1. 知识和智力是两个不同的概念(区别)

知识是人们对客观世界的认识,智力是人们认识客观事物的基本能力。知识的多少与才能的高低并不等同,知识和运用知识的能力也并不相同。智力并不完全是随着知识的掌握而自然发展起来的。

2. 掌握知识与发展智力二者是相互统一和相互促进的(联系)

(1)掌握知识与发展智力这两个教学任务统一在同一个教学活动之中,统一在同一个认识主体的认识活动之中;(2)知识是发展智力的基础;(3)发展智力又是掌握知识的重要条件。

3. 要使知识的掌握真正促进智力的发展是有条件的

(1)从传授知识的内容上看,传授给学生的知识应是规律性的知识。(2)从传授知识的量来看,一定时间范围内所教知识的量要适当,不能过多,要给学生留有充分的时间去思考。(3)采用启发式教学。(4)培养学生良好的个性,重视学生的个别差异,注重因材施教。

4. 贯彻掌握知识和发展智力相统一的规律,要防止两种倾向

在整个教学过程中,我们要防止形式教育论和实质教育论两种倾向。在教学中,只有把掌握知识和发展智力有机地结合起来,才能提高教学质量。

表 2-13　形式教育论与实质教育论

	形式教育论	实质教育论
起源地	古希腊	古希腊和古罗马
形成和盛行时间	形成于 17 世纪,盛行于 18 ~ 19 世纪	形成于 18 世纪,盛行于 19 世纪
代表人物	洛克、裴斯泰洛齐	斯宾塞、赫尔巴特
主要观点	教学的主要任务在于通过开设希腊文、拉丁文、逻辑、文法和数学等学科发展学生的智力,至于学科内容的实用意义则是无关紧要的	教学的主要任务在于传授给学生有用的知识,至于学生的智力则无需进行特别的培养和训练

考点 4　传授知识与思想品德教育相统一(教育性规律)

在教学过程中,学生掌握科学文化知识和提高思想品德修养水平是相辅相成的两个方面,具体体现在以下三点:

1. 知识是思想品德形成的基础

学生思想品德水平的提高有赖于其对科学文化知识的掌握。首先,科学的世界观和先进的思想都要有一定的科学文化知识作为基础;其次,知识学习的本身是艰苦的劳动,这个学习过程可以培养学生优秀的道德品质。正如赫尔巴特说的"我不承认有任何无教育的教学",教学永远具有教育性。

2. 思想品德水平的提高为学生积极地学习知识提供动力

学习活动是一项十分艰苦的脑力劳动,在学习过程中必然会遇到各种各样的困难,这就需要学习者必须有明确的学习目的、强烈的学习欲望和较高的思想觉悟。在教学中,教师要不断培养、提高学生的思想品德水平,引导他们将个人的学习与社会发展、祖国前途联系起来,充分调动他们学习的主动性、积极性,这是学生获取知识的重要保证。

3. 贯彻传授知识和思想品德教育相统一的规律时,必须注意的问题

(1)脱离知识进行思想品德教育,这会使思想品德教育成为无源之水、无本之木,不仅不利于学生品德水平的提高,而且还影响系统知识的教学。

(2)只强调传授知识,忽视思想品德教育。不能认为学生学习了知识以后,思想品德水平自然会随之提高。因为教学的教育性必须要经过教师给学生施加积极影响,必须通过启发、激励,使学生对所学知识产生积极的态度时,教学的教育性才能得以实现。在教学过程中要注意把二者有机结合起来。

记忆有妙招

关于教学过程的基本规律，编者总结了以下口诀帮助考生记忆：**教师间接教育学生发展**。(1)**教师、学生**：双边性规律；(2)**间接**：间接性规律；(3)**教育**：教育性规律；(4)**发展**：发展性规律。

五、教学过程的结构 【2017单选】

教学过程的结构

教学过程的结构指教学过程的基本阶段。教学过程大致分为以下五个阶段：

1.激发学习动机

学习动机是推动学生学习的一种内部动力，它往往与学习兴趣、求知欲和责任感联系在一起。教师要使学生明确学习目的，激发学生学习的责任感和积极性。

2.领会知识

领会知识是教学过程的中心环节。领会知识包括使学生感知和理解教材。感知教材主要是使学生获得关于所学内容的一个整体的表象，是所有教学活动的必经阶段。理解的目的在于形成概念、原理，真正认识事物的本质和规律。

关于教学过程的中心环节，一种说法是领会知识，还有一种说法是理解教材。这两种说法在本质上是一致的。领会知识包括感知教材和理解教材，一般来说，学生在教学中的认知往往是从感知教材入手的，它是理解教材的基础，“感觉只解决现象问题，理论才解决本质问题”，理解教材需要引导学生在学习上爬坡，在认识上飞跃，从感性上升到理性。因此，也可以说理解教材是教学过程的中心环节。

3.巩固知识

巩固所学的知识是教学过程的一个必要环节。巩固知识的意义在于避免或减少对先前所学知识的遗忘，并且为顺利地学习新知识、新材料奠定基础。

4.运用知识

在教学中，运用知识、形成技能技巧主要是通过教学实践来实现的，如完成各种书面或口头作业、实验等。此外，运用知识不只局限于技能和技巧的掌握，它还包括“知识迁移”的能力和创造能力的发挥等。

5.检查知识

检查知识是指教师通过作业、提问、测验等方式对学生的学习效果进行考查的过程。检查知识的目的在于使教师及时获得关于教学效果的反馈信息，以调整教学进程与要求，并帮助学生了解自己掌握知识技能的情况，以便及时改进。

记忆有妙招

关于教学过程的结构，编者总结了以下口诀帮助考生记忆：**急(激发)领老公(巩固)孕(运用)检**。

真题面对面

[2017，单，2分]教学过程的中心环节是( )

A.领会知识　　B.巩固知识　　C.运用知识　　D.检查知识

答案：A

第三节 教学原则与教学方法

一、教学原则

考点1 教学原则的内涵 【2021填空】

教学原则是根据一定的教学目的和教学过程规律而制定的指导教学工作的基本准则。教学原则是教学规律在教学中的反映，它的制定必须以教学规律为依据。教学原则是人们在长期的教学实践中总结出来的。

真题面对面

[2021，填空，1分]根据一定教学目的，遵循一定教学过程规律制定的指导教学工作的基本要求为____________。

答案：教学原则

考点2 我国目前中小学主要的教学原则 【2023判断选择、2023材料分析、2022多选、2020材料分析、2019单选、2018判断说理、2016单选】 必背

1.思想性(教育性)和科学性相统一的原则

(1)基本含义

该原则是指教学要以马克思主义为指导，授予学生科学知识，并结合知识教学对学生进行社会主义品德和正确人生观、科学世界观教育。这一原则的实质是要求在教学活动中把教书和育人有机地结合起来。

(2)贯彻此原则的要求

①教师要保证教学的科学性；

②教师要结合教学内容的特点进行思想品德教育；

③教师要通过教学活动的各个环节对学生进行思想品德教育；

④教师要不断提高自己的业务能力和思想水平。

2.理论联系实际原则

(1)基本含义

该原则是指教师在教学中，应使学生从理论与实际的结合中来理解和掌握知识，并引导他们运用新获得的知识去解决各种实际问题，培养他们分析问题和解决问题的能力。这一原则是直接经验与间接经验相统一的教学规律在教学中的体现。

(2)贯彻此原则的要求

①重视书本知识的教学，在传授知识的过程中注重联系实际；

②重视引导和培养学生运用知识的能力；

③加强教学的实践性环节，逐步培养与形成学生综合运用知识的能力，进行“第三次学习”；

④正确处理知识教学与能力训练的关系；

⑤补充必要的乡土教材。

3. 直观性原则

（1）基本含义

该原则是指在教学活动中，教师应尽量利用学生的多种感官和已有的经验，通过各种形式的感知，使学生获得生动的表象，从而比较全面、深刻地掌握知识。这一原则的提出是由学生的年龄特征所决定的。

直观性原则的提出是教育史上的一个进步，它给中世纪脱离儿童实际生活的经院式教学以沉重的打击，使书本知识与其反映的事物联系起来。捷克教育家夸美纽斯率先提出了教学中的直观性原则，他在著作《大教学论》中指出，应该尽可能地把事物本身或代替它的图像放在面前，让学生去看看、摸摸、听听、闻闻等。乌申斯基也指出，一般说来，儿童是依靠形式、颜色、声音和感觉来进行思维的。

（2）直观手段的种类

直观手段种类繁多，一般分为三大类：实物直观、模像直观和言语直观。这部分具体可参见本教材教育心理学模块第六章第二节“知识的获得”中的相关内容。

（3）贯彻此原则的要求

①正确选择直观教具和教学手段；②将直观教具的演示与语言讲解结合起来；③重视运用言语直观。

4. 启发性原则

（1）基本含义

该原则是指在教学活动中，教师要调动学生的主动性和积极性，引导他们通过独立思考、积极探索，生动活泼地学习，自觉地掌握科学知识，提高分析问题和解决问题的能力。

启发性原则是在吸取中外教育遗产的基础上提出的，是教师主导作用与学生主体作用相统一的规律在教学中的反映。苏格拉底的“产婆术”，孔子提出的“不愤不启，不悱不发”的教学要求以及《学记》中“道而弗牵，强而弗抑，开而弗达”的教学思想，都是这一教学原则的体现。第斯多惠也曾说：“一个坏的教师奉送真理，一个好的教师则教人发现真理。”

（2）贯彻此原则的要求

①加强学习的目的性教育，调动学生学习的主动性；

②设置问题情境，启发学生独立思考，培养学生良好的思维方法和思维能力；

③让学生动手，培养独立解决问题的能力，鼓励学生将知识创造性地运用于实际；

④发扬教学民主，它包括：建立民主、平等的师生关系和生生关系，创造民主、和谐的教学气氛，鼓励学生发表不同见解，允许学生向教师质疑等。

真题面对面

[2023，判断选择，1分]“故君子之教，喻也。道而弗牵，强而弗抑，开而弗达”体现的是启发性原则。（　　）

A. 正确　　　　B. 错误

答案：A

5. 循序渐进原则

(1)基本含义

该原则在西方常称为系统性原则,是指教师要严格按照科学知识的内在逻辑和学生的认知发展规律进行教学,使学生掌握系统的科学文化知识,能力得到充分的发展。

《学记》要求"学不躐等""不陵节而施",提出"杂施而不孙,则坏乱而不修",意思是:如果教学不按一定的顺序,杂乱无章地进行,学生就会陷入紊乱而没有收获。朱熹进一步提出"循序而渐进,熟读而精思",明确提出了循序渐进的教育要求。

(2)贯彻此原则的要求

①教师的教学要有系统性;②抓主要矛盾,解决好重点与难点;③教师要引导学生将知识体系化、系统化;④按照学生的认识顺序,由浅入深、由易到难、由简到繁地进行教学。

真题面对面

[2019,单,2分]"不陵节而施之谓孙"体现的教学原则是(　　)

A. 启发性原则　　B. 直观性原则

C. 巩固性原则　　D. 循序渐进原则

答案:D

6. 巩固性原则

(1)基本含义

该原则是指教师在教学中要引导学生在理解的基础上牢固地掌握基本知识和基本技能,而且在需要的时候,能够准确无误地呈现出来,以利于知识技能的利用。

历代教育家都很重视知识的巩固问题,孔子要求"学而时习之""温故而知新"。夸美纽斯明确提出了"教与学的巩固性原则"。乌申斯基认为"复习是学习之母"。

(2)贯彻此原则的要求

①在理解的基础上巩固;

②要在教学的全过程中加强知识的巩固;

③保证巩固的科学性,组织好学生的复习工作,教会学生记忆的方法;

④巩固的具体方式要多样化,通过扩充、改组和运用知识的过程来巩固知识;

⑤保证学生的身心健康。

真题面对面

[2022,多,2分]下列选项中体现巩固性教学原则的有(　　)

A. 不陵节而施　　B. 熟读而精思

C. 学而时习之　　D. 闻之不若见之

答案:BC

7. 因材施教原则

(1)基本含义

因材施教原则是指教师在教学中,要从课程计划、学科课程标准的统一要求出发,面向全体学生,同时又要根据学生的个别差异,有的放矢地进行有差别的教学,使每个学生都能扬长避短,获得最佳的发展。因材施教的教学原则既为学生身心发展的客观规律所决定,也受我国的教育目的制约。

我国古代孔子善于根据学生的不同特点,有针对性地进行教育,以发挥他们各自的专长。宋代朱熹把孔子这一经验概括为“孔子施教,各因其材”,这是“因材施教”的来源。

(2)贯彻此原则的要求

①要坚持课程计划和学科课程标准的统一要求;

②教师要了解学生,从实际出发进行教学;

③教师要善于发现每个学生的兴趣、爱好,并创造条件,尽可能使每个学生的不同特长都得以发挥。

8. 量力性原则

(1)基本含义

量力性原则

量力性原则,也称可接受性原则或发展性原则,是指教学的内容、方法、分量和进度要适合学生的身心发展,使他们能够接受,但又要有一定的难度,需要他们经过努力才能掌握,以促进学生的身心发展。

我国古代墨子很重视学习上的量力而为。他提出:“夫智者必量其力所能至而从事焉。”

(2)贯彻此原则的要求

①了解学生的发展水平,从实际出发进行教学;②考虑学生认识发展的时代特点。

二、教学方法

考点1　教学方法的概念

教学方法是指教师和学生为了完成教学任务、实现教学目标而采取的共同活动方式,是教师引导学生掌握知识技能、获得身心发展而共同活动的方法。它包括教师教的方法和学生学的方法。

考点2　两种对立的教学方法思想【2016填空】

依据指导思想不同,各种教学方法可归并为两大类:注入式和启发式,这是两种根本对立的教学方法指导思想。

注入式是一种“填鸭式”的教学方法,是指教师从主观出发,把学生看成单纯接受知识的容器,向学生灌注知识,无视学生在学习上的主观能动性。在这种思想的指导下,教师在教学中仅仅起了一个现成信息的载负者和传递者的作用,而学生则仅仅起着记忆器的作用。启发式则是指教师从学生实际出发,采取各种有效的形式去调动学生学习的积极性,指导他们自己去学习的方法。衡量一种教学方法是否具有启发性,关键是看教师能否促进学生积极主动地去学习,而不是单从形式上去加以判断。

提倡启发式,反对注入式,是当代运用教学方法的指导思想。

考点3 常用的教学方法 【2023材料分析、2019判断选择、2017单选、2017填空、2016填空】必背

根据教学活动中学生的不同认识方式，可将我国中小学常用的教学方法分为以下五大类：

1. 以语言传递为主的教学方法

这一类教学方法运用极为广泛，主要包括讲授法、谈话法、讨论法、读书指导法四种。

(1)讲授法

讲授法是教师运用口头语言系统连贯地向学生传授知识、技能，发展学生智力的教学方法。讲授法是历史最悠久、使用最普遍的教学方法。

讲授法可分讲读、讲述、讲解和讲演四种。讲读是读(教科书)与讲的结合，边读边讲，亦称串讲。讲述是教师向学生描绘学习的对象、介绍学习的材料、叙述事物产生变化的过程。讲解是教师向学生对概念、原理、规律、公式等进行解释、论证。讲演则是教师在中学高年级采用的一种教学方法，它要求教师不仅要系统全面地描述事实，而且要通过深入分析、推理、论证来归纳、概括科学的概念或结论。除上述分法之外，有学者将讲授法分为讲述、讲读、讲解三种形式，还有人将讲授法分为讲述、讲解、讲读、讲演、讲评五种形式。

讲授法的优缺点：①优点：有助于充分发挥教师的主导作用；有助于在较短时间内使学生获得大量系统的科学知识；有助于结合知识传授进行思想品德教育。②缺点：以教师活动为主，不易发挥学生的积极主动性；讲授往往面向全体学生，不利于因材施教；教学单向输入信息，运用不当容易造成“注入式”“填鸭式”“满堂灌”的结果。

运用此方法的**基本要求**如下：

①讲授内容要有科学性、系统性和思想性，要认真组织；

②讲授要讲究策略和方式，要系统完整、层次分明、重点突出，符合知识的系统性和启发性教学原则的要求；

③教师要努力提高语言表达水平，讲究语言艺术；

④要组织学生听讲；

⑤要与其他教学方法配合使用。

(2)谈话法

谈话法也叫问答法，它是教师按一定的教学要求向学生提出问题让学生回答，通过问答、对话的形式来引导学生思考、探究，获取或巩固知识，促进学生智能发展的方法。运用此方法的基本要求如下：

①要做好计划，教师要对谈话的中心、提问的内容做充分准备，并拟定谈话提纲；

②要善问，提出的问题要明确、具体、难易适宜，符合学生已有的知识程度、经验，还要有启发性，形式要多样化；

③要善于启发诱导，谈话时，教师要面向全体学生，给学生留有思考的余地，因势利导，让学生一步一步地去获得新知；

④谈话结束后，应结合学生回答的情况进行归纳和小结，给出问题的正确答案，指出谈话过程中的优缺点。

(3)讨论法

讨论法是全班或小组成员在教师的指导下，围绕某一中心问题发表自己的看法和见解，从而进行相互学习的一种方法。运用讨论法需要学生具备一定的基础知识、一定的理解能力和独立思考能力，因此，讨论法在**高年级**运用得比较多。运用此方法的基本要求如下：

①讨论前，教师应提出有吸引力的讨论题目，并明确讨论的具体要求，指导学生收集有关资料；

②讨论时，教师要善于引导学生围绕中心，联系实际，自由发表意见，并让每个学生都有发言机会；

③讨论结束后，教师要进行小结，并提出需要进一步思考的问题。

小香课堂

谈话法与讨论法是两种易混淆的教学方法，两者的区别在于教师的作用不同：谈话法——教师和学生进行交流互动；讨论法——教师指导学生针对某一问题进行交流活动。

谈话法

讨论法

(4)读书指导法

读书指导法是指教师指导学生通过阅读教科书和其他参考书，以获得知识、巩固知识、培养学生自学能力的一种方法。指导学生读书，包括指导学生阅读教科书和阅读课外书籍两个方面。运用此方法的基本要求如下：

①教师要提出明确的目的、要求和思考题；

②教会学生使用工具书；

③帮助学生逐步学会阅读的方法；

④用多种方式指导学生阅读。

真题面对面

1.[2017，单，2分]教师按一定的教学要求提出问题让学生回答，通过问答、对话的形式引导学生思考、探究或获取知识，促进学生智能发展的教学方法是(　　)

A.讲授法　　B.谈话法　　C.讨论法　　D.练习法

2. [2019，判断选择，1分]讲授法容易导致灌输，谈话法有利于活跃学生思维。因此，教学时应尽量避免使用讲授法，多用谈话法。(　　)

A. 正确　　B. 错误

答案：1. B　2. B

2. 以直观感知为主的教学方法

这种教学方法具有形象性、具体性、直接性和真实性的特点，主要有**演示法**和**参观法**两种。

(1)演示法

演示法

演示法是指教师通过展示实物、教具和示范性的实验来说明、印证某一事物和现象，使学生掌握新知识的一种教学方法。演示所使用的工具可分为四大类：实物、标本、模型、图片的演示；图表、示意图、地图的演示；实验演示；幻灯片、电影、录像的演示。演示法体现了直观性、理论联系实际的教学原则。运用此方法的基本要求如下：

①明确演示目的，做好演示准备；

②演示必须精确可靠、操作规范；

③演示时要引导学生集中注意力，运用多种感官去感知，以发展学生的思考力和观察力；

④演示结束后，教师要引导学生分析观察结果以及各种变化之间的关系，通过分析、对比、归纳、综合得出正确结论。

(2)参观法

参观法又称现场教学，是教师根据教学目的和要求，组织学生进行实地考察、研究，使学生获取新知识，巩固、验证旧知识的一种教学方法。参观教学法可以分为准备性参观、并行性参观和总结性参观。运用此方法的基本要求如下：

①参观前，教师要根据教学目的和要求，做好准备工作；

②参观时，教师要引导学生收集资料，做好必要记录，也可以请有关人员进行讲解或指导；

③参观结束后，教师要组织学生及时进行小结。

3. 以实际训练为主的教学方法

以实际训练为主的教学方法主要有练习法、实验法、实习作业法、实践活动法四种。

(1)练习法

练习法是指学生在教师的指导下巩固知识，培养各种技能和技巧的基本教学方法。练习法是中小学各科教学普遍采用的教学方法。运用此方法的基本要求如下：

①教师要使学生明确练习目的和要求；

②练习的题目要注意学生基础知识的积累、巩固以及基本技能的提高；

③教师要教给学生正确的练习方法，并对学生的练习进行及时的检查和反馈；

④在练习过程中要注意培养学生的自我检查能力和习惯；

⑤练习方式要多样化。

(2)实验法

实验法

实验法是指教师引导学生使用一定的仪器和设备，进行独立操作，引起某些事物和现象产生变化，从而使学生获得直接经验，培养学生技能和技巧的教学方法。实验法常用于物理、化学、生物等自然学科的教学。运用此方法的基本要求如下：

①认真编写实验计划；②加强实验指导；③做好实验总结。

演示法中的实验演示与实验法是考生容易混淆的知识点，两者的区别在于操作主体的不同：实验演示——教师做实验，学生看；实验法——学生做实验，教师指导。

(3)实习作业法

实习作业法是指教师根据学科课程标准要求，指导学生运用所学知识在课上或课外进行实际操作，将知识运用于实践的教学方法。这种方法在自然学科的教学中占有重要的地位，如数学课的测量练习、生物课的植物栽培和动物饲养等。运用此方法的基本要求如下：

①实习作业法要在教师的指导下有目的、有计划、有组织地进行；

②实习中，教师要加强指导；

③实习结束后，教师要指导学生写出实习报告或体会，并进行评阅和评定。

(4)实践活动法

实践活动法是指让学生参加社会实践活动，培养学生解决实际问题的能力和多方面实践能力的教学方法。在实践活动法中，学生是中心，教师是学生的参谋或顾问，教师必须保证学生的主动参与，决不能越俎代庖。

4. 以引导探究为主的教学方法

以引导探究为主的教学方法，是指教师组织和引导学生通过独立的探究和研究活动而获得知识的方法，主要是**发现法**。

(1)发现法的概念

发现法，通常称作发现学习或问题教学法，就是让学生通过独立工作，自己主动发现问题、解决问题及掌握原理的一种教学方法。它是由美国心理学家布鲁纳所倡导的。

(2)发现法的一般步骤

①创设问题情境，使学生在这种情境中产生矛盾，提出要解决或必须解决的问题；②促使学生利用教师所提供的某些材料和所提出的问题，提出解答的假设；③从理论上和实践上检验自己的假设；④根据实验获得的一定材料或结果，在仔细评价的基础上引出结论。

(3)运用此方法的基本要求

①依据教材特点和学生实际，确定探究发现的课题和过程；②严密组织教学，积极引导学生的发现

活动；③努力创设一个有利于学生进行探索发现的良好情境。

真题面对面

[2017，填空，1分]美国教育学家布鲁纳在教学方法方面倡导__________。

答案：发现法

5. 以情感陶冶(体验)为主的教学方法

以情感陶冶为主的教学方法是指教师根据一定的教学要求，有计划地使学生处于一种类似真实的活动情境之中，利用其中的教育因素综合地对学生施加影响的一种教学方法。

(1)欣赏教学法

欣赏教学法是指在教学过程中指导学生体验客观事物的真善美的一种教学方法。欣赏教学法一般包括对自然的欣赏、人生的欣赏和艺术的欣赏等。

(2)情境教学法

情境教学法是指在教学过程中，教师有目的地引入或创设具有一定情绪色彩的生动具体的场景，以引起学生一定的情感体验，从而帮助学生理解教材，并使学生的心理机能得到发展的教学方法。情境教学法的核心在于激发学生的情感。教师创设的情境一般包括生活展现的情境、图画再现的情境、实物演示的情境、音乐渲染的情境、言语描述的情境等。

考点4 教学方法的选择与运用 【2021判断说理、2018多选】必背

1. 选择与运用教学方法的基本依据

科学、合理地选择和有效地运用教学方法，要求教师能够在现代教学理论的指导下，考虑到教学目标、教学内容、学生特性等因素，熟练地把握各种教学方法的特性，综合地考虑各种教学方法的要素。

(1)**教学的目的和任务**。教学方法是实现教学目的和完成教学任务的手段，不同的教学目的和任务，要求运用不同的教学方法。

(2)**教学内容的性质和特点**。教学目的和任务是通过教学内容来实现的，教学内容的性质和特点不同，就应选用不同的教学方法。

(3)**教学对象的实际情况**。教学对象的年龄、性别、经历、气质、性格、思维类型、审美情趣等方面的不同，也对教学方法提出不同的要求。

(4)**教师自身素养及所具备的条件**。教师自身的素养条件和驾驭能力，直接关系到选用的教学方法能否发挥其应有的作用。

(5)**教学方法的类型与功能**。每种教学方法都具有不同的特点与功能，教师应认清各种教学方法的优缺点，把握其适应性和局限性，或有所侧重地使用，或进行优化组合，不可盲目地选用教学方法。

真题面对面

[2021，判断说理，10分]常言道“教学有法，但无定法”。某教师认为这意味着自己在教学中可以任意采用某一种教学方法。该教师的观点是否正确？请运用教育学知识并结合实际加以说明。

答案：(1)该教师的观点是不正确的。(2)“教学有法，但无定法”的意思是我们的教育教学活动

是有规律可遵循、有法则可遵守、有模式可遵照的，是有可以掌握的基本方法、基本规律的。但是教学的模式、方法、技能等不是机械的、教条的，而是灵活多变、富有个性、充满灵性的。教师劳动的创造性要求教师不断更新教学方法，但绝不意味着教师可以任意选择教学方法。在实际教学中，教师要根据教学目的和任务、教学内容的性质和特点、教学对象的实际情况、教师自身素养及所具备的条件、教学方法的类型与功能等因素科学合理地选择和有效地运用某一种或某几种教学方法。故题干观点错误。

2. 教学方法运用的综合性、灵活性、创造性

教学方法运用的综合性是指根据教学任务和教学内容的需要，综合运用多种教学方法，而不要长期只使用一种教学方法；教学方法运用的灵活性是指在实际应用中，要从实际需要出发，随时对其调整；教学方法运用的创造性是指从教学实践出发，在把握现有教学方法的基础上有所创造。

第四节　教学工作的基本环节

教师教学工作包括五个基本环节(即基本程序)：备课、上课、作业的布置与反馈、课外辅导和学业成绩的检查与评定。

一、备课

考点1　备课的意义　【2018 填空】

备课是教师教学的起始环节，是上好课的先决条件，备好课是教好课的前提。对教师而言，备好课可以加强教学的计划性，有利于教师充分发挥主导作用。教师要在平时的学习、生活中有意识地收集教学资料，为上课做准备。

真题面对面

[2018，填空，1 分]教学工作的起始环节是________。

答案：备课

考点2　备课的要求

1. 做好三方面的工作，即钻研教材、了解学生、设计教法，也即备教材、备学生、备教法

(1)钻研教材：钻研教材包括学习学科课程标准、钻研教科书和阅读有关参考资料。

①钻研学科课程标准就是指教师要弄清楚本学科的教学目的，教材的体系、结构、基本内容和教学法上的基本要求。

②教师必须钻研教科书，掌握学科主要内容、重点、难点所在，同时也要考虑如何利用它来促进学生态度、情感、价值观的转变，知识的拓展及各种能力的提高。

③各种参考资料是教科书的重要补充，教师应广泛阅读有关参考书来获得有价值的信息，以满足教学需求。

教师掌握教材有一个深化的过程，一般要经过懂、透、化三个阶段。

(2)了解学生：了解学生应当是全面的。①要考虑学生总体的年龄特征，熟悉他们身心发展的特点；②要了解学生个体的能力水平、学习态度和兴趣特点；③要了解班级的一般状况，如班纪、班风等。

(3)设计教法：①教师要在钻研教材、了解学生的基础上，考虑用什么方法使学生有效地掌握知识并促进他们能力、品德等方面的发展；②教师应根据教学目的、内容、学生的特点等来选择最佳的教学方法；③要相应地考虑学生的学法，包括预习、学生在课堂中的学习活动与课外作业等。

2. 写好三种计划，即学年(或学期)教学计划、课题(或单元)计划、课时计划(教案)

(1)学年(或学期)教学计划：该计划包括学生情况的简要分析、本学期或学年的教学总要求、教科书的章节或课题、各课题的教学时数和时间的具体安排、各课题所需要运用的教学手段等。

(2)课题(或单元)计划：在制订好学年教学计划的基础上，教师还要制订出课题计划。课题计划一般包括：课题名称、课题教学目的、课时划分、各课时课的类型、主要教学方法、必要的教具。此外，教师还要考虑课题之间的联系，做好协调工作。

(3)课时计划：即教案，它通常是指教师为某一节课而拟定的上课计划，一般包括班级、学科名称、授课时间、课题、教学目的、课的类型、教学进程等。其中，教学进程是教案的主要部分，教师要详细设计和安排教学内容的展开、教学方法的运用和时间的分配等。

二、上课

考点1 上课的意义【2023判断选择】

上课是教学工作的中心环节，是教师教和学生学的最直接体现，是提高教学质量的关键。

真题面对面

[2023，判断选择，1分]备课是整个教学活动的中心环节。(　　)

A. 正确　　　　B. 错误

答案：B

考点2 课的类型

课的类型一般有两种：一种是根据教学的任务，可分为传授新知识课(新授课)、巩固新知识课(巩固课)、培养技能技巧课(技能课)和检查知识课(检查课)。但在实际的教学中，有时一节课只完成一个任务，有时一节课则需完成多项任务，所以，根据一节课所完成任务的类型数，又可分为单一课和综合课。另一种是根据使用的主要教学方法，可分为讲授课、演示课(演示实验或放幻灯片、录像)、练习课、实验课和复习课。

上述两种分类也是有联系的，具体表现在两类课型有相对应之处，如新授课多属讲授课，巩固课多属复习课，技能课多属练习课或实验课等。

考点3 课的结构

课的结构是指课的基本组成部分及各组成部分进行的顺序、时限和相互关系，不同类型的课有不同的结构。

一般来说，构成课的基本组成部分有组织教学、复习过渡（检查复习）、讲授新教材、巩固新教材、布置课外作业等。

考题预测

［单，2分］下列不属于课的结构的是（　　）

A. 组织教学　　B. 复习过渡

C. 讲授新教材　　D. 组织考试

答案：D

考点4　一节好课的标准

教师要上好一节课的标准有：(1)要使学生的注意力集中；(2)要使学生的思维活跃；(3)要使学生积极参与到课堂中来；(4)要使个别学生得到照顾。

考点5　上好课的基本要求

(1)教学目标明确；(2)教学内容准确；(3)教学结构合理；(4)教学方法适当；(5)讲究教学艺术；(6)板书有序；(7)充分发挥学生的主体性，这是上好课最根本的要求，离开了这一点，以上的所有要求就失去了意义。

三、作业的布置与反馈

考点1　作业的意义

无论是课内作业还是课外作业，作用都在于加深和加强学生对教材的理解和巩固，帮助学生掌握相关的技能、技巧。通过作业的布置、检查和批改，教师可以及时发现学生在知识或技能方面的缺陷并加以纠正，同时，对学生的作业完成情况做出评价并提出进一步学习的建议。

考点2　作业的形式

课外作业的形式有许多种：(1)阅读作业，如复习、预习教科书，阅读人文和科学读物；(2)口头作业，如口头回答、朗读、复述、背诵；(3)书面作业，如演算习题、作文、绘图；(4)实践作业，如观察、实验、测量、社会调查等。

考点3　布置作业的要求　【2017案例分析】

(1)作业内容符合课程标准的要求；(2)考虑不同学生的能力需求；(3)分量适宜、难易适度；(4)作业形式多样，具有多选性；(5)要求明确，规定作业完成时间；(6)作业反馈清晰、及时；(7)作业要具有典型意义和举一反三的作用；(8)作业应有助于启发学生的思维，含有鼓励学生独立探索并进行创造性思维的因素；(9)尽量同现代生产和社会生活中的实际问题结合起来，力求理论联系实际。

四、课外辅导

考点1　课外辅导的内容

(1)帮学生解答疑难问题，指导学生做好作业；(2)为基础差和因事、因病缺课的学生补课；(3)给成绩特别优异的学生做个别辅导；(4)对学生进行学习方法上的辅导；(5)对学生进行学习目的和学习态度的教育。

考点2　课外辅导的意义

课外辅导是上课的必要补充，是适应学生个别差异、贯彻因材施教原则的重要措施。

考点3　课外辅导的要求

(1)从辅导对象的实际出发，确定辅导内容和措施；(2)明确辅导只是对课堂教学的补充，不能将主要精力放在辅导上。

五、学业成绩的检查与评定

考点1　学业成绩检查与评定的意义

学业成绩的检查与评定是教学工作的一个重要环节，它对教学工作的顺利进行和教学质量的提高具有十分重要的意义：(1)有利于促进学生的学习；(2)有利于促进教师的教学；(3)有利于学校领导了解学校的教学情况；(4)有利于家长了解自己子女的学习情况；(5)为上级教育主管部门制定教育方针政策和选拔人才提供依据。

考点2　学业成绩检查的方式

检查学生学业成绩的方法是多种多样的。常用的检查方式有两大类：平时考查和考试。平时考查的方式主要有口头提问、检查书面作业和单元测验等。考试是对学生知识、技能等进行总结性检查时所采用的一种方式，它通常在期中、期末和毕业时进行。

考点3　学业成绩检查的基本要求

(1)学业成绩检查要坚持科学性、有效性和可靠性；(2)学业成绩检查的内容应力求全面，使其既能反映出学生对课程知识的掌握程度，又能反映出学生认知结构的情况；(3)学业成绩检查的方法要灵活多样。

考点4　学业成绩评定的基本要求

(1)客观公正，必须严格遵循评定标准；(2)方向明确，要向学生指出学习上的优缺点和努力的方向，这是评定学生学业成绩的主要目的；(3)鼓励学生创新，在评定中，不仅要看答案，而且要看思路，要重视学生思维的创造性。

第五节　教学组织形式

一、教学组织形式的概念

教学组织形式是指教学活动中教师与学生为实现教学目标所采用的社会结合方式。在教学史上先后出现的影响较大的教学组织形式有个别教学制、班级授课制、分组教学和道尔顿制等。其中，个别教学制是古代学校的主要教学形式。

二、现代教学的基本组织形式——班级授课制　【2023填空、2019论述、2018单选】　必背

考点1　班级授课制的概念

班级授课制是一种集体教学形式。它是把学生按年龄和文化程度分成固定人数的班级，教师根据

课程计划和规定的时间表进行教学的一种组织形式。

考点2 班级授课制的产生与发展

1632年，捷克教育家夸美纽斯出版的《大教学论》最早从理论上对班级授课制做了阐述，为班级授课制奠定了理论基础。后来，以**赫尔巴特**为代表的教育家提出教学过程的形式阶段论（即明了、联想/联合、系统、方法），班级授课制得以进一步完善而基本定型。最后，以苏联教育学家**凯洛夫**为代表，提出课的类型和结构的概念，使班级授课制形成一个完整的体系。

在我国，最早采用班级授课制的是清政府于1862年设于北京的京师同文馆，并在癸卯学制中以法令形式确定下来，随之在全国范围内推广。

①昆体良（萌芽） ②夸美纽斯（奠定基础） ③赫尔巴特（进一步完善） ④凯洛夫（形成一个完整体系）

真题面对面

[2018，单，2分]夸美纽斯论述的教学组织形式是（　　）

A. 个别教学制　B. 分组教学制　C. 设计教学法　D. 班级授课制

答案：D

考点3 班级授课制的基本特点

（1）以班为单位集体授课，学生人数固定。（2）按课教学。"课"是教学活动的基本单元，一般分为单一课和综合课。（3）按时授课。把每一"课"规定在固定的单位时间内进行，这个单位时间称为"课时"，课与课之间有一定的间歇和休息。

考点4 班级授课制的优点与不足

1. 班级授课制的优点

（1）有利于经济有效地大面积培养人才，提高教学效率；（2）它以"课"为教学活动单元，能保证学习活动循序渐进，有利于学生获得系统的科学知识；（3）有利于发挥教师的主导作用；（4）有利于发挥学生集体的教育作用；（5）有利于学生德、智、体多方面的发展；（6）有利于进行教学管理和教学检查。

2. 班级授课制的不足

（1）不利于学生主体性的发挥；（2）不利于培养学生的探索精神、创造能力和实际操作能力；（3）不能很好地适应教学内容和教学方法的多样化，班级授课制中，无论用什么教学方法，都只能适应部分学生；（4）不利于因材施教，难以满足学生个性化的学习需要；（5）不利于学生之间真正的交流和启发；（6）以"课"为基本的教学活动单位，某些情况下会割裂内容的整体性。

考题预测

[多,2分]下列属于班级授课制的优点的有(　　)

A. 有利于照顾学生的个别差异　　B. 有利于培养学生的实际操作能力

C. 有利于发挥学生集体的教育作用　　D. 有利于经济有效地大面积培养人才

答案:CD

三、现代教学的辅助形式——个别教学与现场教学

考点1　个别教学

1. 个别教学的概念

个别教学是教师针对不同学生的情况进行个别辅导的教学组织形式。它是班级授课制的一种辅助形式。

2. 个别教学的意义

个别教学强调发现、珍惜、发掘受教育者的良好个性潜能和优势,弥补了班级授课制中平均、划一教学的不足,是满足特殊化教育需要、实现个性发展的手段和途径。当今,教师可以利用现代化的教学手段来指导学生的个别学习,并且可以根据每个学生的不同需要和条件来选择学习的内容和时间。

3. 个别教学的要求

(1)发挥每个学生的潜力和积极因素,培养学生各自的优势,克服各自的缺点;(2)既要针对个体,又要使个体不脱离于群体;(3)要制定详细的个案分析,综合运用各种教学组织形式,灵活运用各种教学方法,做好各项工作。

考点2　现场教学　【2022单选】

1. 现场教学的概念

现场教学,是指教师把学生带到事物发生、发展的现场进行教学活动的形式。它可以以班级为单位,也可以以小组或个人为单位,通常需要有关现场人员的参加。

2. 现场教学的意义

(1)可以给学生提供直接经验,丰富他们的感性认识;(2)可以加深学生对书本知识的理解;(3)可以培养学生发现问题和解决问题的能力;(4)可以通过对祖国现代化建设成就的参观等,使学生更加了解和热爱自己的祖国。

3. 现场教学的要求

(1)目的明确;(2)准备充分;(3)现场指导;(4)及时总结。

真题面对面

[2022,单,2分]根据历史学科教学的需要,老师组织学生到校史馆进行教学,该教学组织形式是(　　)

A. 个别教学　　B. 现场教学　　C. 复式教学　　D. 走班制

答案:B

四、现代教学的特殊组织形式——复式教学

考点1 复式教学的概念

复式教学是把两个或两个以上不同年级的学生编在一个教室里，由一位教师分别用不同的教材，在一节课里对不同年级的学生进行教学的一种特殊组织形式。它适用于学生少、教师少、校舍和教学设备较差的农村以及偏远地区。

考点2 复式教学的意义

复式教学保持了班级授课制的一切本质特征，与班级授课制不同的是教师要在一节课的时间内巧妙地同时安排几个年级学生的活动。复式教学组织得好，学生的基本训练和自学能力往往更强。复式教学便于儿童就近入学，可以最大限度地节约师资、教室和教学设备等，充分利用教育资源，有利于教育的普及。

考点3 组织复式教学的要求

(1)合理编班，要根据学生人数、教室大小、师资质量等情况全面考虑，灵活掌握；(2)编制复式班课表；(3)培养小助手；(4)建立良好的课堂常规。

五、其他教学组织形式

考点1 分组教学

分组教学是指在按年龄编班或取消按年龄编班的基础上，根据学生能力、成绩分组进行编班的教学组织形式。

分组教学有外部分组和内部分组、能力分组和作业分组等。其中，外部分组，即取消按年龄编班，按学生的能力或某些测验成绩编班；内部分组，即在按年龄编班的班级内，再根据学生的成绩将他们分成若干个不同的小组。

考点2 道尔顿制

道尔顿制是由美国教育家**柏克赫斯特**创建的一种新的教学组织形式。运用这种方法时，教师不再讲授，只为学生指定自学参考书、布置作业，由学生自学和独立完成作业后，向老师汇报学习情况和接受考查。道尔顿制的优点是有利于调动学生学习的主动性，培养他们的学习能力和创造才能，缺点是不利于系统知识的掌握，对教学设施和条件要求较高。

考点3 特朗普制

特朗普制是美国教育家**劳伊德·特朗普**于20世纪50年代提出的一种教学组织形式。这种教学形式把大班教学、小班研究和个别教学三种教学形式结合起来。大班是所有学生一起上课；小班是把大班的学生分为20人左右的小组，研究和讨论大班授课材料；个别教学是由学生独立完成作业。特朗普制具有班级授课制的优点，也有个别教学的长处，但管理起来比较麻烦。

考点4 设计教学法

1918年，美国教育家克伯屈发表了论文《设计教学法》，系统地归纳和阐述了设计教学法的理念，赢

得了很大声誉，他也被称为“设计教学法之父”。设计教学法主张废除班级授课制度，打破学科界限，摒弃传统的教科书，在教师指导下，由学生自己决定学习目的和内容，在自己设计、自己负责的单元活动中获得有关的知识和能力。采用这种方法进行教学的过程是：(1)学生根据兴趣和需要，从实际生活环境中提出学习的目的；(2)制订达到目的的工作计划；(3)通过实际活动去完成这项工作；(4)检查其结果。

考点5 走班制

走班制是指学生根据教学活动中预先制订的学习计划和自己的兴趣愿望，以“走班”为形式，“流动”到自己需要的班级进行学习的一种组织形式。走班制这一教学组织形式为因材施教、个性化培养提供了一个实践的平台。

走班制的形式：(1)学校教室和教师固定，学生流动上课，即固定教室和教师，学生根据自己不同的能力水平、发展趋向进行流动上课；(2)实行大、小班上课的多种教学形式；(3)小组合作的学习方式。实践证明，走班制可以提高学生自主学习的积极性，提升学生的自信心，有助于培养学生正确评估自己、做出正确选择的能力。

六、当前教学组织形式改革的重点

(1)适当缩小班级规模，使教学单位趋向合理化；(2)改进班级授课制，实现多种教学组织形式的综合运用；(3)多样化的座位排列，加强课堂教学的交往互动；(4)探索个别化教学。

第六节 教学评价

一、教学评价的概念与功能

考点1 教学评价的概念

教学评价是指以教学目标为依据，通过一定的标准和手段，对教学活动及其结果给予价值上的判断，即对教学活动及其结果进行测量、分析和评定的过程。它以参与教学活动的教师、学生、教学目标、内容、方法、教学设备、场地和时间等因素的有机组合的过程和结果为评价对象，是对教学工作的整体功能所做的评价。其目的是对课程、教学方法以及学生培养方案做出决策。

考点2 教学评价的功能

1. 导向功能

一般而言，教学评价总是要依据一定的标准来展开，而这个评价标准通常就是课程目的或教学目标。通过这样的教学评价，不仅教师可以判断自己的教学活动与目的或目标之间的“距离”，而且学生也能够获得自己“达标”的水平与层次，有利于教师的教与学生的学指向或转向课程目的或教学目标。

2. 诊断功能

不论是何种类型的教学评价都或多或少地具有诊断的功能。因为通过教学评价，师生不仅可以了解自己的教学和学习的变化与进展，而且还能够发现其中事实上存在或可能存在的问题。而这些现实的和潜在的问题就是我们思考和促进教学和学习的出发点与依据。

3. 激励功能

激励功能也叫作教学评价的“发展功能”。一般而言，在教学评价中获得肯定性结果的教师和学生都能在某种程度上获得精神上的满足和“成就感”，从而就极有可能更加努力；而在其中得到否定性结果的师生也许会产生紧张或焦虑，但适度的紧张和焦虑也具有激励的功能，过度的紧张与焦虑才具有破坏的消极作用。

因此，不论对教师还是对学生（甚至学校与社会）而言，我们的教学评价都不应该在他们中间产生高强度的紧张与焦虑。适度的紧张和焦虑应该是我们所要把握和追求的“最佳”尺度。所谓“要发挥教学评价的发展功能”，就是要求我们去追求和创造“适度紧张和适度焦虑”的最佳评价尺度，并切实发挥其激励功能。

4. 教学功能

由于教学过程前、过程中和结束后所进行的各种检测，其本身就是教学活动的一个有机组成部分，即教学活动中必不可少的环节和重要的学习经验，因此，教学评价也就具有了教学功能。

5. 管理功能

这种功能有时也被称为“证明”或“甄别”功能。因为不仅有形成性评价，还有总结性评价。尽管总结性评价也具有上述评价的诸多功能，但它的突出价值则是判断或证明教师教学和学生学习的水平和层次，并且还极有可能被用作教师升职或提薪的重要依据之一，或者学生进入各类不同层次和级别的学校学习的重要参考之一。因此，教育管理部门和教育机构（包括学校）都会把教学评价的结果当作对教师和学生进行有效分流的根据之一，并据此调整学校教育发展的布局、方向和改进教育教学活动。

此外，也有说法认为教学评价的功能主要表现在：(1)诊断教学问题；(2)提供反馈信息；(3)调控教学方向；(4)检验教学效果。

二、教学评价的基本类型 【2019单选】

从不同的角度和标准出发，教学评价可以划分为不同的类型。

考点1 根据教学评价的作用，可以分为诊断性评价、形成性评价和总结性评价

1. 诊断性评价

(1)诊断性评价的概念

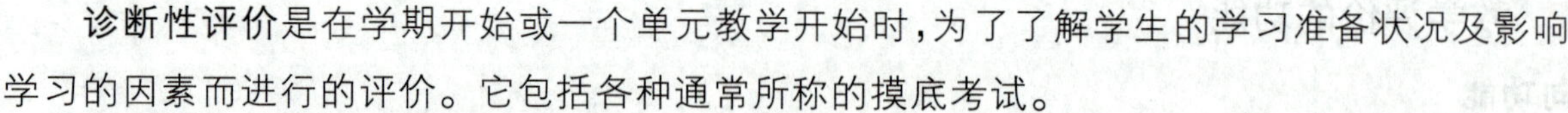

诊断性评价是在学期开始或一个单元教学开始时，为了了解学生的学习准备状况及影响学习的因素而进行的评价。它包括各种通常所称的摸底考试。

(2)诊断性评价的主要形式

①查阅被评价者在此之前的有关成绩记录；②摸底测验；③必要的学习要素调查表。

(3)诊断性评价的主要功能

①检查学生的学习准备程度；②决定对学生的适当安置；③辨别造成学生学习困难的原因。

2. 形成性评价

(1)形成性评价的概念

形成性评价是在教学过程中为改进和完善教学活动而进行的对学生学习过程及结果的评价。它

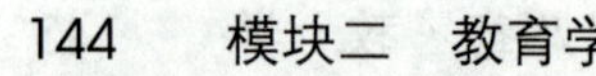

包括在一节课或一个课题的教学中对学生的口头提问和书面测验。

(2)形成性评价的主要功能

①改进学生的学习;②为学生的学习定步;③强化学生的学习;④给教师提供反馈。

3. 总结性评价

(1)总结性评价的概念

总结性评价也称为终结性评价,是在一个大的学习阶段、一个学期或一门课程结束时对学生学习结果的评价。总结性评价注重考查学生掌握某门学科的整体程度,概括水平较高,测验内容范围较广,常在学期中或学期末进行。

(2)总结性评价的主要功能

①评定学生的学习成绩;②证明学生掌握知识、技能的程度和能力水平以及达到教学目标的程度;③确定学生在后继教学活动中的学习起点;④预言学生在后继教学活动中成功的可能性;⑤为制定新的教学目标提供依据。

真题面对面

[2019,单,2分]教师就某一单元内容编制试题,对学生进行测试,这是一种(　　)

A.诊断性评价　　B.形成性评价

C.终结性评价　　D.个体内差异评价

答案:B

考点2　根据评价采用的标准,可以分为绝对性评价、相对性评价和个体内差异评价

1. 绝对性评价

(1)绝对性评价的概念

绝对性评价又称为目标参照性评价(标准参照评价),是运用目标参照性测验对学生的学习成绩进行的评价。它主要依据教学目标和教材编制试题来测量学生的学业成绩,判断学生是否达到了教学目标的要求,而不以评定学生之间的差异为目的。进行评价时,每个人的成绩分数只与统一的、固定的客观标准进行比较,即这种评价并不照顾评价对象的整体水平状况而提高或降低评价标准。

(2)绝对性评价的优缺点

绝对性评价可以衡量学生的实际水平,了解学生对知识、技能的掌握情况,宜用于升级考试、毕业考试和合格考试。它的缺点是不适用于甄选人才。

2. 相对性评价

(1)相对性评价的概念

相对性评价又称为常模参照性评价,是运用常模参照性测验对学生的学习成绩进行的评价,它主要依据学生个人的学习成绩在该班学生成绩序列或常模中所处的位置来评价和决定他的成绩的优劣,而不考虑是否达到教学目标的要求。

(2)相对性评价的优缺点

相对性评价具有甄选性强的特点,因而可以作为选拔人才、分类排队的依据。它的缺点是不能明

确表示学生的真正水平，不能表明他在学业上是否达到了特定的标准，对于个人的努力状况和进步的程度也不够重视。

3. 个体内差异评价

(1)个体内差异评价的概念

个体内差异评价是对被评价者的过去和现在进行比较，或将评价对象的不同方面进行比较。

(2)个体内差异评价的优缺点

个体内差异评价的最大优点是充分体现了尊重个体差异的因材施教原则，适当减轻了评价对象的压力。但是，由于评价本身缺乏客观标准，因此，不易给评价对象提供明确目标，难以发挥评价的应有功能。

绝对性评价、相对性评价和个体内差异评价是容易混淆的知识点。考生在理解这三个概念时，可把绝对性评价理解为“看标准”，把相对性评价理解为“看位置”，把个体内差异评价理解为“看自己”。

考点3 按照评价主体，可以分为内部评价和外部评价

1. 内部评价

内部评价也就是自我评价，指由课程设计者或使用者自己实施的评价。这种评价易于开展，可以经常进行。

2. 外部评价

外部评价是被评价者之外的专业人员对评价对象进行明显的(看得见的、众所周知的)统计分析或文字描述。

三、现代教育评价

考点1 现代教育评价的理念

现代教育评价的理念是发展性评价与激励性评价。以被评价者的发展为本，重视被评价者的起点和发展过程中的各种问题。评价的根本目的是促进评价对象的发展，它基于评价对象的过去，重视评价对象的现在，更着眼于评价对象的未来。

考点2 发展性评价的基本内涵【2016单选】

1. 评价目的

评价的根本目的在于促进发展。淡化原有的甄别与选拔功能，关注学生、教师、学校和课程发展中的需要，突出评价的激励与调控功能，激发学生、教师、学校和课程的内在发展动力，促进其不断进步，实现自身价值。

2. 评价功能

与课程功能的转变相适应，发展性评价体现基础教育课程改革的精神，有利于基础教育课程改革的顺利实施。

3. 评价观念

发展性评价体现最新的教育观念和课程评价发展的趋势。关注人的发展，强调评价的民主性和人

性化的发展，重视被评价者的主体性与评价对个体发展的建构作用。

4. 评价内容

评价内容综合化，重视知识以外的综合素质的发展，尤其是创新、探究、合作与实践等能力的发展，以适应人才发展多样化的要求；评价标准分层化，关注被评价者之间的差异性和发展的不同需求，以个体发展的独特性促进其在原有水平上的提高。

5. 评价方式

评价方式多样化，将量化评价方法与质性评价方法相结合，适应综合评价的需要，丰富评价与考试的方法，如成长记录袋、学习日记、情景测验、行为观察和开放性考试等，追求评价的科学性、实效性和可操作性。

6. 评价主体

评价主体多元化，从单方转为多方，增强评价主体间的互动，强调被评价者成为评价主体中的一员，建立学生、教师、家长、管理者、社区和专家等共同参与、交互作用的评价制度，以多渠道的反馈信息促进被评价者的发展。

7. 评价过程

关注评价过程，将形成性评价与终结性评价有机地结合起来，使学生、教师、学校和课程的发展成为评价的组成部分，而终结性的评价结果随着改进计划的确定亦成为下一次评价的起点，进入被评价者发展的进程之中。

第七节　教学模式　新增

一、教学模式的概念

教学模式是指在一定教学思想或教学理论指导下建立起来的较为稳定的教学活动结构框架和活动程序。作为结构框架，突出了教学模式从宏观上把握教学活动整体及各要素之间内部的关系和功能；作为活动程序则突出了教学模式的有序性和可操作性。

二、常见的教学模式

考点1　当代国外主要的教学模式

1. 探究式教学

探究式教学依据**皮亚杰**和**布鲁纳**的建构主义理论，以问题解决为中心，注重学生独立活动的开展，注重学生的前认知，注重体验式教学，有利于培养学生的探究和思维能力。

基本程序：问题—假设—推理—验证—总结提高，即首先创设一定的问题情境，提出问题，然后组织学生对问题进行猜想和做假设性的解释，再设计实验进行验证，最后总结规律。

2. 抛锚式教学

抛锚式教学要求建立在有感染力的真实事件或真实问题的基础上，所以有时也被称为“实例式教学”或“基于问题的教学”或“情境性教学”。抛锚式教学的理论基础是建构主义。

基本程序：创设情境—确定问题—自主学习—协作学习—效果评价。

3. 范例教学模式

范例教学模式是由德国教育心理学家**瓦·根舍因**提出来的。范例教学模式具有如下特点：

(1)体现基本性，教学重视基本知识的学习；

(2)体现基础性，教学重视学生实际和可接受性，难度适宜；

(3)体现范例性，在学科知识中精选起示范作用的内容，便于学生学习时进行正向迁移；

(4)体现四个统一，即知识教学与德育的统一、问题教学与系统学习相统一、掌握知识与发展能力相统一、主体与客体的统一。

基本程序：范例性地阐明"个"案—范例性地阐明"类"案—范例性地掌握规律原理—掌握规律原理的方法论意义—规律原理的运用训练。在教学过程中，教师应注意选取不同的带有典型性的范例，从个别入手，归纳成类，再从类入手，提炼本质特征，最后上升到规律与原理。

4. 暗示教学模式

暗示教学模式是指运用暗示手段激发个人心理潜力，提高学习效率的一种教学模式。它由保加利亚心理治疗医生**洛扎诺夫**提出。

(1)指导思想：一是暗示学理论；二是现代心理学关于人脑功能的研究。暗示学理论认为，利用暗示手段可以使人的有意识心理活动和无意识心理活动达到高度协调，从而使人的潜能得到最大限度的发挥。

(2)基本程序：创设情境—参与各类活动—总结转化。

(3)基本原则：①愉快而不紧张的原则；②有意识和无意识相统一的原则；③暗示手段相互作用的原则。

5. 非指导性教学模式

非指导性教学模式是由美国人本主义心理学家**罗杰斯**提出的，这是一种以学生为中心，以情感为基础，通过建立民主平等的师生关系、创设适宜的学习环境来促进学生自我实现的个别化的教学模式。

基本程序：创设情境—提出问题—进行开放性探索。

考点2　当代我国主要的教学模式

1. 自学—指导式

教师是学生自学的"指导者""引导者"。教师一般要设计出要求明确的自学提纲，提供必要的参考书、学习辅助工具(如词典、字典)。该模式主要适用于具备一定阅读能力的学生。

2. 目标—导控式

学习是按由低到高的不同水平逐步递进的。每一较高水平的学习植根于较低水平的学习上。因而要设计出由低到高的一个紧接一个的程序化目标，通过评价学生对学习目标所达到的水平，以调节教师给学生提供的学习条件和时间，发挥每个学生都能学好的潜能。

3. 传递—接受式

传递—接受式教学模式以传授系统知识、培养基本技能为目标，其着眼点在于充分挖掘人的记忆力、推理能力以及间接经验在掌握知识方面的作用，使学生能够快速有效地掌握更多的信息量。该模式强调教师的指导作用，认为知识是从教师到学生的一种单向传递，非常注重教师的权威性。

基本程序：复习旧课—激发学习动机—讲授新课—巩固练习—检查评价—间隔性复习。

4. 问题—探究式

这是一种以解决问题为中心，注重学生独立活动，着眼于创造性思维能力和意志力培养的教学模式。学生的认识能力必须通过实践才能逐步提高，所以必须让学生在学习过程中主动去探索、发现问题，并用所学知识去研究、解决问题。

5. 示范—模仿式

示范—模仿式教学模式是教师有目的地把示范技能作为有效的刺激，以引起学生相应的行动，使他们通过模仿，有效地掌握必要的技能的一种教学模式。它是教学中最基本的教学模式之一，多用于以训练技能为目的的教学。

基本程序：定向（明确所学目的）—参与性练习—自主练习—迁移（熟练掌握）。

6. 情境—陶冶式

情境—陶冶式教学模式是通过创设一种情感和认识相互促进的教学环境，引导学生在轻松愉快的教学氛围中有效地获取知识、陶冶情感的教学模式。

理论依据：吸取了洛扎诺夫的暗示教学理论，并参照我国教学实际工作者积累的有效经验加以概括而形成，如情境教学、愉快教学、成功教学等。

★★ 考点大默写 ★★

1. 教师的教和学生的学共同组成的传递和掌握社会经验的双边活动是__________。

2. __________是传播系统知识、促进学生发展的最有效的形式，是进行全面发展教育、实现培养目标的基本途径。

3. __________是学校教育的中心工作，学校应当坚持“__________”的原则。

4. 教学的首要任务是使学生掌握系统的__________，形成基本技能、技巧。

5. 一般认为，教师、学生、__________和__________是构成教学过程的基本要素。

6. 教学过程本质上是一种特殊的__________过程。

7. 最早提出学习过程是“学—思—行”过程的教育家是__________。

8. 教学活动的主要特点是以学习__________为主，它要建立在__________的基础之上。

9. 双边性规律即教师的__________和学生的__________相统一规律，“教师中心论”“儿童中心论”的观点都违背了这一规律。

10. 形式教育论重视发展学生的__________，认为学科内容的实用意义是无关紧要的。

11. 学习成绩好并不意味着道德修养水平高，这要求教师在教学过程中应坚持__________和__________相统一规律。

12. 教学过程的五个阶段中，__________是教学过程的中心环节，它包括使学生感知和理解教材。

13. 思想性和科学性相统一原则的实质是要求在教学活动中把__________和__________有机地结合起来。

14. 补充必要的乡土教材是贯彻__________原则的要求。

15. “不闻不若闻之，闻之不若见之”反映的是__________原则。

16. 第斯多惠曾说：“一个坏的教师奉送真理，一个好的教师则教人发现真理。”这句话体现了教学的__________原则。

17. 教学不可跃进，“欲速则不达”。这句话所体现的教学原则是__________。

18. “复习是学习之母”与__________教学原则的思想相一致。

19.《论语·先进》有言，“求也退，故进之；由也兼人，故退之”，这蕴含的教学原则是__________。

20. 教学方法是为完成教学任务而采取的方法，它包括教师教的方法和__________的方法。

21. 以语言传递为主的教学方法有__________、__________、__________和读书指导法，其中，__________是历史最悠久、使用最普遍的教学方法。

22.《学记》指出“独学而无友，则孤陋而寡闻”“相观而善”等。这说明我们在教学中要注意运用的教学方法是__________。

23. 以直观感知为主的教学方法主要有__________和__________两种。教师借助标本和模型进行教学运用的教学方法是__________。

24. 布鲁纳所倡导的“发现学习”是一种以__________为主的教学方法。

25. 提倡__________，反对__________，是当代运用教学方法的指导思想。

26. 教学工作的基本环节包括：__________、__________、作业的布置与反馈、__________和学业成绩的检查与评定。其中，__________是上好课的先决条件。

27. 备课时，教师要备__________、备__________、备__________。

28. 教学工作的中心环节是__________，它也是提高教学质量的关键。

29. 一般来说，构成课的基本组成部分有__________、检查复习、__________、__________、布置课外作业等。

30. 上好课最根本的要求是__________。

31. __________是上课的必要补充，是适应学生个别差异、贯彻因材施教原则的重要措施。

32. 现代教学的基本组织形式是__________。它是把学生按__________分成固定人数的班级，教师根据__________和规定的时间表进行教学的一种组织形式。

33. 最早从理论上对班级授课制加以阐述的著作是夸美纽斯的__________。

34. 我国最早采用班级授课制的是清政府设于北京的__________。

35. 最有利于大面积培养人才，提高教学效率的教学组织形式是__________。

36. 由于贫困山区的教师人数以及教学资源有限，学校往往把不同年级的学生组织在同一间教室上课。这种特殊的组织形式为__________。

37. __________是指教师把学生带到事物发生、发展的现场进行教学活动的形式。

38. 在教师指导下，由学生自己决定学习目的和内容，在自己负责、自己规划的单元活动中获得有关的知识和能力。这种组织形式是__________。

39. 教学评价是指以教学目标为依据，通过一定的标准和手段，对教学活动及其结果给予__________上的判断，即对教学活动及其结果进行测量、分析和评定的过程。其目的是对课程、教学方法以及学生培养方案__________。

40. 根据评价的作用，教学评价可以分为__________、__________和总结性评价。根据评价采用的标准，教学评价可以分为绝对性评价、__________和__________。

41. 在学生学习新知识之前，教师对学生的学习准备状况进行考查。这种评价属于__________。

42. 老师在课堂上就刚讲过的内容进行提问，这种评价属于__________。

43. 学校中常见的期末考试属于__________。

44. 现代教育评价的理念是__________与激励性评价。以被评价者的发展为本，重视被评价者的起点和发展过程中的各种问题。评价的根本目的是__________。

45. 国家组织的各种选拔性考试属于__________。

46. 某老师认为小明本学期期末考试比上学期有所进步，因此给小明颁发进步奖。这种评价方式属于__________。

47. 探究式教学以__________为中心，注重学生独立活动的开展，它的基本程序是问题—假设—__________—__________—__________。

48. 抛锚式教学的基本程序是创设情境—确定问题—__________—__________—__________。

49. 范例教学模式是由德国教育心理学家__________提出来的。这一模式要体现__________、__________、__________和"四个统一"。

50. __________教学模式非常注重教师的权威性。

51. 示范—模仿式是教学中最基本的教学模式之一，多用于以__________为目的的教学。

【参考答案】

1. 教学　2. 教学　3. 教学；教学为主，全面安排　4. 科学文化基础知识　5. 教学内容；教学手段　6. 认识　7. 孔子　8. 间接经验；直接经验　9. 主导作用；主体作用　10. 智力　11. 传授知识；思想品德教育　12. 领会知识　13. 教书；育人　14. 理论联系实际　15. 直观性　16. 启发性　17. 循序渐进原则　18. 巩固性　19. 因材施教原则　20. 学生学　21. 讲授法；谈话法（问答法）；讨论法；讲授法　22. 讨论法　23. 演示法；参观法；演示法　24. 引导探究　25. 启发式；注入式　26. 备课；上课；课外辅导；备课　27. 教材；学生；教法　28. 上课　29. 组织教学；讲授新教材；巩固新教材　30. 充分发挥学生的主体性　31. 课外辅导　32. 班级授课制；年龄和文化程度；课程计划　33.《大教学论》　34. 京师同文馆　35. 班级授课制　36. 复式教学　37. 现场教学　38. 设计教学法　39. 价值；做出决策　40. 诊断性评价；形成性评价；相对性评价（常模参照性评价）；个体内差异评价　41. 诊断性评价　42. 形成性评价　43. 总结性评价（终结性评价）　44. 发展性评价；促进评价对象的发展　45. 相对性评价（常模参照性评价）　46. 个体内差异评价　47. 问题解决；推理；验证；总结提高　48. 自主学习；协作学习；效果评价　49. 瓦·根舍因；基本性；基础性；范例性　50. 传递—接受式　51. 训练技能

生成性教学

生成性教学是当前新课改所提倡的一种教学理念。生成性教学主张教师要应用灵活的教学方法，在课堂教学中要随时关注有教育价值的事件，及时调整教学计划，以满足学生的需要。

生成性教学是指在弹性预设的前提下，在教学展开过程中，由教师和学生根据不同的教学情境，自主建构教学活动的过程。教学是一个开放性的系统，因此在生成性教学观下，课堂教学具有非线性、创造性和开放性的特质。(1)增强师生的幸福感是其价值追求；(2)动态性和创造性是其本质特点。

真题面对面

[2022，判断说理，5分]"生成性教学是在弹性预设的前提下，在教学的展开过程中，由教师和学生根据不同的教学情境，自主建构教学活动的过程。"这种说法是否正确？运用教育学知识加以说明。

答案：(1)这种说法是正确的。(2)生成性教学是当前新课改所提倡的一种教学理念。生成性教学主张教师要应用灵活的教学方法，在课堂教学中要随时关注有教育价值的事件，及时调整教学计划，以满足学生的需要。其内涵是指在弹性预设的前提下，在教学展开过程中，由教师和学生根据不同的教学情境，自主建构教学活动的过程。

我于________年____月____日完成了对本章的学习。

复盘一下，我对自己较肯定的地方是________________

(足够努力/心态积极/方法得当……)

我觉得自己需要改进的地方是________________

(懒惰懈怠/心情浮躁/方法不当……)

休息片刻，开启下一站征程！

第九章 德　育

思维导图

- 德　育
  - 德育概述
    - 德育的内涵
      - 广义：社会德育、社区德育、学校德育和家庭德育
      - 狭义：学校德育
    - 德育的性质
      - 社会性，历史性，阶级性和民族性，继承性
    - 德育的意义
      - 社会主义现代化建设的重要条件和保证
      - 青少年儿童健康成长的条件和保证
      - 实现我国教育目的的基础和保障
    - 德育目标
      - 德育工作的出发点
    - 德育内容
      - 政治教育、思想教育
      - 道德教育、心理健康教育
  - 德育过程
    - 德育过程的概念
      - 个体社会化与社会规范个体化的统一过程
    - 德育过程的结构
      - 教育者、受教育者、德育内容和德育方法
    - 德育过程的基本（主要）矛盾
      - 教育者提出的德育要求（社会所要求的道德规范）与受教育者已有品德水平之间的矛盾
    - 德育过程的规律（重点）
      - 对学生知、情、意、行的培养与提高过程
      - 促进学生思想内部矛盾斗争，教育与自我教育相结合的过程
      - 组织学生的活动和交往，统一多方面教育影响的过程
      - 长期的、反复的、逐步提高的过程
  - 德育原则与方法
    - 德育原则（重点）
      - 导向性原则、疏导原则
      - 因材施教原则、知行统一原则
      - 集体教育和个别教育相结合原则
      - 尊重信任学生与严格要求学生相结合的原则
      - 正面教育与纪律约束相结合的原则
      - 依靠积极因素，克服消极因素的原则
      - 教育影响的一致性和连贯性原则
    - 德育方法（重点）
      - 说服教育法、榜样示范法
      - 陶冶教育法、实际锻炼法
      - 品德评价法、品德修养指导法
  - 德育途径
    - 德育途径的概念
      - 实施德育的渠道
    - 德育的途径
      - 思想品德课与其他学科教学（基本途径）
      - 社会实践活动，课外、校外活动
      - 共青团、少先队组织的活动
      - 校会、班会、周会、晨会、时事政策的学习
      - 班主任工作（重要而又特殊的途径）
  - 德育模式
    - 认知模式
      - 代表人物：皮亚杰、科尔伯格
      - 流行最为广泛、占据主导地位
    - 体谅模式
      - 代表人物：彼得·麦克费尔
      - 把道德情感的培养置于中心地位
    - 社会模仿模式
      - 代表人物：班杜拉
      - 儿童的道德行为、道德判断是通过社会学习（观察学习）获得和改变的
    - 价值澄清模式
      - 代表人物：拉斯、哈明、西蒙
      - 着眼于价值观教育
    - 集体教育模式
      - 代表人物：马卡连柯
      - 集体教育原则、前景教育原则

福建考向

本章属于教育学的重点章节，也是福建招教重点考查的章节，考查内容所占分值较多，题型多样。现对本章福建考向分析如下：

高频考点	常考题型	能力层级	考查热度
德育内容	填空	识记	★★
德育过程的基本（主要）矛盾	填空	识记	★★
德育过程的规律	判断说理、辨析、案例分析	运用	★★★
我国中小学主要的德育原则	单选、材料分析	运用	★★★
常用的德育方法	单选、填空、材料分析	运用	★★★
德育的途径	判断选择、判断说理	理解	★★

核心考点

第一节　德育概述

一、德育的内涵

德育即思想品德教育，是对学生思想品德给予多方面培养的各种教育活动的总称。

广义的德育泛指所有有目的、有计划地对社会成员在政治、思想与道德等方面施加影响的活动，包括社会德育、社区德育、学校德育和家庭德育等方面。

狭义的德育则专指学校德育，是指教育者按照一定社会或阶级的要求和受教育者品德形成发展的规律与需要，有目的、有计划、系统地对受教育者施加思想、政治和道德等方面的影响，并通过受教育者积极的认识、体验与践行，以使其形成一定社会与阶级所需要的品德的教育活动，即教育者有目的地培养受教育者品德的活动。

二、德育的性质

德育的性质是由特定的社会经济基础决定的。(1)德育具有**社会性**，是各个社会共有的社会、教育现象，与人类社会共始终；(2)德育具有**历史性**，随社会发展变化而变化；(3)在阶级和民族存在的社会里，德育具有**阶级性和民族性**；(4)德育具有**继承性**，在其历史发展过程中，其原理、原则、内容和方法等存在一定的共同性。

三、德育的意义

(1)德育是社会主义现代化建设的重要条件和保证；(2)德育是青少年儿童健康成长的条件和保证；(3)德育是实现我国教育目的的基础和保障。

四、德育目标

考点1　德育目标的概念

德育目标是教育目标在受教育者思想品德方面要达到的总体规格要求，亦即德育活动所要达到的预期目的或结果的质量标准。德育目标是德育工作的出发点，它不仅决定了德育的内容、形式和方法，而且制约着德育工作的基本过程。

考点2 确立德育目标的依据

(1)青少年思想品德形成、发展的规律及心理特征；(2)国家的教育方针和教育目的；(3)民族文化及道德传统；(4)时代与社会发展需要。

五、德育内容 【2019填空】

根据1988年、1994年和1996年中共中央颁布的有关决定，我国学校德育内容主要有政治教育、思想教育、道德教育和心理健康教育(也有说法认为，我国学校德育内容主要有政治教育、思想教育、道德教育、法纪教育和心理健康教育)。其中，心理健康教育主要有三方面的内容，即学习辅导、生活辅导和择业指导。

政治教育、思想教育和道德教育所包含的具体内容主要有：(1)爱国主义教育。爱国主义教育是德育的永恒主题，在社会发展的不同历史时期具有不同的内容，建设有中国特色的社会主义是新时期爱国主义的崭新含义。(2)理想教育。(3)集体主义教育。(4)劳动教育。(5)人道主义与社会公德教育。(6)自觉纪律教育。(7)民主与法制观念的教育。(8)科学世界观和人生观教育。

真题面对面

[2019，填空，1分]我国德育内容主要包括思想教育、政治教育、__________、法纪教育以及心理健康教育。

答案：道德教育

第二节 德育过程

一、德育过程的概念

德育过程是教育者按照一定的道德规范和受教育者思想品德形成的规律，对受教育者有目的、有计划地施加影响，以形成教育者所期望的思想品德的过程，是促使受教育者道德认识、道德情感、道德意志和道德行为发展的过程，是个体社会化与社会规范个体化的统一过程。

二、德育过程的结构

德育过程通常由教育者、受教育者、德育内容和德育方法四个相互制约的要素构成。

(1)**教育者**是德育过程的组织者、领导者，在德育过程中起主导作用。

(2)**受教育者**包括受教育者个体和群体，他们都是德育的对象。在德育过程中，受教育者既是德育的客体，又是德育的主体。

(3)**德育内容**是用以形成受教育者品德的社会思想政治准则和法纪道德规范，是教育者进行德育工作的重要依据，是受教育者学习、修养和内在化的客体，是教育者与受教育者双边活动的中介。

(4)**德育方法**是教育者施教传道和受教育者受教修养的相互作用的活动方式的总和。

三、德育过程的基本(主要)矛盾 【2018填空】

德育过程的基本(主要)矛盾是教育者提出的德育要求(社会所要求的道德规范)与受教育者已有

品德水平之间的矛盾。这是德育过程中最一般、最普遍的矛盾，也是决定德育过程本质的特殊矛盾。这就要求教育者通过德育内容和方法，促使受教育者接受社会的德育要求，将学生的思想品德水平提高到社会要求的高度，实现社会道德个体化和个体道德的社会化。

真题面对面

[2018，填空，1分]德育过程的主要矛盾是教育者提出的德育要求与受教育者已有________之间的矛盾。

答案：品德水平

四、德育过程的规律 【2023辨析、2022判断说理、2017案例分析】 必背

考点1 德育过程是对学生知、情、意、行的培养与提高过程

1. 知、情、意、行是构成思想品德的四个基本要素

学生的思想品德由知、情、意、行四个心理因素构成。学生思想品德的形成与发展，即这四个心理因素形成与发展的过程，学校德育过程也就是对这四个品德心理因素的培养过程。

知即品德认识，是人们对是非善恶的认识和评价，以及在此基础上形成的品德观念，包括品德知识和品德判断两个方面。品德认识是学生品德形成的基础。

情即品德情感，是人们对客观事物做出是非、善恶判断时引起的内心体验，表现为人们对客观事物的爱憎、好恶的态度。品德情感是学生产生品德行为的**内部动力**，是实现转化的催化剂。

意即品德意志，是人们为实现一定的品德行为目的所做出的努力的过程。品德意志是调节学生品德行为的精神力量。

行即品德行为，它是通过实践或练习形成的，是实现品德认识、情感以及由品德需要产生的品德动机的行为定向及外部表现。品德行为是衡量品德水平的重要标志。

2. 知、情、意、行之间的关系及其发展

德育过程的一般顺序可以概括为：提高品德认识、陶冶品德情感、锻炼品德意志和培养品德行为习惯。德育过程一般以知为开端，以行为终结。但由于社会生活的复杂性、德育影响的多样性等因素，在德育具体实施过程中，又具有多种开端，可根据学生品德发展的具体情况，或从导之以行开始，或从动之以情开始，或从锻炼品德意志开始，最后达到使学生品德在知、情、意、行几方面和谐发展的目的。

真题面对面

[2022，判断说理，5分]“德育过程必须严格按照知、情、意、行的顺序来进行，以知为开端，以行为终结”，这种说法是否正确？运用教育学知识加以说明。

答案：(1)这种说法是不正确的。(2)德育过程的一般顺序可以概括为：提高品德认识、陶冶品德情感、锻炼品德意志和培养品德行为习惯。德育过程一般以知为开端，以行为终结。但由于社会生活的复杂性、德育影响的多样性等因素，在德育具体实施过程中，又具有多种开端，可根据学生品德发展的具体情况，或从导之以行开始，或从动之以情开始，或从锻炼品德意志开始，最后达到使学生品德在知、情、意、行几方面和谐发展的目的。

考点2　德育过程是一个促进学生思想内部矛盾斗争的发展过程，是教育与自我教育相结合的过程

(1)学生思想品德的任何变化，都依赖于学生个体的心理活动。任何外界的教育和影响，都必须通过学生思想状态的变化，经过学生思想内部的矛盾斗争，才能发生作用，促使学生品德的真正形成。

(2)在德育过程中，学生思想内部的矛盾斗争，实质上是对外界教育因素的分析、综合过程，斗争的过程也就是学生品德不断发展的过程。

(3)学生的自我教育过程，实际上也是他们思想内部矛盾斗争的过程。根据这一规律，要求教育者在重视对学生进行思想品德教育的同时，高度重视培养学生的自我教育能力，发挥学生在德育过程中的主观能动性。

学生的自我教育能力是学生品德赖以形成的内部因素，也是学生品德发展程度的一个主要标志。自我教育能力主要由自我评价和自我调控能力构成。

考点3　德育过程是组织学生的活动和交往，统一多方面教育影响的过程

(1)活动和交往是德育过程的基础。个体的思想品德是在活动和交往的过程中，接受外界教育影响，逐渐形成和发展，并通过活动和交往的过程表现出来的。有目的地根据德育目标和思想品德的形成规律设计实施活动，能加快个体品德发展的速度，对学生品德发展方向起规范和保证作用。这就要求教育者要精心设计和组织教育活动和交往。

(2)学生在活动中，必定受到多方面的影响，其中既有校内的正式影响，又有校外的非正式影响；既有积极正面的影响，也有消极负面的影响。学校德育应在多方面影响中发挥主导作用，将多方面教育影响统一到教育目的上来，形成学校与家庭、社会教育的合力，促使学生良好品德的形成和发展。

考点4　德育过程是一个长期的、反复的、逐步提高的过程

(1)德育过程是一个长期的过程。一方面，随着人类社会的不断进步，德育要在内容、手段、方法等方面不断加以调整和补充；另一方面，知、情、意、行等心理因素的培养提高也需要长期的训练和积累，这就决定了德育过程必然是一个长期的、坚持不懈的过程。

(2)德育过程是一个反复的、逐步提高的过程。学生正处于成长期，世界观尚未形成，思想很不稳定，品德发展容易出现反复，这就要求教育者要正确认识和对待这种现象，持之以恒、耐心细致地教育学生，引导学生在反复中逐步前进。

第三节　德育原则与方法

一、德育原则

考点1　德育原则的概念【2023填空】

德育原则是根据教育目的、德育目标和德育过程规律而提出的指导德育工作的基本要求。德育原则对制定德育大纲、确定德育内容、选择德育方法、运用德育组织形式等具有指导作用。

真题面对面

[2023，填空，1分]根据教育目的、德育目标和德育过程规律而提出的指导德育工作的基本要求是__________。

答案：德育原则

考点2 我国中小学主要的德育原则 【2022单选、2021材料分析、2020单选】 必背

1. 导向性原则

(1)基本含义

导向性原则是指进行德育时要有一定的理想性和方向性,以指导学生向正确的方向发展。在我国,德育工作要把无产阶级的政治方向放在首位,对学生的德育要求要同共产主义目标相联系。

(2)贯彻这一原则的要求

①坚持正确的政治方向;②德育目标必须符合新时期的方针政策和总任务的要求;③要把德育的理想性和现实性结合起来。

2. 疏导原则

(1)基本含义

疏导原则是指进行德育时要循循善诱、以理服人,从提高学生认识入手,调动学生的主动性,使他们积极向上。疏导原则也就是**循循善诱原则**。我国古代教育家孔子很善于诱导他的学生,其弟子颜回这样称赞道:"夫子循循然善诱人,博我以文,约我以礼,欲罢不能。"

(2)贯彻这一原则的要求

①讲明道理,疏通思想;②因势利导,循循善诱;③以表扬、激励为主,坚持正面教育。

3. 因材施教原则(从学生实际出发原则)

(1)基本含义

因材施教原则是指教育者在德育过程中,应根据学生的年龄特征、个性差异以及品德发展现状,采取不同的方法和措施,加强德育的针对性和实效性。

(2)贯彻这一原则的要求

①以发展的眼光客观、全面、深入地了解学生,正确认识和评价当代青少年学生的思想特点;②根据不同年龄阶段学生的特点,选择不同的内容和方法进行教育,防止一般化、成人化、模式化;③注意学生的个别差异,因材施教。

4. 知行统一原则

(1)基本含义

知行统一原则是指教育者在进行德育时,既要重视对学生进行系统的思想道德的理论教育,又要重视组织学生参加实践锻炼,把提高认识和行为养成结合起来,使学生做到言行一致。

(2)贯彻这一原则的要求

①加强理论教育,提高学生的思想道德认识;②组织和引导学生参加社会实践,通过实践活动加深认识,增强情感体验,养成良好的行为习惯;③对学生的评价和要求要坚持知行统一的原则;④教育者要以身作则,严于律己,言行一致。

5. 集体教育和个别教育相结合原则

(1)基本含义

在德育过程中,教育者要善于组织和教育学生热爱集体,并依靠集体教育每个学生,同时通过对个别学生的教育,来促进集体的形成和发展,从而把集体教育和个别教育有机地结合起来。

这一原则是苏联教育家马卡连柯成功教育经验的总结。马卡连柯指出:教师要影响个别学生,首先要去影响这个学生所在的集体,然后通过集体和教师一道去影响这个学生,便会产生良好的教育效

果。这就是著名的“平行教育原则”。

(2)贯彻这一原则的要求

①建立健全的学生集体;②开展丰富多彩的集体活动,充分发挥学生集体的教育作用;③加强个别教育,并通过个别教育影响集体,增强集体的生机和活力。

6. 尊重信任学生与严格要求学生相结合的原则

(1)基本含义

在德育过程中,教育者既要尊重信任学生,又要对学生提出严格的要求,把严和爱有机地结合起来,使教育者的合理要求转化为学生的自觉行动。

在德育工作中尊重信任与严格要求是辩证统一的,是制约德育效果的两个相辅相成的必要条件。尊重和信任是严格要求的前提,正如苏联教育家马卡连柯所说:“要尽量多地要求一个人,也要尽可能地尊重一个人。”爱是严的基础,严是爱的体现,只有把两者紧密结合在一起,才能取得最佳教育效果。

(2)贯彻这一原则的要求

①教育者要有强烈的事业心、责任感以及尊重热爱学生的态度;②教育者应根据教育目的和德育目标,对学生严格要求,认真管理;③教育者要从学生的年龄特征和品德发展状况出发,提出适度的要求,并坚定不渝地贯彻到底。

7. 正面教育与纪律约束相结合的原则

(1)基本含义

德育工作既要正面引导,说服教育,启发自觉,调动学生接受教育的内在动力,又要辅之以必要的纪律约束,并使两者有机结合起来。青少年学生缺乏一定的行为自控能力,这就决定了在正面引导的同时,必须加以必要的纪律约束。

(2)贯彻这一原则的要求

①坚持正面教育原则,以客观的事实、先进的榜样和表扬鼓励为主的方法教育和引导学生;②坚持摆事实,讲道理,以理服人,启发自觉;③建立健全学校规章制度和集体组织的公约、守则等,并且严格管理,认真执行。

8. 依靠积极因素,克服消极因素的原则(长善救失原则)

(1)基本含义

在德育工作中,教育者要善于依靠、发扬学生自身的积极因素,调动学生自我教育的积极性,克服消极因素,以达到长善救失的目的。

(2)贯彻这一原则的要求

①教育者要用一分为二的观点,全面分析,客观地评价学生的优点和不足;②教育者要有意识地创造条件,将学生思想中的消极因素转化为积极因素;③教育者要提高学生自我认识、自我评价能力,启发他们自觉思考,克服缺点,发扬优点。

真题面对面

[2020,单,2分]教师坚持一分为二地看待学生,化其消极因素为积极因素,这贯彻了教育的(　　)

A. 知行统一原则

B. 长善救失原则

C. 在集体中教育原则

D. 严格要求与尊重学生相结合原则

答案:B

9. 教育影响的一致性和连贯性原则

(1)基本含义

在德育工作中,教育者应主动协调多方面教育力量,统一认识和步调,有计划、有系统、前后连贯地教育学生,发挥教育的整体功能,培养学生正确的思想品德。

(2)贯彻这一原则的要求

①充分发挥教师集体的作用,统一学校内部的多种教育力量,使之成为一个分工合作的优化群体;②争取家长和社会的配合,主动协调好与家庭、社会教育的关系,逐步形成以学校为中心的"三位一体"的德育网络;③保持德育工作的经常性和制度化,处理好衔接工作,保证对学生影响的连续性、系统性,使学生的思想品德得以循序渐进地持续发展。

知识再拔高

社会教育和家庭教育

社会教育主要是指学校、家庭环境以外的社区、文化团体和组织等给予儿童和青少年的影响。它主要通过以下途径和形式来影响儿童和青少年的身心发展:(1)社区对学生的影响;(2)各种校外机构的影响;(3)报刊、广播、电影、电视、戏剧等大众传播媒介的影响。

广义的家庭教育应当是家庭成员之间的一种影响。狭义的家庭教育是指在家庭生活中,由父母或其他年长者对其子女与年幼者实施的教育和影响。家庭教育的特点:(1)先导性;(2)感染性;(3)权威性;(4)针对性;(5)终身性;(6)个别性。

记忆有妙招

为方便考生记忆,编者将我国中小学主要的德育原则总结成以下口诀:

两导两因一知行,尊重集体要正面,另外还有一教育。(1)**两导**:导向性原则、疏导原则;(2)**两因**:因材施教原则,依靠积极因素、克服消极因素的原则;(3)**一知行**:知行统一原则;(4)**尊重**:尊重信任学生与严格要求学生相结合的原则;(5)**集体**:集体教育和个别教育相结合原则;(6)**正面**:正面教育与纪律约束相结合的原则;(7)**一教育**:教育影响的一致性和连贯性原则。

二、德育方法

考点1 德育方法的概念

德育方法是为达到德育目的,在德育过程中采用的教育者和受教育者相互作用的活动方式的总和。它包括教育者的施教传道方式和受教育者的受教修养方式。

考点2 常用的德育方法 【2022 填空、2021 材料分析、2020 单选、2019 单选、2018 单选、2017 单选】 必背

1. 说服教育法

(1)说服教育法的概念

说服教育法是通过摆事实、讲道理,使学生提高认识,形成正确观点的方法。这是一种坚持正面理论教育和正面思想引导,增强辨别是非能力,促进道德发展的重要方法。说服教育法的方式包括两类:第一类是运用语言文字进行说服教育的方式,如讲解、报告、谈话、讨论、辩论、读书指导等;第二类是运

用事实进行说服教育的方式，主要包括参观、访问和调查。

(2)运用说服教育法的要求

①明确目的性和针对性；②富有知识性、趣味性；③注意时机；④以诚待人。

2. 榜样示范法

(1)榜样示范法的概念

榜样示范法是用榜样人物的优秀品德来影响学生的思想、情感和行为的德育方法。榜样包括伟人的典范、教育者的示范、学生中的好榜样等。

(2)运用榜样示范法的要求

①选好学习的榜样；②激起学生对榜样的敬慕之情；③狠抓落实，引导学生用榜样来调节行为，提高修养。

3. 陶冶教育法

(1)陶冶教育法的概念

陶冶教育法是教师利用环境和自身的教育因素，对学生进行潜移默化的熏陶和感染，使其在耳濡目染中受到感化的德育方法。陶冶包括环境陶冶、人格陶冶和艺术陶冶等。

①环境陶冶是指学生所生活的环境对他思想品德的形成有重要的陶冶作用。我国古代就已重视环境对人的陶冶作用，"孟母三迁"的故事至今被传为佳话。

②人格陶冶是教育者以自身的品德和情感为情境对学生进行的陶冶，即教师对教育工作的爱、对学生的爱等人格魅力对学生的影响作用。

③艺术陶冶是指用艺术陶冶学生的思想感情。例如，文学作品、电影、电视、音乐、舞蹈等。我国古代教育注意用音乐与诗歌陶冶学生，孟子曾说过："仁言不如仁声之入人深也。"说明了好的音乐感人之力量。

(2)运用陶冶教育法的要求

①创设良好的环境；②与启发、说服相结合；③引导学生参与情境的创设。

4. 实际锻炼法

(1)实际锻炼法的概念

实际锻炼法是有目的地组织学生参加各种实际活动，使其在活动中锻炼思想，增长才干，培养优良的思想和行为习惯的德育方法。锻炼的方式主要有学习活动、社会活动、生产劳动和课外文体科技活动。

(2)运用实际锻炼法的要求

①目的明确，计划周密，加强指导，坚持严格要求；②生动活泼，灵活多样，调动学生的主动性；③注意检查和持之以恒，随时总结。

5. 品德评价法

(1)品德评价法的概念

品德评价法是通过对学生品德进行肯定或否定的评价而予以激励或抑制，促使其品德健康形成和发展的德育方法。它包括奖励、惩罚、评比和操行评定等。

(2)运用品德评价法的要求

①公平、正确、合情合理；②发扬民主，获得群众支持；③注重宣传与教育；④奖励为主，抑中带扬。

6. 品德修养指导法

品德修养指导法是教师指导学生自觉主动地进行学习、自我品德反省，以实现思想转化及行为控制的德育方法。品德修养建立在自我意识、自我评价能力发展的基础上，是人的自觉能动性的表现。

品德修养指导法主要包括学习、自我批评、座右铭、自我实践体验与锻炼等。这种方法可以增强学生的主体意识，促进其自我意识及其自我修养能力的提高，调动他们自觉主动地接受教育，增强他们抵制不良思想道德影响的免疫能力，推动学校德育工作的开展以及学校德育目标、内容的实现。

我国古代思想家和教育家很重视自我道德修养，强调个体对道德的经验以及在此基础上的"体悟"和"内省"，既重视通过个体外在的行为实践，更注重个体内部的自省与自克。如孔子强调道德发展主体的"自省"，把它当作个体道德发展的重要手段。他说："见贤思齐焉，见不贤而内自省也。"他认为只有如此，个体才能提高其道德认识。其后的孟子继承和发展了孔子的这一思想，把"反求诸己"作为道德修养的重要手段，进一步突出了道德发展个体"内省"的道德作用。此外，如曾子强调的"吾日三省吾身"，荀子指出的"君子博学而日参省乎己，则知明而行无过矣"，《大学》所说的"君子必慎其独"等，都有注重个体内心反省的德育思想。

此外，常用的德育方法还有**角色扮演法**、**合作学习法**等。

真题面对面

1. [2018，单，2分]学校组织学生参加交通协管员志愿者活动，以此来培养学生良好的品德。这运用的德育方法是(　　)

A. 说服法　　B. 榜样法

C. 陶冶法　　D. 锻炼法

2. [2022，填空，1分]"吾日三省吾身""君子必慎其独"体现的德育方法是__________法。

答案：1. D　2. 品德修养指导(自我修养)

第四节　德育途径

一、德育途径的概念

德育途径是指学校教育者对学生实施德育时可供选择和利用的渠道，又称为德育组织形式。

二、德育的途径 【2023判断选择、2016判断说理】 必背

1. 思想品德课(思想政治课)与其他学科教学

思想品德课(思想政治课)与其他学科教学是学校有目的、有计划、系统地对学生进行德育的基本途径。学校以教学为主，因此，思想品德课之外的其他各科教学是德育最经常、最基本的途径。通过教学实施德育是通过传授和学习科学文化知识实现的。各科教材中都包含有丰富的德育内容，只要充分发掘教材本身所固有的德育因素，把教学的科学性和思想性统一起来，就能在传授和学习科学文化知识的同时，使学生受到科学精神、社会人文精神的熏陶，从而形成良好品德。

2. 社会实践活动

学生的思想品德是在活动和交往中形成，并通过活动和交往表现出来的。社会实践活动有助于培养学生各种良好的品德和风尚，因此，社会实践活动也是学校德育不可缺少的重要途径。

3. 课外、校外活动

课外、校外活动是整个教育体系中必不可少的组成部分，它不受教学计划的限制，是向学生进行德

育的重要途径。课外、校外活动具有丰富多彩的内容和灵活多样的形式,可以让学生根据兴趣、爱好自愿选择参加。课外、校外活动有助于培养学生的辨别是非、自我教育等道德能力和互助友爱、团结合作、纪律性与责任感等良好品德。

4. 共青团、少先队组织的活动

共青团、少先队是青少年学生自己的集体组织。通过自己的组织进行德育,有利于调动学生的积极性和创造性,培养主人翁意识以及自我教育和管理的能力,自觉提高思想认识,培养优良品德。

5. 校会、班会、周会、晨会、时事政策的学习

校会和班会是全校师生或全班同学参加的活动,能持久地、潜移默化地影响学生,及时地、有针对性地解决学生的思想问题。周会主要对学生进行社会主义道德教育和时事政策教育。每天的晨会可以对随时出现的问题予以及时解决。时事政策学习是国情教育的重要途径。

6. 班主任工作

班级是学校教育工作的基本单位,班主任是班级教育系统的主导力量。班主任工作是学校对学生进行德育的一个重要而又特殊的途径。通过班主任,学校可以强有力地管理基层学生集体,更好地发挥上述各个德育途径的作用。

真题面对面

[2023,判断选择,1分]德育的基本途径是班主任工作。(　　)

A. 正确　　　　B. 错误

答案:B

第五节　德育模式 新增

德育模式实际上是在德育实施过程中德育理念、德育内容、德育手段、德育方法、德育途径等的有机组合方式。当代影响较大的德育模式有认知模式、体谅模式、社会模仿模式、价值澄清模式、集体教育模式等。

一、认知模式

1. 认知模式的主要观点

道德教育的认知模式是当代德育理论中流行最为广泛、占据主导地位的德育学说,它是由瑞士学者皮亚杰提出,而后由美国学者科尔伯格进一步深化的。该模式假定人的道德判断力按照一定的阶段和顺序从低到高不断发展,道德教育的目的就在于促进儿童道德判断力的发展及其行为的发生。

2. 认知模式的特征

(1)人的本质是理性的;(2)必须注重个体认知发展与社会客体的相互作用;(3)注重研究个体道德认知能力的发展过程。

3. 认知模式的特色

(1)提出了以公正观发展为主线的德育发展阶段理论;(2)建构了较为科学的道德发展观,提出了智力与道德判断力关系的一般观点;(3)通过实验建立了崭新的学校德育模式。

二、体谅模式

1. 体谅模式的主要观点

体谅模式或学会关心的道德教育模式形成于20世纪70年代，由英国学校德育学家彼得·麦克费尔和他的同事所创。与认知性道德发展模式强调道德认知发展不同，体谅模式把道德情感的培养置于中心地位。该理论的观点有：(1)与人友好相处是人类的基本需要，帮助学生满足这种需要是教育的首要职责；(2)道德教育重在提高学生的人际意识和社会意识，引导学生学会关心、学会体谅；(3)鼓励处于社会试验期的青少年试验各种不同的角色和身份；(4)教育即学会关心。

2. 体谅模式的特征

(1)坚持性善论；(2)坚持人具有一种天赋的自我实现趋向；(3)把培养健全人格作为德育目标；(4)大力倡导民主的德育观。

3. 体谅模式的特色

(1)有助于教师较全面地认识学生在解决特定的人际—社会问题时的各种可能反应；

(2)有助于教师较全面地认识学生在解决特定的人际—社会问题时可能遭到的种种困难，以便更好地帮助学生学会关心；

(3)该模式提供了一系列可能的反应，教师能够根据它们指导学生围绕大家提出的行动方针进行讲座或角色扮演。

三、社会模仿模式

1. 社会模仿模式的主要观点

社会模仿模式主要由美国的班杜拉创立，该模式认为人与环境是一个互动体，人既能对刺激做出反应，也能主动地解释并作用于情境。其基本观点有：(1)儿童的道德行为、道德判断是通过社会学习(观察学习)获得和改变的；(2)榜样示范是道德教育的主要手段；(3)提出环境、行为和人的交互作用论；(4)强调自我调节。

2. 社会模仿模式的特色

(1)在吸收其他学派的基础上，发展了行为主义，使之对人的道德行为做出更合理的阐释，对德育工作有很大意义；

(2)在文化环境与人的道德发展相互作用方面有重要的成果，系统论述了示范榜样对道德发展的内在作用机制以及影响道德行为的各种形式和途径；

(3)自我评价和自我效能的理论给学校德育研究开辟了新的领域，具体阐述培养学生自我评价能力，建立认知调节机制的基本过程，把环境的示范和个体的发展与认知调节机制的互动表达出来，从中可以看到学生是如何内化外部作用，从而逐渐发展起自我评价能力的；

(4)注重理论与实践相结合。

四、价值澄清模式

价值澄清模式的代表人物是美国的拉斯、哈明、西蒙等人。这种模式着眼于价值观教育，试图帮助人们减少价值混乱并通过评价过程促进统一的价值观的形成。其目的是通过选择、赞扬和实践过程来增进富于理智的价值选择。

价值澄清的目标之一就是使人们获得一种价值观念，这种价值观念使他们能以一种令人满意与明智的方式适应他们所处的不断变化的世界。因此,价值观并不是一种固定的观点或永恒不变的真理,而是建立在个体亲身经历的社会经验基础上的一种指南。

五、集体教育模式

集体教育模式的典型代表是苏联教育家马卡连柯。马卡连柯认为,全部教育过程应该在"通过集体""在集体中"和"为了集体"的原则下进行,这为我们如何培养一个良好的集体提供了很好的借鉴。

1. 教育的前提:尊重与信任

在马卡连柯看来,尊重人、信任人是教育的前提;只有从尊重人、信任人出发,才能产生合理的教育措施,才能取得良好的教育效果。

2. 教育原则:集体教育原则和前景教育原则

集体教育原则也称平行教育影响原则,即以集体为教育对象,通过集体并在集体中教育和影响个人。

前景教育原则即给学生提出一个或几个需要经过一定努力才能完成的新任务,吸引集体中的每一个成员为完成新的任务,实现新的前景,由近及远、由易到难地开展活动,由简单的原始满足发展到最高的责任感,从而使整个集体朝气蓬勃,永葆青春。

3. 教育的手段和途径:劳动教育,辅之以合理惩罚

劳动教育可以强化学生的组织性和纪律性,培养学生良好的道德品质,发展智力和能力。而合理惩罚则有助于学生形成坚强的性格。

★★ 考点大默写 ★★

1. 德育有广义和狭义之分,广义的德育包括__________、__________、__________和__________四个方面,狭义的德育专指__________。
2. 德育工作的出发点是__________,它决定了德育的内容、形式和方法。
3. 我国学校德育内容主要有__________、__________、__________和心理健康教育几个方面。其中,心理健康教育主要有三方面的内容,即学习辅导、__________和__________。
4. 德育的永恒主题是__________。
5. 德育过程是由相互制约的四个要素构成的。这四个要素分别是:教育者、__________、__________和德育方法。其中,在德育过程中起主导作用的是__________。
6. 德育过程不是一蹴而就的,而是一个__________、__________、__________过程。
7. 在知、情、意、行四个要素中,__________是学生品德形成的基础,__________是衡量学生品德水平的重要标志。
8. 德育过程一般以知为开端,以行为终结。但在实际中,德育具有多种__________,不一定恪守知、情、意、行的一般发展顺序。
9. 德育过程的基础是__________和__________。
10. "夫子循循然善诱人,博我以文,约我以礼,欲罢不能。"这句话体现了德育的__________原则。
11. "一把钥匙开一把锁"体现的德育原则是__________。
12. 孔子提出的"力行近乎仁"的观点所反映的德育原则是__________。
13. "平行教育"的德育原则是__________提出来的。
14. "严慈相济"体现的德育原则是__________。

15. 既强调说理教育，又强调建立健全学校的规章制度的德育原则是______。
16. 在德育过程中，如果只看到学生差的地方，认为学生无可救药，那就违背了______的原则。
17. 在家庭教育中，当孩子犯错时，出现“爹打娘护”的现象。这违背了______原则。
18. 学校以辩论、报告的形式教导学生，运用的德育方法是______。
19. “身教重于言教”突出的德育方法是______。
20. 颜之推曰：“与善人居，如入芝兰之室，久而自芳也；与恶人居，如入鲍鱼之肆，久而自臭也。”从德育方法看，它强调的是______。
21. 某教师通过贴小红花来奖励表现好的学生，这种德育方法属于______。
22. 以组织学生利用课余时间参加公益活动的方式对学生进行德育，采用的德育方法是______。
23. 中小学德育的基本途径是______。
24. 学校对学生进行德育的重要而又特殊的途径是______。
25. 在德育的各种途径中，______主要对学生进行社会主义道德教育和时事政策教育。
26. 道德教育的______模式是当代德育理论中流行最为广泛、占据主导地位的德育学说。
27. 体谅模式把______的培养置于中心地位，把培养______作为德育目标。
28. 社会模仿模式认为，______是道德教育的主要手段。

【参考答案】

1. 社会德育；社区德育；学校德育；家庭德育；学校德育 2. 德育目标 3. 政治教育；思想教育；道德教育；生活辅导；择业指导 4. 爱国主义教育 5. 受教育者；德育内容；教育者 6. 长期的；反复的；逐步提高的 7. 知（品德认识）；行（品德行为） 8. 开端 9. 活动；交往 10. 疏导（循循善诱） 11. 因材施教原则（从学生实际出发原则） 12. 知行统一原则 13. 马卡连柯 14. 尊重信任学生与严格要求学生相结合的原则 15. 正面教育与纪律约束相结合的原则 16. 依靠积极因素，克服消极因素（长善救失） 17. 教育影响的一致性和连贯性 18. 说服教育法 19. 榜样示范法 20. 陶冶教育法 21. 品德评价法 22. 实际锻炼法 23. 思想品德课（思想政治课）与其他学科教学 24. 班主任工作 25. 周会 26. 认知 27. 道德情感；健全人格 28. 榜样示范

即时反思与复盘总结

我于______年____月____日完成了对本章的学习。

复盘一下，我对自己较肯定的地方是______

（足够努力/心态积极/方法得当……）

我觉得自己需要改进的地方是______

（懒惰懈怠/心情浮躁/方法不当……）

休息片刻，开启下一站征程！

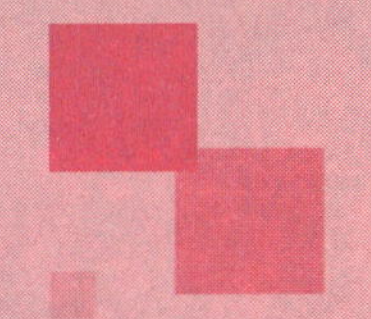

第十章 班级管理与班主任工作

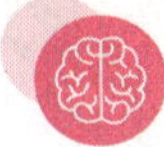

思维导图

班级管理与班主任工作
- 班级与班级管理
  - 班级
    - 概念：最基层的正式组织、开展教学活动的基本单位
    - 功能：社会化功能、个体化功能
  - 班集体
    - 形成与培养：定目标、建核心、建秩序、搞活动、树班风 【重点】
  - 班级管理 【重点】
    - 内容：班级组织建设、班级制度管理、班级教学管理、班级活动管理
    - 模式：常规管理、平行管理、民主管理、目标管理
- 班主任工作概述
  - 班主任的概念：班级的组织者、领导者和教育者
  - 班主任的职责与任务：《中小学班主任工作规定》第三章
  - 班主任工作的意义与作用：具体执行者、核心、指导者、纽带
- 班主任工作的内容与策略
  - 了解和研究学生：班主任工作的前提和基础
  - 有效地组织和培养优秀班集体：班主任工作的中心环节
  - 组织课外、校外活动和指导课余生活：经常性的重要工作
  - 协调校内外各种教育力量
  - 学习指导、学习活动管理和生活指导、生活管理
  - 建立学生档案：四个环节：收集—整理—鉴定—保管
  - 操行评定 【重点】
    - 主要内容：道德品行、学习、身心健康
    - 一般步骤：学生自评—小组评议—班主任评价—信息反馈
  - 班主任工作计划与总结
    - 计划：学期计划、月或周计划以及具体的活动计划
    - 总结：全面总结、专题总结
  - 个别教育工作 【易错点】
    - 先进生工作
    - 中等生工作
    - 后进生工作
  - 班会活动的组织：常规班会、生活班会和主题班会
  - 偶发事件的处理：做好偶发事件中的个别教育 【重点】

福建考向

本章属于教育学的基础章节，考点较分散，题型多样。现对本章福建考向分析如下：

高频考点	常考题型	能力层级	考查热度
班集体的形成与培养	单选、填空、材料分析	运用	★★★
班级的正式组织与非正式组织	单选	识记	★★
班级管理的模式	填空	识记	★★
班主任工作的内容与策略	单选、多选、填空、判断分析、材料分析	运用	★★★

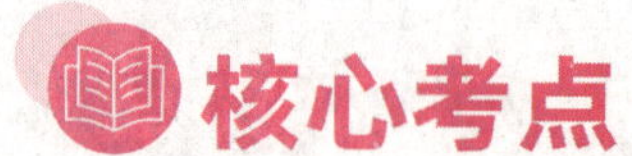

核心考点

第一节 班级与班级管理

一、班级

考点1 班级的概念

班级是学校为实现一定的教育目的，将年龄和知识程度相近的学生编班分级而形成的、有固定人数的基本教育单位。班级是学校行政体系中最基层的正式组织，是开展教学活动的基本单位。

文艺复兴时期的著名教育家**埃拉斯莫斯**最先提出"班级"一词。

考点2 班级的功能

班级的功能是由其结构和特点决定的。班级是一种社会组织，也是由不同个体组成的群体，这就决定了班级组织既具有社会化功能又具有个体化功能。

其**社会化功能**主要表现在：(1)传递社会价值观，指导生活目标；(2)传授科学文化知识，形成社会生活的基本技能；(3)教导社会生活规范、训练社会行为方式；(4)提供角色学习条件，培养社会角色。

其**个体化功能**主要表现在：(1)促进发展的功能；(2)满足需求的功能；(3)诊断功能；(4)矫正功能。

二、班集体

考点1 班集体的概念

班集体是按照班级授课制的培养目标和教育规范组织起来的，以共同学习活动和直接性人际交往为特征的社会心理共同体。

考点2 班集体的特征

班集体必须具备以下四个基本特征：(1)明确的共同目标。这是班集体形成的**基础**。(2)一定的组织结构，有力的领导集体。(3)共同生活的准则，健全的规章制度。(4)具有正确的集体舆论以及团结、和谐、向上的人际关系。

考点3 班集体的教育作用

(1)有利于形成学生的群体意识。

(2)有利于培养学生的社会交往能力与适应能力。

(3)有利于训练学生的自我教育能力。班集体是训练班级成员自己管理自己、自己教育自己、自主开展活动的最好载体。

考点4 班集体的形成与培养 【2021 填空、2019 材料分析、2018 单选】 必背

班集体不是自然形成的，任何一个班集体的形成，都会经历组建、形成、发展的过程，这实际上也是教育培养与社会化的过程。

1. 确定班集体的发展目标

目标是集体发展的方向和动力，一个班集体只有具有共同的目标，才能使班级成员在认识上和行动上保持统一，才能推动班集体的发展。班集体的发展目标一般可分为近期、中期、远期三种，目标的

提出应由易到难、由近到远、逐步提高。

在实现班集体目标的过程中，教师要充分调动班级成员的积极性，使实现目标的过程成为教育与自我教育的过程。

2. 建立得力的班集体核心

一个得力的班集体核心非常重要，它是维护和推动班级工作的有力助手，是带动全班同学实现集体发展目标的核心。因此，建立一支核心队伍是培养班集体的一项重要工作。

3. 建立班集体的正常秩序

班集体的正常秩序是维持和控制学生在校生活的基本条件，是教师开展工作的重要保证。班集体的正常秩序包括必要的规章制度、共同的生活准则以及一定的生活规律。

4. 组织形式多样的教育活动

班集体是在全班同学参加各种教育活动的过程中逐步成长起来的，而各种教育活动又可以使每个人都有机会为集体出力并展示自己的才能。教师在组织各种教育活动时，要有明确的目的和要求，精心设计活动内容，注意形式的适龄化，力争把活动的开展过程变成教育过程。

5. 培养正确的舆论和良好的班风

班集体舆论是班集体生活与成员意愿的反映。正确的班集体舆论是一种巨大的教育力量，对班集体每个成员都有约束、激励的作用，是教育班集体成员的重要手段。良好的班风是班集体大多数成员精神状态的共同倾向与表现。正确的舆论和良好的班风是班集体形成的重要标志。

记忆有妙招

为方便考生记忆，编者将班集体的形成与培养总结成以下口诀：定目标、建核心、建秩序、搞活动、树班风。

真题面对面

1. [2018，单，2分]“没有规矩，不成方圆。”因此在组织和培养班集体时应(　　)

A. 确立班集体的目标　　B. 全面了解和研究学生

C. 建立健全必要的班级规则　　D. 开展丰富多彩的集体活动

2. [2021，填空，1分]班主任建设和培养班集体的主要方法包括确定班集体发展目标、建立班集体的__________、建立班集体的正常秩序、组织多样的教育活动以及培养正确的舆论和良好班风。

答案：1. C　2. 核心(核心队伍)

三、班级管理

考点1　班级管理的概念

班级管理是一种有目的、有计划、有步骤的社会活动，这一活动的根本目的是实现教育目的，使学生得到充分的、全面的发展。

班级管理是一个动态的过程，它是班主任和教师根据一定的目的和要求，采用一定的手段和措施，带领全班学生对班级中的各种资源进行计划、组织、协调、控制，以实现教育目标的组织活动过程。

考点2 班级管理的功能

(1)有助于实现教学目标,提高学习效率——**主要功能**;

(2)有助于维持班级秩序,形成良好的班风——**基本功能**;

(3)有助于锻炼学生能力,学会自治自理——**重要功能**。

记忆有妙招

为方便考生记忆,编者将班级管理的功能总结成以下口诀:**主要抓教学、基本是秩序、重要在学生**。

考点3 班级管理的内容 【2022单选】

1. 班级组织建设

(1)班级的正式组织与非正式组织

我国中小学班级的正式组织一般分为三个层次:第一层次是对全班工作负责的角色,即**班干部**;第二层次是对小组工作负责的角色,即**小组长**;第三层次是只对自身任务负责的角色,即**小组一般成员**。

非正式组织是源于班级组织的个人属性层面的人际关系,是学生在共同的学习与活动中基于成员间的需求、能力、特点的不同,从个人的好感出发而自然形成的。学生的这种非正式组织有四种类型:①**积极型**。这种群体的价值目标与班级正式群体的价值目标是一致的,是班级正式群体的补充。例如,学生自发组织的文艺活动小组、公益活动小组、体育活动小组等。②**娱乐型**。同学们由于情绪上的好感和消磨课余闲暇时间的需要而聚集在一起,他们的主要目的是好玩、有趣。这些小团体有时格调不高,甚至庸俗,但他们却感到了满足。③**消极型**。这种群体会自觉、不自觉地与班主任、班委会发生对立,如破坏纪律、发牢骚、不参加集体活动等。④**破坏型**。这类群体已经游离出正式组织,他们没有是非善恶标准,凭借一种所谓的江湖人的欲望、勇气和胆量而作为,常常对班级组织产生破坏甚至震慑作用。

(2)班级组织的结构

班级组织机构是班级组织结构形成的基础与前提。班级组织机构的微观建制有三种形式:直线式;职能式;直线职能式。我国中小学班级组织的建构多数属于直线职能式的建制形式。

(3)班级组织建设的内容

班级组织建设要做的主要工作有:①建立良好的班集体;②指导班级建设。

真题面对面

[2022,单,2分]在班级学习中和生活中,几位学生因为兴趣爱好相同,自发组建了环保公益活动小组。该小组属于( )

A. 积极型非正式组织　　B. 娱乐型非正式组织

C. 消极型非正式组织　　D. 破坏型非正式组织

答案:A

2. 班级制度管理

制度是调节人与人之间关系的行为规范,它是管理的具体体现。按制度的形成可分为成文制度和非成文制度。

成文的制度是学校教育教学工作的基本规范要求，即实施常规管理。成文的制度管理既是学校的规章制度，也是班级的规章制度，它是学校中每一个班级都必须遵守的，具有普遍性的舆论，在班级建设中发挥着引导、评价、调节和指标作用，对班级建设起着重要的规范作用，属于定型性的管理。

非成文的制度是指班级的传统、舆论、风气、习惯等，即不成文的、约定俗成的非常规管理。非成文的制度管理是班级组织在形成过程中班级本身建立的规范，常常是班级个性的体现，属于不定型性的管理。

3. 班级教学管理

教学是学校的中心工作，教学质量管理是班级教学管理的**核心**。班级教学管理的内容包括：(1)明确教学管理的目标和任务；(2)建立行之有效的班级教学秩序；(3)建立班级管理指挥系统；(4)指导学生学会学习。

4. 班级活动管理

班级活动是班级在班主任指导下，根据学校整体安排或班级学生发展需要而进行的全员性活动的总称，它既可以是弥补课程教学不足的教学活动，也可以是开发智力或发展能力的课外、校外活动，是学校教育活动的有机组成部分。

考点 4　班级管理的模式　【2022 填空】

1. 班级常规管理

班级常规管理是指通过制定和执行规章制度来管理班级的经常性活动。遵守班级规章制度是对每个学生的基本要求，也是每个学生必须履行的基本义务和职责。

2. 班级平行管理

班级平行管理是指班主任既通过对集体的管理去间接影响个人，又通过对个人的直接管理去影响集体，从而把对集体和个人的管理结合起来的管理方式。

班级平行管理的理论源于**马卡连柯**的“**平行影响**”的教育思想。马卡连柯认为，教师要影响个别学生，首先要影响学生所在的班级，然后通过学生集体与教师一起去影响这个学生，这样就会产生巨大的教育力量。

3. 班级民主管理

班级民主管理是指班级成员在服从班集体的正确决定和承担责任的前提下参与班级全程管理的一种管理方式。班级民主管理的实质是在班级管理的全过程中，调动学生自我教育的力量，使人人都积极主动地参与班级事务。

4. 班级目标管理

班级目标管理是指班主任与学生共同确定班级总体目标，然后转化为小组目标和个人目标，使其与班级总体目标融为一体，形成目标体系，以此推动班级管理活动，实现班级目标的管理方法。目标管理是由美国管理学家**德鲁克**提出来的。

真题面对面

[2022，填空，1 分]班主任既通过对集体的管理去间接影响个人，又通过对个人的直接管理去影响集体，把对集体和个人的管理结合起来。这种管理模式是班级__________管理。

答案：平行

考点5 当前我国学校班级管理中存在的问题及解决策略

1. 当前班级管理中存在的问题

(1)班主任的班级管理方式偏重于专断型;(2)班级管理制度缺乏活力,学生参与班级管理的程度较低。

2. 建立以学生为本的班级管理机制

(1)以满足学生的发展为目的。学生的发展是班级管理的核心。班级管理的实质就是让学生的潜能得到尽可能的开发。

(2)确立学生在班级中的主体地位。现代班级管理强调以学生为核心,建立一套能够持久地激发学生主动性、积极性的管理机制,确保学生的持久发展。

(3)有目的地训练学生自我管理班级的能力。

第二节 班主任工作概述

一、班主任的概念

班主任是学校全面负责一个班学生的思想、学习、生活等工作的教师,是班级的组织者、领导者和教育者,是学校办学思想的贯彻人,是联系班级任课教师和学生团队组织的纽带,是沟通学校、家长和社会的桥梁。教育部印发的《中小学班主任工作规定》指出:"班主任是中小学日常思想道德教育和学生管理工作的主要实施者,是中小学生健康成长的引领者,班主任要努力成为中小学生的人生导师。"

二、班主任的职责与任务

2009年教育部印发的《中小学班主任工作规定》第三章中规定了班主任的职责与任务。具体内容如下:

(1)全面了解班级内每一个学生,深入分析学生思想、心理、学习、生活状况。关心爱护全体学生,平等对待每一个学生,尊重学生人格。采取多种方式与学生沟通,有针对性地进行思想道德教育,促进学生德智体美全面发展。

(2)认真做好班级的日常管理工作,维护班级良好秩序,培养学生的规则意识、责任意识和集体荣誉感,营造民主和谐、团结互助、健康向上的集体氛围。指导班委会和团队工作。

(3)组织、指导开展班会、团队会(日)、文体娱乐、社会实践、春(秋)游等形式多样的班级活动,注重调动学生的积极性和主动性,并做好安全防护工作。

(4)组织做好学生的综合素质评价工作,指导学生认真记载成长记录,实事求是地评定学生操行,向学校提出奖惩建议。

(5)经常与任课教师和其他教职员工沟通,主动与学生家长、学生所在社区联系,努力形成教育合力。

三、班主任工作的意义与作用

(1)班主任是学校对学生进行教育管理工作的具体执行者。班主任工作为贯彻教育方针,完成教育任务和实现教育目标提供了重要保证。

(2)班主任是班集体内教育和教学活动的核心。班主任工作是提高教育教学工作效率的重要手段,它有效保障了班级各项工作有计划、有目的、有针对性的展开。

(3)班主任是学生全面发展的指导者，为学生健康、全面发展提供了保障。

(4)班主任是联系各科任课教师的纽带，是学校班级间互相联系的纽带，同时也是沟通学校与家庭、社会各方面教育力量的桥梁。

第三节　班主任工作的内容与策略

班主任工作的内容包括了解和研究学生，有效地组织和培养优秀班集体，组织课外、校外活动和指导课余生活，协调校内外各种教育力量，学习指导、学习活动管理和生活指导、生活管理，建立学生档案，操行评定，班主任工作计划与总结，个别教育工作，班会活动的组织和偶发事件的处理等。班主任工作的策略要灵活多样，班主任要学会根据不同的学生、不同的事情、不同的条件，采取不同的方式和方法。

一、了解和研究学生

考点1　了解和研究学生的意义

了解和研究学生是班主任工作的前提和基础，是做好各项班级教育工作的前提，也是班级教育过程中有效开展各项工作必不可少的基本环节。

考点2　了解和研究学生的主要内容

1. 了解和研究班级群体的主要内容

(1)班级成员的基本构成，如生源状况、年龄层次、性别比例等；(2)班级群体的学业状况，包括不同学业程度的具体情况和不同学科学业程度的具体情况；(3)班级群体的发展状况，如班级组织、班级规范、人际关系、班级舆论、班风、班级传统等；(4)班级日常行为表现，如学习习惯、课堂内外的纪律等。对于一个新组建的班级，主要是侧重于对第一项内容的把握。

2. 了解和研究班级个体的主要内容

(1)学生的基本情况，如性别、年龄、身体状况、兴趣爱好、个性倾向等；(2)学生的社会关系，如家长职业、家庭经济状况、家庭结构、家庭关系、家庭所在的社区环境等；(3)学生的学业和品德状况，如学习态度、学习习惯、学习性向、智能发展水平等；(4)学生的品德形成与社会性发展状况，如行为习惯、人际关系、人际交往方式、思想道德面貌等。

考点3　班主任了解学生的方法

班主任了解和研究学生的要求是全面、经常和及时。其具体方法如下：

(1)**观察法**，即在自然条件下，有目的、有计划地对学生的各种行为表现进行观察。这是班主任了解、研究学生的**最基本方法**。

(2)**谈话法**，指班主任通过与学生面对面谈话来深入了解学生情况的基本方法。具有灵活、方便、容易了解事情细节、有利于感情沟通等特点。

(3)**调查法**，即通过对学生本人或知情者的调查访问，从侧面间接地了解学生，包括问卷、座谈等。通过这种方法可获得大量第一手材料，反映的问题比较深刻全面。

(4)**书面材料分析法**，即借助学生的成绩表、作业、日记等书面材料对学生进行了解的方法。这是了解学生基本情况的**最简易**的方法。

二、有效地组织和培养优秀班集体 【2017 单选】

组织和培养优秀班集体是班主任工作的中心环节，班主任应有计划、有组织地在短时间内有效地组建班集体，具体内容参见本章第一节中的“班集体的形成与培养”。

真题面对面

[2017，单，2分]班主任工作的中心环节是(　　)

A. 了解学生　　B. 做好个别教育工作

C. 组织班会活动　　D. 组织和培养班集体

答案：D

三、组织课外、校外活动和指导课余生活

学校的课外活动和课余生活一般都以班为单位来组织与安排，所以，组织与指导这些活动也是班主任的一项经常性的重要工作。班主任还应经常关心和了解学生的课余生活，并给予必要的指导。

四、协调校内外各种教育力量

班主任要对班级实施有效的教育与管理，必须要争取校内外各种教育力量的配合，调动各种积极因素。具体内容如下：(1)协调本班各任课教师的工作，充分发挥本班任课教师的作用；(2)协助和指导班级团队活动；(3)争取运用家庭和社会教育力量。

五、学习指导、学习活动管理和生活指导、生活管理

(1)学习指导、学习活动管理。学习指导包括：①指导学生掌握科学的学习方法；②指导学生养成良好的学习习惯；③指导学生制订学习计划。学习活动管理包括上课、课外作业、考试、学生的集体自修等。

(2)生活指导、生活管理。生活指导包括：①对学生进行礼仪常规教育；②指导学生的日常交往；③指导学生搞好生理卫生；④指导学生遵纪守法；⑤对学生进行劳动教育。生活管理包括考勤、日常作息安排、维持各种活动纪律、清洁卫生、执行守则、维持学生正常秩序等。

六、建立学生档案

班主任在全面了解学生的基础上，对掌握的材料进行分析处理，并将整理结果分类存放起来，即建立学生的档案。建立学生档案一般分四个环节：收集—整理—鉴定—保管。

七、操行评定 【2023 材料分析、2021 单选、2018 填空】 必背

考点 1　操行评定的概念

操行评定是以教育目的为指导思想，以“学生守则”为基本依据，对学生一个学期内的学习、劳动、生活、品行等方面进行的小结与评价。操行评定的主要内容有道德品行、学习、身心健康三个方面。

真题面对面

[2021,单,2分]班主任对学生一个学期或一个学年内的思想品德、学习、劳动、文体活动和社会工作等的表现和发展情况的评价是(　　)

A. 操行评定　　B. 诊断性评价

C. 形成性评价　　D. 个体内差异评价

答案:A

考点2　学生操行评语的基本写法

(1)谈心式;(2)描述性;(3)过程性;(4)情感性。

考点3　操行评定的一般步骤

(1)学生自评;(2)小组评议;(3)班主任评价;(4)信息反馈。

考点4　班主任做好操行评定应注意的几个方面

(1)要实事求是,抓主要问题,评定要准确反映学生思想品德的全面表现和发展趋向;(2)要充分肯定学生的进步,并适当指出他们的不足;(3)评语要简明、具体、贴切,严防用词不当伤害学生的情感。

八、班主任工作计划与总结

班主任工作计划一般分为学期计划、月或周计划以及具体的活动计划。其中,学期计划比较完整,一般包括三大部分:(1)基本情况;(2)班级工作的内容、要求和措施;(3)本学期的主要活动与安排。

班主任工作总结是对整个班主任工作过程、状况和结局做出全面的、恰如其分的评估,进行质的评议和量的估计。班主任工作总结一般分为两类:**全面总结和专题总结**,一般在学期学年末进行。做好总结应注意两点:(1)平时注意对班主任工作资料的积累;(2)注意做阶段小结。

九、个别教育工作　【2020判断分析、2016填空】

班主任必须根据学生的个别差异,做好学生的个别教育工作。只有使每个学生都得到发展,班集体才能健康地发展。班主任做好个别教育工作,包括做好先进生的教育工作、中等生的教育工作和后进生的教育工作。

考点1　先进生工作

先进生的心理特征:(1)自尊心强,充满自信;(2)强烈的荣誉感;(3)较强的超群愿望与竞争意识。

对于先进生的教育,班主任要注意:(1)严格要求,防止自满;(2)不断激励,弥补挫折;(3)消除嫉妒,公平竞争;(4)发挥优势,全班进步。

考点2　中等生工作

中等生,也叫"一般生"或"中间生",是指那些在班级中各方面都表现平平的学生。中等生一般具有如下特点:(1)信心不足;(2)表现欲不强。

对于中等生的教育,班主任应注意:(1)重视中等生的教育,既要抓两头,也要抓中间,努力使中间因素向积极的方面转化,实现班级工作的良性循环;(2)根据中等生的不同特点有的放矢地进行个别教育。

考点3　后进生工作

后进生通常指那些学习积极性不高、学习成绩暂时落后、不守纪律的学生。后进生是一个相对概念，运用时应谨慎。

后进生一般具有如下心理特征：(1)不适度的自尊心；(2)学习动机不强；(3)意志力薄弱。

对于后进生的教育，班主任应注意：(1)关心爱护后进生，尊重他们的人格；(2)培养和激发学习动机。

真题面对面

[2020，判断分析，5分]班主任工作内容中的个别教育，实质上是对少数学生的教育。对此你觉得是否正确，请用教育学知识说明理由。

答案：(1)这种说法是不正确的。(2)班主任的个别教育工作是指根据学生的个别差异，进行有针对性的个别教育，目的是使每个学生都得到发展。它包括做好先进生的教育工作、中等生的教育工作和后进生的教育工作。故把个别教育理解为对少数学生的教育的观点是错误的。

十、班会活动的组织

考点1 班会的概念及类型

班会是以班级为单位，在班主任的指导下，一般由学生干部主持进行的全班性会务活动。班会有三个特点：**集体性、自主性、针对性**。班会一般有三类，即常规班会、生活班会和主题班会。

考点2 主题班会

1. 主题班会的概念

主题班会是班主任依据教育目标，指导学生围绕一定主题，由学生自己主持、组织进行的班会活动。主题班会是班级活动的主要形式。

2. 主题班会的形式

(1)主题报告会；(2)主题汇报会；(3)主题讨论会；(4)科技小制作成果展评会；(5)主题竞赛；(6)主题晚会。

3. 组织主题班会的阶段

(1)确定主题；(2)精心准备；(3)具体实施；(4)总结深化。

4. 组织主题班会应注意的问题

(1)主题不能过杂；(2)要有的放矢；(3)班主任要做好“导演”而不是“演员”。

十一、偶发事件的处理 【2022多选】

考点1 偶发事件的概念

偶发事件是指在教育过程中发生的事先难以预料、出现频率较低，但必须迅速做出反应、加以特殊处理的事件。

考点2 偶发事件的特点

突发性、紧迫性、冲击性和多样性。

考点3 偶发事件处理的原则

(1)教育性原则；(2)客观性原则；(3)有效性原则；(4)可接受性原则；(5)冷处理原则。

考点4 偶发事件处理的办法

(1)沉着冷静面对;(2)机智果断应对;(3)公平民主处理;(4)善于总结引导。

知识再拔高

做好偶发事件中的个别教育

一个班上,不时总会发生一些偶发事件,常见的有:闹课堂、同学之间的争吵与斗殴、钱物失窃、损坏公物、对教师的不尊重等。正确处理偶发事件,无论是对维护纪律、树立正确舆论,或是对教育肇事者都关系重大。为了处理好偶发事件,做好肇事者的个别教育工作,首先,要遇事冷静、沉着、慎重。如果感情用事,大动肝火,失去理智,或辱骂、殴打学生,或专横独断,加罪于人,那就可能伤害学生的心灵和人格,导致意想不到的严重后果。其次,要注意弄清事情的真相,情节的轻重,产生的根源和造成的后果,经过认真研究才能做出处理,而不可偏听偏信,在没有掌握全面情况之前就匆忙简单地下结论。最后,要重教育,要启发引导学生认识错误,改过自新。批评与处分只能作为教育学生的辅助手段,如果企图借机整人、惩罚和压制学生,那么既不可能妥善解决问题,也无助于教育学生。

记忆有妙招

为方便考生记忆,编者将班主任工作的主要内容总结成以下口诀:**了解组织多协调,指导课外建档案,操行评定需总结,个别班会偶处理。**

真题面对面

[2022,多,2分]处理课堂起哄、学生争吵、损坏公物等偶发事件,做好学生的个别教育工作,班主任应(　　)

A. 遇事冷静、沉着、慎重　　B. 弄清事实真相和产生原因

C. 引导学生认识并改正错误　　D. 以批评、处分作为主要教育手段

答案:ABC

★★ 考点大默写 ★★

1. 班级的功能包括__________和个体化功能。
2. __________是班集体形成的基础。
3. 训练班级成员自己管理自己、自己教育自己、自主开展活动的最好载体是__________。
4. 班主任培养班集体需要做到:确定班集体的__________;建立得力的__________;建立班集体的__________;组织形式多样的教育活动;培养正确的舆论和良好的班风。
5. 班集体形成的重要标志是形成了__________和__________。
6. 班级管理的功能中,维持班级秩序,形成良好的班风属于班级管理的__________功能。
7. __________是班级教学管理的核心。
8. 通过制定和执行规章制度去管理班级的班级管理模式是__________。

9. 某老师每次组织班级活动时，都先和班干部商量，然后由班干部带头，其他成员积极参与。该班级管理模式属于__________。

10. 我国中小学班级工作的组织者、领导者和教育者是__________。

11. 班主任是中小学日常思想道德教育和学生管理工作的主要实施者，是中小学生健康成长的__________，班主任要努力成为中小学生的__________。

12. __________是联系各科任课教师的纽带，是沟通学校与家庭、社会各方面教育力量的桥梁。

13. __________是班主任工作的前提和基础。

14. 班主任利用学生的登记表、学籍卡、体检表、学习手册等对学生进行分析和研究，使用的方法是__________，这是了解学生基本情况的最简易的方法。

15. 组织和培养优秀班集体是班主任工作的__________环节。

16. 班主任以教育目的为指导思想，以"学生守则"为基本依据，对学生一个学期内的学习、劳动、生活、品行等方面进行小结与评价。这项工作是__________。它的一般步骤包括__________、__________、__________和信息反馈。

17. 班主任工作计划一般分为__________计划、__________计划以及具体的活动计划。

18. 班主任做好个别教育工作，包括做好__________的教育工作、中等生的教育工作和__________的教育工作。

19. 班会一般分为三类，即__________、__________和__________。其中，__________是班级活动的主要形式。

【参考答案】

1. 社会化功能　2. 明确的共同目标　3. 班集体　4. 发展目标；班集体核心；正常秩序　5. 正确的舆论；良好的班风　6. 基本　7. 教学质量管理　8. 班级常规管理　9. 班级民主管理　10. 班主任　11. 引领者；人生导师；　12. 班主任　13. 了解和研究学生　14. 书面材料分析法　15. 中心　16. 操行评定；学生自评；小组评议；班主任评价　17. 学期；月或周　18. 先进生；后进生　19. 常规班会；生活班会；主题班会；主题班会

即时反思与复盘总结

我于________年____月____日完成了对本章的学习。

复盘一下，我对自己较肯定的地方是____________________

(足够努力/心态积极/方法得当……)

我觉得自己需要改进的地方是____________________

(懒惰懈怠/心情浮躁/方法不当……)

休息片刻，开启下一站征程！

第十一章 教育科学研究

思维导图

- 教育科学研究
  - 教育科学研究概述
    - 教育科学研究的内涵：解释、预测和控制教育现象，探索教育规律的一种认识活动
    - 教育科学研究的意义及特点
      - 意义：探索教育规律，解决教育问题；进行教育实验，创造研究成果；促进教学质量提高和教师素质提高
      - 特点：探索性、创造性、艰巨性、实践性
  - 教育科学研究的过程（重点）
    - 选择研究课题：教育研究的第一步、关键一步
    - 教育文献检索与综述
      - 文献检索：网络检索查资料最快捷
      - 文献综述：叙述性、述评性
    - 制订研究计划
      - 确定研究类型和方法
      - 选择研究对象
      - 分析研究变量
      - 形成研究方案
    - 教育研究资料的收集、整理与分析：定量分析是教育研究走向成熟的标志
    - 教育研究论文与报告的撰写
      - 实证性的研究报告
      - 理论性的学术论文
  - 教育科学研究的基本方法
    - 观察研究法：广泛使用的一种方法
    - 调查研究法：查阅资料、问卷法（最基本、使用最广泛）、开调查会、访谈法和调查表法
    - 实验研究法：唯一能确定因果关系的研究方法
    - 个案研究法：描述性研究和实地调查的一种具体方法（重点）
    - 行动研究法（重点）
      - 概念：实际工作者解决实际问题的研究方法
      - 特点：“为教育行动而研究”“在教育行动中研究”“由教育行动者研究”
      - 步骤：计划—行动—考察—反思
    - 质性研究法：步骤：界定研究问题—进入研究现场—收集资料—分析资料—撰写研究报告
    - 教育叙事研究：用故事的形式呈现研究结果

福建考向

本章属于教育学的基础章节，知识点较琐碎，多为识记性知识。现对本章福建考向分析如下：

高频考点	常考题型	能力层级	考查热度
教育科学研究的过程	单选	识记	★★
个案研究法、行动研究法、教育叙事研究	单选	识记	★★

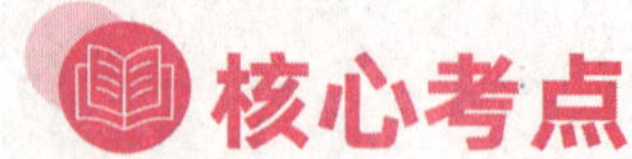

核心考点

第一节 教育科学研究概述

一、教育科学研究的内涵

教育科学研究指的是运用一定的科学方法，遵循一定的科学研究程序，通过对教育现象的解释、预测和控制，探索教育规律的一种认识活动。

教育科学研究同所有的科学研究一样，由三个基本要素组成，即现象与客观事实、科学理论、方法和技术。

二、教育科学研究的意义及特点

考点1 教育科学研究的意义

(1)探索教育规律，解决教育问题；

(2)进行教育实验，创造研究成果；

(3)促进教学质量提高和教师素质提高。

考点2 教育科学研究的特点

(1)探索性

教育科学研究的根本任务是探索教育未知世界、未知领域悬而未决的教育问题。

(2)创造性

科学研究的目的是期求发明和发现，不是简单、无谓地重复前人的劳动，更不是拼凑、堆砌他人的研究成果。因此，科学研究应该使原有的知识量有所增加和改造，应该具有一定创造性。可以说，创造是科学研究的灵魂。我们评价一项研究成果的价值，重要的标准就是看其中凝聚的创造性劳动的多少。

(3)艰巨性

要在科学研究上有所作为，就必须承认科学研究工作的艰巨性，有勇气克服科学研究过程中的一道道难关。

(4)实践性

科学研究无不始于实践需要。同时，一项研究的结论是否可靠，或可靠度有多大，还必须付诸实践加以检验，一项科研是否真有价值以及价值有多大，也只有从实践的效果中来确定。

第二节 教育科学研究的过程 新增

一、选择研究课题

选择和确定研究课题是进行教育研究的第一步，并且是关键性的一步。研究课题可以来源于教育实践，也可以来源于教育理论。在教育实践中选定研究课题是我国当前教育研究最重要的选题途径。

一个好的研究课题必须具有以下特点：(1)选题必须有价值。(2)选题必须有科学的现实性。(3)选题必须明确具体。选定的研究问题一定要具体、适度,研究范围要明确界定,宜小不宜大,所含的研究问题要明晰,不能太笼统。(4)选题必须新颖,有独创性。(5)选题必须有可行性。

二、教育文献检索与综述

考点1　教育文献检索

1. 教育文献检索的作用

在教育研究过程中,文献检索是必不可少的步骤,它贯穿研究的全过程。文献检索的作用在于:(1)可以从整体上了解研究的发展动向与成果,把握需要研究的内容;(2)吸取前人研究的经验教训,避免重复研究;(3)可以澄清研究问题并界定变量;(4)可以为如何进行研究提供思路和方法;(5)可以综合前人的研究信息,获得初步结论。

2. 教育文献检索的方法

查阅文献资料的途径有很多,既可利用目录、索引、文摘等检索工具进行,也可利用联机检索、光盘检索、上网检索等计算机检索方法进行。其中,网络检索是查阅资料最快捷的方法。文献检索的基本方法包括顺查法、逆查法、引文查找法和综合查找法。

考点2　教育文献综述

对于比较正规的教育科研或较大研究课题来说,完成文献资料的阅读之后,还要撰写文献资料综述,也就是在对文献进行整理、阅读、思考、分析、综合、概括的基础上,用自己的语言将与研究课题有关的文献内容叙述出来,在叙述的同时可以根据需要进行评论。

文献综述有两种类型:一种是叙述性文献综述,另一种是述评性文献综述。

三、制订研究计划

研究计划是研究工作进行之初所做的书面规划,是如何进行研究的具体设想,是研究实施的蓝图。撰写研究计划,首先必须了解研究计划的基本要求和写作形式。**基本要求**可以概括为四个问题:研究什么、为什么研究、怎样研究、预计成效。

制订研究计划,主要做好以下几个方面的工作:(1)确定研究类型和方法;(2)选择研究对象;(3)分析研究变量;(4)形成研究方案。

四、教育研究资料的收集、整理与分析

(1)收集研究资料。收集研究资料是指研究者在实施研究计划过程中所得到的现实资料。收集资料是研究的主要任务和研究基础。收集资料的方法有定性和定量的方法,定量研究主要有调查、观察、测量、实验、文献分析等;定性研究主要有个案研究、行动研究、叙事研究等。

(2)整理研究资料。资料整理是根据调查、研究的目的,对收集和调查研究所得的资料进行科学的审核、分类、汇总和再加工的过程。

(3)分析研究资料。分析研究资料就是对收集到的教育事实和数据进行整理和分析,做理性的加工处理。资料分析的**基本步骤**:阅读资料—筛选资料—解释资料。分析研究资料主要有两种方式:定性分析和定量分析。定量分析是教育研究走向成熟的重要标志,它常常可以消除一些无谓的争论,验证和确认定性的结论。

五、教育研究论文与报告的撰写

人们通常把表达科学研究成果的学术性文章称为研究论文。它可分为两大类:(1)实证性的研究

报告。(2)理论性的学术论文。一般教育学术论文的结构，由题目、署名、摘要、关键词、前言、正文、结论、注释(或参考文献)等组成。其中，前言、正文和结论构成论文的主体。

真题面对面

[2019，单，2分]开展教育科学研究的第一个步骤是(　　)

A. 编制工具　　B. 提出课题

C. 查阅文献　　D. 收集和分析数据

答案：B

第三节　教育科学研究的基本方法

一、观察研究法

考点1　观察研究法的概念

观察研究法是指人们有目的、有计划地通过感官和辅助仪器，对处于自然状态下的客观事物进行系统考察，从而获取经验事实的一种科学研究方法。观察研究法是教育科学研究广泛使用的一种方法。

考点2　观察研究法的一般步骤

(1)界定研究问题，明确观察目的和意义；(2)编制观察提纲，进入研究情境；(3)实施观察，收集、记录资料；(4)分析资料，得出研究结论。

二、调查研究法

考点1　调查研究法的概念

调查研究法是在教育理论指导下，通过运用观察、列表、问卷、访谈、个案研究及测验等方式，收集教育问题的资料，从而对教育的现状做出科学分析，并提出具体工作建议的一整套实践活动。

在教育调查研究中，常用的调查方法有查阅资料、问卷法、开调查会、访谈法和调查表法，其中，最基本、使用最广泛的方法是问卷调查。

考点2　调查研究法的步骤

(1)明确调查目的；(2)制订调查计划；(3)准备调查材料和工具；(4)实施调查；(5)整理调查材料；(6)撰写调查报告。

三、实验研究法

考点1　实验研究法的概念

实验研究法是根据研究目的，运用一定的人为手段，主动干预或控制研究对象的发生、发展过程，通过观察、测量、比较等方式探索、验证所研究现象因果关系的研究方法。

实验研究的目的是发现事物间的因果关系，是各类研究中唯一能确定因果关系的研究。

考点2　实验研究法的步骤

(1)提出实验的假说；(2)设置变量；(3)选择实验被试，选择适当的实验组织形式；(4)对实验组实施干预，同时严密控制无关变量；(5)实验进行一个轮次或一个阶段，对因变量进行后效测试(后测)，并对结果进行比较；(6)检验课题假说能否成立。

四、个案研究法 【2018单选】

考点1 个案研究法的概念

个案研究法是指在较长时间内，通过系统搜集特定个体的有关资料，研究其发展变化过程的方法。它是当今教育研究中运用广泛的定性研究方法，也是描述性研究和实地调查的一种具体方法。其任务是揭示研究对象形成、变化的特点和规律，以及影响个案发展变化的各种因素，并提出相应的对策。

考点2 个案研究法的优缺点

优点：它能生动地描述过程、形象地展示个案，这是定量统计难以做到的。

局限：(1)研究结论的主观性较强；(2)常常会遇到伦理道德问题；(3)个案研究成果的推广性有限；(4)对研究人员的语言技能、洞察力有较高要求。

真题面对面

[2018，单，2分]在较长时间内，通过系统搜集特定个体的有关资料，研究其发展变化过程。这种研究方法是(　　)

A. 观察法　　B. 调查法　　C. 行动研究法　　D. 个案研究法

答案：D

五、行动研究法 【2020单选】

考点1 行动研究法的概念

行动研究是指实际工作者(如教师)基于解决实际问题的需要，与专家、学者及本单位的成员共同合作，将实际问题作为研究的主题，进行系统的研究，以解决实际问题的一种研究方法。

考点2 行动研究法的特点

教育行动研究的特点可以概括为"为教育行动而研究""在教育行动中研究""由教育行动者研究"。其中，"为教育行动而研究"指出了教育研究的目的，行动研究以提高行动质量、解决实际问题为首要目标；"在教育行动中研究"指出了研究的情境和研究的方式，行动研究以行动过程与研究过程的结合为主要表现形式；"由教育行动者研究"指出了教育行动研究的主体是实际工作者，主要是教师。

考点3 行动研究法的步骤

行动研究的基本过程大致分为循序渐进的四个环节，即计划、行动、考察和反思。

真题面对面

[2020，单，2分]为提高本班学生的课堂参与度，某教师在自然真实的教育环境中，按照一定的程序，综合多种方法与技术展开研究。该研究是(　　)

A. 理论研究　　B. 行动研究　　C. 基础研究　　D. 历史研究

答案：B

六、质性研究法

考点1　质性研究法的概念

质性研究也称为“实地研究法”或“参与观察法”，它是基于经验和直觉的研究方法，以研究者本人作为研究工具，凭借研究者自身的洞察力，在与研究对象的互动中理解和解释其行为和意义建构。质性研究实际上并不是一种方法，而是许多不同研究方法的统称。

考点2　质性研究法的步骤

(1)界定研究问题；(2)进入研究现场；(3)收集资料；(4)分析资料；(5)撰写研究报告。

七、教育叙事研究　【2021单选】

考点1　教育叙事研究的含义及特征

教育叙事研究是抓住人类经验的故事性特征进行研究并用故事的形式呈现研究结果的一种研究方式。它所关注的是在一定的场景和实践中所发生的故事，以及主人公是如何思考、筹划、应对、感受、理解这些故事的。即教育主体叙述教育教学中的真实情境的过程，是通过讲述教育故事，体悟教育真谛的一种研究方法。

教育叙事研究并非为讲故事而讲故事，而是通过教育叙事展开对现象的思索，对问题的研究，是一个将客观的过程、真实的体验、主观的阐释有机融为一体的教育经验的发现和揭示过程。

考点2　教育叙事研究的操作步骤

(1)观察并提出问题；(2)事件的记录与描述；(3)反思与分析；(4)总结与提升；(5)交流与评价。

★★　考点大默写　★★

1. 教育科学研究由三个基本要素组成，即现象与客观事实、__________、__________。
2. 教育科学研究的意义包括：探索教育规律，解决教育问题；进行教育实验，创造研究成果；促进__________和__________提高。
3. 教育科学研究的特点有__________、__________、艰巨性和__________。
4. __________是进行教育研究的第一步，并且是关键性的一步。
5. 选题的要求之一是问题表述必须具体明确。即选定的研究问题一定要具体、适度，研究范围要明确界定，宜__________不宜__________，所含的研究问题要明晰，不能太笼统。
6. 查阅文献资料的途径有很多，其中，__________是查阅资料最快捷的方法。
7. 常用的教育调查方法有很多，其中最基本、使用最广泛的方法是__________。
8. __________的目的是发现事物间的因果关系，是各类研究中唯一能确定因果关系的研究。
9. __________是指实际工作者基于解决实际问题的需要，与专家、学者及本单位的成员共同合作，将实际问题作为研究的主题，进行系统的研究，以解决实际问题的一种研究方法。
10. 行动研究的基本过程大致分为循序渐进的四个环节，即__________、__________、__________和__________。

【参考答案】

1. 科学理论；方法和技术　2. 教学质量；教师素质　3. 探索性；创造性；实践性　4. 选择和确定研究课题　5. 小；大　6. 网络检索　7. 问卷调查　8. 实验研究　9. 行动研究　10. 计划；行动；考察；反思

模块三

普通心理学

SHAN XIANG

内容导学

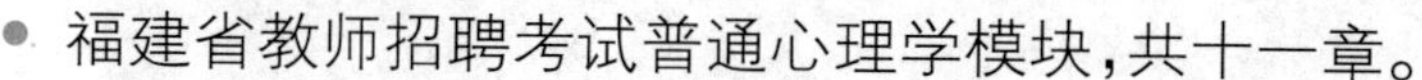

- 福建省教师招聘考试普通心理学模块,共十一章。
- 第一章主要讲述了心理学的基本原理,考查题型多侧重于客观题。
- 第二章至第六章主要介绍了认知过程的内容,考查题型以客观题为主,但也会考查主观题。
- 第七章至第八章是对情绪情感和意志的阐述,考查题型多侧重于客观题。
- 第九章至第十一章主要讲述了个性心理和自我意识的内容,考查题型主、客观均会涉及。
- 考生要重点掌握第二章至第十章的内容,并结合历年真题和每章的栏目有针对性地进行复习。

第一章 心理与心理学

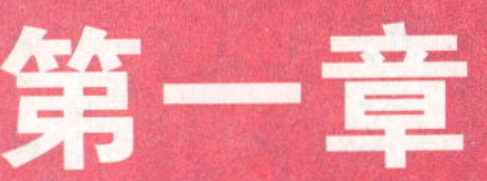

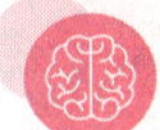

思维导图

- 心理与心理学
  - 科学的心理观
    - 心理是脑的机能
      - “布洛卡区”
    - 心理是客观现实的反映
      - 客观现实决定人的心理
      - 主观映像、能动反映
  - 神经系统的结构与活动方式
    - 神经系统的结构
      - “额顶枕颞；动感视听”
    - 神经系统的活动方式
      - 反射：神经系统活动的基本方式
      - 无条件反射：无意识的本能行为
      - 条件反射：第一、第二信号系统
  - 心理学概述
    - 心理学的研究对象
      - 心理现象及其发生发展规律
    - 心理现象及其结构（重点）
      - 心理过程：认知、情绪情感、意志过程
      - 个性心理：个性心理倾向性、个性心理特征
  - 科学心理学的发展
    - 心理学产生的历史背景
      - 《论灵魂》
      - 1879、冯特（心理学之父）
    - 西方主要的心理学流派（重点）
      - 构造主义、机能主义、行为主义、格式塔、精神分析、人本主义、现代认知

福建考向

本章属于心理学中的基础章节，特点为内容基础、琐碎。现对本章福建考向分析如下：

高频考点	常考题型	能力层级	考查热度
神经系统的结构	填空	识记	★★
心理过程	单选、判断、填空	理解	★★★
个性心理	多选	识记	★★
西方主要的心理学流派	单选	识记	★★

核心考点

第一节　科学的心理观

一、心理是脑的机能

心理是脑的机能，脑是心理的器官。1861年，法国外科医生布洛卡解剖了一位失语症病人的脑，发现他大脑皮层的一个区域里的神经细胞严重损坏，由此证明了脑的这个部位（后称“布洛卡区”）与人的语言活动有关，以后的大量实验论证了心理是脑的机能。

二、心理是客观现实的反映

考点1　客观现实决定人的心理

人的心理活动，就其产生方式来说，是客观事物引起人脑反射的活动；就其内容来说，是作用于人脑的客观现实的反映。物质是第一性的，心理是第二性的，人的心理是客观现实的反映。必须强调的是，人的社会生活实践对人的心理起着决定性的作用。因为社会生活条件才是人的心理源泉，是心理内容的决定性组成部分。总之，人的心理是客观现实的反映，而社会环境和社会生活条件对人的心理起着决定性的作用。

考点2　心理是人脑对客观现实的主观映像　【2021填空】

人的心理是客观的又是主观的，它是由具体的个体在头脑中进行的。由于人的知识经验、需要、愿望以及个性特征的不同，因而对客观现实的反映也不同。例如，有的人爱财如命，有的人乐于济人，这就是钱在他们主观上的不同反映。在对客观事物的选择上，不同的人有不同的特点。所以，人的心理是客观现实的主观映像。

真题面对面

[2021，填空，1分]科学心理观认为，心理是人脑对__________的主观能动的反映。

答案：客观现实

考点3　心理是人脑对客观现实的能动的反映

人的心理不是消极被动地、录像式地对客观现实进行反映，而是能动地去反映客观世界。人们不仅反映客观事物具体的表面现象，而且还会通过大脑的分析、综合，把握客观事物的本质和规律，预测客观事物发展变化的过程，从而有效地认识和改造客观世界。这些都是在实践过程中通过主客观的相互作用而实现的。

第二节　神经系统的结构与活动方式

一、神经系统的结构

神经系统是心理活动的主要物质基础。人的心理活动，都要通过它的活动来实现。

考点 1　神经元　【2019 填空】

神经元(又称神经细胞)是神经系统结构和机能的单位，它具有接受刺激、传递信息和整合信息的功能。神经元一般分为细胞体(或称胞体)、树突和轴突三部分。

真题面对面

[2019，填空，1 分]神经系统结构和机能的基本单位是＿＿＿＿＿＿。

答案：神经元(神经细胞)

考点 2　神经系统　【2017 填空】

1. 中枢神经系统

中枢神经系统包括脑和脊髓，是整个神经系统的主干。

大脑两半球是中枢神经系统的最高部位，是整个神经系统的最高司令部。其中，大脑的结构和主要功能分区如下表所示。

表 3-1　大脑的结构和功能分区

结构	大脑左半球	负责身体的右边，是抽象逻辑思维和言语中枢的优势半球，它主要负责言语、阅读、书写、运算和推理等
	大脑右半球	负责身体的左边，是形象思维和高度空间知觉的优势半球，它主要处理的信息是知觉物体的空间关系、情绪情感、欣赏音乐和艺术等
功能分区	额叶	在组织有目的、有方向的活动中，有使活动服从于坚定意图和动机的作用
	顶叶	主要是调节机体的触压觉、温度觉、痛觉和内脏感觉等
	枕叶	视觉中枢
	颞叶	主要对听觉刺激进行加工

记忆有妙招

为方便考生记忆，我们将大脑的功能分区总结为如下口诀，上联：额顶枕颞；下联：动感视听。

真题面对面

[2017，填空，1 分]大脑半球分为＿＿＿＿＿＿、顶叶、枕叶和颞叶。

答案：额叶

脊髓是中枢神经系统的最低级部位，同时脊髓也是脑和周围神经系统的桥梁，可以完成一些简单的反射活动。

2. 周围神经系统

周围神经系统由12对脑神经和31对脊神经组成，其功能是把各感觉器官的神经冲动（信息）传递给中枢，再把中枢的神经冲动（信息）传给有关的器官。

如果说中枢神经系统是人体的“司令部”，那么周围神经系统就是人体的“通讯网络”。

二、神经系统的活动方式

反射是神经系统活动的基本形式，实现反射活动的生理结构是反射弧，它由感受器、传入神经、神经中枢、传出神经、效应器五个部分组成。反射分为无条件反射和条件反射。

1. 无条件反射

无条件反射是先天的，即所谓无意识的本能行为。例如，婴儿生下来就会吃奶，就有唾液分泌，这是食物反射。

2. 条件反射

条件反射又称信号反射，是后天经过学习才能得到的反射，即所谓有意识学习得来的知识、技能、经验等。例如，婴儿见到常用的奶瓶就欢喜，并有唾液分泌。根据条件刺激的特点，巴甫洛夫把大脑皮层的功能分为第一信号系统和第二信号系统。

（1）第一信号系统。用具体事物作为条件刺激而建立的条件反射系统叫作第一信号系统，如成语“望梅生津”。第一信号系统是人和动物共有的。

（2）第二信号系统。用语词作为条件刺激而建立的条件反射系统叫作第二信号系统，如成语“谈虎色变”。第二信号系统是人类特有的，是人类和动物的条件反射活动的根本区别。

无条件反射

第一信号系统

第二信号系统

第三节　心理学概述

一、心理学的研究对象　【2018填空】

心理学是研究心理现象及其发生发展规律的科学，心理现象又称心理活动。心理学既研究动物的心理，也研究人的心理，而以人的心理现象为主要研究对象。

心理学兼有自然科学和社会科学的性质，是一门中间（边缘）科学。

真题面对面

[2018，填空，1分]心理学是研究____________及其发生发展规律的科学。

答案：心理现象

二、心理现象及其结构　必背

心理现象非常复杂，但从形式上可以归纳为**心理过程**和**个性心理**两个方面。

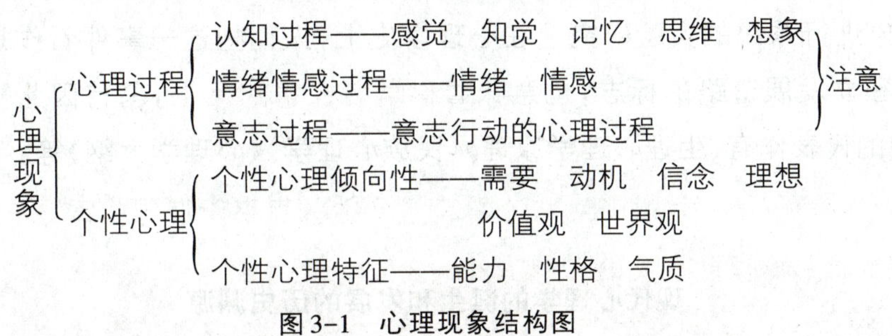

图3-1　心理现象结构图

考点1　心理过程　【2019单选、2018填空、2017判断】

心理过程是心理活动的一种动态过程，是人脑对客观现实的反映过程。它包括以下三个方面：（1）认知过程，包括感觉、知觉、记忆、想象、思维等；（2）**情绪情感过程**；（3）**意志过程**。

需要指出的是，注意不属于某一独立的心理过程，但却从始至终伴随心理过程的进行，是一种特殊的心理状态。

真题面对面

1.[2019，单，2分]下列属于认知过程的心理现象是（　　）

A. 注意　　B. 思维　　C. 情绪　　D. 人格

2.[2018，填空，1分]人的心理过程包括____________过程、情绪情感过程和意志过程。

答案：1. B　2. 认知

考点2　个性心理　【2020多选】

个性心理是指表现在一个人身上比较稳定的心理特性的综合，是一个人总的精神面貌，反映了人与人之间稳定的差异特征。它包括以下两个方面：

（1）个性心理倾向性，包括需要、动机、兴趣、爱好、信念、理想、世界观等；

(2)个性心理特征，包括个体的气质、性格、能力等。

考点3　心理过程和个性心理的关系

心理过程和个性心理是心理学研究的两大方面。二者是相互联系、相互渗透、相互制约的。一方面，个性是在心理过程中形成的，如果没有对主观和客观世界的认识，没有情绪情感的体验，没有积极地与困难做斗争的意志活动，心理的个性差异就无从形成和表现。另一方面，已经形成的个性心理倾向性和个性心理特征又制约着心理过程的进行。

第四节　科学心理学的发展　必背

一、心理学产生的历史背景　【2020填空】

心理学是一门古老而又年轻的科学。在欧洲，心理学的历史可以追溯到古希腊柏拉图、亚里士多德的时代。**亚里士多德的《论灵魂》是历史上第一部论述各种心理现象的著作。**

冯　特

1879年，德国著名心理学家**冯特**在德国莱比锡大学创建了世界上第一个心理学实验室，开始对心理现象进行系统的实验研究。在心理学史上，人们把这一事件看作是心理学脱离哲学，走上独立发展道路的标志，也意味着科学心理学的诞生，冯特因此被称为"心理学之父"。他的代表作有《生理心理学原理》《民族心理学》《心理学大纲》等。

知识再拔高

现代心理学的诞生和发展的历史渊源

现代心理学的诞生和发展有两个重要的历史渊源：(1)受到近代哲学思潮的影响，特别是唯理论和经验论的影响，近代哲学为西方现代心理学的诞生提供了理论基础；(2)受到实验生理学的影响，现代心理学的实验方法直接来源于实验生理学。

二、西方主要的心理学流派　【2022单选】

表3-2　西方主要的心理学流派

心理学流派	代表人物	主要观点
构造主义心理学	冯特、铁钦纳	(1)主张心理学研究人们的直接经验即意识，并把人的经验分为感觉、意象和激情状态三种元素； (2)主张采用实验内省法； (3)该理论忽视个体差异，不考虑应用，严重脱离社会生活，研究范围非常狭窄
机能主义心理学	詹姆士、杜威和安吉尔	(1)主张研究意识，但是他们不把意识看成是个别心理元素的集合，而是看成一种持续不断、川流不息的过程，提出了"意识流"； (2)强调对意识作用与功能的研究，不赞成构造主义对心理结构进行分析
行为主义心理学	华生	(1)反对研究意识，主张研究行为； (2)反对内省，主张采用实验方法； (3)西方心理学的"**第一势力**"

续表

心理学流派	代表人物	主要观点
格式塔心理学（完形心理学）	韦特海默、苛勒和考夫卡	反对把意识分析为元素，而强调心理作为一个整体、一个组织的意义，认为： (1)整体不能还原为各个部分、各种元素的总和； (2)部分相加不等于整体； (3)整体先于部分而存在，并且制约着部分的性质和意义； (4)整体大于部分之和
精神分析心理学	弗洛伊德	(1)重视对异常行为的分析和无意识的研究； (2)行为根源于某种欲望或动机； (3)西方心理学的"第二势力"
人本主义心理学	罗杰斯、马斯洛	着重于人格方面的研究，认为： (1)人的本质是善良的； (2)人有自由意志，有自我实现的需要； (3)西方心理学的"第三势力"
现代认知心理学（信息加工心理学）	奈塞尔	(1)诞生标志为奈塞尔于1967年出版的《认知心理学》； (2)把心理活动看作信息加工系统，由感官收集信息，经过分析、存储、转换，然后加以利用

记忆有妙招

为方便考生记忆，我们将西方主要的心理学流派的代表人物及观点总结成如下口诀：

(1)铁(铁钦纳)粉(冯特)内省造元素。

(2)危(杜威)机(安吉尔)适(詹姆士)应意识流。

(3)华生行为双第一(行为主义第一人；"第一势力")。

(4)完形整体为(韦特海默)科(苛勒)考(考夫卡)。

真题面对面

[2022，单，2分]主张人的每一种经验都是一个整体，整体先于部分，整体大于部分之和的心理学流派是(　　)

A. 认知心理学

B. 格式塔心理学

C. 人本主义心理学

D. 机能主义心理学

答案：B

★★ 考点大默写 ★★

1. 人的心理是人脑对客观现实的____________。

2. 心理是____________的机能。

3. ____________决定人的心理。

4. ____________是心理活动的主要物质基础。

5. ____________是中枢神经系统的最高部位，是整个神经系统的最高司令部。

6. 神经系统活动的基本形式是____________。

7. 心理学的主要研究对象是____________。

8. 心理学兼有____________科学和____________科学的性质，是一门____________科学。

9. 个性心理包括____________和____________。

10. 心理过程是人脑对客观现实的反映过程，它包括____________、____________和____________。

11. 记忆属于心理过程中的____________过程。

12. ____________被称为“心理学之父”。

13. 强调心理作为一个整体、一个组织的意义的心理学流派是____________。

14. ____________是西方心理学的“第三势力”。

15. 信息加工心理学诞生的标志是____________于____________年出版的____________。

【参考答案】

1. 主观映像 2. 脑 3. 客观现实 4. 神经系统 5. 大脑两半球 6. 反射 7. 人的心理现象 8. 自然；社会；中间（边缘） 9. 个性心理倾向性；个性心理特征 10. 认知过程；情绪情感过程；意志过程 11. 认知 12. 冯特 13. 格式塔心理学（完形心理学） 14. 人本主义心理学 15. 奈塞尔；1967；《认知心理学》

即时反思与复盘总结

我于________年____月____日完成了对本章的学习。

复盘一下，我对自己较肯定的地方是________________________

（足够努力/心态积极/方法得当……）

我觉得自己需要改进的地方是________________________

（懒惰懈怠/心情浮躁/方法不当……）

休息片刻，开启下一站征程！

 第二章 感觉与知觉

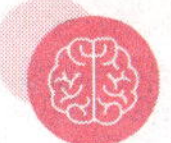 思维导图

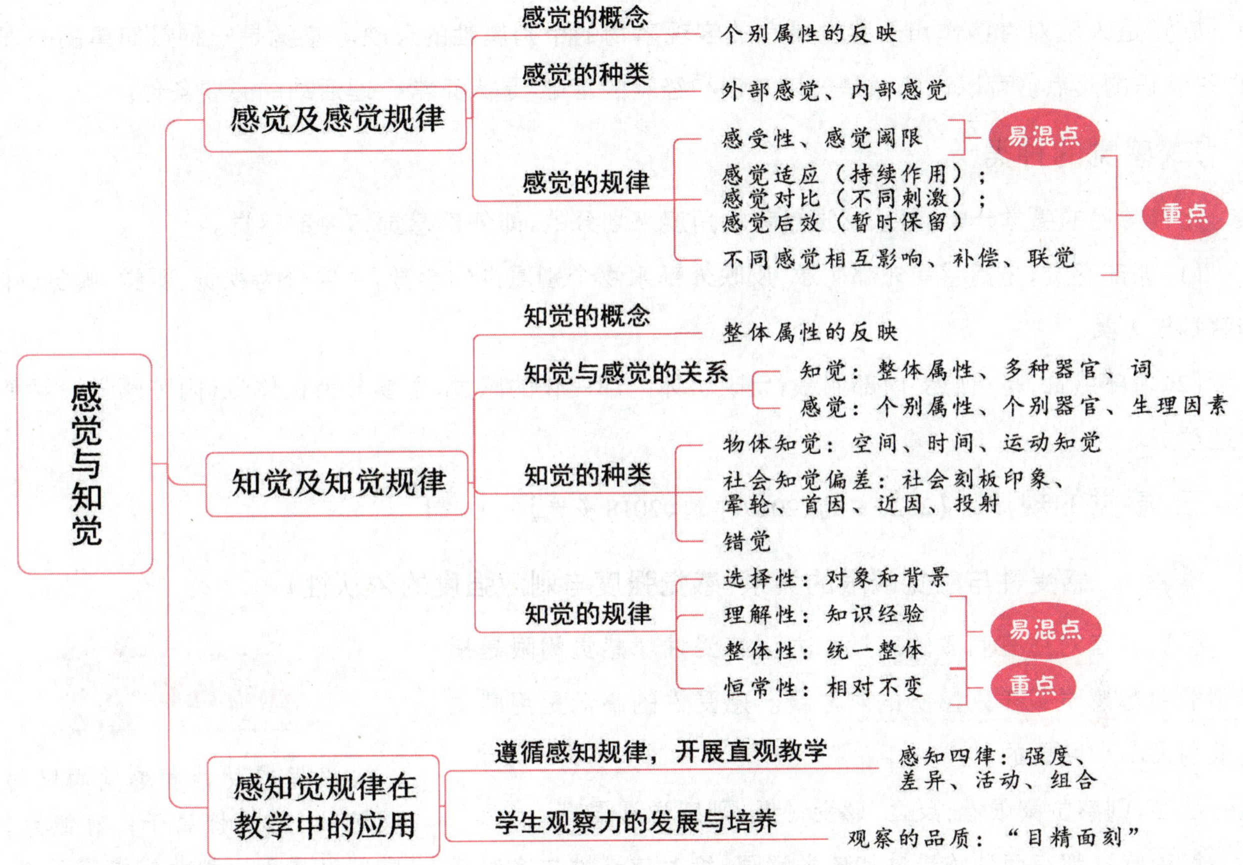

福建考向

本章属于心理学中的基础章节，特点为内容系统、理解性知识多。现对本章福建考向分析如下：

高频考点	常考题型	能力层级	考查热度
感觉的规律	单选、多选	理解	★★★
知觉的种类	单选	识记	★★
知觉的规律	单选、判断	理解	★★

核心考点

第一节　感觉及感觉规律

一、感觉的概念　【2017 填空】

感觉是人脑对直接作用于感觉器官的客观事物的**个别属性**的反映。感觉是一种最简单的心理现象，是认识的起点。可以说感觉是一切知识和经验的基础，是人正常心理活动的必要条件。

二、感觉的种类

比较常见的感觉分类，是从感觉器官的角度来划分的，即外部感觉和内部感觉。

(1)外部感觉，是指感受外部刺激，反映外部事物个别属性的感觉，主要分为视觉、听觉、嗅觉、味觉和肤觉五大类。

(2)内部感觉，是指感受内部刺激，反映机体内部变化的感觉，主要分为机体觉(内脏感觉)、平衡觉和运动觉。

三、感觉的规律　【2020 单选、2019 单选、2018 多选】　必背

考点 1　感受性与感觉阈限的关系(感觉强度与刺激强度的依从性)

感觉器官对适宜刺激的感觉能力叫**感受性**。**感觉阈限**是指刚刚能引起感觉或差别感觉的刺激量。感受性的高低是用感觉阈限的大小来度量的。感受性与感觉阈限在数值上成反比关系，感受性高，则感觉阈限低；反之，感受性低，则感觉阈限高。

每种感觉都有两种感受性和感觉阈限：绝对感受性与绝对感觉阈限、差别感受性与差别阈限。

根据感受性和感觉阈限的定义可知，感受性属于一种能力，感觉阈限属于一种数值或范围。

1. 绝对感受性与绝对感觉阈限

刚刚能引起感觉的最小刺激强度叫**绝对感觉阈限**；而人的感官觉察这一最小刺激强度的能力叫**绝对感受性**。各种感觉的绝对阈限各不相同，同一感觉的绝对阈限也会因人而异。

2. 差别感受性与差别阈限

对两个同类的刺激物，只有达到一定的差异强度才能引起人们的差异感觉。刚刚能引起差别感觉的刺激物间的最小差异量叫**差别阈限**，又称**最小可觉差**；能够感受刺激之间这一最小差异量的能力叫差别感受性。

3. 感受性的发展

人的感受性不是固定不变的。感受性的发展依赖于人们的生活条件与实践活动。由于社会实践

活动的要求和熏陶，人们的某种感觉的感受性会变得特别灵敏，如茶博士的品茶功夫、熟练炼钢工的"火眼金睛"等。此外，有计划的训练也可以提高感受性。

考点2 感觉的相互作用规律

同一感受器接受的其他刺激以及其他感受器的机能状态对感受性产生的影响，叫作感觉的相互作用。感觉的相互作用有两种形式：一是同一感觉的相互作用；二是不同感觉的相互作用。

1. 同一感觉的相互作用

(1)感觉适应

由于刺激对感受器的持续作用而使感受性发生变化的现象叫感觉适应。适应现象表现在所有感觉中，但是，在各种感觉中的表现是不同的。

视觉的适应可分为：①**暗适应**，是指照明停止或由亮处转入暗处时视觉感受性提高的过程；②**明适应**，是指照明开始或由暗处转入亮处时视觉感受性下降的过程。

"入芝兰之室，久而不闻其香；入鲍鱼之肆，久而不闻其臭"是嗅觉的适应。

痛觉的适应很难发生，因此痛觉作为伤害性刺激的信号而具有生物学意义。

此外，过于强烈的刺激，如强烈的气味、特别热的水、苦味等，都很难产生感觉适应。

(2)感觉对比

感觉对比是同一感受器接受不同的刺激，而使感受性发生变化的现象。感觉对比分为两种：同时对比和继时对比。

几个刺激物同时作用于同一感受器会产生同时对比现象。例如，把一个灰色的小方块放在白色的背景上，看起来小方块就显得暗些；把相同的小方块放在黑色的背景上，小方块就显得亮些。

刺激物先后作用于同一感受器会产生继时对比现象。例如，吃过糖之后吃橘子，会觉得橘子特别酸；手放进热水之后，再放到温水中，会觉得温水很凉。

(3)感觉后效

在刺激作用停止后，感觉暂时保留的现象称为感觉后效，即**感觉后像**。在各种感觉中，视觉的后效很显著，又称视觉后像。

视觉后像有两种：正后像和负后像。注视发光的灯泡几秒钟，再闭上眼睛，就会感到眼前有一个同灯泡差不多的光源出现在黑暗的背景里，这时出现的就是**正后像**。正后像出现以后，如果我们把视线转向白色的背景，就会感到在明亮的背景上有黑色的斑点，因为此时出现的后像和刺激在品质上是相反的，所以是**负后像**。

2. 不同感觉的相互作用

(1)不同感觉的相互影响。任何一种感受器的感受性，都会因同时或继时发生作用的其他感受器的影响而有所变化。对某一感受器的微弱刺激，能提高其他感受器的感受性，而强烈刺激则降低其他感受器的感受性。例如，在噪音影响下，黄昏视觉的感受性会降低到受刺激前的20%；而轻微的肌肉动作或用凉水擦脸，可以使黄昏视觉的感受性提高。

不同感觉的相互作用

(2)不同感觉的相互补偿。**感觉的补偿**是指某种感觉系统的机能丧失后而由其他感觉系统的机能来弥补。例如，盲人失去视觉，通过实践活动使听觉更加敏锐。

(3)联觉。一种感觉兼有另一种感觉的心理现象叫联觉。例如，红色给人以热烈的感觉，紫色给人以高贵的感觉等。

真题面对面

1.[2020，单，2分]红色往往让人感到温暖，绿色往往让人感到凉爽，这种感觉现象是(　　)

A. 联觉　　B. 感觉后像　　C. 感觉补偿　　D. 感觉适应

2.[2019，单，2分]进入吵闹的市集，刚开始会觉得嘈杂，一段时间后觉得嘈杂声减弱了。这体现的是(　　)

A. 听觉掩蔽　　B. 听觉对比

C. 听觉疲劳　　D. 听觉适应

3.[2018，多，2分]下列关于感觉规律的表述，正确的有(　　)

A. 感觉有补偿现象

B. 感觉适应时感受性下降

C. 感受性与感觉阈限成反比关系

D. 感觉对比分为同时对比和继时对比

答案：1. A　2. D　3. ACD

第二节　知觉及知觉规律

一、知觉的概念

知觉是在感觉的基础上产生的，它是人脑对直接作用于感觉器官的客观事物的**整体属性**的反映。例如，某物体用眼看，有一定大小，呈椭圆状，绿中透红；用手摸，表皮光滑，有一定硬度；用鼻子嗅，有清香的水果气味；用舌头尝，有酸甜味。人脑把这些属性综合起来，便形成对该物体的整体印象，并知道它是“苹果”。这就是对苹果的知觉过程。

二、知觉与感觉的关系

表3-3　知觉与感觉的关系

关系	感觉	知觉
区别	反映事物的个别属性	反映事物的整体属性
	仅依赖于个别感觉器官的活动	依赖于多种感觉器官的联合活动
	受感觉系统的生理因素影响	受感觉系统的生理因素、人的过去经验、心理特点的制约，与词联系在一起

续表

关系	感觉	知觉
联系	(1)都是刺激物直接作用于感觉器官而产生的,都是我们对现实的感性反映形式; (2)都是人类认识世界的初级形式,反映的都是事物的外部特征和外部联系	

三、知觉的种类 【2022 填空】

根据知觉过程中起主导作用的分析器不同,可以把知觉分为视知觉、听知觉、嗅知觉、触知觉等;根据人脑反映的对象的不同,可以把知觉分为物体知觉和社会知觉;根据知觉对象是否符合客观实际和反映现实的精确程度,可以把知觉分为精细知觉、模糊知觉、错觉和幻觉。接下来主要讲一下物体知觉、社会知觉和错觉。

考点1 物体知觉

根据知觉反映的客观对象的不同,物体知觉可分为空间知觉、时间知觉、运动知觉等。

1. 空间知觉

空间知觉指物体的空间特性在人脑中的反映,包括形状知觉、大小知觉、深度知觉、方位知觉等。

2. 时间知觉

时间知觉是对客观事物时间关系(即事物运动的速度、延续性和顺序性)的反映。在时间知觉中,听、视、触等感官都参加,并起不同的作用。

3. 运动知觉

运动知觉是对物体在空间位置移动的知觉,直接依赖于对象运动的速度。物体运动的速度太慢或单位时间内物体位移的距离太小,都不能使人产生运动知觉。运动知觉分为真动知觉和似动知觉。

(1)真动知觉是指物体按特定速度或加速度,从一处向另一处做连续的位移而引发的知觉。

(2)似动知觉是指在一定的时间和空间条件下,人们在静止的物体间看到了运动,或者在没有连续位移的地方看到了连续的运动。似动知觉的主要形式有:

表3-4 似动知觉的主要形式

分类	概念	典例
动景运动	当两个刺激(如光点、直线、图形等)按一定空间间隔和时距相继呈现时,我们就会看到从一个刺激物向另一个刺激物的连续运动	电影、卡通片等的制作原理;手翻书等
诱导运动	由于一个物体的运动使其相邻的静止的物体产生运动的现象	由于浮云的运动,使相对静止的月亮看起来在运动
自主运动	人在黑暗背景中注视一个微弱的、静止的光点,片刻后感觉到光点在运动的现象	在没有月光的夜晚注视夜空中的星星,觉得星星在闪动

续表

分类	概念	典例
运动后效	在注视向一个方向运动的物体之后，如果将注视点转向静止的物体，那么会看到静止的物体似乎向相反的方向运动	当我们注视瀑布一会儿后，看向旁边的悬崖，悬崖看起来像是在往上运动

考点2 社会知觉

1. 社会知觉的概念

社会知觉是个体在生活实践中，对别人、对群体以及对自己的知觉，也叫社会认知。

2. 社会知觉常出现的几种偏差

表3-5 常见的社会知觉偏差

类别	概念	典例
社会刻板印象	对一群人的特征或动机加以概括，把概括得出的群体的特征归属于团体中的每一个人，认为他们每个人都具有这种特征，而无视团体成员中的个体差异	地域偏见
晕轮效应（光环效应）	当我们认为某人具有某种特征时，就会对他的其他特征做相似判断	学生认为外表有魅力的老师教学能力强
首因效应（最初效应）	在总体印象形成上，最初获得的信息比后来获得的信息影响更大的现象	人们交往时很注重第一印象
近因效应（最近效应）	在总体印象形成上，新近获得的信息比原来获得的信息影响更大的现象	多年不见的朋友，在自己脑海中最深的印象其实就是临别时的情景
投射效应	由于个体具有某种特性，因而推断他人也有与自己相同特性的心理现象	“以小人之心，度君子之腹”

社会刻板印象和晕轮效应

考点3 错觉

错觉是指在特定条件下对事物必然会产生的某种固有倾向的歪曲知觉，是对客观事物不正确的知觉，是知觉的一种特殊情况。错觉的种类有大小错觉、形状和方向错觉、时间错觉、倾斜错觉等。

知识再拔高

关于知觉的分类的其他说法

根据知觉反映的客观事物的特征不同，知觉可分为：(1)空间知觉，是人脑对客观事物的形状、大小、远近、方位等空间属性的反映，包括形状知觉、大小知觉、深度知觉、方位知觉。(2)时间知觉，是对客观事物的延续性和顺序性的反映，表现为对时间的分辨、对时间的确认、对持续时间的估量、对时间的预测。(3)运动知觉，是指物体在空间的位移特性在人脑中的反映，可细分为真动知觉、诱动知觉、似动知觉和自主运动。

四、知觉的规律(知觉的基本特征) 必背

考点1 知觉的选择性 【2021单选】

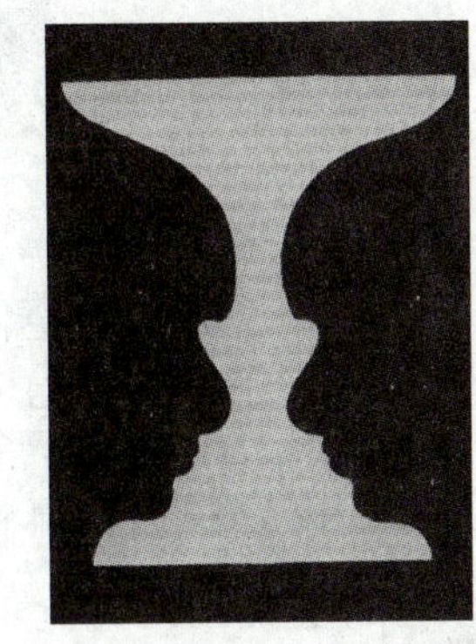

图3-2 花瓶与人脸侧影

知觉的选择性是指当面对众多的客体时，知觉系统会自动地将刺激分为对象和背景，并把知觉对象优先地从背景中区分出来。被清晰反映的刺激物叫知觉的对象，被模糊反映的刺激物叫知觉的背景。例如：学生听教师讲课，教师的语言就成为学生知觉的对象，听得很清楚；而其余事物，如室外的声音、室内同学的私语，就成为背景，听不清楚。

知觉的对象与背景是相对的，可以互相转换。在一种情况下，某一事物是对象，其余事物是背景；在另一种情况下，原背景中的事物转换成对象，而原来是对象的事物则转换成背景。对象和背景的转换是有条件的。

知觉的选择性受主客观两方面因素的影响。

(1)客观方面：①刺激物的绝对强度。阈限范围内越强烈的刺激，越容易被选择知觉。②对象和背景的差别性，也即差异律。差别越大，越容易被优先选择。例如：教师批改作业，用红笔最明显；出板报时，重点部分用彩色粉笔书写，最易被优先选择。相反，军事上的伪装、昆虫的保护色，使对象和背景的差别变小，则不易被发现。③对象的活动性，也即活动律。例如：夜空中的流星、霓虹灯广告等都容易被人们知觉。④刺激物的新颖性、奇特性，也容易引起学生的优先知觉。此外，还有组合律，即知觉对图形的组织原则。

(2)主观方面：①知觉有无目的和任务；②个体已有知识经验的丰富程度；③个人的需要、动机、兴趣、爱好、定势与情绪状态等。

考点2 知觉的理解性

知觉的理解性是指人以知识经验为基础对感知的事物加工处理，并用语词加以概括、赋予说明的加工过程。例如：一张新产品设计图纸，专业人员既能知觉到图纸的每一个细节，又能理解整张图纸的内容和意义；而没有这方面专业知识的人，只能说出图纸的构成部分，不能理解图纸的内容和意义。因此，知觉与记忆和经验有深刻的联系。

当知觉时，对事物的理解是通过知觉过程中的思维活动达到的，而思维与语言有密切关系，因此语言的指导能使人对知觉对象的理解更迅速、更完整。图3-3中，我们看到的是一些黑色斑点，一下子分辨不出是什么，当有人说出这是一条“狗”时，马上这些斑点便显示成一条“狗”的轮廓。人在知觉的过程中，不是被动地把知觉对象的特点登记下来，而是以过去的知识经验为依据，力求对知觉对象做出某种解释，使它具有一定的意义。因此，知觉的理解性与人已有的知识经验有密切关系。知识经验越丰富，

理解就越深刻，知觉也就越完整、精确。

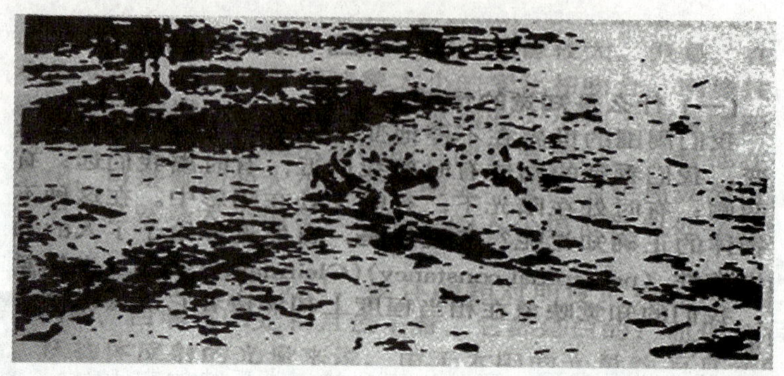

图 3-3　隐匿图形

考点 3　知觉的整体性

知觉的整体性是指人根据自己的知识经验把直接作用于感官的客观事物的多种属性整合为统一整体的过程。知觉是在知识经验的基础上对感觉信息的整合过程，知觉的整体性就是人把事物各部分属性综合起来，从而能够整体地把握该事物。知觉的整体性既有助于人的知觉能力与速度的提高，也可能妨碍和干扰部分与细节特征的反映。

考生易混淆知识与经验在知觉的理解性和整体性中的作用：在整体性中，经验帮助我们把残缺的事物补全形成整体；在理解性中，由于经验的不同，不同的人对同一事物的理解也不同。

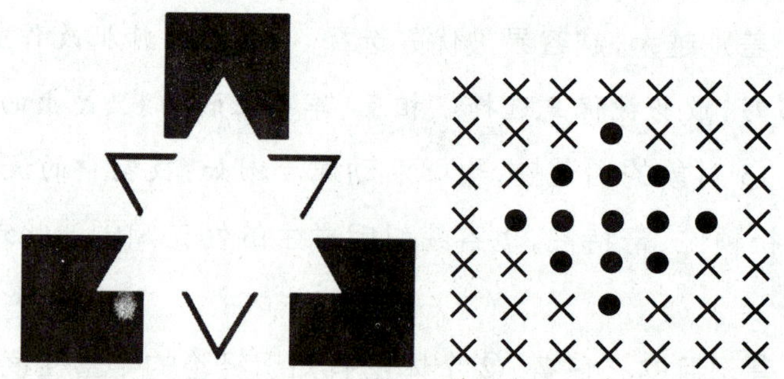

图 3-4　主观轮廓

知觉的整体性往往取决于下面四种因素：

(1)知觉对象的特点，如接近、相似、闭合、连续等因素。

(2)知觉对象各组成部分的强度关系。

(3)知觉对象各部分之间的结构关系也影响知觉的整体性。同样一些部分，处于不同的结构关系中就会成为不同的知觉整体。例如，把相同的音符置于不同的排列顺序、不同的节拍和旋律之中就构成不同的曲调；而如果曲调的各成分关系不变，只是个别刺激成分发生变化，或用不同的乐器演奏或不同人来演唱，就不会改变我们对歌曲整体性的知觉。

(4)知觉的整体性主要依赖于知觉者本身的主观状态，其中最主要的是知识与经验。

考点 4　知觉的恒常性　【2023 单选、2022 单选、2017 判断】

知觉的恒常性是指客观事物本身不变，但知觉条件在一定范围内发生变化时，人的知觉映像仍相对不变。例如：无论是清晨、中午、傍晚，都会把中国国旗看作是鲜红色的；在强烈阳光下或黄昏时刻知觉白粉笔时，尽管在这两种情况下白粉笔所反射的光量不同，但人仍把粉笔知觉为白色的。视知觉的恒常性最为明显，在视知觉范围内，恒常性的种类如下表所示。

表3-6 知觉恒常性的种类

种类	含义	典例
形状恒常性	当从不同角度观察同一物体时，虽然物体在视网膜上的投影发生了很大变化，人却仍然能够把它知觉成同一形状	一个从关闭到开着的门，虽然它在视网膜上的投影发生了很大变化，但人总把它知觉成长方形的
大小恒常性	人对物体大小的知觉并不随着距离变化而变化	看一个人个子大小，当远近距离不同时，投射在视网膜上的视像大小相差很大，但人仍能按实际大小来知觉
明度恒常性	当照明条件改变时，人对物体相对明度或视亮度的知觉保持不变	白纸在日光下与在月光下反射的光亮相差巨大，但人们总把它知觉成白色的
颜色恒常性	一个物体在色光照明下，它的表面颜色保持相对不变	用红光照射白色物体的表面，看到的不是红色，而是红光照射下的白色

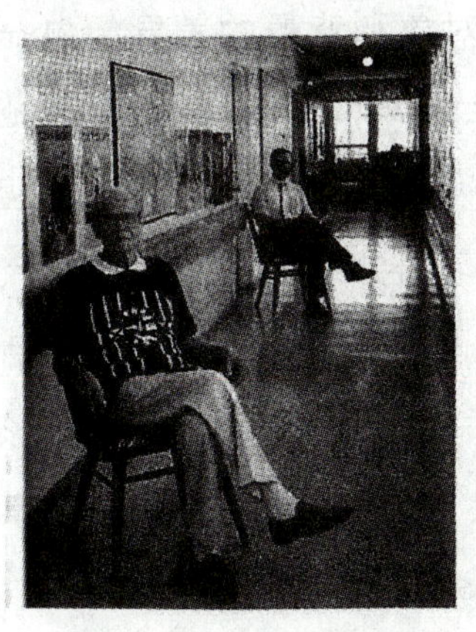

图3-5 大小恒常性

真题面对面

1. [2023，单，2分]无论在白天还是晚上，我们都会把我国国旗知觉为鲜红色。这体现的是(　　)

A. 形状恒常性　　B. 颜色恒常性

C. 方向恒常性　　D. 大小恒常性

2. [2022，单，2分]我们先后看100米和10米处同一辆汽车时，汽车在视网膜上的映像大小不同，但我们仍然感知为这辆车的大小没有变化，这主要体现知觉的(　　)

A. 选择性　　B. 整体性

C. 理解性　　D. 恒常性

3. [2021，单，2分]教师在板书时，用红色粉笔标注教学重点内容，以引起学生关注。这体现了知觉的( )

A. 理解性

B. 恒常性

C. 整体性

D. 选择性

答案：1. B 2. D 3. D

第三节 感知觉规律在教学中的应用

一、遵循感知规律，开展直观教学

要想使直观教学取得良好的效果，应遵循感知规律。

(1)强度律，是指作为知识的物质载体的直观对象(实物、模像或言语)必须达到一定强度，才能被学习者清晰地感知。因此，在直观过程中，教师应突出那些强度低但较重要的要素，使它们充分地展示在学生面前。

(2)差异律，是指对象和背景的差异越大，对象从背景中区分开来就越容易。在物质载体层次，应通过合理的板书设计、教材编排等方式恰当地加大对象和背景的差异。例如：凡是题目、标题、重要定律、结论等，应用粗体字，使它特别醒目，容易被学生感知；教师讲到重要的地方声音要放大一些，这也会提高感知的效果。总之，扩大对象与背景的差距，可以增强感知部分的强度，提高感知效果。在知识本身层次，应合理地安排新旧知识，使旧知识成为学习新知识的支撑点。

(3)活动律，是指活动的对象比静止的对象容易感知。为此，应注意在活动中进行直观、在变化中呈现对象，要善于利用现代科学技术作为知识的物质载体，使知识以活动的形象呈现在学生面前。

(4)组合律，是指空间上接近、时间上连续、形状上相同、颜色上一致的事物，易于构成一个整体被人们清晰地感知。因此，教材编排应分段分节，教师讲课应有间隔和停顿。

二、学生观察力的发展与培养

考点1 观察与观察力

观察是人的一种有目的、有计划、持久的知觉活动，是知觉的高级形式。观察力是指人迅速、敏锐地发现事物细节和特征等方面的知觉能力。

考点2 观察的品质

1. 观察的目的性

观察的目的性表现为个体在观察前能否清楚地意识到观察的目的与任务，在观察过程中能否排除干扰、有始有终地完成观察任务。观察目的性强的人能主动、独立地提出观察任务，并能克服困难，持久专注地完成观察任务；观察目的性弱的人意识模糊，容易受到刺激物的特点和个人兴趣、情绪的支配，游离于观察的过程之外。

2. 观察的精确性

观察精确性强的人能细致全面地观察客体，能发现事物间的细微差别；而观察精确性弱的人则观察粗疏、笼统，容易遗漏对象的特征，对有细微差别的事物常常做出泛化的反应。

3. 观察的全面性

观察是否全面取决于观察是否有序以及是否使用了多种感官。观察有序的人观察系统，能捕捉到事物的全部信息，表达也有条理；而观察无序的人观察凌乱，容易遗漏事物的重要细节，表达也很混乱。只动用视觉器官进行观察的人，只能获得关于事物在形状、颜色、大小等方面的属性；而善用各种感官进行观察的人，则能获得事物的各种属性，获得对事物的整体认识。

4. 观察的深刻性

观察肤浅的人往往只注意到事物外在的联系和表面特征。观察深刻的人却能透过现象看本质，发现事物内在的联系。

记忆有妙招

为方便考生记忆，编者将观察的品质总结为以下口诀：**目精面刻**。

目：目的性。**精**：精确性。**面**：全面性。**刻**：深刻性。

考点3 学生观察力的培养

(1)引导学生明确观察的目的与任务，是良好观察的重要条件。

(2)充分的准备、周密的计划、提出观察的具体方法，是引导学生完成观察的重要条件。

(3)在实际观察中应加强对学生的个别指导，有针对性地培养学生良好的观察习惯。

(4)引导学生学会记录整理观察结果，在分析研究的基础上，写出观察报告、日记或作文。

(5)引导学生开展讨论、交流并汇报观察成果，不断提高学生的观察能力，培养良好的观察品质。

此外，教师还应努力培养学生的观察兴趣与优良的性格特征，如学习的坚韧性、独立性等。

★★ 考点大默写 ★★

1. ____________是认识的起点，是一切知识和经验的基础。
2. 刚刚能引起感觉或差别感觉的刺激量是____________。
3. 感受性和感觉阈限在数值上成____________关系。
4. 由于刺激对感受器的持续作用而使感受性发生变化的现象叫____________。
5. 在刺激作用停止后，感觉暂时保留的现象是____________。
6. 一种感觉兼有另一种感觉的心理现象叫____________。
7. ____________是指当我们认为某人具有某种特征时，就会对他的其他特征做相似判断。
8. 当面对众多的客体时，知觉系统会自动地将刺激分为对象和背景，并把知觉对象优先地从背景中区分出来。这体现了知觉的____________。

9. 人以知识经验为基础对感知的事物加工处理，并用语词加以概括、赋予说明的加工过程。这体现了知觉的________。

10. 客观事物本身不变，但知觉条件在一定范围内发生变化时，人的知觉映像仍相对不变。这体现了知觉的________。

11. 在感知规律中，________是指空间上接近、时间上连续、形状上相同、颜色上一致的事物，易于构成一个整体被人们清晰地感知。

12. ________是知觉的高级形式。

13. 在观察的品质中，观察________强的人能细致全面地观察客体，能发现事物间的细微差别。

【参考答案】

1. 感觉　2. 感觉阈限　3. 反比　4. 感觉适应　5. 感觉后效（感觉后像）　6. 联觉　7. 光环效应（晕轮效应）　8. 选择性　9. 理解性　10. 恒常性　11. 组合律　12. 观察　13. 精确性

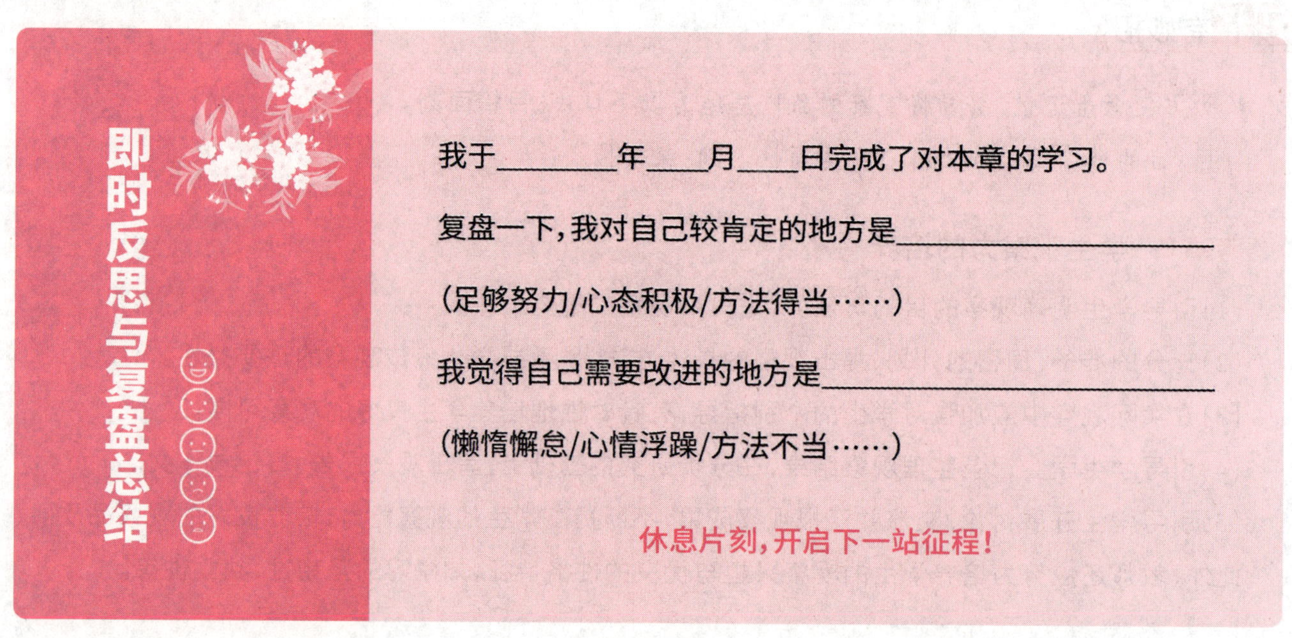

第三章 记 忆

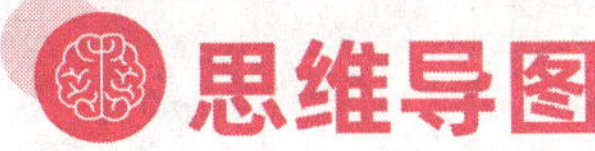

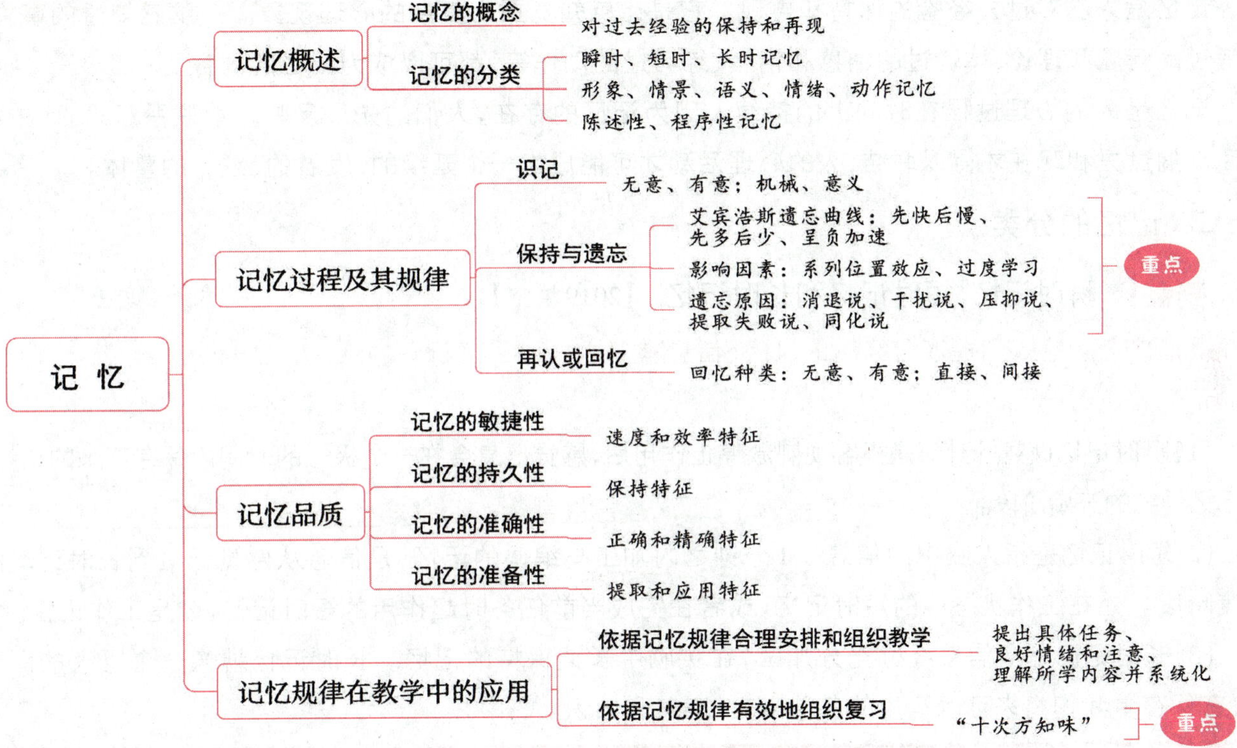

福建考向

本章属于心理学中的重点章节，特点为重点突出，理解、运用性知识多。现对本章福建考向分析如下：

高频考点	常考题型	能力层级	考查热度
记忆的分类	填空	识记	★★
遗忘及其规律	单选、材料分析	运用	★★★
依据记忆规律有效地组织复习	单选、判断分析	理解	★★★

核心考点

第一节 记忆概述

一、记忆的概念

记忆是人脑对过去经验的保持和再现。它是比感知觉更为复杂的心理现象。人脑感知过的事物、思考过的问题和理论、体验过的情感和情绪、练习过的动作等,都可以成为记忆的内容。

记忆是人的心理过程在时间上的持续。因为记忆的存在,人们的先后反映才能联系起来,人的心理活动的过去和现在才得以联结,人的心理活动才可能成为一个延续的、发展的、统一的整体。

二、记忆的分类

考点1 瞬时记忆、短时记忆和长时记忆 【2019填空】

根据信息从输入到提取所经过的时间、信息编码方式和记忆阶段的不同,可将记忆分为瞬时记忆、短时记忆和长时记忆。

(1)**瞬时记忆**(感觉记忆)是指客观刺激停止作用后,感觉信息会在一个极短的时间内保存下来的记忆,是记忆系统的开始阶段。

(2)**短时记忆**是指人脑中的信息在1分钟之内加工与编码的记忆,是信息从感觉记忆到长时记忆的过渡阶段。处在工作状态中的短时记忆,或者在完成当前任务时起作用的短时记忆,就是工作记忆。

(3)**长时记忆**是指信息经过充分加工,在头脑中长久保持的记忆。长时记忆就像一个巨大的图书馆,它保存着我们将来可以运用的各种事实、表象和知识。

> **真题面对面**
>
> [2019,填空,1分]信息加工理论按照信息处理的先后顺序,将记忆区分为三个阶段系统:感觉记忆、__________、长时记忆。
>
> 答案:短时记忆(工作记忆)

考点2 形象记忆、情景记忆、语义记忆、情绪记忆和动作记忆

根据记忆的内容和经验的对象,可将记忆分为形象记忆、情景记忆、语义记忆、情绪记忆和动作记忆。

(1)**形象记忆**是以我们感知过的事物形象为内容的记忆。例如,人们游览过"万里长城"后在头脑中留下了生动的形象,这就是形象记忆。这种记忆在头脑中保留的是事物具体的形象,它以表象的形式在头脑中储存过去的经验。

(2)**情景记忆**是以亲身经历的、发生在一定时间和地点的事件(情景)为内容的记忆。情景记忆接受和储存的信息和个人生活中的特定时间、地点有关,并以个人的经历为参照,如想起自己参加过的一个会议或曾经去过的地方。

(3)**语义记忆**又称**语词逻辑记忆**，是个体以词语所概括的事物的关系以及事物本身的意义和性质为内容的记忆。**例如，我们对法则、定理或数学公式的记忆。**

(4)**情绪记忆**是个体以曾经体验过的情绪或情感为内容的记忆。它是个体将过去经历过的情绪情感体验保存在记忆中，并且在一定条件下，这种情绪情感被重新体验到的过程。

(5)**动作记忆**是以做过的运动或动作为内容的记忆，又称**运动记忆**。它以过去的动作或操作动作所形成的动作表象为基础，**如在头脑中保留的体操动作、舞蹈动作等都属于动作记忆。**动作记忆中的信息保持和提取都比较容易，也不容易遗忘。

考点3　陈述性记忆和程序性记忆

根据信息加工与存储的内容不同，可将记忆分为陈述性记忆和程序性记忆。

(1)**陈述性记忆**是指对有关事实和事件的记忆，如知识和常识。它可以通过言语传授而一次性获得，它的提取往往需要意识的参与。**例如，我们在课堂上学习的各种课本知识和日常生活常识都属于这类记忆。**

(2)**程序性记忆**是指对如何做事情的记忆，包括对知觉技能、认知技能和运动技能的记忆。这类记忆往往需要通过多次尝试才能逐渐获得；在利用这类记忆时往往不需要意识的参与。**例如，打篮球，我们所知道的规则和方法是储存在陈述性记忆中的，但是扣篮和远投等运动技巧则储存在程序性记忆中。**

第二节　记忆过程及其规律

记忆过程包括识记、保持、再现(再认或回忆)三个环节。从信息加工的角度来看，记忆过程是对输入信息的编码、储存和提取的过程。信息的输入编码是识记过程，信息的储存相当于保持过程，信息的提取是再认或回忆过程。

一、识记

考点1　识记的概念

识记是记忆过程的第一个基本环节，是个体获得知识经验的过程。它具有选择性的特点。

考点2　识记的分类　【2017判断、2016填空】

1. 无意识记和有意识记

根据识记有无目的性，可分为无意识记和有意识记。

无意识记是事先没有预定目的，也不需要运用任何有助于识记的方法和意志努力，自然而然地识记。人们通过无意识记可以获得大量信息，但因其缺乏目的性，识记内容往往带有偶然性和片断性，缺乏系统性。“潜移默化”就是指一些良好的素质可以通过无意识记获得。

有意识记是有明确的识记目的，并运用一定方法的识记，在识记过程中还需要一定的意志努力。有意识记的态度积极主动，识记的对象明确，内容系统，识记的效果牢固持久。

有意识记需要有高度的注意力、意志力和积极的思维活动的配合，因而，在其他条件相同的情况下，有意识记的效果优于无意识记。学生的学习活动主要依靠有意识记。

2. 机械识记和意义识记

根据识记材料的性质和识记方法的不同，可分为机械识记和意义识记。

机械识记是根据材料的外在联系，采取多次重复的方式所进行的识记，即平时所说的死记硬背。但机械识记也有一定的必要性，可能进行机械识记的情况有两种：①材料本身没有意义或者没有内在联系，如对无意义音节、地名、人名、历史年代等的识记；②材料虽然有意义，但识记者对其缺乏应有的理解，只能先机械识记，随着知识经验的积累再逐步加以理解，如幼儿学习古诗，一、二年级的学生背诵乘法口诀等。

意义识记是在理解的基础上，依据材料的内在联系，并运用已有的知识经验而进行的识记，有人也称之为理解记忆或逻辑记忆。大量实验研究和日常生活实践证明，意义识记的效果不论是在全面性、准确性、巩固性或速度方面都优于机械识记，其主要原因是意义识记依靠了人在过去经验中已形成的暂时的联系系统。

考点3　识记的规律（影响识记效果的因素）【2017案例分析】

1. 识记的目的与任务

有无明确的识记目的与任务直接影响识记的效果。

2. 识记的态度和情绪状态

一般来说，在积极的态度和情绪状态下，人的识记效果好；在消极的态度和情绪状态下，人的识记效果差。

3. 活动任务的性质

①识记在很大程度上依赖于活动任务的性质。当识记的材料成为人活动的直接对象时，识记的效果就好。②记忆任务的长短、远近与记忆内容保持的长久性与否也有关系。实验表明，有较长期的识记任务或要求，保持的时间就较长些；只有短期的识记任务或要求，保持的时间就较短些。③不同的识记任务和要求会影响人的识记方法、进程和效果时。例如，任务要求是回忆识记材料的精确性，学习者就会反复默读复习单个词和句子；如果任务要求是回忆识记材料的内容，那么学习者就会努力地建立句子之间的意义联系，理解材料的逻辑关系。

4. 材料的数量和性质

①一般来说，要达到同样的识记水平，材料越多，识记所用的平均时间和次数就越多，呈现出材料数量与识记效率呈负相关的趋势。②识记也受材料性质的制约。一般来说，连贯的、有意义的、有规律的材料更容易被记住。识记直观形象的材料比识记抽象的材料效果要好些。通常是难度大的材料难以识记，但材料过于简单，引不起学习者的兴趣时，也无良好的识记效果。因此，材料的难度适中，即经过一定努力，就可以克服困难，获得成功的识记材料，识记效果最好。

5. 识记的方法

采用不同的方法和途径识记材料，效果也是不同的。识记的方法有两类：①根据对识记材料的组织方式不同，可把识记分为整体识记和部分识记。②根据识记时的时间安排，可把识记分为集中识记和分散识记。

二、保持与遗忘 必背

考点1 保持及其规律

保持是指已获得的知识经验在人脑中的巩固过程，是记忆过程的第二个环节。保持并非是原封不动地保存头脑中识记过的材料的静态过程，而是一个富于变化的动态过程。这种变化表现在量和质两个方面：

(1)保持在数量上的变化。一般表现为识记的内容随着时间的进程呈减少的趋势，最后甚至遗忘；还可表现为记忆恢复。**记忆恢复**(记忆回涨)是指识记某种材料，经过一段时间后测得的保持量大于识记后即时测得的保持量。

(2)保持在质量上的变化。一方面，记忆内容中不重要的细节部分趋于消失，而主要内容及显著特征能较好地保持，从而使记忆内容简略、概括和合理。另一方面，记忆内容中的某些特点和线索有选择地被保留下来，同时增添某些特征，使记忆内容成为较易理解的"事物"。

考点2 遗忘及其规律 【2022单选、2021材料分析、2018单选】

1. 遗忘的概念

遗忘是与保持相反的心理过程，是指对识记过的材料不能回忆或再认，或者表现为错误的回忆或再认。遗忘并不是所记忆的信息完全丧失，而是所保持的信息不能在使用时顺利地提取出来。按照信息加工的观点，遗忘是信息提取不出或提取错误。

2. 艾宾浩斯遗忘规律

最早对遗忘进行实验研究的是德国心理学家**艾宾浩斯**，他于1879年至1884年对遗忘进行研究，以无意义音节为材料，依据保持效果，提出了著名的"遗忘曲线"。

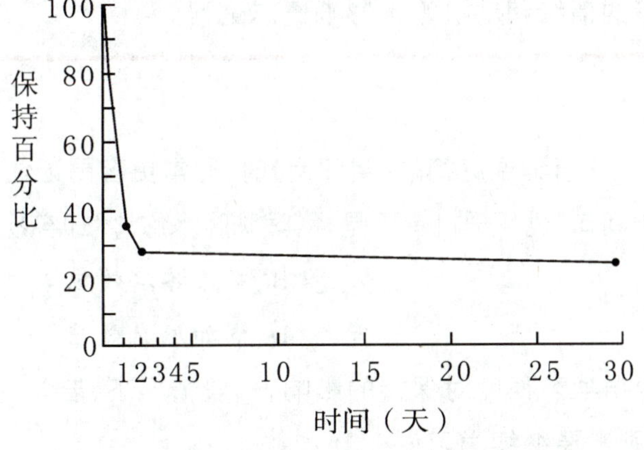

图3-6 艾宾浩斯遗忘曲线

这条曲线表明，遗忘在学习之后立即开始，而且在最初的时间里遗忘速度很快，随着时间的推移，遗忘的速度逐渐缓慢下来，过了相当长的时间后，几乎不再发生遗忘。由此可以看出，遗忘是有规律的，即遗忘的进程是不均衡的，其趋势是先快后慢、先多后少，呈负加速，且到一定的程度就几乎不再遗忘了。

3. 影响遗忘进程的因素

①学习材料的性质。学习材料的性质指材料的种类、长度、难度以及意义性。有意义的材料比无意义的材料遗忘得慢；形象、直观的材料比抽象的材料遗忘得慢；比较长的、难度较大的材料的遗忘

进程更符合艾宾浩斯遗忘曲线，长度、难度适中的材料保持效果最好；凡是能引起主体兴趣，符合主体需要、动机，激起主体强烈情绪，在主体的工作、学习、生活上具有重要意义的材料，一般不容易遗忘。

②系列位置效应。所谓**系列位置**，是指在系列学习中，学习材料处于系列记忆的不同位置。位置不同，回忆效果也不同。**系列位置效应**就是指接近开头和末尾的记忆材料的记忆效果好于中间部分的记忆效果的趋势。开头部分和结尾部分的记忆效果较好，分别称为**首因效应**和**近因效应**，而效果较差的中间部分被称为渐近部分。例如，学习一篇课文，一般总是开头和结尾部分容易记住，而中间部分则容易忘记。其原因是，课文的开始部分只受倒摄抑制的影响，不受前摄抑制的影响；结尾部分只受前摄抑制的影响，不受倒摄抑制的影响；中间部分则受两种抑制的影响，因而最容易遗忘。

③识记材料的数量和学习程度。一般来说，材料过多、学习程度太小或太大，都不利于对知识的记忆。实验证明，过度学习达到50%，即学习的熟练程度达到150%时，学习的效果最好；超过150%时，效果并不递增，很可能引起厌倦、疲劳而成为无效劳动。**过度学习**是指学习达到恰能背诵之后再继续学习。例如，读一篇外语课文，学习30分钟就刚好能背诵并正确回忆，为了巩固记忆，又增加了15分钟的学习时间，这就是过度学习，其过度量为50%。

④记忆任务的长久性与重要性。一般来说，长久的识记任务有利于材料在头脑中保持时间的延长，不重要和未经复习的内容则容易遗忘。

⑤识记的方法。研究表明，以理解为基础的意义识记比机械识记的效果好得多。

⑥时间因素。根据遗忘规律，记忆的最初阶段遗忘的速度快，随后逐渐变慢。学习内容的保存量随着时间的变化而减少。

⑦情绪和动机。学习者的情绪和动机等也影响遗忘进程。

真题面对面

1. [2022，单，2分]学生在背诵温庭筠的《望江南》时，通常更容易记住首句“梳洗罢，独倚望江楼”和末句“肠断白蘋洲”，而中间句“过尽千帆皆不是，斜晖脉脉水悠悠”却容易混淆，这种现象是（　　）

A. 上下文效应　　B. 罗森塔尔效应

C. 系列位置效应　　D. 蔡加尼克效应

2. [2018，单，2分]根据学习程度对保持的影响，一般情况下，若学习30分钟刚好记住材料，要想达到最佳的记忆效果，则需要继续学习（　　）

A. 10分钟　　B. 15分钟

C. 30分钟　　D. 45分钟

答案：1. C　2. B

4. 遗忘的原因

心理学家对遗忘的原因有不同的看法，归纳起来有下述五种：

①消退说。消退说认为，遗忘是记忆痕迹得不到强化而逐渐衰弱，以致最后消退的结果。它适用于解释感觉记忆和短时记忆，但很难用实验证实，因为识记后一段时间内保持量的下降，既可能是记忆

痕迹消退的结果，也可能是因为受到其他材料的干扰所致。

②**干扰说**。干扰说认为，遗忘是因为在学习和回忆之间受到其他刺激的干扰所致。一旦干扰被排除，记忆就能恢复，而记忆痕迹并未消退。干扰说可用前摄抑制和倒摄抑制来说明。**前摄抑制**是先学习的材料对识记和回忆后学习材料的干扰作用。后学习的材料对保持和回忆先学习的材料的干扰作用，称为**倒摄抑制**。

③**压抑说（动机说）**。压抑说认为，遗忘是由于情绪或动机的压抑作用引起的，如果压抑被解除，记忆就能恢复。该理论是弗洛伊德在给病人催眠时发现的。他认为个体之所以无法回忆，是因为该记忆使病人感到痛苦而被人为地压抑到潜意识中。由于情绪紧张而引起的遗忘（考试时常常发生）就属于这种类型。

压抑说、提取失败说

④**提取失败说**。我们都有这样的经验：不能回忆起某件事，但又知道这件事是知道的。这种明明知道某件事，但就是不能回忆出来的现象称为"**舌尖现象**"或"**话到嘴边现象**"。从信息加工的观点看，遗忘是一时难以提取出需要的信息，遗忘之所以发生是因为编码不准确，失去了检索线索或线索错误。一旦有了正确的线索，经过搜寻，所需要的信息就能提取出来，这就是遗忘的提取失败理论。

⑤**同化说（认知结构说）**。**奥苏伯尔**认为，遗忘是知识的组织和认知结构简化的过程。当人们学到了更高级的概念与规律之后，就可以以此来代替低级的观念，使低级观念简化，从而减轻记忆负担。这是一种积极的遗忘。当然，在有意义学习中，或者由于原有知识结构不巩固，或者由于新旧知识辨析不清楚，学生也有可能以原有的观念来代替表面相同而实质不同的新观念，从而出现记忆错误。这是一种消极的遗忘，教学中必须努力避免。

考题预测

[单，2分]有些学生被老师叫起来回答问题时非常紧张，对平时已掌握的内容都想不起来，坐下后却又突然想起来了。这种现象体现的遗忘理论是(　　)

A. 动机说　　B. 同化说　　C. 消退说　　D. 提取失败说

答案：A

三、再认或回忆

考点1　再认

再认是指人们对感知过、思考过或体验过的事物，当它再度呈现时，仍能认识的心理过程。例如：好友重逢，一眼就认出了对方；故地重游，处处有熟悉之感；考试时回答选择题、判断题等。

再认是记忆的初级表现形式，是比回忆较为容易和简单的一种恢复经验的形式。

考点2　回忆

1. 回忆的概念

回忆是过去经历过的事物不在面前，人们在头脑中把它重新呈现出来的过程，如考试时回答填空题、简答题、论述题等。回忆是记忆的最高表现，是比再认更为复杂的一种恢复经验的形式。再认与回忆二者之间没有本质的区别，只有保持程度上的不同。

2. 回忆的种类

表 3-7　回忆的种类

分类依据	类别	概念	典例
是否有预定的目的、任务和意志努力的程度	无意回忆	没有预定目的，也不需要任何意志努力的回忆	触景生情或偶然想起了一件往事；自由联想
	有意回忆	有回忆任务、并做出一定的意志努力、自觉追忆以往经验的回忆	课堂上学生回答老师的提问
回忆时的条件和方式的不同	直接回忆	由当前事物直接唤起旧经验的重现	看到“再见”回忆起熟悉的英文单词“bye”
	间接回忆	通过一系列中间环节或中介性的联想才能达到要回忆的旧经验	根据一些提示和推断回想起钥匙所遗落的地方

在有意回忆特别是间接回忆遇到困难时，就必须做出一定的努力，克服一定的困难，才有可能回忆起旧经验。这种需要一定努力，克服一定困难的有意回忆称为追忆。

第三节　记忆品质

一、记忆的敏捷性

这是记忆的速度和效率特征。能够在较短的时间内记住较多的东西，就是记忆敏捷性良好的表现。仅仅以记忆的敏捷性来评定人的记忆品质的好坏是不全面的，有人记得快，忘得也快。

二、记忆的持久性

这是记忆的保持特征。能够把知识经验长时间地保留在头脑中，甚至终身不忘，这就是记忆持久性良好的表现。

三、记忆的准确性

这是记忆的正确和精确特征。它是指对于所识记的材料，在再认和回忆时，没有歪曲、遗漏、增补和臆测。记忆的这种品质极为重要，如果缺乏记忆的准确性，那么记忆的其他品质也就没有了价值。

四、记忆的准备性

这是记忆的提取和应用特征。它使人能及时、迅速、灵活地从记忆信息的储存库中提取所需要的知识经验，以解决当前的实际问题。记忆的这一品质是上述三种品质的综合体现，而上述三种品质只有与记忆的准备性结合起来，才有价值。

记忆有妙招

为方便考生记忆，编者将记忆品质总结为以下口诀：**准备劫持**。

准：准确性。**备**：准备性。**劫**：敏捷性。**持**：持久性。

第四节　记忆规律在教学中的应用

一、依据记忆规律合理安排和组织教学

(1)合理安排教学。①学校在排课时应尽可能地避免把性质相近的课程排在一起,这样能减少材料相似性引起的前摄抑制、倒摄抑制对记忆的干扰;②教师要保证学生的课间休息;③教师应控制每堂课的信息投入量。

(2)向学生提出具体的识记任务。有意识记是教学活动中最主要的识记种类,教师应根据不同的教学内容,提出明确的识记任务。

(3)使学生处于良好的情绪和注意状态。教师要善于调节课堂的情绪气氛,使学生在轻松、愉快、平和的气氛中学习和记忆,尽可能排除不利于记忆活动的负性情绪的干扰。

(4)充分利用无意识记的规律组织教学。无意识记可使学生轻松地获取知识。难度适中而新颖的题材、令人产生兴趣的东西、激动人心的生动形象或事件、成为活动对象的内容以及多种感官参加认识的对象等,都不需要付出太大的意志努力而容易被记住。所以,教师要讲究教学艺术,调动学生的无意识记。

(5)使学生理解所学内容并把它系统化。教师在教学过程中,要使学生通过思考去理解所学内容,使所教内容在学生头脑中建立多方面的联系,使知识系统化。不要让学生死记硬背知识,对于没有明显意义的学习材料,如历史年代、外文生词、统计数字等要尽力找出它们之间的联系,甚至人为地加以联系,以帮助识记。同时,要充分利用直观形式组织教学,帮助学生进行理解,以利于识记。

(6)培养学生良好的记忆品质,提高其记忆能力。要使学生获得良好的记忆效果,教师在教学过程中就要有意识地培养学生良好的记忆品质。例如:通过布置各种定时性记忆作业并进行课堂提问,来培养其记忆的敏捷性;通过要求他们对识记材料进行深入的理解,使材料在头脑中系统化,进行合理的复习等,来培养其记忆的持久性。

二、依据记忆规律有效地组织复习　【2020 判断分析、2019 单选】

克服遗忘最好的方法是加强复习。有效组织复习的方法有:

考点1　复习时机要得当

1. 及时复习

遗忘发展的规律表明,识记后遗忘很快就会发生。因此,对于新学习的材料,为了防止遗忘,必须"趁热打铁"及时进行复习。所谓及时复习就是在初期大量遗忘开始之前就进行复习。

2. 合理安排复习时间

要制订复习计划,合理安排复习内容和时间,提高复习效率。每天复习的内容要适当,不要过于紧张和疲劳,以免产生干扰。

3. 间隔复习

由于遗忘存在着"先快后慢"的趋势,因此,在教学上还必须遵守"间隔复习"的原则。一般来说,刚学过的新知识应该多复习,每次复习所用的时间应长些,而间隔的时间要短些。随着记忆巩固程度的提高,每次复习的时间可以短些,而间隔的时间可以长些。

4. 循环复习

教学上应该遵守"循环复习"的原则,对于所学的重要的、基本的材料应经常进行复习,做到"温故而知新"。

考点2 复习方法要合理

1. 分散复习与集中复习相结合

根据复习在时间分配上的不同,复习方式有两种:一种是集中复习,把复习的材料集中在一段时间内进行复习;另一种是分散复习,把复习的材料分配到几段相隔的时间内进行复习。复习难度小的材料可适当集中,难度大的材料可采取分散复习的方式,做到分散复习与集中复习相结合。

相对于大多数学习而言,分散复习的效果优于集中复习,因为分散复习可降低疲劳感,减少前摄抑制和倒摄抑制的影响。因此,教师在教学中应鼓励学生进行分散复习,而不要等到考前集中"算总账"。

2. 复习方法多样化

单调的复习方法容易使人产生疲劳和厌倦情绪,会降低复习效果。因此,教师在组织学生复习时,方法要灵活多样。例如,在数学课中,对所学的计算方法、公式、定理等内容的复习,就可采用解题、作业评讲、相互订正、自编应用题等方式进行复习。

3. 运用多种感官参与复习

多种感官参与复习可以更好地提高记忆效果。因此,在复习时应尽量运用多种感官参与,要眼看、耳听、口读、手写相互配合,在头脑中构成它们之间的神经联系,形成记忆痕迹,以后遇到其中的一种刺激信息,就可以激活多种相关的记忆痕迹,提高记忆效果。

4. 尝试回忆与反复识记相结合

尝试回忆与反复识记相结合的方法,能使学习者及时了解到识记的成绩,从而提高学习的兴趣,激起进一步学习的动机。同时,在每次回忆后,学习者可以及时检查记忆效果,在重新识记时就会有针对性地集中精力攻克难点,纠正错误,不至于平均用力。

考点3 复习次数要适宜

掌握复习的量。(1)复习内容的数量要适当,就是说一次复习内容的数量不宜过多,因为,学习内容的数量与复习的次数及所用的时间是成正比增长的;(2)提倡适当的过度学习,即达到150%的学习(过度学习的材料能避免遗忘),从而提高记忆效果。

考点4 重视对记忆品质的培养

(1)提高记忆的敏捷性。①明确识记的目的;②要集中注意。

(2)加强记忆的持久性。①要善于把识记的材料纳入已有的知识体系中;②进行及时和经常性的复习。

(3)培养记忆的准确性。①必须进行认真的识记;②在复习时要把相似的材料经常加以比较,防止混淆;③要把正确识记的事物同仿佛记住的东西区别开,把所见所闻的真实材料与主观的增补、臆测区别开。

(4)培养记忆的准备性。关键要使掌握的知识系统化,这样才能做到有条不紊地从记忆仓库中随时迅速提取所需要的材料。

考点5 注意用脑卫生

脑的健康状况是影响记忆好坏的重要生理条件，它与学习和记忆有密切的关系。因此，在学习过程中，要特别重视脑的营养与适当的休息。严重营养不良，缺乏蛋白质，以及吸毒、酒精中毒、脑外伤等都会给记忆带来不良影响，使记忆力下降。

记忆有妙招

为方便考生记忆，编者将有效组织复习的方法总结成口诀供考生参考：**十次方知味**。

十（时机）**次**（次数）**方**（方法）**知**（记忆品质）**味**（用脑卫生）。

真题面对面

［2019，单，2分］根据艾宾浩斯遗忘曲线揭示的规律，学生学完新的知识后，需要（　　）

A. 分散复习　　B. 及时复习

C. 间隔学习　　D. 适当过度学习

答案：B

考点大默写

1. 根据信息从输入到提取所经过的时间、信息编码方式和记忆阶段的不同，可将记忆分为________、________和________。
2. ________是指人脑中的信息在1分钟之内加工与编码的记忆。
3. ________是个体以曾经体验过的情绪或情感为内容的记忆。
4. 记忆过程包括________、________、________三个环节。
5. 根据识记有无目的性，可分为________和________。
6. ________是指识记某种材料，经过一段时间后测得的保持量大于识记后即时测得的保持量。
7. 最早对遗忘进行实验研究的是________国心理学家________。
8. 遗忘的进程是不均衡的，其趋势是________、________，呈________加速，且到一定的程度就几乎不再遗忘了。
9. ________是指接近开头和末尾的记忆材料的记忆效果好于中间部分的记忆效果的趋势。
10. 过度学习达到________，即学习的熟练程度达到________时，学习的效果最好。
11. 学生在学习了英语之后，与人交谈时常常脱口而出的是英语词汇，却想不起来用中文怎么说，从而造成了一种说话中英夹杂的尴尬现象。这种对中文的遗忘可用遗忘理论中的________来解释。
12. 记忆的________是记忆的速度和效率特征。
13. 记忆的________是指对于所识记的材料，在再认和回忆时，没有歪曲、遗漏、增补和臆测。
14. 教师答疑时，能迅速、灵活地提取头脑中的知识，以解决学生当前的问题。这体现了记忆的________品质。

15. 学校在排课时应尽可能地避免把性质相近的课程排在一起，这是为了避免＿＿＿＿＿抑制和＿＿＿＿＿抑制对记忆的干扰。

16. ＿＿＿＿＿是教学活动中最主要的识记种类。

17. 在组织复习时，复习的方法要合理，对于大多数学习而言，＿＿＿＿＿复习的效果优于＿＿＿＿＿复习。

【参考答案】

1. 瞬时记忆(感觉记忆)；短时记忆；长时记忆 2. 短时记忆 3. 情绪记忆 4. 识记；保持；再现(再认或回忆) 5. 无意识记；有意识记 6. 记忆恢复(记忆回涨) 7. 德；艾宾浩斯 8. 先快后慢；先多后少；负 9. 系列位置效应 10. 50%；150% 11. 干扰说 12. 敏捷性 13. 准确性 14. 准备性 15. 前摄；倒摄 16. 有意识记 17. 分散；集中

心理学效应

1. 上下文效应

背景效应(上下文效应)是指周围物体、事件或信息对机体如何对刺激做出反应尤其是在知觉和认知方面的影响作用，如言语的上下文所形成的环境对阅读或听说的影响。

2. 蔡加尼克效应

蔡加尼克效应是心理学家蔡加尼克于1927年发现的一种记忆现象。概括而言，人们对于未完成任务的记忆比已经完成任务的记忆保持得更好的现象被称为蔡加尼克效应。

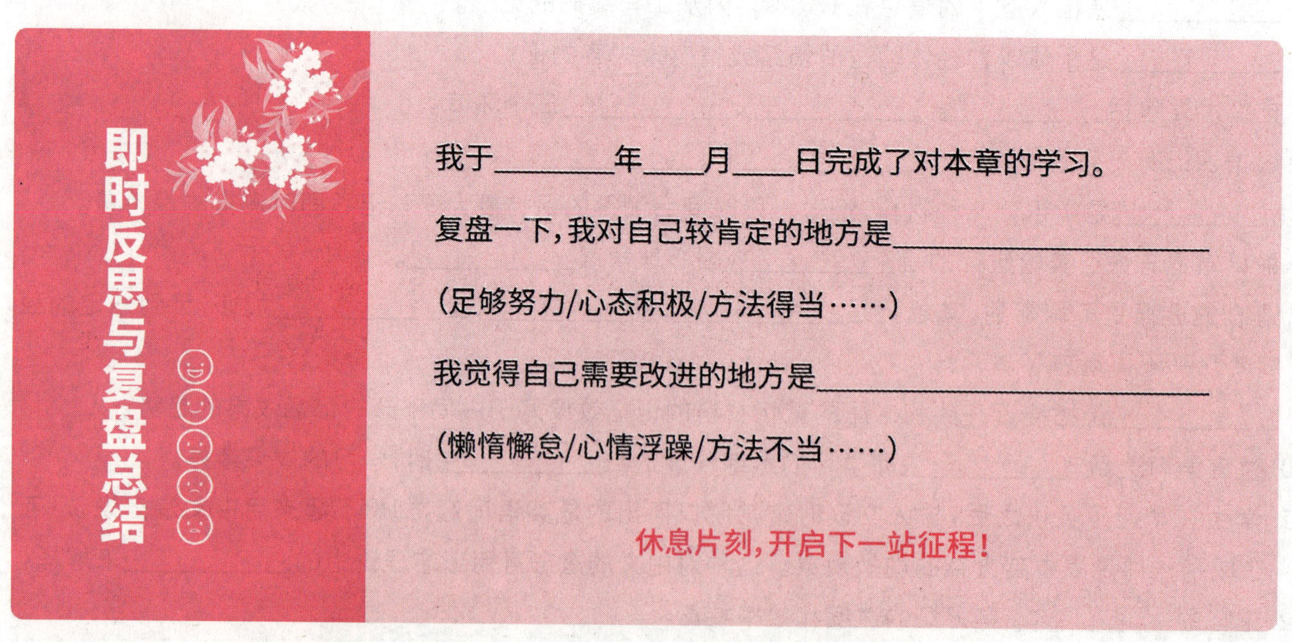

第四章 表象与想象

思维导图

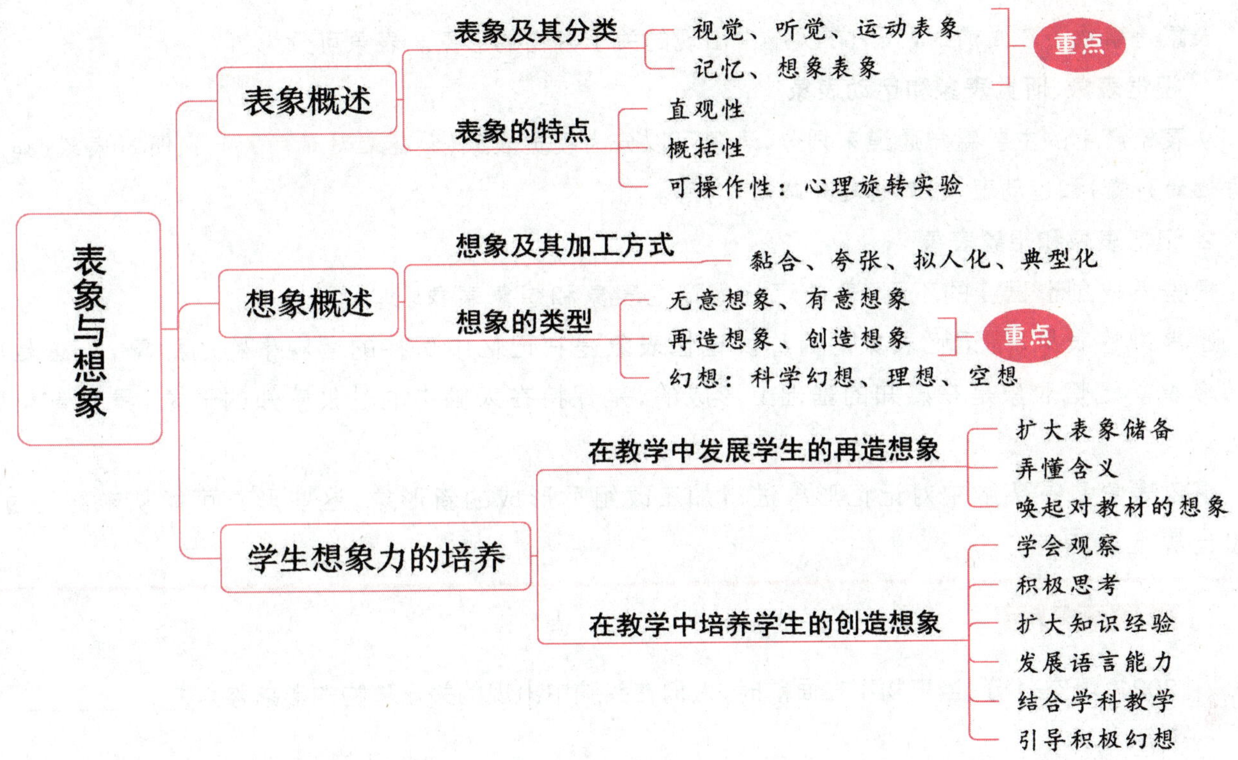

福建考向

本章属于心理学中的基础章节，特点为内容细碎、概念较多。现对本章福建考向分析如下：

高频考点	常考题型	能力层级	考查热度
表象及其分类	填空、判断	识记	★★
再造想象和创造想象	单选	理解	★★★

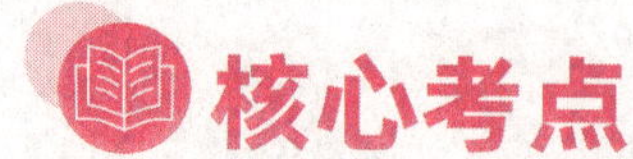

核心考点

第一节 表象概述

一、表象及其分类 【2021 填空、2017 判断、2016 填空】 必背

表象是事物不在面前时，人们在头脑中出现的关于事物的形象。表象可分为：

1. 视觉表象、听觉表象和运动表象

从表象产生的主要感觉通道来划分，表象可以分为视觉表象（如想起母亲的笑脸）、听觉表象（如想起吉他的声音）和运动表象（如想起舞蹈动作）等。

2. 记忆表象和想象表象

根据表象创造程度的不同，表象可分为记忆表象和想象表象。

通常讲的表象，是记忆表象的简称。**记忆表象**是在记忆中保持的客观事物的形象，如想起朋友的容貌。记忆表象是在感知的基础上形成的，是保持在人脑中的过去感知的形象，具有直观形象性。

想象表象是在头脑中对记忆形象进行加工改组后形成的新形象，这些形象可能从未经历过，或者世界上还不存在。

> **真题面对面**
>
> [2021，填空，1 分]当事物不在面前时，人们在头脑中出现的关于事物的形象称为__________。
>
> 答案：表象

二、表象的特点

1. 直观性

表象是以生动具体的形象在头脑中出现的。人头脑中产生某种事物的表象，就好像直接看到或者听到这种事物的某些特征一样。

2. 概括性

表象是人们多次知觉的结果，它不表征事物的个别特征，而是表征事物的大体轮廓和主要特征，因此表象具有概括性。

3. 可操作性

由于表象是知觉的类似物，因此人们可以在头脑中对表象进行操作，这种操作就像人们通过外部动作控制和操作客观事物一样。这说明，人们在完成某种作业时可以借助于表象进行形象思维。心理学家通过"心理旋转实验"证明了表象的可操作性。

知识再拔高

心理旋转实验

表象的可操作性可以用“心理旋转”的实验来说明。在库泊等人的一项研究中,每次给被试呈现一个旋转角度不同的字母R,呈现的字母有时是正写的,有时是反写的。被试的任务是判断字母是正写的,还是反写的。结果表明,当呈现字母垂直时(0°或360°),反应时最短;随着旋转角度的增加,反应时也随着增加;当字母旋转180°时,反应时最长。

上述结果说明,被试在完成任务时,对表象进行了心理操作,即他们倾向于把倾斜的字母在头脑中旋转到直立的位置,然后再作出判断。它还说明,人们在完成某种作业时确实可以借助表象进行形象思维,形象思维的支柱就是人们已经形成的各种各样的表象。

第二节 想象概述

一、想象及其加工方式 【2019单选】

想象是人脑对已储存的表象进行加工改造,形成新形象的心理过程。想象的加工方式如下表所示:

表3-8 想象的加工方式

种类	概念	典例
黏合	把两种或两种以上客观事物的属性、元素、特征或部分结合在一起而形成新形象的过程	孙悟空的形象
夸张	改变客观事物的正常特点,对某些特点加以夸大和强调,使其增大、缩小、数量加多、色彩加浓等	“千手观音”的形象
拟人化	把人类的特性、特点加在外界事物上,使之人格化的过程	“雷公”“电母”等形象
典型化	根据一类事物共同的、典型的特征创造新形象的过程	鲁迅小说中的人物,往往嘴在浙江,脸在北京,衣服在山西,是一个拼凑起来的角色

真题面对面

[2019,单,2分]根据日常生活中绵羊的形象创作出喜羊羊这一卡通人物。这种心理现象是(　　)

A.推理　　B.联想

C.表象　　D.想象

答案:D

二、想象的类型 必背

想象的类型

考点1 无意想象和有意想象

根据想象的目的和计划性，可将想象分为无意想象和有意想象。

1. 无意想象

无意想象又称不随意想象，是没有预定目的，不由自主产生的想象。例如，学生常常出现的"白日梦"现象，就是无意想象的表现。梦是无意想象的极端表现。

2. 有意想象

有意想象又称随意想象，是指有预定目的、自觉进行的想象，是意识活动的一种形式。这种想象活动具有一定的预见性、方向性，人们在想象过程中一直控制着想象的方向和内容。

考点2 再造想象和创造想象 【2022单选、2019单选】

根据创造程度的不同，有意想象又可以分为再造想象和创造想象。

1. 再造想象

再造想象是依据词语或符号的描述、示意在头脑中形成与之相应的新形象的过程。人在阅读文艺作品、历史文献，工人看建筑或机械图纸，学生听教师对课文生动形象的描述时，头脑中出现的有关事物的形象，都属于再造想象。

再造想象产生的条件为：

(1)必须具有丰富的表象储备。再造想象不仅依赖于已有表象的数量，而且也依赖于已有表象的质量，正确反映客观现实的材料越丰富，再造出来的想象内容就越正确。

(2)为再造想象提供的词语及实物标志要准确、鲜明、生动。例如，古代用"樱桃口""杏核眼""柳叶眉"等语言描述女人的美貌，显得十分形象、逼真，读者想象起来也比较容易。

(3)正确理解词语与实物标志的意义。再造想象是依赖语言的描述和图样的示意进行的。例如，一个人读小说，如果读不懂文字，他头脑中就不可能出现小说中主人公的形象。

2. 创造想象

创造想象是按照一定目的、任务，使用自己以往积累的表象，在头脑中独立地创造出新形象的过程。创造想象是不依据现成描述而独立地创造出新形象的过程。在创造新产品、新技术、新作品时，人脑所构成的新事物的形象都是创造想象。

创造想象产生的条件为：(1)强烈的创造愿望；(2)丰富的表象储备；(3)积累必要的知识经验；(4)原型启发；(5)积极的思维活动；(6)灵感的作用。此外，创造性思维能力、高水平的表象改造能力、丰富的情绪生活、正确的理想和世界观也是创造想象产生的条件。

真题面对面

[2022，单，2分]学生读"枯藤老树昏鸦"时头脑中浮现相应的形象，这种现象属于(　　)

A. 幻想　　B. 再造想象　　C. 创造想象　　D. 无意想象

答案：B

考点3 幻想 【2023判断选择、2018判断说理】

1. 幻想及其特征

幻想是一种与生活愿望相结合并指向于未来的想象。幻想是创造想象的一种特殊形式，与一般的创造想象相比具有以下两个特征：

(1)幻想体现了个人的愿望，是个人向往的形象；(2)幻想常是创造性活动的准备阶段。

2. 幻想的形式

表3-9 幻想的形式

分类	概念	典例
科学幻想	是科学预见的一种形式，是创造想象的准备阶段和发展的推动力，是具有进步意义和有实现可能的积极幻想	太空移民
理想	是符合事物发展规律、有实现可能的积极幻想	立志成为科学家
空想	是与客观现实相违背的消极幻想，根本不可能实现。空想往往使人脱离现实，长期陷入空想的人往往碌碌无为，一事无成	黄粱一梦

真题面对面

[2023，判断选择，1分]幻想是不随意想象的特殊形式。(　　)

A. 正确　　　　B. 错误

答案：B

第三节 学生想象力的培养

一、在教学中发展学生的再造想象

(1)要扩大学生头脑中的表象储备；

(2)教师要帮助学生真正弄懂描述中关键性词句和实物标志的含义；

(3)教师要唤起学生对教材的想象，以加深对知识的理解和巩固。

二、在教学中培养学生的创造想象

(1)引导学生学会观察，丰富学生的表象储备。

(2)引导学生积极思考，有利于打开想象力的大门。

(3)引导学生努力学习科学文化知识，扩大学生的知识经验以发展学生的空间想象能力。

(4)注意发展学生的语言能力。

(5)结合学科教学，有目的地训练学生的想象力。

(6)引导学生进行积极的幻想。

★★ 考点大默写 ★★

1. 从表象产生的主要感觉通道来划分，想起母亲的笑脸属于__________表象。
2. “心理旋转实验”证明了表象的__________。
3. 根据表象创造程度的不同，表象可分为__________和__________。
4. “千手观音”形象的产生运用了想象__________的加工方式。
5. “白日梦”现象体现的是__________想象。
6. 梦是__________想象的极端表现。
7. 在创造新产品、新技术、新作品时，人脑所构成的新事物的形象都是__________想象。
8. 幻想可分为__________、__________和__________三种形式。
9. 在发展学生的再造想象时，教师要注意扩大学生头脑中的__________储备。
10. 在发展学生的创造想象时，教师应该引导学生学会观察，丰富学生的__________储备。
11. 在发展学生的创造想象时，教师应该结合__________，有目的地训练学生的想象力。

【参考答案】

1. 视觉　2. 可操作性　3. 记忆表象；想象表象　4. 夸张　5. 无意　6. 无意　7. 创造　8. 科学幻想；理想；空想　9. 表象　10. 表象　11. 学科教学

即时反思与复盘总结

我于________年____月____日完成了对本章的学习。

复盘一下，我对自己较肯定的地方是____________________

（足够努力/心态积极/方法得当……）

我觉得自己需要改进的地方是____________________

（懒惰懈怠/心情浮躁/方法不当……）

休息片刻，开启下一站征程！

第五章 思 维

思维导图

- 思维
  - 思维概述
    - 思维及其特点
      - 思维的概念
      - 思维的特点：间接性、概括性 —— 难点
    - 思维的种类 —— 重点
      - 直观动作、具体形象、抽象逻辑思维
      - 经验思维、理论思维
      - 分析思维、直觉思维
      - 聚合思维、发散思维
      - 再造性思维、创造性思维
  - 思维的一般过程及基本形式
    - 思维的一般过程
      - 分析与综合
      - 比较与分类
      - 抽象与概括
      - 系统化与具体化
    - 思维的基本形式 —— 重点
      - 概念：本质特征
      - 判断：概念间的联系
      - 推理：推出新判断
  - 创造性思维
    - 创造性思维的概念和特征
      - 新颖独特性
      - 核心：发散思维
      - 创造性想象的积极参与
      - 灵感
    - 创造性思维的过程
      - 准备、酝酿、豁朗、验证
    - 创造性思维能力的培养
      - 启发式教学
      - 培养发散思维
      - 培养创造性想象
      - 组织创造性活动
      - 开设创造性课程
      - 结合各学科特点
  - 思维的品质与培养
    - 思维的品质
      - 广阔性与深刻性
      - 独立性与批判性
      - 灵活性与敏捷性 —— 易混点
      - 逻辑性和严谨性 —— 易混点
    - 良好思维品质的培养
      - 训练科学思维方法
      - 启发式方法
      - 言语交流训练
      - 定势的积极作用
      - 培养解决问题的思维品质

福建考向

本章属于心理学中的重点章节，特点为内容抽象、理解性知识多。现对本章福建考向分析如下：

高频考点	常考题型	能力层级	考查热度
思维的特点	填空	理解	★★★
思维的种类	单选、多选	理解	★★★
思维的基本形式	多选、填空	理解	★★

核心考点

第一节　思维概述

一、思维及其特点 

考点1　思维的概念　【2019 填空】

思维是人脑对客观事物的本质属性与内在联系的概括的、间接的反映。它是借助语言实现的，能揭示事物本质特征及内部规律的理性认知过程。

真题面对面

［2019，填空，1 分］思维是人脑对客观事物概括的和____________的反映。

答案：间接

考点2　思维的特点　【2022 填空】

1. 间接性

所谓间接性，是指思维能对感官所不能直接把握的或不在眼前的事物，借助于某些媒介物与头脑加工来进行反映。例如：内科医生不能直接看到病人内脏的病变，却能以听诊、化验、切脉、试体温、量血压、B超、CT检验等手段为中介，经过思维加工间接判断出病人的病情。

思维的特点

2. 概括性

所谓概括性，包含两层意思：

(1)把同一类事物的共同特征和本质特征抽取出来加以概括。例如：人们把形状、大小各不相同而能结出枣的树木称之为

考生在区分思维的间接性和概括性时，需要把握题干中的关键词。间接性的关键词是："根据""推断"；概括性的关键词是："对……的认识""得出……结论"。题目强调"间接地推测事物"，选间接性；题目强调人们通过自身多年劳动经验，总结归纳出一套生活的规律，选概括性。

"枣树";把枣树、苹果树、梨树等依据其根、茎、叶、果等共性称之为"果树"。

(2)将多次感知到的事物之间的联系和关系加以概括,得出有关事物之间的内在联系的结论。例如,每次看到"月晕"就要"刮风",础石"潮湿"就要"下雨",就能得出"月晕而风""础润而雨"的结论。

二、思维的种类 【2021多选】 必背

考点1 直观动作思维、具体形象思维和抽象逻辑思维 【2022单选、2020单选】

根据思维的内容凭借物、任务的性质、发展水平以及解决问题的方式,可以分为直观动作思维、具体形象思维和抽象逻辑思维。

直观动作思维是以实际动作为支柱的思维过程。例如,3岁前的幼儿的思维就属于直观动作思维,他们的思维活动离不开触摸、摆弄物体的活动。

具体形象思维是以直观形象和表象为支柱的思维过程。表象是思维的材料,思维过程往往表现为对表象的概括、加工和操作。具体形象思维具有形象性、整体性、可操作性等特点。

抽象逻辑思维是以词为中介来反映现实的思维过程,也叫**词的思维**或**逻辑思维**。抽象逻辑思维是人类思维的典型形式,是人类思维区别于动物思维的最本质特征。例如,学生证明某一命题、定理时,要运用数字符号和概念来进行推导和求证。

从个体思维发展过程来看,直观动作思维是最先产生的一种思维形式,具体形象思维是抽象逻辑思维产生的基础。在人的思维活动中,抽象逻辑思维经常与具体形象思维和直观动作思维相互联系,共同发挥它们的作用。人到了成年以后,哪种思维形式占优势,并不表明个人思维水平的高低。

直观动作思维

具体形象思维

抽象逻辑思维

考点2 经验思维和理论思维

根据思维过程中是以日常经验还是以理论为指导来划分,可分为经验思维和理论思维。

经验思维是以日常经验为依据,判断生产、生活中的问题的思维。例如,学前儿童根据自己的经验,认为"鸟是会飞的动物",这就属于经验思维。由于知识经验的不足,这种思维容易产生片面性,甚至得出曲解或错误的结论。

理论思维是以科学的原理、定理、定律等理论为依据,对问题进行分析、判断的思维。例如,人们说"心理是客观现实在人脑中的主观映像",就是理论思维的结果。这种思维往往能抓住事物的本质,使

问题得到正确的解决。教师利用理论思维传授科学理论，学生运用理论思维学习理性知识。

考点3 分析思维和直觉思维

根据结论是否有明确的思考步骤和思维过程中意识的清晰程度和逻辑性，可分为分析思维和直觉思维。

分析思维是遵循严密的逻辑程序和规律，逐步推导，然后得出合乎逻辑的正确答案或做出合理结论的思维。分析思维是以概念、判断、推理的形式来反映客观世界的思维。例如，学生在解答数学题时，通过多步的推理和论证得出答案的过程。分析思维具有程序性的特点。

直觉思维是未经逐步分析就迅速对问题答案做出合理的猜测、设想或突然领悟的思维。直觉思维具有敏捷性、直接性、简缩性、突然性(突发性)、猜测性的特点。足球运动员在一瞬间把握球场上对方球员的布局漏洞，不失时机地把球踢进球门，就是直觉思维的表现。灵感现象就是直觉思维的结果。

考点4 聚合思维和发散思维

根据思维的指向性，可分为聚合思维和发散思维。

聚合思维，也叫**求同思维**、**集中思维**、**辐合思维**、**会聚思维**，是指人们解决问题时，思路集中到一个方向，从而形成唯一的、确定的答案。聚合思维的过程是人们根据已知的信息和利用熟悉的规则，产生逻辑的结论从而解决问题的过程。这是一种有方向、有条理、有范围的思维方式。

发散思维，也叫**求异思维**、**分散思维**、**辐射思维**，是指人们解决问题时，思路朝着各种可能的方向扩散，从而求得多种答案。发散思维的过程是从给予的信息中产生多种信息的过程。

考点5 再造性思维和创造性思维 【2019单选】

根据思维的创造程度，可分为再造性思维和创造性思维。

再造性思维也称**常规性思维**或**习惯性思维**，是指人们运用已获得的知识经验，按现成的方案和程序，用惯常的方法、固定的模式来解决问题的思维方式。例如，学生运用已学会的公式解决同一类型的问题。这种思维创造性水平较低。

创造性思维是指以新颖、独特的方式来解决问题的思维方式。例如，新的大型工具软件的开发、新的科学理论的提出都需要创造性思维。

真题面对面

1. [2022，单，2分]从个体思维的发展来看，最先出现的思维是(　　)

A. 形象思维　　B. 抽象思维　　C. 动作思维　　D. 逻辑思维

2. [2020，单，2分]运用数学知识求证某一定理的思维活动属于(　　)

A. 动作思维　　B. 形象思维　　C. 抽象思维　　D. 发散思维

3. [2019，单，2分]学生运用学会的公式解决某一类型的问题，体现的是(　　)

A. 常规思维　　B. 直觉思维

C. 创造性思维　　D. 直观动作思维

答案：1. C　2. C　3. A

第二节 思维的一般过程及基本形式

一、思维的一般过程

思维的一般过程包括分析与综合、比较与分类、抽象与概括、系统化与具体化。其中，分析与综合是思维的基本过程，其他过程都是由此派生出来的。

1. 分析与综合

分析是指在头脑中把事物或对象分解成各个部分或各个属性。例如，把一棵树分解为根、茎、叶、花等。

综合是在人脑中把事物或对象的个别部分或属性联合为一体。例如，把一个人过去与现在的经历联系起来编成一个短剧，儿童把几个积木块搭成一个小房子等。

2. 比较与分类

比较是指在人脑中把各种事物或现象加以对比，来确定它们之间的异同点和关系的思维过程。常用的比较方式有对事物的特征进行比较、对事物的发展进行纵向比较以及对事物的各种关系进行比较等。

分类是指在人脑中按照事物的异同，把它们区分为不同种类的思维过程。比较是分类的基础。

3. 抽象与概括

抽象是在人脑中提炼各种事物或现象的共同的、本质的特征，舍弃其个别的、非本质的特征的过程。总结鸽子、老鹰、鸡、鸭等的共同的、本质的特征，即“有羽毛”“是动物”；舍弃那些“会不会飞”“颜色”“大小”等非本质特征，这就是抽象的过程。

概括是人脑把事物间共同的、本质的特征抽象出来加以综合的过程。例如，人们把那些“有羽毛的动物”统称为鸟类，这是概括的过程。概括有不同的等级或水平，经验概括是初级水平的概括，科学概括是高级水平的概括。

4. 系统化与具体化 【2021 填空】

系统化是指人脑把具有相同本质特征的事物归纳到一定类别系统中去的思维过程。例如，把犬科、猫科动物归为哺乳类的过程。

具体化是指人脑把经过抽象概括后的一般特征和规律推广到同类的具体事物中去的过程。例如，用某数学公式解一道具体应用题的过程。

二、思维的基本形式 【2023 多选、2021 填空】 必背

思维的基本形式有：概念、判断、推理。

1. 概念

概念是人脑对客观事物本质特征的认识。事物的本质特征是决定事物的性质，并使该事物区别于其他事物的特征，非本质特征则是对事物不具决定意义的特征。

2. 判断

判断是指认识概念与概念之间的联系。它是事物之间的联系和关系在人脑中的反映。判断大都

是借助语言、词汇并用句子形式来实现的。判断有肯定判断和否定判断之分。

3. 推理

推理是由一个或几个相互联系的已知判断推出合乎逻辑的新判断的思维形式，是根据已有的知识推出新的结论的思维活动。推理可分为归纳推理和演绎推理两种。

归纳推理是由具体事物归纳出一般规律的推理过程，即从特殊到一般的推理过程。例如，由铁能导电，铜能导电，铝能导电等，推理出“金属能够导电”的结论。演绎推理是从一般到特殊或具体的推理过程。例如，所有的哺乳类动物都是胎生的，虎是哺乳类动物，因此得出的结论是：虎也是胎生的。

真题面对面

1. [2023，多，2分]思维的基本形式包括(　　)

A. 概念　　B. 概括

C. 推理　　D. 运用

2. [2021，填空，1分]在头脑中把抽象概括出来的概念、原理、理论应用到实际中的思维过程是＿＿＿＿＿＿。

答案：1. AC　2. 具体化

第三节　创造性思维（新增）

一、创造性思维的概念和特征

创造性思维是指用独特新颖的方法解决问题的思维过程。它是人类思维的高级形态，是智力的高级表现。

创造性思维的特征包括：

(1)新颖独特性。新颖独特性是创造性思维最本质的特征。

(2)创造性思维是多种思维的结晶(创造性思维的结构)。创造性思维既是发散思维和聚合思维的统一，也是形象思维和抽象思维的统一，但更多地表现在发散思维上。创造性思维以发散思维为核心。发散思维具有流畅性、灵活性(变通性)和独创性(独特性)等特点。当然，创造性思维者还要对新颖独特的观念具有高度的敏感性，具有及时把握它们的能力。因此，目前也有人以发散思维的特点来代表创造性思维的特点。

(3)创造性想象的积极参与。创造性想象的积极参与是创造性思维的重要环节，因为创造性想象提供的是事物的新形象，并使创造性思维成果具体化。

(4)灵感状态。灵感状态是创造性思维活动的又一典型特征。所谓灵感，是指人在创造性思维过程中，某种新形象、新概念和新思想突然产生的心理状态。它是人在以全部精力集中去解决思考中的问题时，由于偶然因素的触发而突然出现的顿悟现象。任何创造性思维，都离不开灵感。

二、创造性思维的过程

1. 准备阶段

在这一阶段，创造者收集、整理资料，即收集创造活动所必需的各种信息，组织已有的旧经验，掌握必要的技能。

2. 酝酿阶段

在准备阶段收集到的信息并未消极地存储在头脑中，而是按照一种我们目前尚不清楚的方式被加工和重新组织。

3. 豁朗阶段

这是指创造者经过长期酝酿，产生新假设或对考虑的问题豁然开朗。豁朗阶段是创造活动极为重要的阶段。

4. 验证阶段

在这个阶段，创造者要把头脑中产生的新假设或新观点通过实践加以检验。验证可以对新假设加以确定、修正、补充或完善。

三、创造性思维能力的培养

1. 运用启发式教学，保护学生的好奇心，激发学生的求知欲，培养创造性动机，调动学生学习的积极性和主动性

好奇心是人对新异事物产生好奇并进行探究的一种心理倾向。求知欲又称认识兴趣，它是好奇心的升华，是人渴望获得知识的一种心理状态。好奇心和求知欲是学生主动观察事物、进行创造性思维的内部动因。发展学生的创造性思维首先要调动学生的积极性和主动性。

2. 培养学生的发散思维，并将发散思维和集中思维相结合

3. 发展学生的创造性想象能力

思维的基础是表象和想象。想象与创造性思维有着密切的联系，它是人类创造活动所不可缺少的心理因素。具有丰富的创造性想象是产生创造性成果的必要条件。因此，教师要注意发展学生的想象力。

4. 组织创造性活动，正确评价学生的创造性

创造性思维的培养依托于创造性活动的开展。教师应多组织合作教学、情景教学等有利于创造性思维发展的教学形式。

5. 开设具体的创造性课程，教授学生创造性思维策略和创造技法

(1)常见的创造性课程

①创造发明课。

②直觉思维训练课。直觉思维是创造性思维的一种，是一种跳跃式的思维，是不经过明显的推理

过程就得出结论的一种思维方法。

③发散思维训练课。训练发散思维的方法有多种，如用途扩散、结构扩散、方法扩散、形态扩散等。

第一，用途扩散，即让学生以某件物品的用途为扩散点，尽可能多地设想它的用途。比如，尽可能多地说出别针的用途。

第二，结构扩散，即以某种事物的结构为扩散点，设想出利用该结构的各种可能性。比如，尽可能多地画出包含A结构的东西，并写出或说出它们的名字。

第三，方法扩散，即以解决某一问题或制造某种事物的方法为扩散点，设想出利用该种方法的各种可能性。比如，尽可能多地列举出用“吹”的方法可以完成的事情。

第四，形态扩散，即以事物的形态（如颜色、味道、形状等）为扩散点，设想出利用某种形态的各种可能性。比如，利用红色可以做什么，办什么事。

④推测与假设训练课。这类训练的主要目的是发展学生的想象力和对事物的敏感性，并促使学生深入思考，灵活应对。

⑤自我设计训练课。这是一种灵活性较强的训练课程。教师为学生提供必要的材料与工具，让学生利用这些材料，实际动手去制作某种物品。

⑥假设课。即创设一种设身处地的问题情境，然后提出解决问题的办法。

⑦侧向思维训练课。

（2）促进创造性思维发展的创造技法

①头脑风暴法（集体讨论法）。心理学家奥斯本提出，为产生更多新颖、独创的问题解决方案，可使用头脑风暴法，即在集体之中群策群力，互相启发，尽可能多地提出解决问题的方法。头脑风暴法通常以集体讨论的方式进行，鼓励参加者尽可能快地提出各种各样异想天开的设想或观点，相互启迪，激发灵感，从而引发创造性思维的连锁反应，形成解决问题的新思路。具体应用此方法时，应遵循四条基本原则：一是让参与者畅所欲言，对提出的所有方案暂不做评价或判断；二是鼓励标新立异、与众不同的观点；三是以获得方案的数量而非质量为目的，即鼓励提出多种想法，多多益善；四是鼓励提出改进意见或补充意见。

②系统探求法。为打破传统思维束缚，对问题的解决进行系统设问、特性列举等来培养和提高学生的创造性思维。例如，5W2H系统设问，即Why（为什么）、What（做什么）、Who（何人）、When（何时）、Where（何地）、How to do（如何做）、How much（多少）；缺点列举法等。

③联想类比法。即由一个事物想到另一个事物，如接近联想、类似联想、对比联想、因果联想、从属联想、遥远联想等。

④组合创新法。即按照一定的技术需要，将两个或两个以上的技术因素（如性能、原理、功能、结构或模块等）通过巧妙的组合，去获得具有统一整体功能的新技术产物的过程。

⑤对立思考法。即从事物的对立面来考虑问题，得出新的观点。

⑥转换思考法。它是一种在没有直接解决问题的通路时，走间接的通路巧妙绕过问题解决障碍而

实现问题解决的方法，也就是平常所说的“换个角度想想”“另辟蹊径”等。例如，曹冲称象，不是直接称象，而是先称石头，最后达到称象的目的，就是一个转换思考策略的典型例子。

⑦检查单法。检查单法又称检查提问法或检核表法，是指对照检查单的每项内容逐个进行思考，以期获得新设想和新发明的方法，有“创造技法之母”之称。

6. 结合各学科特点进行创造性思维训练

虽然各种直接的、专门的创造性训练是有效的、可行的，但不应取代或脱离课堂教学。结合各科教学特点，进行创造性思维训练的关键在于问题设计。问题设计要有利于训练学生的思维，培养创新和实践能力，需要注意以下几点：

(1)问题要有挑战性。要符合“最近发展区”的理论，过难或过易都不合适。唯有那些“跳一跳，够得着”的问题对学生的发展才是最合适的。

(2)问题要有开放性。开放性的问题有助于培养学生的发散思维能力，有助于培养学生思维的灵活性和独创性品质。

(3)问题要生活化。问题设计要尽可能与学生的生活实际、与社会经济发展的实际结合起来，实现教学内容的开放，让学生既能熟练地解决那些课本上结构性良好的问题，又善于处理生活中那些非结构性良好的问题。

第四节　思维的品质与培养

一、思维的品质

考点1　思维的广阔性与深刻性

思维的广阔性是指思路开阔，能从各个角度、多个方面揭露事物的联系，全面地思考问题。具有思维广阔性品质的学生，在学习中，能进行周密的思考，善于进行分析与综合，既考虑整体，又考虑部分。因此，思维的广阔性是学习系统的科学知识、解决复杂问题必备的思维品质。

思维的深刻性是指能深入地思考问题，善于透过事物的表面现象，抓住事物的实质，揭露事物之间的内在联系。

思维的深刻性和广阔性是密切联系的，有广阔性才有深刻性，才能深刻地认识事物；反之，就会做出错误的判断和结论。

考点2　思维的独立性(独创性)与批判性

思维的独立性(独创性)是指既能不受他人暗示，不人云亦云，不盲从别人的见解，不依赖现成的方法和结论，又能不武断、不一意孤行、不固执己见、不唯我是从，充分地发挥个人的主观能动性，独立地发现、思考、处理和解决问题。思维的独创性人人都有，只是在表现程度和早晚上存在差异。

思维的批判性是指既善于批判地评价他人的思想和成果，吸取别人的长处、优点和思想的精华，摒弃别人的短处、缺点和思想的糟粕，也善于严格而精细地思考问题，冷静而客观地评价和自觉地控制自己的思维活动，不易受自己的情绪和偏爱的影响。

思维的独立性和批判性是密切联系的，是一种品质的两个方面，是创造性思维的基本品质，是创造活动的重要前提。

考点3 思维的灵活性与敏捷性

思维的灵活性是指能灵活地思考问题。它表现为能从不同角度、运用不同方法思考问题；在条件发生变化时，能随机应变，及时地改变原有计划、方案，寻找新的解决问题的途径。具有思维灵活性的学生，能灵活自如地运用各种规则、原理和规律，将书本中的知识与自己的见解进行比较和融合，而不把书本当教条；同时还能举一反三，由此及彼，善于迁移。

思维的敏捷性是指思维活动迅速正确，能当机立断。思维的敏捷性与轻率迥然不同，它不仅要求思维速度快，而且要求思维的正确性高。思维敏捷性强的学生能迅速准确地认识事物的本质和规律。

思维的灵活性和敏捷性是建立在思维的深刻性、独立性和批判性基础上的优良思维品质，它是有原则的，经过深思熟虑的，与那些没有原则、以个人为出发点的投机主义有本质区别，与那些不动脑筋的马虎行事也有本质区别。

考生易混淆思维的灵活性与敏捷性的特征，区分二者时需要注意：灵活性强调从不同角度，运用不同方法；敏捷性强调迅速正确，当机立断。

考点4 思维的逻辑性和严谨性

思维的逻辑性和严谨性是指考虑和解决问题时思路鲜明，条理清楚，严格遵循逻辑规律。也就是：提问明确，推理严密，主次分明，论证充分，有的放矢，有说服力，结论证据确凿。

思维的逻辑性和严谨性是思维品质的中心环节，是所有思维品质的集中体现。

记忆有妙招

为方便考生记忆，编者将思维的品质总结成口诀供考生参考：**横向广，纵向深；与人独，对己批；灵则变，敏则快；逻辑严谨是中心。**

广：广阔性。**深**：深刻性。**独**：独立性。**批**：批判性。**灵**：灵活性。**敏**：敏捷性。**逻辑**：逻辑性。**严谨**：严谨性。

考题预测

[单,2分]“神机妙算”“诡计多端”体现的是思维的(　　)

A. 广阔性　　B. 独立性

C. 逻辑性　　D. 灵活性

答案:D

二、良好思维品质的培养

教师在教育教学过程中可以从以下几个方面着手培养学生良好的思维品质:

(1)加强科学思维方法的训练;

(2)运用启发式方法调动学生思维的积极性、主动性;

(3)加强言语交流训练;

(4)发挥定势的积极作用;

(5)培养学生解决实际问题的思维品质。

★★ 考点大默写 ★★

1. 思维反映的是客观事物的____________和____________。
2. 思维是借助____________实现的。
3. 地质工程师通过分析数据判断哪片地层下有矿藏,体现了思维的____________性。
4. 人们将生活中的规律总结成谚语,体现了思维的____________性。
5. 直观动作思维的支柱是____________。
6. ____________思维是人类思维的典型形式,是人类思维区别于动物思维的最本质特征。
7. 根据思维过程中意识的逻辑性,学生在解答数学题时,通过多步的推理和论证得出答案的过程体现了____________。
8. 灵感现象是____________思维的结果。
9. 根据思维的创造程度,可分为再造性思维和____________。
10. ____________与____________是思维的基本过程。
11. 总结不同事物的共同的、本质的特征,舍弃那些非本质特征,这是____________的过程。
12. 用某数学公式解一道具体应用题的过程体现了____________的思维过程。
13. 思维的基本形式有:____________、____________和____________。
14. 创造性思维以____________为核心。
15. 创造性思维的过程包括____________阶段、____________阶段、____________阶段和____________阶段。

16. 让学生尽可能多地说出床单的用途属于发散思维训练中的____________扩散。

17. 头脑风暴法是心理学家____________提出的。

18. 思维的____________是指能不受他人暗示，不人云亦云。

19. 思维的____________是指善于批判地评价他人的思想和成果，吸取别人的长处、优点和思想的精华，摒弃别人的短处、缺点和思想的糟粕。

20. 思维的____________是指思维活动迅速正确，能当机立断。

21. 思维的____________性和____________性是思维品质的中心环节，是所有思维品质的集中体现。

【参考答案】

1. 本质属性；内在联系　2. 语言　3. 间接　4. 概括　5. 实际动作　6. 抽象逻辑　7. 分析思维　8. 直觉　9. 创造性思维　10. 分析；综合　11. 抽象　12. 具体化　13. 概念；判断；推理　14. 发散思维　15. 准备；酝酿；豁朗；验证　16. 用途　17. 奥斯本　18. 独立性(独创性)　19. 批判性　20. 敏捷性　21. 逻辑；严谨

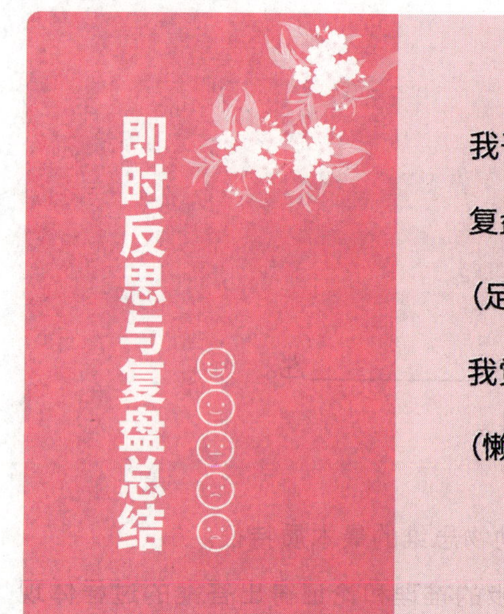

我于________年____月____日完成了对本章的学习。

复盘一下，我对自己较肯定的地方是________________

(足够努力/心态积极/方法得当……)

我觉得自己需要改进的地方是________________

(懒惰懈怠/心情浮躁/方法不当……)

休息片刻，开启下一站征程！

第六章 注　意

思维导图

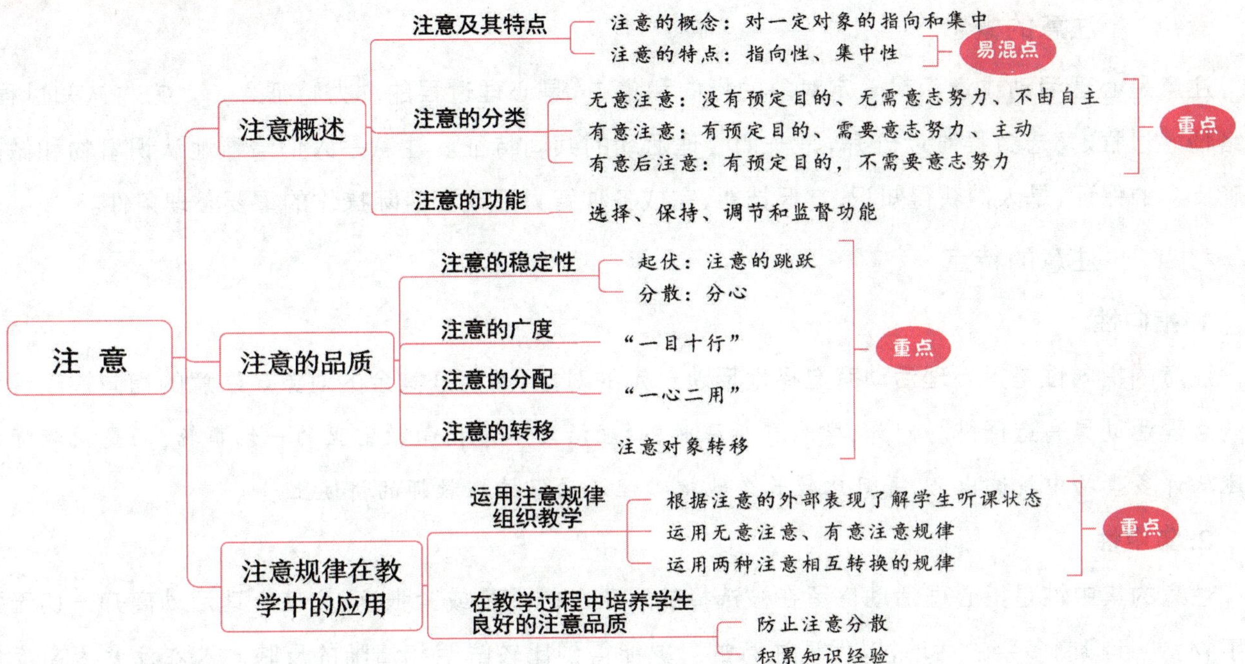

福建考向

本章属于心理学中的重点章节，特点为内容系统、运用性知识多。现对本章福建考向分析如下：

高频考点	常考题型	能力层级	考查热度
注意的分类	多选、填空	理解	★★
注意的品质	单选、多选、判断说理、材料分析	运用	★★★
运用注意规律组织教学	多选、材料分析	运用	★★

核心考点

第一节　注意概述

一、注意及其特点

考点1　注意的概念

注意是心理活动或意识对一定对象的指向和集中，是心理过程的动力特征之一。它与认知过程、情绪情感过程、意志过程难以分开，是一切心理活动的共同特征。注意是人们清晰地认识事物和做出准确反应的保证，是人们获得知识、掌握技能、完成各种智力活动和实际操作的重要心理条件。

考点2　注意的特点

1. 指向性

注意的指向性是指心理活动有选择地反映一定的对象，而离开其余的对象。注意的指向性表现为人的心理活动具有选择性。例如，学生在听课时，心理活动不是指向教室里的一切事物，而是把教师的讲述从许多事物中挑选出来，并且比较长久地把心理活动保持在教师的讲述上。

2. 集中性

注意的集中性是指心理活动停留在被选择的对象上的强度或紧张度，它使心理活动离开一切无关的事物，并且抑制多余的活动，以保证注意的对象能得到比较鲜明和清晰的反映。人在注意力高度集中时，除了对目标物之外，对自己周围的其他事物就会“视而不见、听而不闻”了。

考生在区分注意的指向性和集中性时，可以从以下方面入手：注意的指向性是在接收信息时，只选择一定的对象加以反映；注意的集中性是心理活动只关注所指向的事物，抑制了与当前注意对象无关的活动。

二、注意的分类　【2022多选、2018填空】　必背

根据有无目的和意志努力，注意可以分为无意注意、有意注意和有意后注意。

考点1　无意注意

1. 无意注意的概念

无意注意也称不随意注意，是没有预定目的、无需意志努力、不由自主地对一定事物所发生的注意。无意注意更多地被认为是由外部刺激物引起的一种消极被动的注意，是注意的初级形式。人和动

物都存在无意注意。虽然无意注意缺乏目的性，但因为不需要意志努力，所以个体在注意过程中不易产生疲劳。

2. 引起无意注意的条件

(1)客观条件，即刺激物本身的特点。包括：①刺激物的强度，如一道强烈的光线；②刺激物之间显著的对比关系，如万绿丛中一点红；③刺激物的活动和变化，如活动变化的霓虹灯、演讲者抑扬顿挫的声调；④刺激物的新异性，如画廊中新张贴的广告等。

(2)主观条件，即人本身的状态。包括：①当时的需要，如食物易引起饥饿者的注意；②当时的特殊情绪状态；③当时的直接兴趣；④个体的知识经验等。

记忆有妙招

为方便考生记忆，编者将引起无意注意的客观条件总结成口诀供考生参考：**强行壁咚**。

强：强度。**行**：新异性。**壁**：对比关系。**咚**：活动和变化。

考题预测

[单，2分]讲课过程中，教师的语言尽量做到抑扬顿挫，这主要是通过(　　)引起学生的注意力。

A. 刺激物的新异性　　　　B. 刺激物的运动变化

C. 刺激物的强度　　　　D. 学生已有的知识经验

答案：B

考点2　有意注意

1. 有意注意的概念

有意注意也称随意注意，是有预定目的、必要时需要意志努力、主动地对一定事物所发生的注意。有意注意是一种积极主动、服从于当前活动任务需要的注意，属于注意的高级形式。它受人的意识的调节和控制，是人类所特有的一种注意。有意注意虽然目的性明确，但在实现过程中需要有持久的意志努力，这容易使个体产生疲劳。

2. 维持有意注意的条件

(1)加深对目的任务的理解。有意注意是一种有预先目的的注意，目的越明确、越具体，有意注意就越容易保持。

(2)合理组织活动。活动组织得是否合理关系到有意注意的保持。例如，一个人有良好的工作、生活习惯，他就可以在规定时间内全神贯注地完成任务。

(3)对兴趣的依从性。间接兴趣是一种对活动结果的兴趣。有了这种间接兴趣，尽管活动本身枯燥，但有意注意仍能保持很长时间，使人长久地从事这种活动，直到任务完成。

(4)排除内外因素的干扰。外界的刺激物、机体的某些状态(如疾病、疲劳等)、无关的思想和情绪等都可能干扰正在进行的活动，因此要采取措施，排除干扰。

考点3　有意后注意

有意后注意也叫随意后注意，是注意的一种特殊形式，是指有预定目的，但不需要意志努力的注意。它是在有意注意的基础上，经过学习、训练或培养个人对事物的直接兴趣达到的。在有意注意阶段，主体从事一项活动需要意志努力，但随着活动的深入，个体由于兴趣的提高或操作的熟练，不用意志努力就能够在这项活动上保持注意。

有意后注意形成的条件有两个：(1)对活动浓厚的兴趣；(2)活动的自动化。

真题面对面

[2018，填空，1分]根据注意过程中有无预定目的和是否需要意志努力，把注意分为无意注意、有意注意和__________。

答案：有意后注意

三、注意的功能

注意的基本特性决定了注意的一些主要功能，这些功能表现在以下三个方面：

考点1　选择功能

选择功能，即选择有意义的、符合需要的和与当前活动相一致的刺激，避开与之无关的、干扰当前活动的各种刺激并抑制对它们的反应。这是注意的首要功能，它确定了心理活动的方向，保证我们的生活和学习能够次序分明、有条不紊地进行。

考点2　保持功能

保持功能，即使注意对象的映像或内容维持在意识中，得到清晰、准确的反映。如果没有该功能，选择的注意对象将转瞬即逝，心理活动无法展开，也就无法进行正常的学习和工作。

考点3　调节和监督功能

调节和监督功能，即控制心理活动向着一定的方向或目标进行。注意可以提高活动的效率，就是注意的这一功能的体现。

第二节　注意的品质　必背

一、注意的稳定性　【2023材料分析、2021判断说理】

考点1　注意的稳定性的概念

注意的稳定性，是指注意保持在某一对象或某一活动上的时间长短特性。持续时间愈长，注意就愈稳定。注意的稳定性可分为：

(1)狭义的注意稳定性是指注意保持在同一对象上的时间。

(2)广义的注意稳定性是指注意保持在同一活动上的时间。广义的注意稳定性并不意味着注意总是指向同一对象,而是指注意的对象和行动会有所变化,但注意的总方向和总任务不变。例如,上课时学生既要听教师讲课,又要记笔记,还要看实验演示或幻灯片等。但所有这些行为都服从于听课这一总任务,因此,他们的注意是稳定的。

考点2　注意的起伏和注意的分散

1. 注意的起伏

短时间内注意周期性地不随意跳跃现象称为**注意的起伏**(或**注意的动摇**),它是由于人的感受性不能长时间地保持固定的状态,而是间歇性地加强和减弱造成的。

注意的起伏周期一般为2、3秒至12秒。这种现象在复杂的认知活动中是经常发生的,但只要我们的注意没有离开当前的对象,注意的起伏就不会产生消极的作用。

2. 注意的分散

注意不稳定表现为注意的分散,也叫分心。**注意的分散**是指注意离开了当前应当完成的任务而被无关的事物所吸引。它使我们不能清晰地认识事物,所以我们必须和它做斗争。

考点3　影响注意稳定性的条件

(1)注意对象的特点。维持时间的长短取决于事物的复杂和变化程度。

(2)有无坚定目的。注意的集中和稳定性主要取决于人们有无坚定的目的。当人们为达到一定目的而把注意集中于某一对象时,可以保持相当的稳定性。

(3)个人的主观状态。一个意志坚强,善于控制自己又能同各种干扰做斗争的人,其注意就比较稳定。

二、注意的广度　【2022多选】

考点1　注意的广度的概念

注意的广度也称**注意的范围**,是指在同一时间内,人们能够清楚地知觉出的对象的数目。"一目十行"指的就是注意的范围。

注意的紧张度与注意的范围有着密切的联系:注意的紧张度越高,注意的范围越小;注意的范围越大,要保持高紧张度的注意就越困难。已有研究表明,在简单的任务下,注意的广度大约是7±2个组块,即5~9个项目;而对于互不关联的外文字母,注意的广度则约为4~6个。

考点2　影响注意的广度的条件

(1)知觉对象的特点。知觉对象愈相似,排列愈集中或有规则,注意范围也就愈大;反之,注意范围则愈小。

(2)当时的知觉任务。活动任务越复杂,越需要关注细节的注意过程,注意的广度会大大缩小。

(3)已有的知识经验和水平。经验越多,知识越广,就越善于组织所感知的对象,将其联系成一个整体来感知。

三、注意的分配 【2022多选、2020单选】

考点1 注意的分配的概念

注意的分配是指人在进行两种或多种活动时能把注意指向不同对象的现象。**生活中大量的“一心二用”现象，如学生在课堂上边听课边记笔记，就属于注意的分配。**

考点2 影响注意的分配的条件

(1)在同时进行的两种活动中，必须有一种活动是已经熟练的。

(2)同时进行的几种活动都已熟练。

(3)几种不同的活动已成为一套统一的组织。

四、注意的转移 【2018单选】

考点1 注意的转移的概念

注意的转移是根据新的任务，主动地把注意从一个对象转移到另一个对象或由一种活动转移到另一种活动的现象。

考点2 影响注意的转移的条件

注意的转移是主动进行的，转移的快慢和难易程度取决于以下几个条件：

(1)原有注意的紧张度。原有注意的紧张度越小，转移就越容易、迅速；反之，就越困难、缓慢。

(2)新的注意对象的特点。新的注意对象越符合人的需要和兴趣，注意转移就越容易、迅速；反之，就越困难、缓慢。

(3)大脑皮层神经兴奋过程和抑制过程相互转换的灵活性。

(4)各项活动的目的性或第二信号系统的调节作用。

真题面对面

1. [2020，单，2分]教师能够一边讲课，一边观察学生。这体现的注意品质是(　　)

A. 注意的分配　　B. 注意的稳定性

C. 注意的广度　　D. 注意的转移

2. [2018，单，2分]听完一节精彩的语文课，自觉投入到下一节数学课的学习。这体现的注意品质是(　　)

A. 注意的分配　　B. 注意的转移

C. 注意的起伏　　D. 注意的广度

答案：1. A　2. B

第三节　注意规律在教学中的应用

一、运用注意规律组织教学 【2023 材料分析】 

考点 1　根据注意的外部表现了解学生的听课状态

在课堂教学中，学生如果是认真听讲，注意教师的教学活动，就会有相应的外部表现。教师通过观察学生的外部表现，既能够判断学生是否在专心听讲，又能够了解自己的教学效果，从而保证课堂教学的最优化。

课堂上，学生表现出积极的神情和适应性的动作说明他在全身心地关注教学，教师可以利用这种积极的学习状态深化知识教学，启发思考，培养创造性。相反，学生若是做小动作，或漫不经心，或心浮气躁，就说明其注意力有所分散，教师应该及时提醒，同时也要灵活地组织教学，帮助学生把注意力集中到课堂教学中来。

考点 2　运用无意注意的规律组织教学 【2022 多选】

无意注意可以由刺激物本身的特点引起，刺激物本身的特点既可以成为顺利完成教学任务的因素，又可以成为造成学生学习分心的因素。因此，在教学过程中，教师要善于利用有关刺激物的特点组织学生的注意。

1. 创造良好的教学环境

为了使学生在学习过程中不受外部无关刺激的干扰，应该创造一个安静、整洁的教学环境。

(1)教师应该注意教室外环境对课堂的干扰。例如，冬天风雪大的时候应关紧门窗，夏天日晒的时候要拉上窗帘，如果有噪音、视觉干扰或不良气体侵入，应该尽快排除。

(2)还应注意教室内的环境，如地面是否干净、桌椅排列是否整齐、教室的布置和装饰是否简洁朴素等。过于华丽、繁杂的室内布置，有时会成为课堂教学的“污染源”，使学生注意力分散。

2. 注重讲演、板书技巧和教具的使用

客观刺激物的强度、对比、新颖性和活动性是引起无意注意的重要因素，教师要发挥无意注意的积极作用，就应努力在讲演、板书和教具使用中施加这些影响。

(1)在讲课过程中，教师应该音量适中，语音、语调做到抑扬顿挫，遇到重点、难点还要加强语气，伴以适当的手势和表情。声音太大、语调平淡，容易使学生疲劳；声音过小，学生听不到或听不清，就很容易分心。

(2)板书是课堂教学的重要辅助手段。板书的目的一方面是帮助学生理清知识的结构和脉络，解决疑难；另一方面，是吸引学生的注意力，提高课堂学习效率。因此，板书应该做到运用有度、重点突出、清晰醒目，必要时还要用彩色粉笔和图、表格加以强调。

(3)许多学科的教学还需要借助教具作为辅助手段，尤其在低幼儿童的教学中，合理使用教具可以激发学生的直接兴趣，吸引学生的无意注意。教具应该新颖直观，并能够很好地说明问题。在使用教具时教师还要给予言语讲解，引导学生正确观察，避免学生只关注表面现象，忽略实际问题。

3. 注重教学内容的组织和教学形式的多样化

（1）个体的知识经验是影响无意注意产生的因素，学生更愿意关注与自己知识经验有联系的事物。这就需要教师找出教学内容与学生知识结构的结合点，提供具体的实例，引起学生的直接兴趣，维持学生的注意。

（2）教师应该运用多种教学方法和灵活、多样的教学手段，调动学生饱满的情绪状态和学习积极性，如教师在讲解和板书之外，还应穿插使用教具演示、个别提问、角色扮演、集体讨论以及动手操作等教学形式。

考点3　运用有意注意的规律组织教学　【2019材料分析】

学习是经验获得和行为改变的过程，是一种复杂的活动。学习过程中会遇到很多困难和干扰，如果学生只凭借无意注意是难以完成学习任务的，因此必须培养学生的有意注意。

1. 明确学习的目的和任务

要经常地进行学习目的教育，明确为什么学习、每一部分学习内容的具体要求是什么，目的越明确，注意就越容易集中。

2. 培养间接兴趣

除了确立学习目标，还应对学生阐明本学科知识学习的意义和重要性，在知识教学中渗透思想教育。特别是在一些内容相对枯燥、难度较大的科目学习中，使学生了解知识掌握后的功用和社会价值，引起他们对学习结果的间接兴趣，可以使他们进入有意注意的学习活动。

3. 合理组织课堂教学，防止学生分心

要合理地组织教学活动，采取具体措施促使学生保持有意注意，如向学生提出问题，在学生刚开始注意分散时给予提示和批评，使智力活动与实际操作相结合等。课堂教学组织越合理，越符合学生的心理特点和内在需要，学生越不容易分心。避免学生分心的措施有：（1）预先控制；（2）信号控制；（3）提问控制；（4）表扬控制。

4. 运用多种教学手段

教师可以运用多种教学手段，采取生动活泼的形式，来调整学生的注意状态。色彩丰富的形象、活动画面的刺激以及操作活动，有利于降低和消除学生的疲劳感，维持较长时间的有意注意。

考点4　运用两种注意相互转换的规律组织教学

在教学过程中如果过分地要求学生使用有意注意，则容易引起疲劳；而如果只让学生凭借无意注意来学习，则不利于他们克服学习过程中的困难。所以，无论是在整个教学活动过程中，还是在一堂课上，教师都应充分利用两种注意转换的规律来组织教学。例如，在讲授新的教学内容时，要求学生对教学内容产生无意注意，但当讲到重点、难点时，则必须设法让学生保持有意注意，以充分理解和思考问题。

此外，教师还应有意识地培养学生的有意后注意，如培养学生边听课边记笔记的习惯等，这对提高学习效率有很大帮助。

二、在教学过程中培养学生良好的注意品质

(1)要增强注意的稳定性,就要防止注意的分散。一方面,要保证整洁、安静的教学环境,防止外部无关刺激的干扰。另一方面,要注重学生良好学习习惯的形成和意志力的锻炼,克服内部干扰。此外,加强学习目的性教育,端正学习态度,组织内容丰富、形式多样的教学活动,也是提高注意稳定性的重要手段。

(2)要扩大注意的广度,需要学生积累相应的知识经验和一定的素养。教师应该指导学生迅速增加知识储备,勤学多练。此外,使学生了解当前活动的性质和要求,适当安排教学任务,也可以扩大注意范围。注意的广度还受注意对象特点的影响,如果需要学生注意较大范围内的教学对象,就应该使它们在排列组合上集中有序,或能成为相互联系的整体。

(3)注意的分配在教学中有实践意义。为了提高课堂效率,教师需要学生边听课边记笔记,有时需要学生一边动手操作,一边观察教师的演示。根据注意的分配的条件,需要增强学生的听讲、书写、表达等基本学习能力的训练,当它们达到高度熟练的程度时,就可以在课堂上做到“一心二用”。另外,对于一些特殊技能的分配,需要特别的训练,增强技能间的协调性。

(4)注意的转移同人的先天的神经活动类型有关,但也可以通过对外在因素的控制和后天训练加以改善和提高。教学活动中经常需要学生进行注意的转移,在两种活动之间给予一定的信号或言语提示是有必要的,在低年级课堂中甚至要给予命令式的要求。另外,活动安排也要力求合理,把能够引起学生浓厚兴趣、易使其过于兴奋的活动安排在前就可能妨碍学生对后继活动的投入。所以,先上体育课,再上文化课是不合适的。当然,提高注意的转移能力,根本上是提高学生对自我行为的监控能力,使他们能够积极主动地服从教学安排,及时转换注意的对象。

★★ 考点大默写 ★★

1. 人的心理活动具有选择性,体现了注意的____________。
2. 人对目标事物以外的事物“视而不见、听而不闻”体现了注意的____________。
3. 无意注意是____________预定目的、____________意志努力的注意。
4. 人们很容易就能注意到在一片绿地中的一朵鲜花。这体现了______________对无意注意的影响。
5. 注意的功能包括____________功能、____________功能与____________功能。
6. 在一个活动中,虽然个体的注意的对象和行动会有所变化,但注意的总方向和总任务不变,体现了注意的____________。
7. 短时间内注意周期性地不随意跳跃现象称为注意的____________。
8. ____________是指注意离开了当前应当完成的任务而被无关的事物所吸引。
9. 注意的紧张度越高,注意的范围越____________。
10. “一心二用”体现了注意的____________。

11. ____________是根据新的任务，主动地把注意从一个对象转移到另一个对象或由一种活动转移到另一种活动的现象。

12. 在教学过程中，教师可以根据注意的____________了解学生的听课状态。

13. 保证整洁、安静的教学环境，防止外部无关刺激的干扰，是为了防止学生注意的____________。

14. 明确学习的目的和任务是运用____________的规律组织教学。

【参考答案】

1. 指向性 2. 集中性 3. 没有；无需 4. 刺激物之间显著的对比关系 5. 选择；保持；调节和监督 6. 稳定性 7. 起伏（动摇） 8. 注意的分散（分心） 9. 小 10. 分配 11. 注意的转移 12. 外部表现 13. 分散 14. 有意注意

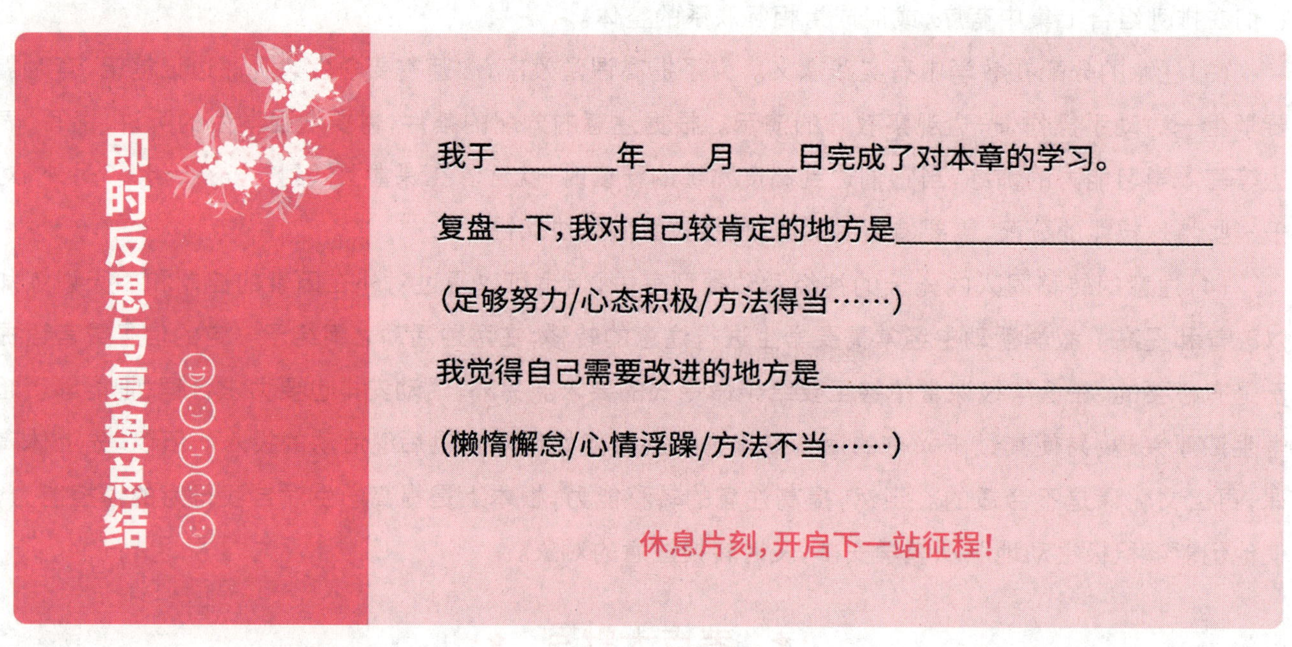

第七章 情绪与情感

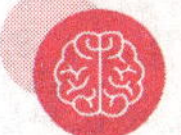

思维导图

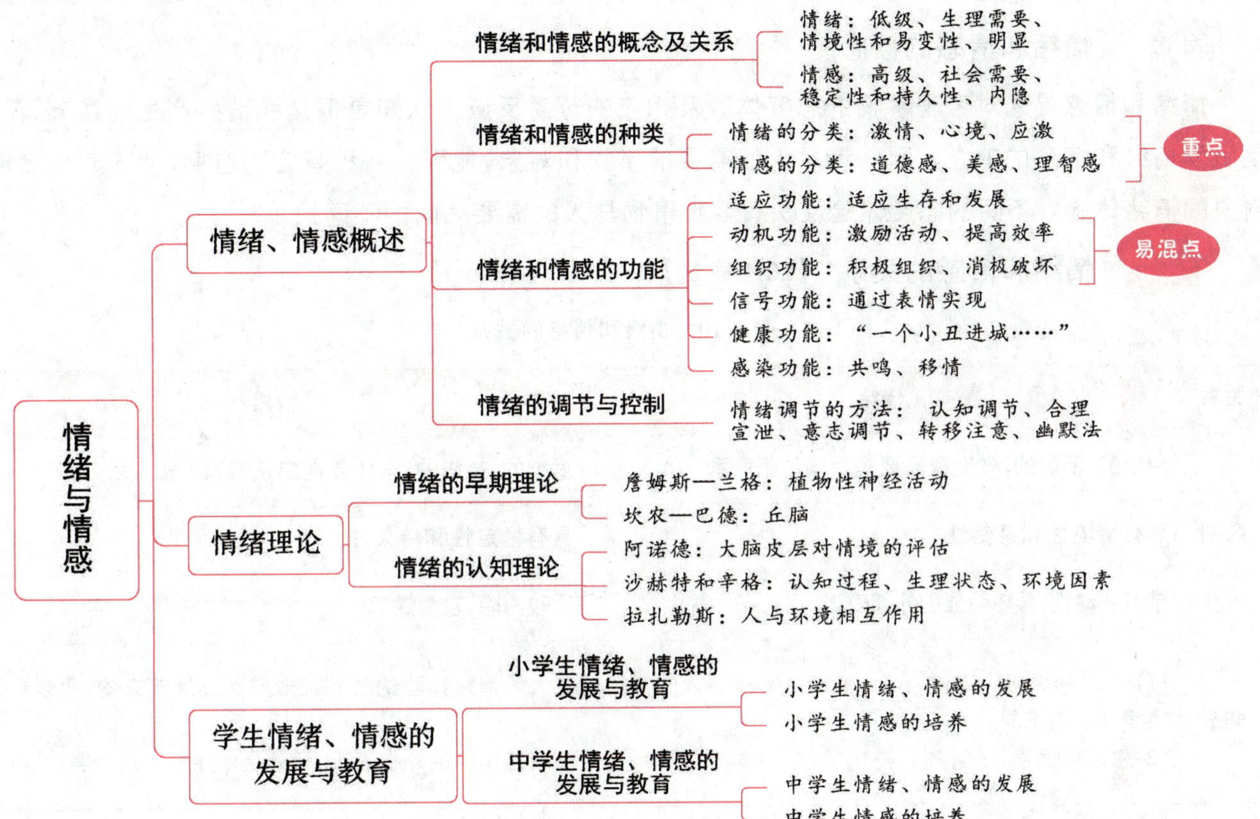

福建考向

本章属于心理学中的基础章节，特点为内容细碎，理解性知识多。现对本章福建考向分析如下：

高频考点	常考题型	能力层级	考查热度
情绪和情感的关系	多选	理解	★★
情绪和情感的种类	单选、填空	理解	★★★

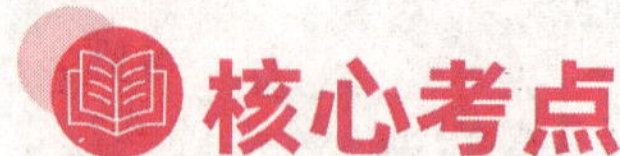

核心考点

第一节　情绪、情感概述

一、情绪和情感的概念及关系

考点1　情绪和情感的概念

情绪和情感是人对客观事物的态度体验及相应的行为反应。认知是情绪和情感产生的基础，需要是引发情绪和情感的中介。那些满足人们需要的事物和对象，能引起各种肯定的态度，使人产生满意、愉快的情绪体验。不同的态度体验反映着客观事物与人的需要之间的不同关系。

考点2　情绪和情感的关系　【2018多选】

表3-10　情绪和情感的关系

关系	情绪	情感
区别	原始的、低级的，与生理需要是否满足相联系	后继的、高级的，与社会需要是否满足相联系
	具有情境性和易变性	具有稳定性和持久性
	带有冲动性，伴随明显的外部表现	比较内隐，较为深沉
联系	(1)情绪是情感的基础，情感离不开情绪。人的情感是在大量情绪体验的基础上形成和发展起来的，也是通过情绪表达出来的。 (2)对人类而言，情绪离不开情感，是情感的具体表现。情绪是情感的外在表现，情感是情绪的本质内容	

真题面对面

[2018，多，2分]下列关于情绪和情感关系的表述，正确的有(　　)

A. 情绪是情感的基础，情感离不开情绪

B. 情绪依赖于情感，是情感的具体表现

C. 情绪具有情境性，情感具有较强的稳定性和持久性

D. 情绪更多的是与人的生理需要相联系，情感则是与社会性需要相联系

答案：ABCD

二、情绪和情感的种类　【2020单选】　必背

考点1　情绪的分类　【2022单选】

根据主体与客体之间关系的不同，心理学家把人的基本情绪分为快乐、悲哀、愤怒、恐惧四种类型；依据情绪发生的强度、持续性和紧张度的不同，可以把情绪状态划分为激情、

心境、应激三种。

1. 激情

激情是一种爆发式的、猛烈而时间短暂的情绪状态。例如，狂喜、暴怒、恐惧、绝望、剧烈的悲痛等，都是激情的表现。它往往带有特定的指向性和较明显的外部行为表现，如暴跳如雷、浑身战栗、手舞足蹈等。

激情发生时，意识范围缩小，意识对行为的控制作用明显降低，理解力降低，判断力减弱，易感情用事，不考虑后果。有人用激情爆发来原谅自己的错误，认为"激情时完全失去理智，自己无法控制"，这种说法是不对的，人能够意识到自己的激情状态，也能够有意识地调节和控制它。

2. 心境

心境是一种微弱的、持续时间较长的，带有弥漫性的情绪状态。心境一经产生就不只表现在某一特定对象上，而是在相当长的一段时间内，使人的整个心理活动都染上某种情绪色彩，影响人的整个行为表现，成为情绪生活的背景。"忧者见之则忧，喜者见之则喜"说的就是心境。

良好的心境有助于积极性的发挥，提高工作与学习的效率，促进坚强意志品质的培养；不良的心境会妨碍工作和学习，影响身心健康。因此，培养良好的心境是人的个性修养的重要组成部分。

3. 应激

应激是出乎意料的紧迫情况所引起的急速而高度紧张的情绪状态。当人们遇到突发事件、危险或意外时，为了应付瞬息万变的紧急情况，就得果断地采取决定，迅速地做出反应。应激正是在这种情境中产生的内心体验。

应激状态既有积极的作用，也有消极的作用。一般的应激状态是一种行为保护机制，能使机体具有特殊防御、排险机能，使人更加机智勇敢，集中全身精力以应付危急局面，急中生智，摆脱困境。应激状态持续的时间也不可过长，否则会有害健康。

激情

心境

应激

考点2　情感的分类　【2021单选、2017填空】

情感是同人的社会性需要相联系的态度体验，是人类所特有的心理活动，具有一定的社会历史性。从情感的社会内容角度来看，人类的情感有道德感、美感和理智感三种形式。

1. 道德感

道德感是根据一定的道德标准评价人的思想、意图和言行时所产生的主观体验。它表现在对待国家、集体、工作、事业、学习以及人与人之间的关系等各个方面，如爱国主义情感、集体主义情感、责任感、事业心、荣誉感、自尊心等。道德感属于社会历史范畴，不同民族、不同时代、不同阶级有着不同的道德评价标准。

2. 美感

美感是人们根据一定的审美标准对自然或社会现象及其在艺术上的表现予以评价时所产生的情感体验。美感能使人产生愉悦的体验，增加人的生活情趣，帮助人们以美丑的评价去赞扬美好的事物与心灵，蔑视与鞭挞丑陋与粗野的行为，从而促进人类文明的发展。同道德感一样，美感也具有社会历史制约性。

3. 理智感

理智感是人认识事物和探求真理的需要是否得到满足而产生的主观体验。例如，人们在探求未知的事物时所表现的求知欲、兴趣和好奇心、发现问题的惊奇感、问题解决的喜悦感、为真理献身的自豪感、问题不解的苦闷感等。理智感对人们学习知识、认识事物、发现规律和探求真理的活动都有积极的推动作用。

真题面对面

[2021，单，2分]学生成功破解数学难题后产生的愉悦感属于(　　)

A. 美感　　B. 理智感

C. 道德感　　D. 自我效能感

答案：B

三、情绪和情感的功能 【2019 判断选择】

考点1 适应功能

情绪和情感是有机体适应生存和发展的一种重要方式。例如，动物遇到危险时产生怕的呼救，就是动物求生的一种手段。

考点2 动机功能

情绪和情感是动机的源泉之一，是动机系统的一个基本成分。它能够激励人的活动，提高人的活动效率。同时，情绪对于生理内驱力也具有放大信号的作用，成为驱使人们行为的强大动力。

考生易混淆组织功能和动机功能。组织功能针对现有的情绪状态，是指良好的情绪起推动作用，不良的情绪起阻碍作用。动机功能可以从无到有的引发人们的行动，强调引发、驱动作用，其作用符合“耶克斯—多德森定律”。

考点3 组织功能

情绪和情感这种特殊的心理活动，对其他心理过程而言是一种监测系统，是心理活动的组织者。积极的情绪和情感具有调节和组织作用；消极的情绪和情感则具有干扰、破坏作用。情绪和情感的组织作用表现在促成知觉选择、监视信息的移动、影响工作记忆、影响思维活动和人的行为表现等方面。

考点4 信号功能

情绪和情感在人际间具有传递信息、沟通思想的功能。情绪的信号功能体现在个体将自己的愿望、要求、观点、态度通过一定的情感表达方式传递给别人并加以影响。这种功能是通过表情实现的。它是非言语沟通的重要组成部分，在人与人之间的信息交流中具有信号意义。例如，点头微笑表示赞赏，摇头皱眉表示否定。

考点5 健康功能

人对社会的适应是通过调节情绪来进行的，情绪调控的好坏会直接影响到身心健康。情绪和情感的健康功能表现为积极的情绪有助于身心健康，消极的情绪会引起人的各种疾病。积极而正常的情绪体验是保持心理平衡与身体健康的条件。曾有人说过："一个小丑进城胜过一打医生。"这就非常形象地说明了情绪对人的身体健康的影响。

考点6 感染功能

人类的情绪和情感可以互相传递和感受，具有感染性。人们之间的感情沟通正是通过情绪和情感的易感性功能才得以实现的。这种易感性，具体表现为"共鸣"和"移情"作用。共鸣是指某人已经发生的情绪和情感引起他人相同或相似的情绪和情感，是指情绪和情感的互通现象，如所谓"掬一把同情泪"。移情是个人将自己的内心感受赋予他人或物，如"爱屋及乌"。个体对各种信息意义的鉴别与认定，通常通过共鸣和移情来进行。

艺术作品的教育价值，正是通过情绪和情感的感染功能来实现的。情节内容越生动、感人的作品，教育价值越大。在教师的教育和教学工作中，也要注意运用情绪和情感的感染功能，去帮助和教育学生。

此外，情绪和情感还具有强化功能、迁移功能、疏导功能和协调功能。

真题面对面

[2019，判断选择，1分]婴儿通过微笑、哭闹获得成人的关注，体现的是情绪的组织功能。(　　)

A. 正确　　　　B. 错误

答案：B

四、情绪的调节与控制

考点1 教会学生形成适宜的情绪状态

教会学生调节情绪的紧张度，就要使他们学会按自己的意愿形成适宜的情绪状态。比如：有人用座右铭"忍"字来时刻告诫自己不要感情用事，以防止或缓和激动的情绪；沮丧时，想一想过去愉快的情景，消极的情绪也能得到一些缓解。

考点2 丰富学生的情绪体验

学生不适宜情绪的产生，往往是由于缺乏一定的情绪经验。学生考试、公开发言都容易引起情绪波动，这是临场经验不足造成的。教师应给学生创造一种过渡性情境，即从不紧张到较为紧张，最后再到更高一级的紧张环境，使学生积累各种情境下的情绪体验。

考点3 引导学生正确看待问题(调整认知)

由于学生分析问题的能力还不完善，对一个问题往往只从一个角度解释，所以容易遭受挫折。教师应该指导学生从多个角度看待问题，以发现问题的积极意义，从而产生健康的情绪。从多角度、多侧面帮助学生提高认识，有助于学生的情绪情感向正确的方向发展。

考点4 教会学生情绪调节的方法

1. 认知调节法

学生不良情绪的产生主要是由于自我意识的发展不够成熟。当学生发现自己有负性情绪时，可以通过两种方式来认识自己：(1)思考自己的感觉是怎么产生的；(2)分析这种感觉是不是由自己的想法或解释造成的，和自己的个性、习惯又有哪些联系。

美国心理学家艾利斯提出了“情绪ABC”理论，他认为一个人情绪的好坏主要是由自己的认知和想法决定的。如果能改变一个人非理性的思想、观念和评价，就能改变他的情绪和行为。

2. 合理宣泄法(自我排解)

当人受到不良刺激而产生消极情绪时，应让不良情绪充分得以宣泄，通过合理的宣泄来减轻心理负担，恢复心理平静。宣泄可以采用适当的方式，例如：找亲朋好友倾吐不愉快的事；以书信或日记的形式宣泄怒气、消解愁闷；大哭一场或自言自语，以发泄心中的委屈和不满；运用电话心理咨询或向心理医生诉说自己的苦恼等。宣泄必须合理、适当，否则，可能导致消极后果。

3. 意志调节法

意志调节法也称升华作用，指人的意志品质和意识的能动作用能够调节情绪的发生和强度，即发掘、调动思想中的积极情绪，抵制和克服消极情绪，将痛苦、烦恼、忧愁等消极情绪升华为积极有益的行动。

4. 转移注意法

当人受到刺激产生不良情绪时，应尽可能离开不良刺激的环境，把注意力转移到新环境和新事物上去，避免不良情绪的蔓延和加重。例如，与人发生争吵，情绪高度激动时，就立即离开现场，去从事其他活动，以此来转移注意力。

5. 幽默法

心理学家认为，幽默能使紧张的心理放松，被压抑的情绪得到解脱，是避免刺激和干扰、摆脱窘境、消除不良情绪、保持心理健康的“良药”。当人处于窘迫、尴尬的境地时，最好的办法是以幽默的态度去化解。

考点5 通过实际锻炼提高学生的情绪调节能力

在日常生活学习中，教师要不断鼓励学生克服不良的情绪状态，养成积极乐观的心理品质。同时注意创设情境，让学生体验不良情绪的困扰，从而找到合理宣泄的渠道，这也有助于增强其心理抗压力。

第二节 情绪理论 新增

一、情绪的早期理论

考点1 詹姆斯—兰格理论

詹姆斯—兰格情绪学说是有关情绪的生理机制方面的第一个学说。美国心理学家詹姆斯和丹麦生理学家兰格都强调情绪的产生是植物性神经活动的产物。詹姆斯说："我们因为哭，所以愁；因为动手打，所以生气；因为发抖，所以怕；并不是我们愁了才哭，生气了才打，怕了才发抖。"因此，在詹姆斯看来，哭、打、发抖就是情绪产生的直接原因。

考点2 坎农—巴德学说

坎农和巴德认为，情绪的中枢不在外周神经系统，而在中枢神经系统的丘脑。外界刺激引起感觉器官的神经冲动，传至丘脑，再由丘脑同时向大脑和植物性神经系统发出神经冲动，从而在大脑产生情绪的主观体验，而由植物性神经系统产生个体的生理变化。

二、情绪的认知理论

情绪的认知理论

考点1 阿诺德的评定—兴奋说

美国心理学家阿诺德在20世纪50年代提出了情绪的"评定—兴奋说"，强调情绪来源于大脑皮层对情境的评估。阿诺德的评定—兴奋说有三个主要观点：

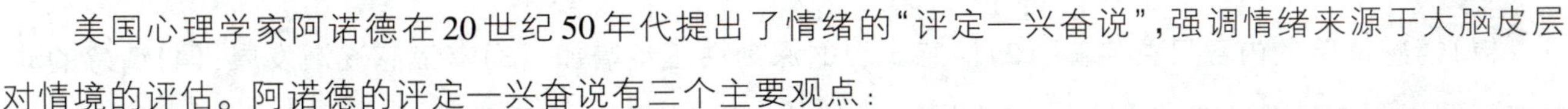

（1）刺激情境并不直接决定情绪的性质，从刺激出现到情绪的产生，要经过对刺激的估量和评价，情绪产生的过程是：刺激情境—评估—情绪。

（2）情绪的产生是大脑皮层和皮下组织协同活动的结果，大脑皮层的兴奋是情绪行为的最重要的条件。

（3）情绪产生的理论模式是，感受器接受情绪刺激产生神经冲动，通过内导神经经丘脑传到大脑皮层，刺激情境在此得到评估，形成一种特殊的态度。这种态度通过外导神经将皮层的冲动传至丘脑的交感神经，将兴奋发送到血管或内脏，所产生的变化使其获得感觉。这种从外周来的反馈信息，在大脑皮层中被估价，使纯粹的认识经验转化为被感受到的情绪。

考点2 沙赫特和辛格的理论

情绪状态是由认知过程、生理状态、环境因素在大脑皮层中整合的结果。情绪的产生有三个不可缺少的因素：（1）个体必须体验到高度的生理唤醒；（2）个体必须对生理状态的变化进行认知性的唤醒；（3）相应的环境因素，即对环境刺激的认识。

考点3 认知—评价理论

拉扎勒斯是情绪的认知—评价理论的代表。他认为情绪是人与环境相互作用的产物。在情绪活动中,人不仅接受环境中的刺激事件的影响,同时要调节自己对刺激的反应。也就是说,情绪活动必须有认知活动的指导,只有这样,人才能了解环境中刺激事件的意义,选择适当的、有价值的动作组合,即动作反应。按照拉扎勒斯的观点,情绪是个体对环境事件知觉到有害或有益的反应。因此,在情绪活动中,人们需要不断地评价刺激事件与自身的关系。具体来讲,有三个层次的评价:初评价、次评价和再评价。

考题预测

[多,2分]因为我们哭,所以愁;因为动手打,所以生气;因为发抖,所以害怕;并不是愁了才哭,生气了才打,害怕了才抖。不支持这种观点的情绪理论是( )

A. 詹姆斯—兰格情绪理论　　B. 坎农—巴德情绪理论

C. 沙赫特—辛格的情绪理论　　D. 埃利斯情绪理论

答案:BCD

第三节 学生情绪、情感的发展与教育

一、小学生情绪、情感的发展与教育

考点1 小学生情绪、情感的发展

(1)情感体验的内容日益丰富;(2)情感表现的深刻性逐步增加;(3)友谊感逐渐发展;(4)情感的动力特征明显;(5)高级情感得到进一步发展;(6)情绪、情感的稳定性明显增强;(7)情绪、情感的自控力不断增强。

考点2 小学生情感的培养

(1)提高认识能力,促进其情感的发展。(2)创设情境,陶冶小学儿童的情感。(3)在教育、教学中正确地运用移情。这里的移情是指人们将心比心、设身处地地站在他人的立场去体会或理解他人的情绪、情感的能力。

二、中学生情绪、情感的发展与教育

考点1 中学生情绪的发展

1. 初中生情绪的发展

在初中生的情绪表现中,充分体现出半成熟、半幼稚的矛盾性特点。随着初中生心理能力的发展和生活经验的扩大,其情绪的感受和表现形式不再像以往那么单一,但还远不如成人的情绪体验那么稳定,表现出明确的两面性。具体表现在:(1)强烈、狂暴性与温和、细腻性共存;(2)可变性和固执性共

存;(3)内向性和表现性共存。

2. 高中生情绪的发展

由于高中生认知能力、意识水平的提高,其情绪体验呈现如下特点:(1)情绪体验的时限延长(延续性);(2)情绪体验的内容较为丰富(丰富性);(3)情绪体验存在个人独特的差异(特异性);(4)情绪体验更加深刻(深刻性);(5)情绪体验更加细腻(细腻性)。

考点2　中学生情感的发展

(1)情感丰富多彩、富有朝气。(2)情感两极性明显。(3)情感不断深刻。(4)情感逐渐稳定。中学生的情感尽管两极性明显,但还是逐渐趋于稳定,主要表现在三个方面:①对情感的自我调节和控制能力逐渐提高;②逐步带有文饰性、内隐性、曲折性;③情感的倾向性正在定型化。(5)情感的外露和表达已趋于理性化。

考点3　中学生情感的培养

(1)提高中学生的思想认识和觉悟,培养正确的人生观,充实和丰富中学生的精神世界,培养健康的情趣。(2)培养高尚的道德情操,培养中学生爱生活、爱祖国、爱人民的思想情感。(3)不断丰富情感观念,把认识和情感体验结合起来。(4)组织各种活动,丰富人生阅历。(5)要使健康的情绪体验不断巩固、不断概括、不断深化,从而形成稳定而深厚的情感体验。(6)要注意培养他们情感的自我调节能力。

考点大默写

1. 情绪与＿＿＿＿＿＿需要是否满足相联系。
2. 情绪分为激情、心境和＿＿＿＿＿＿。
3. “忧者见之则忧,喜者见之则喜”说的是＿＿＿＿＿＿。
4. 爱国主义情感、集体主义情感、责任感等体现的是＿＿＿＿＿＿。
5. 发现问题的惊奇感、问题解决的喜悦感、无法解决问题的苦闷感属于＿＿＿＿＿＿。
6. 积极的情绪和情感具有调节和组织作用,消极的情绪和情感则具有干扰、破坏作用,体现了情绪的＿＿＿＿＿＿功能。
7. 情绪的信号功能是通过＿＿＿＿＿＿实现的。
8. “一个小丑进城胜过一打医生”体现了情绪的＿＿＿＿＿＿功能。
9. 在受到挫折后大哭一场,运用的情绪调节方法是＿＿＿＿＿＿。
10. 与人发生争吵,情绪高度激动时,就立即离开现场,去从事其他活动,运用的情绪调节方法是＿＿＿＿＿＿。
11. 因为哭,所以愁;因为发抖,所以怕。这种说法体现的情绪理论是＿＿＿＿＿＿＿＿。
12. 坎农和巴德认为,情绪的中枢在＿＿＿＿＿＿神经系统的＿＿＿＿＿＿。
13. 评定—兴奋说是由美国心理学家＿＿＿＿＿＿提出的。

14. 拉扎勒斯认为情绪是人与__________相互作用的产物。

15. __________是指人们将心比心、设身处地地站在他人的立场去体会或理解他人的情绪、情感的能力。

16. 在初中生的情绪表现中，充分体现出__________、__________的矛盾性特点。

17. 中学生情感的外露和表达已趋于__________。

【参考答案】

1. 生理　2. 应激　3. 心境　4. 道德感　5. 理智感　6. 组织　7. 表情　8. 健康　9. 合理宣泄法（自我排解）　10. 转移注意法　11. 詹姆斯—兰格的机体知觉理论　12. 中枢；丘脑　13. 阿诺德　14. 环境　15. 移情　16. 半成熟；半幼稚　17. 理性化

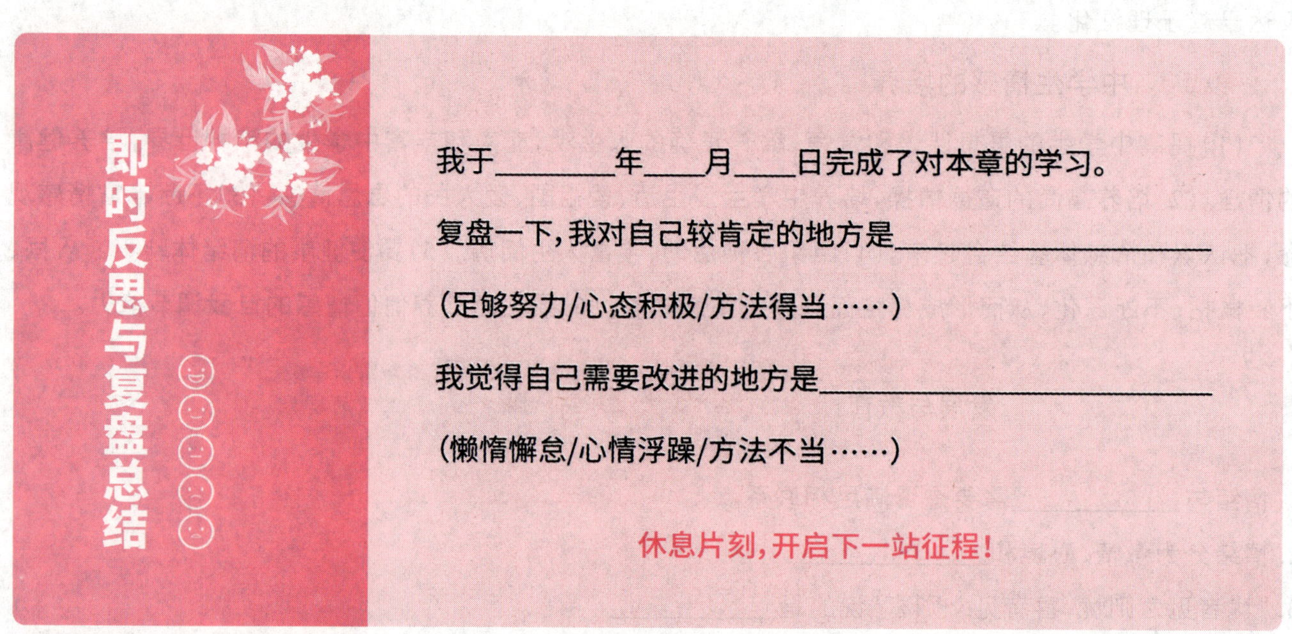

第八章 意 志

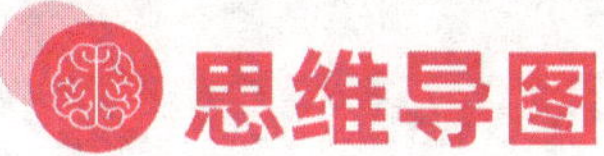

思维导图

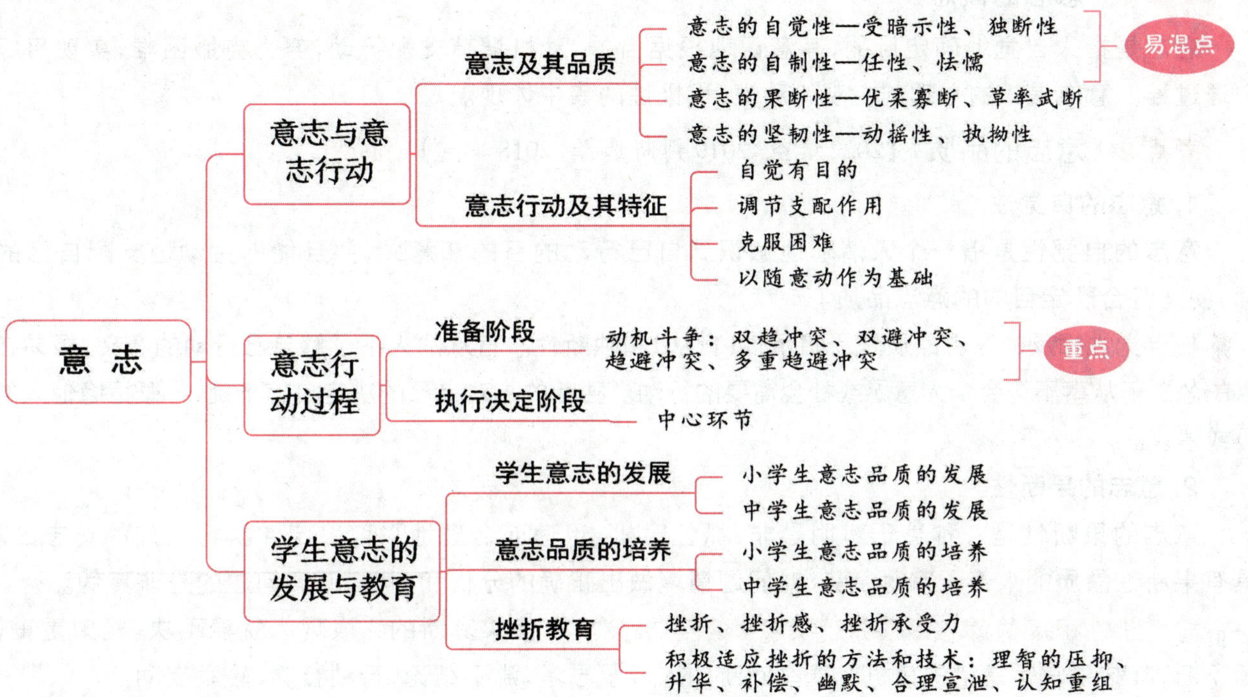

福建考向

本章属于心理学中的基础章节，特点为内容系统、知识关联性强。现对本章福建考向分析如下：

高频考点	常考题型	能力层级	考查热度
意志的品质	单选、判断选择、填空	理解	★★★
动机斗争	单选、填空	理解	★★
挫折适应与辅导	单选	理解	★★

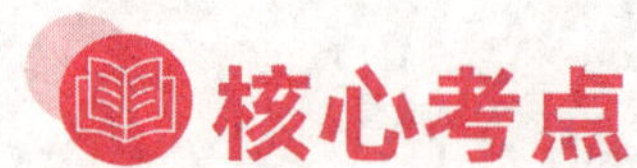

核心考点

第一节 意志与意志行动

一、意志及其品质

考点1 意志的概念

意志是指人自觉地确定目的,有意识地根据目的、动机调节支配行动,努力克服困难,实现目标的心理过程。意志是人的心理的主观能动性、积极性的集中体现。

考点2 意志的品质 【2022填空、2019判断选择、2018单选】 必背

1. 意志的自觉性

意志的自觉性是指一个人清晰地意识到自己行动的目的和意义,并且能够主动地支配自己的行动,使之符合既定目的的意志品质。

与自觉性相反的意志品质是**受暗示性(盲从)和独断性**。盲从的人不了解自己行动的意义,极易在别人的怂恿下从事不符合个人意愿或社会需要的行动。独断的人对自己的决定自信不疑,一概拒绝他人的意见或建议。

2. 意志的果断性

意志的果断性是一种善于辨明是非、抓住时机、迅速而合理地采取决定并执行决定的意志品质。具有果断性品质的人善于审时度势、对问题情境做出正确的分析和判断、洞察问题的是非真伪。

与果断性相反的意志品质是优柔寡断和草率武断。优柔寡断的人表现为犹豫不决,疑虑重重,该断不断,其结果常常是错失良机。草率武断的人懒于思考,滥下结论,行动鲁莽,轻举妄动。

3. 意志的自制性

意志的自制性是一个人善于控制和支配自己的情绪,约束自己言行的品质。具有良好自制性的人,一方面善于控制自己去执行所采取的决定,具有较强的组织性和纪律性;另一方面又善于控制自己的困惑、恐惧、慌张、厌倦和懒惰等消极情绪,表现出较强的忍耐性。

与自制性相反的意志品质是**任性、冲动和怯懦**。前者不能约束自己的行动;后者在行动中畏缩不前、惊慌失措。这都是意志薄弱的表现。

考生容易混淆意志的自觉性和自制性。自觉性指能主动支配自己的行动(无人看管、自觉自发);自制性是善于控制、约束自己的言行(抵制诱惑、约束言行)。

4. 意志的坚韧性(坚定性)

意志的坚韧性是一个人在行动中坚持决定,百折不挠地克服重重困难去达到行动目的的品质。坚持是对行动目的的坚持。

与坚韧性相反的意志品质是动摇性和执拗性。具有动摇性的人或缺乏坚定的行动目的,对既定目的持怀疑态度,或对实现目的缺乏信心和决心。具有执拗性的人不能根据形势的变化而灵活调整自己的思想行为。他们常常在明知自己的主张和观点错误时,仍然固执己见,违背客观规律而一意孤行。

真题面对面

[2022，填空，1分]与任性、冲动相反的意志品质是__________。

答案：意志的自制性

二、意志行动及其特征

考点1　意志行动的概念

如果说感知觉是外部刺激向内部意识的转化，那么，意志过程就是内部意识向外部行为的转化。因为意志过程总是要伴随着行动，并指向外部的特定目标。我们把意志过程中所表现出来的行动称之为意志行动。意志行动是人类所特有的，只有人类才能预先自觉地确定行动目的，有意识地调节自己的行为。

考点2　意志行动的特征

(1)意志行动是人特有的自觉确定目的的行动。(2)意志对活动有调节支配作用，使人的行动能按设定好的目的去改造世界。(3)克服内部和外部的困难是意志行动最重要的特征。(4)意志行动以随意动作为基础。

第二节　意志行动过程

一、准备阶段（采取决定阶段/确定决定阶段）

准备阶段包括动机斗争、确定目标、选择行动方法和制订行动计划等环节。

动机斗争

考点1　动机斗争　【2023填空、2017单选】 必背

人的行动是由一定的动机引起的，并指向一定的对象。人的行为动机往往以愿望的形式表现出来，由于人的需要多种多样并且是不断发展的，所以在同一时间内往往存在多种动机。几种动机相互矛盾，就形成了动机斗争。从形式上看，可将动机斗争分为四类：

表3-11　动机斗争的种类

分类	定义	典例
双趋冲突	从自己同时都很喜爱的两个事物中仅择其一的心理状态	鱼与熊掌不可兼得
双避冲突	从希望回避的两种事物中必取其一的心理状态	进退维谷
趋避冲突	对同一目的的兼具好恶的矛盾心理	既想当班干部又怕影响学习
多重趋避冲突	对含有吸引与排斥两种力量的多种目标予以选择时所发生的冲突	大学毕业生就业中的选择困难

双趋冲突

双避冲突

趋避冲突

多重趋避冲突

真题面对面

[2023,填空,1分]“两害相权取其轻”体现的动机冲突是________冲突。

答案:双避

考点2 确定目标

目标的确定与动机的取舍是相随而行的。目标越明确,人的行动越自觉;目标越远大,它对行动的动力作用越大;目标越深刻,被此目标所唤起的意志力也越大。

考点3 选择行动方法和制订行动计划

目标确定之后,必须考虑如何实现目标。为了实现目标,必须选择适宜的行动方法和行动计划。

二、执行决定阶段

行动计划制订后,执行计划,采取有效的行动,是达到目的的关键步骤。执行决定阶段是意志行动的中心环节,是意志努力的集中表现。在执行决定的过程中,必然会碰到许多困难。因此,执行决定,克服困难与障碍,需要更多的意志努力。克服困难必须依赖以下心理条件:

(1)坚定的信念和崇高的世界观是动机的基础,是克服困难最基本的条件。

(2)行动目的的性质对克服困难也有重要意义。

(3)对行动胜利的美好前景的憧憬,对行动失败可能招致严重后果的认识也会激励人们去战胜困难。

(4)执行计划的坚定性。

第三节 学生意志的发展与教育

一、学生意志的发展

学生意志的发展主要表现为学生意志品质的发展。

考点1 小学生意志品质的发展

1. 自觉性的发展

(1)小学生意志的自觉性较差。(2)小学生意志的受暗示性和独断性比自觉性特征明显。

2. 果断性的发展

(1)小学生意志的果断性随着年级的升高而不断发展。但小学生意志的果断性还是比较差的,他们不善于仔细、全面地考虑问题,然后再做出决定,付诸行动。

(2)相当一部分小学生表现出优柔寡断或草率决定的特征。

(3)小学生果断性品质的发展还很不稳定,其发展趋势是到三年级后达到一个高峰,随后又迅速呈下降趋势,直到六年级时才得以改变。

3. 自制性的发展

(1)小学生意志的自制性品质随着年级的升高而稳步发展。

(2)小学生的行为明显受内外诱因的干扰。

4. 坚韧性的发展

小学生意志的坚韧性品质是随着年级的升高而迅速发展的。但是，与青少年相比，小学生的坚韧性品质还是比较差的，往往表现出一种冲动性和不稳定性。

考点2 中学生意志品质的发展

1. 自觉性的发展

中学生在自觉性方面有所提高，由于更加明确而深刻地认识到行动的目的，从而能自觉地、主动地去行动，以达到目标；易受暗示和独断的表现相对减弱。到了高中阶段，学生的自觉性增强，他们对动机、行动目的及其后果认识更自觉，开始能自觉地考虑未来的职业，能自觉遵守纪律，自觉地约束行动。在行动之前能用头脑冷静思考。

2. 果断性的发展

中学生在果断性方面有所发展，反应快，行动快，不喜欢把时间花在怀疑和犹豫不决上。高中生能适当而坚定地做出决定，执行决定，轻率和优柔寡断的表现相对减少。但初中生的果断性水平还比较低，轻率往往是他们的主要特点。

3. 自制性的发展

在自制性方面，中学生自我调节和自我控制的能力逐渐加强，易兴奋、冲动、任性、执拗的表现相对减轻。当然，初中生的自制性还比较差，因为正处于青春发育期，身体的急骤变化，引起身心发展上的各种不平衡，故情绪波动大，对自己的行为举止难以控制，表现为好动、上课时手足不得安宁，所以品德不良的学生往往出现在初中阶段。高中学生的情绪比较稳定，道德认知也逐渐成熟，比较能控制和调节个人的行为举止。

4. 坚韧性的发展

中学生在坚韧性方面有所发展。初中生对自己感兴趣的课程才能保持较长久的注意力，当学习顺利时劲头十足，一碰到困难就会败下阵来；高中生则不同，他们的责任感比较强，即使智力水平一般的学生，在学习遇到困难时也不是立刻退缩，而是努力解决。

二、意志品质的培养

考点1 小学生意志品质的培养

1. 树立远大的理想和信念，培养小学生行为的目的性，减少其行动的盲目性

树立远大的理想和信念，是培养小学生形成良好意志品质的首要条件。

2. 加强养成教育，培养小学生的自制能力

养成教育就是通过培养小学生自觉遵守纪律和生活制度的常规训练，使小学生形成自动控制的良好的行为习惯。有经验的教师通常采取以下做法：(1)从生活小事上进行训练；(2)耐心指导，反复训练；(3)教师注意以身作则。

3. 教育小学生正确地对待挫折

教师要帮助小学生正确地对待挫折。通常的一些做法是：

(1)帮助儿童分析产生挫折的原因，找出避免挫折的方法；

(2)面对挫折，鼓励儿童充满信心地战胜挫折，有时候也可以用限制、批评、惩罚的方法来制止那些不良的表现；

(3)在教育教学中，注意培养儿童调节和控制自己心理活动的能力，提高小学生的挫折耐受力。

4. 在困难环境中锻炼小学生的意志

良好的意志品质是在克服困难中表现，并在克服困难中形成的。在组织活动时，教师应当注意以下几点：

(1)教师必须遵守循序渐进的原则，向学生提出的任务要有一定的难度，同时又是他们力所能及的。

(2)当小学生在活动中遇到困难时，要给予鼓励和必要的指导，但不要代替他们去解决问题。

(3)根据小学生意志品质上的差异，注意采取不同的锻炼措施，做到因人、因不同发展时期锻炼。

考点2 中学生意志品质的培养

1. 加强生活目的性教育，树立科学的世界观

用科学的世界观武装青少年，是培养他们具有良好意志品质的基本条件。

2. 组织实践活动，让学生取得意志锻炼的直接经验

在组织学生活动时，教师应注意：

(1)行为练习要有目的性、计划性，从简单到复杂，使学生获得锻炼的信心和成功感；

(2)有意创设困难情境与艰巨条件，以激发学生克服困难的主动性和自制力；

(3)提供行为练习的示范与榜样，供学生学习效仿；

(4)对行为练习的结果，及时予以评价和强化，以增强行为练习的自觉性与积极性。

3. 根据学生意志品质的差异，采取不同的锻炼措施

对于容易盲从的学生，教师应多启发他们的自觉性，培养其对社会、集体和劳动的责任感和义务感；对于怯懦的学生，应多鼓励他们去克服困难，以增强其信心和勇气；对于任性和固执的学生，则应该从目的性和原则性方面着手，使他们理解固执与顽强的区别。

4. 发挥教师、班集体和榜样的模范作用，给予必要的纪律约束

在学生意志品质的形成过程中，离不开周围的人和环境的影响。特别是在学校教育中，教师发挥着不可忽视的作用。

学生所在的班集体是其成长的重要环境。因此，教师应当努力使自己的班级形成良好班风，充分发挥集体的作用，帮助学生养成良好的意志品质。

在培养学生良好意志品质的过程中，榜样的作用始终占据着特殊重要的地位。

5. 加强自我锻炼，从点滴小事做起

在学习自觉性、坚韧性方面的自我锻炼时可以采用下列方法：

(1)经常用榜样、名言、格言对照自己、检查自己、督促自己；

(2)经常与周围学习好的同学作比较，找出自己的差距，奋力追赶，直到赶上或超过为止；

(3)坚持制订学习计划，包括学期、月、周的计划及每天的安排等，严格执行计划，无论遇到什么情况都坚持去完成；

(4)每天坚持写日记，检查自己当天的活动，发现缺点立即改正等。

三、挫折教育

考点1　挫折、挫折感与挫折承受力

挫折是个体在从事有目的活动的过程中，遇到障碍或干扰，致使个人动机不能实现、需要不能满足时的情绪状态。

挫折感指人对挫折的感觉能力。在现实生活中，人们面对同一挫折情境所产生的挫折感并不完全相同，挫折感的强弱与每个人的动机水平的强弱以及挫折容忍力的大小有关。

挫折承受力是指人在遭受挫折时，控制自己、使自己免于行为失常的能力。挫折承受力的大小与挫折感成反向关系。

考点2　挫折适应与辅导

学校心理辅导在进行挫折教育时重点可放在以下两方面：

1.提高学生挫折承受力的方法

(1)帮助学生树立正确的挫折观。

(2)帮助学生确定适当的抱负水平。

(3)适度感受挫折，锻炼挫折承受力。

2.教会学生积极适应挫折的方法和技术 【2021单选】

通过训练和有意识的辅导，帮助学生掌握积极适应挫折的方法和技术，使他们学会如何对挫折做出积极主动的适应也是挫折教育不可忽视的内容。常见的积极适应方式有：

(1)**理智的压抑**，这是一种成熟的适应方式，指当一个人的欲望、冲动或本能因不符合社会规范或要求而无法达到、满足或表现时，有意识地去压抑、控制、想办法延缓其需要满足。

(2)**升华**，泛指心理欲望从社会不可接受的方向转向社会可接受的方向的过程。当一个人意识到自己的某种欲望无法为自己接受、且与社会规范、伦理道德相悖时，为求得心理平衡，将其净化、提高，成为一种高尚的追求。

(3)**补偿**，指个人所追求的目标、理想受挫，或由于本身的某种缺陷而达不到既定目标时，用另一种目标来代替或通过另一种活动来弥补，从而减轻心理上的不适感。

(4)**幽默**，是避免刺激和干扰、摆脱窘境、消除不良情绪、保持心理健康的“良药”。

(5)**合理宣泄**，让不良情绪充分得以宣泄，来减轻心理负担，恢复心理平静。

(6)**认知重组**，对挫折情境的重新认识与评价，称为认知重组。

★★　考点大默写　★★

1. 与自觉性相反的意志品质是__________和__________。
2. 善于辨明是非、抓住时机、迅速而合理地采取决定并执行决定的意志品质是意志的__________。
3. 学生能够控制自己去执行所采取的决定，说明其意志的__________良好。
4. “百折不挠”体现的是意志的__________。
5. 意志行动以__________动作为基础。
6. “鱼与熊掌不可兼得”体现的动机冲突是__________。

7. ___________指的是对同一目的兼具好恶的矛盾心理。

8. “进退维谷”体现的动机冲突是___________。

9. 小明在放假回家选择交通工具时，觉得飞机虽然速度快但是票价比较贵，火车虽然价格便宜但是速度比较慢，于是左右为难。这体现的动机冲突是___________。

10. ___________阶段是意志行动的中心环节，是意志努力的集中表现。

11. 树立远大的___________和___________，是培养小学生形成良好意志品质的首要条件。

12. ___________是个体在从事有目的活动的过程中，遇到障碍或干扰，致使个人动机不能实现、需要不能满足时的情绪状态。

13. 挫折承受力的大小与挫折感成___________向关系。

14. ___________是指对挫折情境的重新认识与评价。

【参考答案】

1. 受暗示性（盲从）；独断性　2. 果断性　3. 自制性　4. 坚韧性（坚定性）　5. 随意　6. 双趋冲突　7. 趋避冲突　8. 双避冲突　9. 多重趋避冲突　10. 执行决定　11. 理想；信念　12. 挫折　13. 反　14. 认知重组

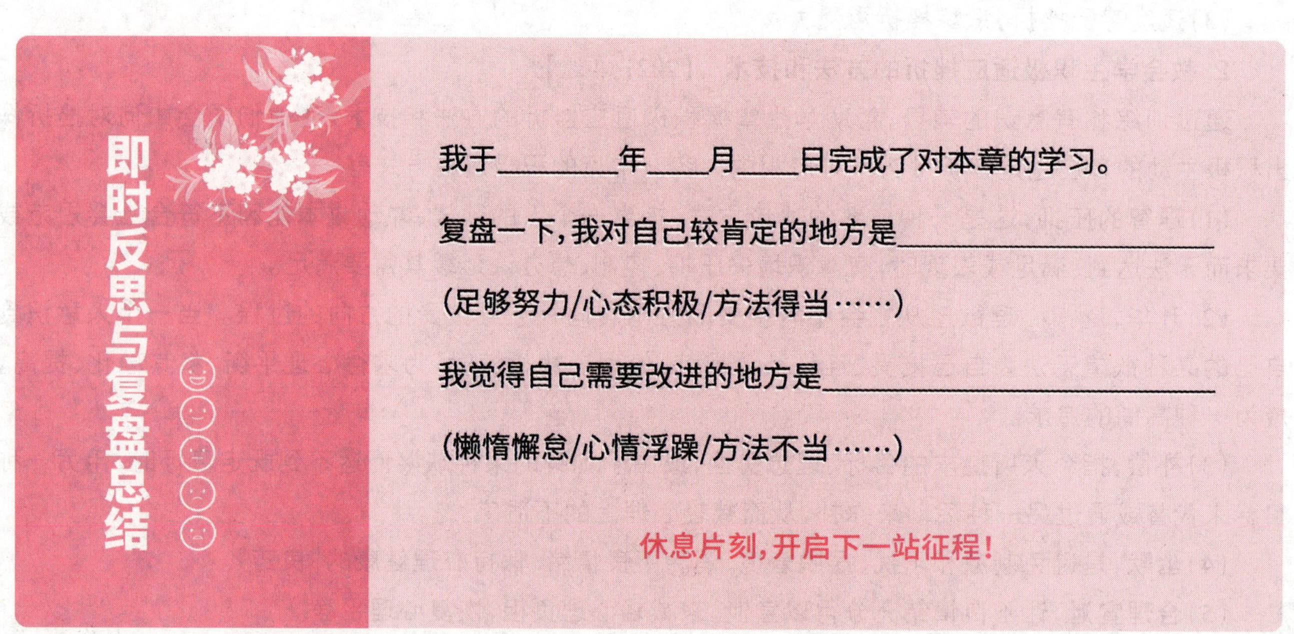

第九章 个性倾向性

思维导图

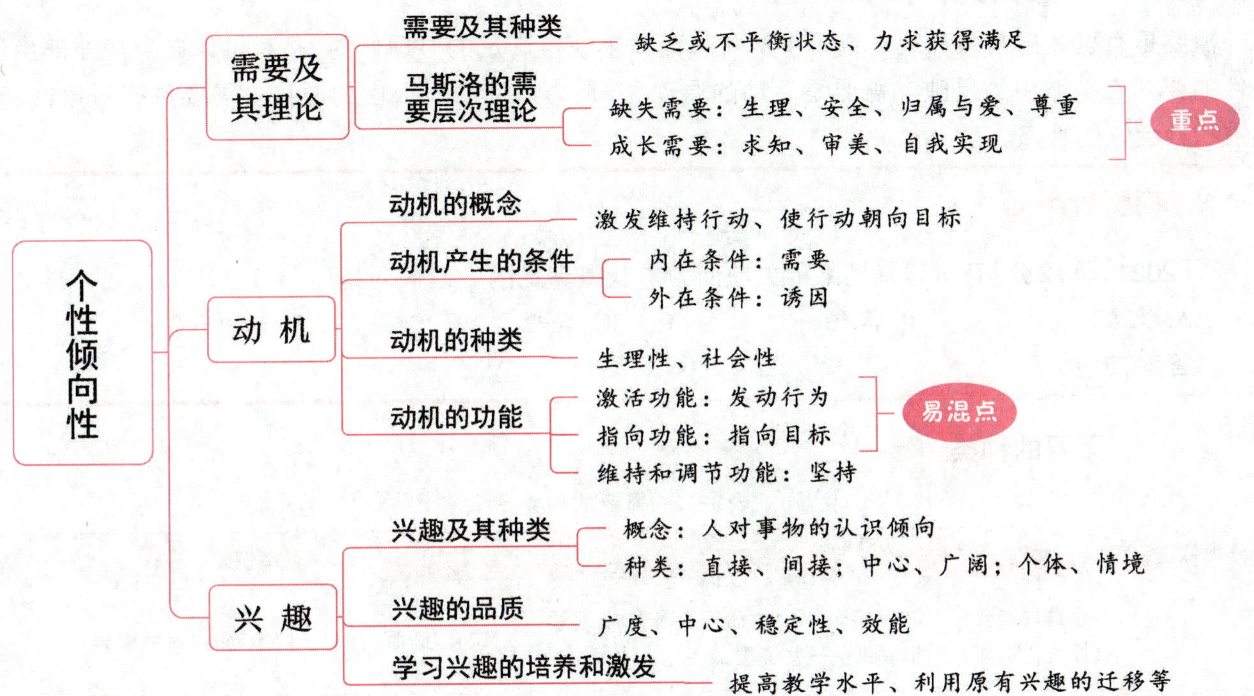

福建考向

本章属于心理学中的基础章节，特点为内容系统，理解、运用性知识多。现对本章福建考向分析如下：

高频考点	常考题型	能力层级	考查热度
需要的概念	单选	理解	★★
马斯洛的需要层次理论	单选、填空、案例分析	运用	★★★
兴趣的种类	判断	识记	★★

核心考点

第一节 需要及其理论

一、需要及其种类

考点1 需要的概念 【2021单选】

需要是有机体感到某种缺乏或不平衡状态而力求获得满足的心理倾向，是有机体自身和外部生活条件的要求在头脑中的反映。需要是活动的原动力，是个体活动积极性的源泉。需要具有对象性、动力性和社会性的特点。

真题面对面

[2021，单，2分]有机体感到某种欠缺而力求获得满足的心理倾向是(　　)

A. 能力　　B. 需要　　C. 兴趣　　D. 动机

答案：B

考点2 需要的种类

表3-12 需要的种类

分类依据	类别	定义	举例
需要的起源	生理性需要（原发性需要）	与保持个体的生命安全和种族延续相联系的一些需要	对饮食、睡眠、休息、性、运动、排泄的需要
	社会性需要	在生理性需要的基础上，在社会实践和教育的影响下发展起来的需要	对劳动、交往、成就、友谊、尊严、求知、审美、道德等的需要
需要的对象	物质需要	对生存和发展所必需的物质生活的需要	对与衣、食、住、行有关物品的需要，以及对劳动工具、生产资料、文化用品、科研用品等的需要
	精神需要	对社会精神生活及其产品的需求	对知识、文化艺术的需要

二、马斯洛的需要层次理论 【2022填空、2020单选、2018案例分析】 必背

马斯洛是美国当代人本主义心理学家。他的需要层次理论是最富有影响力的需要理论。早期，他根据需要出现的先后及强弱顺序，把需要分成了五个层次，即生理需要、安全需要、归属与爱的需要、尊重需要和自我实现的需要。这里的自我实现的需要由低到高可以分为**认知需要**、**审美需要**和**自我创造需要**。后来他又补充了求知需要和审美需要两种需要。

马斯洛的需要层次理论

考点1 生理需要

生理需要是人对食物、水分、空气、睡眠、性等的需要。它是人的所有需要中最基本、最原始，也是最强有力的需要，是其他一切需要产生的基础。

考点2 安全需要

安全需要是指希求受保护与免遭威胁从而获得安全感的需要。人在生理需要相对满足的情况下，就会出现安全需要。例如，人们希望得到较安全的职位，愿意参加各种保险，都表现了他们的安全需要。

考点3 归属与爱的需要 【2019单选】

归属与爱的需要，也称**社交需要**，是指每个人都有被他人或群体接纳、爱护、关注、鼓励及支持的需要。它是生理和安全需要得到满足之后的更高一级的需要，包括被人爱与爱他人、希望交友融洽、保持友谊、和谐人际关系、被团体接纳、成为团体一员、有归属感等。

考点4 尊重需要

尊重需要是在生理、安全、归属与爱的需要得到基本满足后产生的对自己社会价值追求的需要，包括自尊和受到别人的尊重两个方面。具体表现为认可自己的实力与成就、自信、独立、渴望赏识与评价、重视威望和名誉等。这种需要得到满足，就会感受到自信、价值和能力，否则，就会产生自卑或保护性反抗。

考点5 求知需要

求知需要，又称认知与理解的需要，是指个人对自身和周围世界的探索、理解及解决疑难问题的需要。马斯洛将其看成克服障碍的工具，当认知需要受挫时，其他需要的满足也会受到威胁。

考点6 审美需要

审美需要是指对秩序、对称、完整结构以及对行为完美的需要。审美需要是与其他需要相互关联、不可截然分开的，如对秩序的需要既是审美需要，也是安全需要、求知需要(如数学、数量方面)。

考点7 自我实现的需要

自我实现的需要是最高层次的需要，是在上述几种需要得到满足后产生的。所谓"自我实现"，即追求自我理想的实现，是充分发挥个人潜能、才能的心理需要，也是一种创造和自我价值得到体现的需要。

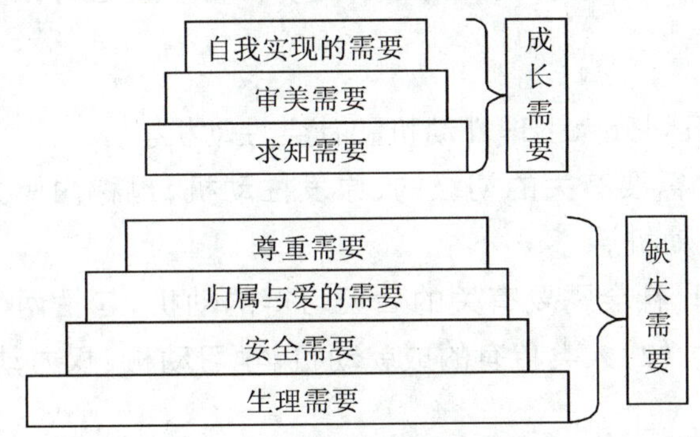

图3-7 马斯洛的需要层次理论

马斯洛对以上七种需要进行了进一步的区分：位于需要层次底部的四种需要被称为**缺失需要**，后三种需要是**成长需要**。较低级的需要至少必须部分满足之后才会出现对较高级需要的追求。

需要层次理论说明，在某种程度上学生缺乏学习动机可能是由于某种缺失性需要没有得到充分满足。例如，在一个非常饥饿的孩子面前同时摆上一堆书和一堆食物，让其选择其一，孩子肯定先选食物，吃饱以后再去选书读。

记忆有妙招

为方便考生记忆，编者将马斯洛的需要层次理论总结为以下口诀：**李安蜀中求美食**。

李：生理需要。**安**：安全需要。**蜀**：归属与爱的需要。**中**：尊重需要。**求**：求知需要。**美**：审美需要。**食**：自我实现的需要。

真题面对面

1.［2020，单，2分］提出需要层次理论的心理学家是（　　）

A. 默里　　B. 勒温　　C. 罗杰斯　　D. 马斯洛

2.［2019，单，2分］根据马斯洛需要层次理论，希望多交朋友是为了满足（　　）

A. 安全需要　　B. 尊重需要

C. 自我实现的需要　　D. 归属与爱的需要

答案：1. D　2. D

第二节　动　机

一、动机的概念

动机是激发和维持有机体的行动，并使该行动朝向一定目标的心理倾向或内部驱力。它在需要的基础上产生，可以激起或抑制人行动的愿望和意图，是推动人行为的内在原因。

二、动机产生的条件

（1）内在条件是需要。动机是在需要的基础上产生的，与需要联系紧密，但它又不同于需要。只有当需要达到一定程度，才能成为推动或阻止某种活动的内部动力。

（2）外在条件是诱因。能够引起个体动机并满足个体需要的外在刺激，称为诱因。凡是使个体趋向或接受某种刺激而获得满足的，称为正诱因；凡是使个体逃离或躲避某种刺激而获得满足的，称为负诱因。例如，对于饥饿的人来说，食物是正诱因，电击是负诱因。诱因可以是物质的，也可以是精神的。

三、动机的种类

根据动机的起源，可将动机划分为生理性动机和社会性动机。

生理性动机是与人的生理需要有关的初级的、原发性动机，也称内驱力。其中，饥饿动机、干渴动机是研究得最多的两种生理性动机。

社会性动机是与人的心理、社会需要有关的后天习得的动机，包括两个层次：（1）比较原始的三种驱动力，即好奇心、探索与操作；（2）人类特有的成就动机、学习动机、权力动机和社会交往动机等。

四、动机的功能

考点1　激活功能

动机是个体能动性的一个主要方面，它具有发动行为的作用，能推动个体产生某种活动，使个体由静止状态转向活动状态。

考点2　指向功能

动机的指向功能是指在动机的作用下，人的行为将指向某一目标。例如，在学习动机的支配下，人们可能去图书馆或教室。

激活功能强调一个人的行为从无到有；指向功能强调面对很多对象时，只选择其一。

考点3　维持和调节功能（强化功能）

动机具有维持功能，它表现为行为的坚持性。动机激发个体的某种活动后，这种活动能否坚持下去，同样要受动机的调节和支配。

第三节 兴 趣

一、兴趣及其种类

考点1 兴趣的概念

兴趣是人对事物的一种认识倾向，伴随着积极的情绪体验，对个体活动，特别是对个体的认知活动有巨大的推动作用。兴趣具有定向和动力功能。

考点2 兴趣的种类 【2017判断】

1.直接兴趣和间接兴趣

兴趣可以分为直接兴趣和间接兴趣两种。**直接兴趣**是由认识事物本身的需要引起的，如对看电视、小说的兴趣；间接兴趣是由认识事物的目的和结果引起的，如科学家可能对繁杂的数据处理没有兴趣，只对研究结果有兴趣，这种兴趣就是间接兴趣。

2.中心兴趣和广阔兴趣

从兴趣的广度来看，兴趣可以分为中心兴趣和广阔兴趣两种。**中心兴趣**是对某一方面的事物或活动有极浓厚而稳定的兴趣；**广阔兴趣**是对多方面的事物或活动表现出兴趣。

3.个体兴趣和情境兴趣

兴趣还可以分为个体兴趣和情境兴趣。**个体兴趣**是指个体长期指向一定客体、活动和知识领域的一种相对稳定的兴趣，如美术是某人一生的爱好。**情境兴趣**是指由环境中的某一事物突然激发的兴趣，持续时间较短，是一种唤醒状态的兴趣，如某人最近突然对游泳感兴趣。

二、兴趣的品质 【2016单选】

(1)兴趣的广度，是指兴趣的范围大小，即兴趣广泛与否；

(2)兴趣的中心(兴趣的倾向性)，即兴趣的针对性，指对某个特定领域的事物形成更浓厚、更强烈的兴趣；

(3)兴趣的稳定性，指对事物具有持续、稳定的兴趣；

(4)兴趣的效能，指兴趣能积极推动人的活动，提高活动的效能，即兴趣对认知的推动作用。

三、学习兴趣的培养和激发

(1)通过各种活动发展学生的兴趣；

(2)通过提高教学水平，引发学生兴趣；

(3)引导学生将广泛兴趣与中心兴趣结合起来；

(4)要根据学生的年龄特征来提高学生的学习兴趣；

(5)根据学生的知识基础培养学生的学习兴趣；

(6)通过积极的评价使学生的兴趣得以强化；

(7)充分利用原有兴趣的迁移。

考点大默写

1. ＿＿＿＿＿需要是其他一切需要产生的基础。
2. ＿＿＿＿＿是活动的原动力，是个体活动积极性的源泉。
3. ＿＿＿＿＿提出了需要层次理论。
4. 人们愿意参加各种保险，体现了＿＿＿＿＿需要。
5. 被人爱与爱他人、希望交友融洽、保持友谊、和谐人际关系都体现了＿＿＿＿＿需要。
6. ＿＿＿＿＿是最高层次的需要。
7. 成长需要包括＿＿＿＿＿、＿＿＿＿＿和＿＿＿＿＿。
8. 缺失需要包括＿＿＿＿＿、＿＿＿＿＿、＿＿＿＿＿和＿＿＿＿＿。
9. 动机产生的内在条件是＿＿＿＿＿，外在条件是＿＿＿＿＿。
10. 根据动机的起源，可将动机划分为＿＿＿＿＿性动机和＿＿＿＿＿性动机。
11. 动机的功能包括＿＿＿＿＿、＿＿＿＿＿、＿＿＿＿＿。
12. 使个体趋向或接受某种刺激而获得满足的诱因是＿＿＿＿＿。
13. 兴趣的范围大小指的是兴趣的＿＿＿＿＿这一品质。根据这一品质，兴趣可分为＿＿＿＿＿兴趣和＿＿＿＿＿兴趣。
14. 兴趣对认知的推动作用体现的是兴趣的＿＿＿＿＿品质。
15. 根据兴趣所指向的目标，可以把兴趣分为直接兴趣和＿＿＿＿＿。

【参考答案】

1. 生理 2. 需要 3. 马斯洛 4. 安全 5. 归属与爱的(社交) 6. 自我实现的需要 7. 求知需要；审美需要；自我实现的需要 8. 生理需要；安全需要；归属与爱的需要(社交需要)；尊重需要 9. 需要；诱因 10. 生理；社会 11. 激活功能；指向功能；维持和调节功能(强化功能) 12. 正诱因 13. 广度；中心；广阔 14. 效能 15. 间接兴趣

即时反思与复盘总结

我于＿＿＿＿年＿＿月＿＿日完成了对本章的学习。

复盘一下，我对自己较肯定的地方是＿＿＿＿＿＿＿＿＿＿

(足够努力/心态积极/方法得当……)

我觉得自己需要改进的地方是＿＿＿＿＿＿＿＿＿＿

(懒惰懈怠/心情浮躁/方法不当……)

休息片刻，开启下一站征程！

第十章 个性心理特征

思维导图

- 个性心理特征
  - 能力概述
    - 能力及其类型
      - 能力与知识、技能的关系
      - 分类：一般、特殊；模仿、创造；认知、操作、社交
    - 能力的结构（重点）
      - 斯皮尔曼的二因素论：G因素、S因素
      - 卡特尔的智力形态论：流体智力、晶体智力
      - 加德纳的多元智力理论：七种相对独立的智力
    - 能力的差异
      - 类型、发展水平、表现早晚、特殊能力、性别
  - 能力测验
    - 一般能力测验（重点）
      - 比纳—西蒙智力量表：最早、1905、智龄
      - 斯坦福—比纳量表：最著名、比率智商
      - 韦克斯勒智力量表：离差智商
    - 特殊能力测验和创造力测验
      - 特殊：音乐能力测验、美术能力测验、机械能力测验
      - 创造力：南加利福尼亚大学、托兰斯、芝加哥大学
    - 智力测验的标准（易错点）
      - 信度：可靠程度
      - 效度：准确程度
      - 标准化：难度、区分度
  - 能力的形成与发展
    - 影响能力形成与发展的因素
      - 遗传与营养、早期经验、教育与教学、社会实践、主观努力
    - 学生能力的培养
      - “早期能力要注重；后期教育要加强；三教学，一实践；非智力因素要注意”
  - 气质概述
    - 气质的概念
      - “脾气、禀性”
    - 气质的类型（重点）
      - 体液说：胆汁质、多血质、黏液质、抑郁质
      - 神经活动类型说：强度、平衡性、灵活性
  - 性格概述
    - 性格及其结构
      - 结构：态度、意志、情绪、理智
    - 性格与气质的关系
      - 稳定的人格特征、相互影响
      - 性格：社会影响、可塑性、表现较晚、有优劣之分
      - 气质：生理影响、稳定性、表现较早、无好坏之分
  - 影响性格形成与发展的因素
    - 家庭
      - 亲子关系、家庭气氛、父母的教养方式等
    - 学校教育
      - 通过各种有组织的活动、良好的班风、共青团与少先队活动等
    - 同伴群体
      - 促进儿童的社会化和性格的发展
    - 社会实践
      - 影响性格的自我教育
    - 自我教育
      - 将接受与领会的外部要求逐渐转变为对自己的内部要求
    - 社会文化因素
      - 文化背景、社会制度、社会传媒和经济地位等
  - 气质、性格与教育
    - 气质与教育
      - 克服气质偏见、因材施教、自我教育等
    - 学生优良性格的培养
      - “强三观，强良行，利用榜样和集体，自我教育要提高，个别指导要及时，实际锻炼少不了”

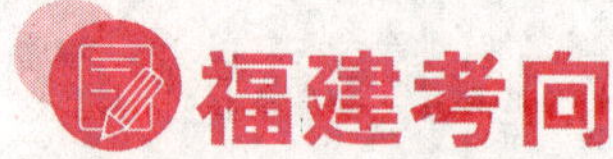

福建考向

本章属于心理学中的重点章节，特点为内容较多、较细，理解性知识多。现对本章福建考向分析如下：

高频考点	常考题型	能力层级	考查热度
能力与知识、技能的关系	多选	理解	★★
能力的结构	单选	识记	★★★
一般能力测验	单选	识记	★★
气质的类型	单选、判断分析、材料分析	运用	★★★
性格及其结构	单选	理解	★★

核心考点

第一节　能力概述

一、能力及其类型　必背

考点1　能力、才能与天才　【2017单选】

能力是直接影响人的活动效率，促使活动顺利完成的个性心理特征。它是人顺利完成某项活动的必要的心理条件和直接有效的可能性心理特征，但不是全部心理条件。

从事某种活动必须以一定的能力为前提。能力是保证活动取得成功的基本条件，但不是唯一条件。几种相关的、结合在一起的能力统称为才能。人的活动比较复杂，不是单独一种能力所能胜任的，常常需要几种相关能力相互配合，才能保证活动顺利地进行。才能的高度发展是天才。

考点2　能力与知识、技能的关系　【2020多选】

1. 能力与知识、技能的联系

(1)能力是掌握知识与技能的前提。能力的高低会影响到知识掌握的深浅、难易和技能水平的高低。

(2)能力是在掌握知识和技能的过程中形成和发展起来的，掌握系统的知识和技能有利于能力的增长和发挥。

2. 能力与知识、技能的区别

(1)能力与知识、技能具有不同的概括水平。知识是人类社会历史经验的概括和总结，技能是对一系列活动方式的概括，能力是人在从事某种活动时表现出来的多种心理品质的概括。

(2)在一个人身上，知识和技能的发展是无止境的，它随着学习进程的不断增多而不断丰富；而能力的发展则有一定的限度。

(3)知识、技能的掌握和能力的发展是不同步的。知识多了，能力并不一定就高。教师在教学中不仅要向学生传授知识，更要注重培养和发展学生的能力。

真题面对面

[2020,多,2分]下列关于能力的描述正确的有(　　)

A. 能力高者,创造力也高　　B. 能力属于个性心理特征

C. 能力是掌握知识、技能的前提　　D. 流体智力随着年龄的增长不断提高

答案:BC

考点3　能力的分类　【2021 填空】

表3-13　能力的分类

分类依据	类别	定义	典例
能力适应活动范围的大小	一般能力	在不同种类活动中表现出来的能力	观察力、记忆力、抽象概括能力等,其中抽象概括能力是一般能力的核心
	特殊能力	从事某种专门活动所需要的能力	音乐能力、绘画能力等
从事活动时创造性程度的高低	模仿能力	通过观察别人的行动和活动,以相同的方式做出反应的能力	观察学习
	创造能力	按照预先设定的目标,利用一切已有的信息,创造出新颖、独特、具有个人或社会价值的产品的能力	发明、创造
能力的功能不同	认知能力	人脑存储、加工和提取信息的能力	观察力、记忆力、想象力等
	操作能力	人们操纵自己的肢体去完成各项活动的能力	劳动能力、实验操作能力等
	社交能力	人们在社会交往活动中所表现出来的能力	沟通能力、解决纠纷能力等

注:还有一种分类把能力分为认知能力与元认知能力。

真题面对面

[2021,填空,1分]能力按功能分为认知能力、________和社交能力。

答案:操作能力

二、能力的结构(智力的结构)　必背

目前大家一致认可的智力定义是:智力也即智能,是使人能顺利完成某种活动所必需的各种认知能力的有机结合,它包括观察力、记忆力、注意力、想象力和思维力等成分,并以**思维力**为核心。

智力的结构是指智力包含的因素以及各因素之间是怎样结合起来的。关于智力的结构问题,心理学家提出了各自不同的理论观点。

考点1　斯皮尔曼的二因素论　【2021 单选】

英国心理学家**斯皮尔曼**首先提出了**智力的二因素论**。他认为,智力包括两种因素:一般因素(即G因素)和特殊因素(即S因素)。人在从事任何一项智力活动时都需要有G因素和S因素的共同参与。

G因素代表一个人普遍而概括化的能力，参与所有的智力活动。每个人拥有的G因素只有数量高低的差别。一个人智力水平的高低取决于G因素的数量。G因素数量高的人被视为聪明，反之为愚笨。一般智力测验所测量的只是普通能力（G因素）。

S因素代表一个人的特殊能力，只在某些特殊方面（如绘画、唱歌等）表现出来。S因素参与不同的智力活动，但每种智力活动中主要有一种特定的S因素存在。

考点2　吉尔福特的智力三维结构论　【2018单选】

美国心理学家**吉尔福特**提出了**智力的三维结构论**。他认为，智力是一个由不同方式对不同信息进行加工的各种能力的综合系统，是一个包括内容、操作和成果的三维结构。

内容是指思维的对象，包括视觉、听觉、符号、语义和行为五种。操作是指智力活动的反应方式，包括认知、记忆、发散思维、辐合思维和评价五种。成果是指智力活动的产物，包括单元、类别、关系、系统、转换、寓意六种。每个维度中的任何一项，都可以与其他两个维度中的某一项结合构成一种智力因素。因此，形成的智力因素总共有150（5×5×6）种，其中每一种智力因素都是一种特殊的能力。到1984年为止，人们已发现了其中的105种。

在该理论中，操作代表智力的高低。个人针对引起思考的情境，在行为上表现出思考结果之前所经过的内在操作历程，即代表个人的智力。操作中的发散思维和辐合思维这两个概念已引起了心理学家们广泛的注意。

考点3　卡特尔的智力形态论

美国心理学家**卡特尔**根据因素分析的结果，按心智能力功能上的差异，将人的智力分为流体智力和晶体智力两种不同的形态。

表3-14　流体智力与晶体智力

对比角度	流体智力	晶体智力
影响因素	以生理为基础，受先天遗传因素的影响较大	以学得的经验为基础，受后天经验的影响较大
主要表现	（1）主要表现为对新奇事物的快速辨认、记忆、理解等； （2）需要较少的专业知识，包括理解复杂关系和解决问题的能力，如在处理数字系列、空间视觉感和图形矩阵项目时所需的能力	主要表现为运用已有知识和技能去吸收新知识和解决新问题的能力
与年龄的关系	与年龄有密切的关系：一般人在20岁以后，流体智力的发展达到顶峰，30岁以后随着年龄的增长而降低	与年龄没有密切的关系；但个别人可能会因知识经验的累积，晶体智力随着年龄的增长而升高
与教育文化的关系	受教育文化的影响较少，可用于文化公平测验	与教育、文化有关

考点4　加德纳的多元智力理论【2023单选】

1. 多元智力理论的主要内容

加德纳

多元智力理论是由美国心理学家**加德纳**提出的。他认为智力是在某种文化环境的价值标准之下，个体用以解决问题与生产创造所需的能力。人的智力结构中存在着七种相对独立的智力，这七种智力在每个人身上的组合方式是多种多样的，每个人在不同领域的智力发展水平是不同步的。有人可能在某一两个方面是天才，而在其余方面却是蠢材；有人可能每种智力都很一般，但如果他所拥有的各种智力被巧妙地结合在一起，则可能在解决某些问题时会显得很出色。

表3-15　加德纳的多元智力理论

智力维度	界定	典型人群
言语智力	说话、阅读、书写的能力。能说会道、妙笔生花是言语智力高的表现	作家、演说家
逻辑—数学智力	数学运算与逻辑思考的能力以及科学分析的能力	数学家
视觉—空间智力	认识环境、辨别方向的能力	画家、雕塑家、建筑师
音乐智力	对声音的辨识与韵律表达的能力，多系天赋	作曲家、乐师、乐评人、歌手及善于感知的观众
运动智力	支配肢体以完成精密作业的能力	出色的舞蹈家、运动员、外科医生
人际智力（社交智力）	与人交往并和睦相处的能力。人际智力高者善于处理人际关系，善于与人交往	推销员、教师、心理咨询医生、政治家
自知智力（内省智力）	认识自己并选择自己生活方向的能力	神学家、哲学家和心理学家

记忆有妙招

为方便考生记忆，编者将加德纳的七种智力总结成口诀供考生参考：**语数自；音体美；还有一堂是社会。**

语（言语智力）、**数**（逻辑—数学智力）、**自**（自知智力）；**音**（音乐智力）、**体**（运动智力）、**美**（视觉—空间智力）；**还有一堂是社会**（社交智力）。

知识再拔高

多元智力理论的新发展

经过研究，加德纳又提出了第八种智力，即**认识自然智力**，又称自然智力，它是认识自然，并对我们周围环境中的各种事物进行分类的能力。后来，他又提出了第九种智力，即**存在智力**，指陈述、思考有关生与死、身体与心理等问题的倾向性，如人为何到地球上来，在人类出现之前地球是怎样的，别的星球有无生命，以及动物之间能否相互理解等。

真题面对面

[2023，单，2分]某同学擅长识别水仙花等花卉。这属于多元智力中的（　　）

A. 语言智力　　B. 自然智力　　C. 内省智力　　D. 逻辑数学智力

答案：B

2.多元智力理论与新课程改革

加德纳的多元智力理论对传统的智力观念提出了新的诠释,为我国新课程改革"建立促进学生全面发展的评价体系"提供了有力的理论依据与支持。多元智力理论对我国当前教学改革的启示如下:

(1)积极乐观的学生观。

(2)科学的智力观。长期以来,学校教育偏重于培养学生的言语智力和数理—逻辑智力,而多元智力理论把培养学生的多种能力放在同等重要的地位。

(3)因材施教的教学观。多元智力理论直接影响教师重新建构"智力观",多元智力理论所倡导的教学观是一种"对症下药"的因材施教观。

(4)多样化人才观和成才观。

考点5　斯腾伯格的三元智力理论

美国耶鲁大学的心理学家**斯腾伯格**提出了**智力的三元理论**。该理论包括智力成分亚理论、智力情境亚理论和智力经验亚理论。

智力成分亚理论认为,智力包括三种成分及相应的三种过程,即元成分、操作成分和知识获得成分。元成分是用于计划、控制和决策的高级执行过程,如确定问题的性质、选择解题步骤等;操作成分表现在任务的执行过程,是指接受刺激,将信息保持在短时记忆中,并进行比较,它负责执行元成分的决策;知识获得成分是指获取和保存新信息的过程,负责接受新刺激,做出判断与反应,以及对新信息的编码与存储。在智力成分中,元成分起着核心作用,它决定人们解决问题时所使用的策略。

智力情境亚理论认为,智力是指获得与情境拟合的心理活动。在日常生活中,智力表现为有目的地适应环境、塑造环境和选择新环境的能力,这些能力统称为情境智力。

智力经验亚理论认为,智力包括两种能力:一种是处理新任务和新环境时所要求的能力;另一种是信息加工过程中自动化的能力。

真题面对面

1.[2021,单,2分]下列属于斯皮尔曼智力结构理论的是(　　)

A.智力结构由四个层次组成　　B.智力由G因素和S因素组成

C.智力由流体智力和晶体智力组成　　D.智力结构包括内容、操作和产品三个维度

2.[2018,单,2分]吉尔福特提出的能力结构理论是(　　)

A.二因素理论　　B.群因素理论

C.三维智力理论　　D.多元智力理论

答案:1.B　2.C

三、能力的差异

人的能力有个别差异,这些差异可以从以下五个方面加以分析。

考点1　能力类型差异

能力类型差异是指构成能力的各种因素存在质的差异,主要表现在知觉、记忆、想象、思维的类型和品质方面。例如,有的人长于想象,有的人长于记忆,有的人长于思维等。

能力类型差异一般不代表智力水平的高低，只影响人们学习的过程和获取知识经验的方式。

考点2　能力发展水平的差异

能力发展水平的差异主要是指智力上的差异(即一般能力的差异)，指的是个体之间或个体内部智力水平高低不同的程度。它表明人的能力发展有高有低。研究表明，人们的智力水平呈正态分布，又称常态分布，大多数人的智力属于中等水平。正态分布函数曲线呈钟形，因此，人们又经常称之为“钟形曲线”。

心理学家根据智力发展水平把儿童分成三个等级，即超常儿童、常态儿童、低常儿童。超常儿童是指智力发展或某种才能显著超过同龄儿童平均水平的儿童。一般认为，IQ超过140的人属于天才，他们在人口中大约占1.3%；IQ超过130为智力超常，他们在人口中大约占4.4%；IQ低于70为智力落后，他们在人口中大约占2.7%。**低常儿童**是指智力发展明显低于同龄儿童平均水平并有适应性行为障碍的儿童，又称**智力落后儿童**。另外，根据推孟对智力百分比的统计，IQ在110～119的人为优秀(中上或聪明)，IQ在90～109的人为中等智商，IQ在80～89的人为中下(迟钝)智商。

考点3　能力表现早晚的差异

各种能力不仅在质或量的方面表现出明显的差异，而且能力表现的早晚也存在着明显的差异。有的人在儿童时期就显露出非凡的智力或特殊能力，这叫“**早慧**”或“**早熟**”。*例如，我国唐初的王勃6岁善文辞，10岁能赋，少年时写了《滕王阁序》，留下了千古名句。*

在人的能力发展中，也有不少人的能力表现较晚，这叫“**大器晚成**”。*例如，我国著名画家齐白石，近30岁开始学画，40岁才表现出卓越的绘画才能。*

考点4　特殊能力的差异

特殊能力的差异是指完成同一活动可以由能力的不同结合来实现。个人在特殊能力上的差异是很明显的。构成特殊能力的各种因素是不一样的。同样顺利完成一项活动，可以由各种能力的各式各样的结合来实现。各种不同能力的综合，形成人与人之间特殊能力上的个别类型差异。

考点5　智力的性别差异

智力的性别差异表现在：(1)男女智力的总体水平大致相等，但男性智力分布的离散程度比女性大；(2)男女的智力结构存在差异，各自具有自己的优势领域。男女在一般智力因素上没有显著差异，其性别差异主要反映在特殊智力因素中，主要包括数学能力、言语能力和空间能力。

智力是影响学习的一个重要因素。在传统教学条件下，智力是学习成绩的一个可靠的预测指标。然而，智力并不影响学习能否发生，它主要影响学习的速度、数量、巩固程度和学习迁移。

第二节　能力测验

一、一般能力测验　【2022单选、2017单选】　必背

一般能力测验即智力测验。智力测验目前在世界上较为普遍，它能比较系统地测量人的智力水平。

表 3-16　智力测验

量表名称	编制者	相关概念	智商计算公式
比纳—西蒙智力量表（最早：1905 年）	比纳、西蒙（法国）	智龄是以被试能通过哪一年龄组的测验项目来计算的，即通过测验确定儿童的实际智力达到的年龄水平	用智力年龄来表示智力水平
斯坦福—比纳（奈）量表（最著名）	推孟（美国）	用智龄和实际年龄的比率代表的智商，称作比率智商，1960 年修订时，改用离差智商	智商（IQ）=智龄（MA）÷实龄（CA）×100
韦克斯勒智力量表	韦克斯勒（美国）	离差智商：代表一个人的智力水平偏离本年龄组平均水平的方向和程度	IQ=100+15Z $Z=(X-\overline{X})/SD$ Z 代表个体的标准分，X 表示个体测验得分（原始分数），$\overline{X}$ 代表相应年龄群体的平均分，SD 是群体得分的标准差

真题面对面

［2022，单，2 分］某学生的实际年龄为 10 周岁零 10 个月，根据斯坦福—比奈智力量表测得其智龄为 13 岁整，该学生的比率智商为（　　）

A. 92　　B. 111

C. 120　　D. 129

答案：C

二、特殊能力测验和创造力测验

考点 1　特殊能力测验

特殊能力测验是指针对某一种特殊能力所包含的各个方面进行的测量。测量的目的在于了解个体在专业领域的既有水平，并预测个体今后在此专业领域成功的可能性。常见的特殊能力测验主要有音乐能力测验、美术能力测验和机械能力测验等。

考点 2　创造力测验

创造力测验发展较晚。从 20 世纪 50 年代末期开始编制，主要包括南加利福尼亚大学发散思维测验、托兰斯创造性思维测验和芝加哥大学创造力测验等。其中，托兰斯创造性思维测验主要包括言语的创造性思维测验、图画的创造性思维测验以及声音和词的创造性思维测验三套；芝加哥大学创造力测验共有五项内容：语词联想、用途测验、隐蔽图形、完成寓言、组成问题。

三、智力测验的标准　【2017 单选】

智力测验是标准化的测验，智力测验量表是标准化的测验工具。评定测验质量优劣的主要技术指标如下：

考点1 信度

信度是指一个测验量表的可靠程度(或可信程度)。它以反复测验时能否提供相同的结果来说明。如果一个人初测时分数很高,而在复测时分数很低,说明测验的信度差。

考点2 效度

效度是指一个测验工具希望测到某种行为特征的有效性与准确程度。表示效度的一种方法,是将测量的结果与随后的行为进行对照。如果一种测验能够预测后来的行为,这种测验的效度就高。

考点3 标准化

标准化是心理测验最基本的要求。标准化的要求表现在多个方面,但主要有四方面的含义:

(1)按照测验的性质选择具有代表性的测验题目。选择题目时需要考虑项目的难度和区分度。**难度**指题目的难易程度,**区分度**是指该项题目对不同水平的答题者反应的区分程度和鉴别能力。难度适中,区分度较高。

(2)选择具有代表性的被试,确定标准化样本。

(3)施测程序标准化。

(4)统计结果,建立常模。

关于信度、效度、难度和区分度的区分是易错点,考生应抓住关键词,信度:一致性;效度:有效性;难度:难易程度;区分度:鉴别力。

知识再拔高

信度与效度的关系

信度是效度的必要条件,但不是充分条件。一个测量工具要有效度必须有信度,没有信度就没有效度;但是有了信度不一定有效度。

信度低,效度不可能高。信度高,效度未必高。例如,一个体重计指针在零体重情况下总是指在2公斤处,因而每次所测得体重都要比实际高出2公斤。结果虽然一致、稳定,但它却是错误的。换言之,一种测量工具无效或效度低时,其信度却可以很高。

效度低,信度很可能高。例如,即使一项研究未能说明人口流动的原因,但它很有可能很精确很可靠地调查了各个时期各种类型的人口流动数量。效度高,信度也必然高。

真题面对面

[2017,单,2分]反映测验结果可靠程度的指标是( )

A. 信度　　B. 效度

C. 难度　　D. 区分度

答案:A

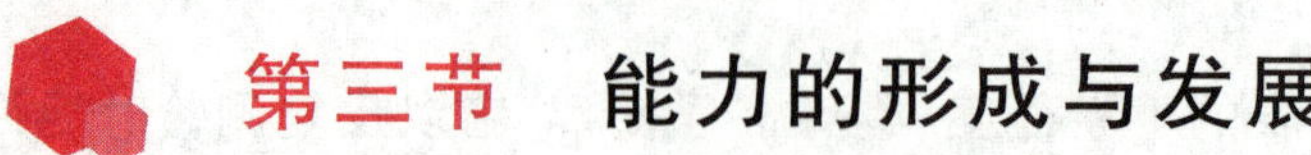

第三节 能力的形成与发展

一、影响能力形成与发展的因素

考点1 遗传与营养

遗传素质是智力发展的生物前提、基础和自然条件。有研究发现：遗传关系越密切，个体之间的智力越相似。但是遗传只为智力发展提供了可能性，要使智力发展的可能性变成现实性，还需要社会、家庭与学校教育许多方面的共同作用。

胎儿及婴幼儿的营养状况也会影响智力的发展，如母亲的乳汁和蛋白质含量高的食物能提高神经细胞的化学成分，保证脑细胞化学成分的满足及其机能活动的需要，从而影响儿童的智力发展。

考点2 早期经验

人的智力发展的速度是不均衡的。研究表明，早期阶段获得的经验越多，智力发展得就越迅速，不少人把学龄前称为智力发展的一个关键期。美国学者布卢姆提出了一个重要假设，他把5岁前视为智力发展最迅速的时期。如果17岁的智力水平为100%，那么从出生到4岁就获得50%的智力，其余30%是4～7岁获得的，另外20%是8～17岁获得的。

考点3 教育与教学

智力不是天生的，教育和教学对智力的发展起着主导作用。教育和教学不仅使儿童获得前人的知识经验，而且促进儿童心理能力的发展。

考点4 社会实践

人的智力是人在认识和改造客观世界的实践中逐渐发展起来的。社会实践不仅是学习知识的重要途径，也是智力发展的重要基础。*例如，爱迪生的启蒙教师是自己的母亲，但实验是他创造发明的基础，是他才智形成的重要条件。*

考点5 主观努力

环境和教育的决定作用，只能机械、被动地影响智力的发展。如果没有主观努力和个人的勤奋，要想获得事业的成功和智力的发展是根本不可能的。因此，人的能力的发展和其他心理品质的发展是分不开的。

二、学生能力的培养

考点1 注重对学生早期能力的培养

研究证明，儿童从出生到五六岁是大脑发育的最迅速时期，因此要培养能力就要抓紧早期教育。如果没有早期教育，即使有最优的先天素质也无济于事，推孟和其他心理学家的研究都表明，早期能力的发展对儿童以后能力的发展和事业的成就有较大的关系。

考点2 在教学中要加强学生知识与技能的学习与训练

(1)在教学中教师必须注重基础知识的教学。(2)要注意开阔学生的视野，拓宽知识面。(3)在教学中重视学生智力技能的训练，这对学生学习能力的提高也是必不可少的。

考点3 在教学中要针对学生的能力差异因材施教

教师可以通过观察、测验等方法了解并掌握学生能力的差异，从而对学生采取不同的教育教学措施、方法，进行个别指导。

(1)在教学中可以根据不同学生的特点，分别提出不同的要求：①对能力发展水平较高、学习成绩优良的学生，应提供较难的学习任务，鼓励他们进行独立思考，创造各种条件发挥他们的才智；②对智力发展较差的学生，要给他们更多的帮助，对作业进行具体的指导，使他们树立起信心；③对那些智力水平不差，但学习成绩差的学生，要针对他们各自的特点，主要从端正学习态度和培养良好的学习习惯入手，不断完善其良好的个性品质。

(2)教师不应歧视在某些能力方面有缺陷的学生，教师要树立一种观念，即任何儿童都有可能发展某种活动所需要的能力，要鼓励他们树立信心，扬长避短，同时采取适当的方法使学生长善救失，人尽其才。

(3)教师要善于发现和培养有特殊兴趣和才能的学生，对于有某方面特长的学生，应给予其机会，通过组织各种课外活动来促进他们的特长进一步发展。

考点4 在教学中要积极培养学生的元认知能力和创造能力

培养学生的元认知能力，主要就是教会学生如何去学习和如何正确评价自己的学习能力，使学生由被动学习变为主动学习。即可以通过元认知学习意识的提高、元认知知识体验的丰富、元认知知识操作的指导等途径来实现。

创造能力是一种综合的心理品质，与创造者的思维、情感、意志、个性特征乃至社会环境都有密切的关系。每个学生都有创造的潜能，学校的教育教学应为学生营造良好的创造性学习的环境，使其创造性潜能得以发挥。创造能力的核心是创造性思维，因此，通过教学培养学生的创造性思维能力是提高创造能力的重要途径。

考点5 社会实践活动是培养学生能力的基本途径

只有参与实践活动才能发展能力，它是能力的表现方式。生活中长期从事某一专业劳动能促使人的能力向高度专业化发展，音乐工作者的音乐听觉能力就是实践活动的结果。教师组织和引导学生参与各种活动，像文艺、体育、社团、科学考察、发现发明等，都能使学生在读书、听讲之余，实际运用书本知识，亲身体验有关理论，并在成功和失败中积累经验，从而发展成为知而多能的人。如果总是懒于或者害怕参与实践活动，那么永远不会成为能力强的人。

考点6 要注意培养学生的非智力因素

在实际教学中，培养非智力因素可按三个阶段进行：

(1)采用个别教育的方法，分别培养每个学生的兴趣、意志、情感等。

(2)采用整体教育的方法，使整个班级甚至全校都形成良好的学习风气，让学生在其中受到熏陶，逐步培养自己良好的个性品质。教师在此阶段要为学生树立身边的、好的学习榜样，使学生从榜样身上汲取力量。

(3)教师要采取个别化教育的方法，有针对性地、逐个纠正学生自身的一些不良习惯，使之在原有的水平上得到不同程度的提高和进步。

总之，对学生非智力因素的培养，其目的就是调动学生学习的积极性。具体来讲，就是使学生形成正确的学习需要，激发他们的学习兴趣和热情，培养他们坚强的学习意志和良好的学习习惯，形成良好的性格特征。

记忆有妙招

为方便考生记忆，编者将培养学生能力的措施编成以下口诀：

早期能力要注重；后期教育要加强；三教学，一实践；非智力因素要注意。

第四节　气质概述

一、气质的概念

气质是依赖人的生理素质或身体特点的人格特征。气质是表现在心理活动的强度、速度、灵活性与指向性等方面的一种稳定的心理特征，即我们平时说的脾气、禀性。现代心理学一般认为，气质是不以活动目的和内容为转移的典型的、稳定的心理活动的动力特点。气质的特点有稳定性、可塑性、动力性。

二、气质的类型 必背

气质类型是指在一类人身上共有或相似的心理活动特征的有规律的结合。

气质的体液说

考点1　气质的体液说 【2020判断分析、2019材料分析、2017单选】

古希腊著名医生希波克拉底提出，人体内有四种性质不同的体液：血液、黄胆汁、黑胆汁和黏液。他认为，正是这四种体液"形成了人的性质"。罗马医生盖伦从希波克拉底的体液说出发，加进了人的道德品行，组成了13种气质类型，后来简化为4种气质类型，即多血质、胆汁质、黏液质和抑郁质。每一种气质类型的特点都是某种体液占优势的结果，并有特定的心理表现。

表3-17　气质类型及其特征

气质类型	特征	代表人物
胆汁质	精力旺盛、粗枝大叶、表里如一、刚强、易感情用事	张飞、李逵
多血质	反应迅速、有朝气、活泼好动、动作敏捷、情绪不稳定	王熙凤
黏液质	稳重，但灵活性不足；踏实，但有些死板；沉着冷静，但缺乏生气	沙僧、林冲
抑郁质	敏锐、稳重、体验深刻、外表温柔、怯懦、孤独、行动缓慢	林黛玉

考点2　气质的神经活动类型说 【2022单选、2018单选】

巴甫洛夫在研究高等动物的条件反射时发现，动物高级神经系统活动的兴奋和抑制有强度、平衡性、灵活性三种特性。根据这三种特性的结合，巴甫洛夫将动物的高级神经活动分为四种类型：强、不平衡（不可遏制型）；强、平衡、灵活（活泼型）；强、平衡、不灵活（安静型）；弱（弱型）。

表 3-18　高级神经活动类型与气质类型对照表

高级神经活动类型	高级神经活动过程	气质类型
不可遏制型(兴奋型)	强、不平衡	胆汁质
活泼型(灵活型)	强、平衡、灵活	多血质
安静型(不灵活型)	强、平衡、不灵活	黏液质
弱型(抑制型)	弱	抑郁质

巴甫洛夫用高级神经活动类型学说解释气质的生理基础，但是从现代生理学的发展来看，这四种气质类型的生理依据是不科学的。

真题面对面

[2022，单，2 分]根据巴甫洛夫高级神经活动学说，“强，不平衡”的神经活动过程对应的气质类型为(　　)

A. 多血质　　B. 胆汁质　　C. 黏液质　　D. 抑郁质

答案：B

第五节　性格概述

一、性格及其结构

考点 1　性格的概念　【2017 单选】

性格是指人的较稳定的态度与习惯化了的行为方式相结合而形成的人格特征。它是一个人的心理面貌本质属性的独特结合，是人与人相互区别的主要方面。

考点 2　理解性格的概念　【2021 填空】

(1)性格是人对现实的态度和行为方式概括化与定型化的结果。人们对现实的态度和与之相适应的行为方式共同构成了人的性格。行为方式与性格特征的相应关系不是线性的，而是非线性的。表现在：①在不同的人身上，同一性格特征可以有不同的行为方式；②在不同人身上，不同的性格特征可以有相同的行为方式；③在同一个人身上，同一性格特征在不同的时间、地点和条件下，可以以不完全相同的行为方式表现出来。

(2)性格是指一个人独特的、稳定的个性心理。性格的稳定性不是绝对的，性格有可塑的一面，除了重大事件的影响外，性格的改变一般都要经过较长时间的环境影响和主体实践。

(3)性格是个性特征中最具核心意义的心理特征。表现在：①在所有的个性心理特征中，唯有人的性格与个体的需要、动机、信念和世界观联系最为密切。②性格对其他个性心理特征具有重要的影响。性格的发展规定了能力和气质的发展，影响着能力和气质的表现。

考点 3　性格的结构　【2022 单选】

(1)性格的态度特征。它是指个体对自己、他人、集体、社会以及对工作、劳动、学习的态度特征，如谦虚或自负、利他或利己、粗心或细心、创造或墨守成规等。性格的态度特征在性格结构中具有核心意义。

(2)性格的意志特征。它是指个体自觉地确定目标，调节支配行为，从而达到目标的性格特征，如顽强拼搏、当机立断等。

(3)性格的情绪特征。它是指个体稳定而独特的情绪活动方式，如情绪活动的强度、稳定性、持久性和主导心境等方面的特征。

(4)性格的理智特征。它是指个体在感知、记忆、想象、思维等认知过程中表现出来的认知特点和风格，如主动感知或被动感知，习惯于看到细节还是轮廓等。

真题面对面

[2022，单，2分]正直诚实、认真细致、自立自强、具备社会责任心，这些品质属于性格的(　　)

A. 态度特征　　B. 理智特征　　C. 情绪特征　　D. 意志特征

答案：A

考点4　性格的类型

性格的类型是指在某一类人身上所共有的性格特征的独特结合。下面介绍几种常见的性格分类：

1. 理智型、情绪型和意志型

根据理智、情绪、意志三者在心理机能方面哪一个占优势，性格可分为理智型、情绪型和意志型。

(1)理智型的人通常用理智衡量一切，并支配自己的行动。他们观察事物认真仔细，思维活动占优势，很少受情绪波动的影响。

(2)情绪型的人内心体验深刻，外部表露明显，情绪不稳定。言行举止受情绪的影响，缺乏理智感，处理问题常感情用事。

(3)意志型的人行动目标明确，积极主动，勇敢、坚定、果断，自制力强，不容易受外界因素干扰，但有的人会表现出固执、任性或轻率、鲁莽。

除了上述三种典型的类型外，还有中间类型，如理智—意志型、情绪—意志型等。

2. 外向型和内向型

按照心理活动的指向，性格可分为外向型和内向型。

(1)外向型的人心理活动指向于外部世界，表现为活泼开朗，热情大方，不拘小节，情绪外露，善于交际，反应迅速，容易适应环境的变化。

(2)内向型的人心理活动指向于内部世界，感情比较深沉，办事小心，谨慎多思，不善交往，适应环境的能力较差，很注重别人对自己的评价。

内外向的概念是由荣格提出来的，他认为，多数人并非典型的内向型或外向型性格，而是介于两者之间的中间型。

3. 独立型和顺从型

按照个体活动的独立性程度，性格可分为独立型和顺从型。

(1)独立型的人具有坚定的个人信念，善于独立思考，能够独立地发现、分析和解决问题；自信心强，不容易受他人的暗示和其他因素的干扰；在遇到紧急情况和困难时，显得沉着冷静。

(2)顺从型的人做事缺乏主见，容易受他人意见的干扰，常常不加分析地接受别人的观点或屈从于他人的权势；在突发事件面前，常表现为束手无策或惊慌失措。

二、性格与气质的关系 【2021多选】

考点1 联系

(1)性格和气质都属于稳定的人格特征。

(2)性格与气质相互渗透，彼此制约，二者相互影响。这表现在：①气质影响到一个人对事物的态度和行为方式，因而使性格带上某种气质的色彩和具有某种特殊的形式；②气质影响性格的形成和发展，以及形成的速度；③性格可以掩蔽和改造气质，指导气质的发展，使它服从于生活实践的要求；④不同气质类型的人可以形成相同的性格，相同气质类型的人也可以形成不同的性格。

考点2 区别

(1)气质受生理影响大，性格受社会影响大。气质是由人的神经系统的某些生物学特点、特别是脑的特点决定的。性格是人对现实的态度和他的行为方式所表现出来的个性心理特征。在不同的社会生活条件下，人们的性格有明显的区别。

(2)气质的稳定性强，性格的可塑性强。由于气质较多地受生物因素的制约，因此，气质变化较难、较慢。性格是后天形成的，由生活实践决定，它虽然也具有一定的稳定性，但在社会生活条件的影响下，比气质的变化要快得多，它的可塑性更强。

(3)气质特征表现较早，性格特征表现较晚。人的气质差异是先天形成的，受神经系统活动过程的特性所制约，因此，气质形成得早，表现在先。性格是后天形成的，受社会影响大，因此，性格特征出现得比较晚。

(4)气质无所谓好坏，性格有优劣之分。气质是人的天性，无好坏之分。气质不能决定人的社会价值与成就的高低，也不直接具有社会道德评价含义，但气质对人在不同性质的活动中的适应性，甚至活动的效率却有一定的影响。也就是说，气质特征是职业选择的依据之一。气质与职业活动的关系表现在两个方面：①要使个人的气质特征适应于职业活动的客观要求；②在选拔人才和安排工作时应考虑个人的气质特点。性格表现了一个人的品德，受人的世界观、人生观、价值观的影响，具有道德评价含义。性格有好坏、优劣之分，能最直接地反映出一个人的道德风貌。

真题面对面

[2021，多，2分]下列关于性格和气质的说法，正确的是(　　)

A. 气质是先天的，性格是后天的　　B. 气质无好坏之分，性格有优劣之别

C. 不同的气质可以形成相同的性格　　D. 气质会影响性格的形成和发展速度

答案：ABCD

第六节 影响性格形成与发展的因素

一、家庭

在家庭环境中，亲子关系、家庭气氛、父母的教养方式、家庭结构以及孩子的出生顺序、儿童在家庭中扮演的角色和所处的地位等都对儿童的性格发展有着重要的影响。

二、学校教育

学校通过各种有组织的活动使儿童和教师、同学发生相互作用，从而促进儿童的性格发展。良好的班风能促使学生形成积极性、主动性、独立性和自觉纪律性的优良性格特征。共青团与少先队活动的生动性、趣味性与灵活性，则容易使学生形成好奇、探究、活泼、开朗的性格。

另外，教师的不同管教方式对儿童的性格发展具有显著的影响。

三、同伴群体

与同伴群体的交往使儿童能够进行人际关系和交流的探索，并发展人际敏感性，奠定儿童今后社会交往的基础，促进儿童的社会化和性格的发展。一方面，同伴群体是儿童学习社会行为的强化物；另一方面，同伴群体又为儿童的社会化和性格发展提供社会模式或榜样。随着年龄的增长，同伴的影响越来越强，在某种程度上甚至超过父母的影响。

四、社会实践

学生接触社会的各种工作岗位后，各职业的要求对性格发展也有重要作用。他们必须进行与其职业相应的活动，扮演相应的社会角色，体验自身性格特征与职业的相宜性，从而影响性格的自我教育。

五、自我教育

良好性格的形成，是将接受与领会的外部要求逐渐转变为对自己内部要求的过程。理解与接受了外部的社会要求，并不是立刻就能调节自身的行为。如果外部的要求与个人的世界观、需要与动机相冲突，不符合原来形成的比较稳定的态度，那么，就难以理解外部社会的要求，自然也就不能形成这方面的性格。

六、社会文化因素

文化背景、社会制度、社会传媒和经济地位等都对儿童的性格产生深刻的影响。

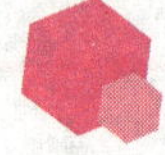

第七节 气质、性格与教育

一、气质与教育

在教育教学中，根据学生的不同气质类型，可以从以下几方面做好教育工作：

考点1 对待学生应克服气质偏见

气质仅使人的行为带有某种动力特征，无所谓好坏；同时，每一种气质类型都有其积极的方面，也都有其消极的方面，无法比较好坏。

考点2 针对学生气质差异因材施教

针对学生的气质差异，在教育过程中对不同气质类型的学生采取的方法应尽可能地因人而异，做到“一把钥匙开一把锁”。

(1)对**胆汁质**的学生，教师应采取**直截了当**的方式，但这些学生不宜轻易激怒，对其严厉批评时要有说服力，培养其自制力与坚持到底的精神和豪放、勇于进取的人格品质。

(2)对**多血质**的学生，可以采取**多种教育方式**，但要定期提醒，对其缺点严厉批评。教师应鼓励他们勇于克服困难，培养扎实专一的精神，防止其见异思迁；创造条件，多给他们活动的机会，培养他们朝气蓬勃、足智多谋的优点。

(3)对**黏液质**的学生，教师要采取**耐心教育**的方式，让他们有考虑和做出反应的足够时间，培养其生气勃勃的精神、热情开朗的个性和以诚待人、工作踏实顽强的优点。

(4)对**抑郁质**的学生，则应采取**委婉暗示**的方式，对其多关心、爱护，不宜在公开场合下指责，不宜过于严厉的批评，培养他们亲切、友好、善于交往、富有自信的精神，培养其敏感、机智、认真、细致、高自尊的优点。

考点3 帮助学生进行气质的自我分析、自我教育，培养良好的气质品质

随着学生年龄的增长，他们对自身气质特征的认识能力和控制能力将大大提高。因此，教师应帮助学生对自己的气质特点进行分析，让他们主动用自己坚强的意志力去克服气质的消极面，或以气质的积极面去掩盖其消极面。

考点4 特别重视胆汁质和抑郁质学生

胆汁质和抑郁质的学生由于兴奋性太强或太弱而容易影响其心理健康。因此，在教育中，对这两种极端类型的学生应该给予特别的照顾，采取一些特殊的措施，尽量避免强烈的刺激和大起大落的情绪变化。

考点5 组建学生干部队伍时，应考虑学生的气质类型

在任命班干部时应考虑学生的气质类型，使班干部的气质类型与每种职务的工作要求相符合，充分发挥学生干部的潜力和优势。

二、学生优良性格的培养

考点1 加强人生观、世界观和价值观教育

世界观、人生观、价值观决定人们的理想信念，影响人们的思想境界。因此，应加强对学生人生观、世界观和价值观的教育，让他们学会明辨是非，区分美与丑、善与恶，用合理的信念指导自己的行为，从而塑造良好的性格。

考点2 及时强化学生的积极行为

及时强化学生的积极行为，也是潜移默化地告诉学生什么该做，什么不该做，这对还不能准确明辨是非的学生来说是非常有必要的。

考点3　充分利用榜样人物的示范作用

教师应经常给学生讲解优秀人物的事迹，激励学生向他们学习。除此之外，用教师本身良好的性格去影响学生也是非常重要的。

考点4　利用集体的教育力量

生活在一个具有良好组织纪律性和凝聚力的集体里，才能让学生产生集体荣誉感和归属感，并在集体活动中锻炼自己坚韧不拔的毅力，通过与他人的合作、交流建立良好的人际关系，逐步完善自己的性格。另外，集体舆论的力量也能对学生产生深刻的影响。

考点5　提供实际锻炼的机会

学生的性格是在后天经过各种实践活动不断形成的，性格的不断发展与完善也还要通过具体的实践活动才能实现。教育者在为学生提供实际锻炼机会的同时，要给学生提出明确的锻炼要求与目的，对不同的学生提出的锻炼要求也要有所区别，对学生在具体实践活动中是否达到锻炼要求与目的的情况要有监督、检查，使实践活动真正起到培养学生良好性格的作用。

考点6　及时进行个别指导

个别指导在性格培养中特别重要。教师在对学生进行性格培养时，既要考虑学生的共性，也不能忽视个别性。这里的个别性包括以下两种情况：

(1)性格品质特别优秀的学生和性格中的不良品质居多的学生，相对于大多数儿童，他们的性格品质具有个别性，需要具体的指导。例如，对性格上已形成较明显的不良特征的学生，要帮助他们明辨是非，启发他们的上进心，培养他们的自制力和克服困难的品质；对性格上较优秀的学生，除给予积极的肯定外，也要注意防止他们养成骄傲自大的性格特征。

(2)就每个学生而言，其各自的性格特征的优劣组合是不同的，更需要有针对性地实施教育指导。例如，对性格较固执的学生，要使他们认识到固执带来的危害，懂得在真理面前善于修正自己的错误意见和勇于改正错误的行为，并使之明白这是性格修养问题。

考点7　提高学生的自我教育能力

做任何事情想要成功都要有强烈的自觉能动性，外因只是起一个辅助作用，而内在的主观能动性是决定性的因素。因此，在教学过程中，应注重培养学生的自我教育能力，养成良好的自我教育习惯。

记忆有妙招

为方便考生记忆，编者将培养学生优良性格的措施总结成口诀供考生参考：

强三观(人生观、世界观和价值观)，**强良行**(强化积极行为)，**利用榜样和集体，自我教育要提高，个别指导要及时，实际锻炼少不了。**

★★ 考点大默写 ★★

1. ____________是掌握知识与技能的前提。
2. ____________能力是一般能力的核心。
3. 根据能力适应活动范围的大小，可分为一般能力和____________。

4. 根据能力的功能不同来划分，人们操纵自己的肢体去完成各项活动的能力是__________能力。

5. 智力以__________力为核心。

6. 英国心理学家__________首先提出了智力的二因素论。

7. 智力的二因素论认为，一个人智力水平的高低取决于__________因素的数量。

8. 美国心理学家__________提出了智力的三维结构论。他认为，智力是一个包括__________、__________和__________的三维结构。在该理论中，__________代表智力的高低。

9. 卡特尔把人的智力分为__________和__________两种不同的形态。

10. 一般人在20岁以后，流体智力的发展达到顶峰，30岁以后随着年龄的增长而__________，而晶体智力会随着年龄的增长而__________。

11. 多元智力理论是由美国心理学家__________提出的。

12. __________提出了智力的三元理论。该理论包括智力__________亚理论、智力__________亚理论和智力__________亚理论。

13. 有的人长于想象，有的人长于记忆，有的人长于思维，体现的是能力的__________差异。

14. 人们的智力水平呈__________分布，大多数人的智力属于__________水平。

15. 男性智力分布的离散程度比女性__________。

16. 最早的智力测验是由法国心理学家__________和__________于1905年编制的，称为__________智力量表。

17. 斯坦福—比纳量表用__________代表智力水平，其计算公式为__________。

18. 韦氏智力量表改用__________来衡量人们的智力水平。在这一量表的计算公式中，Z代表__________，X代表__________，$\overline{X}$代表__________，SD是__________。

19. 如果一个人在韦氏量表中得分为115，他所在群体平均得分是100，标准差为5，则他的离差智商为__________。

20. 一个人初测时分数很高，而在复测时分数很低，说明测验的信度__________。

21. 如果一种测验能够预测后来的行为，说明这种测验的效度__________。

22. 若一个测验的难度适中，则该测验的区分度较__________。

23. __________是智力发展的生物前提、基础和自然条件。

24. “哪里有天才，我是把别人喝咖啡的功夫都用在工作”体现了__________对智力发展的影响。

25. 创造能力的核心是__________。

26. 气质类型分为多血质、胆汁质、__________和__________。

27. 精力旺盛、粗枝大叶、表里如一、刚强、易感情用事是__________的特征。

28. 王熙凤是__________气质类型的代表人物。

29. __________提出了气质的神经活动类型说。

30. __________型的高级神经活动过程为强、平衡、不灵活，对应的气质类型为__________。

31. __________是一个人的心理面貌本质属性的独特结合，是人与人相互区别的主要方面。

32. __________是个性特征中最具核心意义的心理特征。

33. 谦虚或自负、利他或利己、粗心或细心体现的是性格的________特征，这一特征在性格结构中具有________意义。

34. 性格的________特征是指个体稳定而独特的情绪活动方式。

35. 内外向的概念是由________提出来的，性格类型为________型的人心理活动指向于外部世界，表现为活泼开朗，热情大方，容易适应环境的变化。

36. 气质________好坏之分。

37. 影响性格形成与发展的因素包括________、________、________、________、________、社会文化因素等。

38. 学校通过各种有组织的活动使儿童和教师、同学发生相互作用，从而促进儿童的性格发展。这体现的是________因素对儿童性格形成与发展的影响。

39. 教师应针对学生的气质差异因材施教，对________的学生，教师应采取直截了当的方式，培养其自制力与坚持到底的精神和豪放、勇于进取的人格品质。

40. 对________的学生，应采取委婉暗示的方式，培养其敏感、机智、认真、细致、高自尊的优点。

41. 在培养学生性格时，教师应充分利用________的示范作用。

【参考答案】

1. 能力　2. 抽象概括　3. 特殊能力　4. 操作　5. 思维　6. 斯皮尔曼　7. G　8. 吉尔福特；内容；操作；成果；操作　9. 流体智力；晶体智力　10. 降低；升高　11. 加德纳　12. 斯腾伯格；成分；情境；经验　13. 类型　14. 正态（常态）；中等　15. 大　16. 比纳；西蒙；比纳—西蒙　17. 比率智商；智商(IQ)=智龄(MA)÷实龄(CA)×100　18. 离差智商；个体的标准分；个体测验得分（原始分数）；相应年龄群体的平均分；群体得分的标准差　19. 145　20. 低　21. 高　22. 高　23. 遗传素质　24. 主观努力　25. 创造性思维　26. 黏液质；抑郁质　27. 胆汁质　28. 多血质　29. 巴甫洛夫　30. 安静（不灵活）；黏液质　31. 性格　32. 性格　33. 态度；核心　34. 情绪　35. 荣格；外向　36. 无　37. 家庭；学校教育；同伴群体；社会实践；自我教育　38. 学校教育　39. 胆汁质　40. 抑郁质　41. 榜样人物

即时反思与复盘总结

我于________年____月____日完成了对本章的学习。

复盘一下，我对自己较肯定的地方是________________

（足够努力/心态积极/方法得当……）

我觉得自己需要改进的地方是________________

（懒惰懈怠/心情浮躁/方法不当……）

休息片刻，开启下一站征程！

第十一章 自我意识

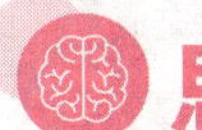

思维导图

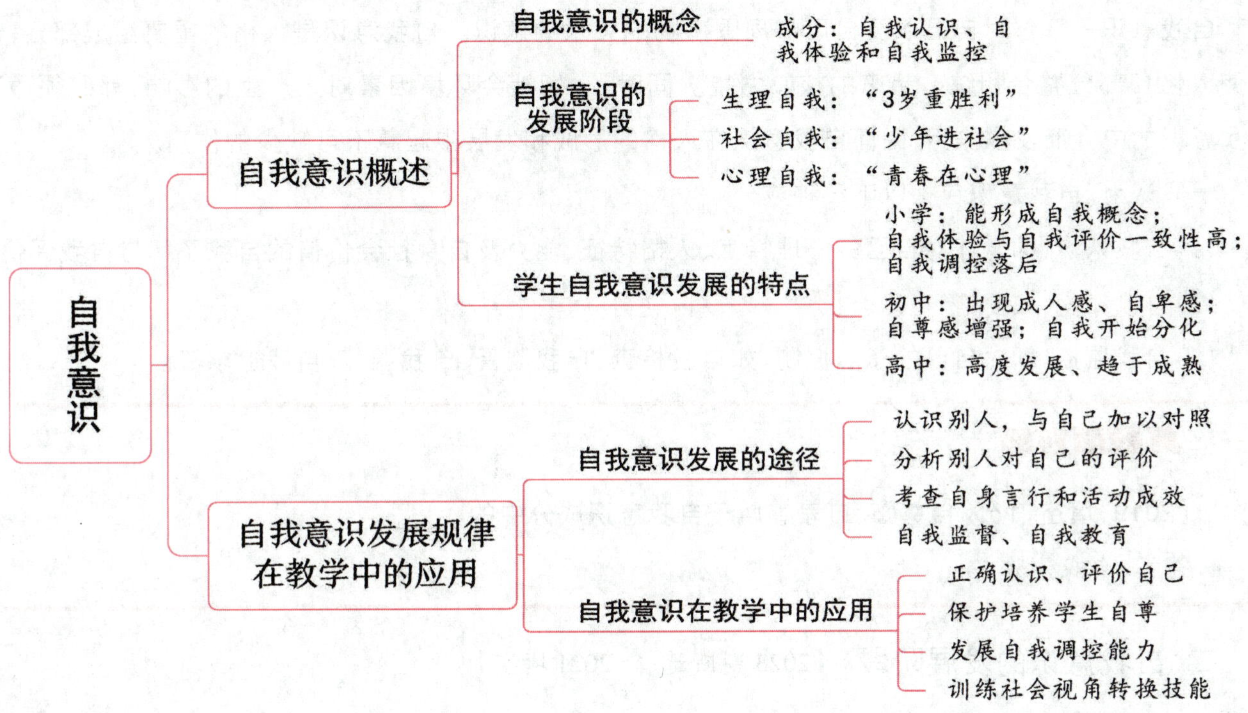

福建考向

本章属于心理学中的基础章节，特点为抽象性概念较多。现对本章福建考向分析如下：

高频考点	常考题型	能力层级	考查热度
自我意识的概念	填空	识记	★★
自我意识的发展阶段	填空	识记	★★

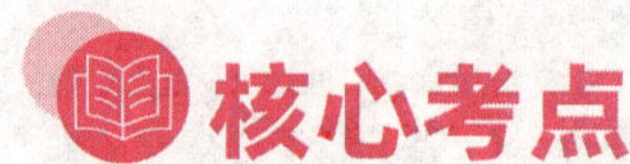

核心考点

第一节　自我意识概述

一、自我意识的概念　【2019 填空】

自我意识是个体对自己以及自己与周围事物的关系的意识。自我意识是人格的重要组成部分，也是使人格各部分整合和统一起来的核心力量。同时，一切社会环境因素对人产生的影响，都必须通过自我意识的中介而发挥作用，因而自我意识在人格的形成和发展中起着不可缺少的作用。

一般认为，自我意识包括以下三种成分：

（1）自我认识，即个体对自己的心理特点、人格特征、能力及自身社会价值的自我了解与自我评价；

（2）自我体验，如自尊、自爱、自豪、自卑及自暴自弃等；

（3）自我监控，即对自己的意志控制，如自我检查、自我监督、自我调节、自我追求等。

真题面对面

[2019，填空，1 分]自尊心、自卑感属于自我意识成分中的__________。

答案：自我体验

二、自我意识的发展阶段　【2023 判断选择、2021 填空】

个体自我意识的发展经历了从**生理自我**到**社会自我**，再到**心理自我**的过程。

考点 1　生理自我（自我中心期）

生理自我是自我意识最原始的形态。通常儿童 1 周岁末开始将自己的动作和动作的对象区分开来，把自己和自己的动作区分开来，并在与成人的交往中，按照自己的姓名、身体特征、行动和活动能力来看待自己，并做出一定的评价。生理自我在 3 岁左右基本成熟。

考点 2　社会自我（客观化时期）

儿童在 3 岁以后，自我意识的发展进入社会自我阶段。他们从轻信成人的评价逐渐过渡到自我独立评价。这时，自我评价的独立性、原则性、批判性正在迅速发展，对道德行为的判断能力，也逐渐达到了前所未有的水平，从对具体行为的评价到有一定概括程度的评价。但他们的自我评价通常不涉及个人的内心世界和人格特征，自我的调节控制能力也较差，常出现言行不一的现象。社会自我到少年期基本成熟。

考点 3　心理自我（主观自我时期）

心理自我是在青春期（也有说青年初期的）开始发展和形成的。这时，青年开始形成自觉地按照一定的行动目标和社会准则来评价自己的心理品质和能力。他们的自我评价越来越客观、公正和全面，且具有社会道德性，并在此基础上形成自我理想，追求最有意义和最有价值的目标。

记忆有妙招

为方便考生记忆，编者将自我意识发展的阶段总结成口诀供考生参考：

3岁重胜利（生理），少年进社会，青春在心理。

真题面对面

[2021，填空，1分]个体自我意识的发展经历了生理自我、社会自我和________的过程。

答案：心理自我

三、学生自我意识发展的特点

考点1 小学生自我意识发展的特点

（1）自我概念方面。从小学生自我意识组成的各因素来看，小学生能够形成自我概念。自我概念是个人心目中对自己的印象。研究发现，小学生的自我概念带有很大的具体性和绝对性。而且还发现，小学高年级学生自我概念的发展趋势存在性别差异。

（2）自我评价方面。自我评价能力是自我意识发展的主要成分和主要标志。小学生的自我评价能力进一步发展起来。

（3）自我体验方面。小学生的自我体验与自我评价发展有很高的一致性。随着儿童认识水平的不断提高，他们的自我体验也会逐步加深。

（4）自我调控方面。小学生自我调控的发展总体落后于自我评价、自我体验的发展，自我调控能力还不高。

考点2 初中生自我意识发展的特点

（1）初中生的自我体验随着年龄的增长而不断发展。主要表现在：①出现成人感。②自尊感增强。③出现自卑感。

（2）初中生的自我开始分化，即开始分成"主我"和"客我"或"理想的自我"和"现实的自我"。初中生对自己的内心品质产生兴趣，开始要求自己了解自己的个性特点，关心自己的形象，想按自己的意愿塑造自己。当"主我"与"客我"、"理想的自我"与"现实的自我"产生矛盾时，他们会自责，对自己不满意。

（3）初中生能够更自觉地评价别人的和自己的个性品质，但评价别人和自己的个性品质的能力与高中生相比，水平还不高，而且也不稳定。

考点3 高中生自我意识发展的特点

高中生自我意识发展的特点主要表现在：（1）自我意识中独立意向的发展；（2）自我意识的组成成分分化；（3）强烈地关心着自己的个性成长；（4）自我形象受到了空前的关注；（5）自我评价逐渐成熟；

(6)自尊心强;(7)道德意识的高度发展。总之,高中生在自我观察、自我评价、自我体验、自我监督、自我控制等自我意识的诸成分上都获得了高度的发展,并趋于成熟。

第二节 自我意识发展规律在教学中的应用

一、自我意识发展的途径

考点1 通过认识别人,把别人与自己加以对照来认识自己

人最初是以别人来反映自己的。个体往往把对他人的认识迁移到自己身上,像认识他人那样来"客观"地认识自己。例如,当看到别人对长者很有礼貌并受到大家称赞时,就来对照反思自己的言行,从而认识到自己平时对长者的态度。经过多次对比,就会促进个体对自我的认识,形成相应的自我概念。

考点2 通过分析别人对自己的评价来认识自己

一个人对自己的认识,在很大程度上受他人评价的影响。这如同人对着镜子来认识自己的模样一样,儿童认识自己是把别人对自己的评价当做一面镜子来不断认识自我的,包括认识自己的优点和缺点。由于人的活动范围比较大,经常从属于不同的团体,接触不同的人,每个团体、每个人对你的评价就是一面镜子,这样就可以通过不同的镜子来照出多个自我,这样,个体就能较全面地认识自己,从而促使自我意识的不断发展。

考点3 通过考察自己的言行和活动的成效来认识自己

自我意识是个体实践活动的反映。自己在实践活动中的表现和取得的成果也会成为一面镜子,通过这面镜子能反映出自己的体力、智能、情感、意志和品德等特性,从而使之成为自我认识、评价的对象。如一个学生,在学习上或一项竞赛中取得了好成绩,他会从中体验到一种自信,对自己和自己的能力就会有新的认识。

考点4 通过自我监督与自我教育来完善自己

个体通过以上几方面的途径,在不断地反省自己中,发现现实自我与理想自我的差距,一方面通过自我监督,来克制、约束自我,服从既定目标;另一方面通过自我教育,按社会要求对客体自我自觉实施教育,以实现现实自我与理想自我的积极统一。总之,自我监督着眼于"克制",而自我教育着眼于"发展",二者共同承担自我意识的不断完善。

二、自我意识在教学中的应用

考点1 帮助学生正确认识自己、评价自己

教师的态度和评价对学生自我评价的形成起了主导作用。所以,教师要特别注意对学生的评价要实事求是、恰如其分,要全面而客观,使学生既看到自己的长处又能找到自己的不足,从而在各自的起点上都能得到提高与发展。同时,作为教师,应让学生从道理上懂得自我概念的含义与发展,教会学生从各种途径来认识自己。

考点2　善于保护与培养学生的自尊

教师要在自己的教育与教学过程中，特别注意发扬学生各自的优点，通过正面的、积极的引导，激发他们的自尊；通过创设不同的情境，使每个孩子都能看到自己的能力与长处，以增强自尊；通过开展各种活动，特别是“自我竞赛”活动，将今天的“我”与昨天的“我”进行比较，对他们微小的进步及时表扬，来培养学生的自尊和自信。

考点3　帮助学生发展自我调控的能力

教师要经常强化学生对自己行为进行调控的愿望和自觉性，使学生充分认识到自我调控对个体心理和行为发展的必要性和重要性；使学生坚信自我调控是可以学会并能养成习惯的，从而使之产生自我调控的迫切意愿。同时，还要多创设能让学生实现自我调控的机会，教会他们进行自我调控的方法，如自我激励、自我暗示、反躬自问等，以保证自我调控的经常性。

考点4　训练学生社会视角转换技能

社会视角转换是一种社会认知技能，是指在自我认知或社会交往中摆脱自我的限制，在自我与交往对象之间转换观察问题的角度，将自己与他人的观点进行比较，体验他人的观点，最后得出较为客观的观点或结论。对学生进行社会视角转换技能的培养训练，可采取以下方法：

1. 命题作文

(1)规定简单的故事情节，设计两个对立的人物，并给予这两个人物一些基本特征，让被试完成故事。这一训练不涉及自我，思维操作是在两个对手之间转换视角，描写各自的心理活动以及如何评价对方和自己。(2)让被试以第三人称完成一篇故事。这一训练要涉及自我，但在用第三人称完成这篇故事时则又变换了视角，对故事情节的发展做出不同的处理。(3)让被试描述一件亲身经历的一次人际冲突事件，然后再以旁观者的身份评论冲突双方的行为及其行为的依据。通过这样的训练，使学生学会从他人的角度观察问题，客观、准确地进行自我评价。

2. 结合生活事件进行集体讨论

利用发生在学生身边的事件，教师有针对性地组织学生进行讨论，但讨论的重点不在于事件的是非曲直以及冲突双方行为的优劣，而是要求学生从不同的观察角度和观点，讨论冲突双方各自行为的合理性，并对其心理活动进行描述。当对双方视角有了比较清楚的了解后，让他们提出使冲突圆满解决的方法。最后进行总结，指出在社会视角转换过程中存在的局限和不灵活的方面。

考点大默写

1. 一般认为，自我意识包括__________、__________、自我监控。
2. 个体自我意识的发展经历了从__________到__________，再到__________的过程。
3. 生理自我在__________岁左右基本成熟。
4. 社会自我到__________期基本成熟。

5. 心理自我是在____________期开始发展和形成的。

6. ____________能力是自我意识发展的主要成分和主要标志。

7. 自我意识是个体____________的反映。

8. 教师的态度和评价对学生自我评价的形成起了____________作用。

9. ____________是指在自我认知或社会交往中摆脱自我的限制，在自我与交往对象之间转换观察问题的角度，将自己与他人的观点进行比较，体验他人的观点，最后得出较为客观的观点或结论。

【参考答案】

1. 自我认识；自我体验 2. 生理自我（自我中心期）；社会自我（客观化时期）；心理自我（主观自我时期） 3. 3 4. 少年 5. 青春（青年初） 6. 自我评价 7. 实践活动 8. 主导 9. 社会视角转换

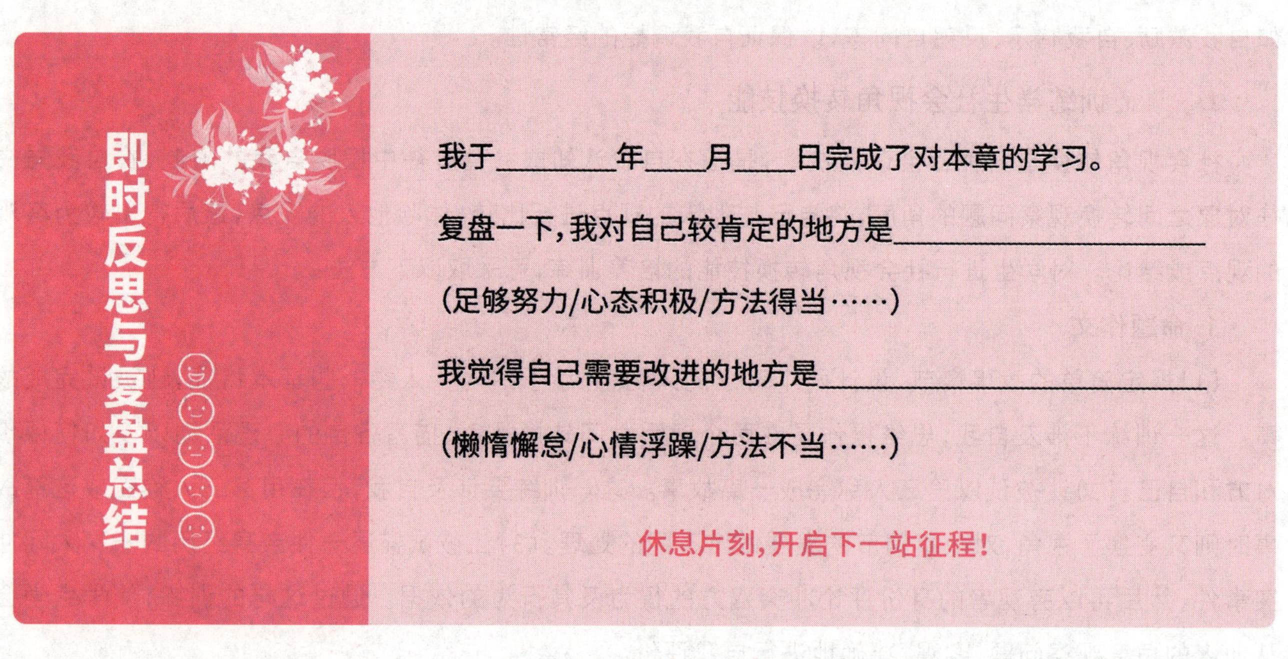

教育心理学

SHAN XIANG

内容导学

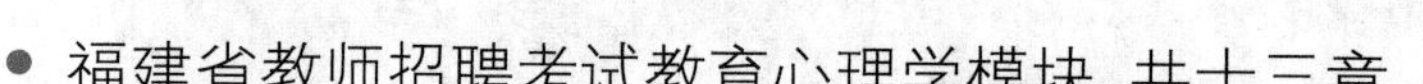

- 福建省教师招聘考试教育心理学模块,共十三章。
- 第一章主要讲述了教育心理学的基本知识,考查题型多侧重于客观题。
- 第二章主要介绍了学生心理发展的相关内容,客观题和主观题都有考查。
- 第三章至第十一章是对教师心理、学习理论和学习心理的阐述,客观题和主观题都有考查。
- 第十二章至第十三章主要讲述了心理健康与课堂管理的内容,考查题型以客观题为主。
- 考生要重点掌握第二章至第十一章的内容,并结合历年真题和每章的栏目有针对性地进行复习。

第一章 教育心理学概述

思维导图

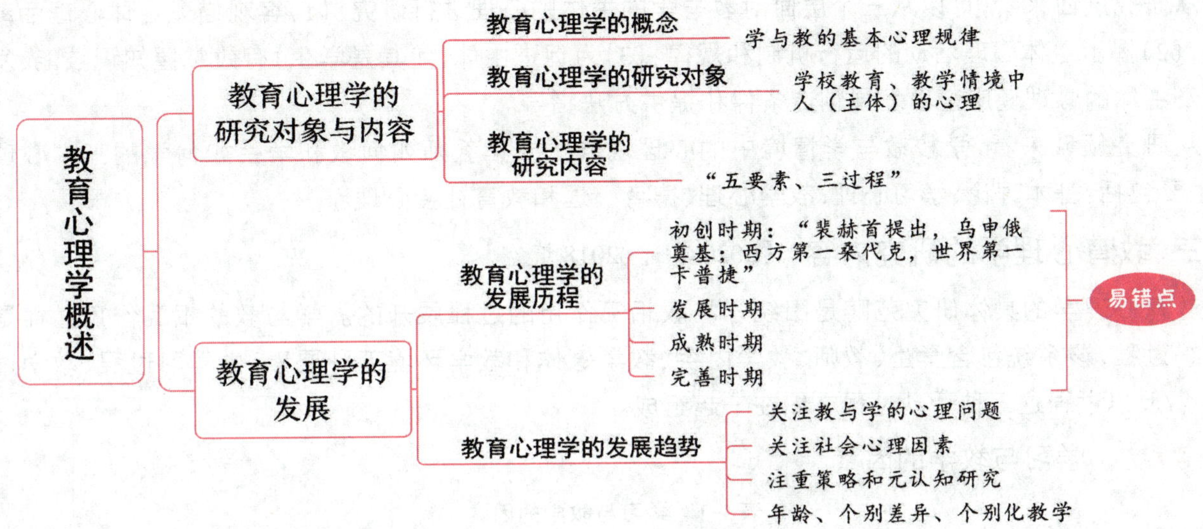

福建考向

本章属于心理学中的基础章节，特点为内容琐碎、识记性知识多。现对本章福建考向分析如下：

高频考点	常考题型	能力层级	考查热度
教育心理学的研究内容	单选、填空	识记	★★
教育心理学的发展的初创时期	单选、填空	识记	★★

核心考点

第一节 教育心理学的研究对象与内容

一、教育心理学的概念 【2023填空】

教育心理学是一门研究教育教学情境中学与教的基本心理规律的科学。它是应用心理学的一种，是心理学与教育学的交叉学科。教育心理学可以从广义与狭义两个方面理解：

（1）广义的教育心理学是指研究教育实践中各种心理与行为规律的科学，包括学校教育心理学、家庭和社会教育心理学。

（2）狭义的教育心理学专指学校教育心理学。

真题面对面

[2023，填空，1分]教育心理学是研究教育情境中________的基本心理规律的科学。

答案：学与教

二、教育心理学的研究对象

教育心理学的研究对象是学校教育、教学情境中人(主体)的心理。

从研究层面来看，可以从三个层面对教与学的主体的心理进行研究：(1)客观描述主体心理活动的现象；(2)揭示主体心理活动的运行机制和规律；(3)为促进主体(尤其是学生)有效掌握知识技能、发展能力及主体的心理健康全面发展创造条件和提供方法指导。

从研究领域来看，学校教与学情境中的心理现象主要指教师如何教和学生如何学的基本心理规律，主要包括：基本理论、学习心理、教学心理、德育心理和教育社会心理。

三、教育心理学的研究内容 【2020单选、2018填空】

教育心理学的具体研究范畴是围绕学与教相互作用的过程展开的。学与教的相互作用过程是一个系统过程，该系统包含学生、教师、教学内容、教学媒体和教学环境五种要素，由学习过程、教学过程和评价/反思过程这三种活动过程交织在一起组成。

考点1 学习与教学的因素

表4-1 学习与教学的因素

因素	表现
学生	学生这一要素主要从以下两方面影响学与教的过程： (1)群体差异，包括年龄、性别和社会文化差异等； (2)个体差异，包括先前知识基础、学习方式、智力水平、兴趣和需要等差异
教师	教师主要涉及敬业精神、专业知识、专业技能以及教学风格等基本的心理特性
教学内容	教学内容是学与教的过程中有意传递的主要信息部分，是教学中的客体
教学媒体	教学媒体是教学内容的载体和表现形式，是师生之间传递信息的工具
教学环境	物质环境，包括课堂自然条件(如温度和照明)、教学设施(如桌椅、黑板和投影仪)以及空间布置(如座位的排列)等
	社会环境，包括课堂纪律、课堂气氛、师生关系、同学关系、校风以及社会文化背景等

真题面对面

[2018，填空，1分]学与教的过程包括五个要素，即学生、教师、________、教学媒体和教学环境。

答案：教学内容

考点2 学习与教学的过程

1. 学习过程

学习过程指学生在教学情境中通过与教师、同学以及教学信息的相互作用获得知识、技能和态度的过程。学习过程是教育心理学研究的核心内容,如学习的实质、条件、动机、迁移以及不同种类学习的特点等。

真题面对面

[2020,单,2分]教育心理学研究的核心内容是(　　)

A. 评价过程　　B. 学习过程

C. 教学过程　　D. 反思过程

答案:B

2. 教学过程

教学过程指教师把知识技能以有效的方法传授给学生并引导学生建构自己的知识的过程。学与教实际上是对同一过程的不同理解,要知道教师该如何教,首先就要理解学生该怎样学,故学习心理是教育心理学的核心。

3. 评价/反思过程

评价/反思过程是教师以学生和自身的活动为思考对象,对学生和自己做出的行为、决策及由此所产生的结果进行审视和分析的过程,是一种通过提高参与者的自我决策水平来促进能力发展的途径。

教育心理学关于"教"方面的研究就是要从心理学的角度出发,对教师的教学行为进行研究。例如:教师应当如何引起和维持学生的学习动机?用什么媒体向学生呈现教材更有效?等等。另外,在教育心理学看来,教学环境不仅是课堂管理研究的主要范畴,也是学习过程研究和教学设计研究所不能忽视的重要内容。

第二节　教育心理学的发展

一、教育心理学的发展历程

教育心理学的发展史,就是心理学与教育学相结合并逐步形成一门独立的心理学分支的历史,大致经历了四个时期。

考点1　初创时期(20世纪20年代以前)　【2020填空、2018单选】

瑞士教育家**裴斯泰洛齐**第一次提出"**教育教学的心理学化**"的思想。

德国教育家与心理学家**赫尔巴特**首次提出把教学理论的研究建立在科学基础之上,而这个科学基础就是心理学。

1868年,俄国教育家**乌申斯基**出版了**《人是教育的对象》**一书,对当时的心理学发展成果进行了总结,他因此被誉为"**俄罗斯教育心理学的奠基人**"。

1877年,俄国教育家和心理学家**卡普捷列夫**发表了《教育心理学》一书,这是最早正式以"教育心理学"命名的著作。

1903年,美国心理学家**桑代克**出版了《教育心理学》,这是西方第一本以"教育心理学"命名的著作。1913~1914年,该书又扩充为三卷本的《教育心理大纲》,奠定了教育心理学发展的基础,西方教育心理学的名称和体系由此确立,桑代克也因此被称为"教育心理学之父"。

桑代克

记忆有妙招

为方便考生记忆，编者将教育心理学初创时期的代表人物总结成口诀供考生参考：

裴(裴斯泰洛齐)赫(赫尔巴特)首提出，乌申俄奠基；西方第一桑代克，世界第一卡普捷。

心理学人物争第一

真题面对面

[2020，填空，1分]美国心理学家桑代克于__________年出版了《教育心理学》一书，这是西方第一本以教育心理学命名的专著。

答案：1903

考点2　发展时期(20世纪20年代至50年代末)

20世纪20年代至30年代，西方教育心理学吸取了儿童心理学和心理测验方面的成果，并将学科心理学纳入到自己的内容中。

20世纪40年代，弗洛伊德的理论广为流传，有关儿童的个性和社会适应以及生理卫生问题也进入教育心理学的研究领域。

20世纪50年代，程序教学和教学机器的兴起，也相应影响和改变了教育心理学的内容。

在发展时期，学习理论一直是主要的研究领域。20世纪20年代后，行为主义占主导地位，它强调心理学的客观性，重视实验研究。这一时期形成了许多派别，这些理论与派别之争也反映在教育心理学之中。这时的教育心理学尚未成为一门具有独立理论体系的学科。

知识再拔高

我国教育心理学的发展

我国出版的第一本教育心理学著作是1908年房东岳翻译日本小原又一著的《教育实用心理

学》。1924年，廖世承编写了我国第一本《教育心理学》教科书。到了50年代，我国的教育心理学家开始学习和介绍苏联的教育心理学理论和研究，做了一些有关教学改革和儿童入学年龄的实验研究，这些都对我国教育心理学和教育事业的发展起到了一定作用。

考点3　成熟时期(20世纪60年代至70年代末)

20世纪60年代初，教育心理学的研究由行为主义转向认知范畴。布鲁纳发起的课程改革运动促使美国教育心理学转向对教育过程、学生心理、教材、教法和教学手段改进的探讨。同时，美国教育心理学开始重视研究教学中的社会心理因素。

20世纪60年代还掀起了一股人本主义思潮，**罗杰斯**提出了“**以学生为中心**”的主张，认为教师只是一个“方便学习的人”。不少教育心理学家开始把学校和课堂看作社会情境。

20世纪70年代，**奥苏伯尔**以认知心理学的观点系统阐述了有意义学习的条件，而**加涅**则对人类的学习进行了系统分类，这两种学习理论为教育心理学的成熟奠定了基础。随着计算机的普及，计算机辅助教学(CAI)也越来越受到人们的重视。

在成熟时期，西方教育心理学的内容和体系出现了一些变化。教育心理学的内容日趋集中，教育心理学学科体系基本形成。行为、认知和人本主义学派的分歧日趋缩小，学科研究越来越注重对学校教育实践的指导。

考点4　完善时期(20世纪80年代以后)

20世纪80年代以后，教育心理学越来越注重与教学实践相结合，各个理论派别相互吸收，体系愈加完善。1994年，美国心理学家**布鲁纳**总结了教育心理学20世纪80年代以来的成果：

(1)主动性研究，即研究如何使学生主动参与教与学的过程，并对自身的心理活动做出控制；

(2)反思性研究，即研究如何促使学生从内部理解所学内容的意义，并对学习进行自我调节；

(3)合作性研究，即研究如何使学生共享教与学的过程中所涉及的人类资源，如何在一定背景下将学生组织起来一起学习；

(4)社会文化研究，即研究社会文化背景如何影响学习的过程和结果。

考生在区分教育心理学学科体系的发展特点时，需要注意：初创时期——名称和体系确立；发展时期——尚未独立；成熟时期——基本形成；完善时期——愈加完善。

此外，信息技术的飞速发展，使得信息技术教育应用的研究达到了一个新的水平。

二、教育心理学的发展趋势

教育心理学经过近百年的发展，目前正处于快速发展的时期，除学习心理等传统领域受到重视外，还呈现出如下新的发展趋势。

(1)转变教学观念，关注教与学两方面的心理问题，教学心理学兴起。教育心理学研究从S–R范式向认知范式的转化，特别是建构主义学习理论的兴起，引起了教学观念的转变。学习与学习者不再是被动地接纳知识，学习是一种认知加工过程，是学生对知识的一种主动构建过程，学习不是记录信息而是理解信息。而教学的重心也从课程转向学生的认知，帮助学生发展适合于各种学科的学习和思考策略。

(2)关注影响教育的社会心理因素。教育心理学对学生学习的关注，也使教育心理学研究者认识到，学生的学习并不仅仅是一个认知过程，在学生的学习过程中，受到很多因素的影响。研究发现，学习动机及教育情境中的社会心理因素对学习和教学具有重大影响，这方面已有的研究成果已开始反映到教育心理学中，如韦纳的归因理论、班杜拉的社会学习理论。

(3)注重实际教学中各种策略和元认知的研究。教育心理学研究从实验室转向教学实际，更加关注教与学的有效性，学生学习中的各种策略与元认知问题成了教育心理学研究的另一个热点与方向。

(4)年龄特点、个别差异测量以及个别化教学研究继续受到重视。

考点大默写

1. 教育心理学是__________与__________的交叉学科。
2. 学与教的相互作用过程包含__________、__________、__________、__________和__________五种要素。
3. 学与教的相互作用过程由__________过程、__________过程和__________过程组成。
4. __________过程是教育心理学研究的核心内容。
5. __________第一次提出“教育教学的心理学化”的思想。
6. 俄罗斯教育心理学的奠基人是__________。
7. 教育心理学之父是__________，他在1903年出版的《教育心理学》是西方第一本以“教育心理学”命名的著作。
8. 20世纪60年代，罗杰斯提出了“以__________为中心”的主张。
9. 20世纪60年代，__________发起了课程改革运动。

【参考答案】

1. 心理学；教育学 2. 学生；教师；教学内容；教学媒体；教学环境 3. 学习；教学；评价/反思 4. 学习 5. 裴斯泰洛齐 6. 乌申斯基 7. 桑代克 8. 学生 9. 布鲁纳

即时反思与复盘总结

我于________年____月____日完成了对本章的学习。

复盘一下，我对自己较肯定的地方是____________________

(足够努力/心态积极/方法得当……)

我觉得自己需要改进的地方是____________________

(懒惰懈怠/心情浮躁/方法不当……)

休息片刻，开启下一站征程！

第二章 学生心理发展与教育

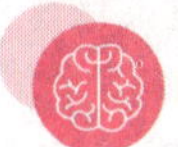

思维导图

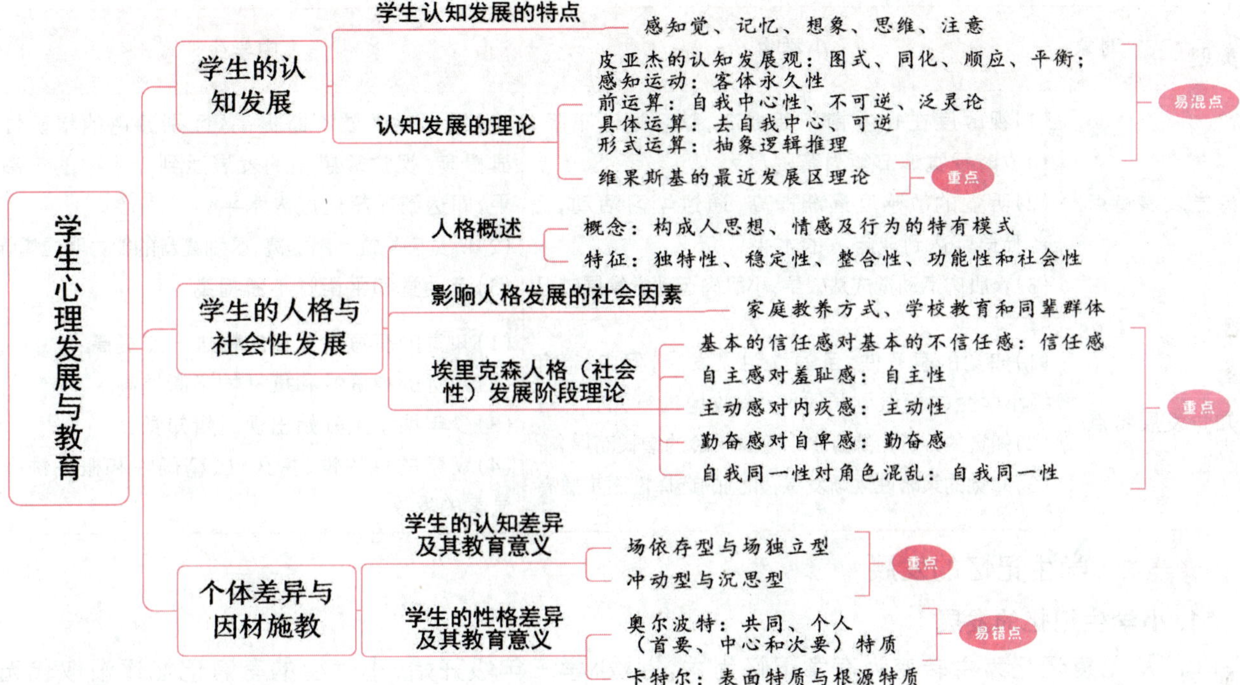

福建考向

本章属于心理学中的重点章节，特点为理论性知识多。现对本章福建考向分析如下：

高频考点	常考题型	能力层级	考查热度
皮亚杰的认知发展阶段理论	单选、多选	理解	★★★
维果斯基的最近发展区理论	单选、填空	理解	★★★
埃里克森人格发展阶段理论	单选、填空、论述	理解	★★★
认知方式差异	单选、材料分析	运用	★★★

核心考点

第一节 学生的认知发展

一、学生认知发展的特点

考点1 学生感知觉的发展

表4-2 学生感知觉的发展

类型 \ 对象	小学生	中学生
感觉发展特点	(1)视敏度在10岁前不断提高,随后逐渐下降,10岁时视觉调节能力范围最大; (2)听觉的敏感度逐渐提高,通过学习活动,语音听觉可达到成年人的水平; (3)大肌肉运动觉成熟较早;小肌肉运动觉发展较迟	(1)视觉感受性不断提高,区别颜色的精确性明显提高;视觉敏感度的发展达到一生中的最高水平,即达到或超过成人水平; (2)听觉感受性不断提高,区别高音的能力明显增强; (3)运动觉和平衡觉不断提高
知觉发展特点	(1)知觉的有意性、目的性明显发展,但中、高年级小学生才能做到长时间、有效地进行知觉; (2)知觉的分析与综合水平随着年龄的增长而提高; (3)知觉的策略性逐渐发展;知觉的选择性逐步提高	(1)知觉的有意性和目的性进一步提高; (2)知觉的精确性和概括性不断提高; (3)少年期学生开始出现逻辑知觉; (4)观察的目的性、持久性、精确性和概括性有了显著的发展

考点2 学生记忆的发展

1. 小学生记忆的发展

(1)从无意记忆为主转变为有意记忆为主。从小学三年级开始,小学生的有意记忆逐渐取代无意记忆并占主导地位,有意记忆明显增强。

(2)从机械记忆为主向意义记忆为主过渡。到了三、四年级,从机械记忆占主导地位向意义记忆占主导地位发展,意义记忆迅速发展。

(3)从具体形象记忆向抽象逻辑记忆的方向发展,抽象逻辑记忆水平逐步提高。但小学生在记忆抽象材料时,主要还是以事物的具体形象为基础,即形象记忆仍起着重要作用。

2. 中学生记忆的发展

(1)中学生记忆发展的总体趋势是随着年龄的增长记忆力不断提高,到16岁趋于成熟。

(2)同一年龄的中学生,受所记材料性质的影响,记忆效果不一样。

(3)中学生短时记忆的广度随年级的升高而不断增大。

(4)随着年龄的增长,中学生的有意记忆和无意记忆效果都不断提高,但有意记忆逐渐占据主导地位。

(5)中学生以理解记忆为主要记忆手段。

(6)抽象记忆在中学阶段占据主导地位。

考点3 学生想象的发展

1. 小学生想象的发展

(1)想象的有意性迅速发展。(2)想象中的创造性成分日益增多。(3)想象的内容逐渐接近现实。

2. 中学生想象的发展

(1)中学生想象的有意性迅速增长。(2)中学生想象的现实性在不断发展。(3)想象中的创造性成分日益增多。

考点4 学生思维的发展

1. 小学生思维的发展

小学生思维发展的基本特征——从具体形象思维为主逐步向抽象逻辑思维为主过渡。主要表现在:

(1)小学生的抽象思维逐步发展,但仍带有较大的具体性。

(2)小学生的抽象思维开始发展,但仍带有很大的不自觉性。

(3)在从具体形象性向抽象逻辑性的过渡中,存在着不平衡性。

(4)在从具体形象思维为主逐渐向抽象逻辑思维为主的过渡中出现“飞跃”或“质变”。一般认为,这个关键年龄出现在小学四年级(约10~11岁)。如果教育条件适当,这个关键年龄可以提前到三年级。

2. 中学生思维的发展

(1)抽象逻辑思维逐渐占据主导地位,并随着年龄的增长日益成熟。

(2)形式逻辑思维逐渐发展,在高中阶段处于优势。主要表现在:①经过整个中学阶段的发展,中学生已经逐步掌握了系统的、完整的概念体系。②学生的推理能力基本达到成熟。③能够较好地运用逻辑法则。

(3)辩证逻辑思维迅速发展。

考点5 学生注意的发展

1. 小学生注意的发展

小学生无意注意的发展先于有意注意,从无意注意向有意注意过渡。主要表现在:(1)小学低年级学生的无意注意占主导地位。(2)注意的有意性由被动到主动。

知识再拔高

小学生注意发展的其他特点

(1)具体生动、直观形象的事物更容易引起小学生的注意。(2)注意有明显的情绪色彩。(3)小学生注意的品质逐渐提高。小学生中注意的广度存在着性别差异,无论低年级或高年级,女生的注意广度高于男生。注意的稳定性在小学生中也具有性别差异,女生的稳定性高于男生。小学二年级是儿童注意分配能力发展的转折期。

2. 中学生注意的发展

(1)有意注意发展明显。小学阶段是有意注意发展的重要阶段,而有意注意最终取代无意注意的主导地位是在初中阶段。

(2)不论何种注意,都在逐步深化。

(3)注意特征存在个体差异。虽然中学生的有意注意有了明显发展,但无意注意的作用在学习活动中仍占有一定的地位。这就决定了中学生注意的发展明显地存在着几种不同的类型:以无意注意占优势的情绪型;以有意注意占优势的意志型;以有意后注意占优势的自觉意志型,即智力型。

二、认知发展的理论

考点1 皮亚杰的认知发展观 必背

1. 建构主义的发展观 【2020填空】

(1)心理发展的实质

皮亚杰

皮亚杰的理论核心是“发生认识论”。皮亚杰认为,人的知识来源于动作,动作是感知的源泉和思维的基础。儿童心理发展的实质和原因就是主体通过动作完成对客体的适应。适应的本质在于取得机体与环境的平衡。适应分为两种不同的类型:同化和顺应。儿童对环境做出的适应性变化并不是消极被动的过程,而是一种内部结构的积极建构过程,即儿童的认知是在已有图式的基础上,通过同化、顺应和平衡,不断从低级向高级发展。

(2)图式、同化、顺应与平衡

①图式。图式是指人在认识周围世界的过程中,形成自己独特的认知结构。从发展的角度来看,儿童最初的图式是遗传所带来的一些本能反射行为,如吮吸反射、定向反射等。

②同化。同化是指在有机体面对一个新的刺激情境时,把刺激整合到已有的图式或认知结构中。通过这一过程,主体才能对新刺激做出反应,动作也得以加强和丰富。

③顺应。顺应是指当有机体不能利用原有图式接受和解释新刺激时,其认知结构发生改变来适应刺激的影响。

④平衡。平衡是指同化和顺应之间的“均衡”。皮亚杰认为,同化和顺应过程对于认知能力的发展变化是非常重要的。

小香课堂

考生在区分同化和顺应时应注意理解两个词:整合、改变。“整合”在同化时发生,即补充、完善认知结构(认知结构量变)。“改变”在顺应时发生,即改变认知结构(认知结构质变)。

儿童通过同化和顺应达到机体与环境的平衡,如果失去平衡,就需要改变行为以重建平衡。但平衡是相对的,不是绝对的。儿童在平衡与不平衡的交替中不断建构和完善认知结构,实现认知发展。影响认知发展的因素有成熟、练习和经验(自然经验)、社会性经验和平衡。

① 小孩天生有吸吮的图式。

② 原有的图式“吸吮”接纳新的刺激“奶瓶”,认知结构没有发生根本变化,这是同化。

③ 小孩改变原有的图式“吸吮”,学会用“咀嚼”的动作来接纳新的刺激,比如米饭、菜等,认知结构发生了根本变化,这是顺应。

④ 我们时而需要同化,时而需要顺应,以达到身体与环境的平衡,这就是平衡。

真题面对面

[2020,填空,1分]皮亚杰认为适应包括同化和________两个过程。

答案:顺应

2. 皮亚杰的认知发展阶段理论 【2021多选、2019单选、2017单选】

皮亚杰认为认知发展是一个构建的过程,是个体在与环境的相互作用中实现的。他提出了认知发展的阶段理论,将个体的认知发展分为感知运动阶段、前运算阶段、具体运算阶段和形式运算阶段四个阶段。各阶段的主要内容如下:

(1)感知运动阶段(0~2岁)

感知运动阶段的婴儿主要有以下几个方面的特点:

①**感觉和动作的分化**。儿童只能依靠自己的肌肉动作和感觉应付环境中的刺激。

②**"客体永久性"**(即知道某人或某物虽然现在看不见但仍然是存在的)的形成。在感知运动阶段的后期,完整清晰的客体永久性已经形成。此时,尽管儿童并没有看见一些物体放在某个特定的地方,但也能积极地寻找他们认为被藏起来的东西。

③问题解决能力开始得到发展。起初,个体的行为更多是以尝试—错误为基础,后期则能够计划解决问题的方法。例如,想要东西的婴儿可能会伸手够几次但最终放弃。几个月之后,他们可能会用其他物体来帮助自己得到想要的物体。到2岁时,他们可能会非常善于利用工具来帮助自己获得所向往的东西。

④延迟模仿的产生。皮亚杰研究发现,12~18个月的婴儿能够比较精确地进行模仿,到18个月左右就出现了延迟模仿,即榜样已经离开了现场,婴儿也能够表现出榜样的行为。

前运算阶段

(2)前运算阶段(2~7岁)

这一阶段,儿童的思维特征主要表现在八个方面:

①**早期的信号功能**。儿童能将各种感知信息以心理符号的形式储存下来,积累了表象素材,促进了表象性思维的发展。随着年龄增长,儿童越来越多地使用符号来表示外部世界,如用"牛""羊"来代表真正的牛和羊等。

②**自我中心性**(中心化)。所谓自我中心就是指儿童往往只注意主观的观点,不能从客观事物的角度出发,只能考虑自己的观点,无法接受别人的观点,也不能将自己的观点与别人的观点协调。儿童还不能设想他人所处的情境,常以自己的经验为中心,从自己的角度出发来观察和理解世界。

③**不可逆运算**。前运算阶段的儿童还没有"守恒"能力或没有形成"守恒"的概念,思维缺乏观念的传递性。儿童观察事物时往往只能注意表面的、显著的特征,倾向于注意事物的静止状态。思维活动表现的关系单一,不能进行可逆运算。例如,问一名4岁儿童:"你有兄弟吗?"他回答:"有。""兄弟叫什么名字?"他回答:"吉姆。"但反过来问:"吉姆有兄弟吗?"他回答:"没有。"

④不能够推断事实。前运算阶段的儿童往往是根据知觉到的表面现象做出反应,不能够推断事实。例如,给3岁的幼儿一辆红色的玩具小汽车,当着他的面盖上一块罩子,小汽车看起来是黑色的,问他小汽车是什么颜色的,他会说是黑色的。

⑤**泛灵论**。前运算阶段儿童的思维具有泛灵论的特点,即将人类的特征赋予无生命的物体。前运算阶段的儿童会认为任何物体都是有生命的。例如,前运算阶段的儿童画画,会在太阳或月亮上各画一张笑脸。又如,如果让前运算阶段的儿童把洋娃娃扔到地上去,他会说不能扔到地上,会摔疼洋娃娃的。

⑥不合逻辑的推理。前运算阶段儿童的思维的另一个局限是不合逻辑的推理,这种推理既不是演绎推理也不是归纳推理。根据皮亚杰的观点,前运算阶段儿童的思维是在两者之间,即从特殊到特殊而不涉及一般。

⑦不能理顺整体和部分的关系。通过要求儿童考察整体和部分的关系的研究发现,儿童能把握整体,也能分辨两个不同的类别。但是,当要求他们同时考虑整体和部分的关系时,儿童多半会给出错误的答案。这说明他们的思维受眼前的显著知觉特征的局限,而意识不到整体和部分的关系。皮亚杰称之为缺乏层级类概念(类包含关系)。

⑧认知活动具有具体性,还不能进行抽象的思维运算。

知识再拔高

三山实验

皮亚杰曾设计了著名的“三山实验”来测验儿童“自我中心”的思维特征。在“三山实验”中，实验材料是一个包括三座高低、大小和颜色不同的假山模型。实验首先要求儿童从模型的四个角度观察“这三座山”，然后要求儿童面对模型而坐，并且放一个玩具娃娃在山的另一边。实验任务是要求儿童从四张图片中指出哪一张是玩具娃娃看到的“山”。结果发现幼童无法完成这个任务，他们只能从自己的角度来描述“三山”的形状。皮亚杰以此证明幼童无法想象他人的观点，他们的思维具有“自我中心”的特点。

(3)具体运算阶段(7～11岁)

具体运算是一种与真实、具体的物体相关的可逆的心理活动。与前运算阶段相比，具体运算阶段的儿童能够运用逻辑思维解决具体问题，但必须依赖于实物和直观形象的支持才能进行逻辑推理和运用逻辑思维解决问题，不能够进行纯符号运算。这一阶段儿童的思维具有以下特点：

①**去自我中心性**(去中心化)。具体运算阶段的儿童不能想象独立于他们直接经验之外的事物，但能够考虑多个感知特征，即去自我中心，得出具体问题的解决方法。在皮亚杰和英海尔德的三山实验任务中，7～9岁的儿童就能够注意到一种情境的多个方面，从他人的角度理解问题。在这一时期，儿童区别现实与想象的能力得到提高。

②**可逆性**。皮亚杰提出，在儿童思维发展的所有特征中最重要的是可逆性。一个处于具体运算阶段的儿童能理解先前曾是一团泥土的飞机模型能够再变成一团泥土；他同样明白8个珠子加6个珠子等于14个珠子，而从14个珠子中拿走6个珠子还剩8个珠子。

③**守恒**(即儿童认识到客体在外形上发生了变化，但特有的属性不变)。在发展中处于具体运算阶段的儿童能够去中心化并能逆向运算，因此，守恒能力迅速发展。6岁左右的儿童可以解决数字守恒问题，7或8岁的儿童则能解决面积或容积守恒问题，9～10岁的儿童能够解决重量守恒问题，到11或12岁时儿童能解决体积守恒问题等。另外，儿童开始进行一些运用符号的逻辑思考活动，可以形成一系列的行动心理表象。比如，8岁左右的儿童去过几次小朋友的家，就能够画出具体的路线图来，而5、6岁的儿童则无法做到。

④**分类**。具体运算阶段的儿童能够进行分类。5岁时儿童已经能够进行一些简单分类，如呈现一组白色或黑色的圆圈、方块和三角形，儿童可能会将他们分成两组：白色和黑色。但在具体运算阶段之前，大多数儿童不具有包含的概念，不能够理解某一特定的人或物可以从属于不同的类别，形成分类系统。

⑤**序列化**。序列化是指能够根据大小、体积、重量或其他的一些特性对一系列要素进行心理上的排序。排序的能力在4岁或更小的儿童中就已经出现，但他们的排序比较粗糙，并且要经过尝试—错误。具体运算阶段的儿童能够顺利完成排列大小的任务，如给他们长短不等的小木棒，他们能够按照从长到短或从短到长的顺序进行排序。

(4)形式运算阶段(11岁～成人)

形式运算阶段，是儿童思维发展趋于成熟的阶段。本阶段儿童思维的特征如下：

①**命题之间的关系**。本阶段儿童的思维是以命题形式进行的。他们不仅能考虑命题与经验之间的真实性关系，而且能看到命题与现实之间的关系，并能推论两个或多个命题之间的逻辑关系。

②**假设—演绎推理**。本阶段的儿童不仅能够运用经验—归纳的方式进行逻辑推理，而且能够运

用假设—演绎推理的方式来解决问题。

③**类比推理**。形式运算阶段的儿童能够很好地进行类比推理,能够理解类比关系。例如,“皮毛对狗就像羽毛对鸟一样”,这个类比的核心是“狗—皮毛”与“鸟—羽毛”之间的关系。只有通过反省性思维,而不是观察,才可能理解这种关系。

④**抽象逻辑思维**。本阶段的儿童能理解符号的意义、隐喻和直喻,能对事物做一定的概括,其思维发展水平已接近成人的水平。

⑤**可逆与补偿**。本阶段的儿童不仅具备了逆向性的可逆思维,而且具备了补偿性的可逆思维。例如,对于“在天平的一边加一点东西,天平就失去平衡,怎样使天平重新平衡”的问题,他们不仅能考虑把所加的重量拿走(逆向性),而且能考虑移动天平加重的盘子使它靠近支点,即使力臂缩短(补偿性)。

⑥反思能力。形式运算阶段的儿童具备了反思能力,即系统地检验假设的能力,能够系统地概括出解决某一问题的所有可能方法或能进行组合推理。

⑦思维的灵活性。本阶段的儿童不再刻板地恪守规则,反而常常由于规则与事实的不符而违反规则。对这一年龄阶段的儿童,教师和家长不宜采用过多的命令和强制性的教育,而应鼓励和指导他们自己做决定,同时对他们考虑不全面的地方提出建议和改进的办法。

⑧形式运算思维的逐渐发展。形式运算思维是逐渐出现的,而不是一次全部出现。

真题面对面

1. [2019,单,2分]将饼干藏起来,儿童会去寻找;将饼干掰成两半,儿童认为饼干变多了。儿童所处的认知发展阶段是(　　)

A. 感知运动阶段　　B. 前运算阶段

C. 具体运算阶段　　D. 形式运算阶段

2. [2021,多,2分]根据皮亚杰的认知发展阶段理论,下列属于具体运算阶段的认知特点的有(　　)

A. 可逆性　　B. 假设推理

C. 去自我中心性　　D. 客体永久性

答案:1. B　2. AC

考点2　维果斯基的最近发展区理论　【2023填空、2018单选】　必背

1. 心理发展的实质与“内化说”

维果斯基强调环境和社会因素在儿童发展中的重要作用。他提出心理发展的实质是在环境和教育的影响下,个体在低级心理机能的基础上逐渐向高级心理机能转化的过程。他认为,发展大部分得益于由外向内,即个体通过内化,从情境中汲取知识,获得发展。儿童的许多学习发生在与环境的相互作用中,这个环境决定了大部分儿童内化的内容。在儿童生活环境中的父母和其他人,可以通过他们与儿童的相互作用来扩大儿童的知识视野,促进儿童的学习。内化说是维果斯基心理发展观的核心思想。维果斯基指出,儿童在与成人交往的过程中,通过掌握高级心理机能的工具——语言符号这一中介环节,使其在低级的心理机能基础上形成了各种新的心理机能。

2. 最近发展区的概念

维果斯基认为,儿童有两种发展水平:一是儿童的现有水平,即由一定的已经完成的发展系统所形成的儿童心理机能的发展水平;二是可能达到(即将达到)的发展水平。这两种水平之间的差异,就是**最近发展区**。也就是说,最近发展区是儿童在有指导的情况下,借助成人的帮助所能达到的解决问题的水平与独自解决问题所达到的水平之间的差异,实际上是两个邻近发展阶段间的过渡状态。

3."教学应走在发展前面"包含的两层含义

在维果斯基看来，教学的可能性由学生的最近发展区决定，"教学应该走在发展的前面"，主张教学内容应该略高于儿童现有的水平才能促进发展。这里有两层含义：(1)教学在发展中起主导作用，它决定着儿童的发展，决定着发展的内容、水平、速度及智力活动的特点；(2)教学创造着最近发展区。教学应适应学生的现有水平，但更重要的是要发挥教学对发展的主导作用。

它的提出说明了儿童发展的可能性，其意义在于：指导教育者不应只看到儿童今天已达到的发展水平，还应看到仍处于形成的状态，正在发展的过程。所以，维果斯基强调教学不能只适应发展的现有水平，还应适应最近发展区，从而走在发展的前面，最终跨越"最近发展区"而达到新的发展水平。因此，教学的最佳效果产生于"最近发展区"。

真题面对面

1.［2018，单，2分］"跳一跳，摘果子"体现了维果斯基的(　　)

A. 掌握学习理论　　B. 先行组织者策略

C. 最近发展区理论　　D. 认知结构学说

2.［2023，填空，1分］强调教学不能只适应发展的现有水平，还应适应最近发展区的心理学家是＿＿＿＿＿＿。

答案：1. C　2. 维果斯基

4. 适时辅导学生是教学的必由之路——教学支架的应用

为促进教学发展，维果斯基认为教师可采用教学支架，进行**支架式教学**，即在学生试图解决超出当前知识水平的问题时给予支持和指导，帮助其顺利通过最近发展区，使之最终能够独立完成任务。支架式教学可采用的方式有：把学生要学习的内容分割成许多便于掌握的片段；向学生示范要掌握的技能；提供有提示的练习等。需要注意的是，教师提供的支持和帮助要合适。帮助过多，学生独立解决问题的能力就不能充分发展；帮助不够，学生亦可能因失败而泄气，久而久之，可能会形成习得性无助感。

第二节　学生的人格与社会性发展

一、人格概述

考点1　人格的概念

人格是构成一个人思想、情感及行为的特有模式，这个独特模式包含了一个人区别于他人的稳定而统一的心理品质，即人格是决定个体的外显行为和内隐行为，并使其与他人行为有稳定区别的综合心理特征。

考点2　人格的特征

表4-3　人格的特征

特征	含义	典例
独特性	一个人的人格是在遗传、成熟、环境、教育等先后天因素的交互作用下形成的。不同的遗传、生存及教育环境，形成了各自独特的心理特点	俗语"人心不同，各如其面"

续表

特征	含义	典例
稳定性	一个人的某种人格特征一旦形成，就相对稳定下来了，要想改变它是比较困难的事情。这种稳定性还表现在人格特征在不同时空下表现出一致性的特征	俗语“江山易改，禀性难移”；“三岁看大，七岁看老”
整合性	人格结构各方面彼此和谐一致时表现为健康的人格，否则，就会产生心理冲突，出现适应困难，甚至“分裂人格”	一个人在情感上喜欢某一事物，在行动上就会接近、爱护这个事物
功能性	人们经常使用人格特征来解释某人的言行和事件的原因	性格决定命运
社会性	社会化把人这样的动物变成社会的成员。人格是社会的人所特有的	70年代的人，世故而稳重，内心狂热，是完美主义者；80年代的人很自我，对人情世故的参悟流于表面，但善于变通

二、影响人格发展的社会因素

人格的发展是个体社会化的结果。不管什么社会，影响个体人格发展的社会因素基本上都是家庭、学校、同伴以及电视、电影、文艺作品等社会宣传媒体。

考点1　家庭教养方式

鲍姆宁曾根据控制、成熟的要求、父母与儿童的交往、父母的教养水平等四个指标，将父母的教养行为分成专制型、放纵型和民主型三种方式，具体表现为：

表4-4　家庭教养方式

类型	父母表现	儿童表现
专制型教养方式	对孩子过于支配，孩子的一切都由父母来控制	儿童不太知足、存在不安全感、忧虑、退缩、怀疑、不喜欢与同伴交往
放纵型教养方式	对孩子过于溺爱，任孩子随心所欲，父母对孩子的教育有时处于失控状态	最不成熟，儿童缺乏自我控制力和探索精神，有极强的依赖性，遇到新奇事物或紧张事情就会退缩
民主型教养方式	与孩子在家里处于一种平等和谐的氛围，父母尊重孩子，给孩子一定的自主权和积极正确的指导	最成熟，儿童有能力，独立性强，自信，知足，爱探索，善于控制自己，喜欢交往，自我肯定

考点2　学校教育

学校教育按照一定社会的教育目标，有计划、有步骤地对学生施加影响，因而直接制约着学生人格发展的方向和基本质量。学校教育在学生社会化中的作用主要是通过教师与学生的相互影响来实现的。教师对学生人格的发展具有指导定向的作用。教师的品德修养、知识经验、教育和教学技巧、对学生的态度等，对学生社会化与人格的发展都有举足轻重的意义。

考点3　同辈群体

与父母的关系相比，中学生与同龄伙伴的交往更加自由和平等。与同伴群体的交往使儿童能够进行人际关系和交流的探索，并发展人际敏感性，奠定儿童今后社会交往的基础，促进儿童的社会化和人格的发展。一方面，同伴群体是儿童学习社会行为的强化物。另一方面，同伴群体又为儿童的社会化和人格发展提供社会模式或榜样。随着年龄的增长,同伴的影响越来越强,在某种程度上甚至超过父母的影响。但应该注意的是,不良同伴群体对中学生人格发展的影响极坏。教师要让学生远离这种不良同伴群体,防止它对学生成长带来危害,同时,对于已存在的不良群体,应该采取多种教育手段,对其成员进行分化和引导。

三、埃里克森人格(社会性)发展阶段理论 【2021单选、2020填空、2017论述】 必背

考点1 主要内容

美国精神分析学家埃里克森认为,人格发展是一个逐渐形成的过程,必须经历八个顺序不变的阶段,其中前五个阶段属于儿童成长和接受教育的时期。每一个阶段都有一个由生物学的成熟与社会文化环境、社会期望之间的冲突和矛盾所决定的发展危机。成功而合理地解决每个阶段的危机或冲突将使个体形成积极的人格特征和健全的人格。

1. 基本的信任感对基本的不信任感(0~1.5岁)

本阶段的发展任务是发展对周围世界,尤其是对社会环境的基本态度,培养信任感。如果父母或照料者给予婴儿适当的、稳定的与不间断的关切、照顾、哺育和抚摸,婴儿就会对父母产生一种信任感,认为这个世界是安全和可信赖的。这种对人、对环境的基本信任感是形成健康个性品质的基础,是以后各个时期发展的基础,尤其是青年时期发展起来的同一性的基础。

2. 自主感对羞耻感(2~3岁)

本阶段的发展任务是培养自主性。儿童初步尝试独立处理事情,如果父母允许幼儿去做他们力所能及的事,鼓励幼儿独立探索的欲望,幼儿就会逐渐认识自己的能力,养成主动、自主的性格;反之,如果父母过分溺爱和保护或过分批评指责,就可能使儿童怀疑自己对自我和环境的控制能力,产生羞耻感。

3. 主动感对内疚感(4~5岁)

本阶段的发展任务是培养主动性。由于身体活动能力和语言的发展,儿童有可能把活动范围扩展到家庭之外。儿童喜欢尝试探索环境,承担并学习掌握新的任务。此时,如果父母或教师对儿童的建议给予适当鼓励或妥善处理,则儿童不仅发展了主动性,还能培养明辨是非的道德感;反之,如果父母对儿童的问题感到不耐烦或嘲笑儿童的活动,儿童就会产生内疚感。

4. 勤奋感对自卑感(6~11岁)

本阶段的发展任务是培养勤奋感。在这个时期,多数儿童已进入学校,第一次接受社会赋予他并期望他完成的任务。他们追求任务完成时获得的成就感及由此带来的长辈的认可和赞许。如果儿童在学习、游戏等活动中不断取得成就并受到成人的奖励,儿童将以成功、嘉奖为荣,养成乐观、进取和勤奋的性格;反之,如果由于学习方法不当或努力不够而多次遭受挫折或其成就受到漠视,儿童容易形成自卑感。本阶段影响儿童活动的主要因素已由父母转向同伴、学校和其他社会机构,教师在培养儿童勤奋感方面具有特殊作用。敏感、耐心、富于指导经验的教师有可能使具有自卑感的学生重新获得勤奋感。

5. 自我同一性对角色混乱(12~18岁)

本阶段的发展任务是培养自我同一性。自我同一性是指个体组织自己的动机、能力、信仰及活动经验而形成的有关自我的一致性形象。自我同一性的形成要求谨慎的选择和决策,尤其体现在职业定向、性别角色分化等方面。如果青少年不能整合这些方面和各种选择,或者根本无法在其中进行选择,就会导致角色混乱。

其他三个阶段分别为:亲密感对孤独感(成年早期)、繁殖感对停滞感(成年中期)、自我整合对绝望感(成年晚期)。

表4-5　埃里克森的心理社会发展阶段论

阶段	年龄	任务	人格品质
基本信任感对基本不信任感	0～1.5岁	培养信任感	希望
自主感对羞耻感	2～3岁	培养自主感	意志
主动感对内疚感	4～5岁	培养主动感	目标
勤奋感对自卑感	6～11岁	培养勤奋感	能力
自我同一性对角色混乱	12～18岁	培养自我同一性	诚实
亲密感对孤独感	成年初期	培养亲密感	爱
繁殖感对停滞感	成年中期	培养繁殖感	关心
自我整合对绝望感	成年晚期	培养自我整合	智慧

真题面对面

1. [2021,单,2分]根据埃里克森的人格发展理论,小学儿童人格发展要解决的主要矛盾是(　　)

A. 主动感对内疚感　　B. 自主感对羞耻感

C. 勤奋感对自卑感　　D. 自我同一性对角色混乱

2. [2020,填空,1分]根据埃里克森的理论可知,中学阶段人格发展的主要任务是培养＿＿＿＿＿＿。

答案:1. C　2. 自我同一性

考点2　埃里克森人格发展阶段理论的教育启示

1. 小学生人格发展的培养

(1)应该创设良好的学习环境,保证每个学生都能确立适当的目标,并有机会通过努力获得成功。

(2)对丧失信心的学生提供适当的支持,帮助他们获得成功的体验。

(3)建立多维度的成功评价体系。

(4)小学教师要特别注意自己的一言一行,要平等而公正地对待学生,不要让任何一个学生因为教师对待自己的态度而感到自卑。

2. 中学生人格发展的培养

(1)发挥教师的作用,加强教育,促进自我同一性的发展。

(2)尊重中学生的独立自主性。

第三节　个体差异与因材施教

学生的个别差异,从心理角度来看,包括认知差异与性格差异。其中认知差异包括认知能力差异和认知方式差异。

一、学生的认知差异及其教育意义

考点1　认知能力差异

能力的个别差异体现为能力类型差异、能力发展水平的差异、能力表现早晚的差异、特殊能力的差异、智力的性别差异，具体内容参见本教材普通心理学模块第十章第一节中“能力的差异”。

考点2 认知方式差异 【2022材料分析、2021单选、2016单选】 必背

认知风格，也称**认知方式**，是指人们在认知活动中所偏爱的信息加工方式。它是一种比较稳定的心理特征，存在着很大的个体差异。认知方式没有优劣、好坏之分，只是表现为学生对信息加工方式的某种偏爱，主要影响学生的学习方式。

1. 场依存型与场独立型

心理学家把外界环境描述为一个场。美国心理学家赫尔曼·威特金将认知方式分为两种：场独立型与场依存型。

场依存型与场独立型

场依存型的学生对客观事物的判断常以**外部线索**为依据，其态度和自我认知易受周围环境或背景（尤其是权威人士）的影响，往往不易独立地对事物做出判断，而是人云亦云，从他人处获得标准；行为常以社会为定向，社会敏感性强，爱好社交活动。

场独立型的学生对客观事物的判断常以自己的**内部线索**（经验、价值观）为依据，不易受到周围环境因素的影响和干扰，倾向于对事物的独立判断；行为常是非社会定向的，社会敏感性差，不善于社交，关心抽象的概念和理论，喜欢独处。

表4-6 场依存型者与场独立型者的学习特点

	场依存型者	场独立型者
学习兴趣偏好	人文、社会科学	理科、自然科学
学习成绩倾向	理科、自然科学成绩差，人文、社会科学成绩好	理科、自然科学成绩好，人文、社会科学成绩差
学习策略特点	易受暗示，学习欠主动，由外在动机支配	独立自觉学习，由内在动机支配
教学方式偏爱	结构严密的教学	结构不严密的教学
知觉方式偏好	善于把握整体，喜欢笼统的、整体的知觉方式	善于从整体中分析出各个元素，喜欢分析的知觉方式

区分这两种认知风格，对因材施教有重要的意义：

（1）不同的教学方法对两类学生的学习效果有明显影响。具有场独立型风格的人适合于那些不强调“社会敏感性”的教学方法；而场依存型学生则相反。

（2）不同风格的学生偏爱选择不同的专业。已有研究表明，场独立型学生对科学、机械等强调认知能力的专业感兴趣；而场依存型学生对社会科学、儿童教育、社会工作、文秘工作、商业或广告之类的以人为对象的专业感兴趣。

（3）师生之间认知风格的匹配明显影响着学生的学业成绩。场独立型教师教学时，场独立型学生的成绩明显高于场依存型学生；而场依存型教师教学时，没有明显差异。因材施教，一方面意味着发挥不同认知风格学生的特长；另一方面也意味着采取适当的教学措施弥补认知风格上的缺陷。

2. 冲动型与沉思型

冲动型的学生在解决认知任务时，总是急于给出问题的答案，而不习惯对解决问题的各种可能性进行全面思考，有时问题还未弄清楚就开始解答。这种类型的学生解决认知问题的速度虽然很快，但错误率高，在运用低层次事实性信息的问题解决中占优势。

沉思型的学生在解决认知任务时，总是谨慎、全面地检查各种假设，在确认没有问题的情况下才会给出答案。这种类型的学生解答认知问题的速度虽然慢，但错误率很低，在解决高层次问题时占

优势。区分冲动型与沉思型的标准是反应时间和精确性。

3. 具体型和抽象型

具体型的学生在进行信息加工时，善于比较深入地分析某一具体观点或情境，但必须把尽可能多的信息提供给他们，否则很容易使他们产生偏见。

抽象型的学生在对事物进行认知时，能够看到某个问题或论点的众多方面，可以避免刻板印象，能够容忍情境的模糊性并能进行抽象程度较高的思考。

4. 辐合型与发散型

辐合型认知方式是指在解决问题的过程中常表现出辐合思维的特征，表现为搜集或综合信息与知识，运用逻辑规律缩小解答范围，直到找到最合适的唯一正确解答。

发散型认知方式是指在解决问题的过程中常表现出发散思维的特征，表现为个人的思维沿着许多不同的方向发展，使观念发散到各个有关的方面，最终产生多种可能的答案而不是唯一正确的答案，因而容易产生新颖的观念。

考点3 学生认知类型差异的教育意义

1. 教师必须帮助学生识别自己的认知类型

不同的认知类型具有不同的学习特点，教师应该充分认识到这种由认知类型带来的差异，从而对不同认知类型的学生采用不同的教学方法。

2. 教师要明确适应认知类型的两类教学策略

(1)采取与学习者认知风格一致的教学策略，即匹配策略。匹配策略是要根据学习者的认知风格设计与之相匹配的教学策略。例如，场依存型学生喜欢讨论学习，对他人的意见和情感比较敏感，因此，教师就可以采用小组讨论的教学方法，并给予他们及时的指导和肯定。而场独立型学生喜欢一个人学习，不易感受他人的情感，因此，教师可以给予他独立的学习任务，充分发挥他的独立性和主动性。另外，场依存型学生更善于完成社会性的任务，场独立型学生更喜欢有难度的、新颖的任务，教师可以针对不同的学生布置不同的任务。

(2)采取对学习者缺乏的认知风格进行弥补的教学策略，即失配策略。失配策略是为了弥补学生在认知类型机能上的欠缺。在具体的教学情境中，教师提供的教学内容和教学方式往往只能顾及某种认知类型的学生，这样，有些认知类型的学生就难以学会这些内容，这就造成了学生的学习困难。

3. 教师要调整自己的教学风格，提供多模式教学

教师的教学既应考虑学生认知类型的优势，提供适应学生认知类型的匹配策略，让学生尽快地掌握知识，同时也应考虑学生认知类型的劣势，提供失配策略，让学生弥补认知类型的缺陷，促进学生的全面发展。

二、学生的性格差异及其教育意义

考点1　性格的特征差异

1. 奥尔波特的性格特征分类

奥尔波特将性格特征分为共同特质和个人特质。特质是决定个体行为的基本特性，是人格的有效组成元素，也是测评人格常用的基本单位。

共同特质是在同一文化形态下的群体所共同具有的特质，它是在共同的生活方式下形成的。

个人特质是个人所独有的，代表个人行为倾向的特质，它包括首要特质、中心特质和次要特质。首要特质是一个人最典型、最具有概括性的特质，它影响一个人各方面的行为，如多愁善感是林黛玉的首要特质。中心特质是构成个体独特性的几个重要特质，在每个人身上大约有5～10个，如清高、率直、聪慧、孤僻都属于林黛玉的中心特质。次要特质也是人格的组成因素，是个体的一些不太重要的特质，往往只有在特殊的情况下才会表现出来。

考生在区分个人特质的类型时，可从以下方面入手："最典型、最具有概括性"对应首要特质；"几个、重要"对应中心特质；"不太重要、特殊情况"对应次要特质。

2. 卡特尔的性格特征分类

卡特尔将性格特征分为表面特质和根源特质。

表面特质指从外部行为能直接观察到的特质。表面上看来相似的特征或行为，却可能有大相径庭的原因。比如，一个学生表现出勤奋好学，原因可能是求知欲强烈，也可能是对学习意义有了深刻认识，还可能仅仅是为了获得家长的奖励。

根源特质是决定外显行为的潜在变量，是人格的本质。卡特尔用因素分析的方法，找出了16种相互独立的根源特质。

考点2　性格的类型差异

性格类型是指在一类人身上所共有的性格特征的独特结合。常见的性格分类包括：理智型、情绪型和意志型；外向型和内向型；独立型和顺从型。关于性格类型差异具体内容参见本教材普通心理学模块第十章第五节中"性格的类型"。

考点3　学生性格差异的教育意义

(1)性格虽然不会决定学习是否发生，但它却会影响学生的学习方式。性格也可作为动力因素影响学习的速度和质量。性格的个别差异又会影响学生对学习内容的选择，而且还会影响学生的社会性学习和个体社会化。

(2)为了促进学生的全面发展，学校教育应更重视性格因素的作用，使教育内容的选择和组织更好地适应学生的性格差异。

★★ 考点大默写 ★★

1. 小学生思维发展的基本特征——从__________思维为主逐步向__________思维为主过渡。
2. 小学生思维出现“飞跃”或“质变”的关键年龄是小学__________年级。
3. 皮亚杰的理论核心是__________。
4. 皮亚杰认为，适应的本质在于取得机体与环境的__________。
5. 婴儿学会抓食物后，看到玩具也会去抓握。这体现了皮亚杰对适应的分类中的__________。
6. 儿童一开始认为会飞的都是动物，但见到飞机后，儿童改变了想法。这体现了皮亚杰对适应的分类中的__________。
7. 皮亚杰认为，影响认知发展的因素有__________、__________、__________和__________。
8. 儿童获得“客体永久性”是__________阶段的特征。
9. 儿童认为布偶掉到地上会被摔疼，体现了__________阶段的__________特征。
10. 儿童认为细瓶子里的10毫升水比粗瓶子里的10毫升水多，体现了__________阶段的__________特征。
11. 儿童只能考虑自己的观点，无法接受别人的观点，体现了__________阶段的__________特征。
12. 儿童最早在__________阶段发展出去自我中心性和可逆性特征。
13. 儿童只有达到__________阶段才能进行纯符号运算。
14. 形式运算阶段儿童的思维是以__________形式进行的。
15. __________阶段是儿童思维发展趋于成熟的阶段。
16. __________是维果斯基心理发展观的核心思想。
17. 维果斯基认为，儿童有两种发展水平：一是儿童的__________，二是__________的发展水平。这两种水平之间的差异，就是__________。
18. 维果斯基主张教学内容应该略__________儿童现有的水平才能促进发展。
19. 个体的外显行为和内隐行为是由__________决定的。
20. “人心不同，各如其面”体现了人格的__________性。
21. “江山易改，禀性难移”体现了人格的__________性。
22. 人们经常使用人格特征来解释某人的言行和事件的原因，体现了人格的__________性。
23. 鲍姆宁曾根据控制、__________、父母与儿童的交往、父母的教养水平等四个指标，将父母的教养行为分成专制型、__________和民主型三种方式。
24. 父母对孩子过于支配，认为孩子的一切都应由父母来控制。这属于__________型家庭教养方式。
25. __________认为，人格发展是一个逐渐形成的过程，必须经历八个顺序不变的阶段。
26. 根据埃里克森的人格发展阶段理论，4岁儿童的发展任务是培养__________。
27. 根据埃里克森的人格发展阶段理论，小学儿童一般处于__________对__________阶段，该阶段的发展任务是培养__________。
28. 根据埃里克森的人格发展阶段理论，12～18岁的发展任务是培养__________。
29. 人们在认知活动中所偏爱的信息加工方式是__________。它__________优劣、好坏之分。
30. 美国心理学家赫尔曼·威特金将认知方式分为__________与__________。__________的学生对客观事物的判断常以外部线索为依据。

31. ____________的学生偏爱结构不严密的教学。这种类型的学生理科、自然科学成绩____________，人文、社会科学成绩____________。

32. 对于冲动型和沉思型不同类型的学生来说，____________的学生在运用低层次事实性信息的问题解决中占优势。____________的学生在解决问题时速度慢，但错误率很低。区分冲动型与沉思型的标准是____________和____________。

33. 对于具体型和抽象型不同类型的学生来说，____________的学生在进行信息加工时，善于比较深入地分析某一具体观点或情境。

34. 对于辐合型和发散型不同类型的学生来说，____________的学生表现为个人的思维沿着许多不同的方向发展，使观念发散到各个有关的方面，最终产生多种可能的答案而不是唯一正确的答案。

35. 采取与学习者认知风格一致的教学策略是____________。

36. 对学习者缺乏的认知风格进行弥补的教学策略是____________。这一策略是为了弥补学生在认知类型机能上的欠缺。

37. ____________将性格特征分为共同特质和个人特质。

38. ____________将性格特征分为表面特质和根源特质。

【参考答案】

1. 具体形象；抽象逻辑 2. 四 3. 发生认识论 4. 平衡 5. 同化 6. 顺应 7. 成熟；练习和经验（自然经验）；社会性经验；平衡 8. 感知运动 9. 前运算；泛灵论 10. 前运算；不可逆运算 11. 前运算；自我中心性（中心化） 12. 具体运算 13. 形式运算 14. 命题 15. 形式运算 16. 内化说 17. 现有水平；可能达到（即将达到）；最近发展区 18. 高于 19. 人格 20. 独特 21. 稳定 22. 功能 23. 成熟的要求；放纵型 24. 专制 25. 埃里克森 26. 主动性 27. 勤奋感；自卑感；勤奋感 28. 自我同一性 29. 认知风格（认知方式）；没有 30. 场独立型；场依存型；场依存型 31. 场独立型；好；差 32. 冲动型；沉思型；反应时间；精确性 33. 具体型 34. 发散型 35. 匹配策略 36. 失配策略 37. 奥尔波特 38. 卡特尔

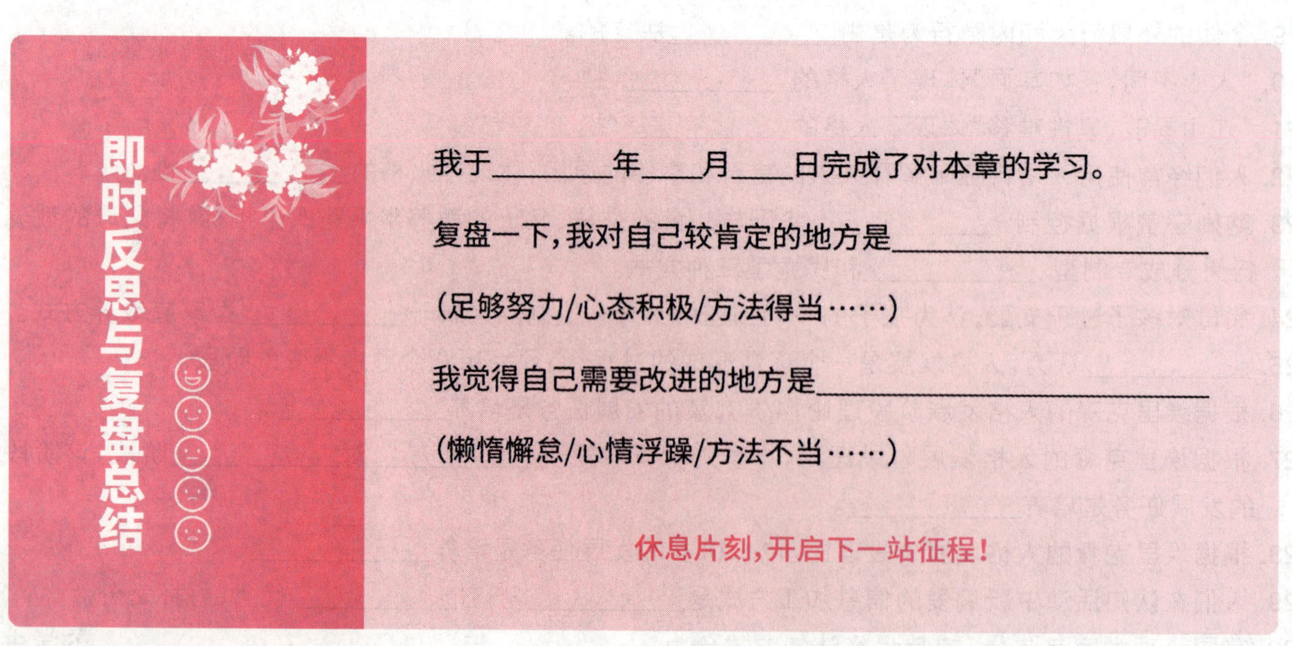

第三章 教师心理

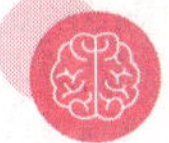

思维导图

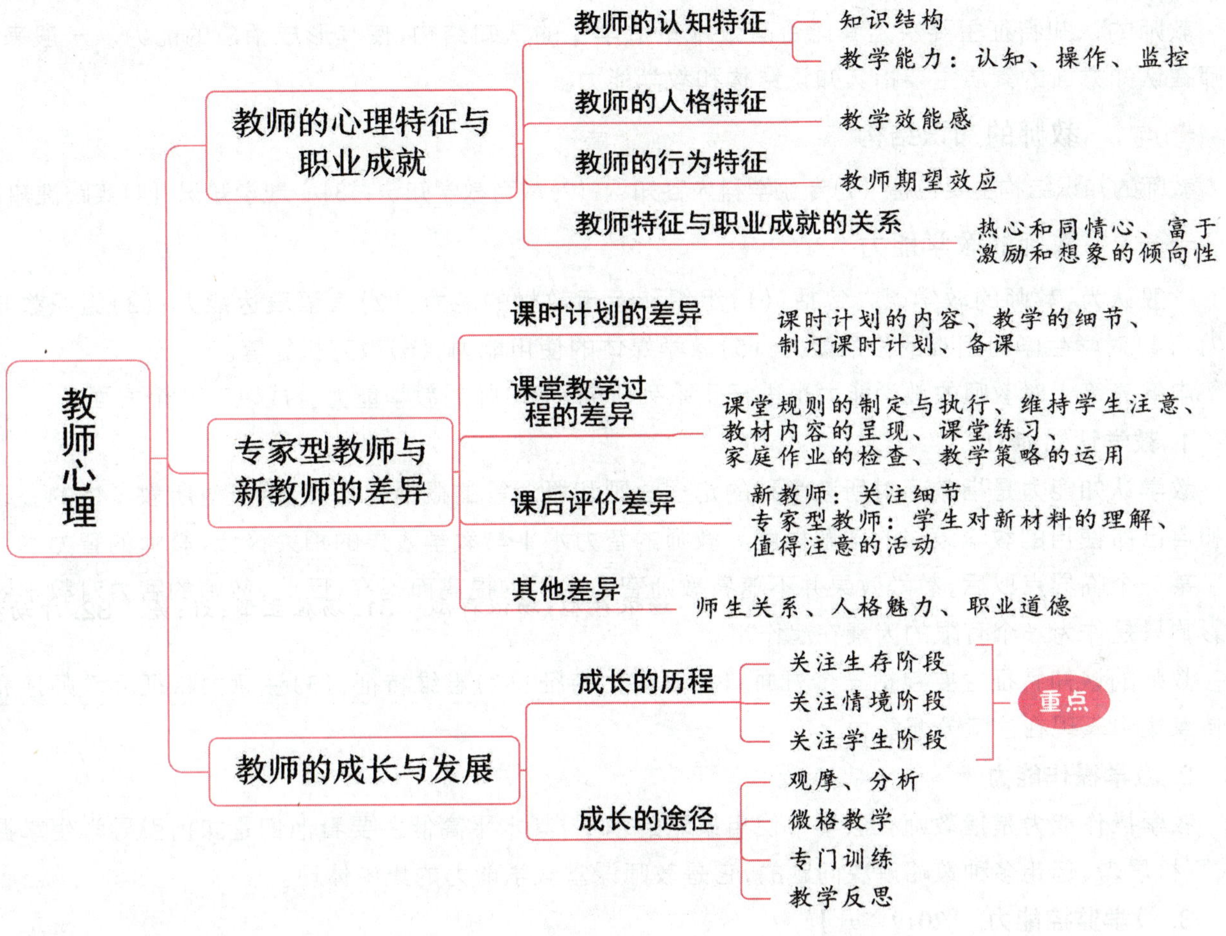

- 教师心理
  - 教师的心理特征与职业成就
    - 教师的认知特征
      - 知识结构
      - 教学能力：认知、操作、监控
    - 教师的人格特征
      - 教学效能感
    - 教师的行为特征
      - 教师期望效应
    - 教师特征与职业成就的关系
      - 热心和同情心、富于激励和想象的倾向性
  - 专家型教师与新教师的差异
    - 课时计划的差异
      - 课时计划的内容、教学的细节、制订课时计划、备课
    - 课堂教学过程的差异
      - 课堂规则的制定与执行、维持学生注意、教材内容的呈现、课堂练习、家庭作业的检查、教学策略的运用
    - 课后评价差异
      - 新教师：关注细节
      - 专家型教师：学生对新材料的理解、值得注意的活动
    - 其他差异
      - 师生关系、人格魅力、职业道德
  - 教师的成长与发展
    - 成长的历程（重点）
      - 关注生存阶段
      - 关注情境阶段
      - 关注学生阶段
    - 成长的途径
      - 观摩、分析
      - 微格教学
      - 专门训练
      - 教学反思

福建考向

本章属于心理学中的基础章节，特点为内容系统、理解性知识较多。现对本章福建考向分析如下：

高频考点	常考题型	能力层级	考查热度
教师的教学能力	单选	理解	★★
教师的成长历程	单选、辨析	理解	★★

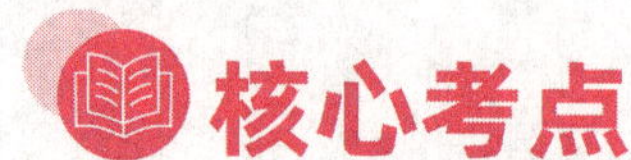

核心考点

第一节　教师的心理特征与职业成就

一、教师的认知特征

教师的认知特征主要决定其能否有效地塑造学生的认知结构，使其形成相应的能力。一般来说，教师在认知方面的素质主要指其知识结构和教学能力。

考点1　教师的知识结构

教师的知识结构主要包括：(1)专业学科内容知识；(2)教育教学知识；(3)心理学知识；(4)实践性知识。

考点2　教师的教学能力

一般认为，教师的教学能力包括：(1)组织和运用教材的能力；(2)言语表达能力；(3)组织教学的能力；(4)对学生学习困难的诊治能力；(5)教学媒体的使用能力；(6)教育机智等。

申继亮等人对教师的教学能力也进行了系列研究，把教师的教学能力分成以下几个方面。

1. 教学认知能力

教学认知能力是指教师对所教学科的定理法则和概念等的概括化程度，以及对所教学生的心理特点和自己所使用的教学策略的理解程度。教师的智力水平与教学效果的相关极低，教师的智力水平超过了某一个临界点以后，教学效果并不随着教师智力水平的提高而提高，因此，教师的智力对教学效果的影响只是作为一个有限的因素在起作用。

教师的认知特征主要包括三个方面：(1)观察力特征；(2)思维特征；(3)注意力特征。教师注意力的特点集中表现在注意分配能力上。

2. 教学操作能力

教学操作能力是指教师在教学中使用策略的水平，其水平高低主要看他们是如何引导学生掌握知识、积极思考、运用多种策略解决问题的，它是教师课堂教学能力的集中体现。

3. 教学监控能力 【2019单选】

教学监控能力是指教师为了保证教学达到预期的目的而在教学的全过程中，将教学活动本身作为意识对象，不断对其进行积极主动的计划、检查、评价、反馈、控制和调节的能力。

在这个教学能力结构中，教学认知能力是基础，教学操作能力是教学能力的集中体现，而教学监控能力是关键。

真题面对面

[2019，单，2分]教师主动对自身教学活动进行计划、检查、评价、反馈、控制和调节。这是(　　)

A. 教学认知能力　　B. 教学操作能力

C. 教学监控能力　　D. 教学研究能力

答案：C

二、教师的人格特征

考点1 职业信念

教师的职业信念是指教师对成为一个成熟的教育教学专业工作者的向往和追求，它为教师提供了奋斗的目标，是推动教师成长的巨大动力。有关职业信念的心理研究主要集中在以下两个方面：

1. 教学效能感

(1)教学效能感的概念和分类

教学效能感一般指教师对自己影响学生行为和学习结果的能力的一种主观判断。这种判断会影响教师对学生的期待和指导，从而影响教师的工作效率。教学效能感可分为以下两个部分：

一般教学效能感，是指教师对教与学的关系、教育在学生身心发展中的作用等问题的一般看法和判断。**个人教学效能感**，是指教师认为自己能够有效地影响学生，相信自己具有教好学生的能力。

(2)提高教师教学效能感的措施

提高教师的教学效能感需要从教师自身和外部环境两方面入手。

从教师的自身方面来说：①要形成科学的教育观，这需要教师不断地学习和掌握教育学与心理学的知识，在教育实践中运用这些知识，通过自身的教育实践验证并发展这些知识；②向他人学习，如观摩优秀教师教学、学习其他教师好的经验等，增强教师的自信心；③教师要注意对自己的教学进行总结和反思，不断改进自己的教学。

从教师所处的外部环境来说：①在社会上，必须树立尊师重教的良好风气；②在学校内，必须建立一套完整、合理的管理制度和规则并严格加以执行，以及努力创造进修、培训等有利于教师发展和实现其自身价值的条件；③良好的校风建设、提高福利待遇等措施也会对教师的教学效能感产生积极的影响。

2. 教学归因(教师控制点)

教学归因是指教师对学生学习结果的原因的解释和推测，这种解释和推测所获得的观念必然会影响其自身的教学行为。例如，倾向于将原因归于外部因素的教师，往往会更多地将学生的学习结果归结于学生的能力、教学条件等因素，因而在其面对挫折时，就比较倾向于采取职业逃避策略，做出听之任之或者怨天尤人的消极反应。

考点2 职业性格

有研究认为，优秀教师的性格品质的基本内核是“促进”，即对别人的行为有所帮助，教师的“促进”主要表现在三个方面：(1)理解学生；(2)与学生相处；(3)了解自己。

三、教师的行为特征

考点1 教师的教学行为

教师的教学行为可以从以下六个方面来衡量：

(1)教师行为的明确性，即教师的教学行为是否正确；

(2)教学方法的多样性，即教师的教学方法是否灵活、多样，调动学生学习的积极性的手段是否有效；

(3)任务取向，即教师在课堂上的所有活动是否围绕教学任务而进行；

(4)富有启发性，即教师的课堂教学对学生能否启发得当；

(5)参与性，即在课堂教学过程中，班上的学生是否都能积极地参与到教学活动中去；

(6)及时评估教学效果，即教师能否及时掌握学生的学习状况和课堂中出现的问题，并据此调整自己的教学节奏和教学行为。

如果一个教师在教学中能做到以上六个方面，那么其教学行为应是非常恰当的，教学效果也必然会好。

考点2 教师的期望行为【2016单选】

1. 教师期望效应

教师期望效应也叫罗森塔尔效应或皮格马利翁效应，即教师的期望或明或暗地传递给学生，会使学生按照教师所期望的方向来塑造自己的行为。教师期望效应的发生，既取决于教师自身的因素，也取决于学生的人格特征、原有认知水平、归因风格和自我意识等心理因素。

教师期望效应

2. 教师期望对学生的影响

在日常教育中，经常可以发现，如果教师喜欢某些学生，对他们抱有较高期待，一段时间后，教师会将自己暗含期待的感情微妙地传递给学生，使这些学生更加自尊、自信、自爱、自强，诱发出一种积极向上的激情，这些学生常常像教师所期待的那样有所进步。相反，如果教师厌恶某些学生，对学生期待较低，一段时间后，学生也会感受到教师的“偏心”，也常常像教师所期待的那样一天天变差。教师的这种期待产生了相互交流的反馈，出现了教师期待的效果。

考题预测

[单，2分]教师一句鼓励的话，一个充满信任的眼神，一个能引起共鸣的手势或表情，都会使学生受到极大的鼓舞，增添无穷的勇气，取得显著的进步。这属于(　　)

A. 第一印象　　B. 共鸣效应

C. 罗森塔尔效应　　D. 移情效应

答案：C

四、教师特征与职业成就的关系

考点1 教师的认知特征与职业成就之间的关系

许多研究表明，在智力与知识达到一定水平之后，教师的表达能力、组织能力、诊断学生学习困难的能力以及他们思维的条理性、系统性、合理性与教学效果有较高的相关。研究表明，学生的知识学习同教师表达的清晰度有显著的正相关，教师讲解的含糊不清与学生的学习成绩有负相关；教师思维的流畅性与他们的教学效果有显著的正相关。教师在这些方面能力较强，则学生的成绩好。教师的这些特点对小学生的影响更大。

这些研究启示我们，教师专业需要某种特殊能力，其中最重要的可能是思维的条理性、逻辑性以及口头表达能力和组织教学活动的能力。

考点2　教师的人格特征与职业成就之间的关系

在教师的人格特征中，有两个重要特征对教学效果有显著影响：一是教师的热心和同情心；二是教师富于激励和想象的倾向性。研究表明，有激励作用、生动活泼、富于想象并热心于自己学科的教师，他们的教学工作较为成功。在教师的激励下，学生的行为更富有建设性。还有研究发现，教师对学生思想的认可与学生成绩有正相关的趋势，尽管教师的表扬次数与学生的成绩之间未发现明确的关系，但教师的批评或不赞成，与学生的成绩之间却存在着负相关。尤其是在那些个性、年龄不同的学生身上其差别表现更显著。

第二节　专家型教师与新教师的差异

研究者认为，教师的成长过程是一个由新手到熟手在向专家型教师发展的过程。专家型教师是有教学专长的教师。专家型教师和新教师有如下差异：

一、课时计划的差异

对教师课时计划的分析表明，与新教师相比，专家型教师的课时计划简洁、灵活、以学生为中心，并具有预见性。具体表现如下表所示：

表4-7　专家型教师与新教师的课时计划差异

比较范畴	专家型教师	新教师
课时计划的内容	(1)只是突出了课程的主要步骤和教学内容，并未涉及一些细节； (2)修改与演练课时计划所需的大部分时间都是在正式计划的时间之外，自然地在一天中的某个时候发生	(1)把大量的时间用在课时计划的一些细节上； (2)在临上课之前针对课时计划做一下演练；在两个平行班教同样的课时，利用课间来修改课时计划
教学的细节	由课堂教学活动中学生的行为决定，可从学生那里获得一些有关教学细节的问题	依赖于课程的目标，仅限于课堂中的一些活动或一些已知的课程知识
制订课时计划	根据学生的先前知识来安排教学进度，具有很大的灵活性	仅仅按照课时计划去做，并想办法去完成它，却不会随着课堂情境的变化来修正他们的计划
备课	表现出一定的预见性：他们会在头脑中形成包括教学目标在内的课堂教学表象和心理表征，并且能预测执行计划时的情况	不能预测计划执行时的情况，因为他们往往更多地想到自己做什么，而不知道学生将要做些什么

二、课堂教学过程的差异

表 4-8　专家型教师与新教师的课堂教学过程差异

比较范畴	专家型教师	新教师
课堂规则的制定与执行	制定的课堂规则明确，并能坚持执行	课堂规则较为含糊，难以坚持执行
维持学生注意	有一套完善的维持学生注意的方法	相对缺乏完善的维持学生注意的方法
教材内容的呈现	注重回顾先前的知识，并能根据教学内容选择适当的教学方法	不能很好地呈现教材内容
课堂练习	将练习看作检查学生学习的手段	仅仅把练习当作必经的步骤
家庭作业的检查	具有一套检查学生家庭作业的规范化、自动化的常规程序	缺乏相应的检查学生家庭作业的规范
教学策略的运用	具有丰富的教学策略，并能灵活运用	缺乏或不会运用教学策略

知识再拔高

专家型教师和新教师的课堂练习要求

在学生做练习时，专家型教师往往是这样做的：(1)提醒学生在规定的时间内做完练习；(2)帮助他们把握做作业的速度；(3)在课堂上来回走动，以便检查学生的作业情况；(4)对练习情况提供系统的反馈；(5)关心学生是否学得了刚才教的知识，而不是纪律问题。

而新教师是这样做的：(1)对课堂练习的时间把握不准，往往延时；(2)只照顾自己关心的学生，不顾其他学生；(3)对练习无系统的反馈；(4)要求学生做作业时安静，并把这看作是课堂中最重要的事情。

三、课后评价差异

在课后评价时，专家型教师和新教师关注的焦点不同。新教师的课后评价要比专家型教师更多地关注课堂中发生的细节；而专家型教师则更多地谈论学生对新材料的理解情况和他认为课堂中值得注意的活动，很少谈论课堂管理问题和自己的教学是否成功。

四、其他差异

(1)在师生关系方面，专家型教师能热情、平等地对待学生，师生关系融洽，具有强烈的成就体验；

(2)在人格魅力方面，专家型教师具有注重实际和自信心强的人格特点，能更好地控制和调节情绪，理智地处理面临的教育教学问题，并在课后进行评估和反思；

(3)在职业道德方面，专家型教师对职业的情感投入程度高，职业义务感和责任感强。

第三节　教师的成长与发展

一、成长的历程　【2023 辨析、2017 单选】　必背

福勒和布朗根据教师的需要和不同时期所关注的焦点问题，把教师的成长划分为关注生存、关注情境和关注学生三个阶段。

考点1　关注生存阶段

处于关注生存阶段的一般是新教师，他们非常关注自己的生存适应性，最担心的问题是“学生喜欢我吗”“同事们如何看我”“领导是否觉得我干得不错”等。因而可能会把大量的时间花在如何与学生搞好个人关系上，想方设法控制学生，而不是更多地考虑如何让学生获得学习上的进步。

考点2　关注情境阶段

当教师感到自己完全能够生存时，会越来越关注学生的成绩，从而把精力放在如何教好每一堂课上，考虑一些与教学情境本身有关的问题。处于**关注情境阶段**的教师关心的是如何教好每一堂课，以及班级大小、时间压力和备课材料是否充分等与教学情境有关的问题，如“内容是否充分得当”“如何呈现教学信息”“如何掌握教学时间”等。传统教学评价集中关注这一阶段，一般来说，老教师比新教师更关注此阶段。

考点3　关注学生阶段

当教师顺利地适应了前两个阶段后，成长的下一个目标便是关注学生。教师将考虑学生的个别差异，认识到不同发展水平的学生有不同的需要，根据学生的差异采取适当的教学，促进学生发展。能否自觉关注学生是衡量一个教师是否成熟的重要标志之一。

关注生存阶段

关注情境阶段

关注学生阶段

真题面对面

[2023，辨析，5分]当一名教师越来越关注学生的成绩，并把精力放在如何教好每一堂课的时候，说明他已经是一名成熟的教师，结合福勒和布朗的教师专业成长阶段理论，对这一论断进行辨析。

答案：(1)这种说法是不正确的。(2)福勒和布朗根据教师的需要和不同时期所关注的焦点问题，把教师的成长划分为关注生存、关注情境和关注学生三个阶段。①关注生存阶段。处于关注生存阶段的一般是新教师，他们非常关注自己的生存适应性，最担心的问题是"学生喜欢我吗""同事们如何看我""领导是否觉得我干得不错"等。②关注情境阶段。当教师感到自己完全能够生存时，会越来越关注学生的成绩，从而把精力放在如何教好每一堂课上，考虑一些与教学情境本身有关的问题，如"材料是否充分得当""如何呈现教学信息""如何掌握教学时间"等等。③关注学生阶段。当教师顺利地适应了前两个阶段后，成长的下一个目标便是关注学生。教师将考虑学生的个别差异，认识到不同发展水平的学生有不同的需要，根据学生的差异采取适当的教学，促进学生发展。能否自觉关注学生是衡量一个教师是否成熟的重要标志之一。

二、成长的途径

教师成长与发展的基本途径主要有两个方面：(1)通过师范教育培养新教师作为教师队伍的补充；(2)通过实践训练提高在职教师的素质。促进教师成长有以下几种方法：

考点1　观摩和分析优秀教师的教学活动

课堂教学观摩可分为组织化观摩和非组织化观摩。组织化观摩是有计划、有目的的观摩，非组织化观摩则没有这些特征。一般来说，为培养和提高新教师与教学经验欠缺的年轻教师的能力宜进行组织化观摩，可以是现场观摩，如组织听课，也可以观看优秀教师的教学录像。非组织化观摩要求观摩者有相当完备的知识和洞察力，否则难以达到观摩学习的目的。

考点2　开展微格教学

微格教学是指以少数的学生为对象，在较短的时间内(5～20分钟)，尝试做小型的课堂教学，并把这种教学过程摄制成录像，课后再进行分析。这是训练新教师、提高其教学水平的一条重要途径。微格教学有许多特点，但最能体现其特点的是**训练单元小**。

考点3　进行专门训练

教师的成长与发展也可以通过专门的教学能力训练来实现，如训练新教师掌握教学过程中有效的教学策略等。研究表明，专家型教师所具有的教学技能和教学策略是可以教给新教师的，新教师在掌握这些知识后，会在一定程度上促进其教学。

考点4　进行教学反思

1. 教学反思的概念和成分

教学反思是指教师以自己的教学活动为意识对象，对自己的教育理念、教学行为、决策以及由此所产生的结果进行认真的自我审视、评价、反馈、控制、调节、分析的过程。美国教育心理学家波斯纳提出了教师成长公式：经验+反思=成长。

教学反思的成分有：(1)认知成分；(2)批判成分；(3)教师的陈述。

2. 教学反思的方法

布鲁巴奇等人认为教学反思的方法主要有：

（1）反思日记。在每一天教学工作结束后，要求教师写下自己的经验，并与指导教师共同分析。

（2）详细描述。教师相互观摩彼此的教学，详细描述看到的情景，并对此进行讨论分析。

（3）交流讨论（职业发展）。来自不同学校的教师聚集在一起，主要的工作是：①提出课堂上发生的问题；②共同讨论解决问题的办法；③得到的方案为所有教师共享。

（4）行动研究。为弄清课堂上遇到的问题的实质，探索用以改进教学的行动方案，教师以及研究者可以进行调查和实验研究，这不同于研究者由外部进行的旨在探索普遍法则的研究，而是直接着眼于教学实践的改进。

知识再拔高

教师成长档案袋

教学案例和教师成长档案袋也是教学反思的方法，在此主要讲一下教师成长档案袋的相关知识。

教师成长档案袋是一种教师成长的历史记录，是一种实质性的文档，是一种学习工具。

教师成长档案袋包括以下内容：(1)教师个人基本信息及分析；(2)教师不同领域的工作进展情况。

使用教师成长档案袋应注意以下问题：(1)教师本人是档案袋的主人；(2)学校要为教师建立成长档案袋提供帮助；(3)学校要恰当利用档案袋评价教师。

★★ 考点大默写 ★★

1. 教师的认知特征主要包括三个方面：__________特征、__________特征、__________特征。
2. 教师注意力的特点集中表现在注意__________能力上。
3. 在申继亮等人提出的教学能力结构中，__________是基础，__________是教学能力的集中体现，而__________是关键。
4. __________是指教师对自己影响学生行为和学习结果的能力的一种主观判断。
5. 李老师认为自己只要用心教就能把学生教好，体现了其__________高。
6. __________效应是指教师的期望或明或暗地传递给学生，会使学生按照教师所期望的方向来塑造自己的行为。
7. 与新教师相比，专家型教师的课时计划以__________为中心。
8. 在课堂练习上，__________将练习看作检查学生学习的手段，__________把练习当作必经的步骤。
9. __________的课后评价要比__________更多地关注课堂中发生的细节。
10. 福勒和布朗把教师的成长划分为关注__________、关注__________和关注__________三个阶段。

11. 王老师最担心的问题是“学生喜欢我吗”“同事们如何看我”“领导是否觉得我干得不错”，说明他处于教师成长的＿＿＿＿＿阶段。

12. 处于教师成长的＿＿＿＿＿阶段的教师关心的是如何教好每一堂课，以及班级大小、时间压力和备课材料是否充分等与教学情境有关的问题。

13. 能否自觉关注＿＿＿＿＿是衡量一个教师是否成熟的重要标志之一。

14. ＿＿＿＿＿是指以少数的学生为对象，在较短的时间内，尝试做小型的课堂教学，并把这种教学过程摄制成录像，课后再进行分析。

15. 最能体现微格教学特点的是＿＿＿＿＿。

16. 美国教育心理学家波斯纳提出的教师成长公式是＿＿＿＿＿。

17. 在每一天教学工作结束后，要求教师写下自己的经验，并与指导教师共同分析。这种教学反思方式是＿＿＿＿＿。

【参考答案】

1. 观察力；思维；注意力　2. 分配　3. 教学认知能力；教学操作能力；教学监控能力　4. 教学效能感　5. 个人教学效能感　6. 教师期望（罗森塔尔、皮格马利翁）　7. 学生　8. 专家型教师；新教师　9. 新教师；专家型教师　10. 生存；情境；学生　11. 关注生存　12. 关注情境　13. 学生　14. 微格教学　15. 训练单元小　16. 经验+反思=成长　17. 反思日记

我于＿＿＿＿年＿＿月＿＿日完成了对本章的学习。

复盘一下，我对自己较肯定的地方是＿＿＿＿＿＿＿＿＿＿

（足够努力/心态积极/方法得当……）

我觉得自己需要改进的地方是＿＿＿＿＿＿＿＿＿＿

（懒惰懈怠/心情浮躁/方法不当……）

休息片刻，开启下一站征程！

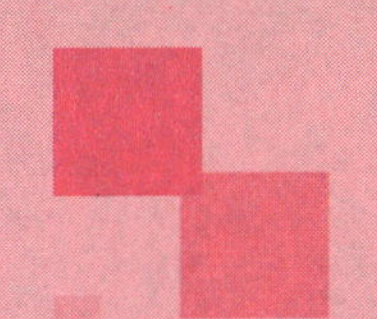

第四章 学习的基本理论

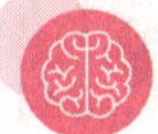

思维导图

- 学习的基本理论
  - 学习概述
    - 学习的内涵
      - 练习或反复经验、行为或行为潜能的相对持久的变化 【重点】
    - 学习的分类
      - 学习水平（加涅）：信号、刺激—反应、连锁、言语联结、辨别、概念、规则或原理、解决问题
      - 学习结果（加涅）：五项内容、三个领域
      - 学生学习方式（奥苏伯尔）：接受学习、发现学习
      - 与认知结构的关系（奥苏伯尔）：有意义学习、机械学习
    - 学生学习的特点
      - 主要形式：接受学习
      - 学习过程：主动构建
      - 学习内容：间接知识经验
      - 学习目标：全面性、多重目的性
      - 被动性
  - 行为主义学习理论
    - 巴甫洛夫的经典性条件作用理论
      - 泛化（分不清）与分化（分得清） 【易混点】
      - 消退与恢复
    - 桑代克的联结—试误学习理论
      - 实质：S-R
      - 过程：渐进、盲目、尝试错误
      - 学习原则：准备律、练习律、效果律
    - 斯金纳的操作性条件作用理论
      - 强化、逃避与回避条件作用、消退、惩罚 【易错点】
      - 程序教学的原则："小鸡自己滴"
    - 班杜拉的社会学习理论
      - 实质：观察学习
      - 过程：注意、保持、复现、动机
      - 强化：直接、替代、自我 【重点】
  - 认知学习理论
    - 格式塔学派的完形—顿悟学习理论
      - 实质：形成新的完形
      - 过程：顿悟
    - 布鲁纳的认知—发现学习理论
      - 学习过程："布鲁纳得花甲"
      - 掌握学科的基本结构的教学原则："冻结城墙"
      - 发现学习
    - 奥苏伯尔的有意义接受学习理论（有意义言语学习理论）
      - 有意义学习的含义：非人为、实质性的联系
      - 有意义学习的条件：逻辑意义、心向、适当的知识、主动发生相互作用
      - 先行组织者：引导性学习材料
    - 加涅的信息加工学习理论（累积学习理论）
      - 学习过程："东街活宝会盖作坊"
  - 建构主义与人本主义学习理论
    - 建构主义学习理论
      - 学习观：主动建构性、社会互动性和情境性
    - 人本主义学习理论
      - 有意义的自由学习观、学生中心的教学观

福建考向

本章属于心理学中的重难点章节，特点为体系庞大、理解性知识多，需要考生识记并理解。现对本章福建考向分析如下：

高频考点	常考题型	能力层级	考查热度
学习的内涵	单选、多选	理解	★★★
加涅关于学习的划分	单选	理解	★★
桑代克的学习的原则	单选	理解	★★
强化与惩罚	单选、判断选择	理解	★★
班杜拉对强化的重新解释	单选、判断选择、填空	理解	★★★
布鲁纳的学习观	单选	识记	★★
奥苏伯尔的有意义接受学习理论	填空	识记	★★

核心考点

第一节 学习概述

一、学习的内涵 【2022多选、2020单选、2016单选】 必背

学习是个体在特定情境下由于练习或反复经验而产生的行为或行为潜能的相对持久的变化。学习的内涵可以从以下几方面去理解：

(1)学习实质上是一种适应活动；(2)学习是人和动物共有的普遍现象；(3)学习是由反复经验引起的；(4)学习是有机体后天习得经验的过程；(5)学习的过程可以是有意的，也可以是无意的；(6)学习引起的是相对持久的行为或行为潜能的变化。但值得注意的是，并非所有的行为变化都是由于学习产生的，如生理成熟、疲劳、药物等因素亦可引起行为的变化。

真题面对面

[2022，多，2分]根据心理学中关于学习的界定，下列属于学习结果的有( )

A. 学生画力学分析图　　B. 小邱看到酸梅流口水

C. 小赵看到穿白大褂的医生就害怕　　D. 个体出生时的啼哭行为和抓握反射

答案：ABC

二、学习的分类

考点1 加涅关于学习的划分

1. 学习水平分类

根据学习情境由简单到复杂、学习水平由低到高的顺序，加涅把学习分为八类，建构了一个完整的学习层级结构。

(1)信号学习。信号学习是指学习对某种信号做出某种反应，其过程为：刺激—强化—反应。例如，巴甫洛夫的经典性条件反射。

(2)刺激—反应学习。刺激—反应学习是指学会对某一情境中的刺激做出某种反应，以获得某种结果。例如，桑代克和斯金纳的操作性条件反射，与经典性条件反射不同，其过程是：情境—反应—强化。即先有情境，做出反应动作，然后得到强化。

(3)连锁学习。连锁学习是指学习联合两个或两个以上的刺激—反应动作，以形成一系列刺激—反应动作联结。

(4)言语联结学习。言语联结学习是指形成一系列的言语单位的联结，即言语连锁化。

(5)辨别学习。辨别学习是指学会识别多种刺激的异同并对之做出不同的反应。

(6)概念学习。概念学习是指对刺激进行分类时，学会对一类刺激做出同样的反应，也就是对事物的抽象特征的反应。

(7)规则或原理学习。规则或原理学习是指学习两个或两个以上概念之间的关系。

(8)解决问题学习(高级规则的学习)。解决问题学习是指在各种情况下，使用所学原理或规则去解决问题。

2. 学习结果分类 【2018 单选】

按学习结果，心理学家加涅将学习分为五种类型：

学习结果分类

(1)**智慧技能**。智慧技能指运用符号或概念与环境交互作用的能力。智慧技能又可分为五个小类：辨别学习、具体概念学习、定义性概念学习、规则学习、高级规则学习。

(2)**认知策略**。认知策略指调控自己的注意、学习、记忆和思维等内部心理过程的技能。

(3)**言语信息**。言语信息指有关事物的名称、时间、地点、定义以及特征等方面的事实性信息。

(4)**动作技能**。动作技能指通过身体动作质量的不断改善而形成整体动作模式。

(5)**态度**。态度指影响个人对人、事、物采取行动的内部状态。

这五项内容分属于三个领域：前三项内容属于认知领域；第四项内容属于动作技能领域；第五项内容属于情感领域。加涅认为，上述五类学习不存在等级关系，其顺序是随意排列的，是范畴各不相同的学习。

考点2 奥苏伯尔关于学习的划分

奥苏伯尔从两个维度对学习做了区分：从学生学习的方式上，将学习分为接受学习与发现学习；从学习内容与学习者认知结构的关系上，又将学习分为有意义学习和机械学习。接受学习和发现学习是学生学习的最基本的类型，也是最主要的学习方式。

有意义学习	弄清概念之间的关系	听导师精心设计的教学	科学研究
	听讲演或看材料	学校实验室实验	例行的研究或智慧的“生产”
机械学习	记乘法表	运用公式解题	尝试与错误“迷宫”问题解决
	接受学习	有指导的发现学习	独立的发现学习

图 4-1 奥苏伯尔的学习分类

考点3 关于学习的其他划分

(1)从学习主体来说,学习可分为动物学习、人类学习和机器学习。

(2)按学习时的意识水平,美国心理学家阿瑟·雷伯将学习分为内隐学习和外显学习。

(3)按学习内容,我国学者一般把学习分为知识的学习、技能的学习和行为规范的学习。

三、学生学习的特点

人类学习除了获得个体的行为经验外,还要掌握人类世代积累的社会历史经验和科学文化知识。人类学习与学生学习之间是一般与特殊的关系,学生的学习既与人类的学习有共同之处,又有其自身的特点。学生学习的主要特点表现在:

(1)接受学习是学习的主要形式,具有目的性、计划性和组织性;

(2)学习过程是主动构建过程,具有自主性、策略性和风格性,是师生互动的过程;

(3)学习内容以系统学习人类的间接知识经验为主,具有间接性;

(4)学习目标具有全面性、多重目的性;

(5)学生的学习具有一定程度的被动性。

综上所述,学生的学习是在教师的指导下,有目的、有计划、有组织地掌握系统的科学知识和技能,发展各种能力,形成一定的世界观和道德品质的过程。

第二节 行为主义学习理论

行为主义学习理论的核心观点认为,学习过程是有机体在一定条件下形成刺激与反应的联系,从而获得新经验的过程。由于行为主义强调刺激—反应的联结,因此,也属于联结派学习理论。

一、巴甫洛夫的经典性条件作用理论

考点1 巴甫洛夫的经典性条件作用

俄国生理学家和心理学家巴甫洛夫在研究狗的进食行为时发现:狗吃到食物时,会分泌唾液。这是自然的生理反应,不需要学习,这种反应叫无条件反射,引起这种反应的刺激是食物,称为无条件刺激。如果在狗每次进食时响铃,一段时间后,狗只要听到铃声也会分泌唾液,这时作为中性刺激的铃声由于与无条件刺激联结而成了条件刺激,由此引起的唾液分泌就是条件反射,这种单独呈现条件刺激即能引起的唾液分泌反应叫作条件反应,后人称之为"经典性条件作用"。

考点2 巴甫洛夫的经典性条件作用理论的主要规律

1. 泛化与分化

机体对与条件刺激相似的刺激做出条件反应,属于刺激的**泛化**。如果只对条件刺激做出条件反应,而对其他相似刺激不做反应,则出现了刺激的**分化**。

刺激泛化和刺激分化是互补的过程。泛化是对事物的相似性的反应,分化则是对事物的差异性的反应。泛化能使我们的学习从一种情境迁移到另一种情境;而分化则能使我们对不同的情境做出不同的恰当反应,从而避免盲目行动。

2. 消退

在条件刺激与无条件刺激之间建立联结的过程叫作条件反应的习得过程。条件反射形成以后，如果得不到强化，条件反应会逐渐减弱，直至消失，这称为**消退**现象。

3. 恢复

消退现象发生后，如果个体得到一段时间的休息，条件刺激再度出现，这时条件反射可能又会自动恢复。这种未经强化而条件反射自动重现的现象被称之为**恢复**。

二、桑代克的联结—试误学习理论

桑代克的联结—试误学习理论

桑代克是美国著名心理学家，西方教育心理学奠基人之一，联结主义学习理论的创始人。桑代克的联结说是教育心理学史上第一个较为完整的学习理论。它系统地回答了有关学习的一些最基本的问题，这为教育心理学成为一门独立的学科起到了奠基作用。

考点1 学习的实质

学习的实质在于形成情境与反应之间的联结，联结公式是S-R。他认为刺激与反应之间的联结是直接的，并不需要中介作用。学习的过程就是形成刺激与反应之间的联结的过程，而联结是通过尝试错误的过程建立的。

考点2 学习的过程

学习的过程是一种渐进的、盲目的、尝试错误的过程。在此过程中随着错误反应的逐渐减少和正确反应的逐渐增加，而最终在刺激与反应之间形成牢固的联结。这种理论又被称为**尝试—错误论**，简称**试误论**。

考点3 学习的原则 【2019单选】

（1）准备律是指联结的加强或削弱取决于学习者的心理准备和心理调节状态。

（2）练习律是指刺激与反应之间的联结会由于重复或练习而加强，不重复或练习，联结的力量就会减弱。

（3）效果律是指刺激和反应之间的联结可因导致满意的结果而加强，也可因导致烦恼的结果而减弱。

真题面对面

[2019，单，2分]桑代克认为，学习者对刺激情境做出反应后能获得满意的结果，S-R联结力量就会增加。这符合（ ）

A. 准备律　　B. 强化律

C. 练习律　　D. 效果律

答案：D

考点4 联结—试误说的教育意义

桑代克的联结—试误理论虽然是从动物实验中推导出来的，但对于人类学习和学生学习仍有很大的借鉴意义。根据学生的学习特点，这一理论特别强调“从做中学”，即在实际的操作过程中学习有关的概念、原理、技能和策略等。具体而言，对教育有以下指导意义：

(1)在这一过程中，教师应该允许学生犯错误，并鼓励学生多尝试，从错误中学习，这样获得的知识才会更牢固。

(2)任何学习都应该在学生有准备的状态下进行，不能经常搞“突然袭击”。(准备律)

(3)在学习过程中，应加强合理的练习，并注意学习结束后不时地进行练习。(练习律)

(4)在实际教育过程中，教师应努力使学生的学习能得到自我满足的积极结果，防止一无所获或得到消极的后果。(效果律)

三、斯金纳的操作性条件作用理论

桑代克为操作性条件作用理论奠定了基础，斯金纳则系统地发展了这一理论，并使之对教育实践产生巨大的作用。

斯金纳把人和动物的行为分为两类：应答性行为和操作性行为。**应答性行为**是由特定刺激所引起的，是不随意的反射性反应；而**操作性行为**则不与任何特定刺激相联系，是有机体自发做出的随意反应。在日常生活中，人的大部分行为都是操作性行为。经典性条件反射理论可以解释应答性行为的产生，而操作性条件作用理论可以解释操作性行为的产生。

考点1 巴甫洛夫的经典性条件反射与斯金纳的操作性条件反射的比较

表4-9 两种条件作用的比较

比较范畴	经典性条件作用	操作性条件作用
主要代表人物	巴甫洛夫	斯金纳
行为	无意的、情绪的、生理的	有意的
顺序	行为发生在刺激之后	行为发生在刺激之前
学习的发生	中性刺激与无条件刺激的匹配	行为后果影响随后的行为
典例	学生将课堂(开始是中性的)与教师的热情联结在一起，使课堂引发出积极情绪	学生回答问题后受到表扬，学生回答问题的次数增加

考点2 操作性条件作用的基本规律

操作性条件作用的基本规律有：强化、逃避条件作用与回避条件作用、消退、惩罚。

1. 强化 【2019判断选择、2018单选】

(1)强化的分类

强化是采用适当的强化物而使机体反应频率、强度和速度增加的过程。斯金纳认为，强化是塑造行为的有效而重要的条件，塑造行为的过程，就是学习的过程。强化有正强化和负强化之分。

正强化也称积极强化，是通过呈现想要的愉快刺激来增强反应频率；

负强化也称消极强化，是通过消除或中止厌恶、不愉快刺激来增强反应频率。

真题面对面

[2019,判断选择,1分]负强化的目的是降低目标行为出现的概率。( )

A. 正确　　　　B. 错误

答案:B

(2)强化程序

所谓强化程序(又称为强化程式),是按合乎要求的反应次数以及各次强化之间的时距的适当组合而做出的各种强化安排。它包括连续强化和间隔强化。其中,间隔强化根据时间和比率、固定和可变两个维度组合出四种强化程序。强化既能影响行为的习得速度与反应速度,也能影响行为的消退速度。

强化的安排可以有很多种,不同的强化安排可以起到不同的强化效果。一般说来,断续强化的效果比连续强化的效果好;可变间隔和可变比例强化的效果好于固定间隔和固定比例强化的效果。

(3)强化物

凡是能增强行为频率的刺激或事件叫作**强化物**。在选择强化物时,可以遵循**普雷马克原理**,它又称为"**祖母法则**",即用高频活动作为低频活动的有效强化物。如学生喜爱做航空模型而不喜欢阅读,可以让学生完成一定的阅读之后再去做模型。

但在运用此原理时需注意:①行为和强化的关系不能颠倒,必须先有行为,再有强化;②要让学生明确感觉到这种行为和强化的依随关系;③不能过度使用强化物,否则,可能使强化物失去原有的效力。

2. 逃避条件作用与回避条件作用

逃避条件作用是指当厌恶刺激出现时,有机体做出某种反应,从而逃避了厌恶刺激,则该反应在以后的类似情境中发生的概率便增加的一类条件作用。在日常生活中,逃避条件作用不乏其例,如看见路上的垃圾后绕道走开;感觉屋内人声嘈杂时暂时离屋等。

回避条件作用是指当预示厌恶刺激即将出现的刺激信号呈现时,有机体也可以自发地做出某种反应,从而避免了厌恶刺激的出现,则该反应在以后的类似情境中发生的概率便增加的一类条件作用。它是在逃避条件作用的基础上建立的,是个体在经历过厌恶刺激的痛苦之后,学会了对预示厌恶刺激的信号做出反应,从而免受痛苦等。

逃避条件作用和回避条件作用的判断是易错点。二者都属于负强化,但在逃避条件作用中,厌恶刺激已经出现,个体已经遭受痛苦;而在回避条件作用中,个体并未实际遭受厌恶刺激的袭击,因事先做出反应而得以避免。

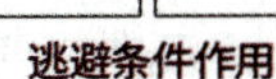

回避条件作用

3. 消退

消退是指条件反射形成以后，如果得不到强化，条件反应会逐渐减弱，直至消失的现象。

4. 惩罚

惩罚是指当有机体做出某种反应以后，呈现一个厌恶刺激或失去一个愉快刺激，以消除或抑制此反应的过程。惩罚与负强化有所不同，负强化是通过厌恶刺激的排除来增加反应在将来发生的概率，而惩罚则是通过厌恶刺激的呈现来降低反应在将来发生的概率。

强化和惩罚的区别具体见下表：

表4-10 强化和惩罚的区别

区别	强化		惩罚	
分类	正强化	负强化	呈现性惩罚	移除性惩罚
特点	呈现愉快刺激	取消厌恶刺激	呈现厌恶刺激	取消愉快刺激
目的	增加反应频率		降低反应频率	
典例	给予表扬	免做家务	孩子乱跑，打孩子屁股	不写完作业不能出去玩

总之，根据操作性条件作用理论，在教育过程中，教师应多用正强化的手段来塑造学生的良性行为，用不予强化的方法来消除消极行为，同时应慎重地对待惩罚。

考点3 强化理论对学习的意义

1. 强化的应用

在学习过程中，强化物有很多种类，如表扬、奖励、自我强化等。在对学生的行为进行奖励时，应注意避免外部奖励对内部兴趣的破坏。当学生已经自行从事某种活动时，教师应谨慎考虑奖励是否必要，避免给予不必要的奖励。奖励虽然是塑造行为的有效手段，但是奖励的运用必须得当，否则便会强化不良行为。

2. 消退的应用

消退是一种无强化过程，其作用在于降低某种反应在将来发生的概率，以达到消除某种行为的目的。例如，学生上课扮鬼脸是为了得到老师或同学的关注（强化），老师与同学可以不予理睬，不给予其希望得到的强化，那么此类行为就会逐渐减少。因此，消退是减少不良行为、消除坏习惯的有效方法。

3. 惩罚的应用

(1)惩罚并不能使行为发生永久性的改变，它只能暂时抑制行为，而不能根除行为。

(2)惩罚的运用必须慎重，惩罚一种不良行为应与强化一种良好行为结合起来，方能取得预期的效果。即指出正确的行为方式，在孩子做出正确的行为后给予强化。

(3)一般来说，要尽可能地少用惩罚，在必要的时候才使用。

(4)惩罚的运用应该及时，即在学生做出某种行为之后，立即给予惩罚。惩罚紧紧跟在错误行为之后，与错误的行为之间建立联结。

强化、消退、惩罚对课堂管理、学生行为的塑造与矫正作用很大，教师应对上述原理灵活掌握。

考点4 斯金纳关于程序教学、行为塑造的意义

1. 程序教学

(1)程序教学的基本原理

斯金纳将操作性条件反射原理应用到教学活动上，提出了程序教学论及其教学模式。程序教学是

一种个别化的教学形式，斯金纳将要学习的大问题分解为一系列小问题，并将其按一定的程序编排和呈现给学生，要求学生学习并回答问题，学生回答问题后及时得到反馈信息。程序教学的基本原理是采用连续接近法，通过设计好的程序不断强化，使学生形成教育者希望的行为模式。

(2)程序教学的原则

①**小步子原则**。学生所用的教材或程序教学机器要将学习的内容分为许多小单元，小单元之间相互联系，层层深入，相邻小单元之间的难度差距小，学习者容易成功。

②**积极反应原则**。保证学生在学习过程中一直处于积极的状态，学生产生学习行为，就要及时给予强化，以保证学习活动的持续进行。

③**自定步调原则**。学生可以按照自己的接受程度选择最适宜的学习进度，这样学生容易成功，学习动机强。

④**及时反馈原则**。及时反馈，也就是说让学生立刻知道自己的答案是否正确，正确的回答可以让学生树立信心，保持学习行为，进行下一阶段的学习。

⑤**低错误率原则**。保证学习者在学习中将错误率减小到最低，以达到强化效果。

记忆有妙招

为方便考生记忆，编者将程序教学的原则总结成口诀供考生参考：**小鸡自己滴**。

小：小步子。**鸡**：积极反应。**自**：自定步调。**己**：及时反馈。**滴**：低错误率。

2. 行为塑造

所谓塑造，就是通过小步强化帮助学生达到目标。斯金纳认为"教育就是塑造行为"，他采用连续接近的方法，对趋向于所要塑造的反应的方向不断地给予强化，直到引出所需要的新行为。例如，训练鸽子或老鼠的头抬到一定的高度，只有当它的头朝着实验所需的方向抬起来时才给予强化，下一次要求再多一点，直到完全达到所需的方向和高度。这时，新的行为就塑造成了。

在课堂教学中，塑造是一个重要的工具。在塑造行为时要注意这样一条原则：学生必须在他们能力所及的行为范围内得到强化，同时这些行为又必须能向新的技能延伸。例如，学生能在15分钟之内解出10道数学题，如果能在12分钟之内解出就应给予强化，但不要要求必须在8分钟之内解出才予以强化。但是，一个能做20道题的学生必须做20道题后才给予强化，不能在少于20道题时就予以强化。

四、班杜拉的社会学习理论 必背

考点1 学习的实质——观察学习【2016单选】

班杜拉以儿童的社会行为习得为研究对象，形成了其关于学习的基本思路，即观察学习是人的学习最重要的形式。班杜拉认为，学习是个体通过对他人的行为及其强化结果的观察，从而获得某些新的行为反应或已有的行为反应得到修正的过程。

观察学习有其明显的特点：(1)观察学习并不依赖于直接强化；(2)观察学习不一定具有外显的行为反应，人们可以通过观察他人的示范行为，在自己尚未表现行为时就已经学到了如何去做，这样就可以避免许多不必要的错误和危险的结果；(3)观察学习具有认知性。

考点2 观察学习的过程

班杜拉把观察学习的过程分为注意、保持、复现和动机四个子过程。

(1)在注意过程中，观察者注意并知觉榜样情境的各个方面。

(2)在保持过程中，观察者记住从榜样情境中了解的行为，以表象和语言的形式将它们在记忆中进行表征、编码以及存储。

(3)在复现过程中，观察者将头脑中有关榜样情境的表象和符号概念转为外显的行为。

(4)在动机过程中，观察者因表现出所观察到的行为而受到激励。他还认为习得的行为不一定都表现出来，学习者是否会表现出已习得的行为，会受强化的影响。

考点3 对强化的重新解释 【2022填空、2019判断选择、2017单选】

(1)直接强化，是指观察者因表现出观察行为而受到强化。

(2)替代强化，是指观察者因看到榜样的行为被强化而受到强化。

(3)自我强化，是指对自己表现出的符合或超出标准的行为进行自我奖励。

真题面对面

[2022，填空，1分]班杜拉把行为强化分为直接强化、替代强化和＿＿＿＿＿＿。

答案：自我强化

第三节 认知学习理论

认知学习理论认为，有机体获得经验的过程是通过积极主动的内部信息加工活动形成新的认知结构的过程。

一、格式塔学派的完形—顿悟学习理论

苛勒等人通过著名的黑猩猩实验，对学习的实质及原因做出了解释。他们关于学习本质的观点是：

考点1 学习的实质——形成新的完形

从学习的结果来看，学习并不是形成刺激—反应的联结，而是形成了新的格式塔(完形)。

考点2 学习的过程——顿悟过程

从学习的过程来看，学习是通过顿悟过程实现的。因此，学习不是一种盲目的尝试，而是由于对情境的顿悟而获得的成功。所谓**顿悟**，就是领会到自己的动作和情境，特别是和目的物之间的关系。

考点3 桑代克的联结—试误学习理论与完形—顿悟学习理论

格式塔学派对学习理论的发展做出了重要贡献，肯定了主体的能动作用，把学习视为主动构造完形的过程，强调观察、顿悟和理解等认知功能在学习中的作用，同时也批判了桑代克的联结—试误学习理论。

但是，苛勒的完形—顿悟学习与桑代克的联结—试误学习也并不是互相排斥和绝对对立的。联结—试误往往是顿悟的前奏，顿悟则是练习到某种程度时出现的结果。联结—试误和顿悟在人类学习中均极为常见，它们是两种不同方式、不同阶段或不同水平的学习类型。一般来说，简单的、主体已有经验可循的问题解决，往往不需要进行反复的联结—试误；而对于复杂的、创造性的问题解决，大多需要经过联结—试误的过程，方能产生顿悟。

二、布鲁纳的认知—发现学习理论

布鲁纳是美国著名的认知教育心理学家，他主张学习的目的在于以发现学习的方式，使学科的基本结构转变为学生头脑中的认知结构。因此，他的理论常被称为认知—结构教学论或认知—发现学习说。

考点1 学习观 【2020单选】

1. 学习的实质在于主动形成认知结构

认知结构是指一种反映事物之间稳定联系或关系的内部认识系统，或者说，是某一学习者的观念的全部内容与组织。

布鲁纳认为，人不是一个知识的被动接受者。个人的学习都是通过把新得到的信息和原有的认知结构联系起来，去积极地建构新的认知结构。

2. 学习包括获得、转化和评价三个过程

布鲁纳认为学习包括三种几乎同时发生的过程，这三种过程是：新知识的获得、知识的转化、知识的评价。这三个过程实际上就是学习者主动地建构新认知结构的过程。

新知识可能是以前知识的精炼，也可能与原有知识相违背。知识的转化就是超越给定的信息，运用各种方法将它们变成另外的形式，以适合新任务，并获得更多的知识。知识的评价是对知识转化的一种检查，通常包含对知识的合理性进行判断。

记忆有妙招

为方便考生记忆，编者将布鲁纳提出的三个学习过程总结成口诀供考生参考：布鲁纳得花甲。得：获得。花：转化。甲：评价。

真题面对面

[2020，单，2分]美国心理学家布鲁纳认为，学习的实质在于（ ）

A. 构造一种完形

B. 主动形成认知结构

C. 建构自己知识的过程

D. 形成刺激与反应的联结

答案：B

考点2 教学观

1. 教学的目的在于理解学科的基本结构

由于布鲁纳强调学习的主动性和认知结构的重要性，所以他主张教学的最终目标是促进学生对学科结构的一般理解。所谓学科的基本结构，是指学科的基本概念、基本原理及其基本态度和方法。学生理解了学科的基本结构，就容易掌握整个学科的具体内容，就容易记忆学科知识，就能促进学习迁移，促进儿童智力和创造性的发展，并且可以提高学习兴趣。

2. 掌握学科的基本结构的教学原则

(1)动机原则。所有学生都具有内在的学习愿望，内在动机是维持学习的基本动力。学生具有三种最基本的内在动机,即好奇内驱力(即求知欲)、胜任内驱力(即成功的欲望)和互惠内驱力(即人与人之间和睦相处的需要)。教师如果能善于促进并调节学生的探究活动,便可激发他们的这些内在动机,有效地达到预定的学习目标。

(2)**结构原则**。任何知识结构都可以用动作、图像和符号三种表象形式来呈现。动作表象是借助动作进行学习,无需语言的帮助;图像表象是借助表象进行学习,以感知材料为基础;符号表象是借助语言进行学习,经验一旦转化为语言,逻辑推导便能进行。至于究竟选用哪一种呈现方法为好,则视学生的知识背景和课题性质而定。

(3)**程序原则**。教学就是引导学习者通过一系列有条不紊地陈述一个问题或大量知识的结构,以提高他们对所学知识的掌握、转化和迁移的能力。通常每门学科都存在着各种不同的程序,它们对学习者来说,有难有易,不存在对所有的学习者都适用的唯一的程序。

(4)**强化原则**。教学规定适合的强化时间和步调是学习成功的重要一环。知道结果应恰好在学生评估自己作业的那个时刻。知道结果过早,易使学生慌乱,从而阻挠其探究活动的进行;知道结果太晚,易使学生失去受帮助的机会,甚至有可能接受不了正确的信息。

记忆有妙招

为方便考生记忆,编者将掌握学科的基本结构的教学原则总结成口诀供考生参考:**冻结城墙**。**冻**:动机。**结**:结构。**城**:程序。**墙**:强化。

考点3 发现学习

布鲁纳认为,发现是教育儿童的主要手段,学生掌握学科的基本结构的最好方法是发现学习。**发现学习**是指给学生提供有关的学习材料,让学生通过探索、操作和思考,自行发现知识、理解概念和原理的教学方法。布鲁纳认为,教学不仅应当尽可能使学生牢固地掌握科学知识,还应当尽可能使学生成为自主、自动的思想家。这样的学生在结束正规的学校教育后,才能独立地向前迈进。

研究发现,发现学习具有四个方面的作用:(1)能提高智慧的潜力;(2)有助于外在动机向内在动机的转化;(3)有利于学生学会发现探索的方法;(4)有利于所学材料的保持。但它也受到学生的先前知识、学生的智力水平、学习材料的性质、教师的指导及教学时间等因素的制约。

三、奥苏伯尔的有意义接受学习理论(有意义言语学习理论)

考点1 奥苏伯尔对接受学习的理解

1. 接受学习与发现学习

奥苏伯尔认为,学生的学习主要是接受学习。接受学习不同于发现学习。发现学习的过程比接受学习的过程多一个发现即解决问题的阶段,因此,前者比后者复杂。同时,接受学习和发现学习在智力发展认知功能中的作用也不同。大量的材料是通过接受学习获得的,而各种问题则是通过发现学习解决的。但在儿童的发展中,接受学习比发现学习出现稍晚。接受学习的出现意味着儿童达到了较高水平的认知成熟程度。

2. 接受学习与被动学习

奥苏伯尔认为,必须把接受学习与被动学习区分开来。被动学习是与主动学习相对的。接受学习可能是主动的,也可能是被动的,它与被动学习、主动学习都没有必然联系。有不少人将接受学习与被动学习相等同,这是错误的。

3. 对接受学习的误解

奥苏伯尔强调,必须消除对接受学习的误解。接受学习未必都是机械学习,它可以而且也应该是有意义的学习。同样,发现学习未必都是有意义的学习,它也可能是机械学习。学校应主要采用有意义的接受学习。

考点2　有意义学习(有意义言语学习)【2018 填空】

奥苏伯尔的有意义学习理论主要说明学生在课堂中的学习。奥苏伯尔认为学生在学校学习语言符号所代表的系统知识,主要是有意义学习而不是机械学习。学生在学校中的有意义学习应该是有意义的接受学习和有意义的发现学习,但他更强调有意义的接受学习,因为有意义的接受学习可以在短时期内使学生获得大量的系统知识。

有意义学习的本质就是以符号为代表的新观念与学习者认知结构中原有的适当观念建立起非人为的和实质性的联系的过程,是原有观念对新观念加以同化的过程。所谓非人为的联系,是指有内在联系而不是任意的联想或联系,指新知识与原有认知结构中有关的观念建立在某种合理的逻辑基础上的联系。所谓实质性的联系,是指表达的语词虽然不同,但却是等值的,也就是说这种联系是非字面的联系。

考点3　有意义学习的条件

1. 客观条件

客观条件,是指受学习材料本身性质的影响。有意义学习的材料本身必须合乎这种非人为的和实质性的标准,即具有逻辑意义。教材一般符合此要求。

2. 主观条件

主观条件,是指受学习者自身因素的影响。主要表现在:(1)学习者必须具有有意义学习的心向;(2)学习者认知结构中必须具有适当的知识,以便与新知识进行联系;(3)学习者必须积极主动地使这种具有潜在意义的新知识与认知结构中有关的旧知识发生相互作用。

考点4　组织学习的原则与策略

以有意义学习和认知同化的观点为基础,奥苏伯尔提出:

1. 逐渐分化原则

逐渐分化原则即首先应该传授最一般、包容性最广的观念,然后根据具体细节对它们逐渐加以分化,这样可以为每个知识单元的教学都提供理想的固定点,即对新知识起固定作用的先前知识。

2. 整合协调原则

整合协调原则,是指如何对学生认知结构中的现有要素重新加以组合。

3. 组织学习的策略——先行组织者　【2019 填空】

奥苏伯尔同时提出"**先行组织者**"的概念,即先于某个学习任务本身呈现的引导性学习材料。先行组织者的抽象、概括和综合水平高于学习任务,并与认知结构中的原有观念及新的学习任务相关联。先行组织者可以分为两类:陈述性组织者(说明性组织者)和比较性组织者。

奥苏伯尔认为，先行组织者不仅能够帮助学习者学习新知识，而且可以帮助其保持知识。具体表现在以下几个方面：(1)能够将学生的注意力集中在将要学习的新知识中的重点部分；(2)突出强调新知识与已有知识的关系，为新知识提供一种框架；(3)能够帮助学生回忆起与新知识相关的已有知识，以便更好地建立联系。

真题面对面

[2019，填空，1分]奥苏伯尔把先于学习任务本身呈现的一种引导性材料称为________。

答案：先行组织者

四、加涅的信息加工学习理论(累积学习理论)

加涅认为，学习是一个有始有终的过程，这一过程可分成若干个阶段，每一个阶段需进行不同的信息加工。与此相应，教学过程既要根据学生的内部加工过程，又要影响这一过程。因而教学过程阶段与学习阶段是完全对应的。教学就是教师安排和控制这些外部条件构成的；而教学的艺术，就在于学习阶段与教学阶段是否完全吻合。

考点1 学习结构模式

加涅将学习过程看作是信息加工流程。加涅认为，学习的模式是用来说明学习的结构与过程的，它对于理解教学和教学过程，以及如何安排教学事件具有极大的实用意义，1974年，他描绘出一个典型的学习结构模式图：

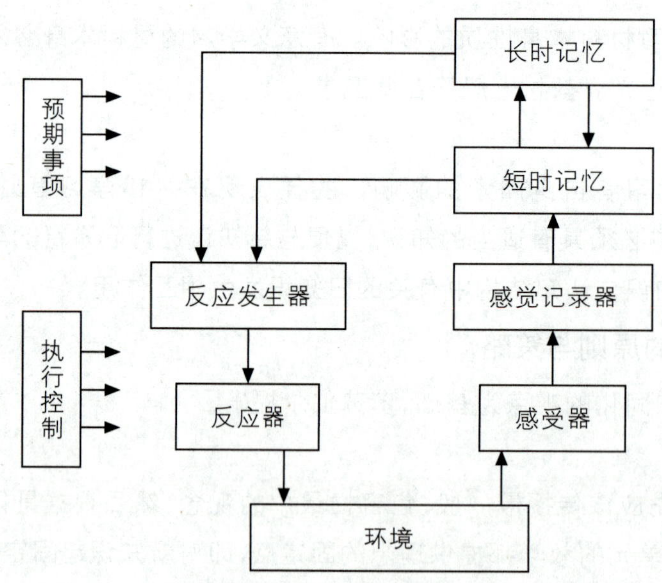

图4-2 学习结构模式图

加涅的学习结构模式分两个部分：第一部分是右边的结构叫操作记忆，是一个信息流。来自环境的刺激作用于学习者的感受器，然后到达感觉记录器，信息在这里经过初步的选择处理，停留的时间还不到一秒钟，便进入短时记忆，信息在这里也只停留几秒钟，然后进入长时记忆。以后当需要回忆时，信息从长时记忆中提取而回到短时记忆中，然后到达反应发生器，信息在这里经过加工便转化为行为，作用于环境，这样就发生了学习。

第二部分是左边的结构，包括预期事项（期望）和执行控制两个环节。预期环节起着定向的作用，使学习活动沿着一定方向进行。执行环节起调节、控制作用，使学习活动得以实现。第二部分的功能是使学习者引起学习、改变学习、加强学习和促进学习，同时使信息流激化、削弱或改变方向。

考点2 学习过程

加涅认为学习的外部条件和内部条件应加以区别，发生在学习者头脑里（中枢神经系统）的内部活动是学习过程，它是在外界影响下发生的。教学是有目的、有计划地发动、激发、维持和提高学习者学习的一整套外部条件。在此基础上，加涅提出了他的学习过程的八个阶段和相应心理过程的假设：

（1）动机阶段——激发学习者的学习动机。

（2）了解（领会）阶段——注意和选择性知觉。

（3）获得阶段——所学的信息进入短时记忆，并编码和储存。

（4）保持阶段——已编码的信息进入长时记忆储存。

（5）回忆阶段——进行信息的检索。

（6）概括阶段——实现学习的迁移。

（7）操作阶段——反应发生阶段。学生通过作业表现其操作活动。

（8）反馈阶段——证实预期，获得强化。

记忆有妙招

为方便考生记忆，编者将加涅的学习过程的八个阶段总结成口诀供考生参考：**东街活宝会盖作坊。**

东：动机。**街**：了解。**活**：获得。**宝**：保持。**会**：回忆。**盖**：概括。**作**：操作。**坊**：反馈。

考点3 教学事件

从学习的信息加工模式中可以看到，学习是学生与环境之间相互作用的结果。学习过程是由一系列事件构成的。加涅认为，学生内部的学习过程一环接一环，形成一个链子；与此相应的学习阶段则把这些内部过程与构成教学的外部事件联系起来了。加涅将教学过程分为以下九个教学事件：

（1）引起注意；（2）告诉学习者目标；（3）刺激对先前学习的回忆；（4）呈现刺激材料；（5）提供学习指导；（6）诱导学习表现（行为）；（7）提供反馈；（8）评价表现；（9）促进记忆和迁移。

第四节 建构主义与人本主义学习理论

一、建构主义学习理论

建构主义是认知学习理论的新发展，对当前的教学改革产生了深远的影响。它不是一个特定的学习理论，而是许多理论观点的统称。

考点1 建构主义学习理论的主要内容

1. 建构主义知识观

建构主义在一定程度上对知识的客观性和确定性提出质疑，强调知识的动态性。主要表现在：

(1)建构主义认为知识并不是问题的最终答案,而是随着人类进步不断改正并随之出现的新的假设和解释;

(2)知识并不能精确地概括世界的法则,而是需要针对具体情境进行再创造。

此外,知识不可能以实体的形式存在于具体个体之外,尽管我们通过语言符号赋予了知识一定的外在形式,但学习者仍然会基于自己的经验背景进行理解并建构属于自己的知识。

2. 建构主义学习观

建构主义在学习观上强调学习的主动建构性、社会互动性和情境性三方面。

(1)学习的主动建构性是指学生能够主动地对已有知识经验进行综合、重组和改造,从而用以解释新信息,并最终建构属于个人意义的知识内容。

(2)社会互动性主要表现为学习者和学习都不是孤立的,而是在一定的社会文化环境下进行的。虽然很多时候从表面上看,学习者是一个人在进行学习,但是他在学习中采用的学习材料、学习用具以及学习环境等都是属于社会的,是集体经验的累积。

(3)学习的情境性。建构主义者强调学习、知识和智慧的情境性,认为知识是不可能脱离活动情境而孤立存在的。只有通过实际应用活动,知识才能真正被理解。因此,人的学习应该与情境化的社会实践活动相联系,通过对某种社会实践的参与而逐渐掌握有关的社会规则并形成相应的知识。

3. 建构主义学生观

建构主义非常强调学习者本身已有的经验结构,认为学习者在学习新信息、解决新问题时往往可以基于相关的经验,依靠其认知能力形成对问题的解释。通过对儿童早期认知发展的研究也发现,即使是年龄非常小的孩子也已经形成了远比我们所想象的要丰富得多的知识经验。因此,教学不能无视学生的已有经验,而是要把儿童现有的知识经验作为新知识的生长点,引导儿童从原有的知识经验中发展出新的知识经验。

4. 建构主义教师观

信息加工的认知主义更多地把教师看成是学生学习的指导者、设计者,而建构主义更愿意把教师看成是学生学习的帮助者、合作者。建构主义认为教学不是由教师到学生的简单的转移和传递,而是在师生的共同活动中,教师通过提供帮助和支持,引导学生从原有的知识经验中"生长"出新的知识经验,为学生的理解提供梯子,使学生对知识的理解能逐步深入;帮助学生形成思考、分析问题的思路,启发他们对自己的学习进行反思,逐渐让学生对自己的学习能自我管理、自我负责;创设良好的、情境性的、富有挑战性的、真实的、复杂多样的学习情境,鼓励并协助学生在其中通过实验、独立探究、讨论、合作等方式学习;组织学生与不同领域的专家或实际工作者进行广泛的交流,为学生的探索提供有力的社会性支持。

考点2　建构主义学习理论对当前教育实践的启示

作为新课程改革背景下的教师,在课堂教学中要尊重学生已有的知识与经验,不断强化学生的能动意识,使学生认识到,学习的过程不是消极的"等、靠、听、记",不单是信息的累积的过程,而是一个新旧经验之间双向的相互作用的过程,是主动进步与发展的过程。

(1)从建构主义的知识观出发,建构主义强调知识是个体对于现实的理解和假设,其受到特定经验和文化等的影响,因此每个人对知识所建构的理解都是不同的。教师在教育教学过程中应当要更加重视学生的个性化特点，因材施教，并不是要对所有的学生传授完全相同的原理知识，而是要让每个学生能够按照他的知识经验建构出新的知识内容。

(2)从教学的角度来看，建构主义认为学习就是主体对学习客体的主动探索、不断变革，从而建构对客体意义理解的过程。因此，在教学中应当注意学生的有意义建构，通过适当的教学策略启发学生能够自主建构认知结构。

(3)从学习者的角度出发，建构主义认为学生是意义的主动建构者，而不是外部刺激的被动接受者和被灌输的对象，因此，在教学过程中除了传统知识的传授，还应当充分发挥学生的主体地位，强调学生的自主性和能动性，在学习过程中能够主动发现、分析、解决问题。

二、人本主义学习理论

人本主义心理学是20世纪60年代在美国兴起的一个心理学流派。它一方面反对行为主义把人看作是动物或机器；另一方面也批评认知心理学虽然重视人类的认知结构，但却忽视人类的情感、态度、价值等对学习的影响，认为心理学应该探讨完整的人，强调人的价值，强调人有发展的潜能，而且有发挥潜能的内在倾向，即自我实现倾向。人本主义学习理论以人本主义心理学的基本理论框架为基础，其代表人物**罗杰斯**对学习问题进行了专门的论述。

考点1 有意义的自由学习观

根据学习对学习者的个人意义，人本主义将学习分为无意义学习和有意义学习两类。

(1)**无意义学习**，是指学习没有个人意义的材料，类似于心理学上的无意义音节，不涉及感情或个人意义，仅仅涉及经验累积与知识增长，与完整的人(具有情感和理智的人)无关，学得吃力，而且容易遗忘。

(2)**有意义学习**，是指一种涉及学习者是完整的人，使个体的行为、态度、个性以及在未来选择行动方针时发生重大变化的学习，是一种与学习者各种经验融合在一起的、使个体全身心地投入其中的学习。*例如，让一个学生取一杯冰水，他就可以学到“冷”这个词的意义，并知道冰加热能融化，而在夏天装冰水的杯子外面会有水滴等。*

有意义学习包含四个要素：①学习是学习者自我参与的过程，整个人都要参与到学习之中，既包括认知参与，也包括情感参与；②学习是学习者自我发起的，内在动力在学习中起主要作用；③学习是渗透性的，它会使学生的行为、态度以及个性等都发生变化；④学习的结果由学习者自我评价，他们知道自己想学什么和学到了什么。

人本主义者倡导有意义的自由学习观，有意义学习关注学习内容与个人之间的关系。它不仅是理解记忆的学习，而且是学习者所做出的一种自主、自觉的学习，要求学习者能够在相当大的范围内自行选择学习材料，自己安排适合于自己的学习情境。

考点2 学生中心的教学观

罗杰斯反对行为主义和精神分析主义者把学生看作动物或机器，或“较大的白鼠”“较慢的计算机”，更反对把学生看作自私、反社会的动物。他强调要把学生当人来看待，相信学生自己的潜能。因此，罗杰斯强调以学生为中心的教学观。

学生中心模式又称为**非指导性教学模式**。在这个模式中，教师最富有意义的角色不是权威，而是“助产士”和“催化剂”。教师只是一个“为学习提供便利条件的人”“学习的促进者”。

罗杰斯认为，促进学生学习的关键不在于教师的教学技巧，而在于特定的心理氛围。它包括：(1)真实或真诚；(2)尊重、关注和接纳；(3)移情性理解。

知识再拔高

人本主义的教学模式

人本主义的教学模式有：(1)以题目为中心的课堂讨论模式；(2)开放课堂模式；(3)自由学习的教学模式。

★★ 考点大默写 ★★

1. 学习实质上是一种________活动。
2. 学习是由________引起的。
3. 学习引起的是相对持久的________的变化。
4. 在加涅对学习水平的分类中，________是最低水平的学习。
5. 操作性条件反射属于加涅对学习水平的分类中的________。
6. 在加涅对学习水平的分类中，学会识别多种刺激的异同并对之做出不同的反应属于________。
7. 根据加涅的学习结果分类，________指调控自己的注意、学习、记忆和思维等内部心理过程的技能。________指影响个人对人、事、物采取行动的内部状态。
8. 学生的学习内容以系统学习人类的间接知识经验为主，具有________。
9. 按学习结果，心理学家加涅将学习分为________、________、________、________、________。
10. 从学生学习的方式上，奥苏伯尔将学习分为________与________。
11. 从学习内容与学习者认知结构的关系上，奥苏伯尔将学习分为________和________。
12. 狗吃到食物时，会分泌唾液。这种不需要学习的自然生理反应是________。
13. ________提出了经典性条件作用理论。
14. 机体对与条件刺激相似的刺激做出条件反应，属于刺激的________。
15. 机体只对条件刺激做出条件反应，而对其他相似刺激不做反应，属于刺激的________。
16. 刺激泛化和刺激分化是________的过程。
17. 条件反射形成以后，如果得不到强化，条件反应会逐渐减弱，直至消失，这称为________。
18. 桑代克认为，学习的实质在于形成________。
19. ________认为，学习的过程是一种渐进的、盲目的、尝试错误的过程。
20. 刺激与反应之间的联结会由于重复或练习而加强，不重复或练习，联结的力量就会减弱。这体现了桑代克提出的________。
21. 教师在上课之前提前让学生预习本节课所要学习的知识。这种做法符合桑代克提出的________。
22. ________是指刺激和反应之间的联结可因导致满意的结果而加强，也可因导致烦恼的结果而减弱。

23. 斯金纳把人和动物的行为分为__________性行为和__________性行为。

24. 操作性条件作用中,行为和刺激发生的顺序是:__________在前,__________在后。

25. 正强化是通过__________想要的愉快刺激来__________反应频率。

26. 负强化是通过__________厌恶、不愉快刺激来__________反应频率。

27. 惩罚则是通过__________厌恶刺激来__________反应在将来发生的概率。

28. 能增强行为频率的刺激或事件叫作__________。

29. 普雷马克原理是用__________活动作为__________活动的有效强化物。

30. 看见路上的垃圾后绕道走开属于__________条件作用。

31. 程序教学的原则包括__________、__________、__________、__________、__________。

32. 班杜拉认为,__________是人的学习最重要的形式。

33. 班杜拉把观察学习的过程分为__________、__________、__________、__________四个子过程。

34. 小明给自己规定,考试得满分就可以和父母一起去旅游。这属于班杜拉提出的__________强化。

35. __________是指观察者因看到榜样的行为被强化而受到强化。

36. __________等人通过著名的黑猩猩实验,对学习的实质及原因做出了解释。

37. 苛勒认为,从学习的结果来看,学习是形成了新的__________。

38. 苛勒认为,从学习的过程来看,学习是通过__________过程实现的。

39. __________提出了认知—发现学习理论,认为学习的实质在于主动形成__________。

40. 认知—发现学习理论认为学习包括三种几乎同时发生的过程,这三种过程是:__________、__________、__________。

41. 认知—发现学习理论认为,教学的目的在于__________。

42. 认知—发现学习理论提出的教学原则包括__________、__________、__________、__________。

43. 布鲁纳认为,__________是教育儿童的主要手段,学生掌握学科的基本结构的最好方法是__________。

44. 奥苏伯尔认为,学生的学习主要是__________。

45. 奥苏伯尔强调,必须消除对接受学习的误解。接受学习__________机械学习,发现学习__________有意义的学习。

46. 有意义学习的材料本身必须具有__________。

47. 先行组织者是指__________某个学习任务本身呈现的__________。

48. 信息加工学习理论是__________提出的。

49. 激发学习者的学习动机是加涅对__________阶段心理过程的假设。

50. 建构主义在一定程度上对知识的客观性和确定性提出质疑,强调知识的__________。

51. 建构主义在学习观上强调学习的__________、__________、__________三方面。

52. 建构主义更愿意把教师看成是学生学习的__________、__________。

53. 根据学习对学习者的个人意义,人本主义将学习分为__________和__________两类。

54. 让一个学生取一杯冰水，他就可以学到“冷”这个词的意义。这属于人本主义学习理论中的________学习。

55. 非指导性教学模式是________提出的。

56. 在学生中心模式中，教师最富有意义的角色不是权威，而是________和________。

57. 罗杰斯认为，促进学生学习的关键在于特定的心理氛围。它包括：________、________、________。

【参考答案】

1. 适应 2. 反复经验 3. 行为或行为潜能 4. 信号学习 5. 刺激—反应学习 6. 辨别学习 7. 认知策略；态度 8. 间接性 9. 智慧技能；认知策略；言语信息；动作技能；态度 10. 接受学习；发现学习 11. 有意义学习；机械学习 12. 无条件反射 13. 巴甫洛夫 14. 泛化 15. 分化 16. 互补 17. 消退 18. 情境与反应之间的联结 19. 桑代克 20. 练习律 21. 准备律 22. 效果律 23. 应答；操作 24. 行为；刺激 25. 呈现；增强 26. 消除或中止；增强 27. 呈现；降低 28. 强化物 29. 高频；低频 30. 逃避 31. 小步子原则；积极反应原则；自定步调原则；及时反馈原则；低错误率原则 32. 观察学习 33. 注意；保持；复现；动机 34. 自我 35. 替代强化 36. 苛勒 37. 格式塔(完形) 38. 顿悟 39. 布鲁纳；认知结构 40. 新知识的获得；知识的转化；知识的评价 41. 理解学科的基本结构 42. 动机原则；结构原则；程序原则；强化原则 43. 发现；发现学习 44. 接受学习 45. 未必是；未必是 46. 逻辑意义 47. 先于；引导性学习材料 48. 加涅 49. 动机 50. 动态性 51. 主动建构性；社会互动性；情境性 52. 帮助者；合作者 53. 无意义学习；有意义学习 54. 有意义 55. 罗杰斯 56. 助产士；催化剂 57. 真实或真诚；尊重、关注和接纳；移情性理解

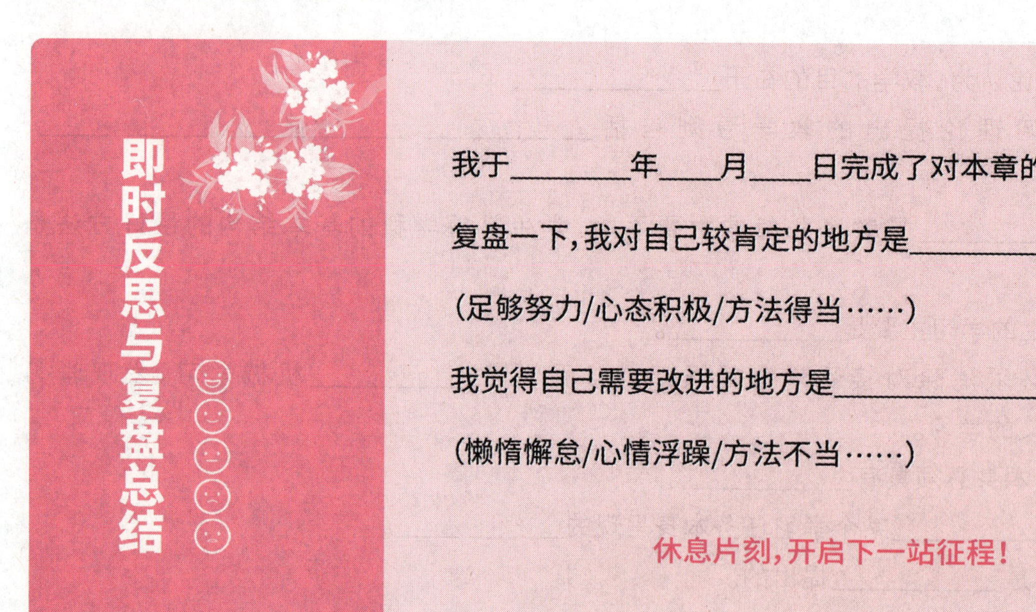

第五章 学习动机

思维导图

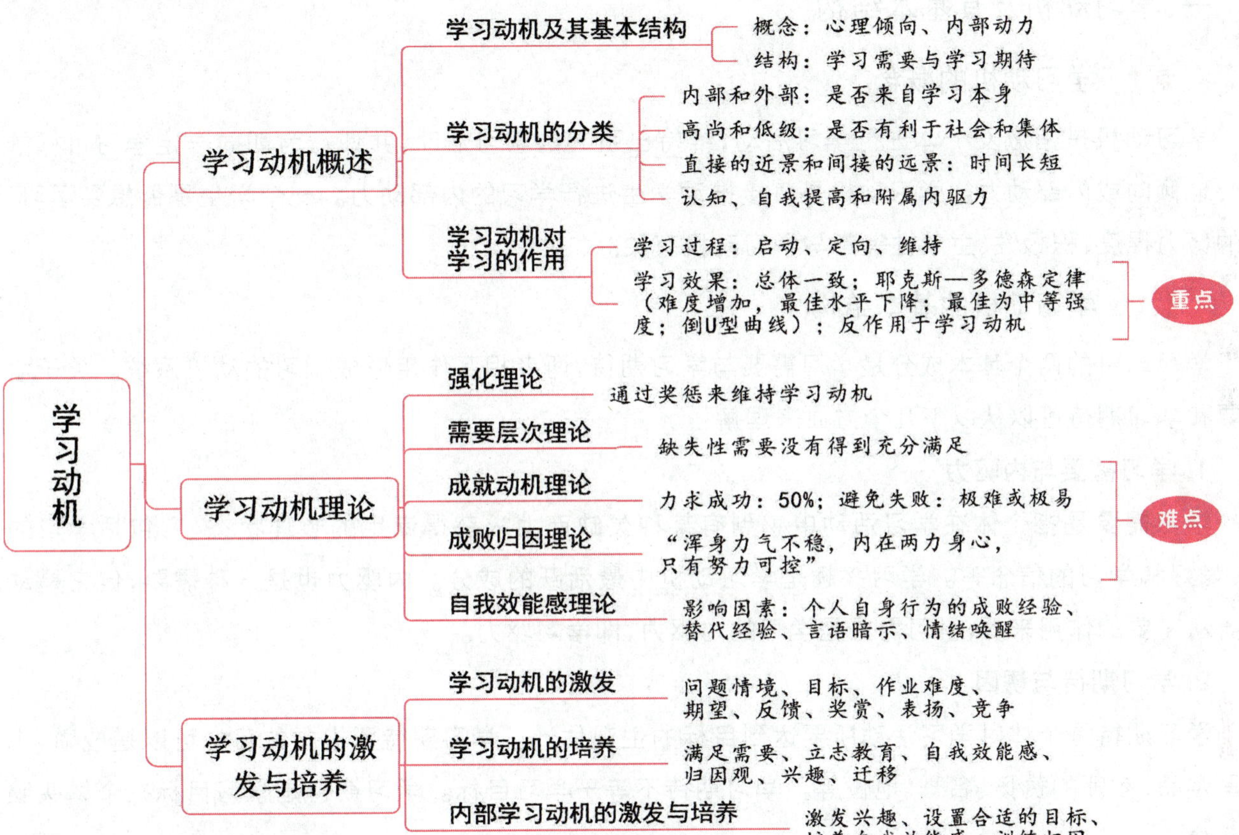

福建考向

本章属于心理学中的重点章节，特点为理解性知识多、知识实用性强，因此需要考生重点学习。现对本章福建考向分析如下：

高频考点	常考题型	能力层级	考查热度
内部、外部学习动机	判断	理解	★★
奥苏伯尔关于学习动机的分类	单选	理解	★★
耶克斯—多德森定律	判断说理、材料分析	运用	★★★
成就动机理论	多选、论述	理解	★★★
成败归因理论	单选、案例分析、材料分析	运用	★★
自我效能感的影响因素	填空	识记	★★

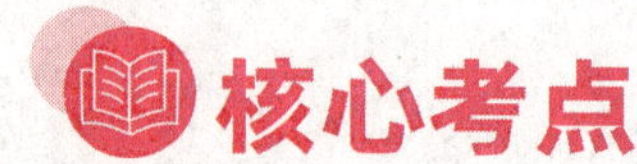

核心考点

第一节　学习动机概述

一、学习动机及其基本结构

考点1　学习动机的概念

学习动机是指激发个体进行学习活动，维持已引起的学习活动，并使行为朝向一定学习目标的一种心理倾向或内部动力。学习动机是直接推动学生进行学习的内部动力。一个学生是否想要学习，学习的努力程度、积极性、主动性等都与学习动机有关。

考点2　学习动机的基本结构

学习动机的两个基本成分是学习需要与学习期待，两者相互作用形成学习的动机系统。关于学习需要和学习期待可以从以下几个方面来理解：

1. 学习需要与内驱力

学习需要是指个体在学习活动中感到有某种欠缺而力求获得满足的心理状态，它包括学习的兴趣、爱好和学习的信念等。学习兴趣是学习动机中最活跃的成分。内驱力也是一种需要，但它是动态的。从需要的作用来看，学习需要是学习的内驱力，即学习驱力。

2. 学习期待与诱因

学习期待是个体对学习活动所要达到目标的主观估计。学习期待所指向的目标可以是成绩，也可以是奖品、教师的赞扬、名誉、地位等。学习期待不等于学习目标。学习期待是学习目标在个体头脑中的反映。

诱因是指能够激起有机体的定向行为，并能满足某种需要的外部条件或刺激物。诱因可以是简单的物体，也可以是复杂的事物。凡是能使个体产生积极的行为，即趋向或接近某一目标的刺激物称为积极诱因。相反，消极的诱因可以产生负性行为，即离开或回避某一目标。

学习期待是静态的，诱因是动态的。学习期待就其作用来说就是学习的诱因。

二、学习动机的分类

考点1　内部学习动机和外部学习动机　【2017 判断】

按学习动机产生的诱因来源，可分为内部学习动机和外部学习动机。

内部学习动机是指诱因来自学习者本身的内在因素，即学生因对活动本身发生兴趣而产生的动机。具有内部动机的学生，活动本身就能使其得到满足，无需外力的作用（如报酬和奖赏），也能产生荣誉感。

外部学习动机是指诱因来自学习者外部的某种因素，即在学习活动以外由外部的诱因激发出来的学习动机。相对于内部动机，外部动机的效应微弱而短暂，不可能使学习者的学习活动持之以恒。

考点2　高尚的学习动机和低级的学习动机

按学习动机的社会意义，可分为高尚的学习动机和低级的学习动机。

判断学习动机高尚与低级的标准是看它是否有利于社会和集体。如果把学习看成是对社会做贡献和尽义务，则是**高尚的学习动机**；而把学习看成是猎取个人名利的手段，则是**低级的学习动机**。

考点3　直接的近景性学习动机和间接的远景性学习动机

按学习动机起作用时间的长短，可分为直接的近景性学习动机和间接的远景性学习动机。

直接的近景性学习动机是指由活动的直接结果引起的对某种活动的动机，它是与学习活动直接相连的，来源于对学习内容或学习结果的兴趣。例如，学生的求知欲、成功的愿望、对某门学科的浓厚兴趣，以及教师生动形象的讲解、教学内容的新颖等都直接影响到学生的学习动机。这种动机很具体，但不够稳定，容易随着环境的变化而变化。

间接的远景性学习动机是指由于了解活动的社会意义、活动结果的社会价值而引起的对某种活动的动机，它是与学习的社会意义和个人的前途相连的。例如，大学生意识到自己的历史使命，为不辜负父母的期望，为争取自己在班集体中的地位和荣誉等都属于间接性的动机。这种学习动机既具有一定的社会性和理想色彩，又与个人的志向、世界观相联系，具有较强的稳定性和持久性，能在相当长的时间内起作用。

考点4　认知内驱力、自我提高内驱力和附属内驱力　【2018单选】

奥苏伯尔的学习动机分类

根据学校情境中的学业成就动机的不同，**奥苏伯尔**等人把动机分为认知内驱力、自我提高内驱力和附属内驱力三个方面。

认知内驱力是指要求了解、理解和掌握知识以及解决问题的需要。一般来说，这种内驱力大多是从好奇倾向中派生出来的。在有意义学习中，认知内驱力是最重要而且稳定的动机。这种动机指向学习任务本身（为了获得知识），满足这种动机的奖励（知识的实际获得）是由学习本身提供的，属于**内部动机**。

自我提高内驱力是指个体因自己的胜任或工作能力而赢得相应地位的需要。自我提高内驱力并非直接指向学习任务本身，而是把成就看作赢得地位与自尊心的根源，属于**外部动机**。

附属内驱力是指个体为了获得长者们（如家长、教师）的赞许或认可而表现出把工作、学习做好的一种需要。它既不直接指向学习任务本身，也不把学业成就看作赢得地位的手段，而是为了从长者那里获得赞许或认可。附属内驱力是一种间接的学习需要，属于**外部动机**。

认知内驱力、自我提高内驱力和附属内驱力在动机结构中所占的比重并非一成不变，通常是随着年龄、性别、个性特征、社会地位和文化背景等因素的变化而变化。

（1）在儿童早期，附属内驱力最为突出，儿童努力获得学业成就，主要是为了实现家长的期待，并得到家长的赞许。

（2）到了儿童后期和少年期，附属内驱力的强度有所减弱，来自同伴、集体的赞许和认可逐渐替代了对长者的依附。在这期间，赢得同伴的赞许就成为一个强有力的动机因素。

（3）而到了青年期，认知内驱力和自我提高内驱力成为学生学习的主要动机，学生学习的目的在于满足自己的求知需要，并从中获得相应的地位和威望。

认知内驱力

自我提高内驱力

附属内驱力

真题面对面

[2018,单,2分]以求知作为目标,从知识的获得中得到满足,这种学习动机是(　　)

A. 外部动机　　B. 认知内驱力

C. 附属内驱力　　D. 自我提高内驱力

答案:B

三、学习动机对学习的作用

学习动机是学习活动顺利进行的支持性条件。学习动机对学习的作用可表现在两方面:①影响学习过程;②影响学习效果。

考点1　学习动机对学习过程的影响

学习动机对学习过程的影响主要表现为:学习动机对学习行为有启动、定向和维持作用。当学生有了某些需要时,就可能引发其学习的内驱力,唤起内部状态,激起一定的学习行为。且这种学习行为被激起以后,学习动机的水平还可使学习活动稳定和维持在既定的学习任务上,并对学习过程进行调控,以促使学习目标的最终实现。

考点2　学习动机与学习效果相互影响　【2021判断说理、2019填空】必背

1. 学习动机对学习效果的影响

学习动机对学习效果的影响可分为两个方面:一方面是总体上整个动机水平对整个学习活动的影响;另一方面是具体的学习活动中学习动机对学习效果的影响。

考生应注意:学生在面对较容易的问题时,学习动机应达到中等偏高的程度;在面对较复杂的问题时,学习动机应处于中等偏低的程度。

(1)总体而言,在一般情况下,学习动机与学习效果的关系是一致的。学习动机越强,有机体对学习活动的积极性就越高,学习效果就越佳,表现为学习动机可以促进学习,提高成绩。

但是,学习动机对学习效果的促进作用并不是直接的,而是通过一些中介机制间接地起增强与促进学习的作用,所起的作用具体表现在:唤醒学习的情绪状态;加强学习的准备状态;集中注意力;提高努力程度和意志力。同时,还必须通过学习者的学习行为这一中间环节才能作用于学习结果,而学习效果又不单纯只受学习动机的

影响，它还受一系列主客观因素，如学习基础、教师指导、学习方法、学习习惯、智力水平、个性特点、健康状况等的制约。

(2)对一项具体的学习活动而言，学习动机对学习效果的影响并不是那么简单。只有当学习动机的强度处于最佳水平时，才能产生最好的学习效果。

“耶克斯—多德森定律”表明，动机不足或过分强烈都会影响学习效果。①动机的最佳水平随任务性质的不同而不同。在比较容易的任务中，行为效果(工作效率)随动机的提高而上升；随着任务难度的增加，动机的最佳水平有逐渐下降的趋势。②一般来讲，最佳水平为中等强度的动机。③动机水平与行为效果呈倒U型曲线。

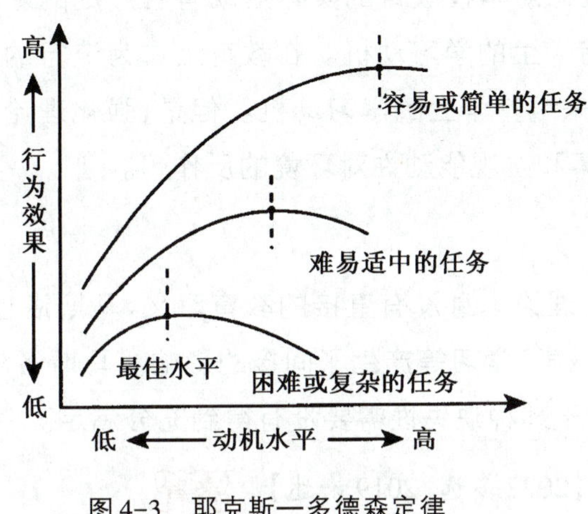

图4-3　耶克斯—多德森定律

真题面对面

[2021，判断说理，7分]动机强度与学习效率之间构成线性关系，且与学习任务的难易无关。这种说法是否正确？请运用心理学知识加以说明。

答案：(1)这种说法是不正确的。(2)根据“耶克斯—多德森定律”可知，动机水平和行为效果的关系表现为：①动机的最佳水平随任务性质的不同而不同。在比较容易的任务中，行为效果(工作效率)随动机的提高而上升；随着任务难度的增加，动机的最佳水平有逐渐下降的趋势。②一般来讲，最佳水平为中等强度的动机。③动机水平与行为效果呈倒U型曲线。因此，本题说法错误。

2. 学习效果对学习动机的影响

学习效果反作用于学习动机。所学知识的增多、学习成就的取得可以进一步激发学生的好奇心、求知欲，进一步提高学生的自信心等，从而增强学生进一步学习的学习动机。教师在强调动机对学习的重要作用的同时，也应看到所学的知识反过来又可以增强学习的动机。对于那些尚无学习动机或者学习动机不高的学生，尤其是年龄较小的学生，教师没有必要推迟学习活动。教学的最好办法是，把重点放在学习的认知方面而不是动机方面，致力于有效地教他们掌握有关知识，让他们获得成功的体验。学生尝到了学习乐趣，才有可能产生或者增强其学习的动机。

第二节 学习动机理论

一、强化理论

行为主义有关学习动机的基本看法是，行为是由驱力推动的，而驱力则由生理上的需要产生。动机是由外部刺激引起的一种对行为的冲动力量，强化是引起动机的重要因素。人的学习行为倾向完全取决于某种行为与刺激因强化而建立的稳固联系，受到强化的行为比没受到强化的行为更倾向于再次出现。

行为主义的学习动机理论对学校教育的实际活动有着广泛的影响，主要表现为采用强化原则，通过奖励与惩罚的措施来维持学生的学习动机。在教育上广为流行的程序教学与计算机辅助教学的心理基础，就是通过强化原则来维持学生的学习动机。但是，强化理论只讨论外部因素或环境刺激对行为的影响，忽略人的内在因素和主观能动性对环境的反作用。

二、需要层次理论

虽然马斯洛的需要层次理论本身没有直接的教育意义，马斯洛也并未直接研究学习动机问题，但是需要层次理论却对教育、教学、学习等产生了间接的影响。马斯洛需要层次理论说明，在某种程度上学生缺乏学习动机可能是由于某种缺失性需要没有得到充分满足。

三、成就动机理论 【2022 多选、2019 论述】 必背

考点1 基本观点

成就动机理论的主要代表人物是**阿特金森**。**成就动机**是指个体努力克服障碍，施展才能，力求又快又好地解决某一问题的愿望或趋势。它是人类所独有的，是后天获得的具有社会意义的动机，能促使个体产生成就行为，并追求在某一社会条件下人们认为重要的社会目标。在学习活动中，成就动机是一种主要的学习动机。

阿特金森把个体的成就动机分为两类：**力求成功的动机和避免失败的动机**。**力求成功者**的目的是获取成就，即通过各种活动努力提高自尊心和获得心理上的满足，成功概率为50%的任务是他们最有可能选择的。**避免失败者**则往往通过各种活动防止自尊心受伤害和产生心理烦恼，倾向于选择非常容易或非常困难的任务。如果成功的概率大约是50%时，他们会回避这项任务。

真题面对面

[2022，多，2分]阿特金森认为，成就动机包括(　　)

A. 成长动机　　B. 交往动机

C. 力求成功动机　　D. 避免失败动机

答案：CD

考点2 成就动机理论的教育启示

(1)在教育实践中对力求成功者，应通过给予新颖且有一定难度的任务，安排竞争的情境，严格评

定分数等方式来激起其学习动机；

(2)对于避免失败者，则要安排少竞争或竞争性不强的情境，如果取得成功则要及时表扬，给予强化，评定分数时要求稍稍放宽些，并尽量避免在公共场合下指责其错误；

(3)由于力求成功者的动机比避免失败者的动机具有更大的主动性，因此，对学生还应增加他们力求成功的成分，使他们不以避免失败为满足，而以获取成功为快乐，这样才能真正调动一个人的积极性。

四、成败归因理论 【2023材料分析、2017案例分析、2016单选】 必背

考点1 基本观点

归因是人们对自己或他人活动及其结果的原因所做的解释和评价。在学习和工作当中，人人都会体验到成功与失败，同时还会去寻找成功与失败的原因，这就是对行为进行归因的过程。人们会把成败归结为不同的原因，并产生相应的心理变化，从而影响今后的行为。

归因理论是由社会心理学家**海德**首先提出来的。他认为人类有两种需要，即理解世界与控制环境。要使需要得到满足，最根本的就是了解人的行动原因，预言将如何行动。行动原因或在于环境或在于个人。在于环境时，个人丧失责任；在于个人时，个人承担责任。

美国心理学家**韦纳**对此进行了系统的研究。他把人经历过事情的成败归结为六种原因，即能力、努力程度、工作难度、运气、身心状况和外界环境。又把上述六项因素按各自的性质，分别归入三个维度：内部归因和外部归因、稳定性归因和不稳定性归因、可控制归因和不可控制归因。

表4-11 韦纳成败归因理论中的六因素与三维度

维度 / 因素	成败归因维度					
	稳定性		因素来源(控制点)		可控制性	
	稳定	不稳定	内在	外在	可控制	不可控制
能力	√		√			√
努力程度		√	√		√	
工作难度	√			√		√
运气		√		√		√
身心状况		√	√			√
外界环境		√		√		√

韦纳认为，每一维度对动机都有重要的影响。控制点维度与个体成败的情绪体验有关。稳定性维度与个体对未来成败的期望有关。可控性维度既与情绪体验有关，又与对未来成败的预期有关。

一个总是失败并把失败归因于内部的、稳定的和不可控的因素（即能力低）的学生会形成一种习得性无助的自我感觉。

记忆有妙招

为方便考生记忆，编者将成败归因理论中的六种归因方式总结成口诀供考生参考：**浑身力气不稳，内在两力身心，只有努力可控。**

浑：环境。**身**：身心。**力**：努力。**气**：运气。**两力**：能力+努力。

考题预测

[单，2分]小明在期末考试中取得了好成绩，老师让他给同学们分享学习经验，他说自己取得好成绩是因为运气好。根据韦纳的归因理论，小明的归因属于（　　）

A. 稳定的、外在的、可控的　　B. 稳定的、外在的、不可控的

C. 不稳定的、外在的、不可控的　　D. 不稳定的、外在的、可控的

答案：C

考点2　帮助学生正确归因以提高学生的学习成绩

（1）教师根据学生的自我归因可预测其此后的学习动机。学生自我归因虽未必正确，但却是重要的。因为归因促使学生在从了解自己到认识别人的过程中，建立起明确的自我概念，促进自身的成长。如果学生有不正确的归因，则更表明他们需要教师的辅导与帮助。

（2）长期消极的归因不利于学生的人格成长，这就需要教师利用反馈的作用，并在反馈中给予鼓励和支持，帮助学生正确归因，重塑自信。韦纳发现，在师生交互作用的教学过程中，学生对自己成败的归因，并非完全以其考试分数的高低为基础，而是受到教师对他的成绩表现所做反馈的影响。

（3）通过归因训练改变学生消极的自我认识，提高学习动机。根据归因理论，学生将成败归因于努力比归因于能力会产生更强烈的情绪体验。努力而成功，体验到愉快；不努力而失败，体验到羞愧；努力而失败，也应受到鼓励。因此，教师在给予奖励时，不仅要考虑学生的学习结果，而且要联系学生学习进步与努力程度的状况来看，强调内部和可控制的因素。在学生付出同样努力时，对能力低的学生应给予更多的奖励；对能力低而努力的人给予最高评价；对能力高而不努力的人则给予最低评价，以此引导学生进行正确归因。

五、自我效能感理论

考点1　自我效能感的内涵

自我效能感由班杜拉首次提出，是指人对自己能否成功从事某一成就行为的主观判断。班杜拉指出，人的行为受行为的结果因素与先行因素的影响。行为的结果因素是人们通常所说的强化。行为的

先行因素就是人在认识到行为与强化之间的依随关系之后产生的对下一步强化的期待。

期待包括结果期待和效能期待。**结果期待**是指人对自己的某一行为会导致某一结果的推测。**效能期待**是指人对自己能够进行某一行为的能力的推测或判断,它意味着人是否确信自己能够成功地进行带来某一结果的行为。当个体确信自己有能力进行某一活动时,他就会产生高度的"自我效能感",并努力实施该活动。

考点2 自我效能感的作用

(1)决定人们对活动的选择,以及对活动的坚持性。

(2)影响人们在困难面前的态度。

(3)自我效能感不仅影响新行为的习得,而且影响已习得行为的表现。

(4)自我效能感还会影响活动时的情绪。

考点3 自我效能感的影响因素 【2020填空】

(1)**个人自身行为的成败经验**。这一效能信息源对自我效能感的影响最大。一般来说,成功经验会提高效能期望,反复的失败会降低效能感。当然,成功经验对效能期望的影响还要取决于个体对成败的归因方式。如果把成功归于外部、不可控的因素就不会增强自我效能;把失败归于外部、不可控的因素也不一定就降低自我效能。因此个体的归因方式直接影响自我效能的形成。

(2)**替代经验**。个体的许多效能期望来源于对他人的观察,如果看到一个与自己一样或不如自己的人成功,自己的效能感就会提高。

(3)**言语暗示**。他人的言语暗示能提高自己的效能感,但缺乏经验基础的言语暗示效果是不牢固的。

(4)**情绪唤醒**。班杜拉发现,高水平的情绪唤醒使成绩降低而影响自我效能感。

值得指出的是,上述四种因素对效能期望的作用依赖于个体的认知和评价,人要对与能力有关的因素和非能力因素对成败的作用加以权衡。

真题面对面

[2020,填空,1分]班杜拉认为,影响自我效能感形成的最主要因素是个体自身行为的__________。

答案:成败经验

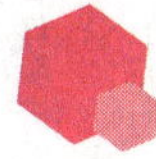

第三节 学习动机的激发与培养

一、学习动机的激发

考点1 创设问题情境,激发兴趣,维持好奇心

兴趣和好奇心是内部动机最为核心的成分,是培养和激发学生内部学习动机的基础。创设问题情境是指提供能使学生产生疑问、渴望从事活动、探究问题的情境,经过一定的努力能成功地解决问题的学习材料、条件和实践。成功的教学应不断创设问题情境,以激发学生的好奇心、求知欲,激发学生的

内部学习动机。创设问题情境的原则有:(1)问题要小而精;(2)与学生实际生活经验相关;(3)要有适当的难度(关于这一点参见“控制作业难度,恰当控制动机水平”);(4)要富有启发性。

考点2 设置合适的目标

当目标是由个体自己设定,而不是由他人设定时,个体通常会付出更多的努力。在设定一个目标时,教师可以与学生讨论过去设定的目标实现的情况,哪些成功了,哪些失败了,原因何在,并以此作为设置新目标的参考。教师要帮助学生设定一个既具有挑战性,但是又现实的目标,并表扬学生对目标的设定及实现。

考点3 控制作业难度,恰当控制动机水平

根据“耶克斯—多德森定律”,教师在教学时,要根据学习任务的不同难度,恰当控制学生学习动机的激起程度。所谓“平时如战时,战时如平时”,就是要求在学习较容易、较简单的课题时,应尽量使学生集中注意力,使学生尽量紧张一点,动机激起水平达到中等偏高的最佳状态;而在学习较复杂、较困难的课题时,则应尽量创造轻松自由的课堂气氛,让动机激起水平处于中等稍低的最佳状态;在学生遇到困难或出现问题时,要尽量心平气和地慢慢引导,以免学生过度紧张和焦虑。从这个角度来看,平日在学生中流传的“大考大耍,小考小耍,不考不耍”的俏皮话,在一定程度上是有积极意义的。

考点4 表达明确的期望

学生需要清楚地了解自己应该做什么,如何被评价,以及成功之后会有什么收获,教师把期望明确地传达给学生就显得十分重要。

考点5 提供明确的、及时的、经常性的反馈

通过反馈,使学生及时了解学习的结果,包括运用所学知识解决问题的成效、作业的正误、考试成绩的优劣等,这会产生相当大的激励作用。需要注意的是:(1)反馈必须明确、具体,特别是对年幼的学生,从而帮助学生形成有动机效应的努力归因。(2)反馈必须及时,紧随个体的学习结果,以免学生延续类似的错误。(3)反馈必须是经常性的,使学生能够付出最大的努力。频繁给予小的奖励比偶尔地给予大的奖励更能够促进学生的学习。

考点6 合理运用外部奖赏

外部奖赏在此是指物质上的奖励。对学生的学习行为和学习结果给予奖励能有效地促进其学习。虽然表扬和奖励对学习具有推动作用,但使用过多或者使用不当,也会产生消极作用。有许多研究表明,如果滥用外部奖励,不仅不能促进学习,而且可能破坏学生的内部动机。

考点7 有效地运用表扬

表扬在课堂教学中的作用主要是通过鼓励学生表现出期望行为并对其适当的行为进行强化。教师对学生的肯定性评价具有积极的强化作用,能鼓励学生产生再接再厉、积极向上的心态,赞扬、奖励一般比批评、惩罚更具激励作用。当然,对于某些学生而言,适度而善意的批评有时也能促进学习。

在运用表扬时应注意:(1)表扬的方式比表扬的次数更重要。当表扬是针对某一行为结果,并且具

体可行时，表扬就是一种有效的激励因素。(2)表扬应该是针对优于常规水平的行为。也就是说，如果学生平常就做得比较好，那么就不宜对他达到常规水平的行为进行表扬。而对那些平时表现不佳，但是有所进步的学生，教师就应该给予表扬。

表扬的有效性取决于它的具体性、可靠性以及行为结果的依随性，教师在运用表扬与批评时，要根据学生的年龄特征与个别差异，做到客观、公正、全面、恰到好处，既要赏罚分明，又要以理服人，这样才能收到预期的教学效果。

虽然，表扬和奖励对学习具有推动作用，但使用过多或者使用不当，也会产生消极影响。所以，在教学中要根据学生的具体情况进行适当的表扬和奖励。

考点8　对学生进行竞争教育，适当开展学习竞争

竞争是激发学习动机的重要手段。因为竞争可以极大地激发学生的好胜心和求成需要，增强学生的学习兴趣和克服困难的毅力，所以多数人在竞争情况下学习和工作的效率会有很大的提高。而且，通过竞争还可获得对自己能力比较实际的估计，较好地发现自己的不足和尚未显示出来的潜力，这也可以起到促进动机、提高成绩的作用。

然而，竞争也有消极作用。过多的竞争不仅会失去激励作用，还会造成紧张气氛，加重学生负担，有损学生身心健康。有些人在竞争情况下反而学得更差，这或是因为他们被刺激过度而超出了自己的承受力，或是因为失败而丧失信心和兴趣。

教师在运用竞争时需要注意以下几点：(1)教师要教育学生认识竞争的利弊，教给学生公平竞争的手段；(2)按学生的能力等级进行竞争；(3)进行多指标竞争，让每个人都获得成就感；(4)提倡团体竞争；(5)鼓励个人的自我竞争和团体的自我竞争。

二、学习动机的培养

考点1　了解和满足学生的需要，促进学习动机的产生

学生的学习动机产生于需要，需要是学生学习积极性的源泉。教师应该通过多种方法了解学生的学习需要，通过采取一些强化和训练手段使学习的要求内化为学生自己的学习需要。

考点2　重视立志教育，对学生进行成就动机训练

通过立志教育可以增强学生的责任感与使命感，启发学生自觉、勤奋的学习。成就动机训练由国外的教育学家首次开展，研究证明其对学生的学习动机有极大的促进作用。

考点3　帮助学生确立正确的自我概念，获得自我效能感

自我效能感是一种主观判断，它与个体的自我概念有密切的关系。要培养学生的自我效能感应该从培养正确的自我概念入手。方法包括：(1)创造条件使学生获得成功的体验；(2)为学生树立成功的榜样。

考点4　培养学生努力导致成功的归因观

相信成功与努力之间有必然的联系，人就不容易表现出消极行为，不容易产生无力感，这有助于培养学生的学习动机。教师训练学生的步骤如下：(1)了解学生的归因倾向；(2)让学生进行某种活动，并取得成功体验；(3)让学生对自己的成败进行归因；(4)引导学生进行积极归因。

考点5 培养对学习的兴趣

学习兴趣的发展经历了有趣、乐趣和志趣的逐步深化过程。一般说来，学生容易对下列情况产生兴趣：(1)对过去经历过并获得成功结果的事情容易产生兴趣；(2)对抱有成功希望的事情容易产生兴趣；(3)对符合本人能力水平的活动容易产生兴趣；(4)对新颖的、能引起好奇和注意的事物容易产生兴趣。

考点6 利用原有动机的迁移，使学生产生学习的需要

有的学生对学习持冷漠态度，甚至有厌学情绪。但他们很多在体育运动、课外兴趣小组、文娱表演等活动中具有相当高的积极性和浓厚的兴趣，引导学生把这些积极因素与学习联系起来，转化为学习需要和学习兴趣，这是培养学习动机的有效手段。

三、内部学习动机的激发与培养

在学习过程中有效地培养学生的内部学习动机，实质上就是要培养那些能直接转化为内部学习动机的有关心理因素，如培养学习需要、学习兴趣、学习热情、学习的责任感和好胜心等。内部学习动机的激发与培养的方法主要有以下四种：(1)激发兴趣，维持好奇心；(2)设置合适的目标；(3)培养恰当的自我效能感；(4)训练归因。前两种方法与学习动机的激发这一部分中的前两种方法相同，在此处不再赘述。下面我们重点讲述一下第三种和第四种方法。

考点1 培养恰当的自我效能感

在个体拥有了相应的知识技能后，自我效能感就成为个体行为的决定性因素。许多学生尤其是学业成绩不良的学生，由于对自己的学习能力持怀疑态度，表现出很低的自我效能感水平，在学习中放弃尝试和应有的努力，进而影响其学习成绩。教师可以通过以下措施培养学生的自我效能感：

(1)教师可以通过为他们选择难易合适的任务，让他们不断地获得成功体验，进而提高自我效能感水平；

(2)让他们观看和想象那些与自己差不多的学生的成功操作，通过获得替代性经验和强化来提高他们的自我效能感，使他们确信自己也有能力完成相应的学习行为，从而推动学习的进行；

(3)教师还可以通过归因训练改变学生对自己学习能力的错误判断，形成正确的自我效能感判断。

考点2 训练归因

改变学生不正确的归因，提高学习动机可以从以下两方面入手：

(1)“努力归因”，无论成功或失败都归因于努力与否的结果。因为学生将自己的成败归因于努力与否会提高学生学习的积极性，当学习困难或成绩不佳时，一般不会因一时的失败而降低将来会取得成功的期望。

(2)“现实归因”，针对一些具体问题引导学生进行现实归因，以帮助学生分析除努力这个因素外，影响学习成绩的因素还有哪些，是智力、学习方法，还是家庭环境、教师等因素。这些因素在多大程度上影响其学习成绩，并尽力指出解决这些问题的方法，以提高学生克服困难的勇气，增强自信心。

这种归因训练的好处在于，在学生做“努力归因”时联系现实，在做“现实归因”时又强调努力。

知识再拔高

外部学习动机的激发与培养

外部学习动机的激发与培养的方法有:(1)表达明确的期望;(2)提供明确的、及时的、经常性的反馈;(3)合理运用外部奖赏;(4)有效地运用表扬。

考点大默写

1. 学习动机的两个基本成分是＿＿＿＿与＿＿＿＿。
2. ＿＿＿＿是学习动机中最活跃的成分。
3. ＿＿＿＿是个体对学习活动所要达到目标的主观估计。
4. ＿＿＿＿是指能够激起有机体的定向行为,并能满足某种需要的外部条件或刺激物。
5. 按学习动机产生的诱因来源,学生因对活动本身发生兴趣而产生的动机属于＿＿＿＿。
6. 按学习动机的社会意义,可分为＿＿＿＿和＿＿＿＿。
7. 按学习动机起作用时间的长短,学生的求知欲属于＿＿＿＿性学习动机。
8. 根据奥苏伯尔对学习动机的分类,在有意义学习中,＿＿＿＿是最重要而且稳定的动机。
9. 在儿童早期,＿＿＿＿内驱力最为突出。
10. 小明努力学习是为了提高自己在班级里的地位。小明的这种学习动机属于＿＿＿＿内驱力。
11. 根据“耶克斯—多德森定律”,在比较容易的任务中,行为效果随动机的提高而＿＿＿＿;随着任务难度的增加,动机的最佳水平有逐渐＿＿＿＿的趋势。一般来讲,最佳水平为＿＿＿＿的动机。
12. 根据“耶克斯—多德森定律”,动机水平与行为效果呈＿＿＿＿曲线。
13. 行为主义的学习动机理论对教育活动的影响主要表现为采用＿＿＿＿原则,通过＿＿＿＿与＿＿＿＿的措施来维持学生的学习动机。
14. 马斯洛需要层次理论说明,在某种程度上学生缺乏学习动机可能是由于某种＿＿＿＿需要没有得到充分满足。
15. 阿特金森是＿＿＿＿理论的主要代表人物。
16. 阿特金森把个体的成就动机分为两类:＿＿＿＿的动机和＿＿＿＿的动机。
17. 根据阿特金森的理论,面对一项成功概率为50%的任务,＿＿＿＿会选择接受,＿＿＿＿会选择回避。
18. 归因理论是由社会心理学家＿＿＿＿首先提出来的。
19. 韦纳把人经历过事情的成败归结为六种原因:＿＿＿＿、＿＿＿＿、＿＿＿＿、＿＿＿＿、＿＿＿＿、＿＿＿＿。
20. 根据成败归因理论,运气属于＿＿＿＿、＿＿＿＿、＿＿＿＿的归因。
21. 根据成败归因理论,努力程度属于＿＿＿＿、＿＿＿＿、＿＿＿＿的归因。
22. 根据成败归因理论,＿＿＿＿属于稳定、内在、不可控制的归因。

23. 根据归因理论，对于努力和能力这两种归因，学生将成败归因于__________比归因于__________会产生更强烈的情绪体验。

24. __________是指人对自己能否成功从事某一成就行为的主观判断，它是由__________首次提出的。

25. 对自我效能感的影响最大的信息源是__________。

26. 如果看到一个与自己一样或不如自己的人成功，自己的效能感就会提高。这体现了__________对自我效能感的影响。

27. 学生中流传的俏皮话“大考大玩，小考小玩，不考不玩”，体现的心理学原理是__________。

28. __________和__________是内部动机最为核心的成分，是培养和激发学生内部学习动机的基础。

29. 改变学生不正确的归因，提高学习动机可以从__________归因和__________归因两方面入手。

【参考答案】

1. 学习需要；学习期待 2. 学习兴趣 3. 学习期待 4. 诱因 5. 内部学习动机 6. 高尚的学习动机；低级的学习动机 7. 直接的近景 8. 认知内驱力 9. 附属 10. 自我提高 11. 上升；下降；中等强度 12. 倒U型 13. 强化；奖励；惩罚 14. 缺失性 15. 成就动机 16. 力求成功；避免失败 17. 力求成功者；避免失败者 18. 海德 19. 能力；努力程度；工作难度；运气；身心状况；外界环境 20. 不稳定；外在；不可控制 21. 不稳定；内在；可控制 22. 能力 23. 努力；能力 24. 自我效能感；班杜拉 25. 个人自身行为的成败经验 26. 替代经验 27. 耶克斯—多德森定律 28. 兴趣；好奇心 29. 努力；现实

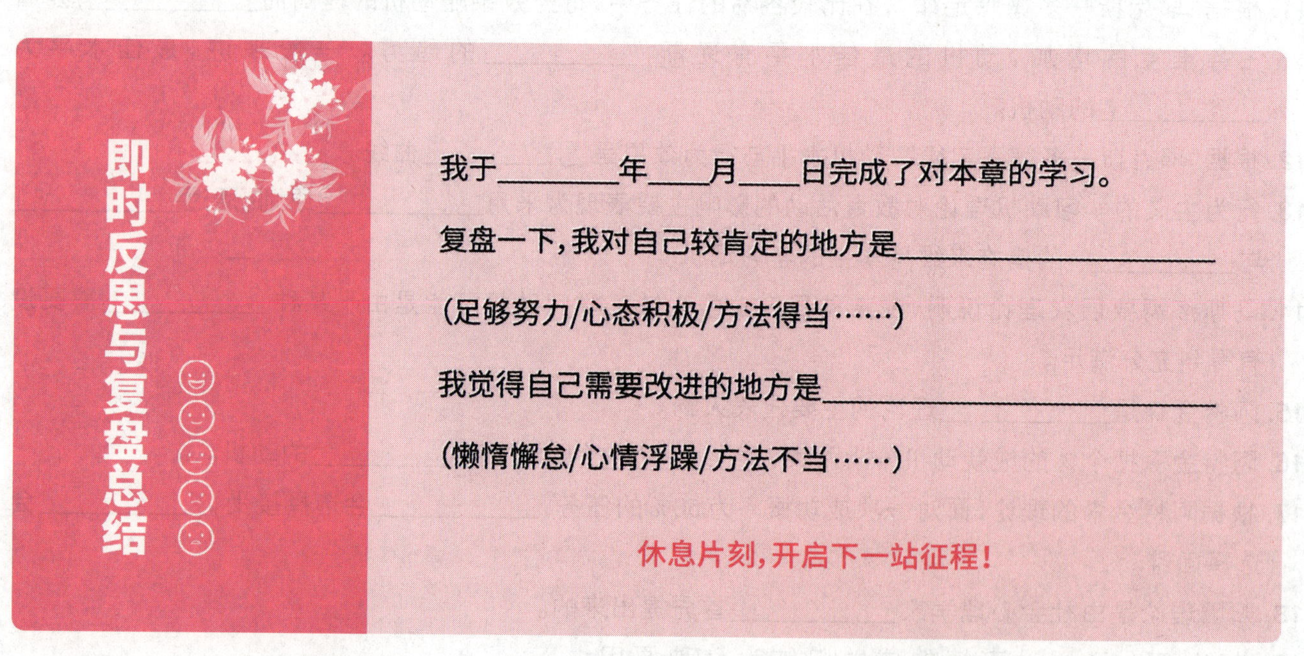

第六章 知识的学习

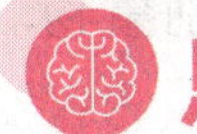

思维导图

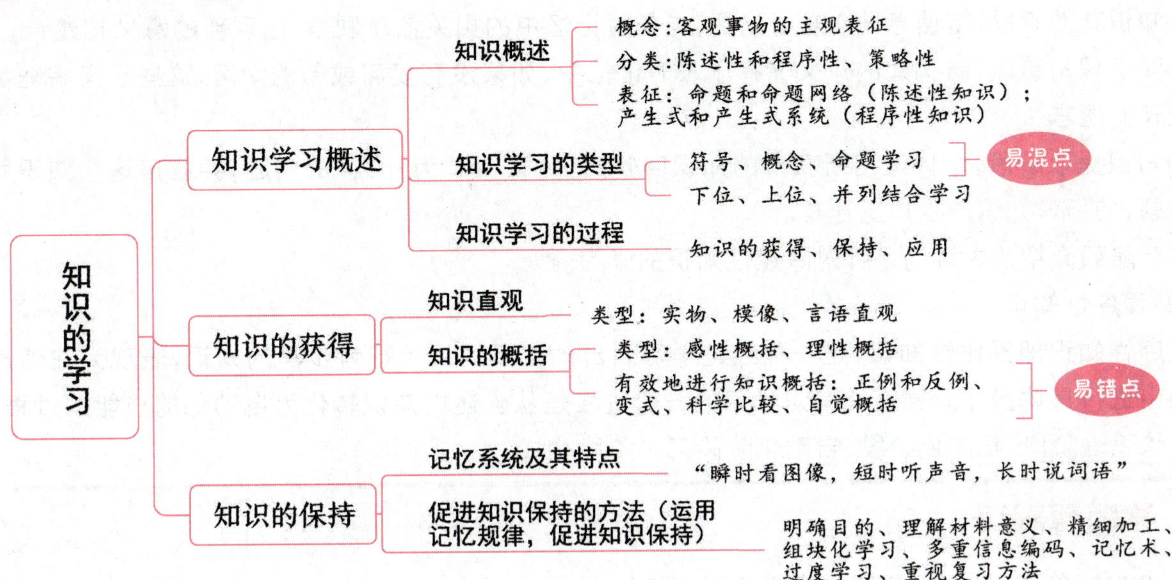

福建考向

本章属于心理学中的难点章节,特点为知识结构化、系统化,需要考生重点理解、区分。现对本章福建考向分析如下:

高频考点	常考题型	能力层级	考查热度
陈述性知识和程序性知识的内涵	单选	区分	★★
知识学习的类型	判断	理解	★★
知识直观的类型	填空	识记	★★
记忆系统及其特点	填空	识记	★★

核心考点

第一节 知识学习概述

一、知识概述

考点1 知识的概念

知识是指主体通过与环境相互作用而获得的信息及其组织。其实质是人脑对客观事物的特征与联系的反映,是客观事物的主观表征。

考点2　知识的分类

1. 陈述性知识和程序性知识　【2021 单选】

安德森根据知识的不同表征形式，将知识分为陈述性知识和程序性知识。

(1)陈述性知识

陈述性知识也叫**描述性知识**，是个人能用言语进行直接陈述的知识，主要用于区别和辨别事物。当代认知心理学认为，陈述性知识学习的过程包括**获得**、**保持**和**提取**三个阶段。

①知识获得阶段，新信息进入短时记忆，与长时记忆中的相关信息联系，出现新的意义构建；

②知识保持阶段，新构建的意义储存于长时记忆中，如果没有复习或新的学习，这些意义将随着时间的延长而遗忘；

③知识提取阶段，个体运用所获得的知识回答“是什么”和“为什么”的问题，并应用这些知识解决实际问题，使所学知识产生广泛迁移。

本节随后介绍的内容均是针对陈述性知识的学习。

(2)程序性知识

程序性知识即**操作性知识**，是一种经过学习后自动化了的关于行为步骤的知识，表现为在信息转换活动中进行具体操作。程序性知识学习的一般过程是从陈述性知识转化为自动化的技能的过程，它主要由陈述性阶段、程序化阶段、自动化阶段三个阶段构成。

真题面对面

[2021，单，2分]下列属于程序性知识的是(　　)

A. 三角形的内角和等于180°

B. 三角形有三条边，三个内角

C. 三角形的两边之和大于第三边

D. 在△ABC中，∠A=30°，∠B＞50°，求∠C的度数

答案：D

2. 策略性知识

美国心理学家**梅耶**提出了一种策略性知识，它是与程序性知识相似但又存在区别的知识。**策略性知识**是关于如何学习和如何思维的知识，即个体运用陈述性知识和程序性知识去学习、记忆、解决问题的一般方法和技巧。

策略性知识是回答“怎么办”的知识，它与程序性知识的主要区别在于，它所处理的对象是个人自身的认知活动和个体调控自己认知活动的知识。

考点3　知识的表征

知识表征是指信息在人脑中的存储和呈现方式，它是个体知识学习的关键。不同的知识类型在头脑中具有不同的表征方式。

陈述性知识主要以**命题**和**命题网络**的形式进行表征，命题是我们能够评价是非对错的最小的意义单元。**表象**和**图式**也是其重要形式。程序性知识则主要以**产生式**和**产生式系统**进行表征。一个大的知识单元中既有陈述性知识，也有程序性知识，二者相互交织在一起，许多心理学家用**图式**来描述这种大块知识的表征。

二、知识学习的类型

考点1 符号学习、概念学习和命题学习

根据知识本身的存在形式和复杂程度，知识学习可分为符号学习、概念学习和命题学习。

1. 符号学习

符号学习又称**表征学习**，是指学习单个符号或一组符号的意义。符号学习的心理机制是符号和它们所代表的事物或观念在学习者认知结构中建立相应的等值关系。符号学习主要包括：

(1)符号学习的主要内容是词汇学习。例如，汉字、英语单词的学习，就属于词汇学习。

(2)符号不限于语言符号(词)，也包括非语言符号(如实物、图像、图表、图形等)。因此，对数学图表的认识、对瓜果树木的认识、对各种机床的认识等，也属于符号学习。

(3)符号学习还包括事实性知识的学习，即学习一组符号(语言或非语言)所表示的某一具体事实。例如，历史课中历史事件和历史人物的学习，地理课中地形地貌和地理位置的学习，均属于事实性知识的学习。

2. 概念学习

概念学习是指掌握概念的一般意义，其实质是掌握一类事物的共同的本质属性和关键特征。同类事物的关键特征既可由学习者从大量同类事物的不同例证中独立发现，也可由指导者用下定义的方式直接呈现给学习者，让其利用已掌握的概念来理解。概念学习以表征学习为前提，又为命题学习奠定基础，因此，它是意义学习的核心。如学习“三角形”这个概念，就是要掌握三角形有三个角和三条相连接的边这两个共同的关键特征，而与它的大小、形状、颜色等特征无关。

考生易混淆概念学习和命题学习的运用。做题时考生应注意分析题干，如果题干强调事物共同的本质属性，就属于概念学习；如果强调两个或两个以上概念的关系，就属于命题学习。

3. 命题学习

命题学习是指获得由几个概念构成的命题的复合意义，实际上是学习表示若干概念之间关系的判断。命题是知识的最小单元，它既可以陈述简单的事实，也可以陈述一般规则、原理、定律、公式等，因此它被看成是陈述性知识掌握的高级形式。命题学习旨在反映事物之间的关系，是一种更加复杂的学习。如学习“圆的直径是它的半径的两倍”这一命题时，如果没有获得“圆”“直径”和“半径”等概念，便不能获得这一命题的意义。

考点2 下位学习、上位学习和并列结合学习 【2017 判断】

奥苏伯尔根据新知识与原有认知结构的关系，将知识学习分为下位学习、上位学习和并列结合学习。

1. 下位学习

下位学习又称**类属学习**，是一种把新的观念归属于认知结构中原有观念的某一部分，并使之相互联系的过程。原有观念在包容和概括水平上高于新学习的知识。下位学习包括派生类属学习和相关类属学习。

(1)**派生类属学习**是指新观念是认知结构中原有观念的特例或例证，新知识只是旧知识的派生物。例如，学生掌握了轴对称图形的概念后，再学习圆时，将“圆也是轴对称图形”这一命题纳入或类属于原有轴对称图形的概念中，新的命题很快就能获得意义。

(2)相关类属学习是指新知识扩展、修饰或限定学生已有的旧知识,并使其精确化。例如,过去已经知道“挂国旗是爱国行动”,现在学习一个新命题,即“保护能源是爱国行动”。新命题类属于原先的“爱国行动”中,结果新命题获得意义,原有的“爱国行动”被扩展或深化。

派生类属学习和相关类属学习的主要区别在于学习之后原有观念是否发生本质属性的改变。

2. 上位学习

上位学习又称总括学习,是在学生掌握一个比认知结构中原有概念的概括和包容程度更高的概念或命题时产生的。上位学习遵循从具体到一般的归纳概括过程。例如,为了让学生掌握“面积”的概念,教师以桌面、地面、墙面、操场为例证,并比较其大小,最后得出“面积就是平面图形或物体表面的大小”的定义,就属于上位学习。

3. 并列结合学习

并列结合学习又称组合学习,是在新命题与认知结构中原有的命题既非下位关系又非上位关系,而是一种并列的关系时产生的。例如,学习质量与能量、遗传与变异、需求与价格等概念之间的关系就属于并列结合学习。一般而言,并列结合学习比较困难,必须认真比较新旧知识之间的联系与区别才能掌握。

真题面对面

[2017,判断,1分]并列结合学习比上位学习和下位学习更简单、容易。(　　)

答案:×

三、知识学习的过程

知识学习主要是学生对知识的内在加工过程。现代认知心理学认为,这一过程一般分为三个阶段:(1)知识的获得;(2)知识的保持,又称知识的巩固;(3)知识的应用。其中,知识的应用是指把学到的知识应用于作业和解决有关问题的过程,是抽象知识具体化的过程。它是知识掌握的最后一个环节,它与知识的获得、知识的保持紧密相连,共同构成知识学习过程。它既以前两者为前提,又是检验知识掌握与否以及掌握程度的手段。

第二节　知识的获得

知识的获得是知识学习的第一个阶段。在这个阶段,新信息进入短时记忆,与来自长时记忆系统的原有知识建立一定的联系,并纳入原有的认知结构,从而获得对新信息意义的理解。而要理解新信息的意义,首先必须获得充分的感性经验,其次必须对所获得的感性经验进行充分的思维加工。

一、知识直观

考点1　知识直观的类型　【2020填空】

直观是主体通过对直接感知到的教学材料的表层意义、表面特征进行加工,从而形成对有关事物具体的、特殊的、感性的认识的加工过程。直观是理解科学知识的起点,是学生由不知到知的开端,是知识获得的首要环节。在实际的教学过程中,主要有三种直观方式,即实物直观、模像直观和言语直观。

1. 实物直观

实物直观指在感知实际事物的基础上提供感性材料的直观教学方式。例如，观察标本、演示实验、到工厂或农村进行实地参观访问等。

2. 模像直观

模像直观指观察与教材相关的模型与图像(如图片、图表、幻灯片、电影、录像、电视等)，形成感知表象。模型、图像都是对客观事物的简化、抽象或夸张。为了使通过模像直观而获得的知识在学生的生活实践中发挥更好的定向作用，一方面应注意将模像与学生熟悉的事物相比较；另一方面，在可能的情况下，应使模像直观与实物直观结合进行。

3. 言语直观

言语直观指在生动形象的言语作用下唤起学生头脑中的表象，以提供感性材料的直观方式。言语直观不受时间、空间和设备的限制，感性材料来源更丰富，是教学中大量采用的直观方式。此外，由于表象具有概括性，这就有利于向抽象概括过渡。它对培养学生的想象力也有独特的作用。一般情况下，由言语唤起的表象不如通过观察实物和模型所获得的映像完整、稳定、鲜明和准确。故应将三者结合使用。

真题面对面

[2020，填空，1分]教学过程主要有三种直观方式：实物直观、模像直观和______直观。

答案：言语

考点2 知识直观效果的提高

1. 灵活选用实物直观和模像直观

实物直观虽然真切，但是难以突出本质要素和关键特征；而模像直观虽然与实际事物之间有一定距离，却有利于突出本质要素和关键特征。因此，一般而言，模像直观的教学效果优于实物直观。但是，这一结论只限于知识的初级学习阶段。我们强调的是先进行模像直观，在获得基本的概念和原理后再进行实物直观，这样比一开始就进行实物直观的学习效果好。当学习有了一定的基础后，由简化的情境进入实际的复杂情境，即更多地运用实物直观，自然是必要的。

2. 加强词和形象的配合

为了增强直观的效果，不仅要注意实物直观和模像直观的合理选用，而且必须加强词与形象的结合。在形象的直观过程中，教师首先应提供明确的观察目标，提出确切的观察指导，提示合理的观察程序；其次，形象的直观结果应以确切的词加以表述，以检验直观效果并使对象的各组成要素进行分化；再次，应依据教学任务，选择合理的词语与形象的结合方式。如果教学任务在于使学生获得精确的感性知识，则词与形象的结合，应以形象的直观为主，词起辅助作用；如果教学任务在于使学生获得一般的、不要求十分精确的感性知识，则词与形象的结合方式可采取词语的描述为主，形象直观起证实、辅助作用。

3. 运用感知规律，突出直观对象的特点

直观过程中有关知识的获得，有赖于学生对直观对象的注意和观察。为促进学生有效地观察直观对象，必须运用感知规律，突出直观对象的特点。

4. 培养学生的观察能力

在直观过程中，教师对一定直观教材的操纵的效果如何，主要取决于学生的观察能力。为此，需要认真组织观察过程、培养学生的观察能力。

5. 让学生充分参与直观过程

由于知识归根到底要通过学生头脑中的加工改造才能掌握，因此在直观过程中，应激发学生积极参与的热情，在可能的情况下，应让学生自己动手进行操作，改变"教师演，学生看"的消极被动的直观方式。

二、知识的概括

考点1　知识概括的类型

概括是指主体通过对感性材料的分析、综合、比较、抽象、概括等深度加工改造，从而获得对一类事物的本质特征与内在联系的抽象的、一般的、理性的认识的活动过程。按照学生对知识的概括抽象程度不同，将知识概括分为感性概括和理性概括。

1. 感性概括

感性概括即**直觉概括**，它是在直观的基础上自发进行的一种低级的概括形式。**例如，有的学生看到锐角、直角、钝角等图形中都有两条交叉的线，就认为角是由两条交叉的线组成。**感性概括所概括的一般只是事物的外表特征和外部联系，是一种知觉水平的概括。低年级儿童日常概念获得的方式就是通过感性概括的方式。

2. 理性概括

理性概括是在前人认识的指导下，通过对感性知识经验进行自觉的加工改造，揭示事物一般的、本质的特征与联系的过程。首先，理性概括是一种高级的概括形式，它所揭示的是事物的一般因素与本质因素，是思维水平的概括。其次，理性概括不是自发进行的，而是在主体对感性材料自觉地进行一系列分析、综合、比较、抽象、概括的基础上实现的，是通过思维过程而完成的。

总之，从感性概括中，只能获得概括不充分的日常概念和命题；只有通过理性概括，才能获得揭示事物本质的科学概念和命题。因此，在教学条件下，我们关注的是如何有效地进行理性概括的问题。

考点2　有效地进行知识概括

1. 配合运用正例和反例

概括的目的在于区分事物的本质和非本质，抽取事物的本质要素，抛弃事物的非本质要素。因此，教师在指导学生概括时，不仅要注意抽取本质的一面，也要注意抛弃非本质的一面。为此，必须配合使用概念或规则的正例和反例。**正例**又称**肯定例证**，指包含着概念或规则的本质特征和内在联系的例证；**反例**又称**否定例证**，指不包含或只包含了一小部分概念或规则的主要属性和关键特征的例证。一般而言，概念或规则的正例传递了最有利于概括的信息，反例则传递了最有利于辨别的信息。**例如，在教"鸟"的概念时，可用麻雀、燕子作为正例，说明"有羽毛""前肢为翼""无齿有喙"是鸟概念的本质特征；用蝙蝠作为反例，说明"会飞"是鸟概念的无关特征。**

2. 正确运用变式

理性概括是通过对感性知识的加工改造而完成的，感性知识的获得是把握事物本质的基础和前提。因此，在教学实际中，要提高概括的成效，必须给学生提供丰富而全面的感性知识，必须注意变式的正确运用。

所谓**变式**，就是变换使用不同形式的直观材料或事例说明事物的属性，使本质属性保持不变而非本质属性或有或无，以便突

考生判断正例、反例和变式时容易出现错误，可以结合实例进行辨别：麻雀、燕子是鸟的正例；蝙蝠是鸟的反例；鸡、鸭是鸟的变式。

出本质属性。简言之，变式就是指概念或规则的肯定例证在无关特征方面的变化。例如，在生物学中介绍“果实”的概念时，不要只选可食的果实（如苹果、西红柿、花生等），还要选择一些不可食的果实（如橡树籽、棉籽等），这样才有利于学生看到一切果实都有“种子”这一关键属性，而舍弃“可食性”等无关特征。变式的有效性并不在于运用变式的数量，而取决于材料呈现方式的典型性和代表性。例如，如果问大家："鸡鸭是不是鸟?"很多人的答案都是否定的，那就是因为之前的生物课，老师呈现的正例的代表性不够，多是会飞的，于是学生就把“会飞”这个无关特征作为本质特征来记忆。

3. 科学地进行比较

比较主要有两种方式：同类比较和异类比较。

同类比较是关于同类事物之间的比较。通过同类比较，便于区分对象的一般与特殊、本质与非本质特征，从而找出一类事物所共有的本质特征。**异类比较**即不同类但相似、相近、相关的事物之间的比较。通过异类比较，不仅能使相比客体的本质更清楚，而且有利于确切了解彼此间的联系与区别，防止知识间的混淆与割裂，有助于知识的系统化。

4. 启发学生进行自觉概括

教师启发学生进行自觉概括，最常用的方法是鼓励学生主动参与问题的讨论。在概括过程中，教师应充分调动学生的思维，让学生自己去归纳和总结，从根本上改变“教师做总结，学生背总结”的被动方式。例如，一位语文老师让小朋友为班上同学介绍自己是如何记“荷”这个字的，一个小男孩就说，可以记成一个人躲在草下喝可乐。

知识再拔高

科学概念的掌握

概念的掌握是指个人借助词语，在人脑中把人类现有的概念转化为个体的概念的过程。教学是引导学生获得科学概念的主要途径。教师在教学过程中帮助学生掌握概念时应注意以下几个方面：

（1）以感性材料作为概念掌握的基础。（2）合理利用过去的知识经验。（3）提供概念范例，配合运用正例和反例，适当运用比较。（4）突出有关特征，控制好无关特征的数量和强度，正确而充分地利用“变式”。（5）正确运用语言表达，明确提示概念的本质特征。（6）形成正确的概念体系，并运用于实践中。

考题预测

[单，2分]陈老师在讲解岛屿的概念时，列举了中国、澳大利亚、美国夏威夷州以及中国台湾来进行例证，其中，中国、澳大利亚属于________，美国夏威夷州、中国台湾属于________。（　　）

A. 正例；反例　　B. 反例；正例

C. 正例；变式　　D. 变式；反例

答案：B

第三节 知识的保持

一、记忆系统及其特点 【2018填空】

按照现代信息加工的观点，记忆是一个结构性的信息加工系统。记忆结构由三个不同的子系统构成：瞬时记忆、短时记忆和长时记忆。信息首先进入瞬时记忆，只有那些引起个体注意的感觉信息才会进入短时记忆，在短时记忆中存储的信息经过加工再存储入长时记忆中，而这些保存在长时记忆中的信息在需要时又会被提取到短时记忆中。

表4-12 记忆系统

种类	特点	编码	存储
瞬时记忆（感觉记忆）	(1)时间极短，大约为0.25～2秒。(2)容量较大。(3)形象鲜明。(4)信息原始，记忆痕迹容易衰退	有图像记忆和声像记忆两种。图像记忆是瞬时记忆的主要编码形式	只有能够引起个体注意并被及时识别的信息，才有机会被转入短时记忆
短时记忆（工作记忆）	(1)时间很短，不超过1分钟(或5秒～2分钟)。(2)容量有限，一般是7±2个组块。(3)意识清晰。(4)操作性强。(5)易受干扰	有听觉编码和视觉编码两种，主要是听觉编码	复述是短时记忆中的信息存储的有效方法
长时记忆（永久性记忆）	(1)容量无限。(2)信息保持时间长久，在1分钟以上，直至保持终生	以意义编码为主，它包括表象编码和语义编码，主要是语义编码	长时记忆中贮存的信息原则上是分类处理的

记忆有妙招

为方便考生记忆，编者将瞬时记忆、短时记忆和长时记忆的主要编码方式总结成口诀供考生参考：**瞬时看图像**(图像记忆)，**短时听声音**(听觉编码)，**长时说词语**(语义编码)。

真题面对面

[2018，填空，1分]短时记忆的容量约为____________个组块。

答案：7±2

二、促进知识保持的方法(运用记忆规律，促进知识保持)

(1)明确记忆目的，增强学习的主动性。明确记忆的目的、计划、任务与要求，可以增强与提高学习的自觉性与积极性。①要有长远的记忆目标和意图；②记忆的时间、意图应准确和明确，以便提高记忆效果；③要培养学生直接与间接的学习兴趣和求知欲。

(2)理解学习材料的意义。在学习中要以意义记忆为主，机械记忆为辅，发挥两种记忆各自的长处，从而提高整个记忆的效果。

(3)对材料进行精细加工，促进对知识的理解。

(4)运用组块化学习策略，合理组织学习材料。对记忆材料可以用多种方式组织加工，常见的组织加工方式是类别群集，即把一系列项目按一定的类别来记忆。

(5)运用多重信息编码方式,提高信息加工处理的质量。

(6)有效运用记忆术。常用的记忆术主要包括形象联想法、谐音联想法、首字连词法、位置记忆法等。

(7)适当地过度学习。

(8)重视复习方法,防止知识遗忘。

★★ 考点大默写 ★★

1. 知识的实质是人脑对客观事物的特征与联系的反映,是客观事物的__________。
2. 安德森根据知识的不同表征形式,将知识分为__________和__________。
3. 当代认知心理学认为,陈述性知识学习的过程包括__________、__________、__________三个阶段。
4. __________是个人能用言语进行直接陈述的知识,主要用于区别和辨别事物。
5. __________是一种经过学习后自动化了的关于行为步骤的知识,表现为在信息转换活动中进行具体操作。
6. 程序性知识学习的一般过程主要由__________、__________、__________三个阶段构成。
7. __________是关于如何学习和如何思维的知识,它是由美国心理学家__________提出的。
8. 陈述性知识主要以__________和__________的形式进行表征。
9. 程序性知识主要以__________和__________进行表征。
10. 根据知识本身的存在形式和复杂程度,知识学习可分为__________、__________、__________。学生对福建地貌特征的学习,属于知识学习中的__________。
11. __________的实质是掌握一类事物的共同的本质属性和关键特征。
12. 在学习正方体、长方体的体积计算公式后,再学习一般柱体的体积计算公式,属于奥苏伯尔对知识学习分类中的__________。
13. 现代认知心理学认为,知识学习的过程一般分为__________、__________、__________三个阶段。
14. __________实际上是学习表示若干概念之间关系的判断。
15. 奥苏伯尔根据新知识与原有认知结构的关系,将知识学习分为__________、__________、__________。
16. 学生掌握了轴对称图形的概念后,再学习圆时,将"圆也是轴对称图形"这一命题纳入或类属于原有轴对称图形的概念中。这属于下位学习中的__________。
17. 在实际的教学过程中,主要有__________、__________、__________三种直观方式。
18. 观察标本、演示实验、实地参观访问属于__________直观。
19. 观看图片、图表、幻灯片、电影、录像、电视等属于__________直观。
20. 老师在给同学们讲解鸟时所举的例子中,"麻雀、乌鸦、鹤"属于__________,用来传递最有利于概括的信息;"蝙蝠"属于__________,用来传递最有利于辨别的信息;"鸵鸟、企鹅"属于__________,用来突出鸟的本质属性。
21. 教师通过生动形象的讲解,唤起学生头脑中的表象,属于__________直观。
22. 对于模像直观和实物直观来说,在知识的初级学习阶段,__________的教学效果更好。

23. 在各类直观方式中，__________真切，但难以突出本质要素和关键特征；__________与实际事物之间有一定距离，却有利于突出本质要素和关键特征。

24. 按照学生对知识的概括抽象程度不同，知识概括可分为__________和__________。

25. __________是在直观的基础上自发进行的一种低级的概括形式。

26. __________是在前人认识的指导下，通过对感性知识经验进行自觉的加工改造，揭示事物一般的、本质的特征与联系的过程，是一种高级的概括形式。

27. __________指包含着概念或规则的本质特征和内在联系的例证。

28. 记忆结构由__________、__________、__________这三个不同的子系统构成。

29. 瞬时记忆的编码有__________和__________两种，其中__________是瞬时记忆的主要编码形式。

30. 短时记忆的容量一般是__________个组块。

31. 短时记忆的编码有__________和__________两种，主要是__________。

32. 长时记忆的编码以__________为主，它包括__________和__________，主要是__________。

【参考答案】

1. 主观表征 2. 陈述性知识(描述性知识)；程序性知识(操作性知识) 3. 获得；保持；提取 4. 陈述性知识(描述性知识) 5. 程序性知识(操作性知识) 6. 陈述性阶段；程序化阶段；自动化阶段 7. 策略性知识；梅耶 8. 命题；命题网络 9. 产生式；产生式系统 10. 符号学习(表征学习)；概念学习；命题学习；符号学习(表征学习) 11. 概念学习 12. 上位学习 13. 知识的获得；知识的保持(知识的巩固)；知识的应用 14. 命题学习 15. 下位学习(类属学习)；上位学习(总括学习)；并列结合学习(组合学习) 16. 派生类属学习 17. 实物直观；模像直观；言语直观 18. 实物 19. 模像 20. 正例(肯定例证)；反例(否定例证)；变式 21. 言语 22. 模像直观 23. 实物直观；模像直观 24. 感性概括(直觉概括)；理性概括 25. 感性概括(直觉概括) 26. 理性概括 27. 正例(肯定例证) 28. 瞬时记忆；短时记忆；长时记忆 29. 图像记忆；声像记忆；图像记忆 30. 7±2 31. 听觉编码；视觉编码；听觉编码 32. 意义编码；表象编码；语义编码；语义编码

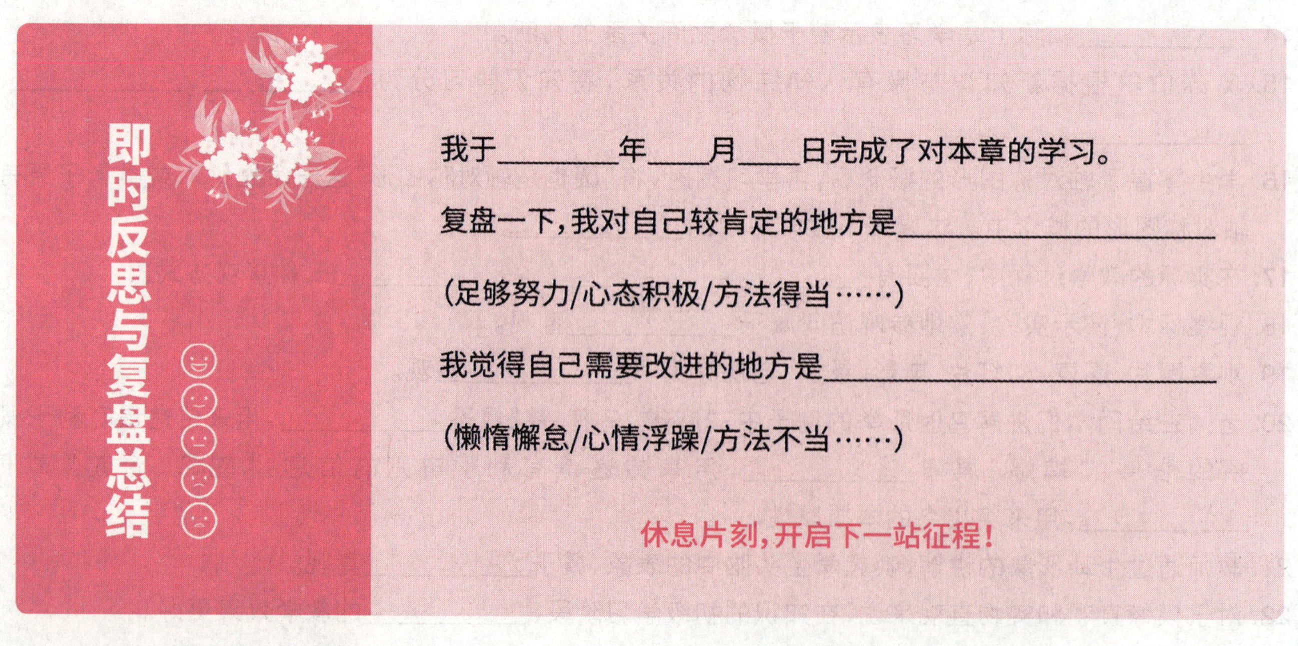

第七章 技能的学习

思维导图

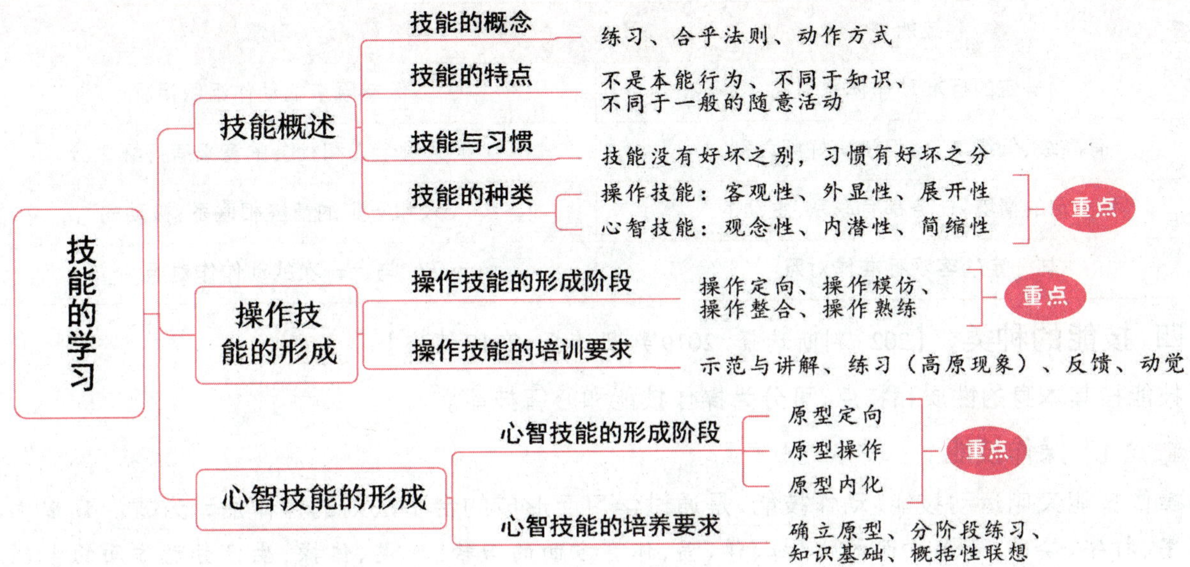

福建考向

本章属于心理学中的重点章节，特点为结构体系明确，需要考生系统学习。现对本章福建考向分析如下：

高频考点	常考题型	能力层级	考查热度
操作技能与心智技能的内涵及特点	判断选择、填空	识记	★★★
操作技能的形成阶段	多选、填空	识记	★★★
心智技能的形成阶段	填空、材料分析	运用	★★★

核心考点

第一节 技能概述

一、技能的概念

在《心理学大辞典》中，技能被定义为个体运用已有的知识经验，通过练习而形成的智力动作方式和肢体动作方式的复杂系统。皮连生认为，技能是在练习的基础上形成的按某种规则或操作程序顺利完成某种智慧任务或身体协调任务的能力。概括起来，技能是指经过练习而获得的合乎法则的认知活动或身体活动的动作方式。

二、技能的特点

(1)技能是学习得来的,不是本能行为;(2)技能是一种活动方式,不同于知识;(3)技能是合乎法则的活动方式,不同于一般的随意活动。

三、技能与习惯

习惯是个体在一定情境下自动化地进行某种动作的需要或特殊倾向。技能和习惯的区别在于:

表 4-13　技能与习惯的区别

技能	习惯
向一定的标准动作体系提高	保持原来的动作组织情况
有高级、低级之分,但没有好坏之别	根据对个人和社会的意义有好坏之分
和一定的情境、任务都有联系;主动的	只和一定的情境相联系;被动的
与一定的客观标准作对照	与上一次的动作作对照

四、技能的种类　【2023 判断选择、2019 判断选择、2017 填空】 必背

技能按其本身的性质和特点,可分为操作技能和心智技能。

考点 1　操作技能

操作技能又叫运动技能、动作技能,是通过学习而形成的合乎法则的操作活动方式。日常生活中的写字、打字、绘画,音乐方面的吹、拉、弹、唱,体育方面的田径、球类、体操,生产劳动方面的车、刨、磨等活动方式,都属于操作技能的范畴。

考点 2　心智技能

心智技能也称为**智力技能**、**认知技能**,是通过学习而形成的合乎法则的**心智活动方式**。阅读技能、写作技能、运算技能、解题技能等都是常见的心智技能。

表 4-14　操作技能和心智技能的特点

特点	操作技能	心智技能
动作的对象	物质性客体或肌肉,具有**客观性**	客观事物在人脑中的主观映像,具有**观念性**
动作的进行	通过外部显现的肌肉运动实现,具有**外显性**	对观念性对象进行加工改造,具有**内潜性**
动作的结构	每个动作必须切实执行,不能合并、省略,具有**展开性**	不完全的、片断的,是高度省略和简化的,具有**简缩性**。

真题面对面

1. [2023,判断选择,1 分]打球、游泳、阅读都属于操作技能。(　　)

A. 正确　　　　B. 错误

2. [2019,判断选择,1 分]操作技能的活动对象具有客观性,心智技能的活动对象具有观念性。(　　)

A. 正确　　　　B. 错误

答案:1. B　2. A

第二节　操作技能的形成

一、操作技能的形成阶段 【2021 填空】 必背

我国学者冯忠良认为操作技能需经过操作定向、操作模仿、操作整合和操作熟练四个阶段才能形成。

考点 1　操作定向

操作技能表现为一系列的操作活动，在形成之初，学习者必须了解做什么、怎么做的有关信息与要求，形成对动作的初步认识。**操作定向**就是了解操作活动的结构与要求，在头脑中建立起操作活动的定向映像的过程。

考点 2　操作模仿

个体在定向阶段了解了一些基本的动作机制之后，就会尝试做出某种动作。模仿的实质是将头脑中形成的定向映像以外显的实际动作表现出来。模仿是在定向的基础上进行的，缺乏定向映像的模仿是机械的模仿。只有通过模仿，才能使这一映像得到检验、巩固与充实。操作模仿是掌握操作技能的开端，需要以认知为基础。

考点 3　操作整合

操作整合是把构成整体的各动作要素，依据其内在联系联结成整体，形成操作活动的序列，获得有关操作活动的完整的动觉映像的过程。只有通过整合，各动作成分之间才能协调联系，动作结构才趋于合理，动作的初步概括化才得以实现。

考点 4　操作熟练 【2018 多选】

操作熟练是操作技能掌握的高级阶段。通过动作练习形成的活动方式对各种变化的条件具有高度的适应性，动作的执行达到高度的程序化、自动化和完善化。自动化并非无意识，而是指它的执行过程不需要意识的高度控制，可以将注意力分配给其他活动。

表 4-15　操作模仿、操作整合和操作熟练阶段的特点

阶段 方面	操作模仿	操作整合	操作熟练
动作品质	动作的稳定性、准确性、灵活性较差	动作可以表现出一定的灵活性、稳定性和精确性，但当外界条件发生变化时，动作的这些特点都有所降低	动作具有高度的灵活性、稳定性和准确性，在各种变化的条件下都能顺利完成动作
动作结构	各个动作要素之间的协调性较差，互相干扰，常有多余动作产生	各个动作成分趋于分化、精确，整体动作趋于协调、连贯，各动作成分间的相互干扰减少，多余动作也有所减少	各个动作之间的干扰消失，衔接连贯、流畅，高度协调，多余动作消失

续表

方面＼阶段	操作模仿	操作整合	操作熟练
动作控制	主要靠视觉控制，动觉控制水平较低，不能主动发现错误与纠正错误	视觉控制不起主导作用，逐步让位于动觉控制，肌肉运动的感觉变得较清晰、准确，并成为动作执行的主要调节器	动觉控制增强，不需要视觉的专门控制和有意识的活动，视觉注意范围扩大，能准确地觉察到外界环境的变化并调整动作方式
动作效能	完成一个动作往往比标准速度要慢，个体经常感到疲劳、紧张	疲劳感、紧张感降低，心理能量的不必要消耗减少，但没有完全消除	心理消耗和体力消耗降至最低，表现为紧张感、疲劳感减少，动作具有轻快感

真题面对面

1. [2018，多，2分]下列关于操作技能熟练阶段的动作特点的表述，正确的有(　　)

A. 动作具有高度的灵活性、稳定性和准确性

B. 主要靠视觉控制，动觉控制水平较低

C. 紧张感、疲劳感减少，动作具有轻快感

D. 动作衔接连贯、流畅、协调，多余动作消失

2. [2021，填空，1分]冯忠良认为，操作技能的形成过程分为操作__________、操作模仿、操作整合和操作熟练四个阶段。

答案：1. ACD　2. 定向

二、操作技能的培训要求

考点1　准确的示范与讲解

示范、讲解在操作技能的形成过程中是不可缺少的，准确的示范与讲解有利于学习者不断地调整头脑中的动作表象，形成准确的定向映像，进而在实际操作活动中可以调节动作的执行。示范可以促进操作技能的形成，但示范的有效性取决于许多因素，如示范者的身份、示范的准确性、示范的时机等。

言语讲解在技能形成过程中也起到重要的作用。进行讲解与指导时，要注意言语的简洁、概括与形象化；不仅要讲解动作的结构与具体要求，也要讲解动作所包含的基本原理；不仅要讲解动作的物理特性，也要指导学生注意体验执行动作时的肌肉运动知觉。

考点2　必要而适当的练习

练习是形成各种操作技能所不可缺少的关键环节，通过应用不同形式的练习，可以使个体掌握某种技能。一般来说，随着练习次数的增多，动作的精确性、速度、协调性等会逐步提高。从练习曲线(图4-4)中可以看出技能随着练习量的增加而提高的一般趋势。

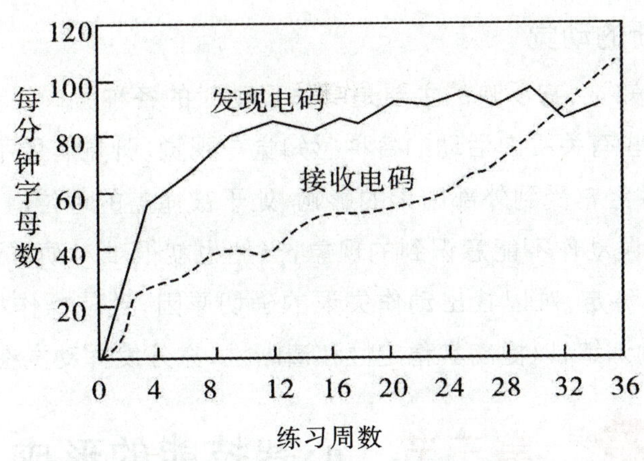

图4-4　常见的练习曲线(学习电码的练习曲线)

虽然不同的学习者的练习曲线存在差异,但也具有共同点,表现在:

(1)开始进步快。初期进步较快的原因主要有两点:①练习开始时,学生对技能中的某些动作成分,可以利用原有的经验;②有些技能可以分解成几个简单动作进行练习,比较容易掌握。

(2)中间有一个明显的、暂时的停顿期,即高原期。通常把学生在学习过程中出现一段时间的学习成绩和学习效率停滞不前,甚至学过的知识感觉模糊的现象,称为"**高原现象**"。产生的原因在于:①学习方法的固定化;②学习任务的复杂化;③学习动机减弱;④兴趣降低;⑤心理和生理上的疲劳;⑥意志不够顽强。

(3)后期进步较慢。后期进步逐渐缓慢,但坚持练习还能持续有所提升。为了促进操作技能的形成,过度学习是非常必要的。但值得注意的是,并非过度学习的量越大越好,过分的过度学习会使个体疲劳、没有兴趣,不仅不会进步甚至可能导致相反的结果。

(4)总趋势是进步的,但有时出现暂时的退步。整个练习过程中,成绩往往会有一些波动起伏现象。而且,多数情况下,练习曲线反映出来的技能的进步是先快后慢;也有少数情况可能出现先慢后快的趋势。

考点3　充分而有效的反馈

反馈指在学习与练习过程中信息的返回传递。一般来讲,反馈来自两个方面:(1)**内部反馈**,即操作者自身的感觉系统提供的感觉反馈。这是个体通过自身的视觉、听觉、触觉、动觉等获取的反馈信息,尤其是动觉反馈信息最有代表性。(2)**外部反馈**,即操作者自身以外的人和事给予的反馈,有时也称结果知识。这是教师、教练、示范者、录像、计算机等外部信息源对学习者的操作结果及其操作过程的反馈。

反馈在操作技能学习过程中的作用是非常关键的,只有通过反馈,学习者才知道自己的动作是否合乎要求。其中准确的结果反馈可以引导学生矫正错误动作、强化正确动作,并鼓励学生努力改善其操作,作用尤为明显。影响反馈效果的因素有:(1)反馈的内容;(2)反馈的频率;(3)反馈的方式。

考题预测

[单,2分]在学生动作技能形成的过程中,练习到一定阶段往往会出现进步暂时停顿的现象。这种现象称为(　　)

A. 扇贝现象　　B. 蓄势现象　　C. 高原现象　　D. 掩蔽现象

答案:C

考点4　建立稳定清晰的动觉

动觉是复杂的内部运动知觉，它反映的主要是身体运动时的各种肌肉活动的特性，如紧张、放松等，而不是外界事物的特性。这些有关肌肉活动的各种感知觉与视觉、听觉有所不同，如果不经过训练，它们很难为个体清晰地意识到，并经常受到外部因素的影响，处于被掩盖的地位。由于运动知觉的模糊性，经常会发生学习者对自己的错误动作不能意识到的现象，当然也就很难对动作进行有意识的调节或控制。这样就容易导致技术水平不稳定，难以找出动作失误的确切原因，致使操作技能的学习陷入盲目状态。因此，有必要进行专门的动觉训练，以提高其稳定性和清晰性，充分发挥动觉在技能学习中的作用。

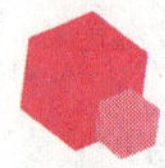

第三节　心智技能的形成

一、心智技能的形成阶段　【2022填空、2020材料分析】必背

我国学者冯忠良提出了心智技能形成的三个阶段，即原型定向、原型操作、原型内化。

考点1　原型定向

原型指那些被模拟的自然现象或过程。智力活动的原型是对一些最典型的智力活动样例的设想。原型定向就是了解原型的活动结构，从而使主体明确活动的方向，知道该做哪些动作和怎样去完成这些动作。这一阶段是主体掌握操作性知识的阶段，也是心智技能形成的准备阶段。

考点2　原型操作

原型操作是依据智力技能的实践模式，把学生在头脑中已建立起来的活动程序计划以外显的操作方式付诸实施，获得完备的动觉映像的过程。这一阶段，借助于实物模型、图片、示意图或动作等，依据智力活动的实践模式，把学生在头脑中已建立起来的活动程序计划，以外显的操作方式付诸实施，帮助学生理解心智技能学习的内容，以获得完备的动觉映像，有利于形成新的智力活动。

考点3　原型内化

原型内化，即智力活动的实践模式（原型）向头脑内部转化，由物质的、外显的、展开的形式变成观念的、内潜的、简缩的形式的过程。原型内化最后达到活动方式的定型化、简缩化和自动化。该阶段开始借助言语来对观念性对象进行加工，是原型在学习者头脑中转化为心理结构内容的过程，是心智技能的完成阶段。

真题面对面

［2022，填空，1分］冯忠良认为，心智技能的形成要经历原型定向、原型操作和＿＿＿＿＿＿三个阶段。

答案：原型内化

二、心智技能的培养要求

考点1　确立合理的智力活动原型

由于形成的心智技能一般存在于有着丰富经验的专家的头脑中，因此，模拟确立模型的过程实际上是把专家头脑中的观念的、内潜的、简缩的经验“外化”为物质的、展开的、活动的模式的过程。

考点2 有效进行分阶段练习

由于心智技能是按一定的阶段逐步形成的，因此在培训方面只有分阶段进行练习，才能获得良好的教学效果。为提高分阶段练习的成效，在培养工作方面，必须充分依据心智技能的形成规律，采取有效措施，具体包括：(1)激发学习的积极性和主动性；(2)注意原型的完备性、独立性和概括性；(3)适应培养的阶段特征，正确使用言语；(4)注意学生的个别差异；(5)科学地进行练习。

其中，教师在指导学生练习时，应该注意以下几点：①教师要做到精讲、使学生多练。所谓“精讲”，就是要求教师上课要突出重点、难点，抓关键、讲主干、谈方法；“多练”则是要求教师通过变式、操作等学习活动，增加学生灵活应用知识的机会，而不是让学生搞题海战术。因此，教师在精讲之余，应该留一些时间鼓励学生思考与练习。②注意练习形式的多样化，举一反三。③练习要适量适度，循序渐进。

考点3 知识影响技能的形成

了解学生的知识基础，并为学生提供相关知识。

考点4 注重培养学生认真思考的习惯和独立思考的能力

要注意形成学生的概括性联想，培养学生的概括力和灵活的思维品质。

★★ 考点大默写 ★★

1. 心智技能在动作的对象上具有__________，在动作的进行上具有__________，在动作的结构上具有__________。
2. 技能__________好坏之分，而习惯__________好坏之分。
3. 技能按其本身的性质和特点，可分为__________和__________。
4. __________是通过学习而形成的合乎法则的操作活动方式，如日常生活中的写字、打字、绘画，音乐方面的吹、拉、弹、唱。
5. __________是通过学习而形成的合乎法则的心智活动方式，如阅读技能、写作技能、运算技能、解题技能。
6. 操作技能在动作的对象上具有__________，在动作的进行上具有__________，在动作的结构上具有__________。
7. 冯忠良认为操作技能的形成阶段有__________、__________、__________、__________四个阶段。
8. 学习者通过各种途径了解自己要做什么、怎么做的有关信息与要求，形成对动作的初步认识。该学习者处于操作技能形成的__________阶段。
9. __________是掌握操作技能的开端，需要以认知为基础。
10. 在操作整合阶段，个体在动作控制方面，__________控制不再起主导作用，逐步让位于__________控制。
11. 动作具有高度的灵活性、稳定性和准确性，在各种变化的条件下都能顺利完成，是__________阶段的动作品质特点。

12. 在操作技能的练习中，有一个明显的、暂时的停顿期。这个时期被称为＿＿＿＿＿＿。这种学生在学习过程中出现一段时间的学习成绩和学习效率停滞不前，甚至学过的知识感觉模糊的现象被称为＿＿＿＿＿＿。

13. 练习曲线的总趋势是进步的，在开始时＿＿＿＿＿＿，后期＿＿＿＿＿＿。

14. 冯忠良提出了心智技能形成的三个阶段：＿＿＿＿＿＿、＿＿＿＿＿＿、＿＿＿＿＿＿。

15. 在心智技能的形成中，主体掌握操作性知识的阶段是＿＿＿＿＿＿，这一阶段也是心智技能形成的准备阶段。

16. 在心智技能的形成中，学生获得完备的动觉映像的阶段是＿＿＿＿＿＿。

17. ＿＿＿＿＿＿是心智技能的完成阶段。

【参考答案】

1. 观念性；内潜性；简缩性　2. 没有；有　3. 操作技能；心智技能　4. 操作技能（运动技能、动作技能）　5. 心智技能（智力技能、认知技能）　6. 客观性；外显性；展开性　7. 操作定向；操作模仿；操作整合；操作熟练　8. 操作定向　9. 操作模仿　10. 视觉；动觉　11. 操作熟练　12. 高原期；高原现象　13. 进步快；进步较慢　14. 原型定向；原型操作；原型内化　15. 原型定向　16. 原型操作　17. 原型内化

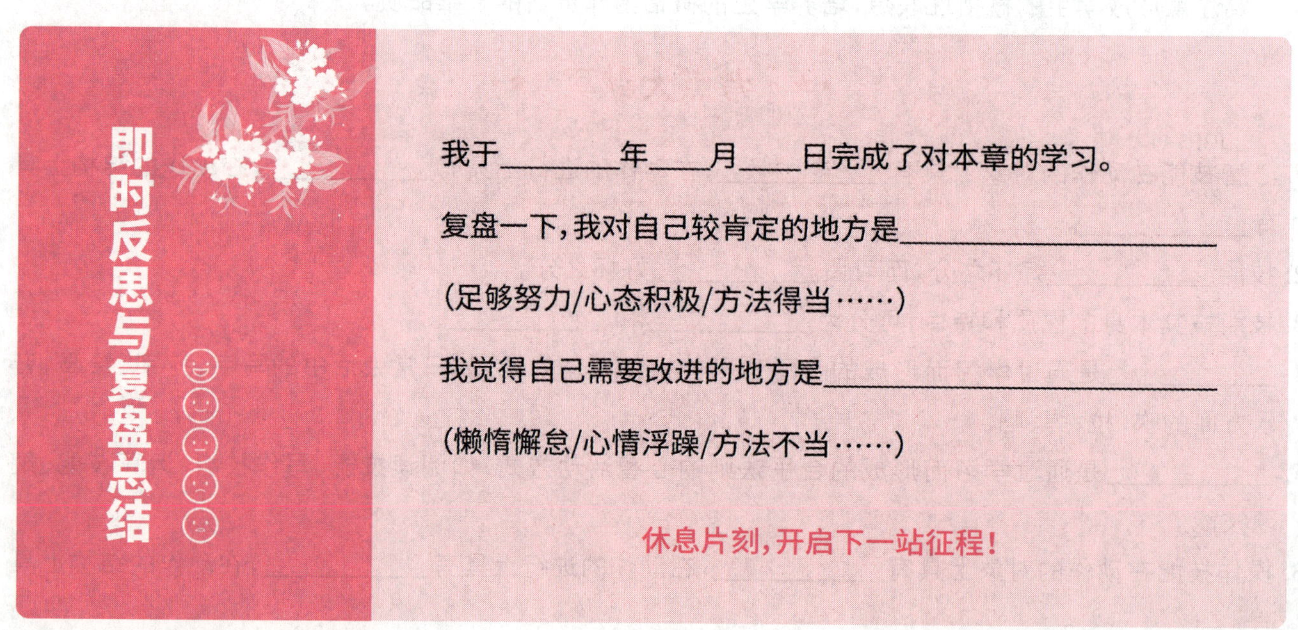

第八章 问题解决与创造性

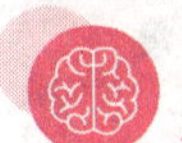

思维导图

- 问题解决与创造性
  - 问题与问题解决
    - 问题解决概述
      - 分类：结构良好、结构不良
      - 特征：目的性、认知性、序列性
    - 问题解决的过程
      - 发现问题、理解问题、提出假设、检验假设
    - 问题解决的策略
      - 算法：一一列举、费时费力
      - 启发法：手段—目的分析、爬山、逆推法 （易混点）
  - 问题解决的影响因素 （重点）
    - 问题情境与问题表征的方式
      - 问题元素的空间集合方式
      - 提供的条件刺激
      - 表征方式与认知结构的关系
    - 定势与功能固着
      - 心理准备状态
      - 事物用途的固有观念
    - 原型启发
      - 从其他事物上发现解决问题的途径和方法
    - 已有知识经验
      - 经验水平或实践知识
    - 情绪与动机
      - 情绪是否积极；动机的强度
  - 提高问题解决能力的教学
    - 提高学生知识储备的数量和质量
      - 学生牢记知识
      - 提供变式，促进概括
      - 重视知识联系
    - 教授与训练解决问题的方法和策略
      - 结合学科，教授思维方法
      - 显性教学
    - 提供多种练习机会
      - 避免低水平、简单的提问或重复的机械练习
    - 培养思考问题的习惯
      - 鼓励主动发现问题
      - 鼓励从多角度提出假设
      - 鼓励自我评价和反思
    - 训练逻辑思维能力，提高思维水平
      - 思维训练课
      - 在学科教学中穿插思维训练
  - 创造性及其培养
    - 创造性的概念及分类
      - 概念：产生出某种新颖、独特、有社会价值的产品的能力或特性
    - 创造性的特征
      - 流畅性、灵活性、独创性
    - 影响创造性的因素
      - 环境、智力、个性
    - 创造性的培养
      - “独创非奇恐榜样”

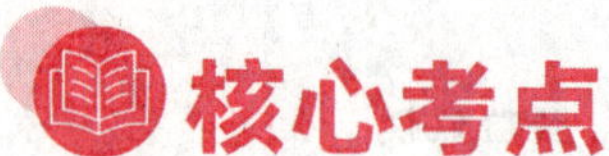

福建考向

本章属于心理学中的重点章节，特点为知识系统、知识应用性较强，需要考生进行理解记忆。现对本章福建考向分析如下：

高频考点	常考题型	能力层级	考查热度
问题解决的影响因素	单选、多选、材料分析	运用	★★★
创造性的特征	判断	理解	★★

核心考点

第一节　问题与问题解决

一、问题解决概述

考点1　问题

1. 问题的界定

问题是给定信息与要实现的目标之间有某些障碍需要加以克服的情境。每一个问题都必然包含以下三种成分：

(1)给定信息，指有关问题初始状态的一系列描述；

(2)目标，指有关问题结果状态的描述；

(3)障碍，指在解决问题的过程中会遇到的种种亟待解决的因素。

2. 问题的分类

根据问题的组织程度，把问题分为结构良好问题和结构不良问题。

结构良好问题是指其初始状态和目标状态，以及问题解决的方法都是明确的。学习者在学科学习中遇到的绝大多数问题都是结构良好问题。例如，“求边长为2厘米的正方形的面积”。

结构不良问题是指它没有明确的结构或解决途径。例如：“修电脑”，其初始状态不明确，要先检查电脑的故障出在哪儿；“用Photoshop做一朵漂亮的玫瑰花”，其目标状态不明确，什么样的玫瑰花才算“漂亮”；让学生考察当地城市的污染状况并写出一篇论文，其初始状态、目标状态、甚至问题解决方案都不明确，是名副其实的结构不良问题。

考点2　问题解决

1. 问题解决及其特征

问题解决是指为了从问题的初始状态到达目标状态，而采取一系列具有目标指向性的认知操作的过程。问题解决具有以下三个特征：

(1)目的性。问题解决总是要达到某个特定的目标状态，因而具有明确的目的性。没有明确目的指向的心理活动，如漫无目的的幻想等，不能称为问题解决。

(2)认知性。问题解决活动是通过内在的心理加工实现的，整个活动的过程依赖于一系列认知操作的进行。自动化的操作如走路等基本上没有重要的认知成分参与,因而,不属于问题解决的范畴。

(3)序列性。问题解决包含一系列的心理活动,如分析、联想、比较、推论等,仅有一个心理操作不能称为问题解决。而且这些心理操作是有一定序列的,序列出错,问题也无法解决。简单的记忆操作不能称为问题解决,如回忆某人的名字等。

2. 问题解决的类型

问题解决有两种类型:常规性问题解决和创造性问题解决。前者解决的是有固定答案的问题,只需使用现成的方法来解决;后者解决的是没有固定答案的问题,是通过发展新方法形成新思路和步骤来实现的。

二、问题解决的过程

问题解决的过程一般可分为发现问题、理解问题、提出假设和检验假设四个阶段。

(1)发现问题。从完整的问题解决过程来看,发现问题是其首要环节。能否发现问题,与个体的活动积极性、求知欲望、已有知识经验等有关。

(2)理解问题。理解问题即明确问题,就是把握问题的性质和关键信息,摒弃无关因素,并在头脑中形成有关问题的初步印象,即形成问题的表征。

(3)提出假设。提出假设就是提出解决问题的可能途径与方案,选择恰当的解决问题的操作步骤。能否有效地提出假设,受到个体思维的灵活性与已有知识经验的影响。提出假设是问题解决的关键阶段。

(4)检验假设。检验假设就是通过一定的方法来确定假设是否合乎实际、是否符合科学原理。检验假设的方法有两种:直接检验和间接检验。

三、问题解决的策略 【2019填空】

考点1 算法

算法策略是将所有可能的针对问题解决的方法都一一列举出来并进行尝试,直到最终从根本上解决问题。很明显,算法策略需要在解决问题时进行大量的准备工作,需要花费较大的精力和较多的时间,但是优点就是能够确保找到问题解决的途径。例如,解锁密码箱时每一位密码都有"0~9"10个数字,把所有数字组合一个一个进行尝试,直到找到打开密码箱的正确密码,这一过程就是在使用算法策略。

考点2 启发法

与算法的思维过程不同,启发法是基于一定的经验,根据现有问题状态与目标状态之间的内在联系,采用较少搜索而找到解决问题途径的一种策略。启发法不需要像算法策略那样费时费力,往往是一种比较快捷的方法,但却并不能保证一定可以成功地解决问题。以下是几种常用的启发法策略:

1. 手段—目的分析法

所谓**手段—目的分析法**,就是将需要达到的问题的目标状态分成若干个子目标,通过实现一系列的子目标而最终达到总目标。它的基本步骤是:(1)比较初始状态和目标状态,提出第一个子目标;(2)找出完成第一个子目标的方法或操作,实现子目标;(3)提出新的子目标,如此循环往复,直至问题解决。手段—目的分析法是一种不断减少当前状态与目标状态之间的差别而逐步前进的策略,是一种常用的解题策略,对解决复杂问题有重要的应用价值。但手段—目的分析法包括这样一种情况,即有时人们为了达到目的,不得不暂时扩大目标状态与初始状态的差距,以便最终达到目标。

2. 爬山法

爬山法是采用一定的方法逐步降低初始状态和目标状态的距离,以达到问题解决的一种方法。这就好像登山者,为了登上山峰,需要从山脚一步一步向上攀登。

3. 逆推法

逆推法是从问题的目标状态开始搜索直至找到通往初始状态的方法。逆向搜索更适合于解决那些从初始状态到目标状态只有少数解决方法的问题,数学中的推理运算有时采用这一策略。

考生容易混淆手段—目的分析法与爬山法,二者的区别主要在于:(1)爬山法强调逐步缩小。(2)手段—目的分析法强调一系列子目标,不断缩小或暂时扩大。

真题面对面

[2019,填空,1分]问题解决策略包括算法策略和________策略。

答案:启发法

第二节　问题解决的影响因素　必背

一、问题情境与问题表征的方式　【2021材料分析】

问题情境是个体面临的刺激模式与其已有知识结构所形成的差异。问题表征是在头脑中对问题进行信息记载、理解和表达的方式。它们对问题解决的影响有以下几点:

(1)问题情境中问题元素的空间集合方式不同,影响问题解决的难易。

(2)问题情境中提供的条件刺激太多或太少都不利于问题解决,太少可能遗漏信息,太多则会产生干扰。

(3)问题表征的方式与主体的认知结构之间的关系影响问题解决。一般而言,问题表征的方式与主体的认知结构越接近,越利于问题解决;反之,则越难。

二、定势与功能固着　【2018单选】

定势(即心向)是指重复先前的操作所引起的一种心理准备状态。在定势的影响下,人们会以某种习惯的方式对刺激情境做出反应。定势对解决问题有积极作用,也有消极作用。

人们把某种功能赋予某物体的倾向称为**功能固着**。在功能固着的影响下,人们不易摆脱事物用途的固有观念,从而直接影响问题解决的灵活性。

真题面对面

[2018,单,2分]经常使用一个物体的某项功能,而认为该物体只有这种功能的现象,称为(　　)

A. 顿悟　　B. 原型启发　　C. 功能固着　　D. 导向功能

答案:C

三、原型启发

对问题解决起启发作用的事物叫**原型**。原型启发是指从其他事物上发现解决问题的途径和方法。任何一个人对某一项目的发明创造或革新，都不是凭空想象出来的，在开始时总要受到某种类似的事物或模型的启发。例如，鲁班从丝茅草割破手得到启发，发明了锯。原型启发在创造性解决问题时的作用十分明显。通过联想，人们可以从原型中找到解决问题的新方法。原型之所以有启发作用，是因为事物本身的特点与所创造的事物之间有相似之处。某事物能否起启发作用，不仅取决于该事物的特点，还取决于问题解决者的心理状态。在问题解决者的思维活动处于积极但又不过于紧张的状态时，才最容易产生原型启发。

考题预测

[单，2分]鲁班从被丝茅草割破手中得到灵感发明了锯子，这表明(　　)在创造性问题的解决过程中具有重要作用。

A. 酝酿效应　　B. 问题情境　　C. 原型启发　　D. 情绪和动机

答案：C

四、已有知识经验

经验水平或实践知识影响问题解决。善于解决问题的专家与新手的区别，就在于前者具备有关问题的大量知识并善于实际应用这些知识来解决问题。有经验的专家在本专业领域内是解决问题的高手，但在其他领域并不一定特别聪明，有时还显得笨拙。这说明实践知识对于高效地解决问题是有一定条件的。

五、情绪与动机

情绪对问题解决有一定影响，肯定、积极的情绪状态有利于问题的解决；否定、消极的情绪状态则会阻碍问题的解决。人们对活动的态度、责任感等都可以成为发现问题的动机，影响问题解决的效果。动机的强度不同，影响的大小也不一样。动机与问题解决的关系遵循“耶克斯—多德森定律”。

此外，个体的认知结构、个性特征以及**问题的特点**等也会影响问题解决。

真题面对面

[2020，多，2分]影响问题解决的因素有(　　)

A. 定势　　B. 知识经验

C. 功能固着　　D. 问题的特征

答案：ABCD

第三节　提高问题解决能力的教学

在学校情境中，大部分问题解决是通过解决各个学科中的具体问题来体现的，这就意味着结合具体的学科教学来培养解决问题的能力是有必要的，也是可行的。具体可从以下几方面入手。

一、提高学生知识储备的数量和质量

(1)帮助学生牢固地记忆知识。知识记忆得越牢固,提取也就越快、越准确,成功地解决问题的可能性也就越大。教师应教给学生一些记忆和提取的方法,并鼓励学生运用这些方法。

(2)提供多种变式,促进知识的概括。只有深刻地领会和理解了的知识才能被牢固地记忆和有效地应用。因此,教师要重视概括、抽象、归纳和总结,应用同质不同形的各种问题的变式来突出本质特征,加强学生对不同类型问题的区分和辨别,提高其对所学内容的理解水平。

(3)重视知识间的联系,建立网络化结构。问题解决通常是综合应用各种知识的过程,知识之间的有机联系是保证正确解决问题的基础。为此,教师要有意识地沟通课内外、不同学科、不同知识点之间的纵横交错的联系,完善学生的知识结构。

二、教授与训练解决问题的方法和策略

(1)结合具体学科,教授思维方法。有效的思维方法可以引导学生正确地解决问题。教师既可以结合具体学科内容,教授一些审题技能、构思技能等,也可以根据已有的研究成果,开设专门的思维训练课。

(2)外化思路,进行显性教学。教师在教授思维方法时,应将头脑中的思维方法或思路提炼后外化出来,给学生示范,并要求模仿。学生通过这种学习,可以逐步掌握各种思维方法,将教师的经验内化成自己的经验,充实自己的认知结构。

三、提供多种练习机会

应避免低水平的、简单的提问或重复的机械练习,防止学生埋没于题海之中,应考虑练习的质量,根据不同的教学目的、教学内容、教学手段等来精选、设计例题与习题,充分考虑练什么、什么时候练、以什么方式练、练到什么程度、如何检验练的效果等。还要注意练习形式的多样化,以调动学生主动参与学习的积极性,提高学生知识应用的灵活性和广泛性。

四、培养思考问题的习惯

(1)鼓励学生主动发现问题。运用一定的教学方式提高学生的主动性,让学生养成主动解决问题、主动提问的习惯。另外,培养学生的观察意识和观察能力,对发现问题会有很大帮助。

(2)鼓励学生从多角度提出假设。在明确问题的基础上,教师可以鼓励学生从多角度、尽可能多地提出假设,且不对这些想法作过多评判,以免使学生的思路过早地局限于某一方案。

(3)鼓励自我评价和反思。要求学生反复推敲、分析各种假设与方法的优劣,对解决问题的整个过程进行监控和评价。

五、训练逻辑思维能力,提高思维水平

问题解决需要借助于推理进行,而如何进行有效的思考才能使问题得到较好的解决呢?这就需要一个人不断地提高思维的水平。提高思维水平主要靠思维训练,训练学生的思维主要有两种形式:(1)直接上思维训练课;(2)在学科教学中穿插思维训练的内容。

第四节　创造性及其培养

一、创造性的概念及分类

1. 创造性的概念

在心理学上，创造性是一个复杂而颇有争议的概念。一般把创造性看成是根据一定目的，运用已知信息，产生出某种新颖、独特、有社会价值的产品的能力或特性，也称为创造力。

创造性并不是少数人独有的，而是人类普遍存在的一种潜能，是每个人都有的一种心理品质。创造性和创造性思维的区别在于创造性具有更广泛的含义，而且其结果是新的产品，而创造性思维只是一种思维形式，其结果是在人的头脑中形成新产品的形象。

2. 创造性的分类

根据创造产品的价值意义不同，创造可以分为真创造和类创造。

真创造指产生了具有人类历史首创性产品的活动。类创造是指创造产生的产品并非社会首创，只是对个体而言具有独创性。例如，曾经有农民自己花费很长的时间发明创造了木制飞机。对于社会而言，飞机早已不再是什么新奇的事物，但是对于这位农民而言，却是他个人独创的。已有研究指出，不论是真创造还是类创造，它们的心理加工过程、所表现出来的思维或认知能力在本质上是相同的。

二、创造性的特征 【2017 判断】

尽管不同的研究及其相关测验强调创造性的不同特征，但目前比较公认的是以发散思维的基本特征来代表创造性的特征。

表 4-16　创造性的特征

特征	概念	举例
流畅性	在限定时间内产生观念数量的多少	让被试“举出报纸的用途”，被试在限定时间内回答出较多用途
灵活性（变通性）	摒弃以往的习惯思维方法而开创不同方向的能力	让被试“举出报纸的用途”，被试回答“阅读”“包东西”“折玩具”等，用途范围比较广泛
独创性（独特性）	产生不同寻常的反应和不落常规的能力，以及重新定义或按新的方式对所见所闻加以组织的能力	在“曹冲称象”的故事中，曹冲把“石头”作为称象的工具就显得十分独特

三、影响创造性的因素

考点 1　环境

家庭与学校的教育环境以及社会文化是影响个体创造性的重要因素。

(1)父母的受教育程度、管教方式以及家庭气氛等都在不同程度上影响孩子的创造性。研究发现，父母受教育程度较高者、对子女的要求不过分严格者、对子女的教育采取适当辅导策略者以及家庭气氛比较民主者，都比较有利于孩子的创造性的培养。

(2)在学校教育方面，如果学校气氛较为民主，教师不以权威管理学生；教师鼓励学生的自主性，允许学生表达不同意见；学习活动有较多自由，教师允许学生在自行探索中去发现知识，这样的教育就有利于创造性的培养。

(3)社会文化也会影响学生创造性的发展。如果一个社会过分强调社会规范、因循守旧,不敢探索那些有可能失败的未知事物,个体创造性就会被限制;如果团体压力过大,不能容纳那些标新立异的人,那么个体就会有更多的从众行为。相反,如果人人对创造、发明表示羡慕和敬意,创造就会受到鼓励,就必定人人乐于开拓冒险、推陈出新,个体的创造性就会得到张扬,创新人才也就会大量涌现。因此,创设具有一定开放性和自由空间的成长环境,尊重学生的独立性、尊重他们的差异,是创造性培养的另一重要方面。

考点2 智力

创造性的研究表明,创造性与智力并非成简单的线性关系,二者既有独立性,又在某种条件下具有相关性,在整体上呈正相关趋势。高智力是高创造性的必要条件,但不是充分条件。其关系表现为:(1)低智力不可能具有高创造性;(2)高智力可能有高创造性,也可能有低创造性;(3)低创造性者的智力水平可能高,也可能低;(4)高创造性者必须有高于一般水平的智力。

考点3 个性

一般而言,创造性与个性二者之间具有互为因果的关系。综合有关研究,高创造性者一般具有以下一些个性特征:(1)具有幽默感;(2)有抱负和强烈的动机;(3)能够容忍模糊与错误;(4)喜欢幻想;(5)具有强烈的好奇心。

四、创造性的培养

创造性是由人的认知能力、个性倾向和社会环境相互作用产生的行为结果。因此,可以从以下四个方面来探索创造性的培养途径:

考点1 培养创造性认知能力

(1)培养创造性的知识基础。知识是提高创造性的基础。

(2)培养创造性思维。具体措施有:①运用启发式教学,保护学生的好奇心,激发学生的求知欲,培养创造性动机,调动学生学习的积极性和主动性。②培养学生的发散思维,并将发散思维和集中思维相结合。③发展学生的创造性想象能力。④组织创造性活动,正确评价学生的创造性。⑤开设具体的创造性课程,教授学生创造性思维策略和创造技法。⑥结合各学科特点进行创造性思维训练。

考点2 注重创造性个性的塑造

由于创造性与个性之间具有互为因果的关系,因此,从个性入手来培养创造性,这也是促进创造性产生的一条有效途径。研究者提出的各种建议,可概括如下:

(1)保护好奇心。应接纳学生任何奇特的问题,并赞许其好奇求知,不应忽视或讥讽。

(2)解除个体对答错问题的恐惧心理。对学生所提的问题,无论是否合理,均以肯定态度接纳他所提出的问题。对出现的错误不应全盘否定,更不应指责,应鼓励学生正视并反思错误,引导学生尝试新的探索,而不循规蹈矩。

(3)鼓励独立性和创新精神。应重视学生与众不同的见解、观点,并尽量采取多种形式支持学生以不同的方式来理解事物。对平常的问题的处理能提出超常见解者,教师应给予鼓励。

(4)重视非逻辑思维能力。非逻辑思维是创造性思维的重要成分,在各种创造活动中都起着重要作用,贯穿整个创造活动的始终。教师应鼓励学生大胆猜测,进行丰富的想象,不必拘泥于常规的答案。给学生机会进行猜测，并尽量让他们有猜测的成功体验。在丰富学生的想象力方面，可以应用多种教学手段和形式，使学生头脑中的表象更为鲜明、完整。

(5)给学生提供具有创造性的榜样。

记忆有妙招

创造性个性塑造的方法，可用以下口诀进行记忆：**独创非奇恐榜样**。

独(独立性)**创**(创新精神)**非**(非逻辑思维能力)**奇**(好奇心)**恐**(恐惧心理)**榜样**。

考点3 创设有利的社会环境

(1)创设宽松的心理环境。教师应给学生创造一个能支持或容忍标新立异者或偏离常规思维者的环境，让学生感受到“心理安全”和“心理自由”，即给学生创造较为宽松的学习的心理环境。

(2)给学生留有充分选择的余地。在可能的条件下，应给学生一定的权利和机会，让有创造性的学生有时间、有机会干自己想干的事，为创造性行为的产生提供机会。

(3)改革考试制度与考试内容。应使考试真正成为选拔有能力、有创造性人才的有效工具，在考试的形式、内容等方面都应考虑如何测评创造性的问题。

考点4 培养创造型的教师队伍

要培养学生的创造性，必须对教师进行有关创造性的相应培训和专门指导。具体表现在：

(1)要转变教师的教育教学观念，使教师形成理解并鼓励学生的创造，把培养创造性作为一种教学目标的现代教育理念；

(2)要教给教师必要的创造技法和思维策略，提高他们自身的创造意识和创造能力；

(3)要为教师提供比较明晰的具有实际应用价值的关于创造性的操作定义、相应的评价标准和程序、有效的教学策略和技能。

考点大默写

1. 每一个问题都必然包含__________、__________、__________三种成分。
2. 根据问题的组织程度，把问题分为__________和__________。已知圆的半径，求圆的面积，属于__________问题。
3. 与爬山法相比，手段—目的分析法在行进过程中，可以暂时__________目标状态与初始状态的差距，以便最终达到目标。
4. 问题解决具有__________、__________、__________的特征。
5. 问题解决的过程一般可分为__________、__________、__________、__________四个阶段。
6. 问题解决的首要环节是__________。
7. __________策略是将所有可能的针对问题解决的方法都一一列举出来并进行尝试，直到最终从根本上解决问题。
8. 小明用穷举法解答问题，他运用的是__________策略。
9. 小明在解答数学题时，会采用从结果出发，逐步推进到已知条件的方法。这属于__________。
10. 影响问题解决的主要因素包括问题情境与问题表征的方式、__________、__________、已有知识经验和__________。

11. 动机与问题解决的关系遵循__________定律。

12. 人们往往只能想到用箱子装东西，却很难想到用箱子当桌子放东西。这种把某种功能赋予某物体的倾向称为__________。

13. 对问题解决起启发作用的事物叫__________。__________是指从其他事物上发现解决问题的途径和方法。

14. 为了提高学生知识储备的数量和质量，教师应该让学生重视知识间的联系，建立__________。

15. 为了提高学生知识储备的数量和质量，教师应该提供多种变式，促进知识的__________。

16. 为了提高学生解决问题的能力，在培养学生思考问题的习惯时，应该鼓励学生主动__________、从多角度提出假设、自我评价和反思。

17. 创造性的特征有__________、__________、__________。

18. 小明在回答"纸的用途"这一问题时，能够迅速给出十几种答案，但都局限于"擦"这一种用途。这说明小明创造性的__________良好，__________和__________不足。

19. 从个性入手来培养创造性是促进学生创造性产生的一条有效途径，具体包括：__________、解除个体对答错问题的恐惧心理、鼓励独立性和创新精神、__________、给学生提供具有创造性的榜样。

【参考答案】

1. 给定信息；目标；障碍 2. 结构良好问题；结构不良问题；结构良好 3. 扩大 4. 目的性；认知性；序列性 5. 发现问题；理解问题；提出假设；检验假设 6. 发现问题 7. 算法 8. 算法 9. 逆推法 10. 定势与功能固着；原型启发；情绪与动机 11. 耶克斯—多德森 12. 功能固着 13. 原型；原型启发 14. 网络化结构 15. 概括 16. 发现问题 17. 流畅性；灵活性(变通性)；独创性(独特性) 18. 流畅性；灵活性(变通性)；独创性(独特性) 19. 保护好奇心；重视非逻辑思维能力

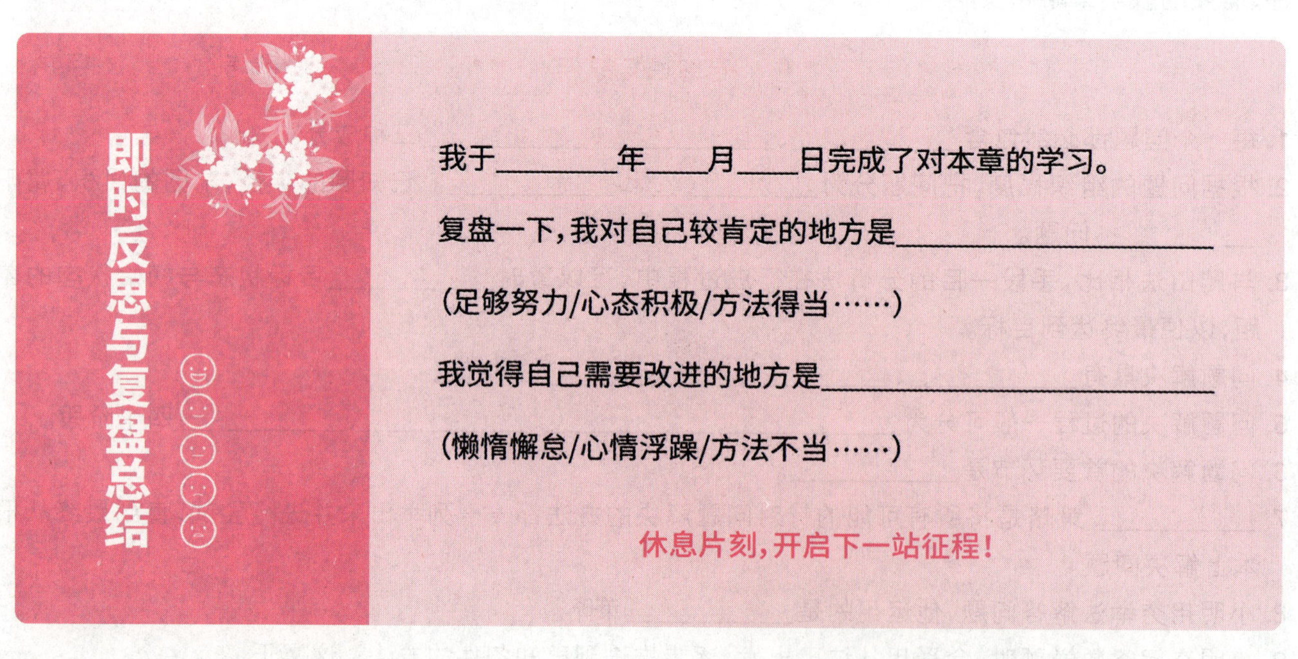

第九章 学习的迁移

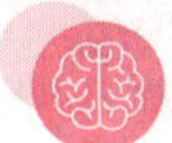

思维导图

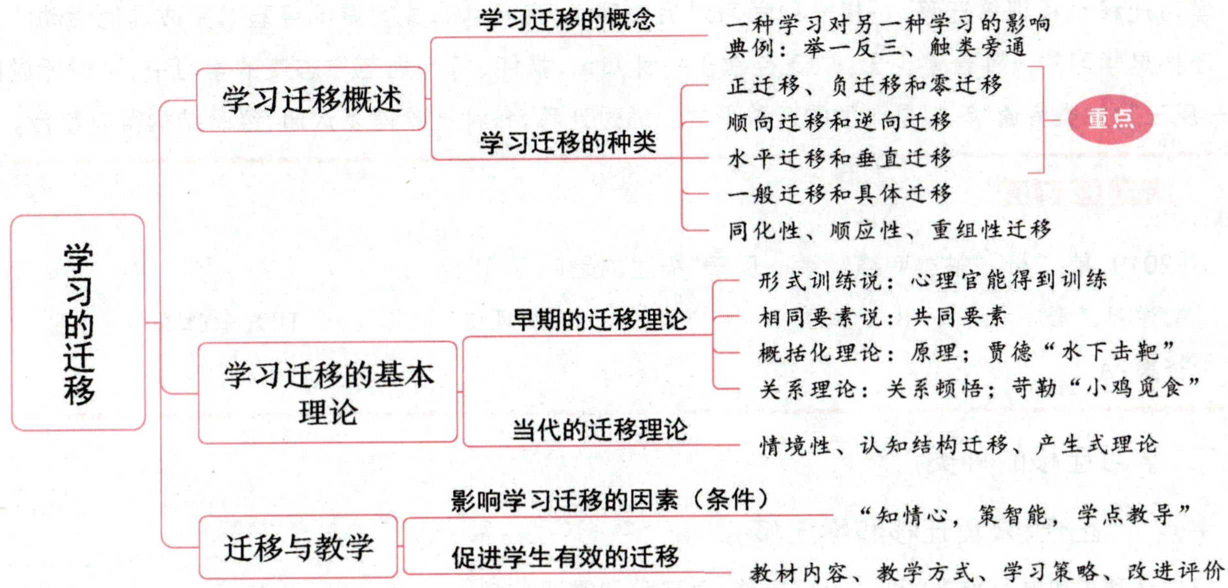

福建考向

本章属于心理学中的重点章节，特点为理解性概念较多，且易发生混淆，需要考生重点理解并区分。现对本章福建考向分析如下：

高频考点	常考题型	能力层级	考查热度
学习迁移的概念	单选	理解	★★
学习迁移的种类	单选、填空	理解	★★★
早期的迁移理论	单选	识记	★★

核心考点

第一节 学习迁移概述

一、学习迁移的概念 【2019单选】

学习迁移也称训练迁移，是指一种学习对另一种学习的影响，或习得的经验对完成其他活动的影响。迁移是学习的一种普遍现象，广泛存在于各种知识、技能、行为规范与态度的学习中，平时所说的"举一反三""触类旁通"等都是典型的迁移形式。通过迁移，各种经验得以沟通，经验结构得以整合。

真题面对面

[2019，单，2分]"触类旁通""举一反三"描述的是（　　）

A. 学习迁移　　B. 下位学习　　C. 认知风格　　D. 发散性思维

答案：A

二、学习迁移的种类 必背

考点1 正迁移、负迁移和零迁移

根据迁移的性质和结果，可分为正迁移、负迁移和零迁移。

正迁移也叫"助长性迁移"，是指一种学习对另一种学习的促进作用。例如，学习数学有利于学习物理，学习珠算有利于学习心算，懂得英语的人很容易掌握法语等。

负迁移也叫"抑制性迁移"，是指一种学习对另一种学习产生阻碍作用。例如，在掌握了汉语语法的情况下，在初学英语语法时，总是出现用汉语语法去套英语语法的情况，从而影响了英语语法的掌握。

两种学习间也可能不发生影响，这种状态称为零迁移，它是迁移的一种特殊形式。

考点2 顺向迁移和逆向迁移 【2021单选、2018单选】

根据迁移发生的方向，可分为顺向迁移和逆向迁移。

顺向迁移是指先前学习对后继学习产生的影响。在物理中学习了"平衡"概念，就会对以后学习化学平衡、生态平衡、经济平衡产生影响。通常所说的"举一反三""温故知新"就是顺向迁移的例子。

逆向迁移是指后继学习对先前学习产生的影响。例如，学习了微生物后对先前学习的动物、植物概念的理解会产生影响等。

表4-17　四种学习迁移的相互关系

类型	顺向迁移	逆向迁移
正迁移	已掌握的知识、技能对新学习的知识、技能的积极影响。例如，掌握加减法的学生，容易学好乘法运算	新学习的知识、技能对已掌握的知识、技能的积极影响。例如，掌握乘法运算有助于更加熟练地掌握加减法运算

续表

类型	顺向迁移	逆向迁移
负迁移	已掌握的知识、技能对新学习的知识、技能的消极影响。例如，掌握汉语拼音的学生，学英语时容易受干扰	新学习的知识、技能对已掌握的知识、技能的消极影响。例如，学生学习英语语法之后，又可能反过来对已掌握的汉语语法起干扰作用

无论是顺向迁移还是逆向迁移，都有正、负之分；同样，无论正迁移还是负迁移，也都有顺向和逆向之分。

真题面对面

[2021，单，2分]阅读小说后加深对已学词句的理解，这属于（　　）

A. 顺向正迁移　　B. 顺向负迁移

C. 逆向正迁移　　D. 逆向负迁移

答案：C

考点3　水平迁移和垂直迁移　【2022填空】

根据迁移内容的抽象和概括水平不同，可分为水平迁移和垂直迁移。

水平迁移也叫**横向迁移**，是指先行学习内容与后继学习内容在难度、复杂程度和概括层次上属于同一水平的学习活动之间产生的影响。例如，直角、钝角、锐角、平角等概念之间的关系是并列的，都处于同一概括层次，各种概念之间的学习产生的相互影响即水平迁移。

垂直迁移也称**纵向迁移**，是指先行学习内容与后续学习内容是不同水平的学习活动之间产生的影响。垂直迁移表现在两个方面：一是自下而上的迁移，即下位的较低层次的经验影响上位的较高层次的经验的学习。例如，对具体事例的理解有助于相关概念和原理的把握，数学学习中由数字运算到字母运算的转化。二是自上而下的迁移，即上位的较高层次的经验影响下位的较低层次的经验的学习。例如，“角”这一概念的掌握对直角、锐角等概念的学习有一定的影响；平行四边形有关内容的掌握影响菱形的学习。

真题面对面

[2022，填空，1分]根据迁移内容抽象与概括水平的不同，迁移可以分为水平迁移和__________。

答案：垂直迁移（纵向迁移）

考点4 一般迁移和具体迁移

根据迁移内容的不同，可分为一般迁移和具体迁移。

一般迁移也称**非特殊迁移**、**普遍迁移**，是指一种学习中所习得的一般原理、原则和态度对另一种具体内容学习的影响，即原理、原则和态度的具体应用。例如，获得基本的运算技能、阅读技能后运用到各种具体的学科学习中；数学上的认真审题的态度和方法会影响到化学、物理等学科中的审题；儿童在家庭中养成的爱劳动的行为习惯也会在学校里表现出来。

具体迁移也称**特殊迁移**，是指学习迁移发生时，学习者原有的经验组成要素及其结构没有变化，只是将一种学习中习得的经验要素重新组合并移用到另一种学习之中。例如，学习“apple”和“pie”之后有利于学习“apple pie”；学习了“日”“月”有利于学习“明”；掌握了加减法有利于做四则运算题等。

考点5 同化性迁移、顺应性迁移和重组性迁移

根据迁移过程中所需的内在心理机制的不同，可分为同化性迁移、顺应性迁移和重组性迁移。

同化性迁移是指不改变原有的认知结构，直接将原有的认知经验应用到本质特征相同的一类事物中去。原有认知结构在迁移过程中不发生实质性的改变，只是得到某种充实。平时我们所讲的“举一反三”“闻一知十”等都属于同化性迁移。

顺应性迁移是指将原有认知经验应用于新情境中时，需调整原有的经验或对新旧经验加以概括，形成一种能包容新旧经验的更高一级的认知结构，以适应外界的变化。

重组性迁移是指重新组合原有认知系统中某些构成要素或成分，调整各成分间的关系或建立新的联系，从而应用于新情境。在重组过程中，基本经验成分不变，但各成分间的结合关系发生了变化，即进行了调整或重新组合。

第二节 学习迁移的基本理论

一、早期的迁移理论 【2017单选】

考点1 形式训练说

形式训练说是最早的关于迁移的理论，以官能心理学为基础。它认为心理官能只有通过训练才得以发展，迁移就是心理官能得到训练而发展的结果，迁移是无条件的、自发的。形式训练说还认为，训练和改进心理官能是教学的重要目标，教育的任务就是要改善学生的各种官能，而改善以后的官能就能够自动地迁移到其他学习中去，一种官能的改进也能增强其他的官能。

考点2 相同要素说

桑代克等人认为，迁移是非常具体的、有条件的，需要有共同的要素。只有当两个机能的因素中有相同要素时，一个机能的变化才会改变另一个机能的习得。两种情境中的刺激相似，反应也相似时，迁移才会发生。两种情境中相同要素越多，迁移的量也就越大。几乎与此同时，另一位心理学家**武德沃斯**通过研究也得出了与桑代克相同的结论，他把相同要素说改为共同要素说。根据共同要素说，如果两种学习活动含有共同成分，无论学习者是否意识到这种成分的共同性，都会有迁移现象的产生。

考点3 概括化理论 【2020单选】

概括化理论也称**经验类化说**，由美国心理学家**贾德**提出，其主要观点是，一个人只要对自己的经验进行了概括，就可以完成从一个情境到另一个情境的迁移。他认为先前的学习之所以能迁移到后来的学习中，是因为在先前学习中获得了一般原理，这种一般原理可以部分或全部地运用于后续的学习中。只要一个人对他的经验进行了概括，就可以完成从一种情境到另一种情境的迁移。对原理了解、概括得越好，迁移效果也越好。贾德在1908年所做的“水下击靶”实验，是概括化理论的经典实验。

注意概括化理论和相同要素说的迁移条件：概括化理论强调原理、经验的概括；相同要素说强调相同或相似要素的数量。

考点4 关系理论

格式塔心理学家提出关系转换说，认为迁移是学习者突然发现两个学习经验之间关系的结果，是对情境中各种关系的理解和顿悟，而非由于具有共同成分或原理自动产生。学习迁移的重点不在于掌握原理，而在于觉察到手段与目的之间的关系。他们认为学生“顿悟”情境中原理、原则之间的关系，特别是手段—目的之间的关系，是实现迁移的根本条件。苛勒所做的“小鸡觅食”实验是支持关系转换说的经典实验。

知识再拔高

小鸡觅食实验

苛勒让小鸡在深、浅不同的两种灰色的纸下面寻找食物。通过条件反射学习，小鸡学会了只有从深灰色纸下才能获得食物奖赏。然后，变换实验情境，保留原来的深灰色纸，用黑色纸取代浅灰色纸。

问题是：如果小鸡仍然到深灰色纸下面寻找食物，那就证明迁移是由于相同要素的作用；如果小鸡是到两张纸中颜色更深的那张(即黑色纸)下面寻找食物，那就证明迁移是对关系作出的反应。

实验表明：小鸡对新刺激(黑色纸)的反应为70%，对原来的阳性刺激(深灰色纸)的反应是30%；而幼儿在做同样的实验时始终对黑色纸的刺激作出反应。

苛勒认为实验结果证明是情境中的关系对迁移起了作用，而不是其中的相同要素，被试选择的不是刺激的绝对性质而是比较其相对关系(把在前一种情境中学会的关系即“食物总是在颜色较深的纸下面”迁移到后一种情境中，从而做出了正确的反应)。

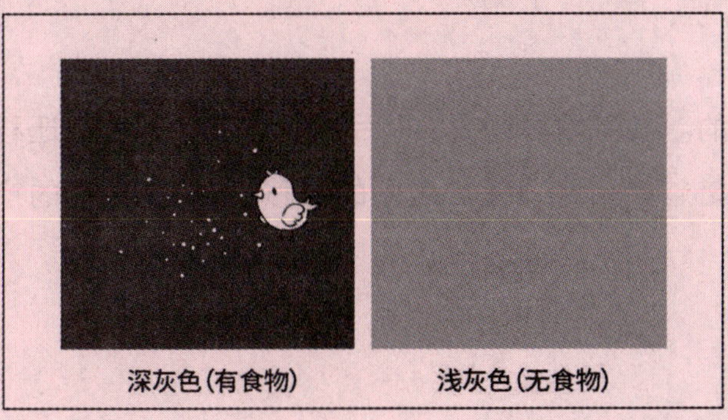

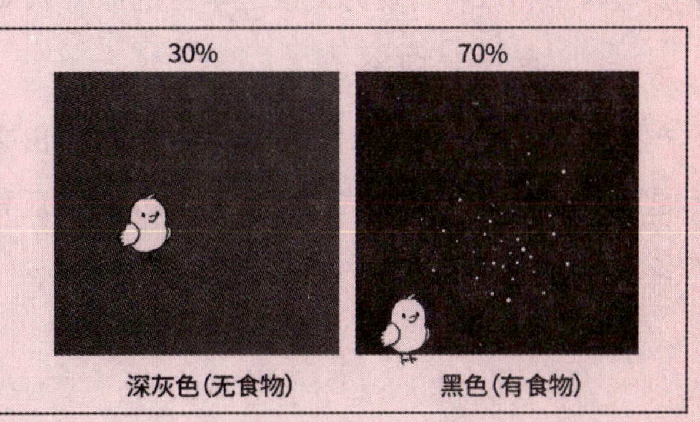

小鸡觅食实验

记忆有妙招

为方便考生记忆，编者将学习迁移理论的经典实验总结成口诀供考生参考：**贾德击靶抢经验（概括），苛勒小鸡找关系。**

真题面对面

[2020，单，2分]水下击靶实验说明了迁移理论的（　　）

A. 形式训练说　　B. 共同要素说

C. 关系转换说　　D. 经验类化说

答案：D

二、当代的迁移理论

考点1　情境性理论

格林诺等人提出了迁移的情境性理论。他们认为迁移问题主要是说明在一种情境中学习参与某种活动，将如何影响在不同情境中参与另一种活动的能力。学习是个体与环境中的事件的相互作用，是对情境中所具有的特征的一种适应。通过相互作用而形成的是动作图式，该图式是活动的组织原则，而不是符号性的认知表征。迁移就在于如何以不变的活动结构或动作图式来适应不同的情境。这种活动结构的建立既取决于最初的学习情境，又取决于后来的迁移情境。

考点2　认知结构迁移理论

奥苏伯尔在有意义接受学习理论的基础上提出了认知结构迁移理论，认为一切有意义的学习都是在原有认知结构的基础上产生的，不受原有认知结构影响的有意义学习是不存在的。一切有意义的学习必然包括迁移，迁移是以认知结构为中介进行的，先前学习所获得的新经验，通过影响原有认知结构的有关特征影响新学习。

认知结构迁移理论指出，学生学习新知识时，认知结构可利用性高、可辨别性大、稳定性强，就能促进对新知识学习的迁移。"为迁移而教"实际上是塑造学生良好的认知结构。在教学过程中，可以通过改革教材内容和教材呈现方式改进学生的原有认知结构变量以达到迁移的目的。

考点3　产生式理论

产生式迁移理论是针对认知技能的迁移提出来的。其基本思想是：前后两项学习任务产生迁移的原因是两项任务之间产生式的重叠，重叠越多，迁移量越大。两项任务之间的迁移，是随其共有的产生式的多少而变化的。

第三节 迁移与教学

一、影响学习迁移的因素(条件)

研究表明,学习迁移并不是在任何情况下都能发生的,它会受到一系列主客观条件的制约。

考点1 学习材料的特点

学习材料作为学生学习的对象和知识的主要来源,对学习迁移有着重要影响。很多迁移理论都在其理论假说中提及材料对迁移的重要作用,如桑代克的相同要素说。例如,英语和法语在字形、读音和语法结构上有相同或相似的地方,学习这两门外语,在听、说、读、写能力以及记忆、思维等心理过程方面有共同要求,所以学习时就易产生正迁移。相反,学习对象没有或缺少共同因素,或虽有共同因素,但要求学习者做出不同的反应时,则可能在学习时产生负迁移。共同因素是学习迁移产生的客观必要条件,但不是唯一的条件。

考点2 原有的认知结构

奥苏伯尔的认知结构迁移理论认为原有认知结构的特征直接决定了迁移的可能性及迁移的程度。原有认知结构对迁移的影响表现在以下三个方面:

(1)学习者是否拥有相应的背景知识,这是迁移产生的基本前提条件。

(2)原有的认知结构的概括水平对迁移起到至关重要的作用。

(3)学习者是否具有相应的认知技能或策略以及对认知活动进行调节、控制的元认知策略对迁移的产生有重要影响。

考点3 对学习情境的理解

大多数心理学理论都强调情境在迁移中具有重要作用。对于学习迁移,学校环境下真实学习活动中的情境化内容,其中心问题就是以学习者为中心,创建实习场,在这个实习场中学生遇到的问题和进行的实践与今后在校外遇到的问题是一致的。此外,知识经验获得的情境与知识应用的情境在许多方面都密切相关,如情境中事物之间的关系、问题呈现的方式与空间位置、两种情境的类似情况等。

考点4 学习的心理准备状态(心向)

心理准备状态是在过去学习或活动过程中形成的,又对未来的学习或活动产生影响,这种影响有时候是积极的,有时候也有可能是消极的。学习定势在迁移研究中是讨论较多的一种心理准备状态。

所谓定势就是指由先前影响所形成的往往不被意识到的心理准备状态,它将支配人以同样的方式去对待同类后继活动。定势是在连续活动中发生的,前面的活动经验为后面的活动形成一种准备状态。它使人倾向于在认识方面或外显行为方面以一种特定的方式进行反应。定势实际上是关于活动方向选择方面的一种倾向性。这种倾向性本身是一种活动经验。它往往为分析问题、解决问题提供思路或线索,因此定势会影响学习迁移。定势的作用有两重性:一是积极的促进作用;二是消极的阻碍作用。

考点5 学习策略的水平

学习策略对迁移的影响主要表现在发展水平、学习策略的丰富程度以及依据情境的变化灵活运用等方面。

考点6 智力与能力

个体智能的高低对学习迁移的质量有一定的影响，智能较高的人能较容易地发现学习情境之间的相同要素和关联，能更好地概括总结出一般原理原则，能较好地将习得的学习策略与方法运用于新的学习情境之中。

考点7 教师的指导

教师有意识的指导能令学习者发生正迁移。教师要启发学生注意对学习材料进行必要的概括总结，还可以直接教给学生一般性的原则，有效地指导学生的实践。

记忆有妙招

为方便考生记忆，编者将影响学习迁移的主客观因素总结成口诀供考生参考：**知情心，策智能；学点教导。**

知：原有认知结构。**情**：对学习情境的理解。**心**：心向。**策**：学习策略的水平。**智能**：智力与能力。**学点**：学习材料的特点。**教导**：教师的指导。

二、促进学生有效的迁移

考点1 改革教材内容，促进迁移

根据认知结构迁移理论，认知结构中是否有适当的起固定作用的观念可以利用，是决定新的学习与保持的重要因素。为了促进迁移，教材中必须有那种具有较高概括性、包容性和强有力的解释效应的基本概念和原理。

(1)精选教材，提高对概念和原理的理解水平。教材内容的设计上，最关键的是要包含基础知识和原理。

(2)合理编排教学内容，突出知识的组织特点。教材内容还要保持结构化、一体化与网络化的统一，才能更好地促进迁移的发生。

考点2 合理编排教学方式，促进迁移

优良的教材只有通过合理的教学进行呈现和传达，才能充分发挥其迁移的效能，否则迁移效果并不显著，甚至会阻碍迁移的产生。教师在组织教学时，一方面要抓住教材内容的核心；另一方面要合理安排教学程序，使得学生顺利地将所学习的内容融会贯通，提高迁移的效果。

(1)教学过程中应当按照从一般到个别，从整体到细节的顺序，渐进分化。

(2)应当注意将各个内容综合贯通，促进知识的横向联系。

(3)依据学生学习的特点，教学过程应由浅入深、由易到难、由已知到未知。

(4)在具体操作上，可以将知识分成若干单元，每个单元还可分成若干小步子，让后一步的学习建立在前一步的基础之上，让前一步的学习为后一步提供固定点。

考点3 教授学习策略，提高学生的迁移意识

“授人以鱼供一饭之需，授人以渔则终生受用无穷。”这句话给予教育者的启示是，学习不只是要让学生掌握一门或几门学科的具体知识与技能，而且还要让学生学会如何去学习，即掌握学习方法的知识与技能。实际上学生只有掌握了良好的学习方法，才能把所学知识、技能顺利地进行应用，促进更广泛、更一般的迁移，也就是说学会了如何学习就可以实现最普遍的迁移。

考点4 改进对学生的评价

教学条件下的评价作为教学活动的组成部分，同样具有教育性，有效运用评价手段对学习迁移具有积极的作用。

考点大默写

1. 一种学习对另一种学习的影响被称为__________。
2. 学习珠算有利于学习心算，从迁移的性质和结果来看，体现了__________。
3. 学骑三轮车会对学骑自行车产生负面影响，从迁移的性质和结果来看，体现了__________。
4. 乘法学得好的学生会更容易掌握后续平方、开方的知识，从迁移发生的方向来看，体现了__________。
5. 学生在学习了乘法后，对之前学习的加法有了更深的理解，从迁移发生的方向来看，体现了__________。
6. 锐角三角形的学习和钝角三角形的学习之间的影响，从迁移内容的抽象和概括水平的角度来说，属于__________。
7. 四边形的学习对正方形学习的影响，从迁移内容的抽象和概括水平的角度来说，属于__________。
8. 根据迁移内容的不同，可分为__________和__________。
9. 根据迁移过程中所需的内在心理机制的不同，可分为__________、__________、__________。
10. __________是最早的关于迁移的理论，以__________心理学为基础。
11. 形式训练说认为，迁移就是__________得到训练而发展的结果，迁移是__________条件的。
12. 相同要素说认为，两种情境中__________越多，迁移的量也就越大。
13. 经验类化说也称__________，是__________提出的。这一理论的经典实验是__________。
14. 经验类化说认为，先前的学习之所以能迁移到后来的学习中，是因为在先前学习中获得了__________。
15. 格式塔心理学家提出了__________，认为迁移是对情境中各种关系的理解和顿悟。这一理论的经典实验是__________所做的__________。
16. __________在__________学习理论的基础上提出了认知结构迁移理论。

17. 认知结构迁移理论指出，认知结构__________、__________、__________，就能促进对新知识学习的迁移。

18. 影响学习迁移的因素包括__________、__________、__________、__________、学习策略的水平、智力与能力和__________。

19. __________就是指由先前影响所形成的往往不被意识到的心理准备状态，它将支配人以同样的方式去对待同类后继活动。

20. 定势的作用有两重性：一是__________作用；二是__________作用。

【参考答案】

1. 学习迁移(训练迁移)　2. 正迁移　3. 负迁移　4. 顺向迁移　5. 逆向迁移　6. 水平迁移　7. 垂直迁移　8. 一般迁移；具体迁移　9. 同化性迁移；顺应性迁移；重组性迁移　10. 形式训练说；官能　11. 心理官能；无　12. 相同要素　13. 概括化理论；贾德；水下击靶实验　14. 一般原理　15. 关系转换说；苛勒；小鸡觅食实验　16. 奥苏伯尔；有意义接受　17. 可利用性高；可辨别性大；稳定性强　18. 学习材料的特点；原有的认知结构；对学习情境的理解；学习的心理准备状态(心向)；教师的指导　19. 定势　20. 积极(促进)；消极(阻碍)

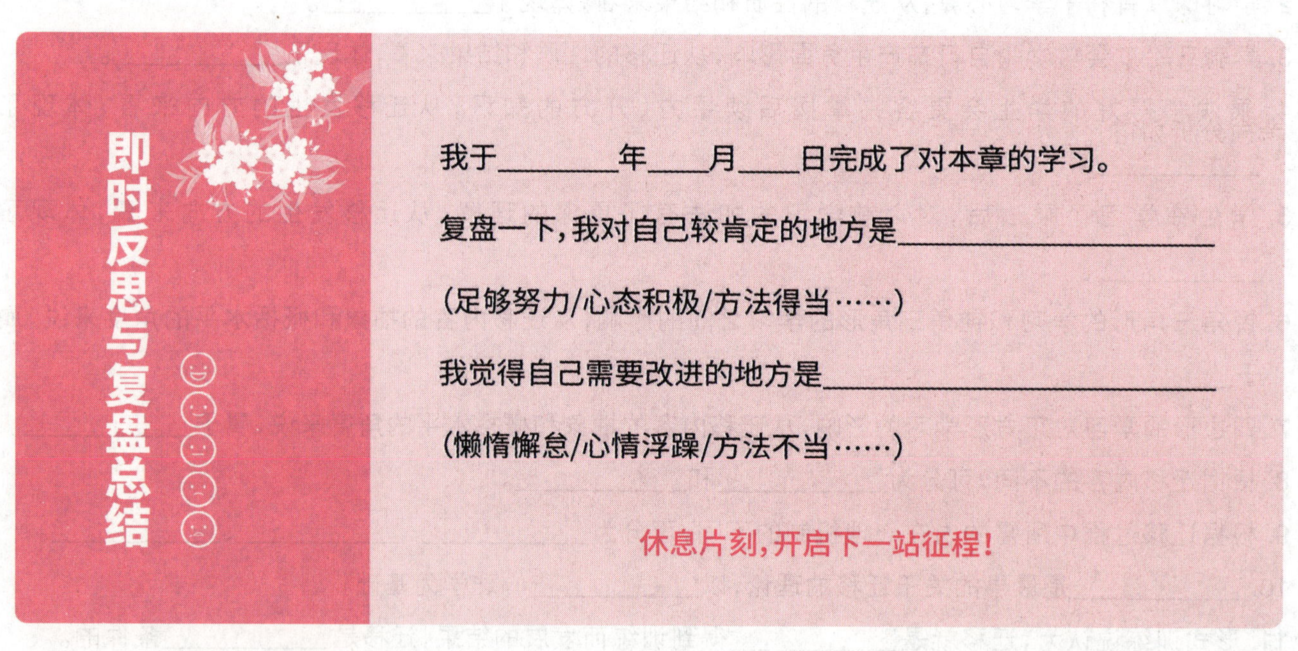

第十章 学习策略

思维导图

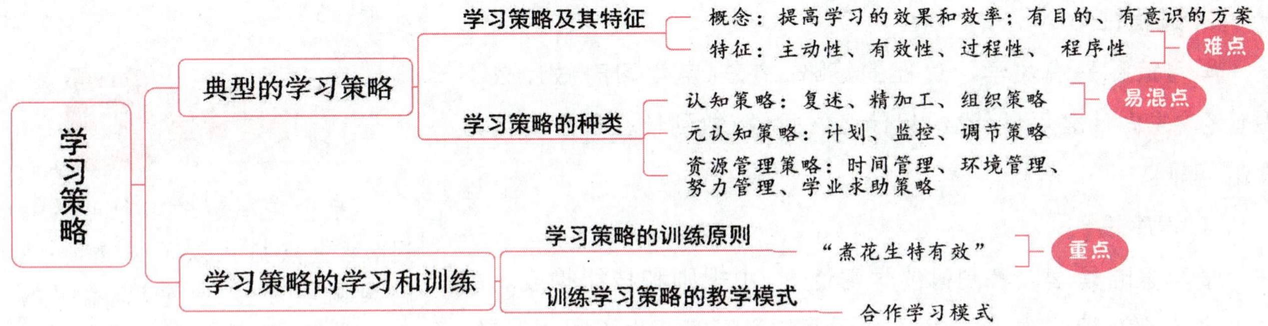

福建考向

本章属于心理学中的重点章节，特点为知识系统、重点突出，需要考生识记并理解。现对本章福建考向分析如下：

高频考点	常考题型	能力层级	考查热度
认知策略	单选、多选、填空	理解	★★★
元认知策略	单选	理解	★★

核心考点

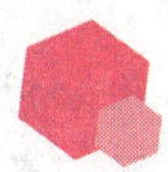

第一节 典型的学习策略

一、学习策略及其特征

考点1 学习策略的概念

学习策略是指学习者为了提高学习的效果和效率，有目的、有意识地制定有关学习过程的复杂的方案。

学习方法是学习策略的知识和技能基础，是学习策略的一个重要组成部分，而不是学习策略的全部，因此不能把二者完全等同。

考点2 学习策略的特征

1. 主动性

一般学习者采用学习策略都是有意识的心理过程。学习时，学习者先要分析学习任务和自己的特点，然后，根据这些条件制订适当的学习计划。对于较新的学习任务，学习者总是在有意识、有目的地思考着学习过程的计划。只有对于反复使用的策略才能达到自动化的水平。

2. 有效性

所谓策略，实际上是相对效果和效率而言的。一个人在做某件事时，使用最原始的方法，最终也可能达到目的，但效果不会好，效率也不会高。比如，记忆一组英语单词，如果一遍又一遍地朗读，只要有足够的时间，最终也能记住，但是，保持的时间不会太长，记忆也不会很牢靠；如果采用分散复习或尝试背诵的方法，记忆的效果和效率一下子会得到很大的提高。

3. 过程性

学习策略是有关学习过程的策略。它规定学习时做什么不做什么、先做什么后做什么、用什么方式做、做到什么程度等诸方面的问题。

4. 程序性

学习策略是学习者制订的学习计划，由规则和技能构成。每一次学习都有相应的计划，每一次学习的学习策略也不同。但是，相对而言，对于同一种类型的学习，存在着基本相同的计划，这些基本相同的计划就是我们常见的一些学习策略，如PQ4R阅读法。

考生在理解学习策略的特征时，可重点抓住以下关键词：主动性强调学习者“有意识、有目的”；有效性强调“效果和效率”；过程性强调“关于学习过程的策略”；程序性强调“规则和技能”。

二、学习策略的种类 【2022材料分析】 必背

迈克卡等人将学习策略区分为三种，并对它们之间的层次关系进行了分析。他们认为，学习策略可分为**认知策略、元认知策略和资源管理策略**三种。认知策略是信息加工的策略，元认知策略是对信息加工过程进行调控的策略，资源管理策略是辅助学生管理可用的环境和资源的策略，对学生的动机具有重要的作用。

- 学习策略
  - 认知策略
    - 复述策略(如及时复习、分散复习、过度学习、运用有意识记和无意识记、排除相互干扰、运用多种感官协同记忆、整体识记与分段识记相结合、复习形式多样化、画线)
    - 精加工策略(如记忆术；做笔记；提问；生成性学习；运用背景知识，联系客观实际)
    - 组织策略(如归类、纲要)
  - 元认知策略
    - 计划策略(设置学习目标、浏览阅读材料、设置思考题以及分析如何完成学习任务等)
    - 监控策略(如阅读时对注意加以跟踪、对材料进行自我提问、考试时监视速度和时间等)
    - 调节策略(如调整阅读速度、重新阅读、使用应试策略等)
  - 资源管理策略
    - 时间管理策略(如统筹安排学习时间、高效利用最佳时间、灵活利用零碎时间)
    - 环境管理策略(如调节自然条件、设计好学习的空间)
    - 努力管理策略(如激发内在的动机、树立正确的学习信念、选择有挑战性的任务、调节成败的标准、正确归因、自我奖励等)
    - 学业求助策略(如学习工具的利用、社会性人力资源的利用)

图4-5 学习策略的分类

考点1 认知策略 【2021多选、2018多选、2017单选、2016填空】

认知策略是学习者信息加工的方法和技术。其基本功能有两个方面：一是对信息进行有效的加工与整理，二是对信息进行分门别类的系统储存。

1. 复述策略

复述策略是指在工作记忆中为了保持信息，运用内部语言在大脑中重现学习材料或刺激，以便将注意力维持在学习材料上的方法。它是短时记忆的信息进入长时记忆的关键。常用的复述策略有：

(1)在复述的时间上，采用及时复习、分散复习；

(2)在复述的次数上，强调过度学习；

(3)在复述的方法上，包括运用有意识记和无意识记、排除相互干扰、运用多种感官协同记忆、整体识记与分段识记相结合、复习形式多样化、画线等。

在复述时，也要注意保持积极的心向、态度和兴趣。如果我们对某事感兴趣，或者对它持积极态度，就会记得牢固；反之，则容易遗忘。

2. 精加工策略

精加工策略是指把新信息与头脑中的旧信息联系起来从而增加新信息意义的深层加工策略。它常被描述成一种理解记忆的策略，其要旨在于建立信息间的联系。联系越多，能回忆出信息原貌的途径就越多，即提取的线索就越多。精加工越深入、越细致，回忆就越容易。对于比较复杂的课文学习，精加工策略有说出大意、总结、建立类比、用自己的话做笔记、解释、提问以及回答问题等。

(1)记忆术

记忆术是通过把那些枯燥无味但又必须记住的信息按某种联系赋予意义，使记忆过程变得生动有趣，从而提高学习记忆效果的方法。常用的记忆术主要有：

表4-18 常见的记忆术

种类	含义	典例
形象联想法	通过人为联想，使无意义的难记的材料和头脑中的鲜明奇特的形象相结合，从而提高记忆效果	小学生记汉语拼音就常利用具体的事物，m像两个门洞，n像一个门洞，h像一把小椅子
谐音联想法	通过谐音线索，运用视觉表象，假借意义进行人为联想	把圆周率“3.1415926535……”编成顺口溜“山巅一寺一壶酒，尔乐苦煞吾……”
首字连词法	利用每个词语的第一个字形成缩写，或者用一系列词描述某个过程的每个步骤，然后将这一系列词提取首字作为记忆的支撑点	在美国出生的中国人的英文是“American born Chinese”，通常取这几个词的首字母连成一个词，即ABC
位置记忆法	(1)一种传统的记忆术，最早被古希腊演讲家使用。 (2)通过与熟悉的地点顺序相联系来记忆一些名称或者客体顺序的方法。 (3)位置记忆法对记忆有顺序的系列项目特别有用	如记忆一组词：奶粉、黄油、面包、啤酒、香蕉。你熟悉的一条线路上有：书店、邮局、招待所、水房、食堂。在所记项目和特定的位置之间可以进行如下的想象：书店里弥漫着奶粉；邮局里的人用黄油粘邮票；招待所里的沙发全是面包做的；水房里水龙头流出的热气腾腾的啤酒；食堂变成了舞厅，香蕉模样的人们正在翩翩起舞

续表

种类	含义	典例
缩简和编歌诀	(1)缩简:将识记材料的每条内容简化成一个关键性的字,然后变成自己所熟悉的事物,从而将材料与过去经验联系起来。 (2)编歌诀法:利用编制歌谣口诀的方式来帮助记忆的方法	教师为了让学生能够区分“烧、浇、晓、绕、翘、饶”,可以用这样的顺口溜:“用火烧,用水浇,东方日出是拂晓,左边绞丝弯弯绕,右边加羽尾巴翘,丰衣足食才富饶。”
关键词法	将新词或概念与相似的声音线索词,通过视觉表象联系起来	英文的“gas”(煤气)一词,可以用汉语“该死”做关键词。两者读音相似,可以产生“人因煤气中毒而死”的联想,这样“gas”一词就很容易记住了
视觉联想	通过心理想象来帮助人们对有联系的事物进行记忆,如前述位置记忆法实际上就是一种视觉联想法,利用了心理表象	将“飞机”—“箱子”想象为“飞机穿过箱子”
语义联想	通过联想,将新材料与头脑中的旧知识联系在一起,赋予新材料以更多的意义	一个中学生在记忆陈胜、吴广在公元前209年领导的大泽乡起义的历史年代时,他想象陈胜、吴广两人领导900名农民起义,“两人领900人”这个观念与“209”建立了联系,这个历史年代便牢牢记住了
特征记忆法	根据记忆对象的特征编成口诀,加深印象的记忆方法	法国大革命发生于1789年,只要记住前边是1,后面789是三个顺序相连的数,就很容易记
译意法	将要记的内容转译成有意义的材料	郑州以西的第一个大城市是“洛阳”,可以记成“从郑州西望夕阳西下”,就不会忘记这座城市叫“洛阳—落阳”了
识记的连锁法	——	如要识记没有任何内在联系的A、B、C、D、E几件东西,在识记时应首先通过联想把A和B联结起来,接着按顺序联结BC、CD、DE,最后将这四组东西联成一个锁链,就可以一个个地记起来了

(2)做笔记

做笔记策略是使用较为普遍的精加工策略。俗话说,好记性不如烂笔头。对于复杂的知识,教师可以指导学生做笔记。做笔记不仅可以有效地控制自己的认知加工过程,还有助于概括新的知识和建立新旧知识之间的联系。做笔记有利于保持学习者的注意和兴趣,以及有效地组织材料。

考生容易混淆画线与做笔记策略,需注意:画线属于复述策略,做笔记属于精加工策略,二者不能等同。

(3)提问

无论阅读还是听讲,学生要经常评估自己的理解状态,思考这样一些问题:这些新信息意味着什么,与课文中的其他信息以及以前所学的信息有什么联系。如果教师在给学生上阅读课时,向学生提一些“谁”“什么”“哪儿”和“如何”的问题并要求学生回答,他们可能对阅读的内容领会得更好。

(4)生成性学习

生成性学习就是要训练学生对所阅读的东西产生一个类比或表象,如图形、图像、表格和图解等,以加强其深层理解。这种方法最重要的一点，就是需要积极地加工，既不是简单的记录和记忆信息，也不是从书中寻章摘句或稍加改动，而是要改变对这些信息的知觉。在教学过程中，教师要指导学生拟写课文中没有的、与课文中某些重要信息相关的或用自己的话组成的句子，从而把所学的信息与自身的知识经验联系起来。

(5)运用背景知识，联系客观实际

对于意义性较强的学习材料则可以通过新知识与旧知识之间的连接，用头脑中已有的图式使新信息合理化。要充分利用背景知识，应注意在对新材料理解的基础上进行学习，而不是机械记忆式地学习，要适时建立类比。也可以利用先行组织者策略，在新材料学习之前，温习与新材料有关的已有的背景知识，以理解和记忆新知识。

3. 组织策略

组织策略是指将经过精加工提炼出来的知识点加以构造，形成更高水平的知识结构的信息加工策略。组织策略主要有两种：一种是归类策略，用于概念、语词、规则等知识的归类整理；另一种是纲要策略，主要用于对学习材料结构的把握。

(1)**归类策略**。也即组块，组块的方法有很多，有相似归类、对比归类、从属归类、递进归类等。归类，也叫群集，是把材料分成小单元，再把这些单元归到适当的类别里。归类策略的应用能使人理清头绪，各知识点与概念之间不致混淆，方便知识的理解、记忆以及提取。

(2)**纲要策略**。纲要策略也称提纲挈领，是掌握学习材料纲目的方法。纲要可以是用语词或句子表达的主题纲要，如以写小标题的形式概括重点，也可以是用符号、图等形式表达的符号纲要。

①主题纲要法。主题通常是学习材料的各级标题，有时也需要自己进行提炼。**列提纲**时要先对材料进行系统分析、归纳和总结，然后按材料的逻辑关系，以简要的词语写下主要与次要的观点，也就是以金字塔的形式呈现教材的要点，每一具体的细节都包含在高一级的类别中。

②符号纲要法。符号纲要法是采用图解的方式体现知识的结构，即**作关系图**。它比主题纲要法更直观形象，但要求学习者对符号相当熟悉。在作关系图时，应先识别主要知识点，然后识别这些知识点之间的关系，再用适当的图解来标明这些知识点之间的内在联系。符号纲要法主要包括系统结构图、流程图、模式或模型图和网络关系图。

真题面对面

1. [2023，多，2分]下列属于复述策略的有(　　)

A. 画线　　B. 分段识记

C. 多种感官参与　　D. 复习形式多样化

2. [2021，多，2分]下列属于精加工策略的有(　　)

A. 边复习边做笔记　　B. 用表格罗列主要观点

C. 统筹安排学习时间　　D. 把元素周期表编成口诀

答案：1. ABCD　2. AD

考点2　元认知策略【2020单选、2019单选】

1. 元认知

元认知是对认知的认知，即个体对认知活动的自我意识与调节，主要包括元认知知识、元认知体验和元认知监控。元认知知识是个体关于自己或他人的认识活动、过程、结果以及与之有关的知识，即知道做什么。它包括三个方面的内容：关于人的知识、关于任务的知识和关于策略的知识。元认知体验是个体伴随认知活动而产生的认知体验或情感体验。元认知监控是指个体在认知活动中，对自己的认知活动进行积极监控和相应的调节，以达到预定目标，即知道何时做、如何做。

2. 元认知策略的类型

学习的元认知策略是指个体为实现最佳的认知效果而对自己的认知活动所进行的调节和控制，大致可分为以下三种：

表4-19　元认知策略的分类

分类	概念	典例
计划策略	根据认知活动的特定目标，在认知活动开始之前计划完成任务所涉及的各种活动、预计结果、选择策略，设想解决问题的方法，并预估其有效性等	设置学习目标、浏览阅读材料、设置思考题以及分析如何完成学习任务等
监控策略	在认知过程中，根据认知目标及时检测认知过程，寻找两者之间的差异，并对学习过程及时进行调整，以期顺利实现有效学习的策略	阅读时对注意加以跟踪和对材料进行自我提问、考试时监视自己的速度和时间等
调节策略	在学习过程中根据对认知活动监视的结果，找出认知偏差，及时调整策略或修正目标；在学习活动结束时，评价认知结果，采取相应的补救措施，修正错误，总结经验教训等	当学习者意识到他不理解课文的某一部分时，他就会退回去读困难的段落；在阅读困难或不熟的材料时放慢速度；复习不懂的课程材料；测验时跳过某个难题先做简单的题目等

真题面对面

1. [2020，单，2分]下列属于元认知策略的是(　　)

A. 做笔记　　B. 列提纲

C. 设置学习目标　　D. 统筹安排学习时间

2. [2019，单，2分]学生解答几何难题后，对自己的解题思路进行反思、总结。其所采用的学习策略是(　　)

A. 复述策略　　B. 组织策略

C. 元认知策略　　D. 资源管理策略

答案：1. C　2. C

考点3　资源管理策略

1. 时间管理策略

在时间管理上，应做到：(1)统筹安排学习时间。(2)高效利用最佳时间。①要根据自己的生物钟安排学习活动。②要根据一周内学习效率的变化安排学习活动。③要根据一天内学习效率的变化安排学习活动。此外，要根据自己的工作曲线安排学习活动。因为随着学习的进行，人的精神状态和注意力会发生变化。一般来说，存在三种变化模式：先高后低；中间高两头低；先低后高。因此，每个人要根据自己的模式，安排学习内容，确保状态最佳时学习最重要的内容。(3)灵活利用零碎时间。

2. 环境管理策略

(1)注意调节自然条件，如流通的空气、适宜的温度、明亮的光线以及和谐的色彩等；

(2)要设计好学习的空间，如空间范围、室内布置、用具摆放等。良好的学习环境对于学生保持良好的心态具有重要作用。

3. 努力管理策略

为了使学生维持自己的意志努力，需要不断鼓励学生进行自我激励。这包括：(1)激发内在的动机；(2)树立正确的学习信念；(3)选择有挑战性的任务；(4)调节成败的标准；(5)正确归因；(6)自我奖励等。

4. 学业求助策略

学业求助策略指当学生在学习上遇到困难时，向他人请求帮助的行为。学业求助不是自身能力缺乏的标志，而是获取知识、增长能力的一种途径，是一种重要的学习策略。学业求助包括两个方面：(1)学习工具的利用，如善于利用参考资料、工具书、图书馆、电脑等；(2)社会性人力资源的利用，如善于利用老师的帮助以及同学间的合作与讨论来加深对学习内容的理解。

考题预测

[单，2分]有的学生在学习上遇到困难的时候，会主动向他人寻求帮助，表现出较强的学业求助能力，从学习策略的角度看，学业求助属于(　　)

A. 认知策略　　B. 元认知策略

C. 调节策略　　D. 资源管理策略

答案：D

第二节　学习策略的学习和训练

一、学习策略的训练原则

(1)主体性原则。主体性原则是指在学习策略教学中应该发挥和促进学生的主体作用。它既是学习策略训练的目的，又是必要的方法和途径，任何学习策略的使用都依赖于学生主动性和能动性的充分发挥。

(2)**内化性原则**。内化性原则是指在学习策略的学习过程中，学生能够不断实践各种学习策略，逐步将其内化成自己的学习能力，熟练掌握并达到自动化的水平，从而能够在新的情境中灵活应用。

(3)**特定性原则**。特定性原则是指学习策略一定要适合学习目标和学生的类型。同样的策略，不同的学生使用起来的效果是不一样的。教师要针对学生的年龄、已有的知识水平以及学习动机类型，帮助学生选择学习策略或改善对其学习不利的学习策略。

(4)**生成性原则**。生成性原则是指在学习过程中要利用学习策略对学习的材料重新进行加工，产生某种新的东西。也就是说，学习者应该利用学习的策略对学习材料进行生成性加工，而不是简单地利用别人已有的知识和经验。

(5)**有效监控原则**。有效监控原则是指学生应该把注意力集中在学习结果和学习过程之间的关系上，监控自己使用每种学习策略所导致的学习结果，以便确定所选策略是否有效。经过这样的监控实践，学生就能够灵活地把握何时、何地以及如何使用某种策略，甚至在这些策略运作时能将它描述出来。

(6)**个人效能感原则**。个人效能感原则是指学生在执行某一任务时对自己胜任能力的判断和自信程度，它是影响学习策略选择的一个重要动机因素。

记忆有妙招

为方便考生记忆，编者将学习策略的训练原则总结成口诀供考生参考：**煮花生特有效**。

煮：主体性。**花**：内化性。**生**：生成性。**特**：特定性。**有**：有效监控。**效**：个人效能感。

二、训练学习策略的教学模式

在学习策略的训练教学中，非常讲究教学方法。只有根据训练原则，应用相应的教学模式才能真正帮助学习者掌握有效的学习策略。

(1)**指导教学模式**。指导教学模式的基本思想是学生在教师的引领下学习有关的学习策略，由激发、讲演、练习、反馈和迁移等环节构成。

(2)**程序化训练模式**。根据加涅的学习层次理论，程序化训练就是将活动的基本技能分解成若干有条理的小步骤，在其适宜的范围内作为固定程序。学习者要按程序进行活动，经过反复练习使之达到自动化程度。

(3)**完形训练模式**。完形训练就是在直接讲解策略之后，提供不同程度的完整性材料促使学生练习策略的某一个成分或步骤，然后逐步降低完整性程度，直至完全由学生自己完成所有成分或步骤。

(4)**交互式教学模式**。交互式教学模式，是由教师和一组学生(大约6人)一起进行的，主要是为了把擅长阅读的人的心智模型，通过策略外化成不擅长阅读的学生能操作的程序，以帮助成绩差的学生阅读领会。此外，交互式学习还是一种很好的改善人际关系的学习方式，学生在互帮互学的过程中增加交往活动。

(5)**合作学习模式**。在这种学习活动中，两个学生一组，一节一节地彼此轮流向对方总结材料，当一个学生主讲时，另一个学生听着，纠正错误和遗漏。然后，两个学生彼此变换角色，直到学完所有材料为止。合作性讲解的两个参与者都能从这种学习活动中受益，而主讲者比听者获益更大。

★★ 考点大默写 ★★

1. ____________是指学习者为了提高学习的效果和效率，有目的、有意识地制定有关学习过程的复杂的方案。
2. ____________是学习策略的知识和技能基础，是学习策略的一个重要组成部分。
3. 学习策略的特征包括主动性、有效性、过程性和程序性。其中，____________强调学习者“有意识、有目的”。
4. 迈克卡等人认为，学习策略可分为____________、____________和____________三种。
5. ____________是学习者信息加工的方法和技术，包括____________、____________和____________。
6. ____________是指在工作记忆中为了保持信息，运用内部语言在大脑中重现学习材料或刺激，以便将注意力维持在学习材料上的方法。
7. ____________是指把新信息与头脑中的旧信息联系起来从而增加新信息意义的深层加工策略。
8. 在记忆金属铁、铬、锰时，将其比作“铁哥们”来进行记忆，采用的记忆法为____________。
9. ____________是指将经过精加工提炼出来的知识点加以构造，形成更高水平的知识结构的信息加工策略。它主要有两种：一种是____________；另一种是____________。
10. 在学习我国近代历史时，利用画时间轴的方式来记忆重大历史事件的发生顺序，采用的学习策略是____________。
11. 元认知是对认知的认知，即个体对认知活动的自我意识与调节，主要包括____________、____________和____________。
12. 学习的____________是指个体为实现最佳的认知效果而对自己的认知活动所进行的调节和控制，大致可分为三种：____________、____________和____________。
13. ____________是指根据认知活动的特定目标，在认知活动开始之前计划完成任务所涉及的各种活动、预计结果、选择策略，设想解决问题的方法，并预估其有效性等。
14. “对材料进行自我提问”属于元认知策略中的____________。
15. 在元认知策略中，____________是指在学习过程中根据对认知活动监视的结果，找出认知偏差，及时调整策略或修正目标。
16. 资源管理策略包括____________、环境管理策略、____________和学业求助策略。
17. 统筹安排学习时间、高效利用最佳时间、灵活利用零碎时间属于资源管理策略中的____________。
18. 学生为了提高学习效率，选择在图书馆等安静的地方学习。这种学习策略属于____________。
19. 当学生在学习上遇到困难时，可以向他人请求帮助。这种学习策略属于____________。
20. 学习策略的训练原则包括：____________、____________、特定性原则、____________、有效监控原则和____________。

21. 教师要针对学生的年龄、已有的知识水平以及学习动机类型，帮助学生选择学习策略或改善对其学习不利的学习策略。这说明在学习策略的训练指导中，教师要遵循＿＿＿＿＿＿原则。

22. 在学习策略的训练指导中，教师应遵循＿＿＿＿＿＿，引导学习者在学习过程中，利用学习策略对学习材料重新进行加工，从而产生新的东西。

23. 两个学生一组，一节一节地彼此轮流向对方总结材料，当一个学生主讲时，另一个学生听着，纠正错误和遗漏。然后，两个学生彼此变换角色，直到学完所有材料为止。这种教学模式是＿＿＿＿＿＿。

【参考答案】

1. 学习策略　2. 学习方法　3. 主动性　4. 认知策略；元认知策略；资源管理策略　5. 认知策略；复述策略；精加工策略；组织策略　6. 复述策略　7. 精加工策略　8. 谐音联想法　9. 组织策略；归类策略；纲要策略　10. 组织策略　11. 元认知知识；元认知体验；元认知监控　12. 元认知策略；计划策略；监控策略；调节策略　13. 计划策略　14. 监控策略　15. 调节策略　16. 时间管理策略；努力管理策略　17. 时间管理策略　18. 环境管理策略　19. 学业求助策略　20. 主体性原则；内化性原则；生成性原则；个人效能感原则　21. 特定性　22. 生成性原则　23. 合作学习模式

我于＿＿＿＿年＿＿月＿＿日完成了对本章的学习。

复盘一下，我对自己较肯定的地方是＿＿＿＿＿＿＿＿

（足够努力/心态积极/方法得当……）

我觉得自己需要改进的地方是＿＿＿＿＿＿＿＿

（懒惰懈怠/心情浮躁/方法不当……）

休息片刻，开启下一站征程！

第十一章 品德的形成

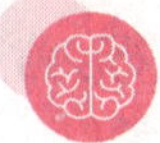

思维导图

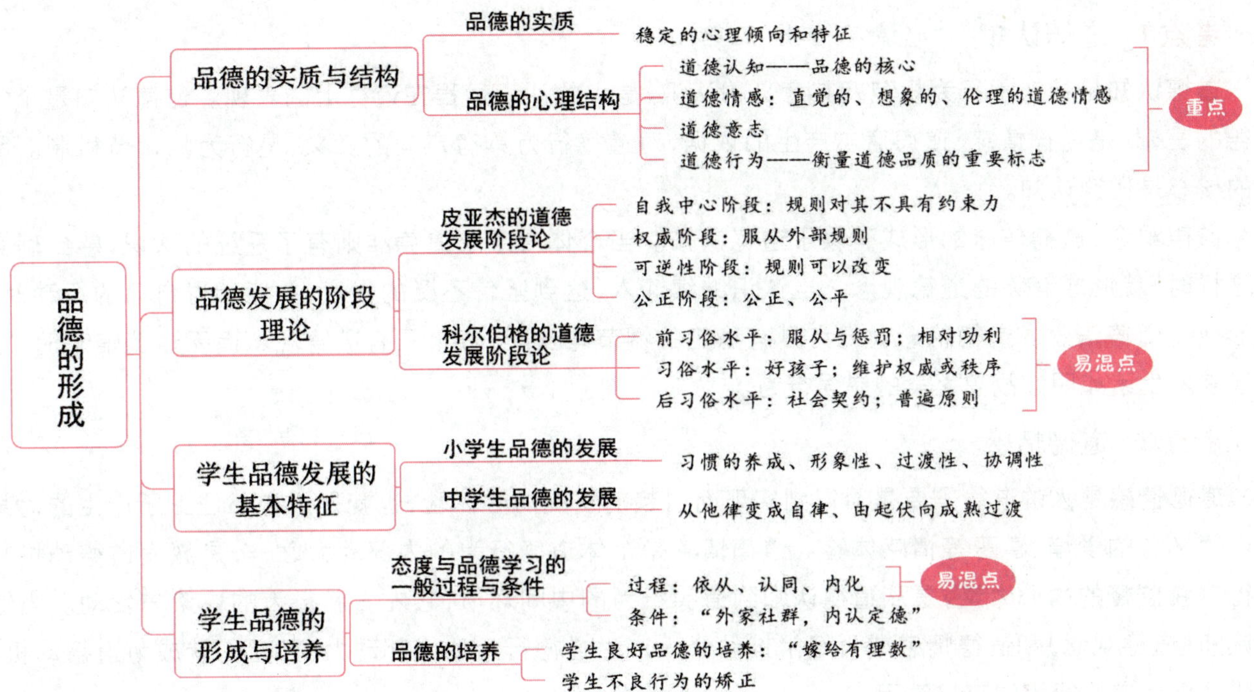

福建考向

本章属于心理学中的重点章节，特点为内容广泛、记忆性知识多，需要考生重点识记。现对本章福建考向分析如下：

高频考点	常考题型	能力层级	考查热度
品德的心理结构	单选、填空	识记	★★
科尔伯格的道德发展阶段论	单选、判断选择、填空	理解	★★★

核心考点

第一节 品德的实质与结构

一、品德的实质

品德又称道德品质，是个体依据一定的社会道德准则规范自己行动时所表现出来的稳定的心理倾向和特征。它是社会道德准则在个人思想与行动中的体现，是个性中具有道德评价意义的核心部分。

品德具有以下特征：(1)以某种道德意识或道德观念为基础；(2)与道德行为密切联系，离开了道德行为就无法表现和判断个人的道德；(3)具有稳定的倾向性和特征。

在考试中，除题目中明确要求区分品德与道德的概念外，二者可以视作同一概念。

二、品德的心理结构 【2020 填空、2016 单选】

品德的心理结构包括四种相辅相成的基本心理成分：道德认知、道德情感、道德意志和道德行为，简称知、情、意、行。

考点1 道德认知

道德认知是指对于行为规范及其意义的认识，是人的认识过程在道德上的表现。道德认知是个体道德的基础，是道德情感、道德意志产生的依据，对道德行为具有定向的意义，是行为的调节机制。品德的核心是道德认知。

道德观念、道德信念的形成有赖于道德认知。当个体对某一道德准则有了系统的认识，感到确实是这样时，就形成有关的道德观念。当认识继续深入，达到坚信不疑的程度，并能指导自己的行动时，就形成了道德信念。道德信念对行为具有稳定的调节与支配作用，只有道德观念而无道德信念时，就会经常发生诸如明知故犯之类的错误行为。

考点2 道德情感

道德情感是人的道德需要是否得到实现而引起的一种内心体验，也就是人在心理上所产生的对某种道德义务的爱憎、喜恶等情感体验。道德情感是个体道德行为的内部动力之一，是激发道德动机和进行自我监督的内心力量，是从道德认知到道德行为的中间环节，它左右着行为的决策与发动。当道德认知(道德观念)和道德情感成为经常推动个人产生道德行为的内部动力时，它们就成为道德动机。道德动机是道德行为的直接动因。

道德情感从表现形式上看，主要包括三种：(1)**直觉的道德情感**，即由于对某种具体的道德情境的直接感知而迅速发生的情感体验。(2)**想象的道德情感**，即通过对某种道德形象的想象而发生的情感体验。(3)**伦理的道德情感**，即以清楚地意识到道德概念、原理和原则为中介的情感体验。伦理的道德情感具有清晰的意识性和明确的自觉性，具有较大的概括性和较强的伦理性，具有稳定性和深刻性。**比如，爱国主义情感和集体主义情感属于伦理的道德情感。**

考点3 道德意志

道德意志是个体自觉地调节道德行为，克服困难，以实现预定道德目标的心理过程。道德意志实际上是道德观念的能动作用，是个体通过自己理智的权衡作用去解决道德生活中内心矛盾与支配行为的力量，这种力量表现为能够排除内部障碍和外部困难，坚决执行道德动机所引起的行为决定。

考点4 道德行为

道德行为是道德形成的最终环节，是指个体在一定的道德意识支配下表现出来的对他人和社会的有道德意义的活动。它是个体道德认知的外在表现，是实现道德动机的手段。道德行为是衡量道德品质的重要标志。道德行为包括道德行为技能和道德行为习惯，它们与一般的技能和习惯并无区别，只是在用来完成一定的道德任务时，便具有了道德的性质。持续不断的、稳定的道德行为才是一个人的道德品质。

真题面对面

[2020,填空,1分]学生品德由认知、情感、__________和行为四个基本要素组成。

答案:意志

第二节 品德发展的阶段理论

一、皮亚杰的道德发展阶段论

瑞士著名心理学家**皮亚杰**早在20世纪30年代就采用“**对偶故事法**”对儿童道德判断的发展进行了系统的研究。皮亚杰通过大量研究,发现并总结出了儿童道德认知发展的总规律,即儿童道德的发展经历从他律到自律的转化发展过程。**他律**是指早期儿童的道德判断只注意行为的客观效果,不关心主观动机,是受自身以外的价值标准所支配的道德判断,具有客体性;**自律**则是指儿童自己的主观价值、主观标准所支配的道德判断,具有主体性。他律水平和自律水平是儿童道德判断的两级水平。

在此基础上,皮亚杰还提出了儿童道德发展的年龄阶段。他认为,10岁是儿童从他律道德向自律道德转化的分水岭,10岁前儿童对道德行为的思维判断主要依据他人设定的外在标准,也就是他律道德;10岁以后儿童对道德行为的思维判断大多依据自己的内在标准,也就是自律道德。

皮亚杰把儿童的品德发展划分为四个阶段:

考点1 自我中心阶段(前道德阶段)(2~5岁)

自我中心阶段是从儿童能够接受外界的准则开始的。*例如,儿童在打弹弓游戏中总是自己玩自己的,按照自己的想象去执行规则。*这是因为儿童还不能把自己同外在环境区别开来,而把外在环境看作是他自身的延伸。规则对于他来说,还不具有约束力。

考点2 权威阶段(他律道德阶段或道德实在论阶段)(6~8岁)

该时期的儿童服从外部规则,接受权威指定的规范,把人们规定的准则看作是固定的、不可变更的,而且只根据行为后果来判断对错。看待行为有绝对化的倾向。赞成严厉的惩罚,并认为受惩罚的行为本身就说明是坏的,还把道德法则与自然规律相混淆,认为不端的行为会受到自然力量的惩罚。

考点3 可逆性阶段(自律或合作道德阶段)(9~10岁)

这一阶段的儿童已不把准则看成是不可改变的,而把它看作是同伴间共同约定的。该阶段的特征是:儿童一般都形成了这样的观念,如果所有的人都同意的话,规则是可以改变的。儿童已经意识到一种同伴间的社会关系,应相互尊重。准则对他们来说已具有一种保证他们相互行动、互惠的可逆特征。同伴间的可逆关系的出现,标志着品德开始由他律进入自律阶段。开始以动机作为道德判断的依据,认为公平的行为都是好的。关于惩罚,认为只有有回报的惩罚才是合理的;能把自己置于别人的位置,判断不再绝对化,看到可能存在的几种观点。

考点4 公正阶段(11~12岁)

这一阶段的公正观念是从可逆的道德认知中脱胎而来的。他们开始倾向于主持公正、公平等。公正的奖惩不能是千篇一律的，应根据个人的具体情况进行。也就是说，儿童不再刻板地按固定的规则去判断，在依据规则判断时应该考虑到同伴的一些具体情况，从关心和同情的角度出发去判断。

考题预测

[单，2分]某儿童以表面的、实际的结果来判断行为的好坏。认为服从成人就是最好的道德观念，服从成人的意志就是公正。在皮亚杰看来，该儿童道德发展处于的阶段是(　　)

A. 前道德阶段　　B. 他律道德阶段

C. 自律道德阶段　　D. 公正道德阶段

答案：B

二、科尔伯格的道德发展阶段论 【2022填空、2019判断选择、2018单选】 必背

科尔伯格（柯尔伯格）系统地扩展了皮亚杰的理论和方法，提出了人类道德发展的顺序原则，并提出了他的道德发展阶段理论。他采用"**道德两难故事法**"进行研究，最典型的就是用"海因茨偷药"的故事，让儿童对道德两难问题做出判断。研究发现，不同国家和地区，虽然种族、文化各有不同，社会道德标准各异，但道德判断能力的发展却相当一致。因此，他以道德判断的发展代表道德认知的发展，进而代表品德发展的水平。

知识再拔高

道德两难故事——海因茨偷药

欧洲有一位妇女患了癌症，生命危在旦夕。医生告诉她的丈夫海因茨，只有本城一个药剂师最近发明的一种药可以救他的妻子。但该药价钱十分昂贵，要卖到成本价的十倍。海因茨四处求人，尽全力也只借到了购药所需钱数的一半。万般无奈之下，海因茨只得请求药剂师便宜一点儿卖给他，或允许他赊账。但药剂师坚决不答应他的请求，并说他发明这种药就是为了赚钱。海因茨在走投无路的情况下，为了挽救妻子的生命，在夜间闯入药店偷了药，治好了妻子的病。但海因茨因此被警察抓了起来。

科尔伯格围绕这个故事提出了一系列问题，让被试参与讨论，如：海因茨该不该偷药？为什么该？为什么不该？海因茨犯了法，从道义上看，这种行为好不好？为什么？

真题面对面

[2022，填空，1分]柯尔伯格研究道德发展的方法是__________。

答案：道德两难故事法

科尔伯格将道德判断分为三个水平，每一水平包含两个阶段，六个阶段按照由低到高的顺序发展。

考点1　前习俗水平

前习俗水平大约出现在幼儿园及小学中低年级。该时期的特征是：个体着眼于人物行为的具体结果及其与自身的利害关系，认为道德的价值不决定于人及准则，而是决定于外在的要求。前习俗水平包括两个阶段：

（1）**服从与惩罚的道德定向阶段**。这一阶段儿童的道德价值来自对外力的屈从或对惩罚的逃避。他们衡量是非的标准是由成年人来决定的，对成人或准则采取服从的态度，缺乏是非善恶的观念。他们会认为，海因茨不能去偷药，因为如果被人抓住的话是会坐牢的。

（2）**相对功利的道德定向阶段**（相对功利取向阶段/行为的功用和相互满足需要定向倾向/朴素的利己主义的定向）。这一阶段儿童的道德价值来自对自己要求的满足，偶尔也来自对他人需要的满足。在进行道德评价时，开始从不同角度将行为与需要联系起来，但具有较强的自我中心性，认为符合自己需要的行为就是正确的。他们会认为，海因茨应该去偷药，谁让那个药剂师那么坏，便宜一点就不行吗。

考点2　习俗水平

习俗水平是在小学中年级出现的，一直到青年、成年。这一阶段的特征是：个体着眼于社会的希望和要求，能够从社会成员的角度去思考道德问题；开始意识到人的行为必须符合群体或社会的准则；能够了解、认识社会行为规范，并遵守、执行这些规范。这一水平包括以下两个阶段：

（1）**好孩子的道德定向阶段**（寻求认可取向阶段/社会习俗的定向/人际关系与补同的定向）。这一阶段儿童的价值是以人际关系的和谐为导向，顺从传统的要求，符合大众的意见，谋求大家的称赞。在进行道德评价时，总是考虑到社会对一个“好孩子”的期望和要求，并总是按照这种要求去展开思维。他们会认为，海因茨应该去偷药，因为作为一个好丈夫就应该照顾好自己的妻子。如果他不这样做，结果妻子死了，别人都会骂他见死不救，没有良心。

（2）**维护权威或秩序的道德定向阶段**（遵守法规取向阶段/秩序和法规定向/权威和社会权利控制的定向）。这一阶段的道德价值是以服从权威为导向，包括服从社会规范，遵守公共秩序，尊重法律的权威，以法制观念判断是非、知法守法。他们会认为，海因茨不应该去偷药，因为如果人人都违法去偷东西的话，社会就会变得很混乱。

考点3　后习俗水平

该时期的特点是：个体不只是自觉遵守某些行为规则，还认识到法律的人为性，并在考虑全人类的正义和个人尊严的基础上形成某些超越法律的普遍原则。这一水平包括以下两个阶段：

（1）**社会契约的道德定向阶段**（社会法制取向阶段/社会契约取向阶段）。这一阶段仍以法制观念为导向，有强烈的责任心和义务感，但不再把社会规则和法律看成是死板的、一成不变的条文，而是认识到了它们的人为性和灵活性，他们尊重法制但不拘泥于法律条文，认为法律是人制定的，不合时宜的条文可以修改。也就是说，他们认识到法律或习俗的道德规范仅仅是一种社会契约，它由大家商定，可以改变，而不是固定僵死的。他们会认为，海因茨应该去偷药，因为一个人生命的价值远远大于药剂师对个人财产的所有权。

（2）**普遍原则的道德定向阶段**（良心定向阶段/普遍原则定向阶段/普遍伦理取向阶段）。这一阶段以价值观念为导向，有自己的人生哲学，对是非善恶的判断有独立的价值标准，思想超越了现实道德规范的约束，行为完全自律。由于认识到了社会秩序的重要性与维持这种共同秩序所带来的弊病，看到了社会准则与法

考生易混淆科尔伯格的不同道德发展阶段的特点，做题时应抓住关键词：前习俗水平强调逃避惩罚和利己；习俗水平强调“好孩子”和“好公民”；后习俗水平强调社会契约和普遍原则。

律的界限性，所以在进行道德评价时，能超越以前的社会契约所规定的责任，而且是以正义、公平、平等、尊严等这些最高的原则为标准进行思考，以普遍的标准来判断人们的行为。他们会认为，海因茨应该去偷药，因为和种种可考虑的事情相比，没有什么比人类的生命更有价值。

真题面对面

[2019，判断选择，1分]根据科尔伯格的道德发展阶段理论，通过“做个好人”寻求认可的儿童属于前习俗水平。(　　)

A. 正确　　　　B. 错误

答案：B

第三节　学生品德发展的基本特征

一、小学生品德的发展

小学阶段是品德发展的奠基阶段，是良好行为习惯养成的最佳时期。小学生品德发展具有明显的形象性、过渡性和协调性。

考点1　良好行为习惯(自觉纪律)的养成在小学生品德发展中占据显著地位

在小学生品德发展中，形成良好的行为习惯，既是小学德育的重要目标，也是小学德育最有效的手段和方法，小学阶段是良好行为习惯养成的关键期。具体表现在：

(1)小学生行为习惯处于从无到有、从依附到独立的阶段，可塑性极大。

(2)从行为习惯形成的过程来看，小学阶段最易于养成良好的行为习惯。

(3)儿童行为习惯的养成，对其品德的形成发展具有重要意义。

考点2　小学生品德发展的形象性

小学生的品德发展，尽管原则性、抽象概括性有了一定程度的发展，但在很大程度上带有生活经验的特点，容易受到行为情境的制约，离不开直观的感性形象的支持，带有明显的形象性，处于由具体形象性向抽象逻辑性发展的过程中。

考点3　小学生品德发展的过渡性

小学生品德发展的过渡性主要体现在：由简单、低级向复杂、高级过渡，由具体形象向抽象概括过渡，由生活适应性水平向伦理性水平过渡，由依附性向独立性过渡，由他律向自律过渡，由服从向习惯过渡。过渡性是小学生品德发展的基本特征之一，它表现在品德心理各要素的发展中。

小学阶段的品德过渡性特点，是品德发展过程中的质变的具体表现，在这个过程中，存在着一个转折期，即儿童品德发展的“**关键年龄**”。研究结果认为这个关键期大致在小学三年级下学期前后，但是由于教育工作上的差异，前后有一定的出入。

考点4　小学生品德发展的协调性

小学生品德发展的协调性表现为密切相关的两个方面：

(1)品德心理各种成分之间的协调。

(2)主观愿望与外部要求、约束的协调。

二、中学生品德的发展

考点1 逐渐从他律变成自律,伦理道德发展具有自律性,言行一致

(1)能独立、自觉地按道德准则来调节自身行为;

(2)道德信念、理想在道德动机中占据相当地位;

(3)道德情感发展,理性的道德情感占据主导地位,道德情感的社会性水平随着年龄的增长而日益提高;

(4)品德心理中自我意识明显化;

(5)中学生主导性道德动机明确,道德意志力有显著增长;

(6)道德行为习惯逐步巩固;

(7)品德发展与世界观形成的一致性;

(8)品德结构的组织形式完善化。

考点2 品德发展由起伏向成熟过渡

1. 初中阶段品德发展具有波动性

从总体上看,初中阶段即少年期的品德虽然具有伦理道德的特性,但仍不成熟,起伏不定。这一时期既是人生观开始形成的时期,又是容易发生品德两极分化的时期。品德不良、违法犯罪多发生在这个时期。根据研究,初中二年级是品德发展的关键期。

2. 高中阶段品德发展趋向成熟

高中阶段或青年初期的品德发展进入以自律为主要形式、应用道德信念来调节道德行为的成熟时期,表现在能自觉地运用一定的道德观点、信念来调节行为,并初步形成人生观和世界观。

第四节 学生品德的形成与培养

一、态度与品德学习的一般过程与条件

考点1 态度与品德学习的一般过程

态度与品德的形成是一个从外到内的转化过程,是社会规范的接受和内化,大致经历三个阶段:

1. 依从(社会规范的依从)

依从,即表面上接受规范,按照规范的要求来行动,但对规范的必要性或根据缺乏认识,甚至有抵触情绪。它是规范内化的初级阶段,是态度与品德建立的开端。

2. 认同(社会规范的认同)

认同,即在思想、情感、态度和行为上主动接受规范,从而试图与之保持一致。认同实质上就是对榜样的模仿,其出发点就是试图与榜样一致,包括偶像认同或价值认同。

与依从相比,认同更深入一层,它不受外界压力的控制,行为具有一定的自觉性、主动性和稳定性等特点。

3. 内化(社会规范的信奉)

内化,即在思想观点上与社会规范及其价值一致,将自己所认同的思想和自己原有的观点、信念融为一体,构成一个完整的价值体系。

在内化阶段,个体的行为具有高度的自觉性和主动性,并具有坚定性,表现为“富贵不能淫,贫贱不能移,威武不能屈”。此时,稳定的态度和品德便形成了。

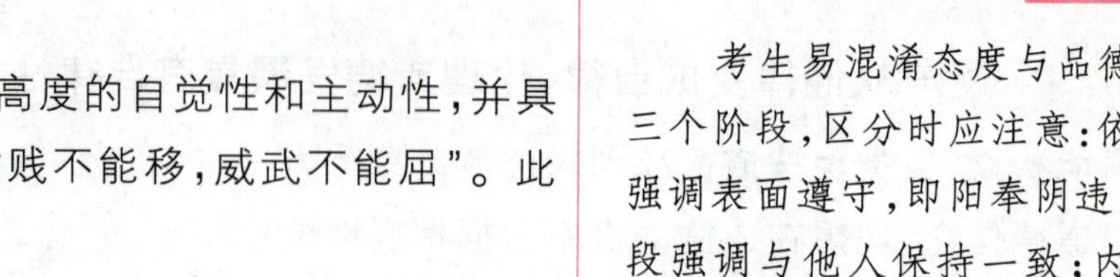

考生易混淆态度与品德形成的三个阶段,区分时应注意:依从阶段强调表面遵守,即阳奉阴违;认同阶段强调与他人保持一致;内化阶段强调价值体系已完善。

依从阶段

认同阶段

内化阶段

考题预测

[多,2分]通常来说,态度与品德形成过程经历的阶段包括(　　)

A. 依从　　B. 内化　　C. 行动　　D. 认同

答案:ABD

考点2　影响态度与品德学习的一般条件

1. 外部条件

(1)家庭教养方式。研究表明,学生的态度与品德特征和家庭的教养方式有密切关系。若家庭教养方式是民主、信任、容忍,则有助于儿童优良的态度与品德的形成与发展。若家长对待子女过分严格或放任,则孩子更容易产生不良的、敌对的行为。

(2)社会风气。社会风气由社会舆论、大众媒介传播的信息、各种榜样的作用等构成。社会上的良好与不良的风气都有可能影响学生道德信念与道德价值观的形成,这也使得德育工作难度加大。

(3)同伴群体。学生的态度与道德行为在很大程度上受到他们所归属的同伴群体的行为准则和风气的影响。

2. 内部条件

(1)认知失调。人类具有一种维持平衡和一致性的需要,即力求维持自己的观点、信念的一致,以保持心理平衡。当认知不平衡或不协调时,如新出现的事物与自己原有的经验不一致,或者自己的观点与他人的、社会的观点或风气不一致等,内心就会有不愉快或紧张的感受,个体就会试图通过改变自己的观点或信念,以达到新的平衡。可以说,认知失调是态度改变的先决条件。

(2)**态度定势**。个体由于过去的经验，对所面临的人或事可能会具有某种肯定或否定、趋向或回避、喜好或厌恶等内心倾向性，这种事先的心理准备或态度定势常常支配着人对事物的预料与评价，进而影响着是否接受有关的信息和接受的量。假如学生对教师有消极的态度定势，则教师的教诲与要求可能会成为耳旁风，甚至引发冲突。帮助学生形成对教师、对集体的积极的态度定势或心理准备是使学生接受道德教育的前提。

(3)**道德认知**。态度与品德的形成与改变取决于个体头脑中已有的道德准则和规范的理解水平和掌握程度，取决于已有的道德判断水平。

此外，个体的智力水平、受教育程度、年龄等因素也对态度与品德的形成与改变有不同程度的影响。

记忆有妙招

为方便考生记忆，编者将影响态度与品德学习的条件总结成口诀供考生参考：**外家社群，内认定德**。

外：外部条件。**家**：家庭教养方式。**社**：社会风气。**群**：同伴群体。**内**：内部条件。**认**：认知失调。**定**：态度定势。**德**：道德认知。

二、品德的培养

考点1 学生良好品德的培养

1. 有效的说服

有效的说服是提高道德认知的途径。用言语说服学生需要一些技巧，主要有以下几种：(1)有效地利用正反论据；(2)发挥情感的作用，不仅要以理服人更要以情动人；(3)考虑原有态度的特点。

2. 树立良好的榜样

这是加强道德行为的途径。根据班杜拉的社会学习理论，榜样在观察学习过程中起着非常重要的作用，榜样的特点、示范的形式及榜样所示范行为的性质和后果都会影响到观察学习的效果。

3. 利用群体约定

教师可以利用集体讨论后做出的集体约定，来改变学生的态度。

4. 价值辨析

价值辨析是指引导个体利用理性思维和情绪体验来检查自己的行为模式，努力去发现自身的价值观并指导自己的道德行为。

5. 给予适当的奖励和惩罚

奖励和惩罚作为外部调控手段，不仅影响着认知、技能和策略的学习，而且对个体道德的形成也起到一定的作用。

(1)给予适当的奖励

奖励有物质的，也有精神的；有内部的，也有外部的。给予奖励时，应注意：

①要选择确定可以得到奖励的道德行为。一般来讲，应奖励诸如爱护公物、拾金不昧、尊老爱幼等一些具体的道德行为，而不是奖励一些概括性的行为。

②应选择恰当的奖励物。同一奖励物，其效用可能因人而异，应考虑个体的实际情况，选用最有效的奖励物。

③应强调内部奖励。外部的物质奖励只是权宜之计，不可过多使用，应引导学生进行自我强化，让学生亲身体验做出道德行为后的愉快感、自豪感、欣慰感，以此转化为产生道德行为的持久的内部动力。

(2)给予适当的惩罚

虽然对惩罚的教育效果有不同的看法，但从抑制不良行为的角度来看，惩罚还是有必要的，也是有助于良好的道德形成的。

当不良行为出现时，可以用两种惩罚方式：①给予某种厌恶刺激，如批评、处分、舆论谴责等；②取消个体喜爱的刺激或剥夺某种特权等，如不许参加某种娱乐性活动。

在惩罚时应严格避免体罚或变相体罚，否则，将损害学生的自尊，或导致更严重的不良行为，如攻击性行为。惩罚不是最终目的，给予惩罚时，教师应让学生认识到惩罚与错误行为的关系，使学生从心理上能接受，心服口服。同时，还要给学生指明改正的方向，或提供正确的、可替代的行为。

除上述所介绍的各种方法外，角色扮演、小组道德讨论等方法对于品德的形成和改变都是非常有效的。

记忆有妙招

为方便考生记忆，编者将培养学生良好品德的措施总结成口诀供考生参考：**嫁给有理数**。

嫁：价值辨析。**给**：给予奖励和惩罚。**有**：有效的说服。**理**：利用群体约定。**数**：树立榜样。

考点2　学生不良行为的矫正

1. 过错行为与不良品德行为的概念

学生的不良行为可分为过错行为与不良品德行为两种。

学生的过错行为是指那些不符合道德要求的问题行为，如调皮捣蛋、恶作剧、起哄、无理取闹、作业和考试作弊等。学生的不良品德行为则是指那些由错误道德意识支配的，经常违反道德准则，损害他人或集体利益的问题行为。

2. 学生不良行为的原因分析

客观方面，学生不良行为产生的原因来自于家庭、学校和社会环境三个方面：(1)家庭教育失误；(2)学校教育不当；(3)社会文化的不良影响。

主观方面，学生的不良行为主要受这些因素的影响：(1)缺乏正确的道德观念和道德信念；(2)消极的情绪体验；(3)道德意志薄弱；(4)不良行为习惯的支配；(5)性格上的缺陷；等等。

3. 学生不良行为矫正的基本过程

学生不良行为的矫正是一项复杂的工作，其效果取决于教育时机的选择和对众多教育因素的控制。分析和理解其矫正的心理过程，有利于选择矫正措施，提高矫正的效果。

一般认为，学生不良行为的矫正要经历醒悟阶段、转变阶段和自新阶段三个过程。下面介绍一些矫正不良行为的心理学策略：

(1)改善人际关系，消除疑惧心理和对立情绪；(2)保护自尊心，培养集体荣誉感；(3)讲究谈话艺术，提高道德认知；(4)锻炼与诱因做斗争的毅力，巩固新的行为习惯；(5)注重个别差异，运用教育机智。

★★ 考点大默写 ★★

1. 古人云："知之深、爱之切、行之坚。"只有具备深刻的__________，才能产生强烈的道德情感，才能有效地在__________中体现出来。
2. 品德的核心是__________。
3. 看到同学乱扔垃圾时，心里感到厌恶，属于__________的道德情感。
4. 爱国主义情感和集体主义情感属于__________的道德情感。
5. __________是个体自觉地调节道德行为，克服困难，以实现预定道德目标的心理过程。
6. __________是衡量道德品质的重要标志。
7. 皮亚杰采用"__________"对儿童道德判断的发展进行了系统的研究。
8. 皮亚杰认为__________岁是儿童从他律道德向自律道德转化的分水岭。
9. 学生A做家务打碎了五个玻璃杯，学生B偷吃零食时打碎了一个玻璃杯。根据皮亚杰的道德认知发展阶段理论，处于__________的儿童会认为学生A的过错更大，因为他打碎的玻璃杯更多。
10. 某学生认为奖惩不能是千篇一律的，而应该根据个人的具体情况，以平等为标准，在同情、关心的基础上对学习和生活中的道德事件进行判断。根据皮亚杰的道德发展阶段理论，该学生的道德发展处于__________。
11. __________采用"道德两难故事法"对儿童的道德发展进行研究，最典型的就是用"海因茨偷药"的故事让儿童对道德两难问题做出判断。
12. 某小学生并不真正理解班规的含义，服从班规只是为了避免惩罚，希望好的行为能得到老师的表扬。根据科尔伯格的道德认知发展阶段理论。该小学生的道德处于__________水平。
13. 处于__________的道德定向阶段的儿童衡量是非的标准是由成年人来决定的，对成人或准则采取服从的态度，缺乏是非善恶的观念。
14. 某学生最近的心理特征常常表现为相信并服从权威和法律，认为凡是法律规定的就一定是对的。根据科尔伯格的道德发展阶段论，此时该学生处于__________水平。
15. 由于近年来未成年人犯罪出现低龄化的现象，某学生认为应当适当降低刑事责任年龄。这表明该学生处于道德发展的__________的道德定向阶段。
16. 有孩子认为"海因茨应该偷药，因为丈夫应对妻子负责，为救妻子去偷药，只不过做了丈夫该做的事。如果他不这样做，别人会骂他的。"按照科尔伯格的道德发展阶段理论，这属于__________阶段。
17. 科尔伯格认为，处于__________水平阶段的学生能够着眼于社会的希望与要求，并从社会成员的角度思考道德问题，已经开始意识到个体的行为必须符合社会的准则，能够了解社会规范，并遵守和执行社会规范。
18. 根据科尔伯格的道德发展阶段论，人的道德发展最高水平所处阶段是__________。
19. __________是品德发展的奠基阶段，是良好行为习惯养成的最佳时期。
20. 儿童品德发展的"关键年龄"大致出现在小学__________年级下学期前后。
21. __________是品德发展的关键期。

22. 通常来说，态度与品德形成过程经历的阶段包括____________、____________和____________。

23. ____________实质上就是对榜样的模仿，其出发点就是试图与榜样一致。

24. 学生态度的形成要经过三个阶段，其中____________是指学生为了获得奖励或避免惩罚而采取的与他人要求在表面上相一致的行为。

25. “三人行，必有我师焉”强调了要主动学习别人的思想、情感、品质等方面的优秀之处，并使自己与之保持一致。这体现了品德形成的____________阶段。

26. 影响态度与品德学习的外部条件有家庭教养方式、社会风气和____________。

27. 影响品德形成和发展的内部条件包括____________、____________和____________。

28. ____________是态度改变的先决条件。

29. ____________是指引导个体利用理性思维和情绪体验来检查自己的行为模式，努力去发现自身的价值观并指导自己的道德行为。

【参考答案】

1. 道德认知；道德行为 2. 道德认知 3. 直觉 4. 伦理 5. 道德意志 6. 道德行为 7. 对偶故事法 8. 10 9. 权威阶段（他律道德阶段、道德实在论阶段） 10. 公正阶段 11. 科尔伯格 12. 前习俗 13. 服从与惩罚 14. 习俗 15. 社会契约 16. 好孩子的道德定向（寻求认可取向、社会习俗的定向、人际关系与补同的定向） 17. 习俗 18. 普遍原则的道德定向阶段（良心定向阶段、普遍原则定向阶段、普遍伦理取向阶段） 19. 小学阶段 20. 三 21. 初中二年级 22. 依从；认同；内化 23. 认同 24. 依从 25. 认同 26. 同伴群体 27. 认知失调；态度定势；道德认知 28. 认知失调 29. 价值辨析

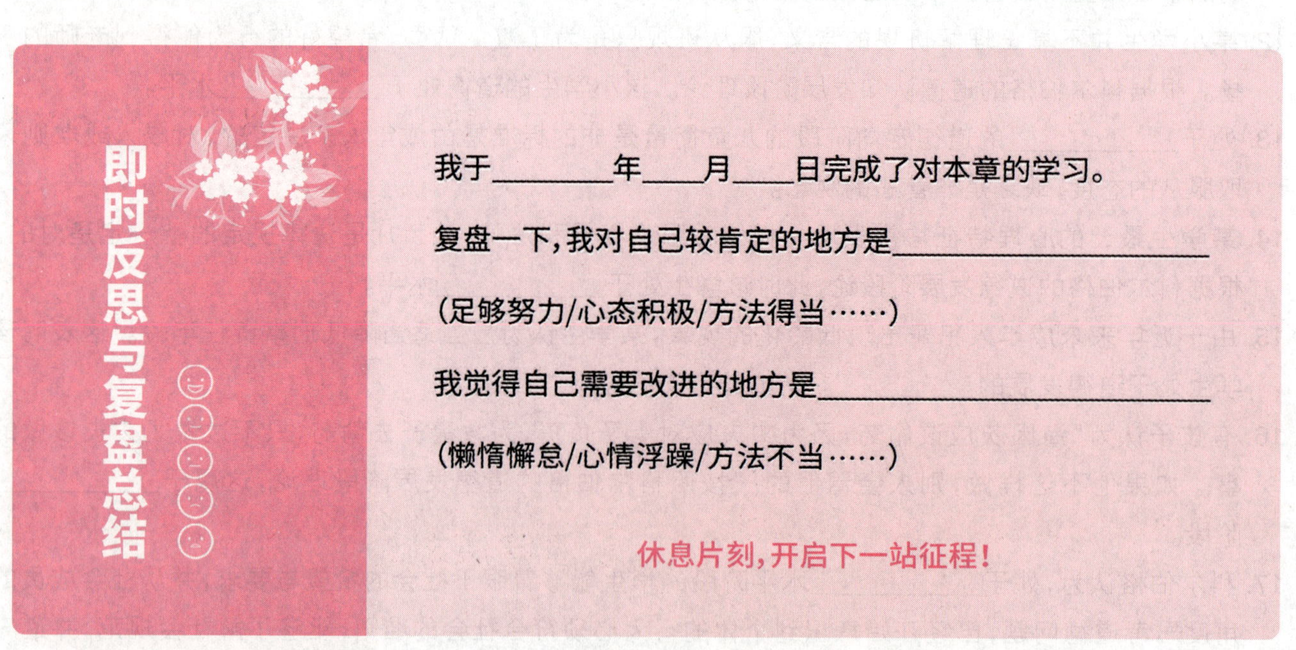

第十二章　心理健康教育

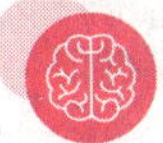

思维导图

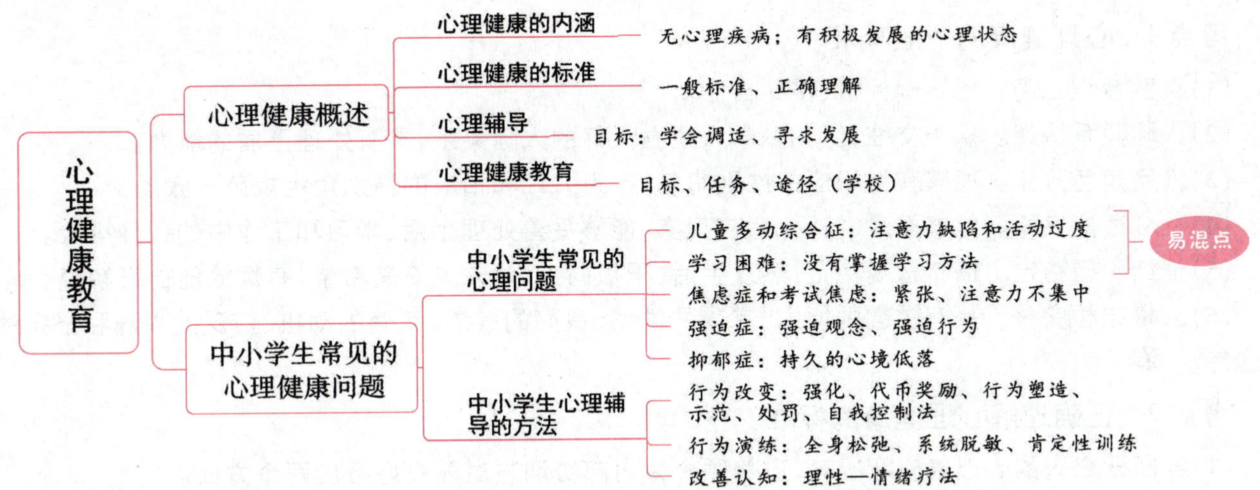

福建考向

本章属于心理学中的基础章节，特点为内容广泛、知识应用性较强，需要考生以识记为主。现对本章福建考向分析如下：

高频考点	常考题型	能力层级	考查热度
学校心理健康教育的途径	单选	识记	★★
中小学生常见的心理问题	单选	识记	★★

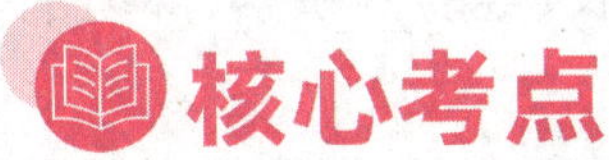

核心考点

第一节　心理健康概述

一、心理健康的内涵

考点1　心理健康的概念

健康指的是有机体的一种机能状态，一般指机能正常，没有缺陷和疾病。世界卫生组织指出，健康应包括生理、心理、社会适应和道德健康等。

世界卫生组织认为，心理健康是一种良好的、持续的心理状态与过程，表现为个体具有生命的活力，积极的内心体验，良好的社会适应能力，能够有效地发挥个人的身心潜力以及作为社会一员的积极的社会功能。

考点2　理解心理健康的概念

心理健康是个体心理活动在自身及环境条件许可范围内所能达到的最佳功能状态。心理健康的个体能够充分发挥自己的最大潜能，妥善处理和适应人与人之间、人与社会环境之间的相互关系。它至少包括两层含义：一是无心理疾病；二是有一种积极发展的心理状态。

二、心理健康的标准

考点1　心理健康的一般标准

(1)自我意识正确。能正确评价、接纳自己。

(2)人际关系协调。乐于交往，能和多数人建立良好的人际关系，具有处理矛盾的能力。

(3)性别角色分化。能够获得相应的性别角色，行为方式和相应的性别角色规范一致。

(4)社会适应良好。能够面对、接受、适应现实，能够妥善处理生活、学习和工作中的各种挑战。

(5)情绪积极稳定。情绪乐观稳定，热爱生活，积极向上，对未来充满希望，有烦恼能自行解脱。

(6)人格结构完整。具有较高的能力、完善的性格、良好的气质、正确的动机、广泛的兴趣和坚定的信念等。

考点2　正确理解心理健康的标准

(1)判断一个人的心理健康状况时，应兼顾个体内部协调与对外良好适应两个方面。

(2)心理健康概念具有相对性，即心理健康有高低层次之分。高层次(积极)的心理健康不仅是没有心理疾病，而且是能充分发挥个人潜能，发展建设性人际关系，从事具有社会价值的活动，追求高层次需要的满足，追求生活的意义。而低层次的心理健康主要指没有心理疾病。

(3)心理不健康与有不健康的心理和行为不能等同。心理不健康是指一种持续的不良状态。偶尔出现一些不健康的心理和行为并不等于心理不健康，更不等于已患心理疾病。因此，不能仅从一时一事而简单地给自己或他人下心理不健康的结论。

(4)心理健康与不健康不是泾渭分明的对立面，而是一种连续状态。从良好的心理健康状态到严重的心理疾病之间有一个广阔的过渡带。在许多情况下，异常心理与正常心理、变态心理与常态心理之间没有绝对的界限，只是程度的差异。

(5)心理健康的状态不是固定不变的，而是动态变化的过程。随着人的成长、经验的积累、环境的改变，心理健康状况也会有所改变。

(6)心理健康标准是一种理想尺度，它不仅为我们提供了衡量是否健康的标准，而且为我们指明了提高心理健康水平的努力方向。每一个人在自己现在的基础上做不同程度的努力，都可以追求心理发展的更高层次，不断发挥自身的潜能。

(7)心理健康与否，在相当程度上可以说是一个社会评价问题。不同社会由于其主流文化、价值观念、社会规范不同，对于同一行为正常与否，往往会做出不同的判断。

三、心理辅导

考点1　心理辅导的含义

1. 心理辅导的概念

心理辅导是指学校教育者根据学生心理发展的特征与规律，在一种新型的、建设性的人际关系中，运用心理学等专业知识技能，设计与组织各种教育性活动，以帮助学生形成良好的心理素质，充分发挥个人潜能，进一步提高心理健康水平的过程。

2. 理解心理辅导的概念

理解心理辅导的概念，要特别注意以下几点：

(1)学校心理辅导强调面向全体学生；

(2)辅导以正常学生为主要对象，以发展辅导为主要内容；

(3)心理辅导是一种专业活动，是专业知识和技能的运用。

3. 心理辅导的原则

要做好心理辅导工作，必须遵循的原则主要有：(1)面向全体学生；(2)预防与发展相结合；(3)尊重与理解学生；(4)发挥学生主体性；(5)个别对待学生；(6)促进学生整体性发展。

考点2　心理辅导的目标

学校心理辅导的一般目标与学校教育目标是一致的。但心理辅导毕竟只是学校教育的一个方面，其目标应有自己的独特之处。学校心理辅导的一般目标可归纳为两个方面：学会调适和寻求发展。

学会调适是基本目标，以此为主要目标的心理辅导可称为**调适性辅导**；寻求发展是高级目标，以此为主要目标的心理辅导可称为**发展性辅导**。简言之，这两个目标分别是要引导学生达到基础层次的心理健康和高层次的心理健康。

四、心理健康教育

考点1　心理健康教育的目标

心理健康教育的总目标是：提高全体学生的心理素质，充分开发他们的潜能，培养学生乐观、向上的心理品质，促进学生人格的健全发展。

心理健康教育的具体目标是：(1)使学生不断正确地认识自我，增强调控自我、承受挫折、适应环境的能力；(2)培养学生健全的人格和良好的个性品质；(3)对少数有心理困扰或心理障碍的学生，给予科学有效的心理咨询和辅导，使他们尽快摆脱障碍，调节自我，提高心理健康水平，增强自我教育能力。

考点2　心理健康教育的任务

(1)针对大多数心理健康的学生而言，心理健康教育的任务是培养学生良好的心理素质，预防心理障碍的发生，促进学生心理机能、人格的发展与完善；

(2)针对有心理障碍的学生而言，心理健康教育的任务是排除学生的心理障碍，预防心理疾病的发生，提高学生的心理健康水平；

(3)针对少数有心理疾病的学生，进行心理咨询与治疗。

考点3　学校心理健康教育的途径　【2020单选】

心理健康教育不能像知识教育那样主要通过教师的传授来完成。它需要渗透到学生日常生活的各个方面，通过多种方式进行。随着中小学生心理问题的日益严重，心理健康教育越发显得迫切而重要，学校心理辅导也日益成为学校实施心理健康教育的主要渠道。在学校开展心理健康教育有以下几种途径：

(1)开设心理健康教育的有关课程和心理辅导的活动课；

(2)在学科教学中渗透心理健康教育的内容；

(3)结合班级、团体活动开展心理健康教育；

(4)个别心理辅导或咨询;

(5)小组辅导,也称团体辅导。

真题面对面

[2020,单,2分]学校心理健康教育的最主要途径是(　　)

A. 心理危机干预　　B. 个别心理咨询

C. 心理辅导课程　　D. 大型户外团体活动

答案:C

第二节　中小学生常见的心理健康问题

一、中小学生常见的心理问题

考点1　儿童多动综合征【2023填空】

1. 概念

儿童多动综合征(简称多动症)是小学生中最为常见的一种以注意力缺陷和活动过度为主要特征的行为障碍综合征。高峰发病年龄为8~10岁。

2. 特征

(1)活动过多。这种儿童的多动与一般儿童的好动不同,他们的活动是杂乱无章的、缺乏组织性和目的性。(2)注意力不集中。注意力集中困难是该类儿童突出的、持久的临床特征。(3)冲动行为。多动症儿童的行动多先于思维,即他们经常未考虑就行动。

3. 原因

(1)先天体质上的原因。例如,产前、产中和产后缺血、缺氧引起的轻微脑损伤和遗传因素的作用。(2)社会因素。不安的环境可能引起他们的精神高度紧张,如父母的经常性批评等。

4. 治疗方法

(1)多动症可以在医生指导下采用药物治疗。(2)行为疗法。采用各种行为疗法的重点在于培养和发展其自制力、注意力,可用强化奖励法、代币法等。(3)自我指导训练的方法,即发展儿童的自我对话,加强内部言语对自身行为的引导和控制作用。

真题面对面

[2023,填空,1分]以注意力缺陷和活动过度为主要特征的行为障碍综合征是________。

答案:儿童多动综合征(多动症)

考点2　学习困难

1. 概念

学习困难,又称学习障碍,指在知识的获取、巩固和应用的过程中缺乏策略和技巧,也就是我们常说的没有掌握学习方法。

学习困难综合征是指某些智力正常或接近正常的儿童,因神经系统的某种或某些功能性失调,使其在听、读、写、算方面能力降低或发展较慢，以致陷入学习困难。学习困难综合征在小学生中比较多见。

2. 表现

(1)学困生在知识水平方面的差异主要表现在：①知识背景贫乏；②概念水平差；③基本知识技能的熟练程度差；④知识结构水平差。

(2)学困生在认知方面的差异主要表现在：①注意力差。②感知觉能力差。观察力差、感觉受损、感知觉统合困难。③记忆不良。逻辑记忆发展较差，偏向于动作记忆，学困生在记忆广度、记忆速度、记忆精准度、短时记忆、长时记忆等方面都低于学优生，短时记忆差是差生的一大特点。④阅读困难。朗读、默读困难，阅读理解水平低，阅读速度慢。⑤言语落后。⑥思维水平低。推理、概括、想象能力差，思维品质不良，思维缺乏监控。⑦学习策略与学习方式差。

患有多动症的学生的学习困难主要是由好动、冲动、注意力缺陷和行为障碍造成的。而患有学习困难综合征的学生在个体发展上是健康的，不存在多动症儿童所表现的情绪和行为问题。

3. 应对策略

(1)多赞扬鼓励学生，培养学生的自信心理；(2)学法指导，即教会他们怎样找到自己所需要的信息，提高学生主动学习的热情；(3)注重培养学生的学习动机、学习兴趣、学习的情感、意志和态度。

考点3　焦虑症和考试焦虑

1. 概念

焦虑症是以与客观威胁不相适应的焦虑反应为特征的神经症。正常人在面临各种压力情境，特别是在个人自尊心受到威胁时，也会出现焦虑反应，但他们的焦虑与客观情境的威胁程度是相适应的。

2. 表现

(1)情绪方面：紧张不安，忧心忡忡；(2)注意和行为方面：注意力集中困难，极端敏感，对轻微刺激做过度反应，难以做出决定；(3)躯体症状方面：心跳加快，过度出汗等。

学生中常见的焦虑反应是**考试焦虑**。考试焦虑是一种复杂的情绪现象，是在一定的应试情境下，受个体认知评价能力、人格倾向与其他身心因素制约，以担忧为基本特征，以防御或逃避为行为方式，通过一定程度的情绪反应所表现出来的心理状态。其表现是：随着考试临近，心情极度紧张；考试时注意力不集中，知觉范围变窄，思维刻板，表现慌乱，无法发挥正常水平。

3. 原因

(1)学校的统考和应试教育体制使学生缺乏内在自尊；(2)家长对子女期望过高；(3)学生的个性过于争强好胜，缺乏对失败的耐受力，知识准备不足，缺乏相应的应试技能等。

4. 治疗方法

(1)采用肌肉放松、系统脱敏等方法；(2)采用认知矫正程序，指导学生在考试中使用正向的自我对话，如“我能应付这个考试”；(3)锻炼学生的性格，提高挫折应对能力；(4)往最好处做，不要计较最后结果；(5)考前要注意调节情绪。

考点4　儿童厌学症

1. 概念

厌学症又称学习抑郁症，是由于人为因素造成的儿童厌恶学习的一系列症状。

2. 表现

儿童厌学症的主要表现是对学习不感兴趣，讨厌学习。厌学的儿童对学习有一种说不出的苦闷感，一提到学习就心烦意乱，焦躁不安。他们对教师或家长有抵触情绪，学习成绩不好，有的还兼有品德问题。儿童厌学情绪严重或受到一定的诱因影响时，往往会发生旷课、逃学或辍学现象。

3. 原因

(1)学校教育的失误，如填鸭式教育；(2)家庭教育的不当；(3)社会不良风气的影响，如一切向"钱"看、读书无用论。

4. 治疗方法

(1)教师通过灵活多样的课堂教学活动和丰富多彩的第二课堂活动来调动学生的学习积极性；(2)家长需要改变自己的教养态度，采用民主式教养方式，建立和谐的家庭气氛；(3)纠正一些不良的社会风气，尽量避免这些风气对儿童的不良影响；(4)作为学生自身来说，要调整好心态，要有自信心，以坚毅的性格、乐观的态度为人处世，坚信付出必有收获；(5)要彻底遏制"厌学"的根源，还必须从根本上改造目前的应试教育体制，必须将素质教育的推广落到实处，要让教育成为大众的、快乐的科学教育。

考点5　恐怖症

1. 概念

恐怖症是对特定的无实际危害的事物与场景的非理性的惧怕。恐怖症可分为单纯恐怖、广场恐怖和社交恐怖。**学校恐怖症**是指学生一进入学校就不由自主地产生一种严重的焦虑和恐惧感，在小学生中较为常见。

2. 表现

学校恐怖症主要表现为儿童害怕上学，严重者还会害怕与学校有关的东西，如怕老师、害怕去教室等。也有些儿童会产生上学前身体不舒服等保护性行为。学校恐怖症会导致儿童不能正常学习，成绩落后。

学生中社交恐怖也较为常见，主要表现为：害怕在社交场合讲话，担心自己因双手发抖、脸红、声音颤抖、口吃而暴露自己的焦虑，觉得自己说话不自然，因而不敢抬头，不敢正视对方的眼睛。

3. 原因

恐怖症产生的原因有：(1)直接经验刺激；(2)观察学习；(3)对某些事物或情境的危险做出了不切实际的评估。

学校恐怖症产生的原因与儿童过分恋家、还没有适应学校生活、害怕学业失败、教师严厉的管教和处理问题不当以及家长过高的期望有关。

4. 治疗方法

(1)**系统脱敏法**是治疗恐怖症最常用的方法；(2)改善人际关系，营造宽松、自由的氛围，适当减轻当事人的压力。

考点6　强迫症

1. 概念

强迫症是一组以强迫症状(主要包括强迫观念和强迫行为)为主要临床表现的神经症。研究发现，7~8岁是继2岁之后正常儿童出现强迫现象的又一高峰年龄。

2. 表现

(1)强迫观念指当事人身不由己地思考他不想考虑的事情。

(2)强迫行为指当事人反复去做他不希望执行的动作,如果不这样想、不这样做,他就会感到极端焦虑。强迫洗手、强迫计数、反复检查(门是否上锁)、强迫性仪式动作是生活中常见的强迫症状。

3. 原因

(1)社会心理原因,包括学习过度紧张、家庭要求过于严格、学习困难、人际关系不良;(2)个人原因,如胆小怕事、优柔寡断、偏执刻板。

4. 治疗方法

(1)药物治疗。(2)行为治疗。例如,暴露与阻止反应,主要用于控制当事人的刻板行为。(3)建立支持性环境。(4)森田疗法。强调放弃对强迫行为做无用控制的意图,而采取"顺其自然,为所当为"的态度。

考题预测

[单,2分]最近一段时间小张总是反复检查自己的作业、课本、书包等,总认为作业没做完,书包没收拾好,这种行为表明他可能有(　　)倾向。

A. 过敏症	B. 焦虑症
C. 强迫症	D. 怀疑症

答案:C

考点7　抑郁症

1. 概念

抑郁症是以持久的心境低落为特征的神经症。个体有过度的抑郁反应,通常伴随有严重的焦虑感。

2. 表现

(1)情绪消极、悲观、颓废、淡漠、失去满足感和对生活的乐趣;(2)消极的认知倾向,低自尊、无能感,对未来没有期望;(3)动机缺乏、被动、缺乏热情;(4)肢体疲劳、失眠、食欲不振。

3. 原因

抑郁症是由心理原因造成的,有各种不同理论的解释。(1)行为主义者认为抑郁症是由多次不愉快的经历、生活中缺乏强化鼓励造成的;(2)精神分析学派认为抑郁来源于各种丧失和失落(失去爱、失去地位);(3)认知学派认为,抑郁源于个人自我贬低式的思维方式或者不适当的归因方式。

4. 治疗方法

(1)要给当事人以情感支持与鼓励;(2)采用合理情绪疗法,调整当事人消极的认知状态;(3)积极行动起来,从活动中体验成功与愉快;(4)服用抗抑郁药物。

考点8　网络成瘾

1. 概念

网络成瘾,又称网络成瘾综合征,临床上是指由于患者对互联网过度依赖而导致的一种心理异常症状以及伴随的一种生理性不适。

2. 原因

网络成瘾的原因很复杂,是成瘾个体、网络环境和外部环境多方面相互作用的结果。网络成瘾既取决于青少年自身成瘾的易感性特征，又取决于网络自身能够提供什么及网络对现实社会生活环境的影响。前者是成瘾的内部原因，后者是成瘾的外部原因。

3. 矫正方法

(1)当事人本身可采用行为疗法，通过控制上网时间和次数，形成良好的上网习惯；(2)教师对网络成瘾的学生可以采用认知疗法，针对网络成瘾问题本身及背后的问题，如学业不良、自卑心理、人际交往障碍等，与当事人进行谈话沟通，探讨如何正确使用互联网，以及网络成瘾的危害；(3)由于家庭功能失调造成的网络成瘾，还可以通过调整家庭成员间的关系，营造良好的家庭氛围，为矫正网络成瘾提供条件。

二、中小学生心理辅导的方法

考点1 行为改变的基本方法

1. 强化法

强化法用来培养新的适应行为。根据学习原理，一个行为发生后，如果紧跟着一个强化刺激，这个行为就会再一次发生。例如，一个学生不敢同老师说话，学习上遇到了疑难问题也没有勇气向老师求教，当他一旦敢于主动向老师请教，老师就给予表扬，并耐心解答问题时，这个学生就能学会主动向老师请教的行为方式。

2. 代币奖励法

代币是一种象征性强化物，筹码、小红星、盖章的卡片、特制的塑料币等都可作为代币。当学生做出教师所期待的良好行为后，就发给他们数量相当的代币作为强化物。学生用代币可以兑换有实际价值的奖励物或活动。代币奖励的优点是可使奖励的数量与学生良好行为的数量、质量相适应，代币不会像原始强化物那样产生“饱”现象而使强化失效。

3. 行为塑造法

行为塑造是指通过不断强化逐渐趋近目标的反应，来形成某种较复杂的行为。有时候我们所期望的行为在某学生身上很少出现或很少完整地出现，此时，我们可以依次强化那些渐趋目标的行为，直到合意行为的出现。

4. 示范法

观察、模仿教师呈现的范例(榜样)，是学生学习社会行为的重要方式。模仿学习的机制是替代强化。由于范例的不同，示范法有以下几种情况：(1)辅导教师的示范；(2)他人提供的示范；(3)电视、录像、有关读物提供的示范；(4)角色的示范。

5. 处罚法

处罚的作用是消除不良行为。处罚有两种：(1)在不良行为出现后，呈现一个厌恶刺激(如否定评价、给予处分)；(2)在不良行为出现后，撤销一个愉快刺激(如暂时隔离法)。

6. 自我控制法

自我控制法是让当事人自己运用学习原理，进行自我分析、自我监督、自我强化、自我惩罚，以改善自身行为。从理论指导来说，它是一种经过人本主义心理学改善过的行为改变技术，其好处是强调当事人(学生)的个人责任感，增加了改善行为的练习时间。

考点2 行为演练的基本方法

1. 全身松弛法

全身松弛法，或称全身松弛训练，是通过改变肌肉紧张，减轻肌肉紧张引起的酸痛，以应对情绪上的紧张、不安、焦虑和气愤。

训练有不同的操作方式，紧张、松弛对照训练是最常见的一种。全身训练法由雅各布松在20世纪20年代首创，经后人修改完成。其要点是训练者要学会接受自身生理状态的信息，辨认肌肉紧张、放松的感觉，对肌肉做“紧张—坚持—放松”的练习，从紧张与放松的感觉对比中学会放松。训练时，对全身多处肌肉按固定次序依次放松，每日练习，坚持不断。

2. 系统脱敏法

系统脱敏是指当某些人对某事物、某环境产生敏感反应（害怕、焦虑、不安）时，我们可以在当事人身上发展起一种不相容的反应，使其对本来可引起敏感反应的事物，不再发生敏感反应。例如：一个学生过分害怕猫，我们可以让他先看猫的照片，谈论猫；再让他远远观看关在笼中的猫，让他靠近笼中的猫；最后让他摸猫、抱起猫，消除对猫的惧怕反应。这就是“脱敏”。

系统脱敏法由沃尔帕首创，它包括以下几个步骤：(1)进行全身放松训练；(2)建立焦虑刺激等级表；(3)焦虑刺激与松弛活动相配合。

3. 肯定性训练

肯定性训练，也叫**自信训练**、**果敢训练**，其目的是促进个人在人际关系中公开表达自己真实的情感和观点，维护自己的权益也尊重别人的权益，发展人的自我肯定行为。自我肯定行为主要表现在三个方面：(1)请求他人为自己做某事，以满足自己合理的需要；(2)拒绝他人的无理要求而又不伤害对方；(3)真实地表达自己的意见和情感。

实际生活中，许多学生表现出的是不肯定行为。例如：谈话时眼睛不敢看着对方；说话句子短；不敢提出合理要求；不敢拒绝别人的无理要求；不敢表达自己的不满情绪；与同学发生矛盾时不敢正面解决问题而是哭着找老师等。

肯定性训练是通过角色扮演以增强自信心，然后再将学得的应对方式应用到实际生活情境中。通过训练，当事人不仅降低了焦虑程度，而且发展了应对实际生活的能力。

考点3 改善学生认知的方法

理性—情绪疗法（RET），又称**合理情绪疗法**，是20世纪50年代由艾利斯在美国创立的，它是认知疗法的一种，因其采用了行为治疗的一些方法，故又被称为认知—行为疗法。

艾利斯认为，人的情绪是由他的思想决定的，合理的观念导致健康的情绪，不合理的观念导致负向的、不稳定的情绪。人有许多非理性的观念，如我“必须”成功，并得到他人赞同；别人“必须”对我关怀和体贴；事情“应该”做得尽善尽美；课堂上回答问题有错误是很糟糕的事等。

人们持有的不合理信念总结起来有三个特征：(1)绝对化要求，是指个体以自己的意愿为出发点，以极端的要求衡量一切事物。例如，学生要求“我必须每次都考第一名”“他们都应该对我好”等。(2)概括化要求，这是一种以偏概全的不合理的思维方式，它包括对自己和对他人的不合理评价。例如：一次考试成绩不理想便认为自己不行，从而导致自卑、指责、情绪消沉；别人一次约会迟到，就认为这人不守时，不值得信任，导致责备他人甚至愤怒等情绪。(3)糟糕至极，表现为一旦遇到什么挫折，就产生一种非常糟糕、甚至是灾难性的预期的非理性信念，从而陷入悲观、抑郁的情绪中而不能自拔。

通过改变不合理信念调整自己的认知，是维护心理健康的重要途径。因此，艾利斯提出了解释人的行为的ABC理论。

A：个体遇到的主要事实、行为、事件。

B：个体对A的信念、观点。

C：事件造成的情绪结果。

我们的情绪反应C是由B(我们的信念)直接决定的。可是许多人只注意A与C的关系,而忽略了C是由B造成的。B如果是一个非理性的观念,就会造成负向情绪。若要改善情绪状态,必须驳斥(D)非理性信念B,建立新观念并获得正向的情绪效果(E)。这就是艾利斯理性情绪治疗的ABCDE步骤。

★★ 考点大默写 ★★

1. 心理健康是个体心理活动在自身及环境条件许可范围内所能达到的最佳功能状态。它至少包括两层含义:一是__________;二是有一种积极发展的心理状态。
2. 学校心理辅导强调面向__________。
3. 学校心理辅导的一般目标可归纳为两个方面:__________和__________。
4. 儿童多动综合征的高峰发病年龄为__________。
5. 5岁的李萌智力正常,但在阅读时不按照内容朗读,经常自己凭空增减文字,无法正确理解字面含义,这主要属于__________。
6. __________的主要表现是对学习不感兴趣,讨厌学习。
7. 某学生在上下楼梯时一定要数清楚自己走了多少级台阶,一旦没有数清楚,他就会感到极端焦虑。这严重影响了他的学习和生活。该学生的这种心理障碍属于__________。
8. __________是以持久的心境低落为特征的神经症。
9. 行为改变的基本方法有__________、__________、__________、示范法、处罚法和__________。
10. __________是指通过不断强化逐渐趋近目标的反应,来形成某种较复杂的行为。
11. 在行为演练的基本方法中,__________的目的是促进个人在人际关系中公开表达自己真实的情感和观点,维护自己的权益也尊重别人的权益,发展人的自我肯定行为。

【参考答案】

1. 无心理疾病 2. 全体学生 3. 学会调适;寻求发展 4. 8~10岁 5. 学习困难综合征 6. 儿童厌学症 7. 强迫症 8. 抑郁症 9. 强化法;代币奖励法;行为塑造法;自我控制法 10. 行为塑造 11. 肯定性训练(自信训练、果敢训练)

即时反思与复盘总结

我于________年____月____日完成了对本章的学习。

复盘一下,我对自己较肯定的地方是________________

(足够努力/心态积极/方法得当……)

我觉得自己需要改进的地方是________________

(懒惰懈怠/心情浮躁/方法不当……)

休息片刻,开启下一站征程!

第十三章 课堂管理

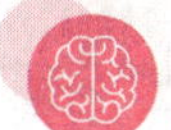

思维导图

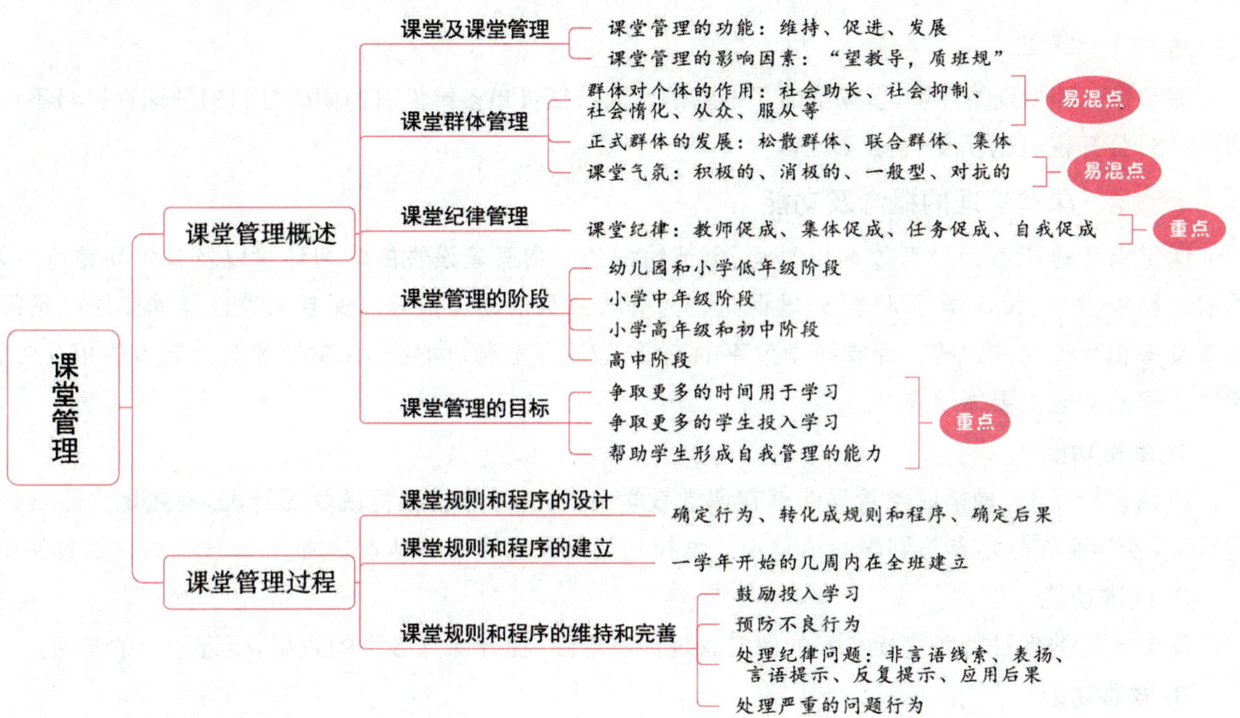

福建考向

本章属于心理学中的基础章节，特点为内容广泛、识记性知识多。现对本章福建考向分析如下：

高频考点	常考题型	能力层级	考查热度
课堂纪律的种类	多选	识记	★★★
课堂管理的目标	单选	识记	★★

核心考点

第一节 课堂管理概述

一、课堂及课堂管理

考点1 课堂

课堂是一种特别的环境，多勒描述了课堂的六大特征：(1)多维性；(2)同时性；(3)快速性；(4)不可预测性；(5)公开性；(6)历史性。

考点2 课堂管理的概念及功能

课堂管理是指教师为有效利用时间、创造愉快的和富有建设性的学习环境以及减少问题行为，而采取的组织教学、设计学习环境、处理课堂行为等一系列活动与措施。课堂管理过程的实质就是师生在课堂中相互作用的过程。课堂教学效率的高低，取决于教师、学生和课堂情境三大要素的相互协调。课堂管理的功能主要体现在：

1. 维持功能

所谓维持功能，是指课堂管理能够在课堂教学中，持久地维持良好的学习环境，有效地排除各种干扰因素，使学生充分地参与到学习活动中。维持功能是课堂管理的基本功能。

2. 促进功能

课堂管理的促进功能是指良好的课堂管理能够增强、提升课堂教学的效果，促进学生的学习。

3. 发展功能

课堂管理本身可以教给学生一些行为准则，促进学生从他律走向自律，帮助学生获得自我管理能力，使学生逐步走向成熟。

考点3 影响课堂管理的因素

1. 教师的领导风格

教师的领导风格对课堂管理有直接的影响。参与式领导注意创造课堂自由气氛，鼓励自由发表意见，不把自己的意见强加于人；而监督式领导则待人冷淡，只注重集体讨论的进程，经常监督学生的行为有无越轨。

2. 班级规模

班级的大小是影响课堂管理的一个重要因素。这主要基于以下几个原因：

(1)班级的大小会影响成员间的情感联系；

(2)班内的学生越多，学生间的个别差异就越大；

(3)班级的大小也会影响交往模式；

(4)班级越大，内部越容易形成各种非正式小群体。

3. 班级的性质

不同的班级往往有不同的群体规范和不同的凝聚力，教师不能用固定不变的课堂管理模式对待不同性质的班级，而应该在深入了解的基础上，掌握班集体的特点。

4. 对教师的期望

学生对教师的课堂行为会形成一定的期望，期望教师以某种方式进行教学和课堂管理，这种期望必然会影响教师的课堂管理。如果教师的实际行为与学生的期望不一致，学生就会不满。

记忆有妙招

关于影响课堂管理的因素，可采用以下口诀进行记忆：**望教导，质班规。**

望：对教师的期望。**教导**：教师的领导风格。**质**：班级的性质。**班规**：班级规模。

二、课堂群体管理

考点1 群体对个体的作用 新增

群体是由个体组成的，但群体中的个体不是孤立存在的。群体会对其中的个体产生影响，而个体在群体情境下会出现心理和行为上的变化。表现为以下几个方面：

（1）社会助长与社会抑制

社会助长是指个体与别人在一起活动或有别人在场时，个体的行为效率提高的现象。例如，个体在独自骑单车的情况下时速是每小时24英里，如果与别人骑单车竞赛，时速会更快。然而，有些时候，他人在场不但不能促进我们行为效率的提高，反而会影响我们的正常工作，使工作效率下降。比如，考试时，有些考生会因为老师站在旁边，一个字都写不出来。这种当他人在场或与他人一起从事某项工作时而使个体行为效率下降的现象称作社会干扰，也叫**社会抑制**。

社会助长

（2）社会惰化

社会惰化主要指当群体一起完成一件工作时，群体中的成员每人所付出的努力会比个体在单独情况下完成任务时偏少的现象。这种现象一般发生在多个个体为了一个共同的目标而合作，自己的工作成绩又不能单独计算的情况下。

（3）去个性化（个体意识消退）

去个性化是由费斯廷格等人提出来的。他们认为，在群体中，人们有时会感到自己被淹没在群体之中，于是个人意识和理解评价感丧失，个体的自我认同被群体的行动与目标认同所取代，个体难以意识到自己的价值与行为，自制力变得极低，结果导致人们加入重复的、冲动的、情绪化的，有时甚至是破坏性的行动中去，这种现象叫作去个性化。

去个性化具有三个特征：

①成员的匿名性。群体活动中的个体，因为不易识别，常感觉自己具有匿名性，违犯了群体规范，别人也不容易察觉，因而可能去干一些通常独自一人时不会去做的事。

②责任分散。一个人在单独的情境中，责任只能独自承担。而在群体中，就可能认为整个群体活动的责任是分散的，任何一个成员都不必承担群体行动的责任。

③相互感染。人们相互感染后，可能放弃平常抑制其行为的社会准则。"感染"是群体性的模仿。

(4)群体的决策行为

①群体决策及其优缺点

群体决策是指对一个事情由群体共同商讨所做出的决定。群体决策是一种比个人决策复杂得多的集体决策过程。

群体决策的优点有：第一，信息的广泛性；第二，观点的多样性；第三，提高了决策的可接受性；第四，增加合法性。

群体决策的缺点有：第一，浪费时间；第二，从众压力；第三，少数人控制；第四，责任不清。

②群体极化

所谓群体极化，是指群体成员中原已存在的倾向性，通过群体的作用而得到加强，使一种观点或态度从原来的群体平均水平加强到具有支配性水平的现象。当群体成员最初的意见倾向于保守时，群体讨论的结果将导致意见更加保守；当最初的意见倾向于冒险时，群体讨论将导致意见更倾向于冒险。

③群体思维

高凝聚力的群体在进行决策时，成员的思维会高度倾向于一致，以至于使其他变通行动路线的现实性评估受到压抑。这种群体决策时的一致倾向性思维方式叫作群体思维。

(5)从众与服从

①从众

从众是个体在群体的压力下，放弃自己的意见而采取与大多数人一致的行为的社会现象。阿希实验是研究从众现象的经典心理学实验。

在日常生活中，从众现象可以是临时性的，在特定情境中，表现为对起主导作用的意志或行为方式的认同采纳。例如：在现场观看球赛时，每有精彩球，多数观众欢呼鼓掌的引导，其少数观众也会从众，跟着欢呼鼓掌；而如果一个人坐在电视前看球赛，这种现象少有发生。

从众现象也可以表现为长期性的对起主导作用的意志或行为方式的接受，如顺应风俗、习惯、传统、亦步亦趋、赶时髦、随大流等。

根据外显行为与内在的自我判断是否一致，可将从众行为分为以下三类：第一，**真从众**；第二，**权宜从众**；第三，**不从众**。

从众的影响因素主要有三个方面：第一，群体方面：群体的规模；群体凝聚力；群体意见的一致性；群体的权威性。第二，情境方面：刺激的模糊性；反应的匿名性；承诺感（责任感，约束力）。第三，个人方面：性别；年龄；地位。

从众现象的产生大致有两个原因：第一，人们往往相信大多数人的意见是正确的，觉得别人的看法和意见将有助于他。如果学生越相信集体的正确性，自信心越差，从众的可能性就越大。第二，一个人往往不愿意被群体视为越轨者或不合群者，为了避免他人的非议或排斥，避免受孤立，从而产生从众。

②服从

服从是指在权威命令、社会舆论或群体气氛的压力下，放弃自己的意见而采取与大多数人一致的行为。服从可能是出于自愿，也可能是被迫的。被迫的服从也叫顺从，即表面接受他人的意见或观点，在外显行为方面与他人相一致，而在认识与情感上与他人并不一致。

考生容易混淆从众和服从的概念。两者的区别在于：从众的原因是群体压力；服从的原因是权威命令、社会舆论或群体气氛的压力。考生可以这样记忆："从众"代表的是"随大流"；"服从"一般是对权威、舆论等的服从。

(6)模仿与暗示

①模仿

模仿是指个体有意无意仿效他人的言行而引起的与之相类似的行为活动，如看到别人穿的时装，自己也去买来穿上的行为就是模仿。模仿是由非强制性刺激引起的，使个人再现某一榜样行为的一种社会心理现象。教师在课堂教学中应注意：第一，利用积极的模仿学习帮助学生学习良好的态度和行为；第二，利用模仿心理去改变学生不良的态度和行为；第三，防止与消除学生的消极模仿；第四，重视教师自己的榜样作用。

认同是群体中的个体从认识、情感与行为上，把社会行为内化成个体行为体系的社会心理行为，它是模仿的深化结果。

②暗示

暗示是指用含蓄或间接的方法，使某种信息在他人的心理与行为方面产生影响，从而使他按照一定的方式行动或接受某种信念与意见。

(7)流行

群体中有相当数量的人在短时间内争相模仿、追求某种行为方式，从而使人们相互之间发生了连锁性感染，这就是流行。

考题预测

[单，2分]当一个人看到其他人正在完成某项任务时，自己也想要更快更好地完成任务；在小组讨论中当学生看到其他学生积极发言时，自己也会积极思考。这些现象是(　　)

A. 社会助长　　B. 社会抑制　　C. 去社会化　　D. 社会懈怠

答案：A

考点2　正式群体与非正式群体

1. 正式群体

正式群体是指在校行政部门、班主任或社会团体的领导下，按一定章程组成的学生群体。班级、小组、少先队等都属于正式群体。正式群体的目标与任务明确，成员稳定，有一定的组织纪律和工作计划，这对增强集体凝聚力起到非常重要的作用。

正式群体的发展要经历松散群体、联合群体和集体三个阶段。松散群体是指学生在空间和时间上结成群体，但成员间尚无共同活动的目的和内容。联合群体的成员已有共同的活动目的，但活动还只具有个人意义。集体是群体发展的最高阶段，是为实现有公益价值的社会目标而严密组织起来的有纪律、有心理凝聚力的群体。成员的共同活动不仅对每个成员有个人意义，而且还有重要的社会意义。

学生群体对个体的活动是产生促进助长还是惰化作用，取决于四个因素：(1)教学活动的难易；(2)竞赛动机的激发；(3)被他人评价的意识；(4)注意的干扰。

教师在管理正式群体时要注意：(1)要选好班级正式群体中的领导；(2)注意引导和支持；(3)适当授权，鼓励学生的自主管理。

2. 非正式群体

在同伴交往过程中，一些学生自由结合、自发形成的小群体，称为**非正式群体**。它是同伴关系的一种重要形式。非正式群体具有这样一些特点：(1)成员之间相互满足心理需要；(2)成员之间具有强烈的情感联系和较强的凝聚力，但有可能存在排他性；(3)受共同的行为规范和行动目标的支配，行为上具有一致性；(4)成员的角色和数量不固定。

按照非正式群体的性质和作用，可以将非正式群体分为积极型、中间型、消极型和破坏型。

积极型群体的目标与组织目标一致或基本一致，其活动不仅不会损害组织的利益，而且可以促进正式群体目标的实现，是一种积极力量。

中间型群体的活动，有时与组织目标一致，有时不一致，或在一些问题上一致，在另一些问题上不一致，对正式群体目标的实现既有积极作用，又有消极作用。

消极型群体的目标是和正式群体的目标不一致的，但他们的活动未超出法律许可的范围，它所起的作用总是消极的。对组织目标的实现有阻碍与干扰。

破坏型群体的活动是和组织的目标及社会法规相对立的，对组织的利益起着损害和瓦解的作用。如各种违法团伙。

非正式群体对学生个体和正式群体既有积极影响，也有消极影响。非正式群体对个体的影响是积极的还是消极的，主要取决于非正式群体的性质以及与正式群体的目标一致的程度。教师在管理非正式群体时，要注意：(1)要摸清非正式群体的性质；(2)对积极的非正式群体给予鼓励和帮助；(3)对消极的非正式群体给予适当的引导和干预。

考题预测

[单，2分]共青团、少先队组织属于(　　)

A. 正式群体　　B. 一般群体　　C. 非正式群体　　D. 松散群体

答案：A

考点3　群体动力　新增

不管是正式群体还是非正式群体，其中都有群体凝聚力、群体规范、群体气氛以及群体成员的人际关系。所有这些影响群体与个人行为发展变化的力量的总和就是群体动力。

1. 群体凝聚力

群体凝聚力是指群体对成员的吸引力和成员之间的相互吸引力。它可以通过群体成员对群体的忠诚、责任感、荣誉感、成员间的友谊和志趣等来表明。关系融洽、凝聚力强的班级,会使学生产生强烈的自豪感和认同感,顺利完成课堂教学任务。所以,凝聚力常常成为衡量一个班集体成功与否的重要标志。

教师应采取措施提高班级里群体的凝聚力:(1)了解群体凝聚力的情况;(2)帮助班级里所有学生对一些重大事件和原则问题保持共同的认识和评价,形成认同感;(3)引导所有学生在情感上加入群体,形成归属感;(4)当学生表现出符合群体规范和群体期待的行为时,给予赞许和鼓励,形成力量感。

真题面对面

[2023,单,2分]衡量一个班集体成功与否的主要标志是( )

A. 群体规范　　B. 群体舆论

C. 群体气氛　　D. 群体凝聚力

答案:D

2. 群体规范

群体规范是约束群体内成员的行为准则,包括成文的正式规范和不成文的非正式规范。正式规范是有目的、有计划的教育的结果。非正式规范的形成则是成员们约定俗成的结果,受模仿、暗示和顺从等心理因素的制约。群体规范会形成群体压力,对学生的心理和行为产生极大的影响,还可能导致从众现象的发生。群体规范使学生保持认知、情感和行为上的一致,并为学生的课堂行为划定方向和范围,成为引导学生行为的指南。

3. 课堂气氛

(1)课堂气氛的概念和种类

课堂气氛是指在课堂上占优势地位的态度和情感的综合状态。根据师生相互作用的方式不同,可以将课堂气氛划分为:

①积极的课堂气氛。积极的课堂气氛的特征是:课堂纪律良好,师生关系融洽;学生精神饱满,注意力集中,专心听讲,积极思维,反应敏捷,发言踊跃;教师善于点拨和积极引导;课堂气氛热烈、活跃与祥和。

②消极的课堂气氛。消极的课堂气氛的特征是:课堂纪律问题较多,师生关系疏远;学生无精打采,注意力分散,反应迟钝;多数学生处于被动应付教师的状态;不少学生做小动作,情绪压抑等。

考生易混淆消极的课堂气氛与对抗的课堂气氛。消极的课堂气氛:被动、消极;对抗的课堂气氛:主动破坏。

③一般型课堂气氛。教学中大量的课堂气氛属于一般型课堂气氛,它介于积极和消极型之间,即课堂教学能正常进行,教学效果一般。

④对抗的课堂气氛。对抗的课堂气氛的特征是:课堂纪律问题严重,师生关系紧张;学生随心所欲,各行其是;注意力指向无关对象;教师无法正常上课,时常被学生打断或不得不停下来维持课堂纪律,基本上是一种失控的课堂状态。

(2)影响课堂气氛的因素

课堂气氛是师生在课堂活动中相互作用而产生的，主要受教师、学生、课堂内物环境等三方面因素的影响。

①教师因素

教师是课堂教学中的主导者，教师的领导方式、教师的移情、教师对学生的期望、教师的情绪状态、教师的教学能力是影响课堂气氛的决定因素。

②学生因素

课堂气氛是师生共同营造的，学生是课堂活动的主体。因此，学生的一些特点也是影响课堂气氛的重要因素。学生群体之间的关系好，学生之间彼此团结、心理相容、凝聚力强，就易于形成良好的课堂气氛；如若学生之间勾心斗角、离心离德、各行其是、凝聚力低，则很难形成良好的课堂气氛。学生能自觉地遵守课堂纪律，有利于形成良好的课堂气氛。此外，课堂中学生的集体舆论、角色期待以及学生之间的合作与竞争等，都会影响课堂气氛。

③课堂内物环境因素

课堂内物环境又称作教学的时空环境，主要指教学时间和空间因素构成的特定的教学环境，包括教学时间的安排、班级规模、教室内的设备、教具、乐音或噪音、光线充足与否、空气清新或浑浊、高温或低温、座位编排方式等。这些因素虽然不是决定课堂气氛的主要原因，但是它们的优劣会对课堂气氛的形成起着促进或阻碍作用。

4. 课堂中的人际关系与人际交往

(1)人际关系

①人际关系的概念

人际关系是指人与人在相互交往过程中所形成的比较稳定的心理关系或心理距离。

②人际关系的心理因素

人际关系的基本成分是认知、情感和行为。认知是人际关系的前提和基础；情感是人际关系的核心因素；行为是人际关系的表现方式。

③人际关系需要和基本人际关系取向

美国心理学家舒茨提出了人际需要的理论，最基本的人际关系需要有三类：第一，包容需要。这种需要表现为希望与别人发生相互作用，建立联系并维持和谐关系的愿望。第二，控制需要。这种需要表现为在权力或权威基础上与别人建立和维持良好关系的愿望。第三，感情需要。这种需要表现为在情感上与他人建立和维持良好关系的愿望。

④学生人际关系发展的特点

中小学生主要的人际关系包括亲子关系、师生关系和同伴关系。

小学生人际关系发展的特点主要表现在：

第一，亲子关系。进入小学后，儿童与父母的关系发生某些变化。双方交往时间减少；发生冲突的数量也减少，并开始具有解决冲突的多种不同的方式；父母对儿童的关注也有所减少；对儿童的控制由直接控制逐步转为引导、教育儿童自我控制、自我监督。

第二，师生关系。小学儿童与教师的关系是一种重要的人际关系。低年级学生对教师的要求绝对服从，从三年级开始学生不再无条件地服从、信任教师。

第三，同伴关系。小学儿童与同伴交往的特点体现为：首先，小学儿童的友谊。小学儿童选择朋友，表现出明显的同质性和趋上性的特点。青春期以前的小学儿童，都倾向于选择同性别的同伴，这在小学期间呈现上升趋势。其次，同伴群体。小学生同伴群体的种类多种多样，有的结构可能比较松散，也有的结构比较严密。一般可分为：有组织的团体和自发的团体。最后，小学儿童的同伴接纳性。

中学生人际关系发展的特点主要表现在：

第一，友谊占据十分重要和特殊的地位。相对小学生而言，友谊在中学生心里占据了十分重要和特殊的地位。另外，男女生之间的关系也出现了新的特点，双方都开始意识到性别问题，并彼此对对方逐渐产生兴趣。中学生异性交往的原则是自然、适度。

第二，小团体现象突出。中学生中"结伙"的小团体现象十分突出，由于空间上容易接近、年龄相当、品行相同等因素的影响，大多数中学生都加入非正式的小团体中。

第三，师生关系有所削弱。中学时期师生关系存在"初二、高二"现象，即初二、高二是师生关系发展的特殊阶段，这两个年级的师生关系和其他年级相比，表现得更不亲密、更多冲突和更多疏远。

第四，易与父母产生隔阂。中学生与父母的交往水平从初一到初二迅速下降，这种变化表现在许多方面：如情感上的脱离、行为上的脱离、观点上的脱离、父母的榜样作用削弱等。到了高中阶段，与父母的关系有所改善。

第五，网络虚拟人际关系的建立。

(2)人际交往

学生之间的主要人际交往与人际关系表现为吸引与排斥、合作与竞争。

①吸引与排斥

人际吸引是指交往双方出现相互亲近的现象。它以认知协调、情感和谐及行为一致为特征。人际排斥是指交往双方出现关系极不和谐、相互疏远的现象，以认知失调、情感冲突及行动对抗为特征。

现有的研究表明，距离的远近、交往的频率、态度的相似性、个性的互补以及外形等因素是影响人际吸引和人际排斥的主要因素。而通过人际吸引表现出的彼此间的喜欢便是人们"互择"行为的一种体现，这种"互择"现象的形成是有规律可循的。人际吸引主要来自以下方面：第一，个人魅力吸引。第二，相似性吸引。人们之间能够意识到的相似性可以增进相互的吸引力，正所谓"酒逢知己千杯少，话不投机半句多""同是天涯沦落人，相逢何必曾相识"。第三，互补性吸引。第四，人际吸引水平的增减规律。

人际吸引和人际排斥使学生在课堂里处于不同的地位，出现人缘好的学生、被人嫌弃的学生和遭受孤立的学生。因此，课堂管理中必须重视课堂里被嫌弃者和被孤立者，教师应该帮助他们回归群体。

②合作与竞争

合作是指学生为了共同目的在一起学习、工作或者完成某项任务的过程。合作是实现课堂管理促进功能的必要条件。合作性学习方式的好处在于能促进集体的学习成功，增强群体凝聚力；有利于学习中的集思广益、优势互补，进而提高学生的学业成绩；有利于学生习得团体规范，发展形成社会交往技能；有助于学生个体减少失败体验，改善他们的自尊和学习的自我效能感，增强学习积极性。但是合作性学习方式也有不足之处，因为学生的个体发展水平存在差异，合作性学习可能会限制不同学生的学习进程。

竞争是指个体或群体充分实现自身的潜能，力争按优胜标准使自己的成绩超过对手的过程。良性竞争不但不会影响学生间的人际关系，而且还会提高学习和工作的效率。但是，竞争并不是对所有学生都有激励作用，频繁的竞争会使学生间产生对立，使班级出现不安、不团结等消极的气氛。竞争有可能使一部分学生过度紧张和焦虑，容易忽视活动的内在价值和创造性，使学生的注意力过多地集中在赢得他人的赞许方面，从而忽视学习活动本身所带来的认知乐趣。

不少心理学家提倡开展群体间的竞争。一般来说，群体间竞争的效果取决于群体内的合作。竞争与合作是对立统一的，它们都以是否满足各自的利益为转移。在课堂的人际交往中，有时可能同时发生合作与竞争，有时则交替地引起合作与竞争。有效的课堂管理应该协调合作与竞争的关系，使两者相辅相成，成为实现课堂管理促进功能的有益手段。

三、课堂纪律管理

考点1 课堂纪律的含义

课堂纪律是指为保障或促进学生的学习而设置的行为标准及施加的控制。良好的课堂纪律是课堂教学得以顺利进行的重要保障条件，有助于维持课堂秩序，减少学习干扰，也有助于学生获得情绪上的安全感。

考点2 课堂纪律的种类 【2022多选】

根据形成途径，课堂纪律一般可分为以下四类：

(1)教师促成的纪律。教师促成的纪律即在教师的指导帮助下形成的班级行为规范。刚入学的儿童往往需要较多的监督和指导，其课堂纪律主要是由教师制定的。随着年龄的增长和自我意识的增强，学生开始反对教师的过多限制，对教师促成的纪律的要求降低，但它始终是课堂纪律中的一种重要类型。

(2)集体促成的纪律。集体促成的纪律即在集体舆论和集体压力的作用下形成的群体行为规范。从儿童入学开始，同辈人的集体在促进儿童社会化方面就开始发挥重要的作用。随着年龄的增长，学生受同伴群体的影响会越来越大，开始以同辈群体的集体要求和价值判断作为自己的行为准则，以“别人也都这么干”为理由而做某件事情。

(3)任务促成的纪律。任务促成的纪律即某一具体任务对学生行为提出的具体要求。在日常学习过程中，每项学习任务都有它特定的要求，或者说特定的纪律。例如，课堂讨论、野外观察、制作标本等。

(4)自我促成的纪律。自我促成的纪律简单来说就是自律，即在个体自觉努力下由外部纪律内化而成的个体内部约束力。形成自我促成的纪律是课堂纪律管理的最终目标。

真题面对面

[2022，多，2分]根据课堂纪律形成的途径，课堂纪律分为(　　)

A. 集体促成的纪律　　B. 教师促成的纪律

C. 任务促成的纪律　　D. 自我促成的纪律

答案：ABCD

考点3 课堂结构与课堂纪律

学生、学习过程和学习情境是课堂的三大要素，这三大要素相对稳定的组合模式就是课堂结构。课堂结构包括课堂情境结构和课堂教学结构。

(1)课堂情境结构

①班级规模的控制。班级过大容易限制师生交往和学生参加课堂活动的机会，阻碍课堂教学的个

别化，有可能导致课堂出现较多的纪律问题。

②课堂常规的建立。课堂常规是每个学生必须遵守的最基本的日常课堂行为准则。它赋予学生的课堂行为一定的意义，使学生明白行为所依据的价值标准，具有约束和指导学生课堂行为的功能。

③学生座位的分配。研究发现，分配学生座位时教师主要关心的是减少课堂混乱。其实，分配学生座位时，最值得教师关注的应该是对人际关系的影响。所以，学生座位的分配，要考虑：课堂行为的有效控制，预防纪律问题的发生；促进学生间的正常交往，形成和谐的师生关系，并有助于学生形成良好的人格特征。

(2)课堂教学结构

①教学时间的合理利用。学生在课堂里的活动可以分为学业活动、非学业活动和非教学活动三种类型。在通常情况下，用于学业活动的时间越多，学业成绩越好。

②课程表的编制。课程表是使课堂教学有条不紊地进行的重要条件，它的编制首先应尽量将语文、数学和外语等核心课程安排在学生精力最充沛的上午第一、二、三节课，将音乐、美术、体育和习字等技能课安排在下午。其次，将文科与理科、形象性的学科与抽象性的学科交错安排，避免同类刺激长时间地作用于大脑皮层的同一部位而导致疲劳和厌烦。

③教学过程的规划。教学过程的合理规划是维持课堂纪律的又一个重要条件，不少纪律问题就是因教学过程的规划不合理造成的。

考点4 维持课堂纪律的策略

(1)建立有效的课堂规则

课堂规则是课堂成员应遵守的课堂基本行为规范和要求。积极、有效的课堂规则有以下特点：①由教师和学生充分讨论，共同制定；②尽量少而精，内容表述多以正面引导为主。

(2)合理组织课堂教学

教师应做到：①增加学生参与课堂的机会；②保持紧凑的教学节奏，合理布置学业任务；③处理好教学活动之间的过渡。

(3)做好课堂监控

教师应能及时预防或发现课堂中出现的一些纪律问题，并采取言语提示、目光接触等方式提醒学生注意自己的行为。

(4)培养学生的自律品质

促进学生形成和发展自律品质，是维持课堂纪律的最佳策略之一。教师应做到：①要对学生提出明确的要求，加强课堂纪律的目的性教育；②引导学生对学习纪律持有正确、积极的态度，产生积极的纪律情感体验，进行自我监控；③集体舆论和集体规范是促使学生自律品质形成和发展的有效手段，教师应对其加以有效利用。

四、课堂管理的阶段

不同年龄阶段的学生需要不同的课堂管理方式，赢得幼儿园学生的合作绝不同于赢得高中生的合作。布罗菲和伊伏特逊划分了课堂管理的四个阶段。

考点1 幼儿园和小学低年级阶段的管理

儿童正在学习如何上学，他们将要被社会化成一个新的角色。在这一阶段要直接教课堂规则和程序，只有儿童掌握了基本的规则和程序之后，才可能进行学习活动。

考点2 小学中年级阶段的管理

这一阶段的儿童一般都已熟悉了学生这一角色，已经掌握了很多学校和课堂常规。但是，某个特别活动中的具体的、新的规则和程序还必须直接教一下。有时，活动规则发生了变化，学生就会抵抗："去年那个老师不是这么做的。"因此，在这一阶段，教师要花较多的时间监控和维持管理系统，而不是直接教授规则和程序。

考点3 小学高年级和初中阶段的管理

在这一阶段，友谊以及在伙伴团体中的地位对学生来说更重要，他们不再取悦老师而是取悦伙伴，有些学生甚至开始检验和否定权威。这一阶段管理的关键是如何建设性地处理这些混乱，如何激励那些不再关心教师观点的学生以及对社会生活更感兴趣的学生。

考点4 高中阶段的管理

许多学生又重新开始关注学业。这一阶段的主要任务是管理课程、使学业材料适合学生的兴趣和能力、帮助学生较多地管理自己的学习。每一学期开始的几节课都要教学生一些特别的程序，如使用材料和设备、做记录、做作业等。但多数学生知道什么是教师期望的。

五、课堂管理的目标 【2017 单选】

课堂管理不是用来维持课堂秩序、驯服学生的，而是要促进学生的学习和发展的，它的重要意义主要表现在它要实现的目标上。

考点1 争取更多的时间用于学习

课堂管理的一个重要目标是尽量争取更多的时间用于学习。学生用于学习的时间越多，学习成绩越好。但是学生的学习时间有限，学校对教学时间、自习时间、劳动时间、休息时间等都做了明文规定和安排，教师就是要在规定的教学时间里为学生争取更多的学习时间。

为了深入分析，需要将教学时间划分为4个层次：(1)分配时间，是教师为某一特定的学科课程设计的时间，这是由课表决定的。(2)教学时间，是在完成常规管理以及管理任务(如记考勤、处理课堂行为问题等)之后所剩的用于教学的时间。(3)投入时间，也称为专注于功课的时间，属于教学时间。它是学生实际上积极投入学习或专注于学习的时间。(4)学业学习时间，属于投入时间，指学生以高效率完成学业功课(即用于作业)所花的时间。

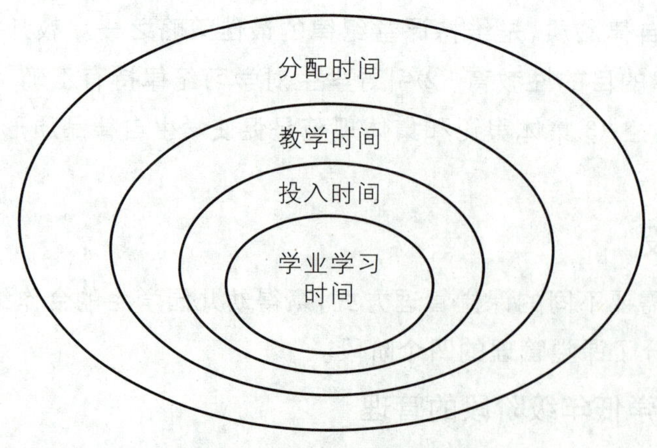

图4-6 教学时间的层次

考点2 争取更多的学生投入学习

为了使所有的学生都顺利投入学习活动，教师一定要确保每个人都知道如何参与每一个具体的活动，使他们知道你的规则和期望是什么。同时，还要想一想，这些规则是否适合学生，是否与学生的其他权威形象相一致；你要用到哪些未作说明的规则；你让学生参与的信号是否明确一致，是否适合于学生的家庭经验。

考点3 帮助学生形成自我管理的能力

任何班级管理体系的目标之一，都应该包括培养学生自我管理的能力。当然，鼓励学生自我管理可能需要额外的时间，不过这种努力是值得的。如何让学生对自己的课堂行为进行自我管理呢？心理学家丹波建议，首先，让学生更多地投入课堂规则的制定；其次，用较多的时间要求学生反思需要某些规则的原因以及他们产生不良行为的原因；再次，应当给学生机会考虑他们将怎么计划、监视和调节自己的行为。最后，教师可以要求学生回顾一下课堂规则，提一些必要的修改建议。

第二节 课堂管理过程

一、课堂规则和程序的设计

没有规矩，课堂就无从谈起。因此，课堂管理首先应该从规则和程序的设计开始，这一工作应在学年开始之前进行。课堂规则和程序的设计一般由三步构成：确定所期望的学生行为；把期望转化成规则和程序；确定后果。

考点1 确定所期望的学生行为

所确定的期望的行为一定要与课堂的运转方式相匹配，同时还要注意课堂活动的多样性（如课堂自习、小组讨论、全班教学等），因为不同的情景下会有不同的学生行为。例如，在全班教学中，当老师呈现信息时，教师期望学生静静地倾听，但这个所期望的行为并不适合于小组讨论。此外，还要充分考虑最优使用空间、设备以及一些常规程序。在确定期望行为时，最好结合在别人课堂上观察到的有效的课堂程序和自己以往的教学经验。

考点2 把期望转化成规则和程序

确定好所期望的学生行为后，就要将它们转化成具体的规则和程序。

程序是一个活动的步骤，它描述了如何参与课堂活动，如何分发和收集材料和作业，在什么条件下学生能离开教室，上课铃和下课铃响时学生应当做何反应，怎么确定等级，怎样完成作业等，以及一些与设备安全等有关的特殊程序。它们是在班级中完成事件的方法，很少被写成书面的东西。

规则是一些条文，这些条文确定所期望的和所禁止的行为，哪些能做，哪些不能做，它往往要写成书面的东西并且传达给学生。设立的规则应该与课堂气氛一致，最好有一些一般性的规则，而不是列出所有能做和不能做的具体的规则。但是，如果有些具体的动作是受禁止的，如在课堂上咬手指、咬笔尖，那么就要有一条规则做出明确规定。值得注意的是，由于不同的活动要求不同的规则，在彻底学会所有的规则之前，小学生可能会混淆不清，因此，不妨制作一个告示牌，列出每个活动的规则，然后在活动开始时显示相应的告示牌提醒学生。

无论是小学生规则还是中学生规则，老师都需要教给学生并解释清楚，告知学生这个规则所包括和排除的行为，以免学生对所期望的行为发生误解。

考点3　确定后果

这一步就是和学生讨论遵守或者无视课堂规则和程序的后果。如果有言在先，学生就能事先知道破坏规则、违反程序的结果是什么；如果等到规则被破坏之后才做决定就为时已晚了。根据行为主义的观点，给以积极强化的行为倾向于重复地出现，因此要适当地强化学生的良好行为，老师可以考虑使用不同的诱因系统给予强化，如微笑、给以荣誉以及一些权利等；如果破坏规则，就要使用一些惩罚，如撤销权利等。这一步的关键，就是对适当行为建立一个有效的强化系统。

二、课堂规则和程序的建立

教师要在一学年开始的几周内在全班建立所设计的规则和程序系统。

中学和小学的情况差不多，有效的管理者在开学的第一天集中精力建立规则和程序。在开始的几周里，教师明确传达学业和行为标准，并且始终如一地给予强化，学生的行为受到严密的监视，破坏规则的行为能得到及时处理。"工欲善其事，必先利其器""磨刀不误砍柴工"，为了有利于教学，占用一些时间花一些工夫建立、强化规则和程序是很值得的。

三、课堂规则和程序的维持和完善

教师一旦建立了课堂规则和程序，就要设法维持到课堂管理系统中，直到学年末。这就需要教师始终让学生投入到富有建设性的学习任务中，并且预防问题的发生，还要妥善处理不良的课堂行为。

考点1　鼓励投入学习

积极投入学习的学生一般不会出现课堂行为问题，而学生是否投入学习取决于学生对所学功课的注意和意愿。根据美国一些心理学家如恩梅、伊伏特逊等的研究成果，我们总结了其他一些争取更多投入时间的策略。

(1)注意教学进程的组织。

(2)保持教学过程具有参与性。

(3)保持教学的流畅性。

(4)保持动量。动量是指避免打断或放慢，就是平时所说的紧凑。上课时保持动量是学生高度参与的关键。

(5)上课时维持团体的注意焦点。上课时维持团体的注意焦点，是指使用课堂组织策略和提问技术，确保班上所有的学生都始终投入到课堂中，即使老师只叫起一个学生回答问题时也如此。科宁认为，维持团体注意焦点的两个基本成分是问责制和团体警觉。

(6)课堂自习时维持团体的注意力。

(7)鼓励学生管理自己的学习。

考点2　预防不良行为

维持管理体系的最佳方法是防患于未然。课堂规则和程序一旦建立，就要仔细监督学生的行为，要求学生严格遵守，以防微杜渐。对于课堂不良行为要以预防为主，处理为辅。科宁等在一个课堂管理研究中观察比较了有效管理者和无效管理者的行为。他发现，当问题出现以后，两者的处理没什么不同，不同的是成功的管理者能较好地预防问题。他总结了可以很好地预防问题的四个方面：明察秋毫、一心多用、关注整体和转换管理。

1. 明察秋毫

明察秋毫是指教师要让学生知道，他注意到了课堂里发生的每一件事，甚至没漏下任何一件。“明察”的教师尽量避免被少数几个学生吸引或只与他们交流，他们老是扫视教室，与学生保持目光接触，有些老师甚至在黑板上做板书时都知道谁在搞小动作，脑后仿佛长有一双眼睛似的。

2. 一心多用

一心多用是指同时跟踪和监督几个活动。这同样需要教师不断地监控全班。例如，教师在检查个别学生的作业的同时，还要对其他学生说“好，继续！”让他们继续学习。

3. 关注整体

关注整体是指使尽量多的学生投入到班级活动中，而避免把注意力集中在一两个学生身上。在课上，所有的学生都应当有事可做。

4. 转换管理

转换是从一个活动向另一活动的变化，如从讲演到课堂自习，从一门课到另一门课，或从上课到午休。转换是课堂管理的“缝隙”，课堂秩序最容易打乱。**转换管理**是指使课和全班学生能够顺利地完成过渡、有适当而灵活的进度、能够多样化地变换活动。

考点3 处理纪律问题

在处理日常课堂行为问题时，要以最少干预为原则。就是要用最简短的干预纠正学生的行为，尽量做到既有效又无需打断上课。下面是一系列处理典型纪律问题的策略。这些策略是根据中断上课的程度排列的，前面的策略中断程度最小，后面的策略中断程度最大。

1. 非言语线索

教师使用非言语线索能消除许多课堂上的不良行为，而且不必中断上课。这些非言语线索包括目光接触、手势、身体靠近和触摸等。例如，有两个学生正交头接耳，教师只需看着这两个学生或其中的一个就会有很好的效果。走向行为不良的学生也能制止其行为。

2. 表扬学生与不良行为相反的行为

对许多学生来说，表扬是强有力的激励。教师要想减少学生的不良行为，就要从这些学生的正确的行为入手，表扬他们所做出的与不良行为相反的行为。如果学生常擅自离开座位，教师就要在他们坐在座位上认真学习的时刻表扬他们。

3. 表扬其他做出良好行为的学生

表扬其他学生的行为，常会使一个学生也做出这一行为。例如，如果张××正在做小动作，这时教师说：“我很高兴……看到这么多学生都在认真学习，李××做得不错，王××在专心致志……”当张××最后也开始学习时，教师也应当表扬他，不应计较他曾走过神，而是一如既往地表扬说：“我看见赵××、孙××和张××都在全神贯注地做功课。”

4. 言语提示

如果以上策略不能奏效，简单的言语提示可能会使学生重新回到学习上来。在学生违反课堂规则之后，教师要马上给以提示，延缓的提示是无效的，而且，应当给予正面的提示以表达对其未来行为的期望。

5. 反复提示

有时候，学生会拒绝听从简单的提示，有意无视老师的要求，或者向教师请求，想以此试一试教师的意志。这时，教师应该反复地给以提示，无视任何无关的请求和争吵。

6. 应用后果

当前面所有的步骤都不奏效时，最后一招就是应用后果，让学生做出选择：要么听从，要么后果自负。例如，让学生站几分钟，撤销学生的某些权利，或者请学生家长等。

考点4 处理严重的问题行为

行为主义学习理论指出，不受强化或受到惩罚的行为将会减少发生的频率，这一思想可以运用到严重问题行为的矫正中。以下内容是根据实用行为分析，即应用行为主义学习原则来分析课堂行为，采用具体的行为矫正策略来预防和处理不良行为。

1. 不良行为的原因分析

学生的不良行为一定是有原因的。行为主义学习理论的基本原则说明，一个行为之所以持续了很长时间，是因为受到了某些强化的维持，要想减少课堂不良行为，教师就一定要知道是什么强化物在维持不良行为。课堂不良行为最常见的强化物一般有两种：一是获得老师或同伴的注意，二是逃避不愉快的状态或活动。

2. 行为矫正原则

行为矫正，就是系统地应用先前刺激和后果来改变行为。它可以对个别学生进行行为矫正，也可以对全班同学进行行为矫正。建立和使用任何行为矫正程序，都需要遵循由行为观察到程序完成到程序评定等一系列步骤。这里所讲的只是全部行为矫正程序的一部分。

(1)识别目标行为和强化

(2)设立基点行为

(3)选择强化物和强化的标准

(4)必要的惩罚及其标准

奥·勒利等人提出7条有效而人道地使用惩罚的原则：①偶尔使用惩罚；②使儿童明白为什么他要受惩罚；③给儿童提供一个可选的方法以获得某种积极的强化；④强化儿童与问题行为相反的行为；⑤避免使用体罚；⑥避免在你非常愤怒或情绪不好时使用惩罚；⑦在某个行为开始而不是结束时使用惩罚。

(5)观察行为并与基点作比较

(6)减少强化的频率

3. 实用行为分析程序

下面介绍三种实用行为分析程序：以家庭为背景的强化、整班代币强化和集体绩效系统。一般前者适用于个体学生，后两者适用于整班。

(1)以家庭为背景的强化

以家庭为背景的强化是指把学生在学校的行为报告给家长，家长提供奖励。教师让学生把一张每日或每周报告卡拿回家，根据教师的报告，家长给学生提供特权或奖励。以家庭为背景的强化方法常常被用来改善个别在课堂上捣乱的学生的行为，也可用于整个捣乱的班级。

(2)整班代币强化

整班代币强化是指学生能把因学习和积极的课堂行为而获得的代币，如小红星、分数等，变换成他们想要的奖品的一种强化系统。有人研究，以整班为单位的代币强化系统对学生的行为特别有效。但是，由于这种方法花费太高，因此除了在特殊教育中，其他地方很少使用。一般来讲，它已让位于更加行之有效的集体绩效系统和以家庭为背景的强化。

（3）集体绩效系统

集体绩效系统是根据集体成员的行为对整个集体进行奖励的一种强化体系。它比其他行为矫正方法如以家庭为背景的强化策略更容易实施。首先，做全班记录通常要容易得多；其次，大多数情况下整个班级要么得奖，要么不得奖，避免分别处理学生。

★★ 考点大默写 ★★

1. 课堂管理的功能主要有________、________、________。其中________是课堂管理的基本功能。
2. 影响课堂管理的因素有________、________、________、对教师的期望。
3. 班级越________，内部越容易形成各种非正式小群体。
4. ________是指个体与别人在一起活动或有别人在场时，个体的行为效率提高的现象。
5. 在语文写作课上，小美看到同学们都动笔了，就感到很焦虑、没有思路，不知道该怎么办。这体现了________。
6. ________指当群体一起完成一件工作时，群体中的成员每人所付出的努力会比个体在单独情况下完成任务时偏少的现象。
7. ________是个体在群体的压力下，放弃自己的意见而采取与大多数人一致的行为的社会现象，可分为________、________、________。
8. 正式群体的发展要经历________、________、________三个阶段。
9. 学生自由结合、自发形成的小群体是________。
10. ________是指群体对成员的吸引力和成员之间的相互吸引力，它常常成为衡量一个班集体成功与否的重要标志。
11. 课堂纪律问题较多，学生无精打采，多数学生处于被动应付教师的状态，这是________的课堂气氛的特征。
12. 课堂纪律问题严重，师生关系紧张；学生随心所欲，各行其是。这是________的课堂气氛的特征。
13. 根据形成途径，课堂纪律一般可分为________、________、________、________。
14. 形成________的纪律是课堂纪律管理的最终目标。
15. 学生们为了拿到流动红旗而遵守纪律，属于________的纪律。
16. 小明看到大家上课都不说悄悄话、不做小动作后，也开始遵守课堂纪律。这属于________的纪律。
17. 分配学生座位时，最值得教师关注的应该是座位对________的影响。
18. 根据布罗菲和伊伏特逊对课堂管理阶段的划分，在________阶段，教师要直接教课堂规则和程序，只有学生掌握了基本的规则和程序之后，才可能进行学习活动。
19. 课堂管理的一个重要目标是尽量争取更多的时间用于________。

20. 课堂管理首先应该从__________和__________的设计开始，这一工作应在学年__________进行。

21. 科宁总结了可以很好地预防不良行为问题的四个方面：__________、__________、__________、__________。

22. 教师用目光注视正在交头接耳的学生，使其停止并将注意转移回课堂。教师使用的是__________策略。

23. 课堂不良行为最常见的强化物一般有__________和__________两种。

【参考答案】

1. 维持功能；促进功能；发展功能；维持功能　2. 教师的领导风格；班级规模；班级的性质　3. 大　4. 社会助长　5. 社会抑制（社会干扰）　6. 社会惰化　7. 从众；真从众；权宜从众；不从众　8. 松散群体；联合群体；集体　9. 非正式群体　10. 群体凝聚力　11. 消极　12. 对抗　13. 教师促成的纪律；集体促成的纪律；任务促成的纪律；自我促成的纪律　14. 自我促成　15. 任务促成　16. 集体促成　17. 人际关系　18. 幼儿园和小学低年级　19. 学习　20. 规则；程序；开始之前　21. 明察秋毫；一心多用；关注整体；转换管理　22. 非言语线索　23. 获得老师或同伴的注意；逃避不愉快的状态或活动

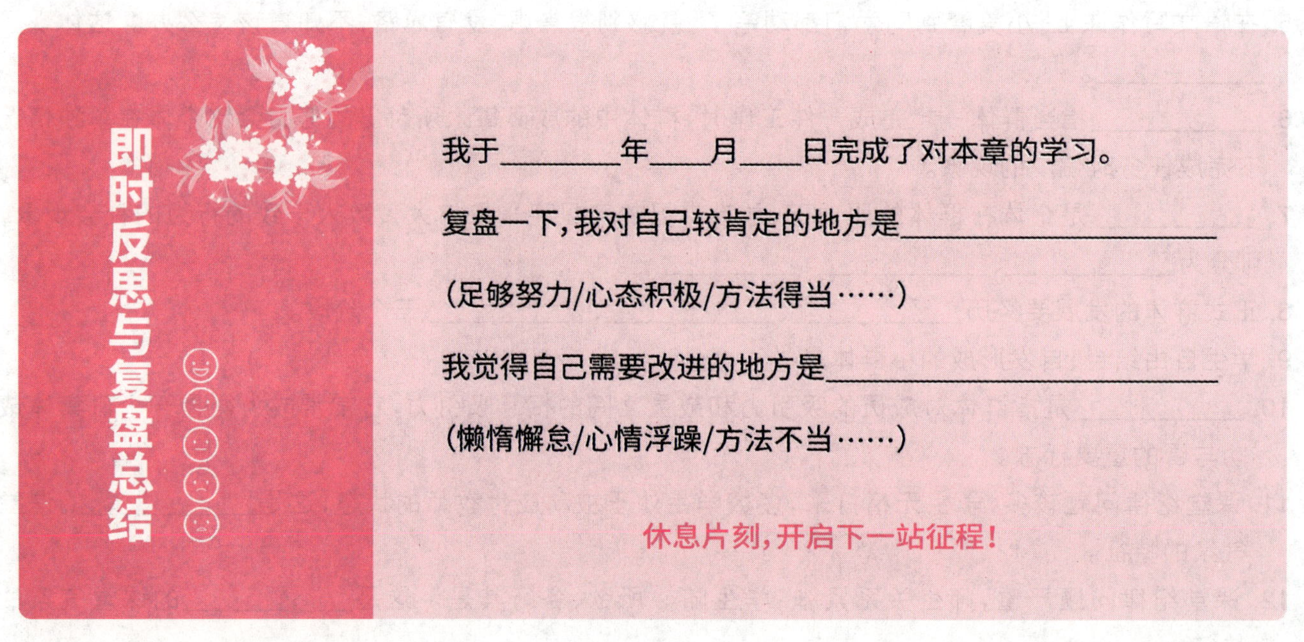

师德和教育法律法规与政策

SHAN XIANG

内容导学

- 福建省教师招聘考试师德和教育法律法规与政策模块，共两章。
- 第一章主要是教育法律法规，考查题型以客观题为主，但也会考查材料分析题等主观题；
- 第二章主要是师德和教育规章与政策，考查题型以客观题为主，但常和第一章结合考查主观题。
- 考生需要重点把握第一章的教育法律法规条文，并结合历年真题有针对性地进行复习。

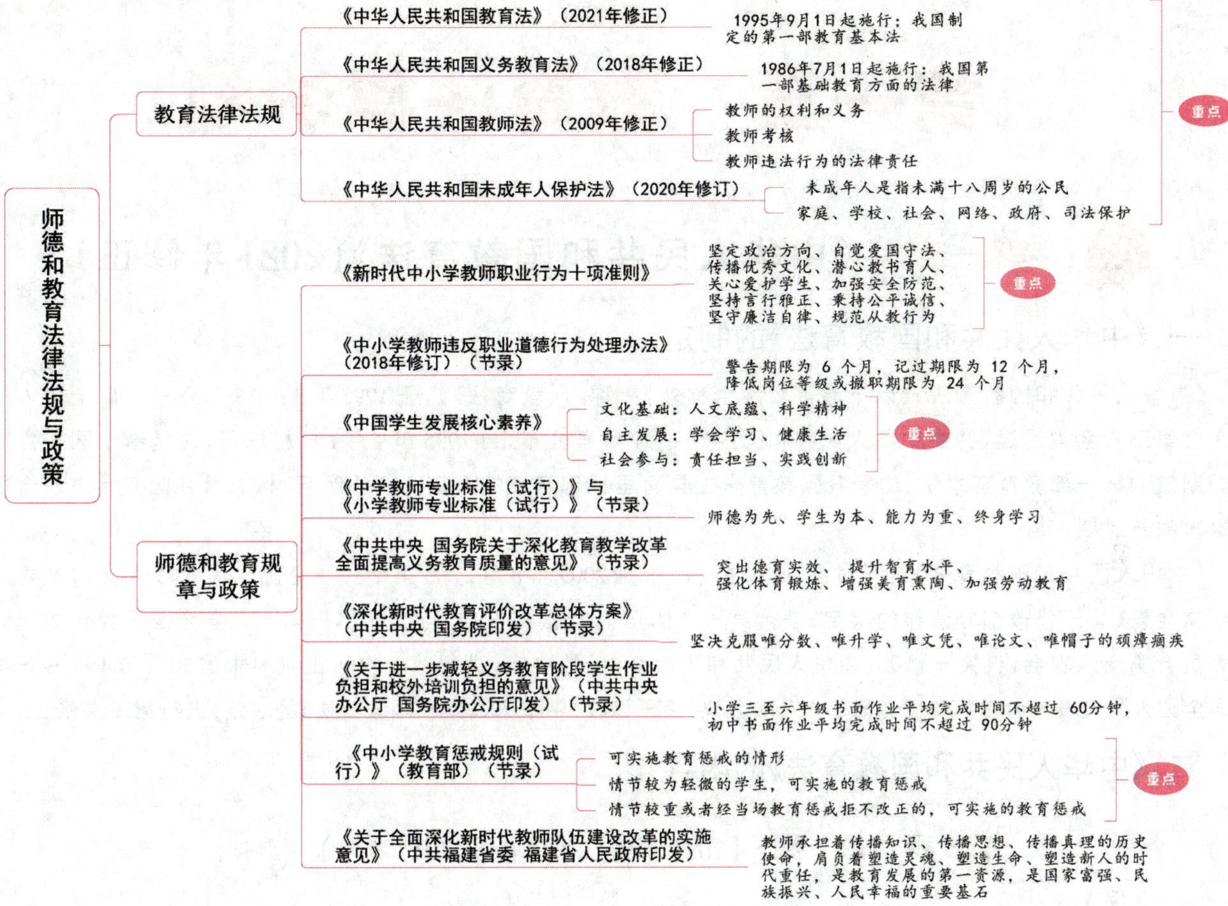

福建考向

本模块是福建招教重点考查的内容，特点为内容系统、记忆性知识多。现对本模块福建考向分析如下：

高频考点	常考题型	能力层级	考查热度
《中华人民共和国教育法》（2021 年修正）	单选、填空	识记	★★★
《中华人民共和国义务教育法》（2018 年修正）	单选、填空	识记	★★★
《中华人民共和国教师法》（2009 年修正）	单选、填空	识记	★★★
《中华人民共和国未成年人保护法》（2020 年修订）	填空、材料分析	运用	★★★
《新时代中小学教师职业行为十项准则》	材料分析	理解	★★★
《中国学生发展核心素养》	多选	识记	★★
《中小学教育惩戒规则（试行）》	多选	识记	★★

核心考点

第一章　教育法律法规

第一节　《中华人民共和国教育法》(2021年修正)

一、《中华人民共和国教育法》的制定

《中华人民共和国教育法》(以下除需要称全称外,简称为《教育法》),于1995年3月18日经第八届全国人民代表大会第三次会议通过,并由中华人民共和国主席令第45号公布,自1995年9月1日起施行,这是新中国成立以来我国制定的第一部教育基本法,这是我国教育史上具有里程碑意义的大事。它的颁行,标志着我国开始进入全面依法治教的新时期。

《中华人民共和国教育法》进行过三次修改:(1)根据2009年8月27日第十一届全国人民代表大会常务委员会第十次会议《关于修改部分法律的决定》进行第一次修正;(2)根据2015年12月27日第十二届全国人民代表大会常务委员会第十八次会议《关于修改〈中华人民共和国教育法〉的决定》进行第二次修正;(3)根据2021年4月29日第十三届全国人民代表大会常务委员会第二十八次会议《关于修改〈中华人民共和国教育法〉的决定》进行第三次修正。

二、《中华人民共和国教育法》的内容

第一章　总　则　【2021单选、2020单选、2017填空】　必背

第一条　为了发展教育事业,提高全民族的素质,促进社会主义物质文明和精神文明建设,根据宪法,制定本法。

第二条　在中华人民共和国境内的各级各类教育,适用本法。

第三条　国家坚持中国共产党的领导,坚持以马克思列宁主义、毛泽东思想、邓小平理论、“三个代表”重要思想、科学发展观、习近平新时代中国特色社会主义思想为指导,遵循宪法确定的基本原则,发展社会主义的教育事业。

第四条　教育是社会主义现代化建设的基础,对提高人民综合素质、促进人的全面发展、增强中华民族创新创造活力、实现中华民族伟大复兴具有决定性意义,国家保障教育事业优先发展。全社会应当关心和支持教育事业的发展。全社会应当尊重教师。

第五条　教育必须为社会主义现代化建设服务、为人民服务,必须与生产劳动和社会实践相结合,培养德智体美劳全面发展的社会主义建设者和接班人。

第六条　教育应当坚持立德树人,对受教育者加强社会主义核心价值观教育,增强受教育者的社会责任感、创新精神和实践能力。国家在受教育者中进行爱国主义、集体主义、中国特色社会主义的教育,进行理想、道德、纪律、法治、国防和民族团结的教育。

第七条　教育应当继承和弘扬中华优秀传统文化、革命文化、社会主义先进文化,吸收人类文明发展的一切优秀成果。

第八条　教育活动必须符合国家和社会公共利益。国家实行教育与宗教相分离。任何组织和个人不得利用宗教进行妨碍国家教育制度的活动。

第九条 中华人民共和国公民有受教育的权利和义务。公民不分民族、种族、性别、职业、财产状况、宗教信仰等,依法享有平等的受教育机会。

第十条 国家根据各少数民族的特点和需要,帮助各少数民族地区发展教育事业。国家扶持边远贫困地区发展教育事业。国家扶持和发展残疾人教育事业。

第十一条 国家适应社会主义市场经济发展和社会进步的需要,推进教育改革,推动各级各类教育协调发展、衔接融通,完善现代国民教育体系,健全终身教育体系,提高教育现代化水平。国家采取措施促进教育公平,推动教育均衡发展。国家支持、鼓励和组织教育科学研究,推广教育科学研究成果,促进教育质量提高。

第十二条 国家通用语言文字为学校及其他教育机构的基本教育教学语言文字,学校及其他教育机构应当使用**国家通用语言文字**进行教育教学。民族自治地方以少数民族学生为主的学校及其他教育机构,从实际出发,使用国家通用语言文字和本民族或者当地民族通用的语言文字实施双语教育。国家采取措施,为少数民族学生为主的学校及其他教育机构实施双语教育提供条件和支持。

第十三条 国家对发展教育事业做出突出贡献的组织和个人,给予奖励。

第十四条 国务院和地方各级人民政府根据**分级管理、分工负责**的原则,领导和管理教育工作。中等及中等以下教育在国务院领导下,由地方人民政府管理。高等教育由国务院和省、自治区、直辖市人民政府管理。

真题面对面

[2021,单,2分]《中华人民共和国教育法》规定,国务院和地方各级人民政府领导和管理教育工作的原则是( )

A. 集中管理、分工负责　　B. 分类管理、分工负责

C. 授权管理、分工负责　　D. 分级管理、分工负责

答案:D

第十五条 国务院教育行政部门主管全国教育工作,统筹规划、协调管理全国的教育事业。县级以上地方各级人民政府教育行政部门主管本行政区域内的教育工作。县级以上各级人民政府其他有关部门在各自的职责范围内,负责有关的教育工作。

第十六条 国务院和县级以上地方各级人民政府应当向本级人民代表大会或者其常务委员会报告教育工作和教育经费预算、决算情况,接受监督。

第二章 教育基本制度 【2018单选】

第十七条 国家实行学前教育、初等教育、中等教育、高等教育的学校教育制度。

国家建立科学的学制系统。学制系统内的学校和其他教育机构的设置、教育形式、修业年限、招生对象、培养目标等,由国务院或者由国务院授权教育行政部门规定。

第十八条 国家制定学前教育标准,加快普及学前教育,构建覆盖城乡,特别是农村的学前教育公共服务体系。各级人民政府应当采取措施,为适龄儿童接受学前教育提供条件和支持。

第十九条 国家实行九年制义务教育制度。各级人民政府采取各种措施保障适龄儿童、少年就学。适龄儿童、少年的父母或者其他监护人以及有关社会组织和个人有义务使适龄儿童、少年接受并完成规定年限的义务教育。

真题面对面

[2018,单,2分]根据《中华人民共和国教育法》第十九条规定,国家实行义务教育制度的年限是( )

A. 六年　　B. 八年　　C. 九年　　D. 十二年

答案:C

第二十条　国家实行职业教育制度和继续教育制度。

各级人民政府、有关行政部门和行业组织以及企业事业组织应当采取措施，发展并保障公民接受职业学校教育或者各种形式的职业培训。

国家鼓励发展多种形式的继续教育，使公民接受适当形式的政治、经济、文化、科学、技术、业务等方面的教育，促进不同类型学习成果的互认和衔接，推动全民终身学习。

第二十一条　国家实行国家教育考试制度。

国家教育考试由国务院教育行政部门确定种类，并由国家批准的实施教育考试的机构承办。

第二十二条　国家实行学业证书制度。

经国家批准设立或者认可的学校及其他教育机构按照国家有关规定，颁发学历证书或者其他学业证书。

第二十三条　国家实行学位制度。

学位授予单位依法对达到一定学术水平或者专业技术水平的人员授予相应的学位，颁发学位证书。

第二十四条　各级人民政府、基层群众性自治组织和企业事业组织应当采取各种措施，开展扫除文盲的教育工作。

按照国家规定具有接受扫除文盲教育能力的公民，应当接受扫除文盲的教育。

第二十五条　国家实行教育督导制度和学校及其他教育机构教育评估制度。

第三章　学校及其他教育机构　【2022填空、2019单选、2019材料分析】 

第二十六条　国家制定教育发展规划，并举办学校及其他教育机构。

国家鼓励企业事业组织、社会团体、其他社会组织及公民个人依法举办学校及其他教育机构。

国家举办学校及其他教育机构，应当坚持勤俭节约的原则。

以财政性经费、捐赠资产举办或者参与举办的学校及其他教育机构不得设立为营利性组织。

第二十七条　设立学校及其他教育机构，必须具备下列基本条件：

（一）有组织机构和章程；

（二）有合格的教师；

（三）有符合规定标准的教学场所及设施、设备等；

（四）有必备的办学资金和稳定的经费来源。

第二十八条　学校及其他教育机构的设立、变更和终止，应当按照国家有关规定办理审核、批准、注册或者备案手续。

第二十九条　学校及其他教育机构行使下列权利：

（一）按照章程自主管理；

（二）组织实施教育教学活动；

（三）招收学生或者其他受教育者；

（四）对受教育者进行学籍管理，实施奖励或者处分；

（五）对受教育者颁发相应的学业证书；

（六）聘任教师及其他职工，实施奖励或者处分；

（七）管理、使用本单位的设施和经费；

（八）拒绝任何组织和个人对教育教学活动的非法干涉；

（九）法律、法规规定的其他权利。

国家保护学校及其他教育机构的合法权益不受侵犯。

真题面对面

[2019,单,2分]根据《中华人民共和国教育法》第二十九条规定,学校及其他教育机构可行使的权利是(　　)

A.按照章程自主管理

B.自主确定收费项目

C.义务教育阶段自主选用教科书

D.从办学结余中提取一定比例用于支付教师工资

答案:A

第三十条　学校及其他教育机构应当履行下列义务:

(一)遵守法律、法规;

(二)贯彻国家的教育方针,执行国家教育教学标准,保证教育教学质量;

(三)维护受教育者、教师及其他职工的合法权益;

(四)以适当方式为受教育者及其监护人了解受教育者的学业成绩及其他有关情况提供便利;

(五)遵照国家有关规定收取费用并公开收费项目;

(六)依法接受监督。

第三十一条　学校及其他教育机构的举办者按照国家有关规定,确定其所举办的学校或者其他教育机构的管理体制。

学校及其他教育机构的校长或者主要行政负责人必须由具有中华人民共和国国籍、在中国境内定居、并具备国家规定任职条件的公民担任,其任免按照国家有关规定办理。学校的教学及其他行政管理,由校长负责。

学校及其他教育机构应当按照国家有关规定,通过以教师为主体的**教职工代表大会**等组织形式,保障教职工参与民主管理和监督。

真题面对面

[2022,填空,1分]《中华人民共和国教育法》第三十一条规定,学校及其他教育机构应当按照国家有关规定,通过以教师为主体的____________等组织形式,保障教职工参与民主管理和监督。

答案:教职工代表大会

第三十二条　学校及其他教育机构具备法人条件的,自批准设立或者登记注册之日起取得法人资格。

学校及其他教育机构在民事活动中依法享有民事权利,承担民事责任。

学校及其他教育机构中的国有资产属于国家所有。

学校及其他教育机构兴办的校办产业独立承担民事责任。

第四章　教师和其他教育工作者【2017判断、2016填空】

第三十三条　教师享有法律规定的权利,履行法律规定的义务,忠诚于人民的教育事业。

第三十四条　国家保护教师的合法权益,改善教师的工作条件和生活条件,提高教师的社会地位。教师的工资报酬、福利待遇,依照法律、法规的规定办理。

第三十五条　国家实行教师资格、职务、聘任制度,通过考核、奖励、培养和培训,提高教师素质,加强教师队伍建设。

第三十六条　学校及其他教育机构中的管理人员,实行教育职员制度。

学校及其他教育机构中的教学辅助人员和其他专业技术人员,实行专业技术职务聘任制度。

第五章　受教育者　【2023判断选择】

第三十七条　受教育者在入学、升学、就业等方面依法享有平等权利。学校和有关行政部门应当按照国家有关规定，保障女子在入学、升学、就业、授予学位、派出留学等方面享有同男子平等的权利。

第三十八条　国家、社会对符合入学条件、家庭经济困难的儿童、少年、青年，提供各种形式的资助。

第三十九条　国家、社会、学校及其他教育机构应当根据残疾人身心特性和需要实施教育，并为其提供帮助和便利。

第四十条　国家、社会、家庭、学校及其他教育机构应当为有违法犯罪行为的未成年人接受教育创造条件。

第四十一条　从业人员有依法接受职业培训和继续教育的权利和义务。国家机关、企业事业组织和其他社会组织，应当为本单位职工的学习和培训提供条件和便利。

第四十二条　国家鼓励学校及其他教育机构、社会组织采取措施，为公民接受终身教育创造条件。

第四十三条　受教育者享有下列权利：

（一）参加教育教学计划安排的各种活动，使用教育教学设施、设备、图书资料；

（二）按照国家有关规定获得奖学金、贷学金、助学金；

（三）在学业成绩和品行上获得公正评价，完成规定的学业后获得相应的学业证书、学位证书；

（四）对学校给予的处分不服向有关部门提出申诉，对学校、教师侵犯其人身权、财产权等合法权益，提出申诉或者依法提起诉讼；

（五）法律、法规规定的其他权利。

真题面对面

［2023，判断选择，1分］根据《中华人民共和国教育法》第四十三条规定，在学业成绩和品行上获得公正评价，完成规定的学业后获得相应的学业证书、学位证书，是受教育者享有的权利之一。（　　）

A. 正确　　　　B. 错误

答案：A

第四十四条　受教育者应当履行下列义务：

（一）遵守法律、法规；

（二）遵守学生行为规范，尊敬师长，养成良好的思想品德和行为习惯；

（三）努力学习，完成规定的学习任务；

（四）遵守所在学校或者其他教育机构的管理制度。

第四十五条　教育、体育、卫生行政部门和学校及其他教育机构应当完善体育、卫生保健设施，保护学生的身心健康。

第六章　教育与社会　【2019判断选择】

第四十六条　国家机关、军队、企业事业组织、社会团体及其他社会组织和个人，应当依法为儿童、少年、青年学生的身心健康成长创造良好的社会环境。

第四十七条　国家鼓励企业事业组织、社会团体及其他社会组织同高等学校、中等职业学校在教学、科研、技术开发和推广等方面进行多种形式的合作。

企业事业组织、社会团体及其他社会组织和个人，可以通过适当形式，支持学校的建设，参与学校管理。

第四十八条　国家机关、军队、企业事业组织及其他社会组织应当为学校组织的学生实习、社会实践活动提供帮助和便利。

第四十九条　学校及其他教育机构在不影响正常教育教学活动的前提下，应当积极参加当地的社会公益活动。

真题面对面

[2019，判断选择，1分]学校组织师生参加社会公益活动，必须以不影响正常教育教学活动为前提。(　　)

A. 正确　　　　B. 错误

答案：A

第五十条　未成年人的父母或者其他监护人应当为其未成年子女或者其他被监护人受教育提供必要条件。

未成年人的父母或者其他监护人应当配合学校及其他教育机构，对其未成年子女或者其他被监护人进行教育。

学校、教师可以对学生家长提供家庭教育指导。

第五十一条　图书馆、博物馆、科技馆、文化馆、美术馆、体育馆(场)等社会公共文化体育设施，以及历史文化古迹和革命纪念馆(地)，应当对教师、学生实行优待，为受教育者接受教育提供便利。

广播、电视台(站)应当开设教育节目，促进受教育者思想品德、文化和科学技术素质的提高。

第五十二条　国家、社会建立和发展对未成年人进行校外教育的设施。

学校及其他教育机构应当同基层群众性自治组织、企业事业组织、社会团体相互配合，加强对未成年人的校外教育工作。

第五十三条　国家鼓励社会团体、社会文化机构及其他社会组织和个人开展有益于受教育者身心健康的社会文化教育活动。

第七章　教育投入与条件保障

第五十四条　国家建立以财政拨款为主、其他多种渠道筹措教育经费为辅的体制，逐步增加对教育的投入，保证国家举办的学校教育经费的稳定来源。

企业事业组织、社会团体及其他社会组织和个人依法举办的学校及其他教育机构，办学经费由举办者负责筹措，各级人民政府可以给予适当支持。

第五十五条　国家财政性教育经费支出占国民生产总值的比例应当随着国民经济的发展和财政收入的增长逐步提高。具体比例和实施步骤由国务院规定。

全国各级财政支出总额中教育经费所占比例应当随着国民经济的发展逐步提高。

第五十六条　各级人民政府的教育经费支出，按照事权和财权相统一的原则，在财政预算中单独列项。各级人民政府教育财政拨款的增长应当高于财政经常性收入的增长，并使按在校学生人数平均的教育费用逐步增长，保证教师工资和学生人均公用经费逐步增长。

第五十七条　国务院及县级以上地方各级人民政府应当设立教育专项资金，重点扶持边远贫困地区、少数民族地区实施义务教育。

第五十八条　税务机关依法足额征收教育费附加，由教育行政部门统筹管理，主要用于实施义务教育。省、自治区、直辖市人民政府根据国务院的有关规定，可以决定开征用于教育的地方附加费，专款专用。

第五十九条　国家采取优惠措施，鼓励和扶持学校在不影响正常教育教学的前提下开展勤工俭学和社会服务，兴办校办产业。

第六十条　国家鼓励境内、境外社会组织和个人捐资助学。

第六十一条　国家财政性教育经费、社会组织和个人对教育的捐赠，必须用于教育，不得挪用、克扣。

第六十二条　国家鼓励运用金融、信贷手段，支持教育事业的发展。

第六十三条　各级人民政府及其教育行政部门应当加强对学校及其他教育机构教育经费的监督管理，提高教育投资效益。

第六十四条　地方各级人民政府及其有关行政部门必须把学校的基本建设纳入城乡建设规划，统筹安排学校的基本建设用地及所需物资，按照国家有关规定实行优先、优惠政策。

第六十五条　各级人民政府对教科书及教学用图书资料的出版发行，对教学仪器、设备的生产和供应，对用于学校教育教学和科学研究的图书资料、教学仪器、设备的进口，按照国家有关规定实行优先、优惠政策。

第六十六条　国家推进教育信息化，加快教育信息基础设施建设，利用信息技术促进优质教育资源普及共享，提高教育教学水平和教育管理水平。县级以上人民政府及其有关部门应当发展教育信息技术和其他现代化教学方式，有关行政部门应当优先安排，给予扶持。国家鼓励学校及其他教育机构推广运用现代化教学方式。

第八章　教育对外交流与合作

第六十七条　国家鼓励开展教育对外交流与合作，支持学校及其他教育机构引进优质教育资源，依法开展中外合作办学，发展国际教育服务，培养国际化人才。

教育对外交流与合作坚持独立自主、平等互利、相互尊重的原则，不得违反中国法律，不得损害国家主权、安全和社会公共利益。

第六十八条　中国境内公民出国留学、研究、进行学术交流或者任教，依照国家有关规定办理。

第六十九条　中国境外个人符合国家规定的条件并办理有关手续后，可以进入中国境内学校及其他教育机构学习、研究、进行学术交流或者任教，其合法权益受国家保护。

第七十条　中国对境外教育机构颁发的学位证书、学历证书及其他学业证书的承认，依照中华人民共和国缔结或者加入的国际条约办理，或者按照国家有关规定办理。

第九章　法律责任

第七十一条　违反国家有关规定，不按照预算核拨教育经费的，由同级人民政府限期核拨；情节严重的，对直接负责的主管人员和其他直接责任人员，依法给予处分。

违反国家财政制度、财务制度，挪用、克扣教育经费的，由上级机关责令限期归还被挪用、克扣的经费，并对直接负责的主管人员和其他直接责任人员，依法给予处分；构成犯罪的，依法追究刑事责任。

第七十二条　结伙斗殴、寻衅滋事，扰乱学校及其他教育机构教育教学秩序或者破坏校舍、场地及其他财产的，由公安机关给予治安管理处罚；构成犯罪的，依法追究刑事责任。

侵占学校及其他教育机构的校舍、场地及其他财产的，依法承担民事责任。

第七十三条　明知校舍或者教育教学设施有危险，而不采取措施，造成人员伤亡或者重大财产损失的，对直接负责的主管人员和其他直接责任人员，依法追究刑事责任。

第七十四条　违反国家有关规定，向学校或者其他教育机构收取费用的，由政府责令退还所收费用；对直接负责的主管人员和其他直接责任人员，依法给予处分。

第七十五条　违反国家有关规定，举办学校或者其他教育机构的，由教育行政部门或者其他有关行政部门予以撤销；有违法所得的，没收违法所得；对直接负责的主管人员和其他直接责任人员，依法给予处分。

第七十六条　学校或者其他教育机构违反国家有关规定招收学生的，由教育行政部门或者其他有关行政部门责令退回招收的学生，退还所收费用；对学校、其他教育机构给予警告，可以处违法所得五倍以下罚款；情节严重的，责令停止相关招生资格一年以上三年以下，直至撤销招生资格、吊销办学许可证；对直接负责的主管人员和其他直接责任人员，依法给予处分；构成犯罪的，依法追究刑事责任。

第七十七条　在招收学生工作中滥用职权、玩忽职守、徇私舞弊的，由教育行政部门或者其他有关行政部门责令退回招收的不符合入学条件的人员；对直接负责的主管人员和其他直接责任人员，依法给予处分；构成犯罪的，依法追究刑事责任。

盗用、冒用他人身份，顶替他人取得的入学资格的，由教育行政部门或者其他有关行政部门责令撤销入学资格，并责令停止参加相关国家教育考试二年以上五年以下；已经取得学位证书、学历证书或者其他学业证书的，由颁发机构撤销相关证书；已经成为公职人员的，依法给予开除处分；构成违反治安管理行为的，由公安机关依法给予治安管理处罚；构成犯罪的，依法追究刑事责任。

与他人串通，允许他人冒用本人身份，顶替本人取得的入学资格的，由教育行政部门或者其他有关行政部门责令停止参加相关国家教育考试一年以上三年以下；有违法所得的，没收违法所得；已经成为公职人员的，依法给予处分；构成违反治安管理行为的，由公安机关依法给予治安管理处罚；构成犯罪的，依法追究刑事责任。

组织、指使盗用或者冒用他人身份，顶替他人取得的入学资格的，有违法所得的，没收违法所得；属于公职人员的，依法给予处分；构成违反治安管理行为的，由公安机关依法给予治安管理处罚；构成犯罪的，依法追究刑事责任。

入学资格被顶替权利受到侵害的，可以请求恢复其入学资格。

第七十八条 学校及其他教育机构违反国家有关规定向受教育者收取费用的，由教育行政部门或者其他有关行政部门责令退还所收费用；对直接负责的主管人员和其他直接责任人员，依法给予处分。

第七十九条 考生在国家教育考试中有下列行为之一的，由组织考试的教育考试机构工作人员在考试现场采取必要措施予以制止并终止其继续参加考试；组织考试的教育考试机构可以取消其相关考试资格或者考试成绩；情节严重的，由教育行政部门责令停止参加相关国家教育考试一年以上三年以下；构成违反治安管理行为的，由公安机关依法给予治安管理处罚；构成犯罪的，依法追究刑事责任：

（一）非法获取考试试题或者答案的；

（二）携带或者使用考试作弊器材、资料的；

（三）抄袭他人答案的；

（四）让他人代替自己参加考试的；

（五）其他以不正当手段获得考试成绩的作弊行为。

第八十条 任何组织或者个人在国家教育考试中有下列行为之一，有违法所得的，由公安机关没收违法所得，并处违法所得一倍以上五倍以下罚款；情节严重的，处五日以上十五日以下拘留；构成犯罪的，依法追究刑事责任；属于国家机关工作人员的，还应当依法给予处分：

（一）组织作弊的；

（二）通过提供考试作弊器材等方式为作弊提供帮助或者便利的；

（三）代替他人参加考试的；

（四）在考试结束前泄露、传播考试试题或者答案的；

（五）其他扰乱考试秩序的行为。

第八十一条 举办国家教育考试，教育行政部门、教育考试机构疏于管理，造成考场秩序混乱、作弊情况严重的，对直接负责的主管人员和其他直接责任人员，依法给予处分；构成犯罪的，依法追究刑事责任。

第八十二条 学校或者其他教育机构违反本法规定，颁发学位证书、学历证书或者其他学业证书的，由教育行政部门或者其他有关行政部门宣布证书无效，责令收回或者予以没收；有违法所得的，没收违法所得；情节严重的，责令停止相关招生资格一年以上三年以下，直至撤销招生资格、颁发证书资格；对直接负责的主管人员和其他直接责任人员，依法给予处分。

前款规定以外的任何组织或者个人制造、销售、颁发假冒学位证书、学历证书或者其他学业证书，构成违反治安管理行为的，由公安机关依法给予治安管理处罚；构成犯罪的，依法追究刑事责任。

以作弊、剽窃、抄袭等欺诈行为或者其他不正当手段获得学位证书、学历证书或者其他学业证书的，由颁发机构撤销相关证书。购买、使用假冒学位证书、学历证书或者其他学业证书，构成违反治安管理行为的，由公安机关依法给予治安管理处罚。

第八十三条　违反本法规定，侵犯教师、受教育者、学校或者其他教育机构的合法权益，造成损失、损害的，应当依法承担民事责任。

第十章　附　则

第八十四条　军事学校教育由中央军事委员会根据本法的原则规定。

宗教学校教育由国务院另行规定。

第八十五条　境外的组织和个人在中国境内办学和合作办学的办法，由国务院规定。

第八十六条　本法自1995年9月1日起施行。

第二节　《中华人民共和国义务教育法》(2018年修正)

一、《中华人民共和国义务教育法》的制定

《中华人民共和国义务教育法》(以下除需要称全称外，简称为《义务教育法》)，于1986年4月12日第六届全国人民代表大会第四次会议通过，自1986年7月1日起施行，是新中国成立以来颁布的第一部基础教育方面的法律，是促进和保障我国基础教育健康发展的基本法。它的颁布与实施有力地推动了我国基础教育的普及和全民素质的提高，标志着我国义务教育制度的正式确立。

《中华人民共和国义务教育法》进行过三次修改：(1)根据2006年6月29日第十届全国人民代表大会常务委员会第二十二次会议进行修订；(2)根据2015年4月24日第十二届全国人民代表大会常务委员会第十四次会议《关于修改〈中华人民共和国义务教育法〉等五部法律的决定》进行第一次修正；(3)根据2018年12月29日第十三届全国人民代表大会常务委员会第七次会议《关于修改〈中华人民共和国产品质量法〉等五部法律的决定》进行第二次修正。

二、《中华人民共和国义务教育法》的内容

第一章　总　则　【2023填空】

第一条　为了保障适龄儿童、少年接受义务教育的权利，保证义务教育的实施，提高全民族素质，根据宪法和教育法，制定本法。

第二条　国家实行九年义务教育制度。义务教育是国家统一实施的所有适龄儿童、少年必须接受的教育，是国家必须予以保障的公益性事业。实施义务教育，不收学费、杂费。国家建立义务教育经费保障机制，保证义务教育制度实施。

真题面对面

[2023，填空，1分]《中华人民共和国义务教育法》规定，实施义务教育，不收学费、__________。

答案：杂费

第三条　义务教育必须贯彻国家的教育方针，实施素质教育，提高教育质量，使适龄儿童、少年在品德、智力、体质等方面全面发展，为培养有理想、有道德、有文化、有纪律的社会主义建设者和接班人奠定基础。

第四条　凡具有中华人民共和国国籍的适龄儿童、少年，不分性别、民族、种族、家庭财产状况、宗教信仰等，依法享有平等接受义务教育的权利，并履行接受义务教育的义务。

第五条　各级人民政府及其有关部门应当履行本法规定的各项职责，保障适龄儿童、少年接受义务教育的权利。适龄儿童、少年的父母或者其他法定监护人应当依法保证其按时入学接受并完成义务教育。依法实施义务教

育的学校应当按照规定标准完成教育教学任务，保证教育教学质量。社会组织和个人应当为适龄儿童、少年接受义务教育创造良好的环境。

第六条 国务院和县级以上地方人民政府应当合理配置教育资源，促进义务教育均衡发展，改善薄弱学校的办学条件，并采取措施，保障农村地区、民族地区实施义务教育，保障家庭经济困难的和残疾的适龄儿童、少年接受义务教育。国家组织和鼓励经济发达地区支援经济欠发达地区实施义务教育。

第七条 义务教育实行国务院领导，省、自治区、直辖市人民政府统筹规划实施，县级人民政府为主管理的体制。县级以上人民政府教育行政部门具体负责义务教育实施工作；县级以上人民政府其他有关部门在各自的职责范围内负责义务教育实施工作。

第八条 人民政府教育督导机构对义务教育工作执行法律法规情况、教育教学质量以及义务教育均衡发展状况等进行督导，督导报告向社会公布。

第九条 任何社会组织或者个人有权对违反本法的行为向有关国家机关提出检举或者控告。发生违反本法的重大事件，妨碍义务教育实施，造成重大社会影响的，负有领导责任的人民政府或者人民政府教育行政部门负责人应当引咎辞职。

第十条 对在义务教育实施工作中做出突出贡献的社会组织和个人，各级人民政府及其有关部门按照有关规定给予表彰、奖励。

第二章 学 生 【2018案例分析】

第十一条 凡年满六周岁的儿童，其父母或者其他法定监护人应当送其入学接受并完成义务教育；条件不具备的地区的儿童，可以推迟到七周岁。适龄儿童、少年因身体状况需要延缓入学或者休学的，其父母或者其他法定监护人应当提出申请，由当地乡镇人民政府或者县级人民政府教育行政部门批准。

第十二条 适龄儿童、少年免试入学。地方各级人民政府应当保障适龄儿童、少年在户籍所在地学校就近入学。父母或者其他法定监护人在非户籍所在地工作或者居住的适龄儿童、少年，在其父母或者其他法定监护人工作或者居住地接受义务教育的，当地人民政府应当为其提供平等接受义务教育的条件。具体办法由省、自治区、直辖市规定。县级人民政府教育行政部门对本行政区域内的军人子女接受义务教育予以保障。

第十三条 县级人民政府教育行政部门和乡镇人民政府组织和督促适龄儿童、少年入学，帮助解决适龄儿童、少年接受义务教育的困难，采取措施防止适龄儿童、少年辍学。居民委员会和村民委员会协助政府做好工作，督促适龄儿童、少年入学。

第十四条 禁止用人单位招用应当接受义务教育的适龄儿童、少年。根据国家有关规定经批准招收适龄儿童、少年进行文艺、体育等专业训练的社会组织，应当保证所招收的适龄儿童、少年接受义务教育；自行实施义务教育的，应当经县级人民政府教育行政部门批准。

第三章 学 校 【2021填空、2019填空、2016填空】 必背

第十五条 县级以上地方人民政府根据本行政区域内居住的适龄儿童、少年的数量和分布状况等因素，按照国家有关规定，制定、调整学校设置规划。新建居民区需要设置学校的，应当与居民区的建设同步进行。

第十六条 学校建设，应当符合国家规定的办学标准，适应教育教学需要；应当符合国家规定的选址要求和建设标准，确保学生和教职工安全。

第十七条 县级人民政府根据需要设置寄宿制学校，保障居住分散的适龄儿童、少年入学接受义务教育。

第十八条 国务院教育行政部门和省、自治区、直辖市人民政府根据需要，在经济发达地区设置接收少数民族适龄儿童、少年的学校（班）。

第十九条 县级以上地方人民政府根据需要设置相应的实施特殊教育的学校（班），对视力残疾、听力语言残疾

和智力残疾的适龄儿童、少年实施义务教育。特殊教育学校(班)应当具备适应残疾儿童、少年学习、康复、生活特点的场所和设施。普通学校应当接收具有接受普通教育能力的残疾适龄儿童、少年随班就读,并为其学习、康复提供帮助。

真题面对面

[2021,填空,1分]《中华人民共和国义务教育法》第十九条规定,县级以上地方人民政府根据需要设置相应的实施__________教育的学校(班),对视力残疾、听力语言残疾和智力残疾的适龄儿童、少年实施义务教育。

答案:特殊

第二十条　县级以上地方人民政府根据需要,为具有预防未成年人犯罪法规定的严重不良行为的适龄少年设置专门的学校实施义务教育。

第二十一条　对未完成义务教育的未成年犯和被采取强制性教育措施的未成年人应当进行义务教育,所需经费由人民政府予以保障。

第二十二条　县级以上人民政府及其教育行政部门应当促进学校均衡发展,缩小学校之间办学条件的差距,不得将学校分为重点学校和非重点学校。学校不得分设重点班和非重点班。县级以上人民政府及其教育行政部门不得以任何名义改变或者变相改变公办学校的性质。

第二十三条　各级人民政府及其有关部门依法维护学校周边秩序,保护学生、教师、学校的合法权益,为学校提供安全保障。

第二十四条　学校应当建立、健全安全制度和应急机制,对学生进行安全教育,加强管理,及时消除隐患,预防发生事故。县级以上地方人民政府定期对学校校舍安全进行检查;对需要维修、改造的,及时予以维修、改造。学校不得聘用曾经因故意犯罪被依法剥夺政治权利或者其他不适合从事义务教育工作的人担任工作人员。

第二十五条　学校不得违反国家规定收取费用,不得以向学生推销或者变相推销商品、服务等方式谋取利益。

第二十六条　学校实行校长负责制。校长应当符合国家规定的任职条件。校长由县级人民政府教育行政部门依法聘任。

第二十七条　对违反学校管理制度的学生,学校应当予以批评教育,不得开除。

真题面对面

[2019,填空,1分]根据《中华人民共和国义务教育法》第二十七条规定,对违反学校管理制度的学生,学校应当予以批评教育,不得__________。

答案:开除

第四章　教　师

第二十八条　教师享有法律规定的权利,履行法律规定的义务,应当为人师表,忠诚于人民的教育事业。全社会应当尊重教师。

第二十九条　教师在教育教学中应当平等对待学生,关注学生的个体差异,因材施教,促进学生的充分发展。教师应当尊重学生的人格,不得歧视学生,不得对学生实施体罚、变相体罚或者其他侮辱人格尊严的行为,不得侵犯学生合法权益。

第三十条　教师应当取得国家规定的教师资格。国家建立统一的义务教育教师职务制度。教师职务分为初级职务、中级职务和高级职务。

第三十一条 各级人民政府保障教师工资福利和社会保险待遇，改善教师工作和生活条件；完善农村教师工资经费保障机制。教师的平均工资水平应当不低于当地公务员的平均工资水平。特殊教育教师享有特殊岗位补助津贴。在民族地区和边远贫困地区工作的教师享有艰苦贫困地区补助津贴。

第三十二条 县级以上人民政府应当加强教师培养工作，采取措施发展教师教育。县级人民政府教育行政部门应当均衡配置本行政区域内学校师资力量，组织校长、教师的培训和流动，加强对薄弱学校的建设。

第三十三条 国务院和地方各级人民政府鼓励和支持城市学校教师和高等学校毕业生到农村地区、民族地区从事义务教育工作。国家鼓励高等学校毕业生以志愿者的方式到农村地区、民族地区缺乏教师的学校任教。县级人民政府教育行政部门依法认定其教师资格，其任教时间计入工龄。

考题预测

[单，2分]各级人民政府保障教师工资福利和社会保险待遇，改善教师工作和生活条件；完善农村教师工资经费保障机制。教师的平均工资水平应当不低于当地（　　）的平均工资水平。

A. 医生　　B. 律师　　C. 公务员　　D. 普通人

答案：C

第五章　教育教学【2020多选、2017单选】

第三十四条 教育教学工作应当符合教育规律和学生身心发展特点，面向全体学生，教书育人，将德育、智育、体育、美育等有机统一在教育教学活动中，注重培养学生独立思考能力、创新能力和实践能力，促进学生全面发展。

第三十五条 国务院教育行政部门根据适龄儿童、少年身心发展的状况和实际情况，确定教学制度、教育教学内容和课程设置，改革考试制度，并改进高级中等学校招生办法，推进实施素质教育。学校和教师按照确定的教育教学内容和课程设置开展教育教学活动，保证达到国家规定的基本质量要求。国家鼓励学校和教师采用启发式教育等教育教学方法，提高教育教学质量。

第三十六条 学校应当把德育放在首位，寓德育于教育教学之中，开展与学生年龄相适应的社会实践活动，形成学校、家庭、社会相互配合的思想道德教育体系，促进学生养成良好的思想品德和行为习惯。

第三十七条 学校应当保证学生的课外活动时间，组织开展文化娱乐等课外活动。社会公共文化体育设施应当为学校开展课外活动提供便利。

第三十八条 教科书根据国家教育方针和课程标准编写，内容力求精简，精选必备的基础知识、基本技能，经济实用，保证质量。

国家机关工作人员和教科书审查人员，不得参与或者变相参与教科书的编写工作。

第三十九条 国家实行教科书审定制度。教科书的审定办法由国务院教育行政部门规定。未经审定的教科书，不得出版、选用。

第四十条 教科书价格由省、自治区、直辖市人民政府价格行政部门会同同级出版主管部门按照**微利原则**确定。

第四十一条 国家鼓励教科书循环使用。

真题面对面

[2020，多，2分]根据《中华人民共和国义务教育法》可知，下列关于教科书的说法，正确的有（　　）

A. 国家鼓励教科书循环使用

B. 教科书价格由出版社自行确定

C. 未经审定的教科书，不得出版、选用

D. 教科书根据国家教育方针和课程标准编写

答案：ACD

第六章　经费保障 【2018案例分析】

第四十二条　国家将义务教育全面纳入财政保障范围，义务教育经费由国务院和地方各级人民政府依照本法规定予以保障。

国务院和地方各级人民政府将义务教育经费纳入财政预算，按照教职工编制标准、工资标准和学校建设标准、学生人均公用经费标准等，及时足额拨付义务教育经费，确保学校的正常运转和校舍安全，确保教职工工资按照规定发放。

国务院和地方各级人民政府用于实施义务教育财政拨款的增长比例应当高于财政经常性收入的增长比例，保证按照在校学生人数平均的义务教育费用逐步增长，保证教职工工资和学生人均公用经费逐步增长。

第四十三条　学校的学生人均公用经费基本标准由国务院财政部门会同教育行政部门制定，并根据经济和社会发展状况适时调整。制定、调整学生人均公用经费基本标准，应当满足教育教学基本需要。

省、自治区、直辖市人民政府可以根据本行政区域的实际情况，制定不低于国家标准的学校学生人均公用经费标准。

特殊教育学校(班)学生人均公用经费标准应当高于普通学校学生人均公用经费标准。

第四十四条　义务教育经费投入实行国务院和地方各级人民政府根据职责共同负担，省、自治区、直辖市人民政府负责统筹落实的体制。农村义务教育所需经费，由各级人民政府根据国务院的规定分项目、按比例分担。

各级人民政府对家庭经济困难的适龄儿童、少年免费提供教科书并补助寄宿生生活费。

义务教育经费保障的具体办法由国务院规定。

第四十五条　地方各级人民政府在财政预算中将义务教育经费单列。

县级人民政府编制预算，除向农村地区学校和薄弱学校倾斜外，应当均衡安排义务教育经费。

第四十六条　国务院和省、自治区、直辖市人民政府规范财政转移支付制度，加大一般性转移支付规模和规范义务教育专项转移支付，支持和引导地方各级人民政府增加对义务教育的投入。地方各级人民政府确保将上级人民政府的义务教育转移支付资金按照规定用于义务教育。

第四十七条　国务院和县级以上地方人民政府根据实际需要，设立专项资金，扶持农村地区、民族地区实施义务教育。

第四十八条　国家鼓励社会组织和个人向义务教育捐赠，鼓励按照国家有关基金会管理的规定设立义务教育基金。

第四十九条　义务教育经费严格按照预算规定用于义务教育；任何组织和个人不得侵占、挪用义务教育经费，不得向学校非法收取或者摊派费用。

第五十条　县级以上人民政府建立健全义务教育经费的审计监督和统计公告制度。

第七章　法律责任

第五十一条　国务院有关部门和地方各级人民政府违反本法第六章的规定，未履行对义务教育经费保障职责的，由国务院或者上级地方人民政府责令限期改正；情节严重的，对直接负责的主管人员和其他直接责任人员依法给予行政处分。

第五十二条　县级以上地方人民政府有下列情形之一的，由上级人民政府责令限期改正；情节严重的，对直接负责的主管人员和其他直接责任人员依法给予行政处分：

(一)未按照国家有关规定制定、调整学校的设置规划的；

(二)学校建设不符合国家规定的办学标准、选址要求和建设标准的；

（三）未定期对学校校舍安全进行检查，并及时维修、改造的；

（四）未依照本法规定均衡安排义务教育经费的。

第五十三条 县级以上人民政府或者其教育行政部门有下列情形之一的，由上级人民政府或者其教育行政部门责令限期改正、通报批评；情节严重的，对直接负责的主管人员和其他直接责任人员依法给予行政处分：

（一）将学校分为重点学校和非重点学校的；

（二）改变或者变相改变公办学校性质的。

县级人民政府教育行政部门或者乡镇人民政府未采取措施组织适龄儿童、少年入学或者防止辍学的，依照前款规定追究法律责任。

第五十四条 有下列情形之一的，由上级人民政府或者上级人民政府教育行政部门、财政部门、价格行政部门和审计机关根据职责分工责令限期改正；情节严重的，对直接负责的主管人员和其他直接责任人员依法给予处分：

（一）侵占、挪用义务教育经费的；

（二）向学校非法收取或者摊派费用的。

第五十五条 学校或者教师在义务教育工作中违反教育法、教师法规定的，依照教育法、教师法的有关规定处罚。

第五十六条 学校违反国家规定收取费用的，由县级人民政府教育行政部门责令退还所收费用；对直接负责的主管人员和其他直接责任人员依法给予处分。

学校以向学生推销或者变相推销商品、服务等方式谋取利益的，由县级人民政府教育行政部门给予通报批评；有违法所得的，没收违法所得；对直接负责的主管人员和其他直接责任人员依法给予处分。

国家机关工作人员和教科书审查人员参与或者变相参与教科书编写的，由县级以上人民政府或者其教育行政部门根据职责权限责令限期改正，依法给予行政处分；有违法所得的，没收违法所得。

第五十七条 学校有下列情形之一的，由县级人民政府教育行政部门责令限期改正；情节严重的，对直接负责的主管人员和其他直接责任人员依法给予处分：

（一）拒绝接收具有接受普通教育能力的残疾适龄儿童、少年随班就读的；

（二）分设重点班和非重点班的；

（三）违反本法规定开除学生的；

（四）选用未经审定的教科书的。

第五十八条 适龄儿童、少年的父母或者其他法定监护人无正当理由未依照本法规定送适龄儿童、少年入学接受义务教育的，由当地乡镇人民政府或者县级人民政府教育行政部门给予批评教育，责令限期改正。

第五十九条 有下列情形之一的，依照有关法律、行政法规的规定予以处罚：

（一）胁迫或者诱骗应当接受义务教育的适龄儿童、少年失学、辍学的；

（二）非法招用应当接受义务教育的适龄儿童、少年的；

（三）出版未经依法审定的教科书的。

第六十条 违反本法规定，构成犯罪的，依法追究刑事责任。

第八章 附 则

第六十一条 对接受义务教育的适龄儿童、少年不收杂费的实施步骤，由国务院规定。

第六十二条 社会组织或者个人依法举办的民办学校实施义务教育的，依照民办教育促进法有关规定执行；民办教育促进法未作规定的，适用本法。

第六十三条 本法自2006年9月1日起施行。

第三节 《中华人民共和国教师法》(2009年修正)

一、《中华人民共和国教师法》的制定

《中华人民共和国教师法》(以下除需要称全称外,简称为《教师法》)从1986年开始起草,后经过八年酝酿、修改,于1993年10月31日经第八届全国人民代表大会常务委员会第四次会议通过,自1994年1月1日起施行。《教师法》的制定和颁布,对于提高教师的地位,保障教师的合法权益,造就一支具有良好的思想品德和业务素质的教师队伍,促进我国社会主义教育事业的发展,有着重要的意义。

《中华人民共和国教师法》(修订)

《中华人民共和国教师法》根据2009年8月27日第十一届全国人民代表大会常务委员会第十次会议《关于修改部分法律的决定》进行了修正。

二、《中华人民共和国教师法》的内容

第一章 总 则 【2020填空】

第一条 为了保障教师的合法权益,建设具有良好思想品德修养和业务素质的教师队伍,促进社会主义教育事业的发展,制定本法。

第二条 本法适用于在各级各类学校和其他教育机构中专门从事教育教学工作的教师。

第三条 教师是履行教育教学职责的专业人员,承担教书育人,培养社会主义事业建设者和接班人、提高民族素质的使命。教师应当忠诚于人民的教育事业。

真题面对面

[2020,填空,1分]《中华人民共和国教师法》第三条规定,教师是履行教育教学职责的________,承担教书育人,培养社会主义事业建设者和接班人、提高民族素质的使命。

答案:专业人员

第四条 各级人民政府应当采取措施,加强教师的思想政治教育和业务培训,改善教师的工作条件和生活条件,保障教师的合法权益,提高教师的社会地位。

全社会都应当尊重教师。

第五条 国务院教育行政部门主管全国的教师工作。

国务院有关部门在各自职权范围内负责有关的教师工作。学校和其他教育机构根据国家规定,自主进行教师管理工作。

第六条 每年九月十日为教师节。

第二章 权利和义务 【2023多选、2020单选、2019判断选择、2016单选】 必背

第七条 教师享有下列权利:

(一)进行教育教学活动,开展教育教学改革和实验;

(二)从事科学研究、学术交流,参加专业的学术团体,在学术活动中充分发表意见;

(三)指导学生的学习和发展,评定学生的品行和学业成绩;

(四)按时获取工资报酬,享受国家规定的福利待遇以及寒暑假期的带薪休假;

(五)对学校教育教学、管理工作和教育行政部门的工作提出意见和建议,通过教职工代表大会或者其他形式,

参与学校的民主管理；

(六)参加进修或者其他方式的培训。

真题面对面

1.[2023,多,2分]依据《中华人民共和国教师法》,下列属于教师权利的有(　　)

A.参加进修或其他方式的培训

B.不断提高思想政治觉悟和教育教学业务水平

C.指导学生的学习和发展,评定学生的品行和学业成绩

D.制止有害于学生的行为或其他侵犯学生合法权益的行为,批评和抵制有害于学生健康成长的现象

2.[2019,判断选择,1分]教师可以通过教职工代表大会或者其他形式,参与学校的民主管理。(　　)

A.正确　　　　B.错误

答案:1.AC　2.A

第八条　教师应当履行下列义务:

(一)遵守宪法、法律和职业道德,为人师表;

(二)贯彻国家的教育方针,遵守规章制度,执行学校的教学计划,履行教师聘约,完成教育教学工作任务;

(三)对学生进行宪法所确定的基本原则的教育和爱国主义、民族团结的教育,法制教育以及思想品德、文化、科学技术教育,组织、带领学生开展有益的社会活动;

(四)关心、爱护全体学生,尊重学生人格,促进学生在品德、智力、体质等方面全面发展;

(五)制止有害于学生的行为或者其他侵犯学生合法权益的行为,批评和抵制有害于学生健康成长的现象;

(六)不断提高思想政治觉悟和教育教学业务水平。

真题面对面

[2020,单,2分]依据《中华人民共和国教师法》可知,教师应当履行的义务是(　　)

A.遵守宪法、法律和职业道德,为人师表

B.进行教育教学活动,开展教育教学改革和实验

C.指导学生的学习和发展,评定学生的品行和学业成绩

D.从事科学研究、学术交流,在学术活动中充分发表意见

答案:A

第九条　为保障教师完成教育教学任务,各级人民政府、教育行政部门、有关部门、学校和其他教育机构应当履行下列职责:

(一)提供符合国家安全标准的教育教学设施和设备;

(二)提供必需的图书、资料及其他教育教学用品;

(三)对教师在教育教学、科学研究中的创造性工作给以鼓励和帮助;

(四)支持教师制止有害于学生的行为或者其他侵犯学生合法权益的行为。

第三章　资格和任用　【2021填空】

第十条　国家实行教师资格制度。

中国公民凡遵守宪法和法律,热爱教育事业,具有良好的思想品德,具备本法规定的学历或者经国家教师资格考试合格,有教育教学能力,经认定合格的,可以取得教师资格。

第十一条　取得教师资格应当具备的相应学历是：

（一）取得幼儿园教师资格，应当具备幼儿师范学校毕业及其以上学历；

（二）取得小学教师资格，应当具备中等师范学校毕业及其以上学历；

（三）取得初级中学教师、初级职业学校文化、专业课教师资格，应当具备高等师范专科学校或者其他大学专科毕业及其以上学历；

（四）取得高级中学教师资格和中等专业学校、技工学校、职业高中文化课、专业课教师资格，应当具备高等师范院校本科或者其他大学本科毕业及其以上学历；取得中等专业学校、技工学校和职业高中学生实习指导教师资格应当具备的学历，由国务院教育行政部门规定；

（五）取得高等学校教师资格，应当具备研究生或者大学本科毕业学历；

（六）取得成人教育教师资格，应当按照成人教育的层次、类别，分别具备高等、中等学校毕业及其以上学历。

不具备本法规定的教师资格学历的公民，申请获取教师资格，必须通过国家教师资格考试。国家教师资格考试制度由国务院规定。

第十二条　本法实施前已经在学校或者其他教育机构中任教的教师，未具备本法规定学历的，由国务院教育行政部门规定教师资格过渡办法。

第十三条　中小学教师资格由县级以上地方人民政府教育行政部门认定。中等专业学校、技工学校的教师资格由县级以上地方人民政府教育行政部门组织有关主管部门认定。普通高等学校的教师资格由国务院或者省、自治区、直辖市教育行政部门或者由其委托的学校认定。具备本法规定的学历或者经国家教师资格考试合格的公民，要求有关部门认定其教师资格的，有关部门应当依照本法规定的条件予以认定。取得教师资格的人员首次任教时，应当有试用期。

真题面对面

[2021，填空，1分]《中华人民共和国教师法》规定，取得教师资格的人员首次任教时，应当有＿＿＿＿＿＿期。

答案：试用

第十四条　受到剥夺政治权利或者故意犯罪受到有期徒刑以上刑事处罚的，不能取得教师资格；已经取得教师资格的，丧失教师资格。

第十五条　各级师范学校毕业生，应当按照国家有关规定从事教育教学工作。

国家鼓励非师范高等学校毕业生到中小学或者职业学校任教。

第十六条　国家实行教师职务制度，具体办法由国务院规定。

第十七条　学校和其他教育机构应当逐步实行教师聘任制。教师的聘任应当遵循双方地位平等的原则，由学校和教师签订聘任合同，明确规定双方的权利、义务和责任。实施教师聘任制的步骤、办法由国务院教育行政部门规定。

第四章　培养和培训

第十八条　各级人民政府和有关部门应当办好师范教育，并采取措施，鼓励优秀青年进入各级师范学校学习。各级教师进修学校承担培训中小学教师的任务。非师范学校应当承担培养和培训中小学教师的任务。各级师范学校学生享受专业奖学金。

第十九条　各级人民政府教育行政部门、学校主管部门和学校应当制定教师培训规划，对教师进行多种形式的思想政治、业务培训。

第二十条　国家机关、企业事业单位和其他社会组织应当为教师的社会调查和社会实践提供方便，给予协助。

第二十一条　各级人民政府应当采取措施，为少数民族地区和边远贫困地区培养、培训教师。

第五章　考　核　【2019填空、2018多选】

第二十二条　学校或者其他教育机构应当对教师的政治思想、业务水平、工作态度和工作成绩进行考核。教育行政部门对教师的考核工作进行指导、监督。

真题面对面

[2018,多,2分]根据《中华人民共和国教师法》第二十二条规定,学校或者其他教育机构应当对教师进行考核,考核内容包括(　　)

A. 政治思想　　B. 业务水平　　C. 工作态度　　D. 工作成绩

答案:ABCD

第二十三条　考核应当客观、公正、准确,充分听取教师本人、其他教师以及学生的意见。

真题面对面

[2019,填空,1分]根据《中华人民共和国教师法》第二十三条规定,学校对教师的考核应当客观、公正、准确,充分听取教师本人、其他教师以及________的意见。

答案:学生

第二十四条　教师考核结果是受聘任教、晋升工资、实施奖惩的依据。

第六章　待　遇

第二十五条　教师的平均工资水平应当不低于或者高于国家公务员的平均工资水平,并逐步提高。建立正常晋级增薪制度,具体办法由国务院规定。

第二十六条　中小学教师和职业学校教师享受教龄津贴和其他津贴,具体办法由国务院教育行政部门会同有关部门制定。

第二十七条　地方各级人民政府对教师以及具有中专以上学历的毕业生到少数民族地区和边远贫困地区从事教育教学工作的,应当予以补贴。

第二十八条　地方各级人民政府和国务院有关部门,对城市教师住房的建设、租赁、出售实行优先、优惠。

县、乡两级人民政府应当为农村中小学教师解决住房提供方便。

第二十九条　教师的医疗同当地国家公务员享受同等的待遇;定期对教师进行身体健康检查,并因地制宜安排教师进行休养。医疗机构应当对当地教师的医疗提供方便。

第三十条　教师退休或者退职后,享受国家规定的退休或者退职待遇。

县级以上地方人民政府可以适当提高长期从事教育教学工作的中小学退休教师的退休金比例。

第三十一条　各级人民政府应当采取措施,改善国家补助、集体支付工资的中小学教师的待遇,逐步做到在工资收入上与国家支付工资的教师同工同酬,具体办法由地方各级人民政府根据本地区的实际情况规定。

第三十二条　社会力量所办学校的教师的待遇,由举办者自行确定并予以保障。

第七章　奖　励

第三十三条　教师在教育教学、培养人才、科学研究、教学改革、学校建设、社会服务、勤工俭学等方面成绩优异的,由所在学校予以表彰、奖励。国务院和地方各级人民政府及其有关部门对有突出贡献的教师,应当予以表彰、奖励。对有重大贡献的教师,依照国家有关规定授予荣誉称号。

第三十四条　国家支持和鼓励社会组织或者个人向依法成立的奖励教师的基金组织捐助资金，对教师进行奖励。

第八章　法律责任　【2022单选、2019材料分析】必背

第三十五条　侮辱、殴打教师的，根据不同情况，分别给予行政处分或者行政处罚；造成损害的，责令赔偿损失；情节严重，构成犯罪的，依法追究刑事责任。

第三十六条　对依法提出申诉、控告、检举的教师进行打击报复的，由其所在单位或者上级机关责令改正；情节严重的，可以根据具体情况给予行政处分。国家工作人员对教师打击报复构成犯罪的，依照刑法有关规定追究刑事责任。

第三十七条　教师有下列情形之一的，由所在学校、其他教育机构或者教育行政部门给予行政处分或者解聘：

（一）故意不完成教育教学任务给教育教学工作造成损失的；

（二）体罚学生，经教育不改的；

（三）品行不良、侮辱学生，影响恶劣的。

教师有前款第（二）项、第（三）项所列情形之一，情节严重，构成犯罪的，依法追究刑事责任。

真题面对面

［2022，单，2分］教师故意不完成教育教学任务给教育教学工作造成损失的，由所在学校、其他教育机构或者教育行政部门给予（　　）

A. 民事赔偿或解聘　　B. 刑事处罚或解聘

C. 行政处罚或解聘　　D. 行政处分或解聘

答案：D

第三十八条　地方人民政府对违反本法规定，拖欠教师工资或者侵犯教师其他合法权益的，应当责令其限期改正。违反国家财政制度、财务制度，挪用国家财政用于教育的经费，严重妨碍教育教学工作，拖欠教师工资，损害教师合法权益的，由上级机关责令限期归还被挪用的经费，并对直接责任人员给予行政处分；情节严重，构成犯罪的，依法追究刑事责任。

第三十九条　教师对学校或者其他教育机构侵犯其合法权益的，或者对学校或者其他教育机构作出的处理不服的，可以向教育行政部门提出申诉，教育行政部门应当在接到申诉的三十日内，作出处理。教师认为当地人民政府有关行政部门侵犯其根据本法规定享有的权利的，可以向同级人民政府或者上一级人民政府有关部门提出申诉，同级人民政府或者上一级人民政府有关部门应当作出处理。

第九章　附　则

第四十条　本法下列用语的含义是：

（一）各级各类学校，是指实施学前教育、普通初等教育、普通中等教育、职业教育、普通高等教育以及特殊教育、成人教育的学校。

（二）其他教育机构，是指少年宫以及地方教研室、电化教育机构等。

（三）中小学教师，是指幼儿园、特殊教育机构、普通中小学、成人初等中等教育机构、职业中学以及其他教育机构的教师。

第四十一条　学校和其他教育机构中的教育教学辅助人员，其他类型的学校的教师和教育教学辅助人员，可以根据实际情况参照本法的有关规定执行。军队所属院校的教师和教育教学辅助人员，由中央军事委员会依照本法制定有关规定。

第四十二条　外籍教师的聘任办法由国务院教育行政部门规定。

第四十三条　本法自一九九四年一月一日起施行。

第四节 《中华人民共和国未成年人保护法》(2020年修订)

一、《中华人民共和国未成年人保护法》的制定

《中华人民共和国未成年人保护法》(以下除需要称全称外,简称为《未成年人保护法》),于1991年9月4日第七届全国人民代表大会常务委员会第二十一次会议通过,自1992年1月1日起施行。青少年是祖国的未来和希望,他们关系着千家万户的幸福安康,关系着国家的前途命运。《未成年人保护法》的颁布填补了我国法制建设的一项空白,为保护青少年的健康成长提供了重要的法律依据。

《中华人民共和国未成年人保护法》进行过三次修改:(1)根据2006年12月29日第十届全国人民代表大会常务委员会第二十五次会议进行第一次修订。(2)根据2012年10月26日第十一届全国人民代表大会常务委员会第二十九次会议《关于修改〈中华人民共和国未成年人保护法〉的决定》进行修正。(3)根据2020年10月17日第十三届全国人民代表大会常务委员会第二十二次会议进行第二次修订。

二、《中华人民共和国未成年人保护法》的内容

第一章 总 则 【2022材料分析、2019填空、2016填空】 必背

第一条 为了保护未成年人身心健康,保障未成年人合法权益,促进未成年人德智体美劳全面发展,培养有理想、有道德、有文化、有纪律的社会主义建设者和接班人,培养担当民族复兴大任的时代新人,根据宪法,制定本法。

第二条 本法所称未成年人是指未满十八周岁的公民。

第三条 国家保障未成年人的生存权、发展权、受保护权、参与权等权利。

未成年人依法平等地享有各项权利,不因本人及其父母或者其他监护人的民族、种族、性别、户籍、职业、宗教信仰、教育程度、家庭状况、身心健康状况等受到歧视。

第四条 保护未成年人,应当坚持最有利于未成年人的原则。处理涉及未成年人事项,应当符合下列要求:

(一)给予未成年人特殊、优先保护;

(二)尊重未成年人人格尊严;

(三)保护未成年人隐私权和个人信息;

(四)适应未成年人身心健康发展的规律和特点;

(五)听取未成年人的意见;

(六)保护与教育相结合。

知识再拔高

隐私与隐私权

隐私包括个人私生活、个人日记、照片、储蓄及财产状况、生活习惯及通讯秘密等。隐私权是指公民生活中不愿为他人公开或知悉的个人秘密的不可侵犯的人身权利。

学校和教师侵犯学生隐私的表现形式有:故意隐匿、毁弃或者非法开拆学生信件,披露、宣扬学生自身及家庭成员的资料,提供学生成绩的方式不适当等。

第五条 国家、社会、学校和家庭应当对未成年人进行理想教育、道德教育、科学教育、文化教育、法治教育、国家安全教育、健康教育、劳动教育,加强爱国主义、集体主义和中国特色社会主义的教育,培养爱祖国、爱人民、爱劳

动、爱科学、爱社会主义的公德，抵制资本主义、封建主义和其他腐朽思想的侵蚀，引导未成年人树立和践行社会主义核心价值观。

第六条 保护未成年人，是国家机关、武装力量、政党、人民团体、企业事业单位、社会组织、城乡基层群众性自治组织、未成年人的监护人以及其他成年人的共同责任。

国家、社会、学校和家庭应当教育和帮助未成年人维护自身合法权益，增强自我保护的意识和能力。

第七条 未成年人的父母或者其他监护人依法对未成年人承担监护职责。

国家采取措施指导、支持、帮助和监督未成年人的父母或者其他监护人履行监护职责。

第八条 县级以上人民政府应当将未成年人保护工作纳入国民经济和社会发展规划，相关经费纳入本级政府预算。

第九条 县级以上人民政府应当建立未成年人保护工作协调机制，统筹、协调、督促和指导有关部门在各自职责范围内做好未成年人保护工作。协调机制具体工作由县级以上人民政府民政部门承担，省级人民政府也可以根据本地实际情况确定由其他有关部门承担。

第十条 共产主义青年团、妇女联合会、工会、残疾人联合会、关心下一代工作委员会、青年联合会、学生联合会、少年先锋队以及其他人民团体、有关社会组织，应当协助各级人民政府及其有关部门、人民检察院、人民法院做好未成年人保护工作，维护未成年人合法权益。

第十一条 任何组织或者个人发现不利于未成年人身心健康或者侵犯未成年人合法权益的情形，都有权劝阻、制止或者向公安、民政、教育等有关部门提出检举、控告。

国家机关、居民委员会、村民委员会、密切接触未成年人的单位及其工作人员，在工作中发现未成年人身心健康受到侵害、疑似受到侵害或者面临其他危险情形的，应当立即向公安、民政、教育等有关部门报告。

有关部门接到涉及未成年人的检举、控告或者报告，应当依法及时受理、处置，并以适当方式将处理结果告知相关单位和人员。

第十二条 国家鼓励和支持未成年人保护方面的科学研究，建设相关学科、设置相关专业，加强人才培养。

第十三条 国家建立健全未成年人统计调查制度，开展未成年人健康、受教育等状况的统计、调查和分析，发布未成年人保护的有关信息。

第十四条 国家对保护未成年人有显著成绩的组织和个人给予表彰和奖励。

第二章 家庭保护 【2021材料分析】

第十五条 未成年人的父母或者其他监护人应当学习家庭教育知识，接受家庭教育指导，创造良好、和睦、文明的家庭环境。

共同生活的其他成年家庭成员应当协助未成年人的父母或者其他监护人抚养、教育和保护未成年人。

第十六条 未成年人的父母或者其他监护人应当履行下列监护职责：

（一）为未成年人提供生活、健康、安全等方面的保障；

（二）关注未成年人的生理、心理状况和情感需求；

（三）教育和引导未成年人遵纪守法、勤俭节约，养成良好的思想品德和行为习惯；

（四）对未成年人进行安全教育，提高未成年人的自我保护意识和能力；

（五）尊重未成年人受教育的权利，保障适龄未成年人依法接受并完成义务教育；

（六）保障未成年人休息、娱乐和体育锻炼的时间，引导未成年人进行有益身心健康的活动；

（七）妥善管理和保护未成年人的财产；

（八）依法代理未成年人实施民事法律行为；

（九）预防和制止未成年人的不良行为和违法犯罪行为，并进行合理管教；

（十）其他应当履行的监护职责。

第十七条　未成年人的父母或者其他监护人不得实施下列行为：

（一）虐待、遗弃、非法送养未成年人或者对未成年人实施家庭暴力；

（二）放任、教唆或者利用未成年人实施违法犯罪行为；

（三）放任、唆使未成年人参与邪教、迷信活动或者接受恐怖主义、分裂主义、极端主义等侵害；

（四）放任、唆使未成年人吸烟（含电子烟，下同）、饮酒、赌博、流浪乞讨或者欺凌他人；

（五）放任或者迫使应当接受义务教育的未成年人失学、辍学；

（六）放任未成年人沉迷网络，接触危害或者可能影响其身心健康的图书、报刊、电影、广播电视节目、音像制品、电子出版物和网络信息等；

（七）放任未成年人进入营业性娱乐场所、酒吧、互联网上网服务营业场所等不适宜未成年人活动的场所；

（八）允许或者迫使未成年人从事国家规定以外的劳动；

（九）允许、迫使未成年人结婚或者为未成年人订立婚约；

（十）违法处分、侵吞未成年人的财产或者利用未成年人牟取不正当利益；

（十一）其他侵犯未成年人身心健康、财产权益或者不依法履行未成年人保护义务的行为。

第十八条　未成年人的父母或者其他监护人应当为未成年人提供安全的家庭生活环境，及时排除引发触电、烫伤、跌落等伤害的安全隐患；采取配备儿童安全座椅、教育未成年人遵守交通规则等措施，防止未成年人受到交通事故的伤害；提高户外安全保护意识，避免未成年人发生溺水、动物伤害等事故。

第十九条　未成年人的父母或者其他监护人应当根据未成年人的年龄和智力发展状况，在作出与未成年人权益有关的决定前，听取未成年人的意见，充分考虑其真实意愿。

第二十条　未成年人的父母或者其他监护人发现未成年人身心健康受到侵害、疑似受到侵害或者其他合法权益受到侵犯的，应当及时了解情况并采取保护措施；情况严重的，应当立即向公安、民政、教育等部门报告。

第二十一条　未成年人的父母或者其他监护人不得使未满八周岁或者由于身体、心理原因需要特别照顾的未成年人处于无人看护状态，或者将其交由无民事行为能力、限制民事行为能力、患有严重传染性疾病或者其他不适宜的人员临时照护。

未成年人的父母或者其他监护人不得使未满十六周岁的未成年人脱离监护单独生活。

第二十二条　未成年人的父母或者其他监护人因外出务工等原因在一定期限内不能完全履行监护职责的，应当委托具有照护能力的完全民事行为能力人代为照护；无正当理由的，不得委托他人代为照护。

未成年人的父母或者其他监护人在确定被委托人时，应当综合考虑其道德品质、家庭状况、身心健康状况、与未成年人生活情感上的联系等情况，并听取有表达意愿能力未成年人的意见。

具有下列情形之一的，不得作为被委托人：

（一）曾实施性侵害、虐待、遗弃、拐卖、暴力伤害等违法犯罪行为；

（二）有吸毒、酗酒、赌博等恶习；

（三）曾拒不履行或者长期怠于履行监护、照护职责；

（四）其他不适宜担任被委托人的情形。

第二十三条　未成年人的父母或者其他监护人应当及时将委托照护情况书面告知未成年人所在学校、幼儿园和实际居住地的居民委员会、村民委员会，加强和未成年人所在学校、幼儿园的沟通；与未成年人、被委托人至少每周联系和交流一次，了解未成年人的生活、学习、心理等情况，并给予未成年人亲情关爱。

未成年人的父母或者其他监护人接到被委托人、居民委员会、村民委员会、学校、幼儿园等关于未成年人心理、行为异常的通知后，应当及时采取干预措施。

第二十四条　未成年人的父母离婚时，应当妥善处理未成年子女的抚养、教育、探望、财产等事宜，听取有表达意愿能力未成年人的意见。不得以抢夺、藏匿未成年子女等方式争夺抚养权。

未成年人的父母离婚后，不直接抚养未成年子女的一方应当依照协议、人民法院判决或者调解确定的时间和方式，在不影响未成年人学习、生活的情况下探望未成年子女，直接抚养的一方应当配合，但被人民法院依法中止探望权的除外。

第三章 学校保护 【2023 多选】

第二十五条 学校应当全面贯彻国家教育方针，坚持立德树人，实施素质教育，提高教育质量，注重培养未成年学生认知能力、合作能力、创新能力和实践能力，促进未成年学生全面发展。

学校应当建立未成年学生保护工作制度，健全学生行为规范，培养未成年学生遵纪守法的良好行为习惯。

第二十六条 幼儿园应当做好保育、教育工作，遵循幼儿身心发展规律，实施启蒙教育，促进幼儿在体质、智力、品德等方面和谐发展。

第二十七条 学校、幼儿园的教职员工应当尊重未成年人人格尊严，不得对未成年人实施体罚、变相体罚或者其他侮辱人格尊严的行为。

第二十八条 学校应当保障未成年学生受教育的权利，不得违反国家规定开除、变相开除未成年学生。

学校应当对尚未完成义务教育的辍学未成年学生进行登记并劝返复学；劝返无效的，应当及时向教育行政部门书面报告。

第二十九条 学校应当关心、爱护未成年学生，不得因家庭、身体、心理、学习能力等情况歧视学生。对家庭困难、身心有障碍的学生，应当提供关爱；对行为异常、学习有困难的学生，应当耐心帮助。

学校应当配合政府有关部门建立留守未成年学生、困境未成年学生的信息档案，开展关爱帮扶工作。

第三十条 学校应当根据未成年学生身心发展特点，进行社会生活指导、心理健康辅导、青春期教育和生命教育。

第三十一条 学校应当组织未成年学生参加与其年龄相适应的日常生活劳动、生产劳动和服务性劳动，帮助未成年学生掌握必要的劳动知识和技能，养成良好的劳动习惯。

第三十二条 学校、幼儿园应当开展勤俭节约、反对浪费、珍惜粮食、文明饮食等宣传教育活动，帮助未成年人树立浪费可耻、节约为荣的意识，养成文明健康、绿色环保的生活习惯。

第三十三条 学校应当与未成年学生的父母或者其他监护人互相配合，合理安排未成年学生的学习时间，保障其休息、娱乐和体育锻炼的时间。

学校不得占用国家法定节假日、休息日及寒暑假期，组织义务教育阶段的未成年学生集体补课，加重其学习负担。

幼儿园、校外培训机构不得对学龄前未成年人进行小学课程教育。

第三十四条 学校、幼儿园应当提供必要的卫生保健条件，协助卫生健康部门做好在校、在园未成年人的卫生保健工作。

第三十五条 学校、幼儿园应当建立安全管理制度，对未成年人进行安全教育，完善安保设施、配备安保人员，保障未成年人在校、在园期间的人身和财产安全。

学校、幼儿园不得在危及未成年人人身安全、身心健康的校舍和其他设施、场所中进行教育教学活动。

学校、幼儿园安排未成年人参加文化娱乐、社会实践等集体活动，应当保护未成年人的身心健康，防止发生人身伤害事故。

第三十六条 使用校车的学校、幼儿园应当建立健全校车安全管理制度，配备安全管理人员，定期对校车进行安全检查，对校车驾驶人进行安全教育，并向未成年人讲解校车安全乘坐知识，培养未成年人校车安全事故应急处理技能。

第三十七条 学校、幼儿园应当根据需要，制定应对自然灾害、事故灾难、公共卫生事件等突发事件和意外伤害的预案，配备相应设施并定期进行必要的演练。

未成年人在校内、园内或者本校、本园组织的校外、园外活动中发生人身伤害事故的，学校、幼儿园应当立即救护，妥善处理，及时通知未成年人的父母或者其他监护人，并向有关部门报告。

第三十八条 学校、幼儿园不得安排未成年人参加商业性活动，不得向未成年人及其父母或者其他监护人推销或者要求其购买指定的商品和服务。

学校、幼儿园不得与校外培训机构合作为未成年人提供有偿课程辅导。

真题面对面

[2023，多，2分]《中华人民共和国未成年人保护法》第三十八条规定，学校、幼儿园不得（ ）

A. 安排未成年人参加商业性活动

B. 安排未成年人参加文化娱乐、社会实践等集体活动

C. 与校外培训机构合作为未成年人提供有偿课程辅导

D. 向未成年人及其父母或者其他监护人推销或者要求其购买指定的商品和服务

答案：ACD

第三十九条 学校应当建立学生欺凌防控工作制度，对教职员工、学生等开展防治学生欺凌的教育和培训。

学校对学生欺凌行为应当立即制止，通知实施欺凌和被欺凌未成年学生的父母或者其他监护人参与欺凌行为的认定和处理；对相关未成年学生及时给予心理辅导、教育和引导；对相关未成年学生的父母或者其他监护人给予必要的家庭教育指导。

对实施欺凌的未成年学生，学校应当根据欺凌行为的性质和程度，依法加强管教。对严重的欺凌行为，学校不得隐瞒，应当及时向公安机关、教育行政部门报告，并配合相关部门依法处理。

第四十条 学校、幼儿园应当建立预防性侵害、性骚扰未成年人工作制度。对性侵害、性骚扰未成年人等违法犯罪行为，学校、幼儿园不得隐瞒，应当及时向公安机关、教育行政部门报告，并配合相关部门依法处理。

学校、幼儿园应当对未成年人开展适合其年龄的性教育，提高未成年人防范性侵害、性骚扰的自我保护意识和能力。对遭受性侵害、性骚扰的未成年人，学校、幼儿园应当及时采取相关的保护措施。

第四十一条 婴幼儿照护服务机构、早期教育服务机构、校外培训机构、校外托管机构等应当参照本章有关规定，根据不同年龄阶段未成年人的成长特点和规律，做好未成年人保护工作。

第四章 社会保护 【2021材料分析】

第四十二条 全社会应当树立关心、爱护未成年人的良好风尚。

国家鼓励、支持和引导人民团体、企业事业单位、社会组织以及其他组织和个人，开展有利于未成年人健康成长的社会活动和服务。

第四十三条 居民委员会、村民委员会应当设置专人专岗负责未成年人保护工作，协助政府有关部门宣传未成年人保护方面的法律法规，指导、帮助和监督未成年人的父母或者其他监护人依法履行监护职责，建立留守未成年人、困境未成年人的信息档案并给予关爱帮扶。

居民委员会、村民委员会应当协助政府有关部门监督未成年人委托照护情况，发现被委托人缺乏照护能力、怠于履行照护职责等情况，应当及时向政府有关部门报告，并告知未成年人的父母或者其他监护人，帮助、督促被委托人履行照护职责。

第四十四条 爱国主义教育基地、图书馆、青少年宫、儿童活动中心、儿童之家应当对未成年人免费开放；博物馆、纪念馆、科技馆、展览馆、美术馆、文化馆、社区公益性互联网上网服务场所以及影剧院、体育场馆、动物园、植物园、公园等场所，应当按照有关规定对未成年人免费或者优惠开放。

国家鼓励爱国主义教育基地、博物馆、科技馆、美术馆等公共场馆开设未成年人专场，为未成年人提供有针对性的服务。

国家鼓励国家机关、企业事业单位、部队等开发自身教育资源，设立未成年人开放日，为未成年人主题教育、社会实践、职业体验等提供支持。

国家鼓励科研机构和科技类社会组织对未成年人开展科学普及活动。

第四十五条 城市公共交通以及公路、铁路、水路、航空客运等应当按照有关规定对未成年人实施免费或者优惠票价。

第四十六条 国家鼓励大型公共场所、公共交通工具、旅游景区景点等设置母婴室、婴儿护理台以及方便幼儿使用的坐便器、洗手台等卫生设施，为未成年人提供便利。

第四十七条 任何组织或者个人不得违反有关规定，限制未成年人应当享有的照顾或者优惠。

第四十八条 国家鼓励创作、出版、制作和传播有利于未成年人健康成长的图书、报刊、电影、广播电视节目、舞台艺术作品、音像制品、电子出版物和网络信息等。

第四十九条 新闻媒体应当加强未成年人保护方面的宣传，对侵犯未成年人合法权益的行为进行舆论监督。新闻媒体采访报道涉及未成年人事件应当客观、审慎和适度，不得侵犯未成年人的名誉、隐私和其他合法权益。

第五十条 禁止制作、复制、出版、发布、传播含有宣扬淫秽、色情、暴力、邪教、迷信、赌博、引诱自杀、恐怖主义、分裂主义、极端主义等危害未成年人身心健康内容的图书、报刊、电影、广播电视节目、舞台艺术作品、音像制品、电子出版物和网络信息等。

第五十一条 任何组织或者个人出版、发布、传播的图书、报刊、电影、广播电视节目、舞台艺术作品、音像制品、电子出版物或者网络信息，包含可能影响未成年人身心健康内容的，应当以显著方式作出提示。

第五十二条 禁止制作、复制、发布、传播或者持有有关未成年人的淫秽色情物品和网络信息。

第五十三条 任何组织或者个人不得刊登、播放、张贴或者散发含有危害未成年人身心健康内容的广告；不得在学校、幼儿园播放、张贴或者散发商业广告；不得利用校服、教材等发布或者变相发布商业广告。

第五十四条 禁止拐卖、绑架、虐待、非法收养未成年人，禁止对未成年人实施性侵害、性骚扰。

禁止胁迫、引诱、教唆未成年人参加黑社会性质组织或者从事违法犯罪活动。

禁止胁迫、诱骗、利用未成年人乞讨。

第五十五条 生产、销售用于未成年人的食品、药品、玩具、用具和游戏游艺设备、游乐设施等，应当符合国家或者行业标准，不得危害未成年人的人身安全和身心健康。上述产品的生产者应当在显著位置标明注意事项，未标明注意事项的不得销售。

第五十六条 未成年人集中活动的公共场所应当符合国家或者行业安全标准，并采取相应安全保护措施。对可能存在安全风险的设施，应当定期进行维护，在显著位置设置安全警示标志并标明适龄范围和注意事项；必要时应当安排专门人员看管。

大型的商场、超市、医院、图书馆、博物馆、科技馆、游乐场、车站、码头、机场、旅游景区景点等场所运营单位应当设置搜寻走失未成年人的安全警报系统。场所运营单位接到求助后，应当立即启动安全警报系统，组织人员进行搜寻并向公安机关报告。

公共场所发生突发事件时，应当优先救护未成年人。

第五十七条 旅馆、宾馆、酒店等住宿经营者接待未成年人入住，或者接待未成年人和成年人共同入住时，应当询问父母或者其他监护人的联系方式、入住人员的身份关系等有关情况；发现有违法犯罪嫌疑的，应当立即向公安机关报告，并及时联系未成年人的父母或者其他监护人。

第五十八条 学校、幼儿园周边不得设置营业性娱乐场所、酒吧、互联网上网服务营业场所等不适宜未成年人活动的场所。营业性歌舞娱乐场所、酒吧、互联网上网服务营业场所等不适宜未成年人活动场所的经营者，不得允许未成年人进入；游艺娱乐场所设置的电子游戏设备，除国家法定节假日外，不得向未成年人提供。经营者应当在显著位置设置未成年人禁入、限入标志；对难以判明是否是未成年人的，应当要求其出示身份证件。

第五十九条 学校、幼儿园周边不得设置烟、酒、彩票销售网点。禁止向未成年人销售烟、酒、彩票或者兑付彩票奖金。烟、酒和彩票经营者应当在显著位置设置不向未成年人销售烟、酒或者彩票的标志；对难以判明是否是未成年人的，应当要求其出示身份证件。

任何人不得在学校、幼儿园和其他未成年人集中活动的公共场所吸烟、饮酒。

第六十条 禁止向未成年人提供、销售管制刀具或者其他可能致人严重伤害的器具等物品。经营者难以判明购买者是否是未成年人的，应当要求其出示身份证件。

第六十一条 任何组织或者个人不得招用未满十六周岁未成年人，国家另有规定的除外。

营业性娱乐场所、酒吧、互联网上网服务营业场所等不适宜未成年人活动的场所不得招用已满十六周岁的未成年人。

招用已满十六周岁未成年人的单位和个人应当执行国家在工种、劳动时间、劳动强度和保护措施等方面的规定，不得安排其从事过重、有毒、有害等危害未成年人身心健康的劳动或者危险作业。

任何组织或者个人不得组织未成年人进行危害其身心健康的表演等活动。经未成年人的父母或者其他监护人同意，未成年人参与演出、节目制作等活动，活动组织方应当根据国家有关规定，保障未成年人合法权益。

第六十二条 密切接触未成年人的单位招聘工作人员时，应当向公安机关、人民检察院查询应聘者是否具有性侵害、虐待、拐卖、暴力伤害等违法犯罪记录；发现其具有前述行为记录的，不得录用。

密切接触未成年人的单位应当每年定期对工作人员是否具有上述违法犯罪记录进行查询。通过查询或者其他方式发现其工作人员具有上述行为的，应当及时解聘。

第六十三条 任何组织或者个人不得隐匿、毁弃、非法删除未成年人的信件、日记、电子邮件或者其他网络通讯内容。

除下列情形外，任何组织或者个人不得开拆、查阅未成年人的信件、日记、电子邮件或者其他网络通讯内容：

（一）无民事行为能力未成年人的父母或者其他监护人代未成年人开拆、查阅；

（二）因国家安全或者追查刑事犯罪依法进行检查；

（三）紧急情况下为了保护未成年人本人的人身安全。

考题预测

[**单，2分**]某初中班主任李老师在批改学生作业时，发现学生张某的作业本中夹了一封写给班上某位女同学的信。李老师拆封后发现信是张某写给这位女同学的情书。于是，李老师在班会上公开朗读了这封情书并批评了张某。李老师的做法（　　）

A. 履行了对学生进行教育和管理的职责　　B. 体现了对学生张某的爱护

C. 违反了《中华人民共和国未成年人保护法》　　D. 遵守了《中华人民共和国义务教育法》

答案：C

第五章　网络保护　【2021材料分析】

第六十四条 国家、社会、学校和家庭应当加强未成年人网络素养宣传教育，培养和提高未成年人的网络素养，增强未成年人科学、文明、安全、合理使用网络的意识和能力，保障未成年人在网络空间的合法权益。

第六十五条 国家鼓励和支持有利于未成年人健康成长的网络内容的创作与传播，鼓励和支持专门以未成年人为服务对象、适合未成年人身心健康特点的网络技术、产品、服务的研发、生产和使用。

第六十六条 网信部门及其他有关部门应当加强对未成年人网络保护工作的监督检查，依法惩处利用网络从事危害未成年人身心健康的活动，为未成年人提供安全、健康的网络环境。

第六十七条 网信部门会同公安、文化和旅游、新闻出版、电影、广播电视等部门根据保护不同年龄阶段未成年人的需要，确定可能影响未成年人身心健康网络信息的种类、范围和判断标准。

第六十八条 新闻出版、教育、卫生健康、文化和旅游、网信等部门应当定期开展预防未成年人沉迷网络的宣传教育，监督网络产品和服务提供者履行预防未成年人沉迷网络的义务，指导家庭、学校、社会组织互相配合，采取科学、合理的方式对未成年人沉迷网络进行预防和干预。

任何组织或者个人不得以侵害未成年人身心健康的方式对未成年人沉迷网络进行干预。

第六十九条 学校、社区、图书馆、文化馆、青少年宫等场所为未成年人提供的互联网上网服务设施，应当安装未成年人网络保护软件或者采取其他安全保护技术措施。

智能终端产品的制造者、销售者应当在产品上安装未成年人网络保护软件，或者以显著方式告知用户未成年人网络保护软件的安装渠道和方法。

第七十条 学校应当合理使用网络开展教学活动。未经学校允许，未成年学生不得将手机等智能终端产品带入课堂，带入学校的应当统一管理。

学校发现未成年学生沉迷网络的，应当及时告知其父母或者其他监护人，共同对未成年学生进行教育和引导，帮助其恢复正常的学习生活。

第七十一条 未成年人的父母或者其他监护人应当提高网络素养，规范自身使用网络的行为，加强对未成年人使用网络行为的引导和监督。

未成年人的父母或者其他监护人应当通过在智能终端产品上安装未成年人网络保护软件、选择适合未成年人的服务模式和管理功能等方式，避免未成年人接触危害或者可能影响其身心健康的网络信息，合理安排未成年人使用网络的时间，有效预防未成年人沉迷网络。

第七十二条 信息处理者通过网络处理未成年人个人信息的，应当遵循合法、正当和必要的原则。处理不满十四周岁未成年人个人信息的，应当征得未成年人的父母或者其他监护人同意，但法律、行政法规另有规定的除外。

未成年人、父母或者其他监护人要求信息处理者更正、删除未成年人个人信息的，信息处理者应当及时采取措施予以更正、删除，但法律、行政法规另有规定的除外。

第七十三条 网络服务提供者发现未成年人通过网络发布私密信息的，应当及时提示，并采取必要的保护措施。

第七十四条 网络产品和服务提供者不得向未成年人提供诱导其沉迷的产品和服务。

网络游戏、网络直播、网络音视频、网络社交等网络服务提供者应当针对未成年人使用其服务设置相应的时间管理、权限管理、消费管理等功能。

以未成年人为服务对象的在线教育网络产品和服务，不得插入网络游戏链接，不得推送广告等与教学无关的信息。

第七十五条 网络游戏经依法审批后方可运营。

国家建立统一的未成年人网络游戏电子身份认证系统。网络游戏服务提供者应当要求未成年人以真实身份信息注册并登录网络游戏。

网络游戏服务提供者应当按照国家有关规定和标准，对游戏产品进行分类，作出适龄提示，并采取技术措施，不得让未成年人接触不适宜的游戏或者游戏功能。

网络游戏服务提供者不得在每日二十二时至次日八时向未成年人提供网络游戏服务。

第七十六条 网络直播服务提供者不得为未满十六周岁的未成年人提供网络直播发布者账号注册服务；为年满十六周岁的未成年人提供网络直播发布者账号注册服务时，应当对其身份信息进行认证，并征得其父母或者其他监护人同意。

第七十七条 任何组织或者个人不得通过网络以文字、图片、音视频等形式，对未成年人实施侮辱、诽谤、威胁或者恶意损害形象等网络欺凌行为。

遭受网络欺凌的未成年人及其父母或者其他监护人有权通知网络服务提供者采取删除、屏蔽、断开链接等措施。网络服务提供者接到通知后，应当及时采取必要的措施制止网络欺凌行为，防止信息扩散。

第七十八条　网络产品和服务提供者应当建立便捷、合理、有效的投诉和举报渠道，公开投诉、举报方式等信息，及时受理并处理涉及未成年人的投诉、举报。

第七十九条　任何组织或者个人发现网络产品、服务含有危害未成年人身心健康的信息，有权向网络产品和服务提供者或者网信、公安等部门投诉、举报。

第八十条　网络服务提供者发现用户发布、传播可能影响未成年人身心健康的信息且未作显著提示的，应当作出提示或者通知用户予以提示；未作出提示的，不得传输相关信息。

网络服务提供者发现用户发布、传播含有危害未成年人身心健康内容的信息的，应当立即停止传输相关信息，采取删除、屏蔽、断开链接等处置措施，保存有关记录，并向网信、公安等部门报告。

网络服务提供者发现用户利用其网络服务对未成年人实施违法犯罪行为的，应当立即停止向该用户提供网络服务，保存有关记录，并向公安机关报告。

第六章　政府保护

第八十一条　县级以上人民政府承担未成年人保护协调机制具体工作的职能部门应当明确相关内设机构或者专门人员，负责承担未成年人保护工作。

乡镇人民政府和街道办事处应当设立未成年人保护工作站或者指定专门人员，及时办理未成年人相关事务；支持、指导居民委员会、村民委员会设立专人专岗，做好未成年人保护工作。

第八十二条　各级人民政府应当将家庭教育指导服务纳入城乡公共服务体系，开展家庭教育知识宣传，鼓励和支持有关人民团体、企业事业单位、社会组织开展家庭教育指导服务。

第八十三条　各级人民政府应当保障未成年人受教育的权利，并采取措施保障留守未成年人、困境未成年人、残疾未成年人接受义务教育。

对尚未完成义务教育的辍学未成年学生，教育行政部门应当责令父母或者其他监护人将其送入学校接受义务教育。

第八十四条　各级人民政府应当发展托育、学前教育事业，办好婴幼儿照护服务机构、幼儿园，支持社会力量依法兴办母婴室、婴幼儿照护服务机构、幼儿园。

县级以上地方人民政府及其有关部门应当培养和培训婴幼儿照护服务机构、幼儿园的保教人员，提高其职业道德素质和业务能力。

第八十五条　各级人民政府应当发展职业教育，保障未成年人接受职业教育或者职业技能培训，鼓励和支持人民团体、企业事业单位、社会组织为未成年人提供职业技能培训服务。

第八十六条　各级人民政府应当保障具有接受普通教育能力、能适应校园生活的残疾未成年人就近在普通学校、幼儿园接受教育；保障不具有接受普通教育能力的残疾未成年人在特殊教育学校、幼儿园接受学前教育、义务教育和职业教育。

各级人民政府应当保障特殊教育学校、幼儿园的办学、办园条件，鼓励和支持社会力量举办特殊教育学校、幼儿园。

第八十七条　地方人民政府及其有关部门应当保障校园安全，监督、指导学校、幼儿园等单位落实校园安全责任，建立突发事件的报告、处置和协调机制。

第八十八条　公安机关和其他有关部门应当依法维护校园周边的治安和交通秩序，设置监控设备和交通安全设施，预防和制止侵害未成年人的违法犯罪行为。

第八十九条　地方人民政府应当建立和改善适合未成年人的活动场所和设施，支持公益性未成年人活动场所和设施的建设和运行，鼓励社会力量兴办适合未成年人的活动场所和设施，并加强管理。

地方人民政府应当采取措施，鼓励和支持学校在国家法定节假日、休息日及寒暑假期将文化体育设施对未成年人免费或者优惠开放。

地方人民政府应当采取措施，防止任何组织或者个人侵占、破坏学校、幼儿园、婴幼儿照护服务机构等未成年人活动场所的场地、房屋和设施。

第九十条 各级人民政府及其有关部门应当对未成年人进行卫生保健和营养指导，提供卫生保健服务。

卫生健康部门应当依法对未成年人的疫苗预防接种进行规范，防治未成年人常见病、多发病，加强传染病防治和监督管理，做好伤害预防和干预，指导和监督学校、幼儿园、婴幼儿照护服务机构开展卫生保健工作。

教育行政部门应当加强未成年人的心理健康教育，建立未成年人心理问题的早期发现和及时干预机制。卫生健康部门应当做好未成年人心理治疗、心理危机干预以及精神障碍早期识别和诊断治疗等工作。

第九十一条 各级人民政府及其有关部门对困境未成年人实施分类保障，采取措施满足其生活、教育、安全、医疗康复、住房等方面的基本需要。

第九十二条 具有下列情形之一的，民政部门应当依法对未成年人进行临时监护：

（一）未成年人流浪乞讨或者身份不明，暂时查找不到父母或者其他监护人；

（二）监护人下落不明且无其他人可以担任监护人；

（三）监护人因自身客观原因或者因发生自然灾害、事故灾难、公共卫生事件等突发事件不能履行监护职责，导致未成年人监护缺失；

（四）监护人拒绝或者怠于履行监护职责，导致未成年人处于无人照料的状态；

（五）监护人教唆、利用未成年人实施违法犯罪行为，未成年人需要被带离安置；

（六）未成年人遭受监护人严重伤害或者面临人身安全威胁，需要被紧急安置；

（七）法律规定的其他情形。

第九十三条 对临时监护的未成年人，民政部门可以采取委托亲属抚养、家庭寄养等方式进行安置，也可以交由未成年人救助保护机构或者儿童福利机构进行收留、抚养。

临时监护期间，经民政部门评估，监护人重新具备履行监护职责条件的，民政部门可以将未成年人送回监护人抚养。

第九十四条 具有下列情形之一的，民政部门应当依法对未成年人进行长期监护：

（一）查找不到未成年人的父母或者其他监护人；

（二）监护人死亡或者被宣告死亡且无其他人可以担任监护人；

（三）监护人丧失监护能力且无其他人可以担任监护人；

（四）人民法院判决撤销监护人资格并指定由民政部门担任监护人；

（五）法律规定的其他情形。

第九十五条 民政部门进行收养评估后，可以依法将其长期监护的未成年人交由符合条件的申请人收养。收养关系成立后，民政部门与未成年人的监护关系终止。

第九十六条 民政部门承担临时监护或者长期监护职责的，财政、教育、卫生健康、公安等部门应当根据各自职责予以配合。

县级以上人民政府及其民政部门应当根据需要设立未成年人救助保护机构、儿童福利机构，负责收留、抚养由民政部门监护的未成年人。

第九十七条 县级以上人民政府应当开通全国统一的未成年人保护热线，及时受理、转介侵犯未成年人合法权益的投诉、举报；鼓励和支持人民团体、企业事业单位、社会组织参与建设未成年人保护服务平台、服务热线、服务站点，提供未成年人保护方面的咨询、帮助。

第九十八条 国家建立性侵害、虐待、拐卖、暴力伤害等违法犯罪人员信息查询系统，向密切接触未成年人的单位提供免费查询服务。

第九十九条 地方人民政府应当培育、引导和规范有关社会组织、社会工作者参与未成年人保护工作，开展家庭教育指导服务，为未成年人的心理辅导、康复救助、监护及收养评估等提供专业服务。

第七章　司法保护

第一百条　公安机关、人民检察院、人民法院和司法行政部门应当依法履行职责，保障未成年人合法权益。

第一百零一条　公安机关、人民检察院、人民法院和司法行政部门应当确定专门机构或者指定专门人员，负责办理涉及未成年人案件。办理涉及未成年人案件的人员应当经过专门培训，熟悉未成年人身心特点。专门机构或者专门人员中，应当有女性工作人员。

公安机关、人民检察院、人民法院和司法行政部门应当对上述机构和人员实行与未成年人保护工作相适应的评价考核标准。

第一百零二条　公安机关、人民检察院、人民法院和司法行政部门办理涉及未成年人案件，应当考虑未成年人身心特点和健康成长的需要，使用未成年人能够理解的语言和表达方式，听取未成年人的意见。

第一百零三条　公安机关、人民检察院、人民法院、司法行政部门以及其他组织和个人不得披露有关案件中未成年人的姓名、影像、住所、就读学校以及其他可能识别出其身份的信息，但查找失踪、被拐卖未成年人等情形除外。

第一百零四条　对需要法律援助或者司法救助的未成年人，法律援助机构或者公安机关、人民检察院、人民法院和司法行政部门应当给予帮助，依法为其提供法律援助或者司法救助。

法律援助机构应当指派熟悉未成年人身心特点的律师为未成年人提供法律援助服务。

法律援助机构和律师协会应当对办理未成年人法律援助案件的律师进行指导和培训。

第一百零五条　人民检察院通过行使检察权，对涉及未成年人的诉讼活动等依法进行监督。

第一百零六条　未成年人合法权益受到侵犯，相关组织和个人未代为提起诉讼的，人民检察院可以督促、支持其提起诉讼；涉及公共利益的，人民检察院有权提起公益诉讼。

第一百零七条　人民法院审理继承案件，应当依法保护未成年人的继承权和受遗赠权。

人民法院审理离婚案件，涉及未成年子女抚养问题的，应当尊重已满八周岁未成年子女的真实意愿，根据双方具体情况，按照最有利于未成年子女的原则依法处理。

第一百零八条　未成年人的父母或者其他监护人不依法履行监护职责或者严重侵犯被监护的未成年人合法权益的，人民法院可以根据有关人员或者单位的申请，依法作出人身安全保护令或者撤销监护人资格。

被撤销监护人资格的父母或者其他监护人应当依法继续负担抚养费用。

第一百零九条　人民法院审理离婚、抚养、收养、监护、探望等案件涉及未成年人的，可以自行或者委托社会组织对未成年人的相关情况进行社会调查。

第一百一十条　公安机关、人民检察院、人民法院讯问未成年犯罪嫌疑人、被告人，询问未成年被害人、证人，应当依法通知其法定代理人或者其成年亲属、所在学校的代表等合适成年人到场，并采取适当方式，在适当场所进行，保障未成年人的名誉权、隐私权和其他合法权益。

人民法院开庭审理涉及未成年人案件，未成年被害人、证人一般不出庭作证；必须出庭的，应当采取保护其隐私的技术手段和心理干预等保护措施。

第一百一十一条　公安机关、人民检察院、人民法院应当与其他有关政府部门、人民团体、社会组织互相配合，对遭受性侵害或者暴力伤害的未成年被害人及其家庭实施必要的心理干预、经济救助、法律援助、转学安置等保护措施。

第一百一十二条　公安机关、人民检察院、人民法院办理未成年人遭受性侵害或者暴力伤害案件，在询问未成年被害人、证人时，应当采取同步录音录像等措施，尽量一次完成；未成年被害人、证人是女性的，应当由女性工作人员进行。

第一百一十三条　对违法犯罪的未成年人，实行教育、感化、挽救的方针，坚持教育为主、惩罚为辅的原则。

对违法犯罪的未成年人依法处罚后，在升学、就业等方面不得歧视。

第一百一十四条　公安机关、人民检察院、人民法院和司法行政部门发现有关单位未尽到未成年人教育、管理、救助、看护等保护职责的，应当向该单位提出建议。被建议单位应当在一个月内作出书面回复。

第一百一十五条 公安机关、人民检察院、人民法院和司法行政部门应当结合实际，根据涉及未成年人案件的特点，开展未成年人法治宣传教育工作。

第一百一十六条 国家鼓励和支持社会组织、社会工作者参与涉及未成年人案件中未成年人的心理干预、法律援助、社会调查、社会观护、教育矫治、社区矫正等工作。

第八章 法律责任

第一百一十七条 违反本法第十一条第二款规定，未履行报告义务造成严重后果的，由上级主管部门或者所在单位对直接负责的主管人员和其他直接责任人员依法给予处分。

第一百一十八条 未成年人的父母或者其他监护人不依法履行监护职责或者侵犯未成年人合法权益的，由其居住地的居民委员会、村民委员会予以劝诫、制止；情节严重的，居民委员会、村民委员会应当及时向公安机关报告。

公安机关接到报告或者公安机关、人民检察院、人民法院在办理案件过程中发现未成年人的父母或者其他监护人存在上述情形的，应当予以训诫，并可以责令其接受家庭教育指导。

第一百一十九条 学校、幼儿园、婴幼儿照护服务等机构及其教职员工违反本法第二十七条、第二十八条、第三十九条规定的，由公安、教育、卫生健康、市场监督管理等部门按照职责分工责令改正；拒不改正或者情节严重的，对直接负责的主管人员和其他直接责任人员依法给予处分。

第一百二十条 违反本法第四十四条、第四十五条、第四十七条规定，未给予未成年人免费或者优惠待遇的，由市场监督管理、文化和旅游、交通运输等部门按照职责分工责令限期改正，给予警告；拒不改正的，处一万元以上十万元以下罚款。

第一百二十一条 违反本法第五十条、第五十一条规定的，由新闻出版、广播电视、电影、网信等部门按照职责分工责令限期改正，给予警告，没收违法所得，可以并处十万元以下罚款；拒不改正或者情节严重的，责令暂停相关业务、停产停业或者吊销营业执照、吊销相关许可证，违法所得一百万元以上的，并处违法所得一倍以上十倍以下的罚款，没有违法所得或者违法所得不足一百万元的，并处十万元以上一百万元以下罚款。

第一百二十二条 场所运营单位违反本法第五十六条第二款规定、住宿经营者违反本法第五十七条规定的，由市场监督管理、应急管理、公安等部门按照职责分工责令限期改正，给予警告；拒不改正或者造成严重后果的，责令停业整顿或者吊销营业执照、吊销相关许可证，并处一万元以上十万元以下罚款。

第一百二十三条 相关经营者违反本法第五十八条、第五十九条第一款、第六十条规定的，由文化和旅游、市场监督管理、烟草专卖、公安等部门按照职责分工责令限期改正，给予警告，没收违法所得，可以并处五万元以下罚款；拒不改正或者情节严重的，责令停业整顿或者吊销营业执照、吊销相关许可证，可以并处五万元以上五十万元以下罚款。

第一百二十四条 违反本法第五十九条第二款规定，在学校、幼儿园和其他未成年人集中活动的公共场所吸烟、饮酒的，由卫生健康、教育、市场监督管理等部门按照职责分工责令改正，给予警告，可以并处五百元以下罚款；场所管理者未及时制止的，由卫生健康、教育、市场监督管理等部门按照职责分工给予警告，并处一万元以下罚款。

第一百二十五条 违反本法第六十一条规定的，由文化和旅游、人力资源和社会保障、市场监督管理等部门按照职责分工责令限期改正，给予警告，没收违法所得，可以并处十万元以下罚款；拒不改正或者情节严重的，责令停产停业或者吊销营业执照、吊销相关许可证，并处十万元以上一百万元以下罚款。

第一百二十六条 密切接触未成年人的单位违反本法第六十二条规定，未履行查询义务，或者招用、继续聘用具有相关违法犯罪记录人员的，由教育、人力资源和社会保障、市场监督管理等部门按照职责分工责令限期改正，给予警告，并处五万元以下罚款；拒不改正或者造成严重后果的，责令停业整顿或者吊销营业执照、吊销相关许可证，并处五万元以上五十万元以下罚款，对直接负责的主管人员和其他直接责任人员依法给予处分。

第一百二十七条 信息处理者违反本法第七十二条规定，或者网络产品和服务提供者违反本法第七十三条、第七十四条、第七十五条、第七十六条、第七十七条、第八十条规定的，由公安、网信、电信、新闻出版、广播电视、文化和旅游等有关部门按照职责分工责令改正，给予警告，没收违法所得，违法所得一百万元以上的，并处违法所得一倍以上十倍以下罚款，没有违法所得或者违法所得不足一百万元的，并处十万元以上一百万元以下罚款，对直接负责的主管人员和其他责任人员处一万元以上十万元以下罚款；拒不改正或者情节严重的，并可以责令暂停相关业务、停业整顿、关闭网站、吊销营业执照或者吊销相关许可证。

第一百二十八条 国家机关工作人员玩忽职守、滥用职权、徇私舞弊，损害未成年人合法权益的，依法给予处分。

第一百二十九条 违反本法规定，侵犯未成年人合法权益，造成人身、财产或者其他损害的，依法承担民事责任。

违反本法规定，构成违反治安管理行为的，依法给予治安管理处罚；构成犯罪的，依法追究刑事责任。

第九章 附 则

第一百三十条 本法中下列用语的含义：

（一）密切接触未成年人的单位，是指学校、幼儿园等教育机构；校外培训机构；未成年人救助保护机构、儿童福利机构等未成年人安置、救助机构；婴幼儿照护服务机构、早期教育服务机构；校外托管、临时看护机构；家政服务机构；为未成年人提供医疗服务的医疗机构；其他对未成年人负有教育、培训、监护、救助、看护、医疗等职责的企业事业单位、社会组织等。

（二）学校，是指普通中小学、特殊教育学校、中等职业学校、专门学校。

（三）学生欺凌，是指发生在学生之间，一方蓄意或者恶意通过肢体、语言及网络等手段实施欺压、侮辱，造成另一方人身伤害、财产损失或者精神损害的行为。

第一百三十一条 对中国境内未满十八周岁的外国人、无国籍人，依照本法有关规定予以保护。

第一百三十二条 本法自2021年6月1日起施行。

★★ 考点大默写 ★★

1. 教育应当坚持__________，对受教育者加强社会主义核心价值观教育，增强受教育者的社会责任感、__________和__________。
2. 国家实行__________年制义务教育制度。
3. 国家实行教师资格、职务、__________制度，通过考核、奖励、培养和培训，提高教师素质，加强教师队伍建设。
4. 根据《中华人民共和国教育法》的规定，受教育者享有获得__________、贷学金、助学金的权利。
5. 国家建立以__________为主、其他多种渠道筹措教育经费为辅的体制，逐步增加对教育的投入，保证国家举办的学校教育经费的稳定来源。
6. 结伙斗殴、寻衅滋事，扰乱学校及其他教育机构教育教学秩序或者破坏校舍、场地及其他财产的，由公安机关给予治安管理处罚；构成犯罪的，依法追究__________。侵占学校及其他教育机构的校舍、场地及其他财产的，依法承担__________。
7. 明知校舍或者教育教学设施有危险，而不采取措施，造成人员伤亡或者重大财产损失的，对直接负责的主管人员和其他直接责任人员，依法追究__________。
8. __________是国家统一实施的所有适龄儿童、少年必须接受的教育，是国家必须予以保障的公益性事业。实施义务教育，__________学费、杂费。
9. 义务教育实行国务院领导，省、自治区、直辖市人民政府统筹规划实施，__________级人民政府为主管理的体制。
10. 凡年满__________周岁的儿童，其父母或者其他法定监护人应当送其入学接受并完成义务教育；条件不具备的地区的儿童，可以推迟到__________周岁。适龄儿童、少年因身体状况需要延缓入学或者休学的，其父母或者其他法定监护人应当提出申请，由当地乡镇人民政府或者__________级人民政府教育行政部门批准。

11. 县级人民政府根据需要设置__________制学校，保障居住分散的适龄儿童、少年入学接受义务教育。

12. 县级以上人民政府及其教育行政部门应当促进学校__________，缩小学校之间办学条件的差距，不得将学校分为重点学校和非重点学校。

13. 学校实行__________负责制。

14. 对违反学校管理制度的学生，学校应当予以__________，不得__________。

15. 根据《中华人民共和国义务教育法》，教师的平均工资水平应当__________当地公务员的平均工资水平。

16. 教科书根据国家__________和__________编写。

17. 国家机关工作人员和教科书审查人员，不得__________或者__________教科书的编写工作。

18. 国家实行教科书__________制度。

19. 教科书价格由省、自治区、直辖市人民政府价格行政部门会同同级出版主管部门按照__________原则确定。

20. 教师是履行教育教学职责的__________，承担教书育人，培养社会主义事业建设者和接班人、提高民族素质的使命。

21. 根据我国《教师法》第六条规定，每年__________为教师节。

22. 教师享有对学校教育教学、管理工作和教育行政部门的工作提出意见和建议，通过__________或者其他形式，参与学校的民主管理的权利。

23. 不断提高思想政治觉悟和__________业务水平是教师应当履行的义务。

24. 根据《中华人民共和国教师法》的规定，取得小学教师资格，应当具备__________毕业及其以上学历。

25. 中小学教师资格由__________级以上地方人民政府教育行政部门认定。

26. 受到剥夺政治权利或者故意犯罪受到有期徒刑以上刑事处罚的，__________教师资格；已经取得教师资格的，__________教师资格。

27. 根据我国《教师法》第十七条规定，教师的聘任应当遵循双方地位__________的原则，由学校和教师签订聘任合同，明确规定双方的权利、义务和责任。实施教师聘任制的步骤、办法由__________教育行政部门规定。

28. 根据《中华人民共和国教师法》第二十二条规定，学校或者其他教育机构应当对教师进行考核，考核内容包括__________、__________、__________和__________。

29. 《中华人民共和国教师法》第二十四条规定，教师__________结果是受聘任教、晋升工资、实施奖惩的依据。

30. 任何组织或者个人不得招用未满__________周岁未成年人，国家另有规定的除外。营业性娱乐场所、酒吧、互联网上网服务营业场所等不适宜未成年人活动的场所不得招用已满__________周岁的未成年人。

31. 教师对学校或者其他教育机构侵犯其合法权益的，或者对学校或者其他教育机构作出的处理不服的，可以向__________提出申诉，__________应当在接到申诉的__________日内，作出处理。

32. 《中华人民共和国未成年人保护法》所称的未成年人是指未满__________周岁的公民。

33. 根据《中华人民共和国未成年人保护法》第三条规定，未成年人不分性别、民族、种族、家庭状况、宗教信仰等，依法__________地享有各项权利。

【参考答案】

1. 立德树人；创新精神；实践能力 2. 九 3. 聘任 4. 奖学金 5. 财政拨款 6. 刑事责任；民事责任 7. 刑事责任 8. 义务教育；不收 9. 县 10. 六；七；县 11. 寄宿 12. 均衡发展 13. 校长 14. 批评教育；开除 15. 不低于 16. 教育方针；课程标准 17. 参与；变相参与 18. 审定 19. 微利 20. 专业人员 21. 九月十日 22. 教职工代表大会 23. 教育教学 24. 中等师范学校 25. 县 26. 不能取得；丧失 27. 平等；国务院 28. 政治思想；业务水平；工作态度；工作成绩 29. 考核 30. 十六；十六 31. 教育行政部门；教育行政部门；三十 32. 十八 33. 平等

第二章　师德和教育规章与政策

第一节　《新时代中小学教师职业行为十项准则》

教师是人类灵魂的工程师，是人类文明的传承者。长期以来，广大教师贯彻党的教育方针，教书育人，呕心沥血，默默奉献，为国家发展和民族振兴作出了重大贡献。新时代对广大教师落实立德树人根本任务提出新的更高要求，为进一步增强教师的责任感、使命感、荣誉感，规范职业行为，明确师德底线，引导广大教师努力成为有理想信念、有道德情操、有扎实学识、有仁爱之心的好老师，着力培养德智体美劳全面发展的社会主义建设者和接班人，特制定以下准则。

一、**坚定政治方向**。坚持以习近平新时代中国特色社会主义思想为指导，拥护中国共产党的领导，贯彻党的教育方针；不得在教育教学活动中及其他场合有损害党中央权威、违背党的路线方针政策的言行。

二、**自觉爱国守法**。忠于祖国，忠于人民，恪守宪法原则，遵守法律法规，依法履行教师职责；不得损害国家利益、社会公共利益，或违背社会公序良俗。

三、**传播优秀文化**。带头践行社会主义核心价值观，弘扬真善美，传递正能量；不得通过课堂、论坛、讲座、信息网络及其他渠道发表、转发错误观点，或编造散布虚假信息、不良信息。

四、**潜心教书育人**。落实立德树人根本任务，遵循教育规律和学生成长规律，因材施教，教学相长；不得违反教学纪律，敷衍教学，或擅自从事影响教育教学本职工作的兼职兼薪行为。

五、**关心爱护学生**。严慈相济，诲人不倦，真心关爱学生，严格要求学生，做学生良师益友；不得歧视、侮辱学生，严禁虐待、伤害学生。

六、**加强安全防范**。增强安全意识，加强安全教育，保护学生安全，防范事故风险；不得在教育教学活动中遇突发事件、面临危险时，不顾学生安危，擅离职守，自行逃离。

七、**坚持言行雅正**。为人师表，以身作则，举止文明，作风正派，自重自爱；不得与学生发生任何不正当关系，严禁任何形式的猥亵、性骚扰行为。

八、**秉持公平诚信**。坚持原则，处事公道，光明磊落，为人正直；不得在招生、考试、推优、保送及绩效考核、岗位聘用、职称评聘、评优评奖等工作中徇私舞弊、弄虚作假。

九、**坚守廉洁自律**。严于律己，清廉从教；不得索要、收受学生及家长财物或参加由学生及家长付费的宴请、旅游、娱乐休闲等活动，不得向学生推销图书报刊、教辅材料、社会保险或利用家长资源谋取私利。

十、**规范从教行为**。勤勉敬业，乐于奉献，自觉抵制不良风气；不得组织、参与有偿补课，或为校外培训机构和他人介绍生源、提供相关信息。

第二节　《中小学教师违反职业道德行为处理办法》（2018年修订）（节录）　必背

第一条　为规范教师职业行为，保障教师、学生的合法权益，根据《中华人民共和国教育法》《中华人民共和国未成年人保护法》《中华人民共和国教师法》《教师资格条例》和《新时代中小学教师职业行为十项准则》等法律法规和制度规范，制定本办法。

第二条　本办法所称中小学教师是指普通中小学、中等职业学校（含技工学校）、特殊教育机构、少年宫以及地方教研室、电化教育等机构的教师。

前款所称中小学教师包括民办学校教师。

第三条 本办法所称处理包括处分和其他处理。处分包括警告、记过、降低岗位等级或撤职、开除。警告期限为6个月，记过期限为12个月，降低岗位等级或撤职期限为24个月。是中共党员的，同时给予党纪处分。

其他处理包括给予批评教育、诫勉谈话、责令检查、通报批评，以及取消在评奖评优、职务晋升、职称评定、岗位聘用、工资晋级、申报人才计划等方面的资格。取消相关资格的处理执行期限不得少于24个月。

教师涉嫌违法犯罪的，及时移送司法机关依法处理。

真题面对面

[2018，单，2分]根据《中小学教师违反职业道德行为处理办法》第三条规定，警告期限为( )

A. 3个月
B. 6个月
C. 12个月
D. 18个月

答案：B

第四条 应予处理的教师违反职业道德行为如下：

(一)在教育教学活动中及其他场合有损害党中央权威、违背党的路线方针政策的言行。

(二)损害国家利益、社会公共利益，或违背社会公序良俗。

(三)通过课堂、论坛、讲座、信息网络及其他渠道发表、转发错误观点，或编造散布虚假信息、不良信息。

(四)违反教学纪律，敷衍教学，或擅自从事影响教育教学本职工作的兼职兼薪行为。

(五)歧视、侮辱学生，虐待、伤害学生。

(六)在教育教学活动中遇突发事件、面临危险时，不顾学生安危，擅离职守，自行逃离。

(七)与学生发生不正当关系，有任何形式的猥亵、性骚扰行为。

(八)在招生、考试、推优、保送及绩效考核、岗位聘用、职称评聘、评优评奖等工作中徇私舞弊、弄虚作假。

(九)索要、收受学生及家长财物或参加由学生及家长付费的宴请、旅游、娱乐休闲等活动，向学生推销图书报刊、教辅材料、社会保险或利用家长资源谋取私利。

(十)组织、参与有偿补课，或为校外培训机构和他人介绍生源、提供相关信息。

(十一)其他违反职业道德的行为。

第五条 学校及学校主管教育部门发现教师存在违反第四条列举行为的，应当及时组织调查核实，视情节轻重给予相应处理。作出处理决定前，应当听取教师的陈述和申辩，听取学生、其他教师、家长委员会或者家长代表意见，并告知教师有要求举行听证的权利。对于拟给予降低岗位等级以上的处分，教师要求听证的，拟作出处理决定的部门应当组织听证。

第六条 给予教师处理，应当坚持公平公正、教育与惩处相结合的原则；应当与其违反职业道德行为的性质、情节、危害程度相适应；应当事实清楚、证据确凿、定性准确、处理恰当、程序合法、手续完备。

第七条 给予教师处理按照以下权限决定：

(一)警告和记过处分，公办学校教师由所在学校提出建议，学校主管教育部门决定。民办学校教师由所在学校决定，报主管教育部门备案。

(二)降低岗位等级或撤职处分，由教师所在学校提出建议，学校主管教育部门决定并报同级人事部门备案。

(三)开除处分，公办学校教师由所在学校提出建议，学校主管教育部门决定并报同级人事部门备案。民办学校教师或者未纳入人事编制管理的教师由所在学校决定并解除其聘任合同，报主管教育部门备案。

(四)给予批评教育、诫勉谈话、责令检查、通报批评，以及取消在评奖评优、职务晋升、职称评定、岗位聘用、工资晋级、申报人才计划等方面资格的其他处理，按照管理权限，由教师所在学校或主管部门视其情节轻重作出决定。

真题面对面

[2023,判断选择,1分]《中小学教师违反职业道德行为处理办法》中规定,警告和记过处分,公办学校教师由所在学校决定,报主管教育部门备案,民办学校教师由所在学校提出建议,学校主管教育部门决定。(　　)

A. 正确　　　　B. 错误

答案:B

第三节　《中国学生发展核心素养》

学生发展核心素养,主要指学生应具备的,能够适应终身发展和社会发展需要的必备品格和关键能力。研究学生发展核心素养是落实立德树人根本任务的一项重要举措,也是适应世界教育改革发展趋势、提升我国教育国际竞争力的迫切需要。

一、总体框架　【2017填空】

中国学生发展核心素养,以科学性、时代性和民族性为基本原则,以培养"全面发展的人"为核心,分为**文化基础、自主发展、社会参与**三个方面。

综合表现为人文底蕴、科学精神、学会学习、健康生活、责任担当、实践创新六大素养,具体细化为人文积淀、国家认同、批判质疑等18个基本要点。根据这一总体框架,可针对学生年龄特点进一步提出各学段学生的具体表现要求。

二、基本内涵　【2023单选、2021多选、2020单选、2018多选】　必背

核心素养课题组历时三年集中攻关,并经教育部基础教育课程教材专家工作委员会审议,最终形成研究成果,确立了以下六大学生核心素养。

(一)文化基础

文化是人存在的根和魂。文化基础,重在强调能习得人文、科学等各领域的知识和技能,掌握和运用人类优秀智慧成果,涵养内在精神,追求真善美的统一,发展成为有宽厚文化基础、有更高精神追求的人。

1. 人文底蕴。主要是学生在学习、理解、运用人文领域知识和技能等方面所形成的基本能力、情感态度和价值取向。具体包括人文积淀、人文情怀和审美情趣等基本要点。

2. 科学精神。主要是学生在学习、理解、运用科学知识和技能等方面所形成的价值标准、思维方式和行为表现。具体包括理性思维、批判质疑、勇于探究等基本要点。

真题面对面

[2020,单,2分]根据《中国学生发展核心素养》可知,科学精神素养的要点之一是(　　)

A. 技术应用　　B. 勤于反思　　C. 乐学善学　　D. 批判质疑

答案:D

(二)自主发展

自主性是人作为主体的根本属性。自主发展,重在强调能有效管理自己的学习和生活,认识和发现自我价值,发掘自身潜力,有效应对复杂多变的环境,成就出彩人生,发展成为有明确人生方向、有生活品质的人。

3. 学会学习。主要是学生在学习意识形成、学习方式方法选择、学习进程评估调控等方面的综合表现。具体包括乐学善学、勤于反思、信息意识等基本要点。

4. 健康生活。主要是学生在认识自我、发展身心、规划人生等方面的综合表现。具体包括珍爱生命、健全人

格、自我管理等基本要点。

真题面对面

[2023,单,2分]依据《中国学生发展核心素养》,下列属于自主发展内涵的是( )

A. 人文底蕴　　B. 实践创新　　C. 健康生活　　D. 科学精神

答案:C

(三)社会参与

社会性是人的本质属性。社会参与,重在强调能处理好自我与社会的关系,养成现代公民所必须遵守和履行的道德准则和行为规范,增强社会责任感,提升创新精神和实践能力,促进个人价值实现,推动社会发展进步,发展成为有理想信念、敢于担当的人。

5. 责任担当。主要是学生在处理与社会、国家、国际等关系方面所形成的情感态度、价值取向和行为方式。具体包括社会责任、国家认同、国际理解等基本要点。

6. 实践创新。主要是学生在日常活动、问题解决、适应挑战等方面所形成的实践能力、创新意识和行为表现。具体包括劳动意识、问题解决、技术应用等基本要点。

真题面对面

[2021,多,2分]根据《中国学生发展核心素养》,下列属于实践创新的核心要点的有( )

A. 勤于反思　　B. 劳动意识　　C. 问题解决　　D. 自我管理

答案:BC

第四节　《中学教师专业标准(试行)》与《小学教师专业标准(试行)》(节录)

小学教师专业标准(试行)

为促进小学教师专业发展,建设高素质小学教师队伍,根据《中华人民共和国教师法》和《中华人民共和国义务教育法》,特制定《小学教师专业标准(试行)》(以下简称《专业标准》)。

小学教师是履行小学教育教学工作职责的专业人员,需要经过严格的培养与培训,具有良好的职业道德,掌握系统的专业知识和专业技能。《专业标准》是国家对合格小学教师专业素质的基本要求,是小学教师实施教育教学行为的基本规范,是引领小学教师专业发展的基本准则,是小学教师培养、准入、培训、考核等工作的重要依据。

一、基本理念

(一)师德为先

热爱小学教育事业,具有职业理想,践行社会主义核心价值体系,履行教师职业道德规范,依法执教。关爱小学生,尊重小学生人格,富有爱心、责任心、耐心和细心;为人师表,教书育人,自尊自律,做小学生健康成长的指导者和引路人。

(二)学生为本

尊重小学生权益,以小学生为主体,充分调动和发挥小学生的主动性;遵循小学生身心发展特点和教育教学规律,提供适合的教育,促进小学生生动活泼学习、健康快乐成长。

(三)能力为重

把学科知识、教育理论与教育实践有机结合,突出教书育人实践能力;研究小学生,遵循小学生成长规律,提升教育教学专业化水平;坚持实践、反思、再实践、再反思,不断提高专业能力。

(四)终身学习

学习先进小学教育理论,了解国内外小学教育改革与发展的经验和做法;优化知识结构,提高文化素养;具有终身学习与持续发展的意识和能力,做终身学习的典范。

二、基本内容

维度	领域	基本要求
专业理念与师德	(一)职业理解与认识	1.贯彻党和国家教育方针政策,遵守教育法律法规。 2.理解小学教育工作的意义,热爱小学教育事业,具有职业理想和敬业精神。 3.认同小学教师的专业性和独特性,注重自身专业发展。 4.具有良好职业道德修养,为人师表。 5.具有团队合作精神,积极开展协作与交流。
	(二)对小学生的态度与行为	6.关爱小学生,重视小学生身心健康,将保护小学生生命安全放在首位。 7.尊重小学生独立人格,维护小学生合法权益,平等对待每一位小学生。不讽刺、挖苦、歧视小学生,不体罚或变相体罚小学生。 8.信任小学生,尊重个体差异,主动了解和满足有益于小学生身心发展的不同需求。 9.积极创造条件,让小学生拥有快乐的学校生活。
	(三)教育教学的态度与行为	10.树立育人为本、德育为先的理念,将小学生的知识学习、能力发展与品德养成相结合,重视小学生全面发展。 11.尊重教育规律和小学生身心发展规律,为每一个小学生提供适合的教育。 12.引导小学生体验学习乐趣,保护小学生的求知欲和好奇心,培养小学生的广泛兴趣、动手能力和探究精神。 13.引导小学生学会学习,养成良好学习习惯。 14.尊重和发挥好少先队组织的教育引导作用。
	(四)个人修养与行为	15.富有爱心、责任心、耐心和细心。 16.乐观向上、热情开朗、有亲和力。 17.善于自我调节情绪,保持平和心态。 18.勤于学习,不断进取。 19.衣着整洁得体,语言规范健康,举止文明礼貌。
专业知识	(五)小学生发展知识	20.了解关于小学生生存、发展和保护的有关法律法规及政策规定。 21.了解不同年龄及有特殊需要的小学生身心发展特点和规律,掌握保护和促进小学生身心健康发展的策略与方法。 22.了解不同年龄小学生学习的特点,掌握小学生良好行为习惯养成的知识。 23.了解幼小和小初衔接阶段小学生的心理特点,掌握帮助小学生顺利过渡的方法。 24.了解对小学生进行青春期和性健康教育的知识和方法。 25.了解小学生安全防护的知识,掌握针对小学生可能出现的各种侵犯与伤害行为的预防与应对方法。

续表

维度	领域	基本要求
专业知识	(六)学科知识	26.适应小学综合性教学的要求,了解多学科知识。 27.掌握所教学科知识体系、基本思想与方法。 28.了解所教学科与社会实践、少先队活动的联系,了解与其他学科的联系。
	(七)教育教学知识	29.掌握小学教育教学基本理论。 30.掌握小学生品行养成的特点和规律。 31.掌握不同年龄小学生的认知规律和教育心理学的基本原理和方法。 32.掌握所教学科的课程标准和教学知识。
	(八)通识性知识	33.具有相应的自然科学和人文社会科学知识。 34.了解中国教育基本情况。 35.具有相应的艺术欣赏与表现知识。 36.具有适应教育内容、教学手段和方法现代化的信息技术知识。
专业能力	(九)教育教学设计	37.合理制定小学生个体与集体的教育教学计划。 38.合理利用教学资源,科学编写教学方案。 39.合理设计主题鲜明、丰富多彩的班级和少先队活动。
	(十)组织与实施	40.建立良好的师生关系,帮助小学生建立良好的同伴关系。 41.创设适宜的教学情境,根据小学生的反应及时调整教学活动。 42.调动小学生学习积极性,结合小学生已有的知识和经验激发学习兴趣。 43.发挥小学生主体性,灵活运用启发式、探究式、讨论式、参与式等教学方式。 44.发挥好少先队组织生活、集体活动、信息传播等教育功能。 45.将现代教育技术手段整合应用到教学中。 46.较好使用口头语言、肢体语言与书面语言,使用普通话教学,规范书写钢笔字、粉笔字、毛笔字。 47.妥善应对突发事件。 48.鉴别小学生行为和思想动向,用科学的方法防止和有效矫正不良行为。
	(十一)激励与评价	49.对小学生日常表现进行观察与判断,发现和赏识每一位小学生的点滴进步。 50.灵活使用多元评价方式,给予小学生恰当的评价和指导。 51.引导小学生进行积极的自我评价。 52.利用评价结果不断改进教育教学工作。
	(十二)沟通与合作	53.使用符合小学生特点的语言进行教育教学工作。 54.善于倾听,和蔼可亲,与小学生进行有效沟通。 55.与同事合作交流,分享经验和资源,共同发展。 56.与家长进行有效沟通合作,共同促进小学生发展。 57.协助小学与社区建立合作互助的良好关系。
	(十三)反思与发展	58.主动收集分析相关信息,不断进行反思,改进教育教学工作。 59.针对教育教学工作中的现实需要与问题,进行探索和研究。 60.制定专业发展规划,积极参加专业培训,不断提高自身专业素质。

中学教师专业标准(试行)

为促进中学教师专业发展,建设高素质中学教师队伍,根据《中华人民共和国教师法》和《中华人民共和国义务教育法》,特制定《中学教师专业标准(试行)》(以下简称《专业标准》)。

中学教师是履行中学教育教学工作职责的专业人员,需要经过严格的培养与培训,具有良好的职业道德,掌握系统的专业知识和专业技能。《专业标准》是国家对合格中学教师的基本专业要求,是中学教师实施教育教学行为的基本规范,是引领中学教师专业发展的基本准则,是中学教师培养、准入、培训、考核等工作的重要依据。

一、基本理念

(一)师德为先

热爱中学教育事业,具有职业理想,践行社会主义核心价值体系,履行教师职业道德规范,依法执教。关爱中学生,尊重中学生人格,富有爱心、责任心、耐心和细心;为人师表,教书育人,自尊自律,以人格魅力和学识魅力教育感染中学生,做中学生健康成长的指导者和引路人。

(二)学生为本

尊重中学生权益,以中学生为主体,充分调动和发挥中学生的主动性;遵循中学生身心发展特点和教育教学规律,提供适合的教育,促进中学生生动活泼学习、健康快乐成长,全面而有个性地发展。

(三)能力为重

把学科知识、教育理论与教育实践有机结合,突出教书育人实践能力;研究中学生,遵循中学生成长规律,提升教育教学专业化水平;坚持实践、反思、再实践、再反思,不断提高专业能力。

(四)终身学习

学习先进中学教育理论,了解国内外中学教育改革与发展的经验和做法;优化知识结构,提高文化素养;具有终身学习与持续发展的意识和能力,做终身学习的典范。

二、基本内容

维度	领域	基本要求
专业理念与师德	(一)职业理解与认识	1.贯彻党和国家教育方针政策,遵守教育法律法规。 2.理解中学教育工作的意义,热爱中学教育事业,具有职业理想和敬业精神。 3.认同中学教师的专业性和独特性,注重自身专业发展。 4.具有良好职业道德修养,为人师表。 5.具有团队合作精神,积极开展协作与交流。
	(二)对学生的态度与行为	6.关爱中学生,重视中学生身心健康发展,保护中学生生命安全。 7.尊重中学生独立人格,维护中学生合法权益,平等对待每一位中学生。不讽刺、挖苦、歧视中学生,不体罚或变相体罚中学生。 8.尊重个体差异,主动了解和满足中学生的不同需要。 9.信任中学生,积极创造条件,促进中学生的自主发展。

续表

维度	领域	基本要求
专业理念与师德	(三)教育教学的态度与行为	10.树立育人为本、德育为先的理念，将中学生的知识学习、能力发展与品德养成相结合，重视中学生的全面发展。 11.尊重教育规律和中学生身心发展规律，为每一位中学生提供适合的教育。 12.激发中学生的求知欲和好奇心，培养中学生学习兴趣和爱好，营造自由探索、勇于创新的氛围。 13.引导中学生自主学习、自强自立，培养良好的思维习惯和适应社会的能力。 14.尊重和发挥好共青团、少先队组织的教育引导作用。
	(四)个人修养与行为	15.富有爱心、责任心、耐心和细心。 16.乐观向上、热情开朗、有亲和力。 17.善于自我调节情绪，保持平和心态。 18.勤于学习，不断进取。 19.衣着整洁得体，语言规范健康，举止文明礼貌。
专业知识	(五)教育知识	20.掌握中学教育的基本原理和主要方法。 21.掌握班级、共青团、少先队建设与管理的原则与方法。 22.掌握教育心理学的基本原理和方法，了解中学生身心发展的一般规律与特点。 23.了解中学生世界观、人生观、价值观形成的过程及其教育方法。 24.了解中学生思维能力、创新能力和实践能力发展的过程与特点。 25.了解中学生群体文化特点与行为方式。
	(六)学科知识	26.理解所教学科的知识体系、基本思想与方法。 27.掌握所教学科内容的基本知识、基本原理与技能。 28.了解所教学科与其它学科的联系。 29.了解所教学科与社会实践及共青团、少先队活动的联系。
	(七)学科教学知识	30.掌握所教学科课程标准。 31.掌握所教学科课程资源开发与校本课程开发的主要方法与策略。 32.了解中学生在学习具体学科内容时的认知特点。 33.掌握针对具体学科内容进行教学和研究性学习的方法与策略。
	(八)通识性知识	34.具有相应的自然科学和人文社会科学知识。 35.了解中国教育基本情况。 36.具有相应的艺术欣赏与表现知识。 37.具有适应教育内容、教学手段和方法现代化的信息技术知识。
专业能力	(九)教学设计	38.科学设计教学目标和教学计划。 39.合理利用教学资源和方法设计教学过程。 40.引导和帮助中学生设计个性化的学习计划。

续表

维度	领域	基本要求
专业能力	(十)教学实施	41.营造良好的学习环境与氛围,激发与保护中学生的学习兴趣。 42.通过启发式、探究式、讨论式、参与式等多种方式,有效实施教学。 43.有效调控教学过程,合理处理课堂偶发事件。 44.引发中学生独立思考和主动探究,发展学生创新能力。 45.发挥好共青团、少先队组织生活、集体活动、信息传播等教育功能。 46.将现代教育技术手段整合应用到教学中。
	(十一)班级管理与教育活动	47.建立良好的师生关系,帮助中学生建立良好的同伴关系。 48.注重结合学科教学进行育人活动。 49.根据中学生世界观、人生观、价值观形成的特点,有针对性地组织开展德育活动。 50.针对中学生青春期生理和心理发展特点,有针对性地组织开展有益身心健康发展的教育活动。 51.指导学生理想、心理、学业等多方面发展。 52.有效管理和开展班级、共青团、少先队活动。 53.妥善应对突发事件。
	(十二)教育教学评价	54.利用评价工具,掌握多元评价方法,多视角、全过程评价学生发展。 55.引导学生进行自我评价。 56.自我评价教育教学效果,及时调整和改进教育教学工作。
	(十三)沟通与合作	57.了解中学生,平等地与中学生进行沟通交流。 58.与同事合作交流,分享经验和资源,共同发展。 59.与家长进行有效沟通合作,共同促进中学生发展。 60.协助中学与社区建立合作互助的良好关系。
	(十四)反思与发展	61.主动收集分析相关信息,不断进行反思,改进教育教学工作。 62.针对教育教学工作中的现实需要与问题,进行探索和研究。 63.制定专业发展规划,积极参加专业培训,不断提高自身专业素质。

第五节 《中共中央 国务院关于深化教育教学改革全面提高义务教育质量的意见》(节录)

义务教育质量事关亿万少年儿童健康成长,事关国家发展,事关民族未来。为深入贯彻党的十九大精神和全国教育大会部署,加快推进教育现代化,建设教育强国,办好人民满意的教育,现就深化教育教学改革、全面提高义务教育质量提出如下意见。

一、坚持立德树人,着力培养担当民族复兴大任的时代新人

1. 指导思想。坚持以习近平新时代中国特色社会主义思想为指导,全面贯彻党的教育方针,落实立德树人根

本任务，遵循教育规律，强化教师队伍基础作用，围绕凝聚人心、完善人格、开发人力、培育人才、造福人民的工作目标，发展素质教育，培养德智体美劳全面发展的社会主义建设者和接班人。

2. 基本要求。树立科学的教育质量观，深化改革，构建德智体美劳全面培养的教育体系，健全立德树人落实机制，着力在坚定理想信念、厚植爱国主义情怀、加强品德修养、增长知识见识、培养奋斗精神、增强综合素质上下功夫。坚持德育为先，教育引导学生爱党爱国爱人民爱社会主义；坚持全面发展，为学生终身发展奠基；坚持面向全体，办好每所学校、教好每名学生；坚持知行合一，让学生成为生活和学习的主人。

二、坚持“五育”并举，全面发展素质教育 【2020填空】

3. 突出德育实效。完善德育工作体系，认真制定德育工作实施方案，深化课程育人、文化育人、活动育人、实践育人、管理育人、协同育人。大力开展理想信念、社会主义核心价值观、中华优秀传统文化、生态文明和心理健康教育。加强爱国主义、集体主义、社会主义教育，引导少年儿童听党话、跟党走。加强品德修养教育，强化学生良好行为习惯和法治意识养成。打造中小学生社会实践大课堂，充分发挥爱国主义、优秀传统文化等教育基地和各类公共文化设施与自然资源的重要育人作用，向学生免费或优惠开放。广泛开展先进典型、英雄模范学习宣传活动，积极创建文明校园。健全创作激励与宣传推介机制，提供寓教于乐的优秀儿童文化精品；强化对网络游戏、微视频等的价值引领与管控，创造绿色健康网上空间。突出政治启蒙和价值观塑造，充分发挥共青团、少先队组织育人作用。

4. 提升智育水平。着力培养认知能力，促进思维发展，激发创新意识。严格按照国家课程方案和课程标准实施教学，确保学生达到国家规定学业质量标准。充分发挥教师主导作用，引导教师深入理解学科特点、知识结构、思想方法，科学把握学生认知规律，上好每一堂课。突出学生主体地位，注重保护学生好奇心、想象力、求知欲，激发学习兴趣，提高学习能力。加强科学教育和实验教学，广泛开展多种形式的读书活动。各地要加强监测和督导，坚决防止学生学业负担过重。

5. 强化体育锻炼。坚持健康第一，实施学校体育固本行动。严格执行学生体质健康合格标准，健全国家监测制度。除体育免修学生外，未达体质健康合格标准的，不得发放毕业证书。开齐开足体育课，将体育科目纳入高中阶段学校考试招生录取计分科目。科学安排体育课运动负荷，开展好学校特色体育项目，大力发展校园足球，让每位学生掌握1至2项运动技能。广泛开展校园普及性体育运动，定期举办学生运动会或体育节。鼓励地方向学生免费或优惠开放公共运动场所。通过购买服务等方式，鼓励体育社会组织为学生提供高质量体育服务。精准实施农村义务教育学生营养改善计划。健全学生视力健康综合干预体系，保障学生充足睡眠时间。

6. 增强美育熏陶。实施学校美育提升行动，严格落实音乐、美术、书法等课程，结合地方文化设立艺术特色课程。广泛开展校园艺术活动，帮助每位学生学会1至2项艺术技能、会唱主旋律歌曲。引导学生了解世界优秀艺术，增强文化理解。鼓励学校组建特色艺术团队，办好中小学生艺术展演，推进中华优秀传统文化艺术传承学校建设。通过购买服务等方式，鼓励专业艺术人才到中小学兼职任教。支持艺术院校在中小学建立对口支援基地。

7. 加强劳动教育。充分发挥劳动综合育人功能，制定劳动教育指导纲要，加强学生生活实践、劳动技术和职业体验教育。优化综合实践活动课程结构，确保劳动教育课时不少于一半。家长要给孩子安排力所能及的家务劳动，学校要坚持学生值日制度，组织学生参加校园劳动，积极开展校外劳动实践和社区志愿服务。创建一批劳动教育实验区，农村地区要安排相应田地、山林、草场等作为学农实践基地，城镇地区要为学生参加农业生产、工业体验、商业和服务业实践等提供保障。

真题面对面

［2020，填空，1分］《中共中央 国务院关于深化教育教学改革全面提高义务教育质量的意见》明确提出，优化综合实践活动课程结构，确保__________教育课时不少于一半。

答案：劳动

第六节 《深化新时代教育评价改革总体方案》

(中共中央 国务院印发)(节录)

教育评价事关教育发展方向,有什么样的评价指挥棒,就有什么样的办学导向。为深入贯彻落实习近平总书记关于教育的重要论述和全国教育大会精神,完善立德树人体制机制,扭转不科学的教育评价导向,坚决克服唯分数、唯升学、唯文凭、唯论文、唯帽子的顽瘴痼疾,提高教育治理能力和水平,加快推进教育现代化、建设教育强国、办好人民满意的教育,现制定如下方案。

真题面对面

[2021,填空,1分]《深化新时代教育评价改革总体方案》提出的目标是深入贯彻落实习近平总书记关于教育的重要论述和全国教育大会精神,完善立德树人体制机制,扭转不科学的教育评价导向,坚决克服唯分数、唯________、唯文凭、唯论文、唯帽子的顽瘴痼疾,提高教育治理能力和水平,加快推进教育现代化、建设教育强国、办好人民满意的教育。

答案:升学

一、总体要求

(一)指导思想。以习近平新时代中国特色社会主义思想为指导,全面贯彻党的十九大和十九届二中、三中、四中全会精神,全面贯彻党的教育方针,坚持社会主义办学方向,落实立德树人根本任务,遵循教育规律,系统推进教育评价改革,发展素质教育,引导全党全社会树立科学的教育发展观、人才成长观、选人用人观,推动构建服务全民终身学习的教育体系,努力培养担当民族复兴大任的时代新人,培养德智体美劳全面发展的社会主义建设者和接班人。

(二)主要原则。坚持立德树人,牢记为党育人、为国育才使命,充分发挥教育评价的指挥棒作用,引导确立科学的育人目标,确保教育正确发展方向。坚持问题导向,从党中央关心、群众关切、社会关注的问题入手,破立并举,推进教育评价关键领域改革取得实质性突破。坚持科学有效,改进结果评价,强化过程评价,探索增值评价,健全综合评价,充分利用信息技术,提高教育评价的科学性、专业性、客观性。坚持统筹兼顾,针对不同主体和不同学段、不同类型教育特点,分类设计、稳步推进,增强改革的系统性、整体性、协同性。坚持中国特色,扎根中国、融通中外,立足时代、面向未来,坚定不移走中国特色社会主义教育发展道路。

(三)改革目标。经过5至10年努力,各级党委和政府科学履行职责水平明显提高,各级各类学校立德树人落实机制更加完善,引导教师潜心育人的评价制度更加健全,促进学生全面发展的评价办法更加多元,社会选人用人方式更加科学。到2035年,基本形成富有时代特征、彰显中国特色、体现世界水平的教育评价体系。

二、重点任务

(一)改革党委和政府教育工作评价,推进科学履行职责

1. 完善党对教育工作全面领导的体制机制。各级党委要认真落实领导责任,建立健全党委统一领导、党政齐抓共管、部门各负其责的教育领导体制,履行好把方向、管大局、作决策、保落实的职责,把思想政治工作作为学校各项工作的生命线紧紧抓在手上,贯穿学校教育管理全过程,牢固树立科学的教育发展理念,坚决克服短视行为、功利化倾向。各级党委和政府要完善定期研究教育工作机制,建立健全党政主要负责同志深入教育一线调研、为师生上思政课、联系学校和年终述职必述教育工作等制度。

2. 完善政府履行教育职责评价。对省级政府主要考核全面贯彻党的教育方针和党中央关于教育工作的决策部署、落实教育优先发展战略、解决人民群众普遍关心的教育突出问题等情况,既评估最终结果,也考核努力程

度及进步发展。各地根据国家层面确立的评价内容和指标，结合实际进行细化，作为对下一级政府履行教育职责评价的依据。

3. 坚决纠正片面追求升学率倾向。各级党委和政府要坚持正确政绩观，不得下达升学指标或以中高考升学率考核下一级党委和政府、教育部门、学校和教师，不得将升学率与学校工程项目、经费分配、评优评先等挂钩，不得通过任何形式以中高考成绩为标准奖励教师和学生，严禁公布、宣传、炒作中高考“状元”和升学率。对教育生态问题突出、造成严重社会影响的，依规依法问责追责。

（二）改革学校评价，推进落实立德树人根本任务

4. 坚持把立德树人成效作为根本标准。加快完善各级各类学校评价标准，将落实党的全面领导、坚持正确办学方向、加强和改进学校党的建设以及党建带团建队建、做好思想政治工作和意识形态工作、依法治校办学、维护安全稳定作为评价学校及其领导人员、管理人员的重要内容，健全学校内部质量保障制度，坚决克服重智育轻德育、重分数轻素质等片面办学行为，促进学生身心健康、全面发展。

5. 完善幼儿园评价。重点评价幼儿园科学保教、规范办园、安全卫生、队伍建设、克服小学化倾向等情况。国家制定幼儿园保教质量评估指南，各省（自治区、直辖市）完善幼儿园质量评估标准，将各类幼儿园纳入质量评估范畴，定期向社会公布评估结果。

6. 改进中小学校评价。义务教育学校重点评价促进学生全面发展、保障学生平等权益、引领教师专业发展、提升教育教学水平、营造和谐育人环境、建设现代学校制度以及学业负担、社会满意度等情况。国家制定义务教育学校办学质量评价标准，完善义务教育质量监测制度，加强监测结果运用，促进义务教育优质均衡发展。普通高中主要评价学生全面发展的培养情况。国家制定普通高中办学质量评价标准，突出实施学生综合素质评价、开展学生发展指导、优化教学资源配置、有序推进选课走班、规范招生办学行为等内容。

7. 健全职业学校评价。重点评价职业学校（含技工院校，下同）德技并修、产教融合、校企合作、育训结合、学生获取职业资格或职业技能等级证书、毕业生就业质量、“双师型”教师（含技工院校“一体化”教师，下同）队伍建设等情况，扩大行业企业参与评价，引导培养高素质劳动者和技术技能人才。深化职普融通，探索具有中国特色的高层次学徒制，完善与职业教育发展相适应的学位授予标准和评价机制。加大职业培训、服务区域和行业的评价权重，将承担职业培训情况作为核定职业学校教师绩效工资总量的重要依据，推动健全终身职业技能培训制度。

8. 改进高等学校评价。推进高校分类评价，引导不同类型高校科学定位，办出特色和水平。改进本科教育教学评估，突出思想政治教育、教授为本科生上课、生师比、生均课程门数、优势特色专业、学位论文（毕业设计）指导、学生管理与服务、学生参加社会实践、毕业生发展、用人单位满意度等。改进学科评估，强化人才培养中心地位，淡化论文收录数、引用率、奖项数等数量指标，突出学科特色、质量和贡献，纠正片面以学术头衔评价学术水平的做法，教师成果严格按署名单位认定、不随人走。探索建立应用型本科评价标准，突出培养相应专业能力和实践应用能力。制定“双一流”建设成效评价办法，突出培养一流人才、产出一流成果、主动服务国家需求，引导高校争创世界一流。改进师范院校评价，把办好师范教育作为第一职责，将培养合格教师作为主要考核指标。改进高校经费使用绩效评价，引导高校加大对教育教学、基础研究的支持力度。改进高校国际交流合作评价，促进提升校际交流、来华留学、合作办学、海外人才引进等工作质量。探索开展高校服务全民终身学习情况评价，促进学习型社会建设。

（三）改革教师评价，推进践行教书育人使命

9. 坚持把师德师风作为第一标准。坚决克服重科研轻教学、重教书轻育人等现象，把师德表现作为教师资格定期注册、业绩考核、职称评聘、评优奖励首要要求，强化教师思想政治素质考察，推动师德师风建设常态化、长效化。健全教师荣誉制度，发挥典型示范引领作用。全面落实新时代幼儿园、中小学、高校教师职业行为准则，建立师德失范行为通报警示制度。对出现严重师德师风问题的教师，探索实施教育全行业禁入制度。

10. 突出教育教学实绩。把认真履行教育教学职责作为评价教师的基本要求，引导教师上好每一节课、关爱

每一个学生。幼儿园教师评价突出保教实践，把以游戏为基本活动促进儿童主动学习和全面发展的能力作为关键指标，纳入学前教育专业人才培养标准、幼儿教师职后培训重要内容。探索建立中小学教师教学述评制度，任课教师每学期须对每个学生进行学业述评，述评情况纳入教师考核内容。完善中小学教师绩效考核办法，绩效工资分配向班主任倾斜，向教学一线和教育教学效果突出的教师倾斜。健全“双师型”教师认定、聘用、考核等评价标准，突出实践技能水平和专业教学能力。规范高校教师聘用和职称评聘条件设置，不得将国(境)外学习经历作为限制性条件。把参与教研活动，编写教材、案例，指导学生毕业设计、就业、创新创业、社会实践、社团活动、竞赛展演等计入工作量。落实教授上课制度，高校应明确教授承担本(专)科生教学最低课时要求，确保教学质量，对未达到要求的给予年度或聘期考核不合格处理。支持建设高质量教学研究类学术期刊，鼓励高校学报向教学研究倾斜。完善教材质量监控和评价机制，实施教材建设国家奖励制度，每四年评选一次，对作出突出贡献的教师按规定进行表彰奖励。完善国家教学成果奖评选制度，优化获奖种类和入选名额分配。

11. 强化一线学生工作。各级各类学校要明确领导干部和教师参与学生工作的具体要求。落实中小学教师家访制度，将家校联系情况纳入教师考核。高校领导班子成员年度述职要把上思政课、联系学生情况作为重要内容。完善学校党政管理干部选拔任用机制，原则上应有思政课教师、辅导员或班主任等学生工作经历。高校青年教师晋升高一级职称，至少须有一年担任辅导员、班主任等学生工作经历。

12. 改进高校教师科研评价。突出质量导向，重点评价学术贡献、社会贡献以及支撑人才培养情况，不得将论文数、项目数、课题经费等科研量化指标与绩效工资分配、奖励挂钩。根据不同学科、不同岗位特点，坚持分类评价，推行代表性成果评价，探索长周期评价，完善同行专家评议机制，注重个人评价与团队评价相结合。探索国防科技等特殊领域教师科研专门评价办法。对取得重大理论创新成果、前沿技术突破、解决重大工程技术难题、在经济社会事业发展中作出重大贡献的，申报高级职称时论文可不作限制性要求。

13. 推进人才称号回归学术性、荣誉性。切实精简人才“帽子”，优化整合涉教育领域各类人才计划。不得把人才称号作为承担科研项目、职称评聘、评优评奖、学位点申报的限制性条件，有关申报书不得设置填写人才称号栏目。依据实际贡献合理确定人才薪酬，不得将人才称号与物质利益简单挂钩。鼓励中西部、东北地区高校“长江学者”等人才称号入选者与学校签订长期服务合同，为实施国家和区域发展战略贡献力量。

(四)改革学生评价，促进德智体美劳全面发展

14. 树立科学成才观念。坚持以德为先、能力为重、全面发展，坚持面向人人、因材施教、知行合一，坚决改变用分数给学生贴标签的做法，创新德智体美劳过程性评价办法，完善综合素质评价体系，切实引导学生坚定理想信念、厚植爱国主义情怀、加强品德修养、增长知识见识、培养奋斗精神、增强综合素质。

15. 完善德育评价。根据学生不同阶段身心特点，科学设计各级各类教育德育目标要求，引导学生养成良好思想道德、心理素质和行为习惯，传承红色基因，增强“四个自信”，立志听党话、跟党走，立志扎根人民、奉献国家。通过信息化等手段，探索学生、家长、教师以及社区等参与评价的有效方式，客观记录学生品行日常表现和突出表现，特别是践行社会主义核心价值观情况，将其作为学生综合素质评价的重要内容。

16. 强化体育评价。建立日常参与、体质监测和专项运动技能测试相结合的考查机制，将达到国家学生体质健康标准要求作为教育教学考核的重要内容，引导学生养成良好锻炼习惯和健康生活方式，锤炼坚强意志，培养合作精神。中小学校要客观记录学生日常体育参与情况和体质健康监测结果，定期向家长反馈。改进中考体育测试内容、方式和计分办法，形成激励学生加强体育锻炼的有效机制。加强大学生体育评价，探索在高等教育所有阶段开设体育课程。

17. 改进美育评价。把中小学生学习音乐、美术、书法等艺术类课程以及参与学校组织的艺术实践活动情况纳入学业要求，促进学生形成艺术爱好、增强艺术素养，全面提升学生感受美、表现美、鉴赏美、创造美的能力。探索将艺术类科目纳入中考改革试点。推动高校将公共艺术课程与艺术实践纳入人才培养方案，实行学分制管理，学生修满规定学分方能毕业。

18. 加强劳动教育评价。实施大中小学劳动教育指导纲要，明确不同学段、不同年级劳动教育的目标要求，引导学生崇尚劳动、尊重劳动。探索建立劳动清单制度，明确学生参加劳动的具体内容和要求，让学生在实践中养成

劳动习惯，学会劳动、学会勤俭。加强过程性评价，将参与劳动教育课程学习和实践情况纳入学生综合素质档案。

19. 严格学业标准。完善各级各类学校学生学业要求，严把出口关。对初、高中毕业班学生，学校须合理安排中高考结束后至暑假前的教育活动。完善过程性考核与结果性考核有机结合的学业考评制度，加强课堂参与和课堂纪律考查，引导学生树立良好学风。探索学士学位论文（毕业设计）抽检试点工作，完善博士、硕士学位论文抽检工作，严肃处理各类学术不端行为。完善实习（实训）考核办法，确保学生足额、真实参加实习（实训）。

20. 深化考试招生制度改革。稳步推进中高考改革，构建引导学生德智体美劳全面发展的考试内容体系，改变相对固化的试题形式，增强试题开放性，减少死记硬背和"机械刷题"现象。加快完善初、高中学生综合素质档案建设和使用办法，逐步转变简单以考试成绩为唯一标准的招生模式。完善高等职业教育"文化素质+职业技能"考试招生办法。深化研究生考试招生改革，加强科研创新能力和实践能力考查。各级各类学校不得通过设置奖金等方式违规争抢生源。探索建立学分银行制度，推动多种形式学习成果的认定、积累和转换，实现不同类型教育、学历与非学历教育、校内与校外教育之间互通衔接，畅通终身学习和人才成长渠道。

（五）改革用人评价，共同营造教育发展良好环境

21. 树立正确用人导向。党政机关、事业单位、国有企业要带头扭转"唯名校"、"唯学历"的用人导向，建立以品德和能力为导向、以岗位需求为目标的人才使用机制，改变人才"高消费"状况，形成不拘一格降人才的良好局面。

22. 促进人岗相适。各级公务员招录、事业单位和国有企业招聘要按照岗位需求合理制定招考条件、确定学历层次，在招聘公告和实际操作中不得将毕业院校、国（境）外学习经历、学习方式作为限制性条件。职业学校毕业生在落户、就业、参加机关企事业单位招聘、职称评聘、职务职级晋升等方面，与普通学校毕业生同等对待。用人单位要科学合理确定岗位职责，坚持以岗定薪、按劳取酬、优劳优酬，建立重实绩、重贡献的激励机制。

第七节　《关于进一步减轻义务教育阶段学生作业负担和校外培训负担的意见》（中共中央办公厅 国务院办公厅印发）（节录）

为深入贯彻党的十九大和十九届五中全会精神，切实提升学校育人水平，持续规范校外培训（包括线上培训和线下培训），有效减轻义务教育阶段学生过重作业负担和校外培训负担（以下简称"双减"），现提出如下意见。

一、总体要求

1. 指导思想。坚持以习近平新时代中国特色社会主义思想为指导，全面贯彻党的教育方针，落实立德树人根本任务，着眼建设高质量教育体系，强化学校教育主阵地作用，深化校外培训机构治理，坚决防止侵害群众利益行为，构建教育良好生态，有效缓解家长焦虑情绪，促进学生全面发展、健康成长。

2. 工作原则。坚持学生为本、回应关切，遵循教育规律，着眼学生身心健康成长，保障学生休息权利，整体提升学校教育教学质量，积极回应社会关切与期盼，减轻家长负担；坚持依法治理、标本兼治，严格执行义务教育法、未成年人保护法等法律规定，加强源头治理、系统治理、综合治理；坚持政府主导、多方联动，强化政府统筹，落实部门职责，发挥学校主体作用，健全保障政策，明确家校社协同责任；坚持统筹推进、稳步实施，全面落实国家关于减轻学生过重学业负担有关规定，对重点难点问题先行试点，积极推广典型经验，确保"双减"工作平稳有序。

3. 工作目标。学校教育教学质量和服务水平进一步提升，作业布置更加科学合理，学校课后服务基本满足学生需要，学生学习更好回归校园，校外培训机构培训行为全面规范。学生过重作业负担和校外培训负担、家庭教育支出和家长相应精力负担1年内有效减轻、3年内成效显著，人民群众教育满意度明显提升。

二、全面压减作业总量和时长，减轻学生过重作业负担　【2022单选】

4. 健全作业管理机制。学校要完善作业管理办法，加强学科组、年级组作业统筹，合理调控作业结构，确保难度不超国家课标。建立作业校内公示制度，加强质量监督。严禁给家长布置或变相布置作业，严禁要求家长检查、批改作业。

5. **分类明确作业总量。**学校要确保小学一、二年级不布置家庭书面作业，可在校内适当安排巩固练习；小学三至六年级书面作业平均完成时间不超过60分钟，初中书面作业平均完成时间不超过90分钟。

6. **提高作业设计质量。**发挥作业诊断、巩固、学情分析等功能，将作业设计纳入教研体系，系统设计符合年龄特点和学习规律、体现素质教育导向的基础性作业。鼓励布置分层、弹性和个性化作业，坚决克服机械、无效作业，杜绝重复性、惩罚性作业。

7. **加强作业完成指导。**教师要指导小学生在校内基本完成书面作业，初中生在校内完成大部分书面作业。教师要认真批改作业，及时做好反馈，加强面批讲解，认真分析学情，做好答疑辅导。不得要求学生自批自改作业。

8. **科学利用课余时间。**学校和家长要引导学生放学回家后完成剩余书面作业，进行必要的课业学习，从事力所能及的家务劳动，开展适宜的体育锻炼，开展阅读和文艺活动。个别学生经努力仍完不成书面作业的，也应按时就寝。引导学生合理使用电子产品，控制使用时长，保护视力健康，防止网络沉迷。家长要积极与孩子沟通，关注孩子心理情绪，帮助其养成良好学习生活习惯。寄宿制学校要统筹安排好课余学习生活。

真题面对面

[2022，单，2分]《关于进一步减轻义务教育阶段学生作业负担和校外培训负担的意见》指出，小学三至六年级与初中书面作业平均完成时间分别不超过(　　)

A. 30分钟　60分钟　　B. 60分钟　90分钟

C. 90分钟　120分钟　　D. 120分钟　150分钟

答案：B

三、提升学校课后服务水平，满足学生多样化需求

9. 保证课后服务时间。学校要充分利用资源优势，有效实施各种课后育人活动，在校内满足学生多样化学习需求。引导学生自愿参加课后服务。课后服务结束时间原则上不早于当地正常下班时间；对有特殊需要的学生，学校应提供延时托管服务；初中学校工作日晚上可开设自习班。学校可统筹安排教师实行"弹性上下班制"。

10. 提高课后服务质量。学校要制定课后服务实施方案，增强课后服务的吸引力。充分用好课后服务时间，指导学生认真完成作业，对学习有困难的学生进行补习辅导与答疑，为学有余力的学生拓展学习空间，开展丰富多彩的科普、文体、艺术、劳动、阅读、兴趣小组及社团活动。不得利用课后服务时间讲新课。

11. 拓展课后服务渠道。课后服务一般由本校教师承担，也可聘请退休教师、具备资质的社会专业人员或志愿者提供。教育部门可组织区域内优秀教师到师资力量薄弱的学校开展课后服务。依法依规严肃查处教师校外有偿补课行为，直至撤销教师资格。充分利用社会资源，发挥好少年宫、青少年活动中心等校外活动场所在课后服务中的作用。

12. 做强做优免费线上学习服务。教育部门要征集、开发丰富优质的线上教育教学资源，利用国家和各地教育教学资源平台以及优质学校网络平台，免费向学生提供高质量专题教育资源和覆盖各年级各学科的学习资源，推动教育资源均衡发展，促进教育公平。各地要积极创造条件，组织优秀教师开展免费在线互动交流答疑。各地各校要加大宣传推广使用力度，引导学生用好免费线上优质教育资源。

四、坚持从严治理，全面规范校外培训行为

13. 坚持从严审批机构。各地不再审批新的面向义务教育阶段学生的学科类校外培训机构，现有学科类培训机构统一登记为非营利性机构。对原备案的线上学科类培训机构，改为审批制。各省（自治区、直辖市）要对已备案的线上学科类培训机构全面排查，并按标准重新办理审批手续。未通过审批的，取消原有备案登记和互联网信息服务业务经营许可证（ICP）。对非学科类培训机构，各地要区分体育、文化艺术、科技等类别，明确相应主管部门，分类制定标准、严格审批。依法依规严肃查处不具备相应资质条件、未经审批多址开展培训的校外培训机构。学科类培训机构一律不得上市融资，严禁资本化运作；上市公司不得通过股票市场融资投资学科类培训机构，不得通过发行股份或支付现金等方式购买学科类培训机构资产；外资不得通过兼并收购、受托经营、加盟连锁、利用可变利益实体等方式控股或参股学科

类培训机构。已违规的,要进行清理整治。

14. 规范培训服务行为。建立培训内容备案与监督制度,制定出台校外培训机构培训材料管理办法。严禁超标超前培训,严禁非学科类培训机构从事学科类培训,严禁提供境外教育课程。依法依规坚决查处超范围培训、培训质量良莠不齐、内容低俗违法、盗版侵权等突出问题。严格执行未成年人保护法有关规定,校外培训机构不得占用国家法定节假日、休息日及寒暑假期组织学科类培训。培训机构不得高薪挖抢学校教师;从事学科类培训的人员必须具备相应教师资格,并将教师资格信息在培训机构场所及网站显著位置公布;不得泄露家长和学生个人信息。根据市场需求、培训成本等因素确定培训机构收费项目和标准,向社会公示、接受监督。全面使用《中小学生校外培训服务合同(示范文本)》。进一步健全常态化排查机制,及时掌握校外培训机构情况及信息,完善"黑白名单"制度。

15. 强化常态运营监管。严格控制资本过度涌入培训机构,培训机构融资及收费应主要用于培训业务经营,坚决禁止为推销业务以虚构原价、虚假折扣、虚假宣传等方式进行不正当竞争,依法依规坚决查处行业垄断行为。线上培训要注重保护学生视力,每课时不超过30分钟,课程间隔不少于10分钟,培训结束时间不晚于21点。积极探索利用人工智能技术合理控制学生连续线上培训时间。线上培训机构不得提供和传播"拍照搜题"等惰化学生思维能力、影响学生独立思考、违背教育教学规律的不良学习方法。聘请在境内的外籍人员要符合国家有关规定,严禁聘请在境外的外籍人员开展培训活动。

五、大力提升教育教学质量,确保学生在校内学足学好

16. 促进义务教育优质均衡发展。各地要巩固义务教育基本均衡成果,积极开展义务教育优质均衡创建工作,促进新优质学校成长,扩大优质教育资源。积极推进集团化办学、学区化治理和城乡学校共同体建设,充分激发办学活力,整体提升学校办学水平,加快缩小城乡、区域、学校间教育水平差距。

17. 提升课堂教学质量。教育部门要指导学校健全教学管理规程,优化教学方式,强化教学管理,提升学生在校学习效率。学校要开齐开足开好国家规定课程,积极推进幼小科学衔接,帮助学生做好入学准备,严格按课程标准零起点教学,做到应教尽教,确保学生达到国家规定的学业质量标准。学校不得随意增减课时、提高难度、加快进度;降低考试压力,改进考试方法,不得有提前结课备考、违规统考、考题超标、考试排名等行为;考试成绩呈现实行等级制,坚决克服唯分数的倾向。

18. 深化高中招生改革。各地要积极完善基于初中学业水平考试成绩、结合综合素质评价的高中阶段学校招生录取模式,依据不同科目特点,完善考试方式和成绩呈现方式。坚持以学定考,进一步提升中考命题质量,防止偏题、怪题、超过课程标准的难题。逐步提高优质普通高中招生指标分配到区域内初中的比例,规范普通高中招生秩序,杜绝违规招生、恶性竞争。

19. 纳入质量评价体系。地方各级党委和政府要树立正确政绩观,严禁下达升学指标或片面以升学率评价学校和教师。认真落实义务教育质量评价指南,将"双减"工作成效纳入县域和学校义务教育质量评价,把学生参加课后服务、校外培训及培训费用支出减少等情况作为重要评价内容。

六、强化配套治理,提升支撑保障能力

20. 保障学校课后服务条件。各地要根据学生规模和中小学教职工编制标准,统筹核定编制,配足配齐教师。省级政府要制定学校课后服务经费保障办法,明确相关标准,采取财政补贴、服务性收费或代收费等方式,确保经费筹措到位。课后服务经费主要用于参与课后服务教师和相关人员的补助,有关部门在核定绩效工资总量时,应考虑教师参与课后服务的因素,把用于教师课后服务补助的经费额度,作为增量纳入绩效工资并设立相应项目,不作为次年正常核定绩效工资总量的基数;对聘请校外人员提供课后服务的,课后服务补助可按劳务费管理。教师参加课后服务的表现应作为职称评聘、表彰奖励和绩效工资分配的重要参考。

21. 完善家校社协同机制。进一步明晰家校育人责任,密切家校沟通,创新协同方式,推进协同育人共同体建设。教育部门要会同妇联等部门,办好家长学校或网上家庭教育指导平台,推动社区家庭教育指导中心、服务站点建设,引导家长树立科学育儿观念,理性确定孩子成长预期,努力形成减负共识。

22. 做好培训广告管控。中央有关部门、地方各级党委和政府要加强校外培训广告管理，确保主流媒体、新媒体、公共场所、居民区各类广告牌和网络平台等不刊登、不播发校外培训广告。不得在中小学校、幼儿园内开展商业广告活动，不得利用中小学和幼儿园的教材、教辅材料、练习册、文具、教具、校服、校车等发布或变相发布广告。依法依规严肃查处各种夸大培训效果、误导公众教育观念、制造家长焦虑的校外培训违法违规广告行为。

第八节 《中小学教育惩戒规则（试行）》（教育部）（节录） 必背

第七条 学生有下列情形之一，学校及其教师应当予以制止并进行批评教育，确有必要的，可以实施教育惩戒：

（一）故意不完成教学任务要求或者不服从教育、管理的；

（二）扰乱课堂秩序、学校教育教学秩序的；

（三）吸烟、饮酒，或者言行失范违反学生守则的；

（四）实施有害自己或者他人身心健康的危险行为的；

（五）打骂同学、老师，欺凌同学或者侵害他人合法权益的；

（六）其他违反校规校纪的行为。

学生实施属于预防未成年人犯罪法规定的不良行为或者严重不良行为的，学校、教师应当予以制止并实施教育惩戒，加强管教；构成违法犯罪的，依法移送公安机关处理。

第八条 教师在课堂教学、日常管理中，对违规违纪情节较为轻微的学生，可以当场实施以下教育惩戒：

（一）点名批评；

（二）责令赔礼道歉、做口头或者书面检讨；

（三）适当增加额外的教学或者班级公益服务任务；

（四）一节课堂教学时间内的教室内站立；

（五）课后教导；

（六）学校校规校纪或者班规、班级公约规定的其他适当措施。

教师对学生实施前款措施后，可以以适当方式告知学生家长。

真题面对面

［2021，多，2分］教师在课堂教学、日常管理中，对违规违纪情节较为轻微的学生，可以当场采取的教育行为有（　　）

A. 点名批评

B. 课后教导

C. 指派其他学生对该学生实施教育惩戒

D. 一节课堂教学时间内的教室内站立

答案：ABD

第九条 学生违反校规校纪，情节较重或者经当场教育惩戒拒不改正的，学校可以实施以下教育惩戒，并应当及时告知家长：

（一）由学校德育工作负责人予以训导；

（二）承担校内公益服务任务；

（三）安排接受专门的校规校纪、行为规则教育；

（四）暂停或者限制学生参加游览、校外集体活动以及其他外出集体活动；

（五）学校校规校纪规定的其他适当措施。

真题面对面

[2022,多,2分]依据《中小学教育惩戒规则(试行)》规定,学生违反校规校纪,情节较重或者经当场教育惩戒拒不改正的,学校可以实施的教育惩戒措施包括(　　)

A. 承担校内公益服务任务

B. 由学校德育工作负责人予以训导

C. 安排接受专门的校规校纪、行为规则教育

D. 暂停或者限制学生参加游览、校外集体活动以及其他外出集体活动

答案:ABCD

第十条　小学高年级、初中和高中阶段的学生违规违纪情节严重或者影响恶劣的,学校可以实施以下教育惩戒,并应当事先告知家长:

(一)给予不超过一周的停课或者停学,要求家长在家进行教育、管教;

(二)由法治副校长或者法治辅导员予以训诫;

(三)安排专门的课程或者教育场所,由社会工作者或者其他专业人员进行心理辅导、行为干预。

对违规违纪情节严重,或者经多次教育惩戒仍不改正的学生,学校可以给予警告、严重警告、记过或者留校察看的纪律处分。对高中阶段学生,还可以给予开除学籍的纪律处分。

对有严重不良行为的学生,学校可以按照法定程序,配合家长、有关部门将其转入专门学校教育矫治。

第十一条　学生扰乱课堂或者教育教学秩序,影响他人或者可能对自己及他人造成伤害的,教师可以采取必要措施,将学生带离教室或者教学现场,并予以教育管理。

教师、学校发现学生携带、使用违规物品或者行为具有危险性的,应当采取必要措施予以制止;发现学生藏匿违法、危险物品的,应当责令学生交出并可以对可能藏匿物品的课桌、储物柜等进行检查。

教师、学校对学生的违规物品可以予以暂扣并妥善保管,在适当时候交还学生家长;属于违法、危险物品的,应当及时报告公安机关、应急管理部门等有关部门依法处理。

第十二条　教师在教育教学管理、实施教育惩戒过程中,不得有下列行为:

(一)以击打、刺扎等方式直接造成身体痛苦的体罚;

(二)超过正常限度的罚站、反复抄写,强制做不适的动作或者姿势,以及刻意孤立等间接伤害身体、心理的变相体罚;

(三)辱骂或者以歧视性、侮辱性的言行侵犯学生人格尊严;

(四)因个人或者少数人违规违纪行为而惩罚全体学生;

(五)因学业成绩而教育惩戒学生;

(六)因个人情绪、好恶实施或者选择性实施教育惩戒;

(七)指派学生对其他学生实施教育惩戒;

(八)其他侵害学生权利的。

真题面对面

[2023,单,2分]《中小学教育惩戒规则(试行)》第十二条规定,教师在教育教学管理、实施教育惩戒过程中,不得有的行为是(　　)

A. 点名批评

B. 承担校内公益服务任务

C. 责令赔礼道歉、做口头或书面检讨

D. 因个人或少数人违规违纪行为而惩罚全体学生

答案:D

第十三条 教师对学生实施教育惩戒后，应当注重与学生的沟通和帮扶，对改正错误的学生及时予以表扬、鼓励。

学校可以根据实际和需要，建立学生教育保护辅导工作机制，由学校分管负责人、德育工作机构负责人、教师以及法治副校长（辅导员）、法律以及心理、社会工作等方面的专业人员组成辅导小组，对有需要的学生进行专门的心理辅导、行为矫治。

第九节 《关于全面深化新时代教师队伍建设改革的实施意见》（中共福建省委 福建省人民政府印发）

百年大计，教育为本；教育大计，教师为本。为全面贯彻《中共中央 国务院关于全面深化新时代教师队伍建设改革的意见》和全国教育大会精神，造就党和人民满意的高素质专业化创新型教师队伍，落实立德树人根本任务，努力办好人民满意的教育，现就我省全面深化新时代教师队伍建设改革提出如下实施意见。

一、深刻认识全面深化新时代教师队伍建设改革的重大意义

1. 战略意义。教师承担着传播知识、传播思想、传播真理的历史使命，肩负着塑造灵魂、塑造生命、塑造新人的时代重任，是教育发展的第一资源，是国家富强、民族振兴、人民幸福的重要基石。党和国家历来高度重视教师工作。党的十八大以来，以习近平同志为核心的党中央将教师队伍建设摆在突出位置，作出一系列重大决策部署，为教师队伍建设指明了方向。省委和省政府高度重视教师队伍建设，认真学习贯彻习近平总书记关于教育工作的重要论述，坚持把教育摆在优先发展战略位置，把教师队伍建设作为基础工作，不断加大投入和支持力度。各地各部门和各级各类学校坚持深化教师教育改革，健全教师管理制度，在推动全省教师队伍建设方面不断取得新进展、新成效。广大教师牢记使命、不忘初衷，爱岗敬业、教书育人，勇于创新、服务社会，作出了重要贡献。

2. 历史使命。中国特色社会主义进入了新时代，开启了全面建设社会主义现代化国家的新征程。我省正处于再上新台阶、建设新福建的关键时期和全面建成小康社会决胜期，要主动顺应新一轮科技和工业革命的新形势，不断满足人民群众对公平而有质量的教育的新需求，努力适应未来人工智能等技术创新对教育发展带来的新挑战，就必须造就一支高素质专业化创新型教师队伍，全面提升人才培养能力和水平。面对新方位、新征程、新使命，我省教师队伍现状还不能完全适应，有的地方在推进教育事业发展中存在重硬件轻软件、重外延轻内涵的现象，有的地方对教师队伍建设的支持力度还须加大；师范教育体系有所削弱，对师范院校支持不够，教师培训有待加强；有的教师素质能力难以适应新时代人才培养需要，思想政治素质和师德水平需要提升，专业化水平需要提高；教师特别是中小学教师的职业吸引力不足，地位待遇有待提高；中小学教师城乡结构、学科结构分布不合理，职业院校（含技工院校，下同）双师型教师比例偏低，高校高层次领军人才和团队缺乏；教师准入、招聘、交流、退出等机制还不够完善，管理体制机制亟须理顺。时代越是向前，知识和人才的重要性就愈发突出，教育和教师的重要地位与作用就愈发凸显。全省各级党委和政府要从战略和全局的高度充分认识教师工作的极端重要性，把全面加强教师队伍建设作为一项重大政治任务和根本性民生工程切实抓紧抓好。

二、准确把握全面深化新时代教师队伍建设改革的总体要求

3. 指导思想。以习近平新时代中国特色社会主义思想为指导，全面贯彻落实党的十九大精神，紧紧围绕统筹推进“五位一体”总体布局和协调推进“四个全面”战略布局，坚持和加强党的全面领导，坚持以人民为中心的发展思想，坚持全面深化改革，牢固树立新发展理念，牢牢掌握意识形态工作领导权，全面贯彻党的教育方针，坚持马克思主义指导地位，坚持中国特色社会主义教育发展道路，坚持社会主义办学方向，落实立德树人根本任务，遵循教育规律和教师成长发展规律，坚持问题导向，坚持高标准、严要求，突出师德师风，创新体制机制，全力推进新时代教师队伍建设改革，让全社会尊师重教蔚然成风，形成优秀人才争相从教、教师人人尽展其才、好教师不断涌现的良好局面。

4. 基本原则

——坚持正确方向，突出师德养成。坚持党管干部、党管人才，坚持依法治教、依法执教，充分发挥党委（党组）的领导和把关作用，确保党牢牢掌握教师队伍建设的领导权，保证教师队伍建设正确的政治方向。坚持师德为先，把提高教师思想政治素质、职业道德水平摆在首要位置，把践行社会主义核心价值观贯穿教书育人全过程，全员全方位全过程促进师德养成，让教师成为先进思想文化的传播者、党执政的坚定支持者、学生健康成长的指导者和引路人。

——坚持优先发展，强化措施保障。坚持教育优先发展战略，把教师工作置于教育事业发展的重要支持战略领域，优先谋划教师工作，优先保障教师工作投入，优先满足教师队伍建设需要，形成党委和政府全力推动、各部门协同配合、学校科学管理、社会广泛参与的教师工作良好局面。

——坚持改革创新，优化体制机制。抓住关键环节，优化制度设计，鼓励基层创新，着力破解制约改革发展的体制机制障碍，整体推进教师队伍建设改革。坚持严管厚爱、激励约束相结合，切实在提高教师地位待遇上出真招实招，关心青年教师成长，在激发队伍活力上创新机制，做到既增强职业吸引力，又提高教书育人自觉性。

——坚持分类施策，强化素质提升。立足我省实际，借鉴国内外经验，根据各级各类教师不同特点和发展实际，统筹兼顾区域、城乡、校际差距，精准施策，定向发力，做到补充培养与科学调配两手抓、强化支持与优化管理同跟进、职前培养和职后培训一体化，全面提升教师队伍整体素质。

5. 目标任务。到2020年，通过实施教师教育振兴行动计划、深化教师管理体制改革、完善教师保障机制、加快推进教育补短板等举措，实现教师教育体系基本健全，教师数量不足和结构性矛盾得到缓解，教师地位待遇得到提高，教师职业满意度明显提升。到2022年，事权人权财权相统一的教师管理体制普遍建立，教师职业发展通道更加畅通，待遇提升保障机制更加完善，职业吸引力明显增强，教师队伍规模、结构、素质能力基本满足各级各类教育发展需要。到2035年，教师综合素质、专业化水平和创新能力能够适应教育现代化需要，培养造就数万名能引领学校发展的骨干教师、数千名在区域具有示范效应的学科教学带头人和名师名校长、数百名在全国具有影响力的教育家型教师。教师管理体制机制科学高效，实现教师队伍治理体系和治理能力现代化。教师主动适应信息化、人工智能等新技术变革和创新人才培养需要，教育教学模式更加科学有效。全社会尊师重教蔚然成风，广大教师在岗位上有幸福感、事业上有成就感、社会上有荣誉感，教师成为让人羡慕的职业。

三、着力提升思想政治素质，全面加强师德师风建设

6. 加强教师队伍党的建设。将全面从严治党要求落实到每个教师党支部和教师党员，把党的政治建设摆在首位，用习近平新时代中国特色社会主义思想武装头脑，充分发挥教师党支部教育管理监督党员和宣传引导凝聚师生的战斗堡垒作用，充分发挥党员教师的先锋模范作用。选优配强教师党支部书记，注重选拔党性强、业务精、有威信、肯奉献的优秀党员教师担任党支部书记，实施教师党支部书记“双带头人”培育工程，定期开展教师党支部书记轮训。健全把骨干教师培养成党员，把党员教师培养成教学、科研、管理骨干的“双培养”机制。坚持把政治标准放在首位，重视做好在优秀青年教师、海外留学归国教师中发展党员工作。加强民办学校教师队伍党的建设。推进“两学一做”学习教育常态化制度化，开展“不忘初心、牢记使命”主题教育，引导党员教师增强政治意识、大局意识、核心意识、看齐意识，自觉爱党护党为党，敬业修德，奉献社会，争做“四有”好老师的示范标杆。

配齐建强高等学校思想政治工作队伍和党务工作队伍，完善选拔、培养、激励机制，形成一支专职为主、专兼结合、数量充足、素质优良的工作力量。探索职务职级“双线”晋升办法和保障激励机制，实行职务（职称）评审单列计划、单设标准、单独评审，推进专业化职业化建设。把从事学生思想政治教育计入高等学校思想政治工作兼职教师的工作量，作为职称评审的重要依据。坚持将课程育人作为思想政治工作重要载体，充分发挥专业课教师全员育人功能。

7. 提高思想政治素质。健全学习制度，加强理想信念教育，深入学习领会习近平新时代中国特色社会主义思想，引导教师树立正确的历史观、民族观、国家观、文化观，坚定中国特色社会主义道路自信、理论自信、制度自

信、文化自信。引导教师准确理解和把握社会主义核心价值观的深刻内涵，增强价值判断、选择、塑造能力，带头践行社会主义核心价值观。引导广大教师充分认识教育改革发展成就，扎根八闽大地，办好福建教育。

充分利用我省红色文化和海丝文化资源，加强对中华优秀传统文化和革命文化、社会主义先进文化的教育，引导广大教师热爱祖国、献身教育。创新教师思想政治工作方式方法，开辟思想政治教育新阵地，搭建思想政治教育新载体，强化教师社会实践参与，推动教师充分了解党情、国情、社情、民情，增强思想政治工作的针对性和实效性。着眼青年教师、辅导员、班主任、德育工作者等群体特点，有针对性地加强思想政治教育。落实党的知识分子政策，政治上充分信任，思想上主动引导，工作上创造条件，生活上关心照顾，使思想政治工作接地气、入人心。

8. 加强师德师风建设。弘扬高尚师德，创新师德教育，引导广大教师以德立身、以德立学、以德施教、以德育德，坚持教书与育人相统一、言传与身教相统一、潜心问道与关注社会相统一、学术自由与学术规范相统一，全心全意做学生锤炼品格、学习知识、创新思维、奉献祖国的引路人，用爱心培育爱、激发爱、传播爱。把师德养成教育贯穿于教师职前培养和职后培训全过程。建立新教师入职宣誓制度。发掘师德典型、讲好师德故事，加强引领、注重感召、弘扬楷模，形成强大的正能量。

推进师德师风建设工程。健全师德建设长效机制，完善师德规范，加强对教师思想政治素质、师德师风等监察监督，强化师德考评，体现奖优罚劣，把师德建设作为学校工作考核和办学质量评估的重要指标，把师德师风作为教师评价的第一标准，作为教师资格定期注册、业绩考核、职称评审、岗位聘用、评优奖励的首要内容，实行“一票否决”。推行师德考核负面清单制度，建立教师个人信用记录，建立师德失范通报机制，完善诚信承诺和失信惩戒机制，着力解决师德失范、学术不端等问题。弘扬师道尊严，正确区分教师正常履职与师德失范界线，维护教师正当权益。

四、大力振兴师范教育，全面提高师范生培养质量 【2021单选】

9. 大力加强师范院校建设。实施教师教育振兴行动计划，建立以师范院校为主体、高水平非师范院校参与的师范教育体系，推进政府、高等学校、中小学“三位一体”协同育人。师范院校要重点发展师范教育，师范类在校生原则上不低于三分之一，以市为主管理的本科高校要把保障基础教育师资培养作为办学重点之一。加大对师范教育支持力度，加强师范教育经费省级统筹，师范专业生均拨款标准比同类非师范专业上浮50%。优化师范教育布局结构，支持高水平综合大学成立中小学及职业技术教师教育学院或设立师范教育专业，参与教师培养培训工作。加强教师教育学科建设，支持师范院校申报教育硕士、教育博士授予单位及授权点。强化教师教育师资队伍建设，在专业发展、职称晋升和岗位聘用等方面予以倾斜。将具有博士学位授予权的教育学科纳入“高峰”学科支持计划、具有硕士学位授予权的教育学科纳入“高原”学科支持计划。师范院校评估增列师范类专业评估项目，开展师范类专业认证，提高教师培养质量。

10. 改革师范院校招生制度。合理确定师范类专业招生计划，扩大学前教育、特殊教育及紧缺学科师资培养规模。研究生招生计划向教育类相关专业倾斜。鼓励师范院校采用“大类招生、二次选拔”方式，办学条件好、教学质量高的院校师范专业在录取时增加面试环节，选拔乐教、适教、善教的优秀学生进入师范专业。对符合相关政策规定的，采取公费培养、到岗退费、定向培养等方式，提高师范生专业奖学金标准，吸引更多优秀青年报考师范专业，切实提高生源质量。扩大初中毕业起点五年制专科层次幼儿园教师培养规模。扩大公费师范生培养规模，鼓励各级政府与高校联合公费定向培养“本土化”乡村教师和幼儿园教师。

11. 提高师范生培养层次和质量。推进教师培养供给侧结构性改革，为义务教育学校侧重培养素质全面、业务见长的本科层次教师，为高中阶段学校侧重培养专业突出、底蕴深厚的研究生层次教师，为学前教育培养热爱幼儿、才艺兼备、擅长保教的本、专科教师。大力推动研究生层次教师培养，探索普通高中、中等职业学校教师本科和教育硕士研究生阶段整体设计、分段考核、有机衔接的培养模式，鼓励师范生辅修第二师范专业。实施“卓越教师培养计划”，分类推进教师培养模式改革，按照幼儿园教师综合培养、小学教师全科型培养、中学教师“一专多能"培养、特殊教育教师复合型培养、职业院校教师"双师型"培养的要求,提高师范生培养质量。以实践为导向优化教师教育课程体系,强化师范生"三字一话"(钢笔字、毛笔字、粉笔字和普通话)等教学基本功和技能训练,以及特殊学生随班就读指导等能力训练,师范生教育实践不少于半年。运用"互联网+"提高师范生信息技术素养,提高教书育人和适应教学发展的能力。鼓励教育实践与农村顶岗实习支教、学生课后服务相结合。

真题面对面

[2021,单,2分]中共福建省委、福建省人民政府印发的《关于全面深化新时代教师队伍建设改革的实施意见》中提出,实施"卓越教师培养计划",分类推进教师培养模式改革。其中,小学教师培养的模式是( )

A. 综合培养　　B. 全科型培养　　C. "双师型"培养　　D. "一专多能"培养

答案:B

五、大力加强能力建设,全面提升教师队伍整体素质

12. 打造高素质专业化中小学教师队伍。开展五年一周期中小学教师全员培训计划,健全教师专业发展体系,扩大县级以上培训覆盖面。实施中小学名师名校长培养工程,开展中小学教师境内外研修访学,壮大基础教育骨干教师和领军人才。抓好新教师试用期培训,探索非师范类毕业新入职教师统一培训制度。深化培训模式和内容改革,完善校本研修制度,引导教师潜心研究、提升水平。加强中小学校长培养培训,造就一支政治过硬、品德高尚、业务精湛、治校有方的校长队伍,提升校长办学治校能力。支持教师和校长大胆探索,创新教育思想、教育模式、教育方法,形成教学特色和办学风格,营造教育家脱颖而出的制度环境。

加强各级教师发展机构建设与改革,推进县级教师进修学校与教科研、装备、电教等机构的职能和资源有机整合,严把教研员入口关,配齐配足学科教研员。到2022年,县级教师进修学校全面实现办学标准化,并建成若干所示范校,每个设区市重点建成1个市级教师专业发展基地。推进师范院校与教研、培训等资源融合,促进教师培养与专业发展一体化、教科研与职业培训一体化。

13. 打造高素质善保教学前教师队伍。建立幼儿园教师全员培训制度,提升幼儿园教师科学保教能力。拓宽学前教育学历提升通道,引导尚未取得教师资格证的幼教从业人员通过学历和技能提升取得教师资格证。加强幼儿园园长任职资格培训,实施新办园、农村园和普惠性民办园教师(园长)专业能力提升工程。创新幼儿园教师培训模式,支持师范院校与示范性幼儿园协同建立幼儿园教师培养培训基地,推进集中培训与跟岗培训相结合的培训模式。实施学前教育研训队伍培养计划。

14. 打造高素质双师型职业院校教师队伍。实施职业院校教师素质提高计划,造就一支技艺精湛、具有"现代工匠精神"的双师型教师队伍。实施新教师"师范教育+企业实践"入职培训制度和优秀青年教师跟岗访学,全面落实职业院校教师企业实践制度。适应高职教育"二元制"人才培养模式改革,构建双师型教师"师傅+教师"二元身份。注重中高职教师素质协同提升,打造一批中高职教师专业技能创新示范团队,加大专业带头人和名师名校长培养力度。重视加强职业院校基础课教师、班主任队伍建设。

支持"双一流"建设高校、示范性应用型高校和职业院校与大中型企业共建双师型教师培养培训基地,建立健全高等院校与行业企业联合培养双师型教师的机制。支持职业院校教师境内外研修。健全校企人员互兼互聘制度,鼓励企业和院校以双向兼职、双重身份、双岗一体的形式联合引进"产业教授""产业经理"。重点面向职业教育实施"台湾高校教师引进资助计划"和"师资闽台联合培养计划",促进闽台师资交流与共享。

15. 打造高素质创新型高校教师队伍。坚持教学与科研并重,着力提高教师专业能力,推进高等教育内涵式发展。搭建校级教师发展平台,加强院系教研室等学习共同体建设,全面实施青年教师导师制和助讲培养制度,完善传帮带机制,推进教学改革与创新。重点面向新入职教师和青年教师,开展高等学校教师教学能力提升培训。完善高校教师境内外进修交流访学制度,结合"一带一路"建设和人文交流机制,有序推动国内外教师双向交流。

服务创新型省份和人才强省建设，适应高校“双一流”建设需要，支持高校创新人才申报国家级人才项目，壮大领军人才队伍。实施高校高层次人才培养和引进计划、高水平创新团队建设支持计划、“闽江学者奖励计划”。依托“海峡博士后交流资助计划”等，培养引进一批具有国际影响力的学科领军人才和青年学术英才。实施高校马克思主义理论人才支持培养计划，着力建设马克思主义复合型人才队伍。依托高校特色新型智库、人文社科研究基地等平台，汇聚培养一批哲学社会科学名家名师。实施教学团队建设和教学名师培养支持计划，高层次人才遴选和培育要突出教书育人能力和业绩，让科学家同时成为教育家

16. 打造高素质复合型特教教师队伍。实施特殊教育教师专业能力提升计划，重点开展医教结合专项培训和从事融合教育教师培训，打造复合型特教专业教师队伍。重视加强特教教师对自闭症、多重或重度残疾学生康复指导和心理辅导能力培训，提升残疾学生全纳教育水平。探索建立师范院校、特教机构和医疗机构合作培训机制，深化特殊教育医教结合改革。

17. 大力推进教师教育信息化建设。持续推进教师信息技术应用能力提升培训，深入开展各类信息化应用活动。加快中小学智慧校园建设，鼓励高校建设人工智能研究平台，推进关键技术创新和智能教育发展，建设教育信息资源共享平台，加强教师教育课程资源开发建设，推进优质教育资源共享。推进信息技术与教师培养培训有机融合，探索“人工智能+”教师教育工作，大力推进线上线下相结合的混合式研修。推进培训自主选学，建设选学服务平台，实行培训学分管理，建立培训学分银行，搭建教师培训与学历教育衔接的“立交桥”。

六、深化教师管理综合改革，激发教师队伍活力 【2020单选、2019单选】

18. 创新和规范教师编制配备。适应教育现代化加快推进、城乡教育一体化改革发展紧迫需求，充分考虑新型城镇化、人口流动、全面两孩政策及高考改革等新情况，在现有编制总量内，盘活事业编制存量，优化编制结构，向教师队伍倾斜，采取多种形式增加教师总量，优先保障教育发展需要。按照城乡统一的中小学、幼儿园教职工编制标准核定编制，完善特殊教育学校教职工配备具体实施办法，适当提高高中师生比。加大教职工编制跨行业统筹配置和跨区域调整力度，省级统筹、市域调剂、以县为主，动态调配。编制要向寄宿制学校和乡村小规模学校倾斜，按照班师比与生师比相结合的方式核定。鼓励各地在现有编制总量内，根据实际需要探索建立中小学临时周转编制专户，专项用于“产假式”缺编、老龄化及结构性缺员等教师补充。实行教师编制配备和购买工勤服务相结合，鼓励返聘优秀退休教师补充人员不足，所需经费由同级财政予以保障。无法增编的地区探索实行“人员控制数”管理，实行同岗同待遇，所需经费纳入同级财政预算。健全完善编外聘用教师管理制度，逐步缩小编外聘用教师人数。严禁挤占、挪用、截留中小学教师编制和有编不补。

深化职业院校人事制度改革，推动固定岗和流动岗相结合的人员聘用制度。中职学校和未实行生均定额拨款的高职院校可将不超过总编制30%用于自主聘用兼职教师，由同级财政按编制内教师平均工资水平核定补助经费。

积极探索实行高校人员总量管理，根据国家部署，稳步推进相关工作。高等学校在限额内依法自主设置内设机构，制订岗位设置管理办法并接受监督。

19. 完善教师准入和招聘制度。完善中小学教师资格考试政策，逐步将修习教师教育课程、参加教育教学实践作为认定教育教学能力、取得教师资格的必备条件，新入职教师必须取得教师资格。严格教师准入，提高入职标准，重视思想政治素质、心理健康和业务能力。分区域逐步将幼儿园教师学历提升至专科以上层次，做到专科与本科并重；小学教师学历提升至师范专业专科和非师范专业本科；初中教师学历提升至本科；普通高中教师学历提升至研究生。完善中小学教师公开招聘制度，建立符合不同学段、专业和岗位特点的教师招聘办法。教育行政部门会同人社部门按照事业单位新进人员实行公开招聘制度的要求，组织用人学校与优秀师范类毕业生在需求岗位范围内探索开展专项招聘、双向选择。落实中小学校领导人员管理暂行办法，加强任职条件和资格考核，规范选拔任用程序，确保校长队伍具有较高的办学治校能力和素质。

完善职业院校教师资格标准，探索将行业企业从业经历作为认定教育教学能力、取得专业课教师资格的必要条件。落实职业院校用人自主权，完善教师招聘办法，支持职业院校从行业企业招聘紧缺急需人才。到2022年，

职业院校新补充专业教师具有行业企业工作经历的比例达到60%以上。

严格高校教师职业准入，将新入职教师岗前培训和教育实习作为认定教育教学能力、取得高校教师资格的必备条件。严把高等学校教师选聘入口关，实行思想政治素质和业务能力双重考察。优化高等学校教师学缘结构，鼓励高等学校加大聘用具有其他学校学习工作和行业企业工作经历教师力度，健全外籍教师资格认证、服务管理等制度。坚持正确导向，规范高层次人才合理有序流动。

20. 深化教师职称和考核评价制度改革。在现行标准上适当提高中小学高、中级教师岗位比例，畅通职业发展通道。其中，小学高级教师岗位比例提高5个百分点，初中高、中级教师岗位比例分别提高5个百分点，普通高中高级教师岗位比例提高5个百分点。幼儿园高、中、初级岗位结构比例调整为1∶5.5∶3.5，特殊教育学校岗位结构比例参照初中确定。在乡村学校任教累计满25年且仍在乡村学校任教的教师，已取得中、高级专业技术职务任职资格的，可不受核准岗位数限制定向聘用。对乡村教师探索建立“定向评价、定向使用”的高级教师职称评聘制度。将中小学教师到乡村学校任(支)教1年或薄弱学校任(支)教3年以上的经历作为申报高级教师职称和特级教师的必要条件。探索对部分优质高中将中级及以下职称评聘权下放学校，由学校自主评审、自主评价、按岗聘任。积极推进中小学校长职级制改革，拓展职业发展空间，促进校长队伍专业化建设。

真题面对面

1. [2020，单，2分]中共福建省委、福建省人民政府印发的《关于全面深化新时代教师队伍建设改革的实施意见》明确提出，申报高级教师职称和特级教师的中小学教师必须到(　　)

A. 乡村学校任(支)教1年或薄弱学校任(支)教3年以上

B. 乡村学校任(支)教3年或薄弱学校任(支)教1年以上

C. 乡村学校任(支)教2年或薄弱学校任(支)教3年以上

D. 乡村学校任(支)教3年或薄弱学校任(支)教2年以上

2. [2019，单，2分]福建省在《关于全面深化新时代教师队伍建设改革的实施意见》中提出，小学高级教师岗位比例将提高(　　)

A. 3个百分点　　B. 4个百分点　　C. 5个百分点　　D. 6个百分点

答案：1. A　2. C

完善中小学职称评价标准，坚持德才兼备、全面考核，建立健全符合教师岗位特点的考核评价体系，强化教学工作量和教育教学实绩考核，不简单用升学率、学生考试成绩、论文和课题等评价教师，引导教师潜心教书育人。加强聘后管理，激发教师的工作活力。全面实施教师资格定期注册制度，建立不合格教师退出机制。加强中小学校长考核评价，督促提高素质能力，完善优胜劣汰机制。完善相关政策，清理规范竞赛、挂牌命名表彰项目，防止形式主义考核检查干扰教师正常教学。

完善职业院校教师职称评价标准，健全考核评价制度，双师型教师考核评价要充分体现技能水平和专业教学能力。完善职业院校行业企业招聘教师职称衔接制度。

推进高校教师职称制度改革，加强聘期考核，实行准聘与长聘相结合，做到能上能下，能进能出。教育、人社等部门要加强对高校自主职称评聘事中事后监管。深入推进高校教师考核评价制度改革，突出教育教学业绩和师德考核，将教授为本科生上课作为基本制度，建立健全教学综合考评机制。注重个体评价与团队评价的结合，对科研团队实行以解决重大科研问题与合作机制为重点的整体性评价。

21. 优化县域教师资源配置。全面推进义务教育教师“县管校聘”，县级机构编制部门按编制标准适时核定中小学教职工编制总量，编制不足部分可使用“人员控制数”；县级人社部门按专业技术岗位结构比例核定中小学岗位总量。县级教育行政部门在核定的教职工编制总额和岗位总量内，要按照班额、生源等情况，充分考虑乡村小规模学校、寄宿制学校和城镇学校的实际需要，统筹分配各校教职工编制和岗位数量，并报同级机构编制、人社、财政部门备案。积极推行竞聘上岗制度，建立竞争择优、能上能下的用人机制。

深入推进县域内义务教育学校教师、校长交流轮岗，实行教师聘期制、校长任期制管理，推动城镇优秀教师校长向乡村学校、薄弱学校流动。实行乡镇内走教制度，同级财政予以相应补贴。积极推进学前教育巡回支教制度。继续实施省级扶贫开发工作重点县乡村紧缺师资代偿学费计划和补充教师资助计划。鼓励支持退休优秀教师到乡村和基层学校支教讲学，积极推进山区和沿海地区师资对口帮扶协作。

七、不断提高地位待遇，让教师成为令人羡慕的职业

22. 完善中小学教师待遇保障机制。健全中小学教师工资长效联动机制，核定绩效工资总量时统筹考虑当地公务员实际收入水平，确保中小学教师平均工资收入水平不低于或高于当地公务员平均工资收入水平。完善绩效工资核定办法，结合学校办学绩效实行差别化核定，对公益目标完成好、寄宿制及缺编的学校适当核增绩效工资总量。特殊教育学校应按不低于普通学校20%的比例核增绩效工资总量。完善教师收入分配激励机制，有效体现教师工作量和工作绩效，绩效工资分配向班主任、名优教师和从事特殊教育等特殊岗位教师倾斜，并可根据实际与教龄挂钩，鼓励教师长期从教。对评上文明学校等综合奖项的学校，其奖励金由同级财政予以保障。实施校长职级制改革的地区，根据实际实施相应的校长收入分配办法。符合条件的中小学特级教师和正高级教师按规定享受二级保健。

23. 大力提升乡村教师待遇。全面落实乡村教师生活补助制度，鼓励各地将边远镇区教师纳入补助范围，完善差别化补助办法，并逐步提高补助标准，省级财政对23个省级扶贫开发工作重点县实行综合奖补。加大对边远贫困地区、革命老区、海岛教师队伍建设的支持力度。加强乡村教师周转宿舍建设，按规定将符合条件的教师纳入当地住房保障范围，为乡村教师配备相应文化设施，改善乡村教师生活条件，丰富精神文化生活。实施乡村园丁关爱工程，每年度预算安排体检专项资金，组织乡村教师在县级以上医院体检，做好乡村教师重大疾病救助工作。实施乡村优秀青年教师培养奖励计划，在进修培训、职称评聘、表彰奖励等方面向乡村青年教师倾斜，关心他们工作生活，巩固乡村青年教师队伍。

24. 维护民办学校教师权益。完善学校、个人、政府合理分担的民办学校教师社会保障机制，民办学校应与教师依法签订合同，按时足额支付工资，保障其福利待遇和其他合法权益，为教师足额缴纳社会保险费和住房公积金。鼓励各地建立民办学校最低工资指导线。鼓励民办学校按规定为教职工建立补充养老保险，改善教职工退休后待遇。依法保障民办学校教师在业务培训、职务聘任、教龄和工龄计算、表彰奖励、科研立项等方面享有与公办学校教师同等权利。符合条件的非营利民办学校按规定享受人才引进支持政策。

25. 优化职业院校教师薪酬制度。完善职业院校绩效工资考核分配制度，教师依法取得的科技成果转化奖励收入不纳入绩效工资，不纳入单位工资总额基数。经所在单位同意，职业院校教师根据合作协议到企业兼职的，可按规定取得兼职收入。教师拥有知识产权的技术开发、产品设计等成果，可依法依规在企业作价入股。完善职业院校技能型人才引进政策，推动职业院校制定特色引智标准、规范程序和配套措施，完善引进人才服务保障措施。对紧缺或亟需引进的高层次人才，探索试行以岗位任务为导向的协议工资制、项目工资等灵活多样的分配形式和办法。鼓励中职学校实行其他事业单位绩效工资制度。中等职业学校校企合作及与教学科研相关的社会服务产生的净收入，可提取50%~70%的比例用于学校绩效工资分配，追加绩效工资总量。

26. 推进高等学校教师薪酬制度改革。建立体现以增加知识价值为导向的收入分配机制，扩大高等学校收入分配自主权，进一步完善内部收入分配制度。高等学校在核定的绩效工资总量内自主确定收入分配办法，探索年薪制、协议工资、项目工资等多种分配方式。支持高校实施提高竞争力的内部分配机制。教师依法取得的科技成果转化奖励收入不纳入绩效工资，不纳入单位工资总额基数。完善教学岗位内部激励机制，根据中央统一部署，对专职从事教学的人员，适当提高基础性绩效工资在绩效工资中的比重，加大对教学型名师岗位激励力度。在符合城乡规划和土地利用总体规划的前提下，支持高校建设公共租赁住房，帮助高等学校青年教师解决住房困难。完善高层次人才住房、子女就学等服务保障措施。

27. 明确教师的特别重要地位。突显教师职业的公共属性，强化教师承担的国家使命和公共教育服务的职责。确立公办中小学教师作为国家公职人员的特殊法律地位，明确权利和义务，强化保障和管理。各级党委和政府要切实负

起中小学教师保障责任，采取务实举措提升教师的政治地位、社会地位和职业地位，吸引和稳定更多优秀人才从教。公办中小学教师要切实履行作为国家公职人员的义务，强化国家责任、政治责任、社会责任和教育责任。

加大教师正向激励力度，按表彰奖励有关规定，定期以省委和省政府名义组织开展全省杰出人民教师和特级教师评选表彰活动，以省人社厅、教育厅名义开展优秀教师、优秀教育工作者评选表彰活动。开展省级教学名师、名校长、教学成果奖评选，重点奖励贡献突出的教学一线教师。市、县两级按有关规定，因地制宜开展教师表扬奖励活动，并落实相关优待政策。推动并支持展现教师时代风貌的题材影视和文学作品创作，大力宣传教师中的"时代楷模""最美教师""大国工匠"等典型代表，发挥示范引领作用。按有关规定，做好教师从教荣誉证书颁发工作。完善各级各类学校教师奖励基金建设，鼓励社会团体、企事业单位、民间组织对教师出资奖励，开展经常性尊师活动，营造尊师重教良好社会风尚。

加快建设现代学校制度，体现以人为本，突出教师主体地位，落实教师知情权、参与权、表达权和监督权。建立健全教职工代表大会制度，保障教师参与学校决策的民主权利。推进高校"一校一章程"建设。坚持和完善高校党委领导下的校长负责制，积极推行教授治学模式，充分发挥教师在高校办学治校中的重要作用。维护教师职业尊严和合法权益，完善教师权利救济制度，关心教师身心健康，克服职业倦怠，激发工作热情。

八、切实加强党的领导，确保政策举措落地见效

28. 强化组织保障。各级党委和政府要满腔热情关心教师，充分信任、紧紧依靠广大教师，切实加强领导，实行一把手负责制，紧扣广大教师最关心、最直接、最现实的重大问题，找准教师队伍建设的突破口和着力点，把教师工作记在心里、扛在肩上、抓在手中，摆上重要议事日程。主要负责同志和相关责任人要切实做到实事求是、求真务实，敢于担当、抓实工作。

各级党委常委会每年至少研究一次教师队伍建设工作，党委或政府主要领导应每年开展教师节慰问调研活动。建立教师工作联席会议制度，及时协调解决教师队伍建设改革重大问题。相关部门要制定切实提高教师待遇的具体措施。统筹资源，开展教师发展示范校建设，培育一批专业机构，强化教师队伍建设支撑引领。

29. 强化经费保障。各级政府要将教师队伍建设作为教育投入重点予以优先保障，完善支出保障机制，确保教师队伍建设改革重大决策部署落实到位。优化经费投入结构，优先支持教师队伍建设最薄弱、最紧迫领域，重点用于按规定提高教师待遇保障、加大师范教育投入、提高教师专业能力。教学科研人员因公临时出国开展学术交流合作不纳入"三公"经费预算限额。健全以政府投入为主、多渠道筹集教育经费的体制，充分调动社会力量投入教师队伍建设的积极性。制定严格的经费监管制度，规范经费使用，确保资金使用效益。

30. 加强督促检查。各级党委和政府要将教师队伍建设列入督查督导工作重点内容，每年开展一次专项督查，并将结果作为党政领导班子和有关领导干部综合考核评价、奖惩任免的重要参考，确保各项政策措施全面落实到位，真正取得实效。

★★ 考点大默写 ★★

1.《新时代中小学教师职业行为十项准则》中的自觉爱国守法准则要求教师，忠于祖国，忠于人民，恪守宪法原则，遵守__________，依法履行__________；不得损害国家利益、社会公共利益，或违背社会公序良俗。

2.《新时代中小学教师职业行为十项准则》中的__________准则要求教师，严慈相济，诲人不倦，真心关爱学生，严格要求学生，做学生良师益友；不得歧视、侮辱学生，严禁虐待、伤害学生。

3. 根据《中小学教师违反职业道德行为处理办法》第三条规定，警告期限为__________个月，记过期限为__________个月，降低岗位等级或撤职期限为__________个月。

4.《中国学生发展核心素养》确立了人文底蕴、__________、学会学习、健康生活、责任担当和__________六大学生核心素养。

5. 在《中国学生发展核心素养》确立的六大核心素养中，社会参与方面的素养包括__________和__________。

6.《中小学教师专业标准(试行)》提出的基本理念是师德为先、______、能力为重和______。

7.《中共中央 国务院关于深化教育教学改革全面提高义务教育质量的意见》明确提出,优化综合实践活动课程结构,确保劳动教育课时不少于______。

8.《深化新时代教育评价改革总体方案》提出坚决克服唯______、唯升学、唯文凭、唯论文、唯帽子的顽瘴痼疾,提高教育治理能力和水平,加快推进教育现代化、建设教育强国、办好人民满意的教育。

9.《关于进一步减轻义务教育阶段学生作业负担和校外培训负担的意见》指出,小学______至______年级书面作业平均完成时间不超过60分钟,______书面作业平均完成时间不超过90分钟。

10. 根据《中小学教育惩戒规则(试行)》第八条规定,教师在课堂教学、日常管理中,对违规违纪情节较为轻微的学生,可以适当增加额外的教学或者______任务。

11. 中共福建省委、福建省人民政府印发的《关于全面深化新时代教师队伍建设改革的实施意见》明确提出,把______作为教师评价的第一标准,作为教师资格定期注册、业绩考核、职称评审、岗位聘用、评优奖励的首要内容,实行"______"。

12. 中共福建省委、福建省人民政府印发的《关于全面深化新时代教师队伍建设改革的实施意见》中提出,开展______年一周期中小学教师全员培训计划,健全教师专业发展体系,扩大______级以上培训覆盖面。

【参考答案】

1. 法律法规;教师职责 2. 关心爱护学生 3. 6;12;24 4. 科学精神;实践创新 5. 责任担当;实践创新 6. 学生为本;终身学习 7. 一半 8. 分数 9. 三;六;初中 10. 班级公益服务 11. 师德师风;一票否决 12. 五;县

我于______年____月____日完成了对本模块的学习。

复盘一下,我对自己较肯定的地方是______________

(足够努力/心态积极/方法得当……)

我觉得自己需要改进的地方是______________

(懒惰懈怠/心情浮躁/方法不当……)

恭喜完成对本书的学习,小香祝您金榜题名!

图书反馈

重磅！真题有奖征集！

「凡提供当年度考试真题者，根据真题完整度，可获得500元以内现金奖励。」

具体请联系QQ:1831595423

（温馨提示：所提供真题须是当年度考试真题，且真实有效。）

联系方式：400-600-3363　　研发部QQ：1831595423

招教网
招考资讯平台

山香官网
考编服务平台

山香网校
线上学习平台

图书订正链接
勘误更新平台